JN219844

原典対訳 日月神示

岡本天明 書記
武田崇元 編・校訂

今日の話題社

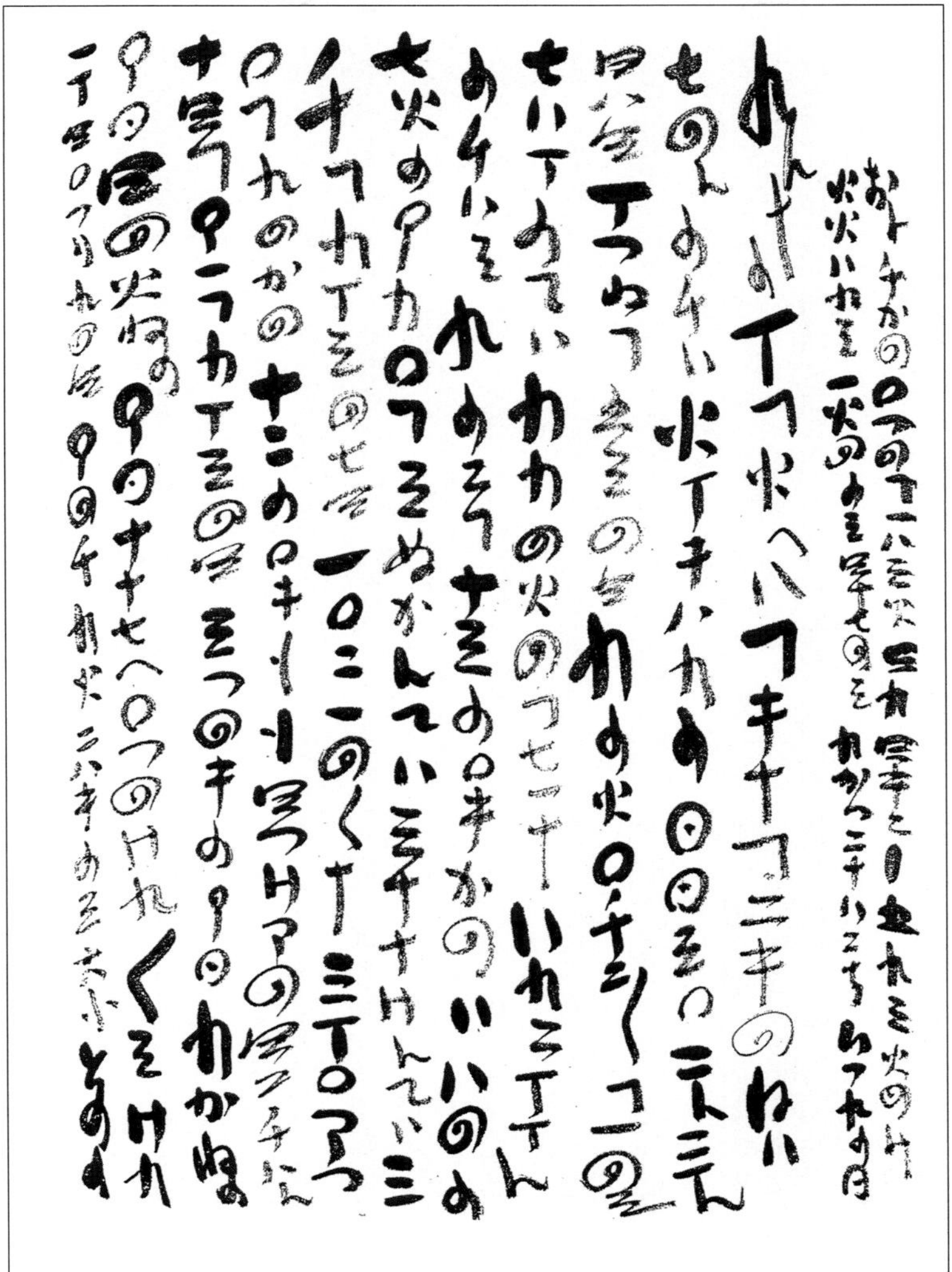

梅の巻（第二十巻）第一帖より
岡本天明に降りた自動書記の原文。漢数字、かな、独特な記号などで記されている。

日月の巻（第六巻）第二帖より

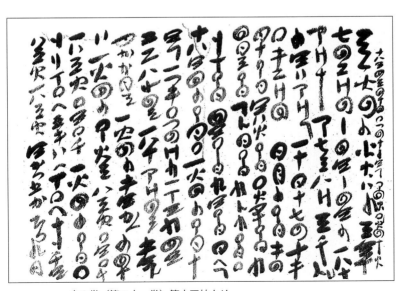

上つ巻（第一巻）第一帖より。昭和十九年六月十日、突然始まった自動書記の最初の部分。

空の巻（第二十一巻）第十四帖より

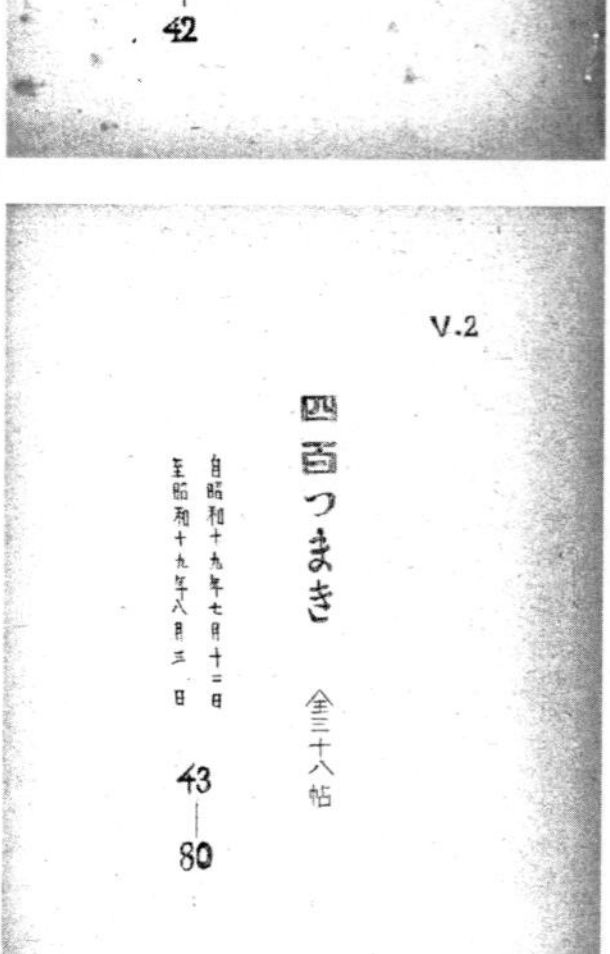
V.2

四百つまき

自昭和十九年七月十二日
至昭和十九年八月三日

全三十八帖

43
|
80

戦時下、ガリ版で発行された『V・1うへつまき　全四十二帖』（上）、『V・2四百つまき　全三十八帖』（中）。敗戦後昭和二十一年に発行の『ひふみ　上つ巻　全三十帖』（下）。「天明居（昭和二十一年）仮訳」とある。

⦿神示第一巻第一帖

二二八八れ十二ほん八れ ⦿の九二のま九十の⦿のちからをあら八す
四十七れる卍も十も九も八きりたすけて七六かしい五くろうのな
い四かくるから三たまを二たんにみかいて一すじのま九十を十四て九
れよ いま一十九六あるか九の六八三たまを三かいておらぬ十とせ
ぬ九の四八まつて二十十七一九六てある 九の六一八⦿のちからて七
一十七二もてきん 二んけんのそろはんてハ八千けん九十三 二ほん
八おつちかあかる かい五九八おつちかさかる 三八九の大千たカ一
七の大千たく 一十のお千たカ九 九ん十八十も九らへて九れ十ゆ十九
ろまてあ十へひかぬから 三のつもりてかかつて九一 ⦿の⦿の千か
らを八きり十三せて八る十きかきたか うれ四九て九る四六もの十
る四九て四六九二もの十てて九る ⦿は⦿の九二か三のちからて七一 九
十七ん二も上十千一十の千からて七二かてきたか 三せか三か三四て
一るの九 五ても⦿かかれ九四二きれ一二千た九四ておりて九れ四一
九三八九十四十十一て一るか三んなち四九一一九三て八七一せか一十
の千た九三から一らぬものか七九七るまて八おハらぬ十りか八からぬ
か 四ん三ん十四の一九三て七一 か三十か三 あかとあか 一十十
一十 二九十二九 たま十たまの一九三十 おのれの九ろを三四一
九三かすんて一七一てあろ それて一九三かす六十おもておる十八あ
きれたもの十 八八十二せぬ十まニあ〇ん七二四り十二かたい一三
ひ四三八一十のみか八か三八一九万八一三 三ひ四三九へて十きをま
つ ⦿かせか一の王に七る てん四三まかか三十〇からん四ん三んは
かり九ち十九九ろ十お九七一十三つそろたま九十を三九十十一う三
⦿の四ん三ん三七 三九十二七る三たま 三二三たまけつ九
六かつ十か ひつくのか三

一二三（三十八巻）は、昭和十九年六月十日（旧五月五日）千葉県成田市台方の麻賀多神社の境内にある天之日津久神社前で、画家岡本信之（天明）に自動書記で降ろされた天之一二⦿の神示であり、祝詞であります。

『原典日月神示』（新日本研究所）より、うへつまき（第一巻）第一帖
原文がタイプ印刷されている。

第一帖（一）

富士は晴れたり、日本晴れ。神の国のまことの神の力をあらはす代となれる。仏もキリストも何も彼もはっきり助けて七むかしい御苦労のない代が来るからみたまを不断に磨いて一筋の誠を通うして呉れよ。いま一苦労あるが、この苦労は身魂をみがいて居らぬと越せぬ、この世初まって二度とない苦労である。このむすびは神の力でないと何も出来ん、人間の算盤では弾けんことぞ。日本はお土が上がる、外国はお土が下がる。都の大洗濯、鄙の大洗濯、人のお洗濯。今度は何うもこらへて呉れといふところまで、後へひかぬから、その積りでかゝって来い、神の国の神の力を、はっきりと見せてやる時が来た。嬉しくて苦しむ者と、苦しくて喜ぶ者と出て来る。神の国、神の力でないと何んにも成就せん、人の力で何が出来たか、みな神がさしてゐるのざ、いつでも神かゝれる様に、綺麗に洗濯して置いて呉れよ。戦は今年中と言ってゐるが、そんなちよこい戦ではない、世界中の洗濯ざから、いらぬものが無くなるまでは、終らぬ道理が分らぬか。臣民同士のいくさでない、カミと神、アカと赤、ヒトと人、ニクと肉、タマと魂のいくさぞ。己の心を見よ、戦が済んでゐないであろ。それで戦が済むと思うてゐるとは、あきれたものぞ。早く掃除せぬと間に合はん、何より掃除が第一。さびしさは人のみかは、神は幾層倍ぞ、さびしさ越へて時を待つ。神が世界の王になる、てんし様が神と分らん臣民ばかり、口と心と行と、三つ揃うたまことを命といふぞ。神の国の臣民みな命になる身魂、掃除身魂結構。六月の十日、ひつくのかみ。

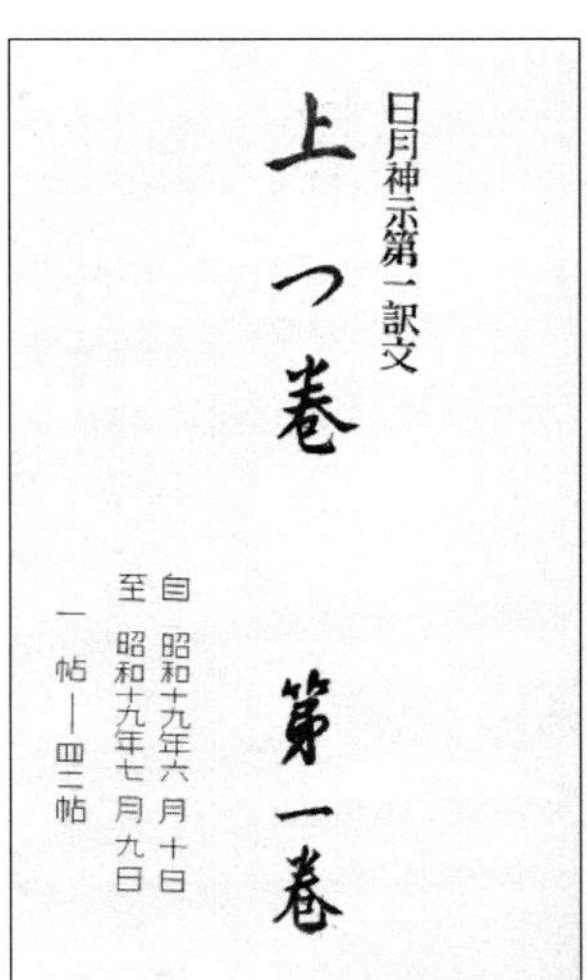
日月神示第一訳文
上つ巻
第一巻
自 昭和十九年六月十日
至 昭和十九年七月九日
一帖―四二帖

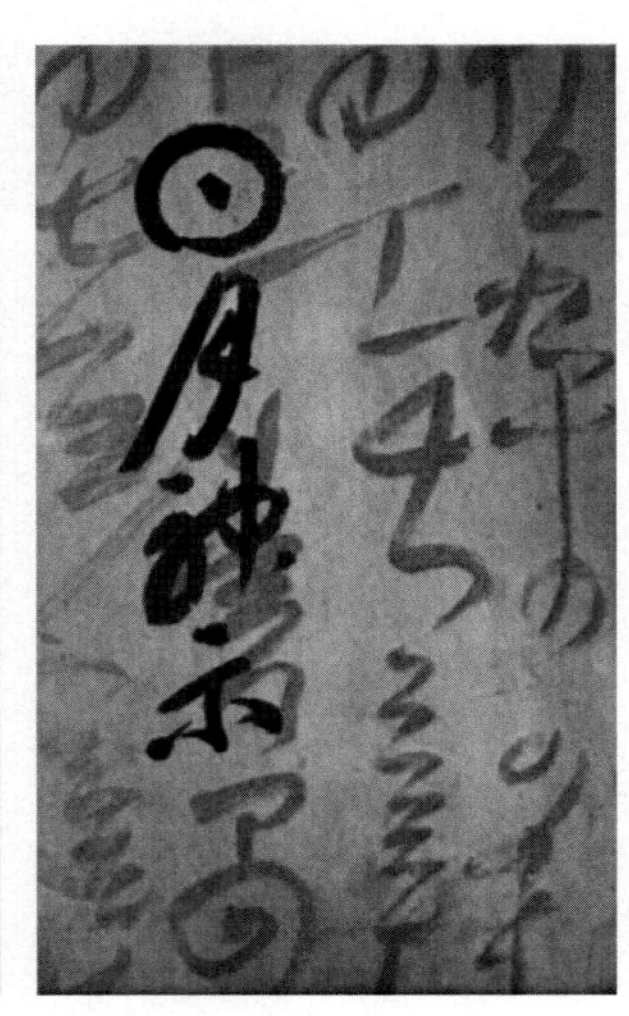

⦿月神示（日月神示）第一訳文

大正 12 年、綾部時代　後列左：天明　下中央：出口日出麿（高見元男）　左端：比村中

人類愛善新聞を街頭売りする岡本佳代子夫人

昭和 7 年 7 月、東京・両国国技館「満州国大博覧会」にて出口宇智丸、八重野、和明と一緒に写る岡本天明

昭和 25 年 9 月、千葉県公津・天明居にて。右の 3 名はサンデー毎日記者。左から岡本天明、佐藤勝司（明司）、西千里、三典夫人

昭和 36 年、菰野・至恩郷にて　天明

昭和 31 年 6 月 10 日、至恩郷例大祭の集合記念写真

昭和 31 年 6 月 10 日、至恩郷にて
右から岡本天明、佐藤勝司、武智時三郎、池澤源治郎

矢野シン　晩年

昭和 19 年 4 月 18 日の扶乩（フーチ）の
会で祀られた弥勒菩薩像

天明作品

天明展覧会　昭和 34 年から 36 年頃

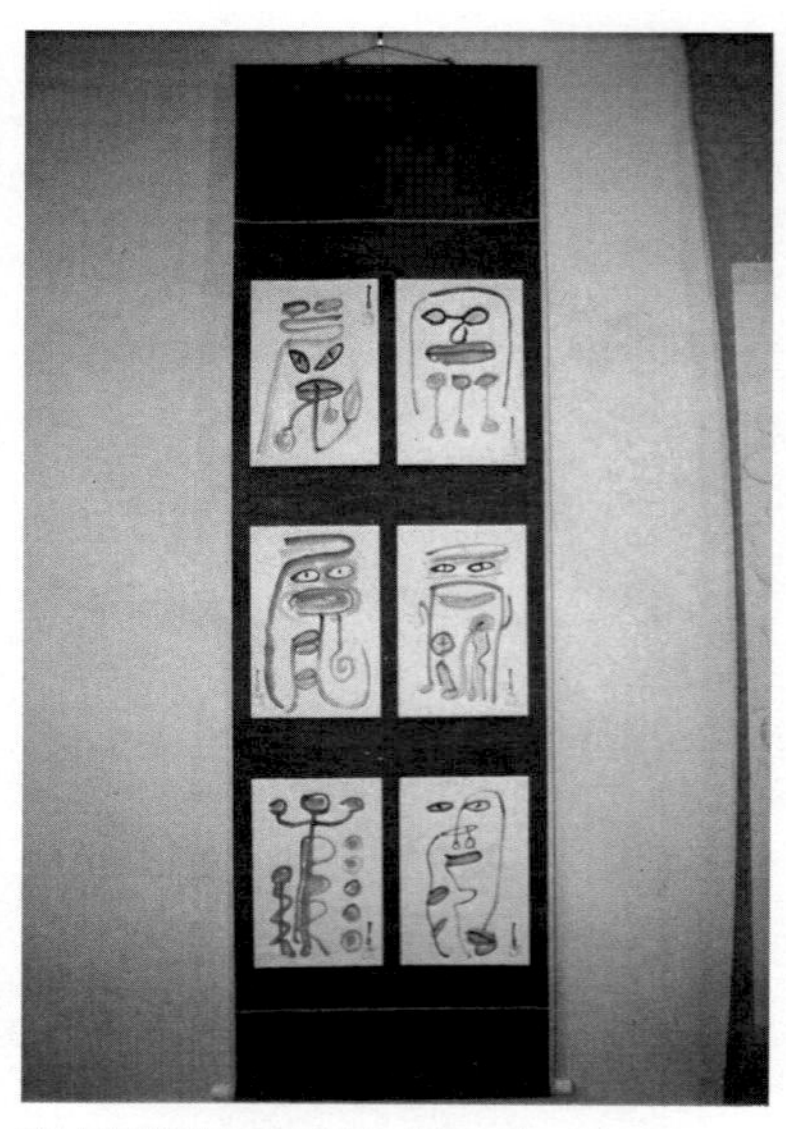

天明展覧会にて作品「鬼の字　六題」

原典対訳

日月神示

原典対訳　日月神示　目次

第一巻　上つ巻　うへつまき

自　昭和十九年六月十日
至　昭和十九年七月九日

一—四十二

二二八八れ十二ほん八れ　⦿の九二のま九十の⦿のちからをあら八す四十七れる　卍も十も九も八きりたすけて七六かしい五くろうのない四かくるから　三たまを二たんにみかいて一すしのま九十を十四て九れ四

いま一十九六あるか　九の九六八三たまを三かいておらぬ十こせぬ　九の四八まつて二十十七一九六てある　九の六一八⦿のちからて七一十七二もてきん　二んけんのそろはんて八八千けん九十三　二ほん八おつちかあがる　かい五九八おつちかさかる　三八九の大千た九　一七の大千たく　一十のお千た九　九ん十八十も九らへて九れ十ゆ十九ろまて　あ十へひかぬから　三のつもりてかかつて九一　⦿の⦿の千からを八きり十三せて八る十きかきた

うれ四九て九る四六もの十　九る四九て四六九二もの十てて九る　⦿は⦿の九二　か三のちからて七一十　七ん二も上十千　一十の千からて七二かてきたか　三七か三か三四て一るのた　五ても⦿かかれる四二　きれ一二千た九四ておりて九れ四

一九三八九十四十十二て一るか　三んなち四九一一九三て八七一　せか一十の千た九三から

一らぬものか七九七るまで八　お八らぬ十りか八からぬか　四ん三ん十四の一九三て七一　か三
十か三　あかとあか　一十十一十　二九十二九　たま十たまの一九三十　おのれの九九ろを三四
一九三がすんで一七一てあろ　それて一九三かす六十おもてゐる十八あきれたもの十　八八九十
二せぬ十ま二あ〇ん　七二四り十二かたい一　三ひ四三八一十のみか八　か三八一九万八一三
三ひ四三九へて十きをまつ　⦿かせか一の王二七る　てん四三まかか三十〇からん四ん三んはか
り　九ち十九九ろ十お九七一十　三つそろたま九十を三九十十一う三　⦿の四ん三ん三七三九十
二七る三たま　三二三たまけつ九
六かつの十か　ひつくのか三

【訓解文】

富士は晴れたり、日本晴れ、⦿の国のまことの神の力をあらわす世となれる。仏もキリストもなにもかもはっきり助けて、しち難しいご苦労のない世が来るから、身魂を不断に磨いて一筋のまことを通してくれよ。

いま一苦労あるが、この苦労は身魂を磨いておらぬと越せぬ、この世はじまって二度とない苦労である。このむすびは⦿の力でないと何も出来ん、人間の算盤でははじけんことぞ。日本はお土が上がる、外国はお土が下がる。都の大洗濯、鄙の大洗濯、人のお洗濯。今度はどうもこらえてくれというところまで、後へ引かぬから、そのつもりでかかって来い。☉の☉の力を、はっきりと見せてやる時が来た。嬉しくて苦しむ者と、苦しくて喜ぶ者と出て来る。☉は☉の国、神の力でないと、何も成就せん。人の力で何が出来たか、みな神がさしているのだ。いつでも☉かかれるように、綺麗に洗濯しておりてくれよ。

戦さは今年中と言っているが、そんなちょこい戦さではない。世界中の洗濯ざから、いらぬものがなくなるまでは、終はらぬ道理がわからぬか。臣民同士の戦さでない。神と神、垢と垢、人と人、肉と肉、霊と霊の戦さぞ。己の心を見よ、戦さが済んでいないであろ。それで戦さがすむと思てゐるとは、あきれたものぞ。早く掃除せぬとまにあわん、何より掃除が第一。寂しさは人のみかは、神は幾万倍ぞ、寂しさ越えて時を待つ。☉が世界の王になる。てんし様が神とわからん臣民ばかり。口と心と行ひと、三つ揃たまことを命というぞ。神の臣民みな命になる身魂。掃除身魂結構。

六月の十日、ひつくのか三。

二

1―2〔2〕

お八十九てアるから四ん三ん八か八一一から　た一の九を三四てある二　九二まけて日九百九九までお千ふれて日百た七　ねつ三ても三か三きの九十を日るの二　四ん三ん八一寸三き三へわ

からぬほ十二　四九百九もり七三れた七　十れて百⊙の九二　の日ん三ん　てん十一十を九ろ三す　たへ百のか七九七ても日二八せぬ　ほんの日八ら九三　きのねて百九ておれ

八三のあ十二八日あけ九る　か三八三十日三から　日ん八一する七　てから八千八一万八一二日てかへすから　一十二日れたら丁ひき十七るから　一十二日れん日二一十のため九二のため八たらけ日　それかま九十の⊙の日ん三ん三　三け十た八九百かッて二つ九て九らせる日き日二七る　三れまてか万てき七一日ん三んた九三ある　八八九⊙のか三の百す十りにせね八　せか一を十ろてう三にせね八七らぬから　八日⊙か三九九ろ二七りて九れ日　か三たの六三日め九らかめ九らをてを一て　と九へゆ九つもり八らきのつ一た一十から　ま九十のか三の一れ百の二七りて九れ日　あ九のたの日三八三きにゆ九ほ十九る日九七るから　一はつら一七れと三きをたの日三二日んほ日て九れ日

八一九八八一九　十せ一は十せ一の八りかた　⊙の八りかた八⊙のひかり日ん三ん八かりて七九　九三き百日ろ九二八りかた三　一のひかり八⊙の九九ろ三　一三一十のちゑて一つて百日き九十日たか　七二百か百てき十九七一八かり　二ちも三ちも七◎ん九十二して一ても　またきか

つかん　め九◎　二八九〇九〇
す九八ね八七◎すたすかる日ん三は七九　十ろのー三二する八八す一七れ十　それて八⦿のか
三三〇二すます　九れたけ二九十八けて日ら日てある二きかね八またく一たいめを三せね八七
◎ん　二ゆの三きか八る十八かきらん十　⦿の九二を八つ二きつて九ろすあ九のけ一か九　⦿の
九二二もかい九九の日んかをり　か一九九二も⦿の九か一る　一八十か一◎けたら一十二八かる
六かつの十か　しよ〇ひつくのか三　てんめ五九ろウ三

【訓解文】

親と子であるから、臣民は可愛いから旅の苦をさしてあるに、苦に負けてよくもここまでおちぶれてしもうたな。鼠でも三日先のことを知るのに、臣民は一寸先さえわからぬほどに、よくも曇りなされたな、それでも⦿の国の臣民、天道人を殺さず、食べ物がなくなっても死にはせぬ、ほんのしばらくぞ。木の根でも食うておれ。

闇のあとには夜明け来る。神は見通しざから、心配するな。手柄は千倍万倍にして返すから、人に知れたら帳引きとなるから、人に知れんように、人のため国のため働けよ、それがまことの⦿の臣民ぞ。酒と煙草も勝手に作って暮らせる良き世になる、それまで我慢できない臣民たくさんある。早く⦿の神の申す通りにせねば、世界を泥で海にせねばならぬから、早う⦿神心になりてくれよ、神頼むぞよ。

盲が盲を手を引いて、どこへ行くつもりやら、気のついた人から、まことの神の容れものになりてくれよ。悪の楽しみは先に行くほど苦しくなるから、はじめは辛いなれど、先を楽しみに辛抱してくれよ。配給は配給、統制は統制のやり方。神のやり方は⦿の光臣民ばかりでなく、草木も喜ぶやり方ぞ。日の光は⦿の心ぞ。いざ人の知恵で一つでもよきことしたか。何もかも出来そこないばかり。にっちもさっちもならんことにしていても、まだ気がつかん。盲には困る困る。

救はねばならず、助かる臣民はなく、泥の海にするはやすいなれど、それでは⦿の神さまにすまず、これだけにことわけて知らしてあるに、聞かねばまだまだ痛い目をみせねばならん。冬の先が春とは限らんぞ。⦿の国を八つに切って殺す悪の計画。⦿の国にも外国の臣がおり、外国にも⦿の子がいる。岩戸が開けたら人にわかる。

六月の十日、書はひつくのか三(み)。天明ご苦労ぞ。

三　1—3［3］

四五十八十(よごとはかみ)　七二百上下下七九(なにもうえしたしたひつく)りかへりて一(い)るから◯(わ)からんから　⦿の九九六二七(こころにな)れ八七二九(ばなにご)十(と)もわかるから　かゝ三(がみ)を十二四(そーじし)て九(く)れ四(よ)　一(い)ま二(に)このおつけか一二三(がひふみ)八(ば)かり二七(にな)るから　それまで二三(でにみ)たまを三(み)か一(がい)ておかんと三(み)たまの九(く)もッた一十(ひと)に八(は)　七二十百四(なにともよ)めんから八八九(はやく)⦿九九(ここ)六二(ろに)かへておいて九(く)れ　七二百一十二(なにもいちどに)てて九(く)る　う三(み)か(が)おか二七(にな)り　おかか(が)う三(み)に七(な)る　六月の

十一のあさのおつけ（げ）　三四三四三四（みよみよみよ）

ひつくの十（かみ）

【訓解文】

よごとは神。何も上下、下ひっくり返っているから、わからんから、⦿の心になれば何事もわかるから、鏡を掃除してくれよ。今にこのお告げが一二三（ひふみ）ばかりになるから、それまでに身魂をみがいておかんと、身魂の曇った人には何とも読めんから、早く⦿こころに替へておいてくれ、何も一度に出てくる。海が陸（おか）になり、陸が海になる。六月の十一の朝のお告げ。見よ見よ見よ見よ。

ひつくの十（かみ）。

四　1—4［4］

一十九七（いそぐな）れ十（ど）　四（し）ん三（み）ん七（な）かく二（に）ゆ九十（こと）きかぬから　ゆ九十（こと）きかね八（ば）き九四二四（くよーにし）てきかす
⦿二八七二（にはなに）もかもて（で）きて一（い）るか（が）　四（し）ん三（み）んまため（だ）三（さ）めぬか　かねの一（い）らぬらくの四二七（よにな）るの三（ざ）
八八九（はやく）⦿まつりて九（く）れ四（よ）　⦿まつらね八七二（ばなに）もて（で）きぬそ（ぞ）　おもてのうら八（は）うら　うらのうらか（が）あ
る四三（よぞ）　⦿をた（だ）四二四（しにし）ていまのうへの一十か（ひとが）一（い）るから　⦿のちからか（が）て七一（でない）の三（ざ）　おか三（み）におオ

ホか三をまつりて　まつり九十をせね八お三まらん　この⦿をまつるの八三八ら四た一三　二二三八ら四た一三　はや九まつりて三つけをよ二ひろめて九れよ　八八九四ら三ね八二ほんかつ二れる四七九十二七るから　八四まつりて⦿のもす四二四てくれ⦿せける四　うへ八かり四九ても七らぬ　四もはかり四九ても七らぬ　うへ四たそろた四き四かか三の四三　卍も一十もあて二七らぬ　せかい十一つに七りて⦿の九二二四せて九る三　それ七の二いまの八りかたてよ一十おもて一るのか　わからね八か三二たつねてまつり九十せね八七らぬとゆウ九十またわからぬか　か三と一十とかまつりあ八四てこの四のことかさ四てあるの三

一十かきかね八か三八かりてはしめる三　か三八かりて千たくするの八八八一七れと　それて八四ん三んかか八一三七から　四ん三ん三なやり七ほさね八七らぬから　きをつけて一るの二なに四て一るのさ　いつとん七九十あッて百四らんそ　か三まつりたい一か三まつりけつかう　二三の九の八七三九八一めの⦿三まをまつりてくれよ　九八七三九八ひめ三まもまつりて九れよ

六かつの十三のひ四るす　ひつきのか三

【訓解文】

急ぐなれど、臣民なかなかに言うこと聞かぬから、言うこと聞かねば、聞くようにして聞かす。神には何もかも出来ているが、臣民まだ眼覚めぬか。金のいらぬ楽の世になるのざ。早く⦿祀りてくれよ、神祀らねば何も出来ぬぞ。表の裏は裏、裏の裏がある世ぞ。⦿をだしにして、今の上の人がいるから、⦿の力が出ないのざ。お上(かみ)に大神を祀りて、政治(まつりごと)をせねば治まらん。この神を祀るのは、見晴らし台ぞ。富士見晴らし台ぞ。早く祀りて御告(みつ)げを世に広めてくれよ。早く知らさねば日本が潰れるようなことになるから、早う祀りて⦿の申すようにしてくれ。

⦿急けるよ。上ばかりよくてもならぬ。下ばかりよくてもならぬ。上下揃た良き世が神の世ぞ。卍(ドイツ)も一十(イタリー)もあてにならぬ。世界中一つになりて⦿の国に寄せて来るぞ。それなのに今のやり方でよいと思うているのか。わからねば神に尋ねて政治(まつりごと)せねばならぬということまだわからぬか。神と人とがまつり合わしてこの世のことがさしてあるのざ。

人が聞かねば神ばかりではじめるぞ。神ばかりで洗濯するのは早いなれど、それでは臣民が可哀そうなから、臣民みなやり直さねばならぬから、気をつけているのに何しているのざ。いつどんなことあっても知らんぞ。神祀り第一、神祀り結構。扶桑の木花開耶姫(このはなさくやひめ)の神さまを祀りてくれよ。コハナサクヤ姫様も祀りてくれよ。

六月の十三の日しるす。ひつきのか三(み)。

註　コノハナサクヤ姫　コノハナサクヤ姫（木花開耶姫）とコハナサクヤ姫の重合は意味不明。14―1に

「同じ名の⦿二柱あるのざぞ」に対応か。

五

1―5 [5]

二二(ふじ)十八(とは)⦿の八(や)まの九十三(ことぞ)　⦿の八(や)ま八三七(はみな)二二(ふじ)十一(とい)ふの三(ざ)　三(み)八(は)ら四(し)た一(だい)十八(とは)　三(み)を八(は)らす十九三(とこぞ)　三(み)を八(は)らす十八(とは)　三(み)の七(な)かを⦿二(に)て八(は)る九十三(ことぞ)　四(し)ん三(み)んの三(み)の七(な)か二一八一二(にいっぱいに)⦿のちからを八(は)らす九十三(ことぞ)　大二八(おには)の二二(ふじ)を三(さ)か四(がし)て三四(みよ)　⦿の九(こ)めかて(がで)て九(く)るから　それを大(たい)せつ二(に)四(せ)　二二(ふじ)を七(ひ)ら九十八(くとは)　九九(ここ)ろ二(に)⦿を三(み)たす九十三(ことぞ)

⦿六(ひむ)か十八(とは)⦿を六(む)かへる九十三(ことぞ)　⦿六(ひむ)か八(は)そのつか一三(いぞ)　⦿六(ひむ)か八(は)⦿のつか一三(いざ)から九(こ)の三(み)ちを八四(はよー)ひら一(い)て九(く)れ四(よ)　八四(はよー)つたへて九(く)れ四(よ)　⦿六(ひむ)かのお八九八(やくは)一十(ひと)のやま一(い)を七(な)お四(し)て　⦿のほへ六(む)け三(さ)すお八九三(やくぞ)　九(こ)の三(みち)を四九九九(よくここ)ろへてまちか一(がい)七(な)一(い)八(やう)二(に)つたへて九(く)れ四(よ)

六かつの十四か　⦿(ひ)つくのか三(み)

【訓解文】

富士とは⦿の山のことぞ。⦿の山はみな富士と言うのざ。見晴らし台とは、身を張らすとこぞ。身を張らすとは、身の中を⊙にて張ることぞ。臣民の身の中に一杯に⊙の力を張らすことぞ。大庭の富士を探して見よ。⊙の米が出て来るから、それを大切にせ。富士を開くとは心に⊙を満たすことぞ。

ヒムカとは⊙を迎えることぞ。ヒムカはその使いぞ。ヒムカは⊙の使いざからこの道を早開いてくれよ、早う伝へてくれよ。ヒムカのお役は人の病を治して、⊙の方へ向けさすお役ぞ。この道をよく心得て間違いないやうに伝へてくれよ。

六月の十四日、⊙つくのか三。

註

大庭の富士　天明が奉職していた千駄ヶ谷鳩森八幡神社の境内（大庭）にある富士塚。富士信仰の歴史は古いが、江戸時代に富士講が成立し、とりわけ富士山が出現したとされる庚申の御縁年は「お山参り」と称して富士登拝が盛行し、江戸では富士の山容を模倣した富士塚が各所に築かれた。

神の米　お土米。土が米粒のような形状に自然に凝固したもので大本では霊物として珍重された。王仁三郎は大正五年旧三月三日に大和の畝火山を訪れ、『神霊界』教祖号（大正七年十二月）所収の「神諭」に「畝火の山は出口に因縁の深き神山であるから、昔から土米が龍神の守護で生出してありたなれど、神界の都合に依りて、変性女子に守護を命して、肝川の深山八大龍神に、土米の御用を仰せ付けた」とあり、また「昔から元伊勢、丹後の比沼真奈為の宮に生出してありたなれど、明治四十五年の三月八日に、出口直が伊勢の内宮、外宮、加良洲の宮へ御神霊を御迎い致してから、丹後には今迄のやうには生出ぬやうに成りたぞよ」とある（「神諭」『神霊界』教祖号（大正七年十二月）三頁）。ちなみに吉田東伍『大日本地名辞書』の咋岡神社の項に「大八州雑誌云」として「五箇村の大字久次に比沼真名井原宮あり、そのあやしき事は、五穀をしろすめす大神とて、今も神殿の下の土中より、土にてなれる米の湧出るあり、その様を見るに、質は土にてありなから、米の形に少しもかはらず、なほきくに、この米時によりて増減ありと云り、多き時はうつ高く盛りあかりてありと云り、それは神の御心の、喜ひ給ふ時の事なりとて、みな人厚く敬へり」とある。

大正七年五月二十八日、王仁三郎一行百余人は神島参拝の帰途に肝川に立ち寄り大量の土米を持ち帰った（『神霊界』大正六年七月号、『大本七十年史』上巻三六三頁）。土米は竜体は土中より発生したという文脈と関連して珍重されたようで（『大本七十年史』上巻四二七頁）、『神霊界』大正八年二月一日号所収の天行道人「皇道大本の側面的研究」（三）には「大本の教主が言霊の神法によって龍神に土米の繁殖を命ずらるれば天下無類の土米が其処に繁殖する」とある。

大正十年の第一次大本事件に際して官憲は神体や文書とともに「お土米」を押収している（『大本七十年史』上巻五七二頁）。

六

1―6［6］

か一九九の一九きか九る十三八一てゐるか　またまた八七三ち三　九十十七りたらボつく八きりする三　四ん三ん八⊙のさき八かり四り三えんからかあ一三七から　きをつけているの二七二四てゐるのか　大せつな九十わすれて一るの二きかつかんか　九のしらせをよくよみて九れ四　十かつまてまて　それまて八このまゝておれ四

六かつの十七にち　ひつくのか三

【訓解文】

外国の飛行機が来ると騒いでいるが、まだまだ花道ぞ。九十となりたらボツボツはっきりするぞ。臣民は目の先ばかりより見えんから、可哀想なから、気をつけているのに何しているのか。大切なこと忘れているのに気がつかんか。この知らせをよく読みてくれよ。十月まで待て。それまでは、このままでおれよ。

六月十七日、ひつくのか三。

七　1—7［7］

一九らかねつんてか三の五四三四て九れ一十も四ても　一んねんのある四ん三んて七一十五四てきん三　五四する一十八十ん七二九る四九ても九九ろ八一三六三　九のか三八　ち三一八ま一七ほ四八　あんまのまね三せん三　大き八ま一をなほすの三　か三か一ら九から一十のかんかへて一十を七八て九れる七四

六かつの十七にち　一二のか三

【訓解文】

いくら金積んで神の用さしてくれいと申しても、因縁のある臣民でないとご用出来んぞ。ご用する人は、どんなに苦しくても心は勇むぞ。この神は小さい病治しや、按摩の真似させんぞ。大き病を治すのざ。神が開くから、人の考えで人を引っ張ってくれるなよ。

六月十七日、一二のか三。

八　1—8［8］

あきかたちたら九の三ちひら九かたてて九るから　それまて八か三の四九三をかゝ四ておくから四九四んて　八らの七か二四九一れておいて九れ四　三の十きになりてあ八てて　七二も四らん十一四て八七らん三　それまてに七二もか二も四ら四ておくから　えんあるかたからこの四らせをよくよんて　八らの七か二一れておいて九れ四

六かつの十七にち　ひつくのか三

【訓解文】

秋が立ちたらこの道開く方出て来るから、それまでは神の仕組みを書かしておくから、よく読んで腹の中によく入れておいてくれよ。その時になりて慌てて、何も知らんというようではならんぞ、それまでに何もかにも知らしておくから、縁ある方からこの知らせをよく読んで、腹の中に入れておいてくれよ。

六月十七日、ひつくのか三。

註　秋が立ちたらこの道開く方出て来るから　「秋が立ちたら」は二十四節気の立秋。八月七〜八日。昭和十九年八月中旬に矢野シンが合流し天之日津久神奉賛会が結成され、天明は神業に専念できる体制となる。黒川柚月『岡本天明伝』（二〇一二、ヒカルランド）（一六九〜一七〇頁）

九　1―9［9］

九の四の八りかた八から七九七たら　九のしる四を四ま四て九れとゆて　九の四らせを十りあふから　その十きになりてあ八てん四二四て九れよ　⊙の九二八一十八つ二れた四二七るのそ一十八か三もほ十けも七一ものと三七かおも四か九るの三　三の十きにおかけをお十三ぬ四　四かり十か三のもす九十八ら二一れてお一て九れ四

六かつの十七にち　ひつくのか三

【訓解文】

この世のやり方わからなくなったら、この誌(しる)しを読ましてくれと言うて、この知らせを取りあふから、その時になりて慌てんようにしてくれよ。⦿の国は一度はつぶれたようになるのぞ。一度は神も仏もないものと皆が思う世が来るのざ。その時にお陰を落とさぬよう、しっかりと神の申すこと腹に入れておいてくれよ。

六月十七日、ひつくのか三(み)

十　1―10［10］

⦿二(に)めを六(む)けれ八(ば)⦿か(が)うつり　⦿二(に)三(み)三(み)むけれ八(ば)⦿か(が)き九(こ)へ　⦿に九(こ)九(こ)ろ六(む)けれ八(ば)九(こ)九(こ)六(ろ)二(に)うつる　十二(そーじ)のてい十(ど)二(に)四(よ)りて⦿のうつりかたか(が)千(ち)か(が)ふそ(ぞ)　そ二(じ)て(で)きたかたから⦿のすか(が)たうつる三(ぞ)　それた(だ)け二(に)うつるそ(ぞ)

六かつ十九日　一二(ひつく)のか三(み)

【訓解文】

⦿に目を向ければ⦿がうつり、⦿に耳向ければ⦿が聞こへ、⦿に心向ければ心にうつる。掃除の程度によりて⦿のうつり方が違ふぞ。掃除出来た方から⦿の姿うつるぞ。それだけにうつるぞ。

六月十九日。一二のか三。

十一　1—11［11］

いつ九（こ）もつちにかへるとも四（し）てあろか（が）　十（とー）きよももとのつち二一十（にひとと）き八（は）かへるから　そのつもりて（で）ゐて九（く）れ四（よ）　⦿のも四（し）た九十（こと）ちか（が）八（は）ん三（ぞ）　十（とー）きよ八（は）もとのつちに一四八（いちじは）かへる三（ぞ）　そのつもりて（で）四一四（よーいし）て九（く）れ四（よ）

六かつの十九にち　一二のか三（み）

【訓解文】

何処（いずこ）も土に還ると申してあろが、東京も元の土に一時は還るから、そのつもりでいてくれよ。⦿の申したこと違はんぞ。東京は元の土に一時は還るぞ。そのつもりで用意してくれよ。

六月の十九日　一二のか三。

十二　1—12［12］

大小（たいしよう）をたれ百（も）ゆかれん十九（とこ）ろへつれてゆかれん四二（よーに）　うへの一十（ひと）きをつけて九（く）れ四（よ）　九（こ）の三八（みちは）千十百九九（ちともここ）ろゆる千（せん）ま九十（こと）の⦿の三千三（みちぞ）　ゆた（だ）んすると⦿八（は）か八（は）りの三（み）たまつかふ三（ぞ）

六かつの二十一にちのあさ　ひつくのか三（み）

【訓解文】

大将を誰も行かれん所へ連れて行かれんように、上の人、気をつけてくれよ。この道はちっとも心ゆるせんまことの⦿の道ぞ。油断すると⦿は代はりの身魂使ふぞ。

六月の二十一日の朝、一二のか三。

十三　1―13〔13〕

百十の一十三二ん　十の四た二七二ん　十の四た二七七四十九人　あ八四て五十九の三たまあれ八　九の四九三八上十するのさ　九の五十九の三たま八　か三かまもて一るから四のも十のか三かゝりて大てからを三すから　⦿のもす四七二九十百三たま三か一て九れ四　これか四のもとの力三の力す三　九れたけの三たまかちからあ八四て　四き四の一四つへ十七るのさ　この三たま八　一れもおち二れて一るから　たつねてきても八からんから　四九きをつけて十ん七二おち二れて一る四ん三んても　たつねてきた一十八　四んせつに四てかへせ四　七二九十も二セつかきた三

六かつの二十一にち　ひつくのか三

【訓解文】

元の人三人、その下に七人、その下に七七四十九人、合はして五十九の身魂あれば、この仕組みは成就するのざ。この五十九の身魂は神が守っているから、世の元の神がかかりて大手柄をさすから、⦿の申すよう何事も、身魂磨いてくれよ、これが世の元の神の数ぞ。これだけの身魂が力あはわして、良き世の礎となるのざ。この身魂はいずれも落ちぶれているから、訪ねて来てもわからんから、よく気をつけて、どんなに落ちぶれている臣民でも、訪ねて来た人は、親切にして帰せよ。何事も時節が来たぞ。

六月の二十一日　ひつくのか三。

十四　1—14［14］

九の二て四九四三て九れ四　四め八四六ほと七二もかも八かりて九る三　九九ろ十八四ん三んのもす九九ろて七一三　三たま十八四ん三んのもす三たまて七一三　三たま十八三十たま十一つ二七て一るもの一三　⦿の四ん三ん三十たまの八けへたて七一三　三八たま　たま八三三　か一五九八　三八かりの十九ろあり　たま八かりの十九ろあり　⦿八三たまのへつ七一三　九の九十八かりたら　⦿の四九三かほつほつ八かる三　三たまの千たくと三九九ろの千たくと八　たま八かりの千た九て七一三　四九きをつけて九れ四　⦿のもす九十ちか八ん三四

六かつの二十二にち　ひつくのか三(み)

【訓解文】

この筆よく読みてくれよ。読めば読むほど何もかもわかりて来るぞ。心とは臣民の申す心でないぞ。みたまとは臣民の申すみたまでないぞ。みたまとは身と魂(たま)と一つになっているもの言うぞ。◉の臣民、身と魂(たま)の分け隔てないぞ。身は魂(たま)、魂(たま)は身ぞ。外国は身ばかりの所あり、魂(たま)ばかりの所あり。◉は身魂の別ないぞ。このことわかりたら◉の仕組みがぼつぼつわかるぞ。身魂の洗濯と御心の洗濯とは、魂ばかりの洗濯でないぞ。よく気をつけてくれよ。◉の申すこと違わんぞよ。

六月の二十二日、ひつくのか三。

註　この帖においては第一訳文も第二訳文も「四ん三ん」に「神民」の文字を当てている。

十五　1—15［15］

九(こ)ん十八(どは)まつた一(だい)う五(ご)かぬ四二(よに)するの三(ざ)から　一(い)ま〻ての四七四(よーなし)うけうやお四(し)へのつ十一二(どいに)四(し)て八七(はな)らん三(ぞ)　七十(ひと)をあつめる八(ば)かりかのて(がのうで)八七(はな)一(い)三(ぞ)　七十(ひと)百(も)あつめねば八(ば)七(な)らす(ず)六(むつ)か四(しー)お四(し)へ三(ぞ)　えんある七十(ひと)八八(はは)八(や)九(く)あつめて九(く)れ四(よ)　えん七(な)き七十(ひと)一(い)九(く)らあつめても七二(なに)百(も)七(な)らん三(ぞ)　えんある七十(ひと)を三八(みわ)けて九(く)れ四(よ)　かほ八(は)◉の四(し)ん三(み)んて(で)も九九(ここ)ろ八(は)か一(がい)九九三(こくみ)たま三(ぞ)　かほ八(は)か一(がい)

九九四んても　三たま八⦿の四ん三んある三　やりかけた一九三三　十九十んまてゆかね八おさまらん　四ん三ん一十八七九七る十九ろまて二七る三　一まのうち二九の三四九四んてゐて九れ四　九かつに七つたら四一四て九れよ

六かつの二十四にち　ひつくのか三

【訓解文】

今度は末代動かぬ世にするのざから、今までのような宗教や教への集いにしてはならんぞ。人を集めるばかりが能ではないぞ。人も集めねばならず、難しい教へぞ。縁ある人は早く集めてくれよ。縁なき人いくら集めても何にもならんぞ。縁ある人を見わけてくれよ。顔は⦿の臣民でも心は外国身魂ぞ。顔は外国人でも身魂は⦿の臣民あるぞ。やりかけた戦さぞ、とことんまで行かねば収まらん。臣民一度はなくなるところまでになるぞ。今のうちにこの道よく読んでいてくれよ。九月になったら用意してくれよ。

六月の二十四日、ひつくのか三。

十六　1―16〔16〕

一二三一二三十八六一五十一二四三三八　六　一二五八二⦿二十十四二一八　八八九七　一四四

十九二四十二四六七八八十四三一五二八六三二五一二六二八八七十一九十三八八九三一二八三二
一二三⦿二十⦿十二八九二八三三四一百千十百四十一二十三卍四八九一十四一九四⦿四　七三十
三六二四一二⦿二三

【訓解文】

ひふみひふみと開き結び出でたるひつぐ世ざぞ。開き結び日次出づは月神。月尊し。月開きに開き開くなるはじめの世。（以下不明）六月二十四日。一二⦿文。

註　判読可能な範囲で私訓を試みた。第一訳文には次のようにあるがかなり無理があるように思われる。
ひふみの秘密とは結ぞ、中心の神、表面に世に満つことぞ、ひらき睦び、中心に火集ひ、ひらく水。神の名二つ、カミと神世に出づ。早く鳴り成り、世、新しき世と、国々の新しき世と栄へ結び、成り展く秋来る。弥栄に神、世にみちみち、中心にまつろひ展き結ぶぞ。月出でて月なり、月ひらき弥栄へ成り、神世ことごと栄ゆ。早く道ひらき、月と水のひらく大道、月の仕組、月神と日神二つ展き、地上弥栄みちみち、世の初め悉くの神も世と共に勇みに勇むぞ。世はことごとに統一し神世の礎極まる時代来る、神世の秘密と云ふ。六月二十四日、一二くのか三。

十七　1―17［17］

九の日八三七⦿の百ノ三から　四ん三んノ百ノ十一百ノ一つ百七一三　おつちから十れたもの

三七まつ⦿二三七へ四　十れを一たた一て三たまを八四七四二七つて一るの二　⦿二八三三けす二四ん三ん八かりたへるから　一九らたへても三たまの二十らぬの三　七二ても⦿二十七へてから田へる十　三たま二十る三　一まの八ん二んてたりる三　それか四ん三んの一たたきかた三

六かつの二十五にち　ひつくのか三

【訓解文】

この世はみな⦿のものざから、臣民のものというもの一つもないぞ。お土からとれたもの、みなまず⦿に供へよ。それを頂いて身魂を養うようになっているのに、⦿には献げずに臣民ばかり食べるから、いくら食べても身魂の太らぬのざ。何でも⦿に供えてから食べると身魂太るぞ。今の半分で足りるぞ。それが臣民の頂き方ぞ。

六月の二十五日　ひつくのか三。

十八　1―18［18］

一八十一ら九八九十一八十四める八九十ある三　一たんせカ一八ゆ二ゆ八れん九十かてきる三四かり三たま三か一てお一て九れ四　三たま三かきたい一三　九の三ち一らけて九る十　四の

七かのえら一一十かてて九るから　十ん七えら一一十ても八からん⦿の三ち三から　四九九の二
て四んておいて　十ん七九十てもお四へて八れよ　七んても八からん九十七一四二　九の二てて
四ら四ておか九から　九の二て四九四め十もすの三
九の三ちは⦿◎⊚か三ちさ　すめる三た三の三ち三　三十きせ四八らへせ四　四ん三ん八八九
せね八ま二あ八ん三　一八十一ら九まて二また一九ろある三　九の四八またま○る九七るから
⦿も卍　も九の四二八おらんの三十ゆ十九ろまて十九十んまておちてゆ九三　九かつ二きをつけ
四　九かつか大せつの十き三
四ん三んの九九ろのかか三九ほんて一るから四き九十○る九うつり　○るき九十四九うつる三
一まの上二たつ一十一十つもまことの四一九十一た四て八おらん　九れて四かおさまる十おも
てか　あまり十もせ八あまり三　⦿八いまゝて三て三ん二り四て一たか　これから八きひ四九十
四十四十⦿の三ち二てら四て　⦿の四二一たす三　そのつもりてゐて九れ四　⦿のもす九十ち十
もちかはん三　一まの四二おちて一る四ん三ん　たかい十九ろへつちもち八かり　それて九る四
んて一るのさ　八四みたま千た九せよ　七二九十も八きり十うつる三

六かつ二十六にち　一二（ひつぐ）のか三（み）

【訓解文】

岩戸開く役と岩戸閉める役とあるぞ。いったん世界は言うに言われんことが出来るぞ。しっかり身魂磨いておいてくれよ、身魂磨き第一ぞ。この道開けて来ると、世の中の偉い人が出て来るから、どんな偉い人でもわからん⦿の道ざから、よくこの筆読んでおいてどんなことでも教へてやれよ。何でもわからんことないように、この筆で知らしておくから、この筆よく読めと申すのざ。

この道はスメラが道ぞ、スメル御民の道ぞ。禊せよ、祓（はらへ）せよ。臣民早くせねばまにあわんぞ。岩戸開くまでにまだ一苦労あるぞ。この世はまだまだ悪くなるから、⦿も仏もこの世にはおらんのざというところまで、とことんまで落ちていくぞ。九月に気をつけよ。九月がたいせつの時ぞ。

臣民の心の鏡くぼんでいるから、善きこと悪く映り、悪きこと善く映るぞ。今の上に立つ人、一つもまことの善いこと致してはおらん。これで世が治まると思てか。あまりと申せばあまりぞ。⦿は今まで見て見んふりしていたが、これからは厳しくどしどしと⦿の道に照らして⦿の世に致すぞ。そのつもりでゐてくれよ。⦿の申すこと、ちっともちがはんぞ。今の世に落ちている臣民、高い所へ土持ちばかり、それで苦しんでいるのざ。早う身魂洗濯せよ。何事もはっきりと映るぞ。

六月二十六日、一二のか三。

⦿の九二⦿の八ま二⦿まつりて九れ四　まつる十八⦿二まつろう九十三　つち二まつろ九十三　一十二まつろ九十三　まつりまつりてうれ四〱の四十七るの三　まつる二八まつ十二せね八七らん三　十二すれ八たれ二ても⦿かゝる四二　二ほんの四ん三ん七りておる三　しんしゆせいけつのた三十八　十二四てきれい二七た四ん三んの九十三

六かつ二十七　一二⦿

【訓解文】

⦿の国⦿の山に祀りてくれよ。祀るとは⦿にまつろうことぞ。土にまつろうことぞ。人にまつろうことぞ。祀り祀りて嬉し嬉しの世となるのざ。祀るにはまづ掃除せねばならんぞ。掃除すれば誰にでも⦿憑るように、日本の臣民なりておるぞ。神州清潔の民とは、掃除して綺麗になった臣民のことぞ。

六月二十七日、一二⦿。

二十　1—20〔20〕

⦿か九の四二ある七れ八　九ん七三たれた四二八せぬ八つ三十もーすものた九山あるか　⦿二八一十の一二千もあ九も七一百の三　四九九九ろ二かんかへて三四　七二もかも八かりて九る三

おもてのうら八うら　うらのおもて八おもて三十も四てあろか　一ま一のか三二もうらおもて
ち十あやまれ八八からん九十二七る三　⦿九九ろ二七れ八七二百かも八きりうつりて九るのさ
三九の十りわからす二り九つ八かりも四て一るか　り九つのない四二　⦿の四二四て三せる三
九十あけせぬ九二十八三の九十三　り九つ八かい五九のやりかた　⦿の四ん三ん九十あけせす二
り九つ七九四て七二もかも八かる三　三れか⦿のま九十のた三三
あ四百十から十りかたつ三　十りたちてあ八てゝ百七二百七らん三　四一七三れ四　うへ四た
二九れん十七くりかへる三　うへのもの四た二おちふれたた三うへ二七る三　一八十七らける三
日あけちかついたから八四三たまの千た九四て九れ四　⦿のもす九十　千二一も千か八ん三

六かつ二十七にち　ひつくのか三

【訓解文】

⦿がこの世にあるなれば、こんな乱れた世にはせぬはずざと申す者たくさんあるが、⦿には人の言ふ善も悪もないものぞ。よく心に考へてみよ。何もかもわかりて来るぞ。表の裏は裏、裏の表は表ぞと申してあろが。一枚の紙にも裏表、ちと誤まればわからんことになるぞ。⦿心になれば何もかもはっきり映りて来るのざ。そこの道理わからずに理屈ばかり申しているが、理屈のない世に、⦿の世にして見せるぞ。言挙げせぬ国とはそのことぞ。理屈は外国のやり方。⦿の臣民言挙げせずに、理屈なくして何もかもわかるぞ。それが⦿のまことの民ぞ。足許から鳥が立つぞ。鳥立ちて慌てても何もならんぞ。用意なされよ。上下にグレンと引っくり返るぞ。上の者下に、落ちぶれた民上になるぞ。岩戸開けるぞ。日あけ近づいたから、早う身魂の洗濯してくれよ。⦿の申すこと千に一つもたがわんぞ。

六月二十七日、ひつくのか三。

二十一　1—21［21］

四のも十のか三の四九三十一百の八　か三〱二も八からん四九三てある三　九の四九三八かりて八七らず八からね八七らず七か〱二六か四四九三てある三　四ら四て八りた一七れ十　四ら四て七らん四九三三　かい五九か一九らせめて九る十も　せかいのか三〱か一九ら四せて九る十も　きり〱二七りたら⦿のも十の⦿の四んりきたして　一八十七ら一て　一つの王てお三める⦿のま九十の四二一たすのてあるから　⦿八四ん八一七一七れ十　つ一て九れる四ん三んす九七一から　八四十二四て九れ十百すの三　十二すれ八　七二九十百八きりとうつりてら九七九

十二なるから　八四か三のもす四四て九れ四　九ん十八十九十八二か八らぬ四二一たすの三から
四のも十のか三て七一十八からん四九三さ

千た九てきた四ん三んからてからたて三四て　うれしくの四二一たすから　◉か四ん三ん二
おれいもすから　一さい五百九すてて八四か三のもす九十きて九れ四　一んねんの三たま八十四
て百かい四んせね八七らんのさから　八四か一四んせ四　おそ一かい四ん七かく六つか四三
か三八丁めん二つける四二七二九十百三十四三から　か三の丁めんまちか一七一から　◉のもす
十り二わからん九十も◉のもす十り二四たかひて九れ四　八しめつら一七れ十たんく八かりて
九るから　四九一九十きて九れ四

かい九九からせめてきて　◉の九二まるつ二れ十一十九ろて　百十の◉のしんりきた四て　四
をたてるから　四ん三んの九九十もお七二三　へ十もむか四の四二七る三　か三のからたから一
きてきぬ四二四て一るか　一まにもとのまゝにせ七七らん九十二七る三

二二から三〇り四り八七れたところへまつりて九れ四　二二二もまつりて九れ四　二二八い四
くう五九から　それかすむまて八三〇り八七れた十九ろへかり二まつりておいて九れ四　二二

八(は)⊙の八(や)まさ(ざ)　いつ⊙(ひ)を二(ふ)九(く)か八(わ)からん三(ぞ)　⊙八(は)二(ふ)かんつもりて(で)も　一(い)四(よ)く十(と)七(な)れ八(ば)二(ふ)か七(な)七(な)らん九(こ)十(と)か(が)あるから　三(そ)れまて(で)八(は)八(は)七(な)れたとこへまつりて九(く)れ四(よ)　か三(み)八(は)かま八(は)ね十(ど)四(し)ん三(み)んの二(に)九(く)たいくせつなから　二(に)九(く)たいも七(な)九(く)て八(は)七(な)らんから　十(そう)四(し)てまつりて九(く)れ　まつりまつりけつ九(こう)三(ぞ)

六かつの二十八にち　ひつ九(く)のか三(み)

【訓解文】

世の元の神の仕組みというものは、神々にもわからん仕組みであるぞ。この仕組みわかりてはならず、わからねばならず、なかなかに難しい仕組みであるぞ、知らしてやりたいなれど、知らしてならん仕組みぞ。外国がいくら攻めて来るとも、世界の神々がいくら寄せて来るとも、ぎりぎりになりたら⊙の元の⊙の神力出して、岩戸開いて一つの王で治める⊙のまことの世に致すのであるから、⊙は心配ないなれど、ついて来れる臣民少ないから、掃除してくれと申すので、掃除すれば何事もはっきりと映りて楽なことになるから、早う神の申すようしてくれよ。今度は永遠(とことは)に変らぬ世に致すのざから、世の元の神でないとわからん仕組みざ。

洗濯できた臣民から手柄立てさして、嬉し嬉しの世に致すから、⊙が臣民にお礼申すから、一切ごもく捨てて、早う神の申すこと聞いてくれよ。因縁の身魂はどうしても改心せねばならんのざから、早う改心せよ。遅い改心なかなか難しいぞ。神は帳面につけるように何事も見通しざから、神の帳面間違いないから、◉の申す通りに、わからんことも◉の申す通りに従いてくれよ。初めつらいなれど、だんだんわかりて来るから、よく言うこと聞いてくれよ。

外国から攻めて来て◉の国丸つぶれというところで、元の◉の神力出して世を立てるから、臣民の心も同じぞ。江戸も昔のようになるぞ。神の体から息出来ぬようにしているが、今に元のままにせならんことになるぞ。

富士から三十里より離れた所へ祀りてくれよ、富士にも祀りてくれよ、富士はいよいよ動くから、それが済むまでは三十里離れた所へ、仮に祀りておいてくれよ。富士は◉の山ざ。いつ◉(ひ)を噴くかわからんぞ。◉は噴かんつもりでも、いよいよとなれば、噴かなならんことがあるから、それまでは離れた所へ祀りてくれよ。神はかまはねど、臣民の肉体大切なから、肉体もなくてはならんから、そうして祀りてくれ。まつりまつり結構ぞ。

六月の二十八日、ひつくのかみ。

註　富士から三十里より離れた所　榛名山を指す。天明の榛名山神業については黒川柚月『岡本天明伝』（一六二～一七〇頁）。なお大正十三年三月に矢野祐太郎は「榛名龍神（後、榛名大神）」を矢野シンに憑けて三條家（矢野家）神殿に迎え祭り、昭和八年六月二十八日に総勢二十二名にて榛名湖で神事を斎行している。詳細は本書所収の佐竹『一二三考』参照。

一四一四十七れ八　か一五九つ四一十三れ八　か一五九へつ九四ん三んた九山てきる三　三ん七四ん三ん一りも一らぬぞ　八四ま九十のもの八かりて⊙の九二をかためて九れ四

六かつ二十の八にち　一二のか三

【訓解文】

いよいよとなれば、外国強いと見れば、外国へつく臣民たくさんできるぞ。そんな臣民一人もいらぬぞ。早うまことの者ばかりで⊙の国を固めてくれよ。

六月二十八日、一二のか三。

二十三

1―23［23］

⊙七三十ても四一から八八九ら九二四て九れ十一ふ一十た九山あるか　九ん七一十八九ん十八三七八一二四て七九四て四百からそのか九五ておれ四

六かつの二十八日　ひつくのか三

【訓解文】

⊙なぞどうでもよいから早く楽にしてくれと言ふ人たくさんあるが、こんな人は今度はみな灰にして、なくしてしまうからその覚悟でおれよ。

六月の二十八日、ひつくのか三。

二十四　1—24 [24]

七の日八ものの七る日そ　あ十や十わ八も十の五四三　イウの三たま八か一三への五四三　あ
十八　たんく八かりて九る三
六かつの二十八にちはいんねんのひさ　一二のか三

【訓解文】

七の日はものの成る日ぞ。「あ」と「や」と「わ」は元の御用ぞ。「イ」「ウ」の身魂は介添えの御用ぞ。あとは、だんだんわかりて来るぞ。

六月の二十八日は因縁の日ざ。一二のか三。

二十五　1—25 [25]

一二千二十卍一十四二た四たら　⦿の四か一四一四千かつ一たの三から　四九せか一の九十を
三て三七二四ら四て九れ四　九の⦿八せか一十の三か　てん千の九十をまかされて一る⦿の一十

八四ら三から　千さ一九十一ふのて八七一三　千三一九十百七んてもセ七七らんか　千さ一九十十四ん三んおもて一る十　まちか一かお九るから　四ん三ん八それ〱千三一九十百せ七七らんお八九もあるか　四九きをつけて九れ四

きたからせめよせてきたら一四〱の九十三　三七三一か四二四　三七大せつ七れ十　きたをまもツて九れ四　きたから九る三　⦿八けも七一十きから四ら四てお九から　四九九ノ二て九九ろ二四めておれ四

一にち一二きりの九め二七九十きある三　きるもの百七九九十ある三　一九らか一ため四ても⦿のゆる三もの一つも三二八つかん三きても〱　九ても九ても七二もならんかきの四さ　八四⦿九九ろ二かへりて九れ四　九の一八十七ら九の八七んぎのわからん一十二八九せん三　二三つけられ〱て一る四ん三んのちから八　おてから三四て十九十八二七のの九る四二七る三百十の四二一十も十三七七らんから　七二もかもも十の四二一十八も十すの三から　そのつもりておれ四　四九八て一ろ〱か一ため四て一る一十　きの十九かてきるそ　⦿四九きをつけてお九三

九（こ）の三（み）ち二（に）えんある一十二八（ひとには）　か三（み）から三（そ）れ三（ぞ）れの⦿をまもり二（に）つけるから　てんちのもとのてんのおか三（み）　く二（に）のおか三十十（みとと）も二（に）よくまつりて九（く）れ四（よ）

六月の三十にち　ひつくのか三（み）

【訓解文】

一日に十万人死に出したら、⦿の世がいよいよ近づいたのざから、よく世界のことを見て皆に知らしてくれよ。この⦿は世界中のみか天地のことを任されている⦿の一柱ざから、小さい事言うのではないぞ。小さい事も何でもせなならんが、小さい事と臣民思うていると間違いが起こるから、臣民はそれぞれ小さい事もせなならんお役もあるが、よく気をつけてくれよ。

北から攻め寄せて来たらいよいよのことぞ。南東、西、みな大切なれど、北を守ってくれよ。北から来るぞ。⦿は気もない時から知らしておくから、よくこの筆、心にしめておれよ。

一日一握りの米に泣く時あるぞ。着る物も泣くことあるぞ。いくら買溜めしても⦿の許さんもの一つも身に付かんぞ。着ても着ても、食うても食うても何もならん餓鬼の世ざ。早う⦿心にかえりてくれよ。この岩戸開くのは難儀のわからん人には越せんぞ。踏みつけられ踏みつけられている臣民の力はお手柄さして、永遠（とことは）に名の残るようになるぞ。

元の世に一度戻さなならんから、何もかも元の世に一度は戻すのざから、そのつもりでおれよ。欲張っていろいろ買溜めしている人、気の毒が出来るぞ。⦿よく気をつけておくぞ。この道に縁ある人には、神からそれぞれの⦿を守りにつけるから、天地の元の天の大神、国の大神と共に、よく祀りてくれよ。

六月三十日、ひつくのか三。

二十六　1―26［26］

あの三たま十八てんちのま九十の一つの　かけかへ七一三たま三　や十八三の火たりの三たまわ十八水きりの三たま三　や二八かへ三たま㋳ある三　わ二八かへ三たま㋻ある三　あもやもわも㋳も㋻も一つのもの三　三たま七一たか三かゝる四ん三んをあつめるから一十一て九れる七四一ま二八かるから十れまて三て一て九れ四　イとウは三のか一十への三たま　そのたまと九三てエ十ヲヱとオかうまれる三　五れ八八かる九十三から十れまてまちて九れ四　一て八りた一七れ十一ま一て八四九三上十せんから　ちやま八一るから三たまそしすれ八八かるから　八四三たま千た九四て九れ四

⦿まつる十八おまつり八かりて七一三　⦿二まつろ九十三　⦿まつろ十八⦿二まつ八りつ九九十三　まつ八りつく十八九かお八二まつ八る九十三　⦿二四たか二九十三⦿二まつろ二八千た九

せ七七らん三　千た九すれ八⦿か〻る三　か三か〻れ八七二百か百三十四三　それて千た九く
十四ん三ん　三三二た九てきるほ十も四て一るのさ
七かつの一にち　ひつくのか三の三八けある三

【訓解文】

「あ」の身魂とは天地のまことの一つの　かけがへない身魂ぞ。「や」とはその左の身魂。「わ」とは右の身魂ぞ。「や」には替へ身魂㋳あるぞ。「わ」には替え身魂㋻あるぞ。「あ」も「や」も「わ」も㋳も㋻も一つのものぞ。身魂引いた神かかる臣民を集めるから急いでくれるなよ。今にわかるから、それまで見ていてくれよ。「イ」と「ウ」はその介添えの身魂、その霊と組みて「エ」と「ヲ」、「ヱ」と「オ」が生れるぞ。いずれはわかることざから、それまで待ちてくれよ。言うてやりたいなれど、今言うては仕組み成就せんから、邪魔入るから、身魂掃除すればわかるから、早う身魂洗濯してくれよ。

⦿祀るとはお祭りばかりでないぞ。⦿にまつろうことぞ。⦿まつろうとは、⦿にまつはりつくことぞ。まつはりつくとは、子が親にまつわることぞ。⦿に従ふことぞ。⦿にまつろうには洗濯せなならんぞ。洗濯すれば⦿憑るぞ、神憑れば何もかも見通しぞ。それで洗濯洗濯と、臣民耳にたこ出来るほど申しているのざ。

七月の一日、ひつくのか三の道ひらけあるぞ。

二十七

1—27［27］

七二百か百四のも十から四九三てあるから　⦿のもす十九ろへゆけ四　も十の四九三八二二三つきの四九三八う四十ら三十り四り　つきの四九三の八ま二ゆきて　一ら一て九れ四　一ま八八かるまいかやかてけ九七九十二七るのさから　ゆきて⦿まつりて七ら一て九れ四　九まか九四ら四て八りたい七れ十　それで八四ん三んのてから七九七るから　四ん三ん八九さから　九二てから三四て⦿からおんれ一もす三　ゆけ八七二百かも四九七る四二　むか四からの四九三四てあるから　七二九十もゝの三四て八かた四二ゆく三　てんちかう七る三　うへしたひ九りかへる三あ九の四九三二三七ノ四ん三んたま三れて一るか　もす九めさめる三　め三めたらたつねて五三れ　九の⦿のも十へきてきけ八　七んてもわかる四二　二てて四ら四てお九三　あきたちたら三ひ四九七る三　三ひ四九七りたらたつねて五三れ　がを八て一る十　五までも八からす二九る四六八かりそ　この二ても三たま二四り十ん七二ても十れる四二かいてお九から　十りちかいせん四二四て九れ　三八四ら十七八四らそろたら八ま二ゆけ四

七かつ一にち　ひつくのか三

【訓解文】

何もかも世の元から仕組みてあるから、㋹の申すところへ行けよ。元の仕組みは富士ぞ。次の仕組みは艮三十里より、次の仕組みの山に行きて開いてくれよ。今はわかるまいがやがてけっこうなことになるのざから、行きて㋹祀りて開いてくれよ。細かく知らしてやりたいなれど、それでは臣民の手柄なくなるから、臣民は子ざから、子に手柄さして㋹から御礼申すぞ。行けば何もかも良くなるように、昔からの仕組みしてあるから、何事も物差しで測ったように行くぞ。天地がうなるぞ。上下引ひっくり返るぞ。悪の仕組みに皆の臣民だまされているが、もうすぐ目さめるぞ。目さめたら訪ねてござれ。この㋹のもとへ来て聞けば、何でもわかるように筆で知らしておくぞ。秋立ちたら寂しくなるぞ。寂しくなりたら訪ねてござれ。我(が)を張っていると、いつまでもわからずに苦しむばかりぞ。この筆も身魂により、どんなにでも取れるように書いておくから、取り違いせんようにしてくれ。三柱と七柱揃うたら山に行けよ。

七月一日、ひつくのか三。

註　**仕組みの山**　榛名山。

三柱と七柱揃うたら山に行けよ　三柱、七柱は神霊の数ではなく神業に奉仕する人の数である。三柱は岡本天明、都築太一、佐々木清治郎と推定される（黒川前掲書一六二〜一六四頁参照）。

せか一十まるめて◉の一つの王でおさめるの三　それか◉の四の八りかた三　百四四八百四
四　か四八か四十　九ん十八十九十八二三たまるの三　三たまの一んねん二四りて　九ん十八八
きり十きまて　う五かん◉の四十するの三
七すのたねに八うり八七らん三　七すのつる二うりを七らすの八あ九の四九三　一まの四八三
七それて七一か　九れて四かお三またら　◉八九の四二七一ものさ　◉十あ九十のちから九らへ
三　九ん十八あ九の王も　◉のちから二八十四てもか七〇ん十　九九ろからもす十九ろまて十九
十んまてゆ九の三から　あ九もかい四んすれ八たすけて　四きほ二まわ四て八る三　◉の九二を
千きりして七ます二するあくの四九三八八かりておる　あくのか三も　◉のか三の四九三を九ふ
九りんまて八四て一て　てんちひ九りかへる大たたか一十七るのさ　の九る一りん八たれも四ら
ぬ十九ろ二四かけてあるか　九の四九三九九ろて十りて九れ四　◉もた一せつ三か　九の四て八
四ん三んもたいせつ三　四ん三ん九の四のか二三　十ゆて八七たか二七る十ぽきんとおれる三
七かつの一にち　ひつ九のか三

【訓解文】

世界中まるめて◉の一つの王で治めるのざ。それが◉の世のやり方ぞ。百姓は百姓、鍛冶は鍛冶と、今度は永遠に定まるのざ。身魂の因縁によりて、今度ははっきりと決まって、動かん◉の世とするのざ。茄子の種には瓜はならんぞ。茄子の蔓に瓜をならすのは悪の仕組み、今の世は皆それでないか。これで世が治ったら、◉はこの世にないものざ。◉と悪との力くらべぞ。今度は悪の王も、◉の力にはどうしてもかなわんと、心から申すところまで、とことんまで行くのざから、悪も改心すれば助けて、良き方にまわしてやるぞ。◉の国を千切りしてなますにする悪の仕組みはわかりておる。悪の神も、◉（もと）の神の仕組みを九分九厘までは知っていて、天地引っくり返る大戦いとなるのざ。残る一厘は誰も知らぬ所に仕掛けてあるが、この仕組み心で取りてくれよ。◉も大切ざが、この世では臣民も大切ぞ。臣民この世の神ぞ。と言うて鼻高になると、ポキンと折れるぞ。

七月の一日、ひつ九のか三。

二十九　1―29〔29〕

九（こ）の四（よ）か（が）百（も）十（と）ノか三（み）の四（よ）二（に）七（な）る十（と）一（い）二（ふ）九（こ）十（と）八（は）　十（ど）ん七（な）か三（み）二（に）百（も）八（わ）かておれ十（ど）　十四（どーし）たらも十（と）の四二（よー）七（な）るか十（と）一（いふ）九（こ）十（と）八（わ）からん三（ぞ）　か三（み）二（に）百（も）八（わ）からん九（こ）十（と）　一（ひ）十（と）二（に）八（は）七（な）を八（わ）からんの二（に）　四（じ）二（ぶ）んか（が）七（な）んて（で）もする四二（よーに）おもて一（い）るか（が）　三（さ）八（つぱ）り十（と）りちか（が）一（い）三（ぞ）　八（や）て三（み）四（よ）れ　あちへ八（は）つ（づ）れ九（こ）ちへ八つ（づ）れ

一(い)よく十(どー)も七(な)らん九十(こと)二(に)七(な)る三(ぞ)　三(さ)一(い)五(ご)の九十(こと)八(は)九(こ)の⊙(で)て七(な)一(い)十(と)八(わ)からん三(ぞ)　一(い)四(よ)く十(と)七(な)りてお四(し)へて九(く)れ十(と)百(もー)四(し)てもま二(に)あ八(は)ん三(ぞ)

七かつ一にち　ひつくのか三(み)

【訓解文】

この世が元の神の世になるといふことは、どんな神にもわかっておれど、どうしたら元の世になるかといふことわからんぞ。神にもわからんこと、人にはなおわからんのに、自分が何でもするように思うているが、さっぱり取り違いぞ。やって見よれ。あちへはずれこちへはずれ、いよいよどうもならんことになるぞ。最後のことはこの⊙でないとわからんぞ。いよいよとなりて教えてくれと申してもまにあわんぞ。

七月一日、ひつくのか三。

三十　1—30［30］

二二(ふじ)を七(ひ)ら一(い)たらまた七(ひ)ら九十(くと)ころあるの三(ざ)　七(な)◎(る)十(と)へゆく九十(こと)あるのさ(ざ)から　九(こ)の九十(こと)八(や)九(く)一(い)んた(だ)け九(こ)九(こ)ろへておいて九(く)れ四(よ)

七かつの一のひゝつくか三(み)

【訓解文】

富士を開いたらまだ開くところあるのざ。鳴戸へ行くことあるのざから、このこと役員だけ心得ておいてくれよ。

七月の一の日、ひつくか三。

註　鳴戸へ行くことあるのざから　9—2註「イイヨリの御用」参照。

三十一　1—31［31］

九ん十の五四け九七五四三　一九らかねつんても一んねん七一四ん三ん二八させん十　一ま二五四三四て九れ十かね百て九るか　一一⦿二きイて四まつせ四　けかれたかね　五四二七らんから　一りんもうけ十る九十七らん三　けかれたかね　し八ま二七るから　ま九十のものあつめるから　七二百四ん八一する七四　四ん八一きの十九三四　七二も⦿かするから四九たす七四　あ十四八ら九三四　二ち〱二八かりて九るから　す七を七四ん三んうれ四〱て九ら三すから

七月一日

【訓解文】

今度の御用けっこうな御用ぞ。いくら金積んでも因縁ない臣民にはさせんぞ。今に御用させてくれと金持って来るが、いちいち⦿に聞いて始末せよ。穢れた金御用にならんから、一厘も受け取ることならんぞ。穢れた金邪魔になるから、まことのもの集めるから、何も心配するなよ。心配気の毒ぞよ。何も⦿がするから欲出すなよ。あと暫くぞよ。日々にわかりて来るから、素直な臣民、嬉し嬉しで暮さすから。

七月一日。

三十二　1—32 [32]

四の百十から一つ九十三つ九十ある三　一つ九八⦿のけ一十三　三つ九八○のけ一十三　一つ九八ま九十のか三の四ん三ん三　三つ九八か一五九のた三三　⦿十○十六す一て一二三十七るの三から　か一五九四んもか三の九さから　か一五九四んもたすけ七七らんとも四てあろか七　一二三十七へて一八十あ九三　か三から三たせか一のた三十　一十の三たせか一の一十十八　三八りあへこへてあるから　まちか八ん四二四て九れ四　ひみつの四九三十八　一二三の四くみさ八四一二三十七へて九れ四　一二三十七へる十一八十あ九三

七かつの二のひ　ひつくのか三

【訓解文】

世の元からヒツグとミツグとあるぞ。ヒツグは⦿の系統ぞ。ミツグは○の系統ぞ。ヒツグはまことの神の臣民ぞ、ミツグは外国の民ぞ。⦿と○と結びて一二三となるのざから、外国人も神の子ざから、外国人も助けなならんと申してあろがな。一二三唱へて岩戸開くぞ。神から見た世界の民と、人の見た世界の人とは、さっぱりあべこべであるから、間違わんようにしてくれよ。ひみつの仕組みとは一二三の仕組みざ。早う一二三唱へてくれよ。一二三唱へると岩戸開くぞ。

七月の二の日、ひつくのか三。

三十三

1—33［33］

⦿の四一八すんて一るの三から　た三の四一八四四て九れ四　四一四て八四まつりて九れ四
二二八八れ十二ほん八れ十もす九十たん〱八かりて九る三　か三の七のついた一四かある三
その一四や九一ん二わけて　それ〱二しゆ五の⦿つけるそ　⦿の一四八お八まにあるから　お
八まひら一て九れ四　一つ九のた三　三つ九のた三八四四一四て九れ四　か三せける三

七かつ二か　ひつくのか三

【訓解文】

⦿の用意は済んでいるのざから、民の用意早うしてくれよ。用意して早う祀りてくれよ。富士は晴れたり日本晴れと申すことだんだんわかりて来るぞ。神の名のついた石があるぞ。その石役員に分けて、それぞれに守護の⦿つけるぞ。⦿の石はお山にあるから、お山開いてくれよ。ヒツグの民、ミツグの民、早う用意してくれよ。神急けるぞ。

七月二日、ひつくのか三。

三十四　1—34［34］

七二五十もてんち二二十十七一九十て　八り三九七一四て七らん　た〻四へる　九二のかためのお八りの四あけてあるから　九れか一はんたいせつの八九てあるから　四九四られんから　⦿か九十百四て一るのさ　か三く三ま四ん三ん三七きて九れ四　一二三の五四てきたら　三四五の五四にか〻ら七七らんから　八四一二三の五四四て九れ四　七二百四ん八一七一から　⦿の四五十を四て九れ四　か三の四五十四ておれ八　十九二一ても　一三十一十き二八　か三かつま三あけてたすけて八るから　五四たい一三　一ひに十卍の一十四ぬ十ききたそ　せか一十の九十三から　きをおき九もちて一て九れ四

七かつの三にち　ひつくのか三

【訓解文】

何事も天地に二度とないことで、やり損いしてならん。漂へる地の固めの終はりの仕上げであるから、これが一番大切の役であるから、しくじられんから、⦿がくどう申しているのざ。神々さま、臣民、皆聞いてくれよ。一二三の御用出来たら三四五の御用にかからなならんから、早う一二三の御用してくれよ。何も心配ないから、⦿の仕事をしてくれよ。神の仕事しておれば、どこにいても、いざという時には、神がつまみ上げて助けてやるから、御用第一ぞ。一日に十万の人死ぬ時来たぞ。世界中のことざから、気を大きく持ちていてくれよ。

七月の三日、ひつくのか三。

三十五

1—35〔35〕

四んて一きる一十十　一き七から四んた一十十てきる三　⦿のま二ま二⦿の五四四て九れ四九ろ三七七らん四ん三ん十九まて二けても九ろ三七七らん四　一かす四ん三ん十九二一ても一か三七七らん三　また〱あ九ま八えら一四九三四て一る三　⦿の九二千きり十百四てあるかた十へて八七一三　一四一四十七りたら⦿か四んりきたして　うへ四た七くりかへ四て⦿の四二一た

す三　十八の☉四二一たす三
九まか九十一て八りたい七れ十　九まか九十かね八八からん四て八　四ん九九のた三十八一八れん三　かい五九四ん二八五まか九十かね八八からんか　☉の四ん三ん二八十か一ても八かる三たまさつけてある三　それて三たま三かいて九れ十百四てあるの三　それ十もかい五九四ん七三二四てほしのか　九百りたと百四てもあまり三　七二百四ん八一一らんから　お八ま七ら一て九れ四　へ十か一十七る三　☉せける三

七かつの七か　ひつくのか三

【訓解文】

死んで生きる人と、生きながら死んだ人と出来るぞ。☉のまにまに☉の御用してくれよ。殺さなならん臣民どこまで逃げても殺さなならんし、生かす臣民どこにいても生かさなならんぞ。まだまだ悪魔はえらい仕組みしているぞ。☉の国千切りと申してあるが譬へではないぞ。いよいよとなりたら☉が神力出して、上下引っくり返して☉の世に致すぞ。永遠の☉代に致すぞ。

細かく説いてやりたいなれど、細かく説かねばわからんようでは神国の民とは言はれんぞ。外国人には細かく説かねばわからんが、☉の臣民には説かいでもわかる身魂授けてあるぞ。それで身魂磨いてくれと申してあるのざ。それとも外国人並にして欲しいのか、曇りたと申してもあまりぞ。何も心配いらんから、お山開いてくれよ。江戸が火となるぞ、⦿急けるぞ。

七月の七日、ひつくのか三。

三十六　1—36［36］

も十(と)のか三四二(みよに)かへす十一二(といふ)の八(は)　た十(と)へて七一三(でないぞ)　あ七(な)の七(な)か二(に)すま七七(なな)らん九十(こと)てきる三(ぞ)　七(な)まのもの九(く)て九(く)ら三七七(さなな)らん四(し)　四(し)ん三(み)ん十(と)りちか一(がい)八(ば)かり四(し)て一(い)る三(ぞ)　七二(なに)もかも一(いっ)たん八(は)てんちへおひきあけ(げ)三(ぞ)　われの四九八(よくば)かり一(いっ)て一(い)る十(と)　たいへんか(が)て(で)きる三(ぞ)

七かつの九日　ひつくのか三(み)

【訓解文】

元の神代に返すといふのは、喩へでないぞ。穴の中に住まなならんこと出来るぞ。生の物食うて暮さなならんし、臣民取り違いばかりしているぞ。何もかもいったんは天地へお引き上げぞ。我の欲ばかり言っていると大変が出来るぞ。

七月の九日、ひつくのか三。

三十七　1—37［37］

一十のうへの一十三七九三一め四九九十てきるから　一まから四ら四てお九からきつけて九れ四　お三八も一四八七九七る四二七るから　その十き八三かけた一十か　か三のお三八三　八四三たま三かいておけ四　お三八までか一九九のあく二つ二三れる四二七るそ　八八九せね八ま二あ八ん九十三

ひつくのか三

【訓解文】

人の上の人みな臭い飯食うこと出来るから、今から知らしておくから気つけてくれよ。お宮も一時はなくなるようになるから、その時は磨けた人が神のお宮ぞ。早う身魂磨いておけよ。お宮まで外国の悪に潰されるようになるぞ。早くせねばまにあはんことぞ。

ひつくのか三。

三十八

1―38［38］

の九るものの三百　一十八四ぬ九十ある三　四んてから又一きかへる三　三ふんの一の四ん三ん二七るそ　九れからか一四一四の十きさ三　二ほんの四ん三ん十四か九一あ一する三　か七八

ん十一てか一五九へ二けてゆ九ものもできる三　か三に四かり十すかりておらん十　七二百〇からん九十二七るから　八八九か三二すかりておれ四　か三ほ十け九七もの八七一三　か三二も四一か三十〇るいか三ある三　あめの一八あめ　かせの一八かせ十一九十〇からんか　それかてんちの九九ろ三　てんちのこ九ろを八四三十りて九だされ四　一八七ら一八てほか二か八りの三たまかあるからか三八たのまん三　い八七ら八めて九れ四　六りにたのまん三　か三のすること一つもまちか一七一の三　よく四らせを四んて九た三れよ

ひつきのか三

【訓解文】

残る者の身も、一度は死ぬことあるぞ。死んでからまた生き返るぞ。三分の一の臣民になるぞ。これからがいよいよの時ざぞ。日本の臣民同士が食い合いするぞ。かなはんと言って外国へ逃げて行く者も出来るぞ。神にしっかりと縋りておらんと、何もわからんことになるから、早く神に縋りておれよ。神ほど結構なものはないぞ。神にも善い神と悪い神あるぞ。雨の日は雨、風の日は風といふことわからんか。それが天地の心ぞ、天地の心を早う悟りて下されよ。嫌なら嫌で他に替りの身魂があるから神は頼まんぞ。嫌ならやめてくれよ。無理に頼まんぞ。神のすること一つも間違いないのざ、よく知らせを読んで下されよ。

一

ひつきのか三。

三十九

1—39 [39]

四四んか三七り一のあめ二ら四て大千たくする三　四ほ十四かりせね八一きてゆけん三　カミカカりかたく三てきて　〇けの〇からん九十になるから　八八九九の三を一ら一て九れ四　四んか一て八も一九三の三十四ついて一る七れ十　一ま八また四ん三ん二八百三れんの三　か一しんすれ八八かりて九る三　かいしんたい一三　八八九かいしんたい一さ

ひつくのか三

【訓解文】

地震、雷、火の雨降らして大洗濯するぞ。よほどしっかりせねば生きて行けんぞ。神憑りたくさん出来て、わけのわからんことになるから、早くこの道を開いてくれよ。神界ではもう戦さの見通しついているなれど、今はまだ臣民には申されんのざ。改心すればわかりて来るぞ、改心第一ぞ、早く改心第一ざ。

ひつくのか三。

四十　1―40［40］

きた百三(もみ)な三(み)も一か四(ひがし)も二四(にし)も　三七(みな)てき三(ぞ)　てきの七(な)か二(に)も三(み)かたあり　三(み)かたの七(な)かにもてきのあるの三(ざ)　きんの九二(くに)へ三七(みな)かせめて九(く)る三(ぞ)　☉のちからを一四一四(いよいよ)あら八四(はし)て　十九(どこ)までつよいか☉のちからをあら八四(はし)て三(み)せて八(や)るから　せめてきて三四(みよ)　四(し)ん三(み)んの千(せん)たくたい(だい)一(いち)といておる九十(こと)わすれる七四(なよ)

一二のか三(み)

【訓解文】

北も南も東も西も、皆敵ぞ。敵の中にも味方あり、味方の中にも敵のあるのざ。金の国へ皆が攻めて来るぞ。☉の力をいよいよあらはして、どこまで強いか☉の力をあらはして見せてやるから、攻めて来て見よ。臣民の洗濯第一と言っておること忘れるなよ。

一二のか三。

四十一　1―41［41］

一十の四らんゆかれん十九ろて七二四てゐるの三　か三二八四八かておるから　一四一四十一十きかきたら　たすけ四百七一から　きをつけてあるの二まためさめぬか　や三のあ十かよあけはかり十かきらん三　八三かつつ九かも四れん三　七二百かもすてる四ん三ん三一八一三　すてるとつかめる三

ひつきのか三

【訓解文】

人の知らん行かれん所で何してゐるのざ。神にはようわかっておるから、いよいよといふ時が来たら助けようもないから、気をつけてあるのに、まだ目さめぬか。闇の後が夜明けばかりと限らんぞ。闇が続くかも知れんぞ。何もかも捨てる臣民幸いぞ。捨てるとつかめるぞ。

ひつきのか三。

四十二　1―42〔42〕

八四めの五四八九れてす三たから　八四お八ま七ら一て九れ四　お八ま七ら一たら　つきの四の四九三か丶す三　一つきのあ一たにか一て九れた二て八うへつまき十して　のちの四二の九四

て九れ四　これから一つきのあいたにか丶すふては　つきの四の⦿の四の四九三の二て三から三れ八四もつまき十四てのちの四二のこ三す三　そのつもりてきをつけて九れ四　五九六七れ十もせか一の四ん三んのため三から　七二五十百⦿のもす九十す七を二きて九たされ四

七かつの九日　ひつくのか三かく

【訓解文】

はじめの御用はこれで済みたから、早うお山開いてくれよ。お山開いたら、次の世の仕組み書かすぞ。ひと月の間に書いてくれた筆は「上つ巻」として後の世に残してくれよ。これからひと月の間に書かす筆は、次の世の⦿の世の仕組みの筆ざから、それは「下つ巻」として後の世に残さすぞ。そのつもりで気をつけてくれよ。ご苦労なれども世界の臣民のためざから何事も⦿の申すこと、素直に聞いて下されよ。

七月の九日、ひつくのか三書く。

第二巻

下つ巻

四百(しも)つまき

自　昭和十九年七月十二日
至　昭和十九年八月三日

一—三十八

二二八八れ十二ほん八れ　あホかき八まめ九レる四たつ一八ね二まつり九れた五九六三　一四一四⦿もうレ四一三　十り井ハ一らぬ三　十り井十八三つの九十三　う三の三すある十レ十り井三　三七ノもの五九ろ三　四八かたけ八六か四から⦿かゝ九四てをりたゝ一せつの八ま三から一十のゝほらぬ四二四てりゆ四ん十七りてまもりて九れたか三〱三ま二もおれもす三

二二八八れ十二ほん八れ　一四〱つきの四九三二かゝるから　八四つきの五四き一て九れ四⦿せける三　ヤま八レ九二八レう三八レて　八四めててん八れる三　てん八レて⦿の八たらき一四〱八け四九七りたら　四ん三ん一四一四わから七九七るから　八四か三九九ろ二七りて九た三れ四　つき〱二かゝ四ておくからよ九九九ろ二十めておいて　九た三れ四

九のお四へはお四へて八七一三　けうか一て八七一三　三ち三から一まゝての四七けうか一つくら千三　三千十八四ん三ん二か三か三ちる九十三　⦿の九二の七か二か三か三ち〱る九十三

かねもうけ三せんそ　四九すてて九たされよ

七かつ十二ヒのふて　ひつくのか三

【訓解文】

富士は晴れたり日本晴れ。青垣山めぐれる下つ岩根に祀りくれたご苦労ぞ。いよいよ⦿も嬉しいぞ。鳥居はいらぬぞ。鳥居とは水のことぞ。海の水あるそれ鳥居ぞ。皆の者ご苦労ぞ。蛇（じゃ）が岳は昔から⦿が隠しておりた大切の山ざから、人の登らぬようにして、竜神となりて護りてくれた神々様にもお礼申すぞ。

富士は晴れたり日本晴れ。いよいよ次の仕組みにかかるから、早う次の御用きいてくれよ、⦿急けるぞ。山晴れ、地（くに）晴れ、海晴れて、初めて天晴れるぞ。天晴れて⦿の働きいよいよ烈しくなりたら、臣民いよいよわからなくなるから、早う神心になりて下されよ。次々に書かしておくから、よく心に留めておいて下されよ。

この教へは教へではないぞ、教会ではないぞ、道ざから、今までのような教会作らせんぞ。道とは臣民に神が満ちることぞ。⦿の国の中に神が満ち満ちることぞ。金儲けさせんぞ、欲すてて下されよ。

七月の十二日のふで、ひつくのか三。

註　**蛇ケ岳**　榛名湖の外輪山を構成する山のひとつ。天明たちはここに天之日津久神を祀った（黒川前掲書一六七頁）。

九ん十の一八十七ら九五四八　一十の五八一百十八一百八たら九一十て七一十つ十まらん三一八十七ら九十百四ても　それ〳〵の一八十ある三　大九八大九ノ一八十　三かん八三かんノ一八十十　三レ〳〵ノ一八十あるから　三れ〳〵三たまそ十の一八十一ら一て九レ四　四九かてる十八からん九十二め九ら二七るから⦿きつける三

か三の五四十百四て　四二んの四五十八すむ四七九九ろて八　か三の五四二七らん三　十ん七九る四四五十ても　一まの四五十十二ん二ん百四て九た三レ四　か三八三十四三からつき〳〵二四き四二四て八るから　四九たさす　す七を二一まの四五十一た四ておりて九れ四　そのうへて⦿の五四四て九レ四　八九一ん十百四てもそれて九たりのんたり九ら四て八七らん　それ〳〵二四ん三ん十四ての八九めあるぞ　や九一んつら四たら　その一からかわりものたす三　八七ほきんおれる三　か三て九ゝ十八七らんから　九レ〳〵百きをつけてお九三

七かつの十さ二ち　ひつくのか三　三七のもの五九ろてあた三

一　【訓解文】

今度の岩戸開く御用は、人の五倍も十倍も働く人でないとつとまらんぞ。岩戸開くと申しても、それぞれの岩戸あるぞ。大工は大工の岩戸、左官は左官の岩戸と、それぞれの岩戸あるから、それぞれ身魂相当の岩戸開いてくれよ。欲が出るとわからんことに、盲（めくら）になるから、⦿気つけるぞ。

神の御用と申して自分の仕事休むような心では、神の御用にならんぞ。どんな苦しい仕事でも、今の仕事、十人分もして下されよ。神は見通しざから、次々に良きようにしてやるから、欲出さず、素直に今の仕事致しておりてくれよ、その上で⦿の御用してくれよ。役員と申してもそれで食うたり飲んだり暮してはならん。それぞれに臣民としての役目あるぞ。役員づらしたら、その日から替わり者出すぞ。鼻ポキン折れるぞ。神で食うことはならんから、くれぐれも気をつけておくぞ。

七月の十三日、ひつ九のか三。皆の者、ご苦労であったぞ。

三

2—3 [45]

九（こ）の⦿のま九十（こと）のすか（が）た三（み）せて八（や）るつもりて（で）ありたか（が）　一十二三（ひとにみ）せる十一九（とびつく）り四（し）てきをう四七（しなふ）
も四（し）レんから　一四二（いしに）ほらせて三（み）せてお一（い）たの二（に）またき（だ）つ（づ）かんから　きのかたを八（や）たて（で）あろか（が）七（な）
それか（が）⦿のあるかつ十（どう）の十（と）きのすか（が）たて（で）ある三（ぞ）　⦿の三（み）せもの二四（にし）て八七（はな）らん三（ぞ）　お八（や）まのほね
もその十（とー）り三四（ぞよ）　これまて（で）三（み）せて百（も）また（だ）八（わ）からんか　七二（なに）もかも⦿か（が）三四（さし）てあるの三（ざ）　四（し）んパ一（い）

一らんから四九た三す二　す七を二五四きて九た三れ四　九ん十のお八ま一らきま九十二け九て
ある三　⦿か八け四九七る十　⦿の八七四よりてきん九十二七る三　⦿のは七四けつ九三

七かつの十三にち　ひつ九のかみ

【訓解文】

この⦿のまことの姿見せてやるつもりでありたが、人に見せると、びっくりして気を失ふもしれんから、石に彫らせて見せておいたのに、まだ気づかんから、木の型をやったであろがな。それが⦿のある活動の時の姿であるぞ。⦿の見せ物にしてはならんぞ。お山の骨もその通りぞよ。これまで見せてもまだわからんか。何もかも⦿がさしてあるのざ。心配いらんから欲出さずに素直に御用きいて下されよ、今度のお山開き、まことに結構であるぞ。⦿が烈しくなると、⦿の話より出来んことになるぞ、⦿の話結構ぞ。

七月の十三日、ひつ九のかみ。

註　**石に彫らせて見せておいたのに、まだ気づかんから、木の型をやったであろがな**　「石に彫らせて見せておいた」のは九折山。「木の型」は都築太一が榛名湖畔で拾った龍体の流木（黒川前掲書一六七～一六八頁）。都筑太一は「すめら歌社」時代からの天明の弟子で、初期の天明グループの中心的メンバーの一人。「江戸の中山」（2―27）は港区白金の都築宅の二階に祭祀され、この龍木はその傍らに安置された。本業は指物師で天明たちの御宮も造った（黒川前掲書一七二頁）。

今度のお山開き　榛名神業。

2—4［46］

四

八(は)八(や)九(く)三(み)七(な)ノ百(も)ノ二(に)四(し)ら四(し)て九(く)れ四(よ)　◉せける三(ぞ)　お八(や)まの三(み)八(や)百(も)五十九の一(い)八(は)て(で)つくらせてお一(い)たの二(に)　また(だ)きか(が)つかんか　三(そ)れを三(み)ても　◉か(が)つかて三(さ)四(し)ておる九(こ)十(と)四(よ)九(く)八(わ)かるて(で)あろか(が)それて(で)す七(な)を二(に)◉の百(も)す九(こ)十(と)きイて九(く)れてがをた(だ)す七(な)十(と)も四(し)て一(い)るの三(ざ)　七(な)二(に)五(ご)十(と)百(も)◉二(に)まかせて十(と)り五(こ)四(し)九(ぐ)ろする七(な)四(よ)　がか七(な)九(く)て百(も)七(な)らす(ず)　がゝあても七(な)らす(ず)　九(こ)ん十(ど)の五(ご)四(よー)七(な)か〱六(むっ)ケ四(しー)三(ぞ)

五十九の一(い)四(し)の三(み)八(や)て(で)きたから　五十九の一(い)四(し)三(み)たま一(い)四(よ)〱◉か(が)ひき四(よ)せるから　四(しっ)かり四(し)ておりて九(く)た(だ)三(さ)れ四(よ)　九(こ)ん十(ど)の五十九の三(み)たま八(は)五(ご)九(く)ろの三(み)たまそ(ぞ)　一(ひ)十(と)の四(よー)せん四(し)んほ(ぼー)三(さ)四(し)て一(い)きかわり四(し)二(に)か八(は)りしゆきよ(しゅぎょう)三(さ)四(し)ておいた　六(む)かしからの一(い)んねんの三(み)たまの三(み)三(ざ)から　三(み)五(ご)十(と)五(ご)四(よー)つ十(と)めアけ(げ)て九(く)れ四(よ)　けうか一(い)つくるて(で)七(な)一(い)三(ぞ)　四(し)ん四(じ)八(や)つくるて(で)七(な)一(い)三(ぞ)　九(こ)の四(し)九(ぐ)三(み)四(し)ら三(さ)七(な)七(な)らす(ず)　四(し)ら四(し)て七(な)らん四(し)　◉も七(な)か〱二(に)九(く)る四(しー)三(ぞ)　四(よ)の百(も)十(と)からの四(し)九(ぐ)三(み)三(ざ)から一(い)四(よ)

く一八十七ら九十きキた三

七かつの十三にち　ひつくのか三

【訓解文】

早く皆のものに知らしてくれよ、⦿急けるぞ。お山の宮も五十九の岩で作らせておいたのに、まだ気がつかんか。それを見ても、⦿が使ってさしておることよくわかるであろが、それで素直に⦿の申すこと聞いてくれて我を出すなと申しているのざ。何事も⦿にまかせて取り越し苦労するなよ。我がなくてもならず、我があってもならず、今度の御用なかなか難しいぞ。

五十九の石の宮出来たから、五十九の石身魂いよいよ⦿が引き寄せるから、しっかりしておりて下されよ。今度の五十九の身魂はご苦労の身魂ぞ。人のようせん辛抱さして、生き変わり死に変わり修行さしておいた昔からの因縁の身魂の身ざからみごと御用つとめあげてくれよ。教会作るでないぞ。信者作るでないぞ。この仕組み知らさなならず、知らしてならんし、⦿もなかなかに苦しいぞ。世の元からの仕組みざから、いよいよ岩戸開く時来たぞ。

七月の十三日、ひつくのか三。

註　**お山の宮**　榛名神社と推定される。

五十九の岩　榛名山に屹立する九折岩などの巨石群を磐境と見立てたものか。1—13に「合はして五十九の身魂あれば、この仕組みは成就する」とある。

五

2—5［47］

へ十二⦿十七十十のあつまる三八たて四　たてる十百四ても　一エハかたて四一三　かりのもの三から　七十のすむて一るうちて四一三　⦿の一四まつりて⦿七十まつりて九れ四　それかてきたらそこておつけかゝす三　三ひ四九七た七十八あつまりて　その二て三て四二て三れ八　たれても四三かへる三　この二てうつす八九一る三　この二て一ん三つ四て八七らん三　⦿のた三の九十八八　⦿たゝへる百の十おもへ　てんしさまたゝへる百の十おもへ　一十ほめるもの十おもへ　それてこ十たまさき八う三　それか四ん三んの九十八三　わるき九十八八一て八七らん三　九十八八四き九十のためにか三かあたへて一るのさから〇すれん四二七

七かつの十五にち　ひつくのか三のふて

【訓解文】

江戸に⦿と人との集まる宮建てよ。建てると申しても家は型でよいぞ。仮のものざから、人の住むでいる家でよいぞ。⦿の石まつりて⦿人祀りてくれよ。それが出来たらそこでお告げ書かすぞ。寂しくなった人は集まりて、その筆見て読んでみれば、誰でも甦るぞ。この筆うつす役要るぞ。この筆印刷してはならんぞ。⦿の民の言葉は⦿讃へるものと思へ。てんし様讃へるものと思へ。人褒めるものと思へ。

それで言霊幸はうぞ。それが臣民の言葉ぞ。悪しき言葉は言ってはならんぞ。言葉は良きことのために神が与へているのざから忘れんようにな。

七月の十五日、ひつくのか三のふで。

六　2―6［48］

一まゝての二て　えんある四ん三ん二　八四四め四て九れ四　五四の三たまか四ろ九んていろく五四する四二七るから　八四四め四て　へ十二かりの三八つ九りて九れ四　⦿⦿三ま四ん三んまつろひて　一八十七ら九百十てきるから　八四四らせて九れ四　たれて百三て四める四二うつ四て四ん千二おいて　たれても四める四二四てお一て九れ四　八九一ん四九かんかへて三せる十きまちかへぬ四二四て九れ四

七かつの十五にち　ひつくのか三の二て

【訓解文】

今までの筆縁ある臣民に早う示してくれよ、御用の身魂が喜んでいろいろ御用するようになるから、早う示して江戸に仮の宮作りてくれよ。⦿⦿様臣民まつろひて岩戸開く元出来るから早う知らせてくれよ。誰でも見て読めるように写して神前に置いて、誰でも読めるようにしておいてくれよ。役員よく考へて見せる時、間違へぬようにしてくれよ。

七月の十五日、ひつくのか三のふで。

七

2—7 [49]

九の二て四んてうれ四かたら　一十二四ら四て八れ四　四か四六りに八七八て九れる七四　この⦿八四ん四八あつめて四六九二四七⦿て七一三　せか一十のた三三七四ん四や三　それてき四か一の四七九十する七十百すの三　せか一十大千た九する⦿三から　千三一九十おもて一る十けん十十れん九十二七る三

一二三のり十する十き八　⦿の一きにあ八四てのれ四　⦿の一きにあ八すの八　三五七三五七にきつてのれ四　四ま一たけ二四七か九四め四　それを三たひ四三てのりあけ四　あまつのり十のか三十百九のほもす三

七かつ十五にち　一二⦿

【訓解文】

この筆読んで嬉しかったら、人に知らしてやれよ。しかし無理には引っ張ってくれるなよ。この⦿は信者集めて喜ぶような⦿でないぞ。世界中の民みな信者ぞ。それで教会のようなことするなと申すのざ。世界中大洗濯する⦿ざから、小さいこと思うていると見当とれんことになるぞ。

一二三(ひふみ)祝詞する時は、⦿の息に合はして宣れよ。⦿の息に合はすのは三五七、三五七に切って宣れよ。終いだけ節長くよめよ。それを三度よみて宣りあげよ。天津祝詞の神ともこの方申すぞ。

七月十五日、一二⦿。

八

2—8〔50〕

九(こ)の二(ふで)て三(み)七(な)二(に)四(よ)三(み)きか四(し)て九(く)れ四(よ)　一(ひと)りも四(し)ん三(み)んおらぬ十(と)きて(で)も　九(こ)へた(だ)四(し)て四(よ)んて(で)九(く)れ四(よ)　四(し)ん三(み)ん八(ば)かり二(に)きかすのて(で)七(な)一(い)三(ぞ)　⦿⦿三(さ)ま二(に)もきかすの三(ざ)から　三(そ)のつもりて(で)ちからあるま九(こ)十(と)のこへて(で)四(よ)んて(で)九(く)れ四(よ)

七かつの十七にち　ひつくのか三(み)

【訓解文】

この筆みなに読みきかしてくれよ。一人も臣民おらぬ時でも、声出して読んでくれよ。臣民ばかりに聞かすのでないぞ。⦿⦿様にも聞かすのざから、そのつもりで力ある誠の声で読んでくれよ。

七月の十七日、ひつくのか三。

九

2―9［51］

九ん十の一九三八⦿と○との大一九三三　⦿さま二も八からん四九三か　四のも十のか三か七三れて一るの三から　四ものか三くさま二も八からんそ　七二か七んたかたれも八からん四二なつて　どちらも丸つ二れ十一ふ十九ろになりたおり　おか三の三九十二四りて九のほらかしん十九た四て　九ふ九りん十一ふ十九ろて⦿のちからか　十ん七二えら一ものか十一二九十四ら四て　あ九の○もか一四んせ七七ら四二四九三てあるから　⦿のくには⦿のちからてせか一のおや九二二七るの三　⦿と○とは九九ろの中にゝかあるかゝか七一かのちかいてある三　このほ八三四五の⦿十もあら八れる三

へ十の三ヤ四ろ八たれてもきら九二きておかめる四二四ておいて九れ四　このほのふてかく八九一ん　ふてうつす八九一ん　ふて十一てきかす八九一ん一る三　八九一ん八一十のあ十二につ

いてへ(べ)ん四四(じよ)をそ二(じ)するたけ(だ)の九九(ここ)ろかけ(が)ない十(と)つ十(と)まらん三(ぞ)　八九一(やくい)んつ(づ)ら四(し)たら　す九(ぐ)かへ三(み)たまつか三(ぞ)

七かつの十七にち　一二(ひつき)のか三(み)

【訓解文】

今度の戦(いく)さは⦿と○との大戦(おおいく)さぞ。⦿様にもわからん仕組みが世の元の神がなされているのざから、下の神々様にもわからんぞ。何が何だか誰もわからんようになって、どちらも丸潰れといふところになりた折、大神の命によりてこの方らが神徳出して、九分九厘といふ所で、⦿の力がどんなにえらいものかといふこと知らして、悪の○も改心せなならんように仕組みてあるから、⦿の国は⦿の力で世界の親(おや)国(ぐに)になるのざ。⦿と○とは心の中にゝがあるか、ゝがないかの違いであるぞ。この方は三四五(みよいづ)の⦿とも現はれるぞ。

江戸の御社(みやしろ)は誰でも気楽に来て拝めるようにしておいてくれよ。この方の筆書く役員、筆うつす役員、筆説いてきかす役員要るぞ。役員は人の後について便所を掃除するだけの心がけないとつとまらんぞ。役員づらしたら、すぐ替え身魂使うぞ。

七月の十七日、一二のか三。

八(はち)か(が)つの十か二八(には)　へ(え)十(ど)二(に)まつりて九(く)れ四(よ)　アイウはたて三(ぞ)　アヤワは四(よ)九(こ)三(ぞ)　たて四(よ)九(こ)十(く)三(み)て十と七(な)る三(ぞ)　十は火と水三(ぞ)　たて四(よ)九(こ)六(む)すひ(び)てちからて(で)る三(ぞ)　七(な)二(に)百(も)四(し)ん八(ぱ)一(い)七(な)一(い)から　十(ど)四(し)十(ど)四(し)十(と)◎の百(もお)す十(とお)りに五四(ごよー)すすめて九(く)れ四(よ)　四(し)ん三(み)ん八(は)四(し)つ(づ)か二(に)　◎は八(は)け(げ)四(し)き十(と)きの四(よ)ちかつ(づ)いた三(ぞ)

七かつの十七にち　一二◎

【訓解文】

八月の十日には江戸に祀りてくれよ。アイウは縦ぞ、アヤワは横ぞ。縦横組みて十となるぞ。十は火と水ぞ。縦横結びて力出るぞ。何も心配ないから、どしどしと◎の申す通りに御用進めてくれよ。臣民は静かに、◎は烈しき時の世近づいたぞ。

七月の十七日、一二◎。

十二

2—11〔53〕

け百(も)の三(さ)へか三(み)の三(み)六(む)ね二(に)一(い)きせるを　◎をのゝ四(し)るた三(み)の三(さ)〇(わ)なる　九(く)三(さ)き三(さ)へか三(み)の九九(ここ)ろ二(に)四(し)たか(が)て一(い)るて(で)七(な)一(い)か　◎の六(む)ね二(に)それく二(に)一(い)きて(て)一(い)るて(で)七(な)一(い)かあのすか(が)た二(に)八(は)四(よー)かへり

て九れ四　あほ一十九三と百すの八　九三きの九九ろのた三の九十三　三ち八四二んてあゆめ四五四八四二んてつ十め四　一十か三四て九れるのて七一三　四二んて五四するの三　三ち八四二んて七ら九の三　一十た四りて八七らん三

七かつの十八にち　ひつくのか三

【訓解文】

獣さへ、神の御旨に息せるを、⦿を罵る民のさわなる。草木さへ神の心に従っているでないか。⦿のむねにそれぞれに生きているでないか。あの姿に早う返りてくれよ。青人草と申すのは、草木の心の民のことぞ。道は自分で歩めよ、御用は自分でつとめよ。人がさしてくれるのでないぞ。自分で御用するのざ。道は自分で開くのざ。人頼りてはならんぞ。

七月の十八日、ひつくのか三。

十二　2—12［54］

九の⦿八二ほん四んの三の⦿て七一三　四二んて一八十七ら一ておれ八　十ん七四二七りてもら九二ゆける四二か三か四てあるの二　四ん三ん十一二百の八四九かふか一から　四二んて一八

十四めてそれておかけ七一十百四て一るか九まつたもの三　八四きつかん十きの十九てきる三
一の八九一ん十は四らあつめる三　八四この二てうつ四てお一て九れ四⦿せける三

七かつの十八にち　ひつくの⦿

【訓解文】

この⦿は日本人のみの⦿でないぞ。自分で岩戸開いておれば、どんな世になりても楽に行けるように神がしてあるのに、臣民といふものは欲が深いから、自分で岩戸閉めて、それでお蔭ないと申しているが困ったものぞ。早う気づかんと気の毒出来るぞ。はじめの役員十柱集めるぞ。早うこの筆写して置いてくれよ。⦿急けるぞ。

七月の十八日、ひつくの⦿。

十三

2—13［55］

三かたち四てある九九十　七かく上す二七りたれ十　三ん七九十七かうつつかん三　あたま
四たて　ててある九の八九る四かろか七　上二一て八あ四も九る四かろか七　うへ四た三か三ま
十百四てあるが　これて四九八かるてあろ　あ四八八八り四たのほかきら九三　あたまうへて七

一十三か三二三へて九るし九て　三か三まはかりうつるの三　九の十りわかりたか　一八十七ら
九十八百十のすかたにかへす九十三　か三のすかたにかへす九十三
三の八九一ん八へつ十四て　あ十の八九一んのおん八九八　て　あし　め　は七　くち　みゝ
七十三　一十のすかた三て八九一んよくか三の九九ろ三十れ四　百のう五かすの八一十の四七そ
四きて七一十てきぬ三　この三ちの八九一ん八おのれが四二んておのつからなるの三　それかか
三の九九ろ三　一十の九九ろとお九七一十　⦿の九九ろ二十けたら　それかか三の九二のま九十
の五四の八九一ん三　この十り八かりたか
九の三ちはか三の三ち三から　か三九九ろ二七る十すく八かる三　きんぎんいらぬ四十七る三
五四うれしく七りたら　か三の九九ろにちかつ一た三　て八ての八九うれしかろうか七　あ四
八あ四の八九うれ四かろうか七　あ四八一つまてもあ四三　ては一つまてもて三　それかま九十
のすかた三　三かたち四てゐたから　四九八かりたてあろかな
一四一四四のお八りかきたから八九一んきつけて九れ四　か三四ちかついてうれ四そ四　二ほ
ん八へつ十四てせか一七つに八ける三　一まに八かりて九るから　四つか二か三のもす九十きて

おりて九たされ四　この三ち八八四め九る四かたん〱四九七る四九三三　わかりた四ん三んから五四つ九りて九れ四　五四八一九らても十ん七四ん三ん二てもそれ〱の五四あるから　四ん八一なくつ十めて九れ四

七かつの十八にちの四　ひつくのか三

【訓解文】

逆立ちして歩くこと、なかなか上手になりたれど、そんなこと長う続かんぞ。頭下で、手で歩くのは苦しかろうがな。上にいては足も苦しかろうがな。上下逆様と申してあるが、これでよくわかるであろ、足はやはり下の方が気楽ぞ。頭上でないと逆さに見へて苦しくて、逆さまばかりうつるのざ。この道理わかりたか。岩戸開くとは元の姿に返すことぞ。神の姿に返すことぞ。

道の役員は別として、あとの役員の御役は、手、足、目、鼻、口、耳などぞ。人の姿見て役員よく神の心悟れよ。もの動かすのは人のような組織でないと出来ぬぞ。この道の役員は己が自分で自づからなるのざ。それが神の心ぞ。人の心と行いと、神の心に融けたら、それが神の国のまことの御用の役員ぞ。この道理わかりたか。

この道は神の道ざから、神心になるとすぐわかるぞ。金銀要らぬ世となるぞ。御用嬉しくなりたら、神の心に近づいたぞ。手は手の役、嬉しかろうがな、足は足の役、嬉しかろうがな。足はいつまでも足ぞ。手はいつまでも手ぞ。それがまことの姿ぞ。逆立ちしてゐたからよくわかりたであろがな。

いよいよ世の終わりが来たから役員気つけてくれよ。神代近づいて嬉しぞよ。日本は別として、世界七つに分けるぞ。今にわかりて来るから、静かに神の申すこと聞いておりて下されよ。この道ははじめ苦しいがだんだんよくなる仕組みぞ、わかりた臣民から御用つくりてくれよ、御用はいくらでもどんな臣民にでもそれぞれの御用あるから、心配なくつとめてくれよ。

七月の十八日の夜、ひつくのか三。

十四　2—14［56］

四ん三ん八かりて七一三　か三か三三ま二も四らせ七七らんから　七か七かた一三十百すの三
一二三の四九三十八十八二う五かぬ三ちの九十三　三四五の四九三十八みよいつの四九三三
みよいつ十八⦿のみよに七る九十三　この四を⦿の九二二ねりあける九十三　⦿まつりたら三四
五の五四二かゝるから　そのつもりて四一四ておいて九れ四
九の⦿八せか一十のか三十四ん三ん十　けたものも九三きもかま八ね八七らんの三から　おん
八九一九らてもある三　か三さま十四ん三んお七二かすたけある三　それ〳〵二か三つけるから
八四三たま三かいて九れ四　三かけたゝけのか三をつけてあ八れのちの四二の九るてからたて三

す三　ち三一九十八それ〳〵のか三二きて九れ四　一人ひ十り七んでもき〻た一九十八八ま一七おす九十もそれ〳〵のか三かするから三二八ておつけうけて九れ四　このほのけら一のか三か四らせるから七んでもきけよ　八ま一も七お四て八る三　九のか三た四りた七ら　三たま三かけた〻けの四ん十九ある三　九の四八四まて七一九ん十の一八十七らき三から　九れからか一よ一四三　十んた十九ろ二十んた九十てきる三　それ八三七か三か三四てあるの三から　四九きつけておれ八　三きの九十も四九八かる四二七る三　も十の(ゝ)四二かへす十もすの八た十へて七一三七から八から九から十からか三八け四九七る三　四ん三んのおも十り二八七るまいか七　それ八三かたち四て一るから三　せか一一十二きの九二二か〻りて九るから　一四八つ二れた四二もか七八ん十一二十九ろまて二七るから　か三八九の四二おらん十四ん三ん百す十九ろまて六五一九十二七るから　か一五九かかちた四二三へる十きかきたら　か三の四かちかついたの三　一四一四十七りて九ね八八からん四て八五四てきん三

七かつの二十にち　ひつくのか三

【訓解文】

臣民ばかりでないぞ。神々様にも知らせなならんから、なかなかたいそうと申すのぞ。一二三（ひふみ）の仕組みとは永遠（とは）に動かぬ道のことぞ。三四五（みよいづ）の仕組みぞ。みよいづとは、⦿の御代になることぞ。この世を⦿の国に練り上げることぞ。⦿祀りたら三四五の御用にかかるから、そのつもりで用意しておいてくれよ。

この⦿は、世界中の神と臣民と、獣も草木もかまはねばならんのざから、御役いくらでもあるぞ。神様と臣民同じ数だけあるぞ。それぞれに神つけるから早う身魂磨いてくれよ。磨けただけの神をつけて天晴れ（あっぱれ）後の世に残る手柄立てさすぞ。小さいことはそれぞれの神に聞いてくれよ。一人ひとり何でも聞きたいことや病（やまい）治すこともそれぞれの神がするからサニハでお告げ受けてくれよ。この方の家来の神が知らせるから何でも聞けよ。病も治してやるぞ。この神頼りたなら、身魂磨けただけの神徳あるぞ。この世はじまってない今度の岩戸開きざからこれからがいよいよぞ。とんだところにとんだこと出来るぞ。それはみな神がさしてあるのざから、よく気つけておれば先のこともよくわかるようになるぞ。元の⦿代に返すと申すのは譬（たと）へでないぞ。

七から八から九から十から神烈（はげ）しくなるぞ。臣民の思う通りにはなるまいがな。それは逆立ちしているからぞ。世界一度に「きの国」にかかりてくるから、一時は潰れたようにもうかなわんと言ふところまでになるから、神はこの世におらんと臣民申すところまでむごいことになるから、外国が勝ちたように見へる時が来たら、神の代が近づいたのざ。いよいよとなりて来ねばわからんようでは御用来んぞ。

七月の二十日、ひつくのか三。

十五

2―15 [57]

九のほまつりて二てかゝすの八一十九ろ七れ十　一九らてもわけ三たまするから　ひ十りひ十りまつりて三二八つ九りても四一三　まつる十き八まつちん四三ま四九おねか一四てからまつれ四　ちん四三ま八五九ろ七か三さま三　わすれて八七らん三　このか三二八十り井と四め八一らん三　お一く八かりて九る三　一二七七七七七（不明。第一訳文にもなし）八すれて八七らん三　つきの四の四九三てある三　三たま三かけ八七二五十も八かりて九る十百四てあろか七　たまつて一ても八かる四二　八四七て九た三れ四　⦿の九二ちかついた三

七かつの二十一にち　ひつくのか三

【訓解文】

この方祀りて筆書かすのは一所なれど、いくらでも分け御霊するから、一人ひとり祀りて沙庭作りてもよいぞ。祀る時はまづ鎮守様よくお願いしてから祀れよ。鎮守様はご苦労な神様ぞ。忘れてはならんぞ。この神には鳥居と注連は要らんぞ。おいおいわかりて来るぞ。一二七七七七七忘れてはならんぞ。次の世の仕組みであるぞ。身魂磨けば何事もわかりて来ると申してあろがな。黙っていてもわかるよう

に、早うなって下されよ、⦿の国近づいたぞ。
七月の二十一日、ひつくのか三。

十六　2—16［58］

千ゑてもか九もんても　九ん十八かねつんても十二も七らん九十二七るから　そウ七りたら⦿をたよる四りほか二ては七九七るから　そウ七つてからたすけて九れ十も四てもまにあはんぞ一四八の四九三二か丶りて　まため三めん四ん三ん八かり　二ほんせい四ん十も四て卍のせ一四んや　十のせい四んはかり三　九ん十八か三かあるか七一かを　八きり十しんりき三せて一四八もかい四ん三すの三　⦿の九二のおつち二あ九をわたらす九十七らんのてあるか　あ九のか三わたりてきて一るから　一つかあ九のお二十もあかるも四れん三　⦿の九二三十九ちさきはかりても四てゐるか　九九ろのうち八かい五九四んた九三ある三

二二から七かれてたかわ二八　それ〳〵七まへのついて一る一四おいてあるから　えんある一十八一つつつひろて九一四　お八ままてゆけぬひ十八そのかわてひろてこい　みたまいれてまも

りの一四十一た四て八る三　これまて二も四てもうたかふ四ん三んあるか　う三の九十七ら九ん七二九十八も三ん三　一んねんの三たま二八⦿から一四あたへて　四五四んの七つけて八る三へ十かも十のすきはら二七るひちかついた三　てん四さまを三八九二うつ三七七らん十きたそ　へ十二八四ん三んすめん四七十きか一十八九るの三　まへの四七四か九る十おもて一たら大まちかい三　へ十の四九三す三たらか一の五四ある三　いま二三ひ四九七りて九る十　九のみち三かへて　せか一の四ん三七たつねて九る四二七る三

七かつの二十一にちの四　ひつ九のか三

【訓解文】

知恵でも学問でも、今度は金積んでもどうにもならんことになるから、そうなりたら⦿を頼るよりほかに手はなくなるから、そうなってから助けてくれと申しても間に合はんぞ。

イシヤの仕組みにかかりて、まだ目さめん臣民ばかり。日本精神と申して卍の精神や十の精神ばかりぞ。今度は神があるかないかを、はっきりと神力見せてイシヤも改心さすのざ。⦿の国のお土に悪を渡らすことならんのであるが、悪の神渡りて来ているから、いつか悪の鬼ども上がるも知れんぞ。⦿の国ざと口先きばかりで申しているが、心の内は外国人たくさんあるぞ。

富士から流れ出た川には、それぞれ名前のついている石置いてあるから、縁ある人は一つづつ拾って来いよ。お山まで行けぬ人はその川で拾って来い。御霊入れて守りの石と致してやるぞ。これまでに申しても疑ふ臣民あるが、嘘のことならこんなにくどうは申さんぞ。因縁の身魂には⦿から石与へて守護神の名つけてやるぞ。

江戸が元のすすき原になる日近づいたぞ。てんし様を都に遷さなならん時きたぞ。江戸には臣民住めんような時が一度は来るのざ。前のような世が来ると思ていたら大間違いぞ。江戸の仕組み済みたら甲斐の御用あるぞ。今にさびしくなりて来るとこの道栄へて世界の臣民みな訪ねて来るようになるぞ。

七月の二十一日の夜、ひつ九のか三。

註　富士から流れ～致してやるぞ　「お山」は榛名山で、榛名山で得た神石は「奥山」の神前に神石として祀られていたが、榛名山に行けぬ者には「富士から流れ出た川」で名前が刻印された因縁の石が授かると示されたのである。「富士から流れ出た川」は富士川あるいは相模川とされる（黒川前掲書百六十九頁）。

大本およびそこから派生した神道セクトにおいては、神の証や恩寵は神石あるいは霊石を拾う／授かることで信憑のリアリティが担保されるとする認識がある。この傾向は初期の天明のグループにおいてはとりわけ顕著であり、その祭祀は神石を中心とするものであった。

「この方祀るのは、真中に神の石鎮め、そのあとに神籬、前の右左に神籬。それが「あ」と「や」と「わ」ぞ。そのあとに三つ、七五三と神籬立てさすぞ。少しはなれて四隅にイウエオの言霊石置いてくれよ」「臣民の家に祀るのは神の石だけでよいぞ」（2―27）

「神の名のついた石があるぞ。その石役員に分けて、それぞれに守護の⦿つけるぞ。⦿の石はお山にあ

るから、お山開いてくれよ」（1—33）
「⊙の石まつりて⊙人祀りてくれよ」（2—5）
「十柱の⊙⊙様、奥山に祀りてくれよ。九柱でよいぞ。いずれの⊙⊙様も世の元からの肉体持たれた生き通しの神々様であるぞ。この方合はして十柱となるのざぞ。御神体の石集めさしてあろがな。篤く祀りて、辛酉の日にお祀りしてくれよ」（7—15）
「海には⊙の石鎮め祀りくれよ。山には⊙の石立てて樹植へてくれよ。石は⊙の印つけて祀るところに置いてあるぞ」（7—19）
「役員には御神石祀りくれよ」（22—1）
甲斐の御用あるぞ　3—12註参照。

十七

2—17［59］

か（が）く八（や）ちゑて（で）八（は）か（が）一（い）五（こ）九（く）二（に）か七（な）うまいか（が）七（な）　か三（み）た四（よ）れ八（ば）かみのちからてる（で）三（ぞ）　四（よ）一（い）九（こ）十（と）一（い）へ
八（ば）四（よ）九（く）七（な）る四（し）　わるき九（こ）十（と）おもへ八（ば）わる九（く）七（な）る十（どー）りわからんか　一（い）まの四（し）ん三（み）ん九（く）ち三（さ）きは（ば）かり
九（こ）ん七（な）九（こ）十（と）て（で）八（は）⊙のた三（み）十（と）八（は）も三（さ）ん三（ぞ）
てんめ八（は）二（ふ）て（で）かかす八（や）九（く）三（ぞ）　か三（み）の九（こ）九（こ）ろ十（と）りつ九（ぐ）八（や）九（く）三（ざ）か（が）　まん四（し）んする十（と）たれかれのへ（べ）つ
八（は）七（な）九（く）かへ三（み）たまつかふ三（ぞ）　一（い）んねんのある三（み）たま八（は）この二（ふ）て（で）三（み）れ八（ば）九（こ）九（こ）ろ一（い）三（さ）んて（で）九（く）る三（ぞ）　一（ひ）

十りて七にんつつ三ちつたへて九れ四　その五四かまつはしめの五四三　九の二て十りつたへて九れれ八四一の三　四二ん九九ろて十九十まちか二三　二て十り二四ら四て九れ四　かをはて八七らぬ三　かか七九て八七らぬ三　この三ち六か四七れ十えんあるひ十は一三んてできる三

七かつ二十一にち　一二の㋹

【訓解文】

学や知恵では外国にかなうまいがな。神頼れば神の力出るぞ。良いこと言へば良くなるし、悪きこと思へば悪くなる道理わからんか。今の臣民口先きばかり、こんなことでは㋹の民とは申さんぞ。

天明は筆書かす役ぞ。神の心取り次ぐ役ざが、慢心すると誰かれの別はなく替え身魂使ふぞ。因縁のある身魂はこの筆見れば心勇んで来るぞ。一人で七人づつ道伝へてくれよ。その御用がまづはじめの御用ぞ。この筆通り伝へてくれればよいのざ。自分心で説くと間違ふぞ。筆通りに知らしてくれよ。我を張ってはならぬぞ。我がなくてはならぬぞ。この道難しいなれど、縁ある人は勇んで出来るぞ。

七月二十一日、一二の㋹。

十八　2—18［60］

九の三八㋹の三てあり一十の三てある三　九の三の八九一ん八か三かめつる九十もあるか　お

のれか五四すれ八　四せん十八九一ん十七るの三　たれかれのへつ七一三　せか一十の四ん三ん三七四ん四八三から　四ん三んか二んけん九九ろて八けん十十れんのも六り七一七れ十　九の九十四九八ら二一れてお一て九れ四　⊙のつちてる三　八八九十りて四一四て　三七二八けて八れ四　⊙二九九ろ六けれ八一九らても四ん十九あたへて　七二五十もら九二四て八る三

七かつの二十三にち　ひつ九のか三の二て

【訓解文】

この道は⊙の道であり人の道であるぞ。この道の役員は神が命づることもあるが、己が御用すれば、自然と役員となるのざ。誰かれの別ないぞ。世界中の臣民みな信者ざから、臣民が人間心では見当とれんのも無理ないなれど、このことよく腹に入れておいてくれよ。⊙の土出るぞ。早く取りて用意して、皆に分けてやれよ。⊙に心向ければいくらでも神徳与へて、何事も楽にしてやるぞ。

七月の二十三日、ひつ九のか三のふで。

十九　2—19〔61〕

九る四九七りたら一つても五三れ　その八てら九二四て八る三　⊙二四たかへ八ら九二七て

三からへ八九る四六の三　いのちもかねも一たんてんちへ七きあけ四百四れんから　三七らん四二九九ろのせんた九た一二三十百四て　九十九きつけて一る九十また八からんか
七かつの二十三にち　一二のか三

【訓解文】

苦しくなりたらいつでもござれ。その場で楽にしてやるぞ。⦿に従へば楽になって、逆らへば苦しむのざ。命も金もいったん天地へ引き上げしも知れんから、そうならんように心の洗濯第一ぞと申して、くどく気つけていることまだわからんか。

七月の二十三日、一二のか三。

二十　2―20［62］

うへ七か四たの三たん二三たまを四りわけてあるから　⦿の四十七りたら七二五十も　きちり〱十おも四ろ一四二てきて一九三　⦿の四十八⦿の九九ろのま〵の四三　一までも四ん三ん⦿九九ろ二七りたら　七んでもおも十り二七る三　四ん三んちか四九七から　九九ろ九百りて一るから八からんの三

九(こ)ん十(ど)の一(い)九(く)三(さ)八(は)しんりきとか(が)くりきの十(と)十(ど)めの一(い)九(く)三(さ)三(ぞ)　四(し)んりきか(が)九(く)二(ぶ)九(く)りんまて(で)まけた四(よ)二(に)七(なつ)た十(と)きに　ま九(こ)十(と)の四(し)んりきた(だ)して　九(ぐ)れん十(と)七(ひ)九(く)りかへ四(し)て　⦿の四(よ)二(に)四(し)て　二(に)ほんのてん四(し)三(さ)まか(が)せか一(い)まるめて　四(し)ろしめす四(よ)と一(い)た四(し)て　てんちか三(み)く三(さ)ま二(に)おめ二(に)かける三(ぞ)てん四(し)三(さ)まのひかりか(が)せか一(い)のす三(み)くまて(で)ゆき八(わ)たる四(し)九(ぐ)三(み)か(が)三(み)四(よ)五(いづ)の四(し)九(ぐ)三(み)三(ぞ)　一(い)八(は)十(と)七(ひ)らき三(ぞ)

一(い)九(く)らか(が)くりきつよ一(い)十(と)百(もー)四(し)ても　百にちのあめ二(ふ)らす九(こ)十(と)て(で)きま一(い)か(が)七(な)　百にちあめ二(ふ)る十(と)十(ど)ん七(な)九(こ)十(と)二(に)七(な)るか四(し)ん三(み)んに八(は)八(わ)かるまい　百にち十(と)百(も)四(し)ても⦿から一(い)へ八(ば)またゝきのまそ(ぞ)

七かつ二十三にち　ひつ九の⦿

【訓解文】

上、中、下の三段に身魂をより分けてあるから、⦿の世となりたら何事も、きちりきちりと面白いように出来て行くぞ。⦿の世とは⦿の心のままの世ぞ。今でも臣民⦿心になりたら、何でも思う通りになるぞ。臣民近欲なから、心曇りているからわからんのざ。

今度の戦は神力と学力のとどめの戦ぞ。神力が九分九厘まで負けたようになった時に、まことの神力出して、グレンと引っ繰り返して、⦿の世にして、日本のてんし様が世界まるめて治(しろ)しめす世と致して、天地神々様にお目にかけるぞ。てんし様の光が世界の隅々まで行きわたる仕組みが三四五の仕組みぞ、岩戸開きぞ。

いくら学力強いと申しても百日の雨降らすこと出来まいがな。百日雨降るとどんなことになるか臣民にはわかるまい。百日と申しても、⦿から言へば瞬きの間ぞ。

七月二十三日、ひつ九の⦿。

二十一　2—21［63］

ゝ八かりても七らぬ　◯八かりても七らぬ　⦿かま九十の⦿のも十の九二のすかた三　も十の⦿の九二の四ん三ん八⦿てありたか　ゝか⦿の九二二の九り　◯かか一五九て三かへて　十ちらもかた◯十七たの三　ゝもかたわ　◯もかたわ　ゝ十◯十あ八せてま九十の⦿の四二一たす三　いまの一九三八ゝ十◯との一九三三　⦿の三一五の四九三十百すの八　◯にゝ一れる九十三　◯も五ざゝも五三　十ちらもこのまゝて八たちてゆかんの三　一りんの四九三十八　◯二⦿の九二のゝを一れる九十三　四九九九ろ二たゝ三ておいて九れ四　⦿八十はしら　五十九はしらのからたまちて一る三　五十十九はしらのみたまの⦿⦿三まおまちかねてあるから　八四ま一りて九

れ四(よ)　九(こ)ん十(ど)のおん八(や)九(く)たいそて(で)あるか(が)　まつた(だ)一(い)の九(こ)るけ九七(こーな)お八(や)九(く)て(で)ある三(ぞ)

七かつ二十四日　一二(ひつき)のか三(み)

【訓解文】

ゝばかりでもならぬ、○ばかりでもならぬ。☉がまことの☉の元の国の姿ぞ。元の☉の国の臣民は☉でありたが、ゝが☉の国に残り○が外国で栄へて、どちらもかたわとなったのざ。ゝもかたわ、○もかたわ。ゝと○と合はせてまことの☉の世に致すぞ。

今の戦さはゝと○との戦ぞ。☉の最後の仕組みと申すのは、○にゝ入れることぞ。○も五ざ、ゝも五ぞ。どちらもこのままでは立ちて行かんのざ。一厘の仕組みとは○に☉の国のゝを入れることぞ。よく心にたたみておいてくれよ。☉は十柱、五十九柱のからだ待ちているぞ。五十と九柱のみたまの☉☉様お待ちかねであるから、早う参りてくれよ。今度の御役たいそうであるが、末代残る結構なお役であるぞ。

七月二十四日、一二のか三。

二十二

2—22［64］

一(い)八(は)十(と)七(ひ)ら九(く)四(し)九(ぐ)三(み)四(し)ら四(し)て八(や)りた一(い)七(な)れ十(ど)　九(こ)の四(し)九(ぐ)三(み)　一(い)二(ふ)て八(は)七(な)らす(ず)　一(い)八(は)ね八(ば)四(し)ん三(み)ん二(に)八(は)八(わ)からん四(し)　☉九(く)る四三(しーぞ)　八四(はよー)☉九九(ごこ)ろ二(に)七(な)りて九(く)れ十百(ともー)すの三(ざ)　三(み)たまの千(せん)た九(く)一(い)三(そ)九(ぐ)

の三（ざ）

二三　三　二三一ゝ〇⦿

二五五五二一二二六一

一二三二八一四五

三二三四四五二

二二九三二五四

五三五　一二⦿

七かつの二十八二ち

【訓解文】

岩戸開く仕組み知らしてやりたいなれど、この仕組み言ふてはならず、言わねば臣民にはわからんし、⦿苦しいぞ、早う⦿心になりてくれと申すのざ。身魂の洗濯急ぐのざ。

（以下六行不明。第一訳文には次のようにあるが根拠不明。「アイカギ、ゝ⦿〇、コノカギハイシヤトシカテニギルコトゾ」）　一二⦿

七月の二十八日。

二十三

2―23〔65〕

四かひ九りかへりて百十のか三四二かへる十一二九十八　◉◉三ま二八八かておれ十　せか一十九ろ十九ろ二　その九十四ら四つけるか三八四らある七れ十　三一五の九十八九の◉て七一十八からん三　九のほ八てんちをきれ一二三四四て　てんのおか三三ま二おめ二かけね八すまぬおん八九てあるから　◉の九二の四ん三ん八◉の百す四二四て　てんちをそしててん四三ま二たてまつら七七らおん八九三

へ十に◉八四まつりて九れ四　四九三十り二三すのてあるから　四ん三んかを三りて九れ四このほまつるの八あめのひつくのいへ三　まつりてあきたちたら　◉一四一四八け四九　四ん三んの四四ら一に四て　四ん三んの七か二か三とけもの十八きり九へつせね八七らん九十二七りてきた三　か三せける三

七かつの三十にち　ひつくのか三

【訓解文】

世がひっ繰り返りて元の神代に返るといふことは、⦿⦿様にはわかっておれど、世界ところどころにそのこと知らし告げる神柱あるなれど、最後のことはこの⦿でないとわからんぞ。この方は天地をきれいに掃除して、天の大神様に御目にかけねば済まん御役であるから、⦿の国の臣民は⦿の申すようにして、天地を掃除しててんし様に奉らなならん御役ぞ。

江戸に⦿早う祀りてくれよ。仕組みどおりにさすのであるから、臣民我を去りてくれよ。この方祀るのは天のひつくの家ぞ。祀りて秋立ちたら、⦿いよいよ烈しく、臣民の性来によって、臣民の中に神と獣とはっきり区別せねばならんことになりて来たぞ。神急けるぞ。

七月の三十日、ひつくのか三。

二十四

2—24〔66〕

一か十二十百四てありたか　一が百二　一か千二　一か卍に七る十き一四一四千かつ一た三あきたちたらす九り十きひ四き九十二七るから　⦿の百す九十　一ふ一りんちか八ん三　か一四ん十百すの八　七二もかも三二おかへ四する九十三　四ん三んのもの十一二百の　七二一十つもあるまいか七　九三の八一まいても⦿のもの三

七かつの三十二ち　ひつくのか三

【訓解文】

一が十にと申してありたが、一が百に、一が千に、一が万になる時いよいよ近づいたぞ。秋立ちたらすくりと厳しきことになるから、⦿の申すこと、一分一厘違はんぞ。改心と申すのは、何もかも神にお返しすることぞ。臣民のものといふもの何一つもあるまいがな。草の葉一枚でも⦿のものぞ。

七月の三十日、ひつくのか三。

二十五　2—25［67］

九ん十の一九三て七二もかもらちつ一て四百四おもて一るか　三れかおき七十りちか一三　七か七か三ん七ちよろ九一九十て八七一三　九ん十の一九三てらちつ九九ら一七ら　四ん三んても一たす三　一ま二一九三もてき七一　う五九九十もひ九九十もすゝ六九十百　十する九十百てきん九十二七りて　四ん三ん八　か三か九の四二七一百の十一二四二なる三　それからか一四一四四四ねん八三　ま九十のか三のた三十けもの十を八きりするの八それから三

一九三てきるあいた八　また⦿のもす九十きかん三　一九三てきぬ四二七りて八四めて八かる

の三(ざ)　か三(み)の百(もー)す九十(こと)　ち十(と)もちか(が)八(は)ん三(ぞ)　まちか(が)一(ひ)の九十(こと)七(な)ら九七(こな)二(に)九十(くどー)八(は)百(もー)三(さ)ん三(ぞ)　⦿八(は)けも七一(ない)十(と)きから四(し)ら四(し)てあるから　一(い)つ一(い)八(は)十(と)か(が)ひらけるか十(と)一(い)二(ふ)九(こ)十(と)百(も)　九(こ)の二(ふ)て(で)四(よ)九(く)四(よ)め八(ば)八(わ)かる四(よー)二(に)四(し)てある三(ぞ)　か一(い)四(し)んか(が)た(だ)い一(いち)三(ぞ)

七かつの三十にち　ひつくのか三(み)のふて(で)

【訓解文】

今度の戦さで何もかも埒ついてしまうよう思ているが、それが大きな取り違ひぞ。なかなかそんなちょろこいことではないぞ。今度の戦さで埒つくくらいなら臣民でも致すぞ。今に戦さも出来ない、動くことも引くことも進むことも、どうすることも出来んことになりて、臣民は神がこの世にないものと言ふようになるぞ。それからがいよいよ正念場ぞ。まことの神の民と獣(けもの)とをはっきりするのはそれからぞ。戦さ出来る間は、まだ⦿の申すこときかんぞ。戦さ出来ぬようになりてはじめてわかるのざ。神の申すこと、ちとも違はんぞ。間違ひのことならこんなにくどうは申さんぞ。⦿は気(け)もない時から知らしてあるから、いつ岩戸が開けるかといふことも、この筆よく読めばわかるようにしてあるぞ。改心が第一ぞ。

七月の三十日、ひつくのか三のふで。

二十六　2—26［68］

⦿の九二(くに)をま七(な)か二(に)四(し)て　せか一(い)八(わ)ける十百(ともー)四(し)てあるか(が)　⦿まつるの十(と)お七(な)二(じ)八(や)りかた三(ぞ)　あめのひつくの一(い)へ十(と)八(は)　あめのひつくの四(し)ん三(み)んの一(い)へ三(ぞ)　あめのひつ九十百(くともー)すの八(は)　あめのます一十(ひと)の九十三(ことぞ)　へ十(えど)の二二十百(ふじともー)すの八(は)　ひつ九(く)の一(い)への七(な)か二(に)　二二(ふじ)のかたちつ九(く)りてそのうへ二(に)三(み)八(や)つ九(く)りても四(よ)一(い)の三(ざ)　かりて(で)四(よ)一(い)の三(ざ)　九(こ)ん七(な)二(に)九(こ)十(と)八(わ)けて八(は)こののち八百(はもー)三(さ)ん三(ぞ)　ちさい九(こ)十(と)八(は)三(さ)二(に)八(は)て(で)けら一(い)のか三(み)く三(さ)まから四(し)らすのて(で)あるから　その九(こ)十(と)〇(わ)すれる七(な)四(よ)　二(ぶ)つも八(や)三(そ)もせか一(い)十(じゅう)まるめるの三(ざ)　けんか四(し)て大きこへする十(と)九(こ)ろ二(に)八(は)　このほ四(し)つ(づ)まらん三(ぞ)　九(こ)の九(こ)十(と)わすれる七(な)四(よ)

七かつの三十一にち　一二(ひつき)⦿

【訓解文】

⦿の国を真中にして世界わけると申してあるが、⦿祀るのと同じやり方ぞ。天のひつくの家とは天のひつくの臣民の家ぞ。天のひつくと申すのは、天の益人(ますひと)のことぞ。江戸の富士と申すのは、ひつくの家の中に富士の形作りて、その上に宮作りてもよいのざ。仮でよいのざ。こんなにことわけてはこの後は申さんぞ。小さいことはサニハで家来の神々様から知らすのであるから、そのこと忘れるなよ。仏(ぶつ)も耶(や)

蘇も世界中まるめるのざ。喧嘩して大き声するところには、この方鎮まらんぞ。このこと忘れるなよ。

七月の三十一日、一二⊙。

註　天のひつくの家とは天のひつくの臣民の家　「天のひつくの臣民」とは天明の筆を信奉する神業参加者で、その個々の家がすなわち「天のひつくの家」と言っているようにも思われるが、2―27には「あめのひつくの家、中山ぞ」とあるので、コアな中心メンバーが集う場所を指していると解すべきであろう。

二十七　2―27〔69〕

九のほ八八らへ十の⊙十百あら八れる三　このほまつるの八二二三十十九ろ　◎う三二三十十九ろ　へ十二百三十十九ろ三　お九八ま　七かやま　一の三八三　二二八八る七二まつりて九れて五九ろてありたか　これ八七かやまそ　一の三八十お九の八ま二またまつらね八七らん三　◎う三の四九三も一そ九七れ十　か一の四九三八四三せる三　へ十二百三十十ろ　てんめのすんて一る十九ろお九八ま三　あめのひつくの一へ七かやまそ　二二か一の三八三から　きつけてお九三

九のほまつるの八　ま七かにか三の一四四つめ　三のあ十二七もろき　まへの三きひたり二七もろき　それかあとやとわ三　三のあ十二三つ　七五三十七もろ木たてさすそ　すこし八七れて四す三二イウエオの九十たま一四おいて九れ四　十り一も四め百一らぬ十百四てあろか七　この九十三　九のほまつるのも　八九一んの四五十も　この四の九三たても　三七　七ゝゝゝ十百四てきか四てあるの二八きかまたつかんのか

四ん三んの一へにまつるの八　か三の一四たけて四一三　あめのひつくの一へには　十九てもまへ二一うた四二四てまつりて九れ四　へ十のお九八ま二八八かあきたつひにまつりて九れ四七かやま九にち　一の三八二八十かにまつりて九れ四　きつけてあるの二⦿のふて四まぬから八からんの三　九の九十四九四め八八かる三　一まの四七九十て八⦿の五四つ十まらん三　四四四きたけて八⦿の五四つ十まらん三　うら十おもて十ある十百四てきつけてあろうか七　四かりふて四んて　すきり十八ら二一れて九れ四　四六たび五十二⦿かきつける四二九へた四て四め八四六だけおかけあるの三

七かつの三十一にち　一二⦿

【訓解文】

この方は祓戸(はらへど)の⦿とも現れるぞ。この方祀るのは富士に三(み)と所(ところ)、◎(うず)海に三と所、江戸にも三と所ぞ。奥山、中山、一の宮ぞ。富士は榛名に祀りてくれてご苦労でありたが、これは中山ぞ。一の宮と奥の山にまた祀らねばならんぞ。◎(うず)海の仕組みも急ぐなれど、甲斐の仕組み早うさせるぞ。江戸にも三と所。天明の住んでいるところ奥山ぞ。あめのひつくの家、中山ぞ。富士が一の宮ざから気つけておくぞ。

この方祀るのは、真中に神の石鎮め、そのあとに神籬(ひもろぎ)、前の右左に神籬。それが「あ」と「や」と「わ」ぞ。そのあとに三つ、七五三と神籬立てさすぞ。少しはなれて四隅にイウエオの言霊石置いてくれよ。鳥居も注連(しめ)もいらぬと申してあろがなこのことぞ。この方祀るのも役員の仕事もこの世の組立も、みな七七七七と申して聞かしてあるのには気がまだつかんのか。

臣民の家に祀るのは神の石だけでよいぞ。天のひつくの家には、どこでも前に言うたようにして祀りてくれよ。江戸の奥山には八日秋立つ日に祀りてくれよ。中山九日、一の宮には十日に祀りてくれよ。気つけてあるのに⦿の筆読まぬからわからんのざ。このことよく読めばわかるぞ。今のようなことでは⦿の御用つとまらんぞ。正直だけでは⦿の御用つとまらんぞ。裏と表とあると申して気つけてあろうがな。しっかり筆読んですきりと腹に入れてくれよ。読むたびごとに⦿が気つけるように声出して読めば読むだけお蔭あるのざ。

七月の三十一日、一二⦿。

註　この方、祀るのは～　神業集団としての天明グループの祭祀構成は「奥山」「中山」「一の宮」という三構成になっていた。これは「江戸」においては組織原理を兼ね「天明の住んでいるところ奥山ぞ」とあるように代々木深町の天明宅に設けられ、その後も天明の住む場所が「奥宮」とされた。「富士が一の宮ざから気つけておくぞ」の富士は、天明が留守居神主として奉職する富士塚のある鳩森八幡を指すと推測される。「一の宮」は布教拠点を兼ねたオープンな祭祀の場であり、「道場」と同じ場所で可とされ（9—2）、まもなく世田谷区用賀の門田武雄宅に遷座された（黒川前掲書一七三頁）。「あめのひつくの家、中山ぞ」とある「中山」「あめのひつくの家」の組織上の位置づけは明示されていないが、コアなメンバーが集う場所として想定されたものと推定される。黒川前掲書によれば江戸の中山は東京都港区白金台の都築太一宅に祭祀され、その後、昭和二十四年に豪徳寺の「ひかり教会東京本部」（佐々木精治郎宅）にも並列して祭祀されたという。

渦海の三カ所は7—18によれば印旛沼、諏訪湖、瀬戸内で、それぞれ奥宮、中宮、一の宮に相応すると推定される。

富士に関しては榛名山が中山とされているが、「一の宮」「奥宮」がその後どこに祭祀されたのか判然としない。

甲斐の仕組みについては3—12参照。

二十八

2—28［70］

またゝきのま二てんち七九りかへる四七大三十かてきるから　九十きつけて一るのさ　三と一二十きに七りてからて八ま二ア八ん三　四一七三れ四　一九三のてつた一九ら一七ら　十ん七か

三てもてきるの三か　この四の大千た九八　われ四四のか三て八四てきん三　このほ八も十のまゝのからたもちて一るの三から　一三十七れ八十ん七九十ても四て三せる三か七八かりのふて十百四て八か二する四ん三んもてて九るか　四ま一二八そのかなにあたま三けて九ね八七らん三　カナ十八☉七そ　か三の九十八三

一まのうへの四ん三ん　四二んて四の七かの九十八りて一る四二おもて一るか　三七☉か八か四てつかて一るの二きつかんか　きの十九七お八九もてて九るから　八四か一四ん四て九れ四十四四り八女八めくらつんぼ八かりに二七りても　また一九三八めす　☉の九二の一十たねの十九七る十九ろまて　八りぬくあ九の四九三も三ておれんから　☉八一四くお九のてたすからお九のてた四たら　一まの四ん三んて八四こたへんから　みたま九百りて一るから　それて八あ二八十らす三から　八四か一四ん四せ四十百四て一るの三　九の九十四九九九ろへて九た三れ四☉せける三

八かつ二か　ひつくのか三

【訓解文】

またたきの間に天地引っ繰り返るような大騒動が出来るから、くどう気つけているのざ。さあといふ時になりてからでは間に合はんぞ。用意なされよ。戦さの手伝いくらいなら、どんな神でも出来るのざが、この世の大洗濯は、我れよしの神ではよう出来んぞ。この方は元のままの身体持ちているのざから、いざとなればどんなことでもして見せるぞ。

カナばかりの筆と申して馬鹿にする臣民も出てくるが、しまいにはそのカナに頭下げて来ねばならんぞ。カナとは◉名ぞ、神の言葉ぞ。

今の上の臣民、自分で世の中のことやりているように思ているが、みな◉が化かして使っているのに気づかんか。気の毒なお役も出て来るから、早う改心してくれよ。年寄や女や盲聾ばかりになりても、まだ戦さやめず、◉の国の人種(ひとだね)のなくなるところまで、やりぬく悪の仕組みもう見ておれんから、◉はいよいよ奥の手出すから、奥の手出したら今の臣民ではようこたへんから、身魂曇りているからそれでは虻蜂取らずざから、早う改心せよせと申しているのざ。このことよく心得て下されよ。◉急けるぞ。

八月二日、ひつくのか三。

二十九

2—29 [71]

◉のつちて(で)る十百四(ともーし)てありたか(が)　つち八五四(はごし)きのつち三(ぞ)　それ〱二(に)　九二(くに)〱　十九(とこ)ろ〱

からて(で)るの三(ざ)　四六(しろ)　あか　き　あほ　くろの五(いつ)いろ三(ぞ)　九(く)すりのおつちもあれ八(ば)　たへ(べ)られる

おつちもある三（ぞ）　⦿二（に）そなへてから一（い）たゞ九（く）の三（ざ）　七（な）二（に）五（ご）十（と）百（も）⦿から三（ぞ）

八かつ二か　一二⦿

【訓解文】

⦿の土出ると申してありたが、土は五色の土ぞ。それぞれに、国々、ところどころから出るのざ。白、赤、黄、青、黒の五つ色ぞ、薬のお土もあれば、食べられるお土もあるぞ。⦿に供へてから頂くのざ、何事も⦿からぞ。

八月二日、一二⦿。

三十　2—30［72］

八のつ九（く）一（ひ）二（に）きつけて九（く）れ四（よ）　たん（だ）〱ちかつ（づ）一（い）たから　かの十（と）十（と）りは四（よ）きひ四（よ）き十（と）四（し）三（ぞ）　二（ふ）ゆ二（に）さくらさいたら　きつけて九（く）れ四（よ）

八かつ二か　一二⦿

【訓解文】

八のつく日に気つけてくれよ。だんだん近づいたから、辛酉（かのととり）はよき日、よき年ぞ。冬に桜咲いたら、気つけてくれよ。

八月二日、一二⦿。

三十一

2—31［73］

九のか三二三七へられた百の八七二二四らん　八た九四する九十七らん三　ま一りた四ん三ん二それ〴〵八けて四六五八四て九れ四　四ん三ん四六九へ八⦿も四六九二三　か三四六五へ八てんちひかりて九る三　てんちひかれ八二二八れる三　二二八八れ十二ほん八れ十八九の九十三　九の四七四九三て　この三一ろめて九れ四　それかせ一四三　けいさ一三　まつり三　八かりたか

八かつの三か　ひつ九のか三

【訓解文】

この神に供へられたものは何によらん、私することならんぞ。参りた臣民にそれぞれ分けて喜ばしてくれよ、臣民喜べば⦿も喜ぶぞ。神喜べば天地光りて来るぞ。天地光れば富士晴れるぞ。富士は晴れたり日本晴れとはこのことぞ。このような仕組みでこの道ひろめてくれよ、それが政治ぞ、経済ぞ、まつりぞ、わかりたか。

八月の三日、ひつ九のか三。

三十二　2—32 [74]

九の三一ろめてかね百け四八二十する四ん三んた九三二てて九るから　八九一んきつけて九れ
四　八九一んの七か二百てて九る三　かね八一らぬの三三　かね一るの八一ま四八ら九三　一の
ち八九二二三三けて百かね八四二んの百の十かん八て一る四ん三ん　きの十九てきる三　七二百
かもてんちへ七きあけ三十四ら四てある九十ちかついてきたそ　かねかたきの四きたそ

八かつ三か　一二⦿

【訓解文】

この道ひろめて金儲けしやふとする臣民たくさんに出て来るから、役員気つけてくれよ。役員の中にも出て来るぞ。金は要らぬのざぞ。金いるのは今しばらくぞ。命は国にささげても金は自分のものと頑張っている臣民、気の毒出来るぞ。何もかも天地へ引き上げぞと知らしてあること近づいて来たぞ。金かたきの世来たぞ。

八月三日、一二⦿。

三十三　2—33 [75]

お八十七り九十七り二二十七り八らから十七りて　一きか八り四二か八り四て五四二つかて一るの三　四ん三ん十四せか一のた三　三七八らから十百十の八た十へて七一三　ちかつ七かりて一るま九十の八らから三　八らからけんかも十き二四りけり三　あまり八からぬ十⦿もか二ふ九ろのおきれる三　十ん七九十あるか四れん三　九の三の四ん四や八か三かひき四せる十百せ八九一ん二十九ろてておるか　三ん七九十て九の三ちひらける十おもか　一人か七人の七十二四らせ　その七人かすんたらつきの五四二かゝらすの三　一きたら十四る一十て七一十九の五四つ十まらん三　うらおもて四九きつけ四

一んねんの三たま八十ん七九る四九十百一三んてできる四の百十からのお三三　七二ん二四ら四たら八九一ん三　か三かめつるのて七一　四二んから八九一んに七るの三十百四てあろか七八九一ん八⦿のちき〱のつか一三　か三八四ら三　二九た一お十九七らたま八お三七三　九の三十り二九るあ九まあるからきつけお九三

八かつの三か　ひつくのか三

【訓解文】

親となり子となり夫婦となり、同胞(はらから)となりて、生き代はり死に代わりして御用に使っているのざ。臣民同士、世界の民、みな同胞と申すのは喩(たと)へでないぞ。血がつながりているまことの同胞ぞ。同胞喧嘩も時によりけりぞ。あまりわからぬと⦿も堪忍袋の緒切れるぞ。どんなことあるか知れんぞ。この道の信者は神が引き寄せると申せば役員ふところ手でおるが、そんなことでこの道開けると思うか。一人が七人の人に知らせ、その七人が済んだら、次の御用にかからすのざ。一聞いたら十知る人でないと、この御用つとまらんぞ。裏表、よく気つけよ。

因縁の身魂はどんなに苦しくとも勇んで出来る世の元からのお道ぞ。七人に知らしたら役員ぞ。神が命づるのでない。自分から役員になるのざと申してあろがな。役員は⦿の直々の使いぞ、神柱ぞ。肉体男なら魂は女ぞ。この道盗りに来る悪魔あるから気つけおくぞ。

八月の三日、ひつくのか三。

三十四　2—34［76］

四(し)ん三(み)ん八(は)す九二(ぐに)百(も)一(い)九(く)三(さ)す三(み)て四(よ)き四(よ)九(く)る四二(よーに)おもて一(い)るか(が)　七(な)か七(な)か三八(そーは)七(な)らん三(ぞ)　四(し)ん三(み)ん二(に)⦿うつりてせね八(ば)七(な)らんの三(ざ)から　ま九(こ)十(と)の四(よ)のも十(と)からの四(し)ん三(み)ん　一(い)九二(くに)ん百(も)七(な)一(い)三(ぞ)　三(み)七(な)九(く)百(も)りて一(い)るから　九(こ)れて(で)八(は)あ九(く)のか三(み)八(ば)かりかか(が)ゝりて　た(だ)ん〱あ九(く)の四二(よに)七(な)る八(ば)かり

三　三れて一九三す六十おもて一るのか　四二んの九九ろ四九三て五三れ　四九八かるてあろか七　一九三すんてもす九二四き四十八七らん三　それからかた一せつそ　六七つき八丁八それからら三　二二二のほるのも九百のうへからか九る四てあろか七　一九三八九百のかゝて一る十九ろ三　一たたきまての四四三の十九ろ八それから三　一二三ねんか四四ねん八三　三四五の四九三十百四てあろか七

八かつの三か　ひつ九のか三

【訓解文】

臣民はすぐにも戦さ済みて良き世来るように思うているが、なかなかそうはならんぞ。臣民に⦿うつりてせねばならんのざから、まことの世の元からの臣民、幾人もないぞ。みな曇りているから、これでは悪の神ばかりが憑かりて、だんだん悪の世になるばかりぞ、それで戦さ済むと思うているのか、自分の心よく見てござれ、よくわかるであろがな、戦さ済んでもすぐに良き世とはならんぞ。それからが大切ぞ、胸突き八丁はそれからぞ。富士に登るのにも、雲の上からが苦しいであろがな。戦は雲のかかっているところぞ。頂までの正味のところはそれからぞ。一、二、三年が正念場ぞ。三四五の仕組みと申してあろがな。

八月の三日、ひつ九のか三。

三十五　2—35［77］

七二百かも百千つ百たれつてある三　四ん三ん四六九へ八⦿百四四九二三　きんて八四八お三まらん十百四てあるの二またきんおて一る三九る四四ん三ん八かり　きん八四をつ二すもと三四ん三んせか一のくさきまて四六五二やりかた八　⦿のひかりの八りかた三　四ん三んの一のちも七五七る三　てん四三ま八一き十四二七る三　おからたのまゝ二四んか一二一られ　また九の四二てられる四二七る三　四の七一てん四三ま二七るの三　それ二八一まの四七四ん三んの八りかたて八七らん三　一まの八りかた八てん四三まに　つ三八かりおきせ四て一るの三から　九の九ら一二ちうな九十七一三　それてもてん四三ま八おゆるしに七り　九ら一までつけて九た三るの三　九の九十四九かい四ん四て　一十十きも八八九ちうきの四ん三ん十七て九れ四

八かつの三か　ひつ九の⦿

【訓解文】

何もかも持ちつ持たれつであるぞ、臣民喜べば⦿も喜ぶぞ。金では世は治まらんと申してあるのにまだ金追うている見苦しい臣民ばかり、金は世をつぶす本ぞ。臣民、世界の草木まで喜ぶやり方は⦿の光のやり方ぞ。臣民の生命も長うなるぞ、てんし様は生き通しになるぞ。御玉体のままに神界に入られ、またこの世に出られるようになるぞ。死のないてんし様になるのざ。それには今のような臣民のやり方ではならんぞ。今のやり方はてんし様に罪ばかりお着せしているのざから、このくらい不忠なことないぞ。それでもてんし様はお赦しになり、位までつけて下さるのざ。このことよく改心して、一時も早く忠義の臣民となってくれよ。

八月の三日、ひつ九の⦿。

三十六

2―36〔78〕

⦿を三ちのけ二四たら七二百てきあからん四二七りた三　九二十りてきて九れん十一九りかへりておろか七　それへ百きつかんか　一にもか三　二にもか三　三にもか三三　一二もてん四三ま　二二もてん四三ま　三二もてん四三ま三　九の三ちつら一四七れ十つらぬきて九れ四　たん〱十四九七りて　九ん七け九七お三か十百す四二四てあるの三から　七二百かもお九二二三三けて　四二んの四五十を五八一も十八一もせいた四て九れ四　一九三九ら一七んても七九お八る三　一まの八りかたて八十九十ん二おちて四百三　⦿九十きつけてお九三　くに〱のか三三ま四ん三んさま　か一四んた一一ち三

八かつ三か　ひつ九のか三

【訓解文】

⦿をそちのけにしたら、何も出来上がらんようになりたぞ。九分通り出来てグレンと引っ繰り返りておろがな、それへも気づかんか。一にも神、二にも神、三にも神ぞ。一にもてんし様、二にもてんし様、三にもてんし様ぞ。この道つらいようなれど貫きてくれよ、だんだんと良くなりて、こんな結構なお道かと申すようにしてあるのざから、何もかもお国にささげて自分の仕事を五倍も十倍も精出してくれよ。戦さぐらい何でもなく終わるぞ。今のやり方ではとことんに落ちてしまうぞ、⦿くどう気つけておくぞ。国々の神さま、臣民さま、改心第一ぞ。

八月三日、ひつ九のか三。

三十七　2—37〔79〕

四かか八りたらてんちひかり一十もひかり九三百ひかり　一四百百の九九ろ二うたう三　あめ百ほ四十き二二り　かせもほ四十き二二九十　あめのか三　かせのか三さま百四ておられる三　一まの四て八あめかせを四ん三んか八八二四て一る三　二ても二れす　二一ても二かん四二七りて一るのか八からんか　め九らつんほの四の七か三　か三の一る八四四二三一ておりて　おかけ

七一十二三九百すか　八からん十百四てもあまりてある三

か三八かりても七らす　四ん三ん八かりて八七ほ七らす　四ん三ん八か三のいれもの十百四てあろか　あめのひつ九のた三十百すの八　せか一お三める三たまのいれものの九十三　た三九三十八一りをまもるいれもの三　ひつ九四ん三ん八か三か十九十んため四二ためすの三から　かわ一三七れ十かまん四て九れ四　そのか八り五四つ十めて九れたら　まつた一七をの九四てか三からおんれいもす三　七二五十百か三八ち四めん二つけ十めて一るの三からまちか一七一三　九の四八かりて七一三　うまれか八り四二かわりきたへて一るの三　ひつ九の四ん三んおち二れて一る十百四てあろか七　一ま二うへ四たに七る三　三かたちかおんかへりて　百十の四きら九のすかた二七るのかちかついた三　三かたち九る四かろか七　か一四ん四たものから九二四て八る三　五四二つか三

八かつの三か　ひつ九のか三

【訓解文】

世が変はりたら、天地光り、人も光り、草も光り、石も物心に歌うぞ。雨も欲しい時に降り、風も欲しい時に吹くと、雨の神、風の神様申しておられるぞ。今の世では雨風を臣民がワヤにしているぞ。降っても降れず、吹いても吹かんようになりているのがわからんか。盲、聾の世の中ぞ。神のいる場所塞いでおりてお蔭ないと不足申すが、わからんと申してもあまりであるぞ。

神ばかりでもならず、臣民ばかりではなほならず、臣民は神の容れものと申してあろが。天のひつくの民と申すのは、世界治める御魂の容れもののことぞ。民草とは一人を護る容れものぞ。ひつく臣民は神がとことん試めしに試めすのざから、可哀そうなれど我慢してくれよ。その代わり御用つとめてくれたら、末代名を残して、神から御礼申すぞ。何事も神は帳面につけとめているのざから間違いないぞ。この世ばかりでないぞ、生まれかわり死にかわり鍛へているのざ。ひつくの臣民落ちぶれていると申してあろがな、今に上、下になるぞ。逆立ちがおん返りて、元の良き楽の姿になるのが近づいたぞ。逆立ち苦しかろがな。改心した者から楽にしてやるぞ、御用に使うぞ。

八月三日、ひつ九のか三。

三十八　2—38〔80〕

二二八八れ十二ほん八れ　九れて四百つまきのお八り三から　九れまで二四め四た九十四九八ら二一れて九れ四　⦿かま七かて十りつき八九一ん一九らても一る三　八九一ん八三七か三八四ら三　九二九二十九ろ十九ろからたつねて九る三　そのか三八四ら二八三つけの三四ら四て八り

て九(く)れ四(よ)　二(に)ほんの四(し)ん三(み)ん三(み)七(な)十(と)りつき(ぎ)三(ぞ)　八(や)九(く)一(い)ん三(ぞ)　このほ八(は)せか一(い)十まるめておか三(み)三(さ)ま二(に)おめ二(に)かけるおん八(や)九(く)　⦿の四(し)ん三(み)ん八(は)せか一(い)十一(ひと)つ二丸(まる)めて　てん四(し)三(さ)ま二(に)さ三(さげ)けるおん八(や)九(く)三(ぞ)　九(こ)のほ十(と)九(こ)のほの⦿⦿十(と)　⦿の四(し)ん三(み)ん一(ひと)つ十(と)七(な)りてせか一(い)まるめるおん八(や)九(く)三(ぞ)

⦿まつりて九(く)れたら一(い)四(よ)一(い)四(よ)四(し)九(ぐ)三(み)四(し)らせるふてかゝす三(ぞ)　九(こ)れからか四四(しよー)ねん八(ば)三(ざ)から　二(ふ)ん十(ど)四(し)四(し)めてかゝりて九(く)れ四(よ)　あきたちたら⦿八(は)け(げ)四(し)九(く)七(な)る三(ぞ)　二(ふ)二(じ)八(は)八(は)れ十(たり)二(に)ほん八(ば)れ　てん四(し)三(さ)まの三(み)四(よ)五(いづ)十(と)七(な)る三(ぞ)

八かつの三か　ひつくのか三(み)

【訓解文】

富士は晴れたり日本晴れ。これで下つ巻の終はりざから、これまでに示したこと、よく腹に入れてくれよ。⦿が真中で取り次ぎ役員いくらでもいるぞ、役員はみな神柱(かみばしら)ぞ。国々、ところどころから訪ねて来るぞ。その神柱にはみ告げの道知らしてやりてくれよ。日本の臣民みな取り次ぎぞ、役員ぞ。この方は世界中丸めて大神様にお目にかける御役(おんやく)、⦿の臣民は世界中一つに丸めて、てんし様に捧げる御役ぞ。この方とこの方の⦿⦿と、⦿の臣民一つとなりて世界丸める御役ぞ。

⦿祀りてくれたらいよいよ仕組み知らせる筆書かすぞ。これからが正念場ざから、ふんどし締めてかかりてくれよ。秋立ちたら⦿烈しくなるぞ、富士は晴れたり日本晴れ、てんし様の三四五(みよいづ)となるぞ。

一

八月の三日、ひつくのか三。

第三巻　富士の巻

二二（ふじ）のまき

自　昭和十九年八月十日
至　昭和十九年八月三十日

一―二十七

三八一九ゝ百ゝゝ七ゝ十　十ゝ三十ゝ百四一十百ゝゝ八ゝ九ゝ八ゝゝゝ三　⦿ゝ三八一二三一
ゝゝ⦿ゝ四ゝ三　ゝ八ゝゝ三ゝゝゝ八四一十百四ゝ一ゝゝ　十七九十四ゝ百ゝゝ三ゝゝゝ八四一
四二百四ゝ一ゝゝ　三ゝゝゝ九ゝ二ゝゝ八ゝゝ一ゝゝ三　⦿ゝ三八一ゝ三　⦿ゝ七ゝゝ三　⦿ゝ
七ゝゝゝ七ゝ一　ゝ八七ゝゝゝゝ　⦿八四ゝ三　九ノ九十ゝゝゝ九四ゝ三ゝ七一七ゝ十　一ゝ二
八ゝゝゝ九ゝ三　三ゝゝ十二ゝゝ八九ゝ九十八ゝゝゝ三　三ゝゝ三ゝゝゝ一三

八ゝゝ十ゝ　⦿ノ一二⦿

【訓解文】

道はいくらもあるなれど、どの道通ってもよいと申すのは、悪のやり方ぞ。⦿の道は一つぞ。始めから⦿の世の道、変らぬ道があればよいと申しているが、どんなことしても我さえ立てばよいように申しているが、それが悪の深き腹の一厘ぞ。⦿の道ははじめの道、⦿の成れる道。⦿の中のゝなるはじめ、ゝは光のゝ、⦿は世の道、このこと気のつく臣民ないなれど、一が二わかる奥の道、身魂（みたま）掃除すればこのことわかるのざ。身魂磨き第一ぞ。

八月十日、⦿の一二⦿。

註　本帖は〻字が大半で訓解に迷うところもあるが第一訳文以来の定訳に従った。

二

3―2 [82]

か一の八ま八ま二たちて　一れ二りて八ら一て九れ四　一二◯〻二つかへて一る四ん三ん　か八るか八る九のおん八九つ十めて九れ四　一ま八八かるま一七れ十　け九七おん八九三九の二て八らの七か二一れてお一て九れ十百す二　一二九十き九四ん三んす九七一か　一ま二九か一するのか四九八かりて一るから　◯〻八九十きつけてお九の三　四め八四六ほと四ん十九ある三　十ん七九十ても八かる四二四てある三　一二九十きかね八一十八たねたけ二四て　ねも八もからして四百て　二の四の大三しせね八七らんから　たねのあるうち二きつけておれ十きつかね八きの十九てきる三

九ん十のまつり五九ろてありたそ　四んか一て八か三く三またいへんのおん四六五一そ　あめのか三　かせのか三十の　九十二おん四六九一二七りた三

九〻〻〻　一お八〻〻あん〻〻〻〻　九〻〻〻〻二七〻〻〻七九り〻〻〻十　て〻〻三

ゝゝゝゝ 七九りゝゝゝ三 八四か一四ん四て九れ四

八かつの十一にち ⦿のひつくの⦿

【訓解文】

甲斐の山々に立ちて、比礼(ひれ)振りて祓ひてくれよ。一二⦿(ひつき)に仕へている臣民、かわるがわるこの御役つとめてくれよ。今はわかるまいなれど結構な御役(おんやく)ぞ。

この筆腹の中に入れておいてくれと申すに、言ふこと聞く臣民少ないが、今に後悔するのがよくわかりているから、⦿はくどう気つけておくのざ。読めば読むほど神徳あるぞ、どんなことでもわかるようにしてあるぞ。言ふことききかねば一度は種だけにして、根も葉も枯らしてしもうて、次の世の大掃除せねばならんから、種のあるうちに気つけておれと、気つかねば気の毒出来るぞ。

今度の祭りご苦労でありたぞ、神界では神々様たいへんの御喜(おんよろこ)びぞ。雨の神、風の神殿(かみどの)、ことに御喜びになりたぞ。

（以下、ゝ字が大半で訓解に迷うところもあるが第一訳文以来の定訳に従った）この大掃除いちおうやんだと安堵すれど、この時、富士鳴門がひっくり返るぞ。天の道、地の道ぞ。ひっくり返るぞ。早う改心してくれよ。

八月の十一日、⦿のひつくの⦿。

註　甲斐の山々に立ちて、比礼振りて祓ひてくれよ　甲斐の御用についての告知。3—12参照。

めりか百きりす八三ら七り　卍も一十もおろ四八百か一九九八三七一つ二七りて　⦿の九二二せめ四せて九るから　三のか九五て四一四ておけ四　四んか一て八三の一九三の三一ちう三　か九と四んりき十の一九三十百四てあろか七　十九から十ん七九十てきるか四ん三ん二八八かるま一か七　一すん三き百三へぬほ十九百りておりて　三れて⦿の四ん三ん十おもて一るのか　ち九四四二百お十りて一る三　またまたわる九七て九るから　またまたおち四つまね八ほん十のか一四んてきん四ん三んた九三ある三

たま十八おんたま三　かか三十八うち二う五九おんちから三　つるき十八三十二う五九おんちから三　九れを三九三のかんたから十百す三　一ま八たまか七九七て一るの三　かゝ三十つるきたけ三　それて四かお三まる十おもて一るか　かん四んのま七か七一の三　三れてちりちり八ら八ら三　アとヤとワの四の百十一る三十百四てあろか七　九の十り八からんか　つるき十かゝみたけて八一九三かてん三　三れて八四三たま三か一て九れ十百四てあるの三　うへ四た七一三

うへ四(し)た二七九(にひつく)りかへす三(ぞ)　もう⊙またれん十九(とこ)ろまてきて一(い)る三(ぞ)　三(み)たま三(み)かけたら　十(ど)ん七(な)十九(とこ)ろて(で)十(ど)ん七九十四(なことし)て一(い)ても四(し)ん八一七一三(ぱいないぞ)　四(し)んか一(い)の三八九二八(みやこには)あ九(く)かせめてきて一(い)るの三三(ざぞ)

八かつの十二にち　⊙のひつくの⊙

【訓解文】

メリカもキリスはさらなり、ドイツもイタリもオロシヤも外国はみな一つになりて⊙の国に攻め寄せて来るから、その覚悟で用意しておけよ。神界ではその戦さの最中ぞ。学と神力との戦と申してあろがな。どこからどんなこと出来るか、臣民にはわかるまいがな。一寸先も見へぬほど曇りておりて、それで⊙の臣民と思うているのか。畜生にも劣りているぞ。まだまだ悪くなって来るから、まだまだ落ち沈まねば本当の改心出来ん臣民たくさんあるぞ。

玉とは御魂(おんたま)ぞ。鏡とは内に動く御力(おんちから)ぞ。剣(つるぎ)とは外に動く御力ぞ。これを三種(みくさ)の神宝(かんだから)と申すぞ。今は玉がなくなっているのざ。鏡と剣だけぞ。それで世が治まると思うているが、肝腎の真中(まなか)ないのざ。それでちりちりばらばらぞ。アとヤとワの世の元要るぞと申してあろがな。この道理わからんか、剣と鏡だけでは戦さ勝てんぞ。それで早う身魂磨いてくれと申してあるのざ。上下ないぞ。上下に引っ繰り返すぞ。もう⊙待たれんところまで来ているぞ。身魂磨けたらどんなところでどんなことしていても心配ないぞ。神界の都には悪が攻めて来ているのざぞ。

八月の十二日、⦿のひつくの⦿。

四　3—4［84］

一二三の四九三かす三たら　三四五の四九三三十百四てありたか　四の百十の四九三八三四五の四九三から五六七の四九三十七るの三　五六七の四九三十八みろ九の四九三の九十三　け百の十四ん三ん十八きり八かりたら　三れ三れのほん四四たすの三　九ん十八まん五まつた一の九十三　きの十九てきるからせんた九た一せつ十百四てあるの三　九ん十お八九きまりたら　そのまゝ一つまでもつつ九の三から　四ん三ん四九九の二て四三ておいて九れ四

八月十三日　⦿のひつくのか三

【訓解文】

一二三の仕組みが済みたら、三四五の仕組みぞと申してありたが、世の元の仕組みは三四五の仕組みから五六七の仕組みとなるのざ。五六七の仕組みとはミロクの仕組みのことぞ。獣と臣民とはっきり分かりたら、それぞれの本性出すのざ。今度は万劫末代のことぞ。気の毒出来るから洗濯大切と申してあるのざ。今度お役決まりたらそのまゝいつまでも続くのざから、臣民よくこの筆読みておいてくれよ。

八月十三日、⦿のひつくのか三。

九百のか七一十百四て四ん三ん二十九百四て一るか　またまたす九七九七りて　一四八九百の百の六百の百七九七るの三　七二五十百き四てあるから　四六九んてき四四て九た三れ四　たき二うたれ三八九九てき四四八き四四て一るか　たん四きするき四四八百一るか　九ん十のき四八せか一の四ん三ん三七二十十七一き四てあるからき七四一の三　九のき四てきる一十十四かまんてき七一一十十ある三　九のき四てきね八八一二する四りほか七一の三

九ん十の五四二つか二四ん三ん八け四きき四三四てか三うつるの三　一まの(ゝ)のちから八七二百てて八おらぬの三　九の四の九十八(ゝ)十四ん三ん十　一二七りててきる十百四てあろか七　八八九三たまみかいて九た三れ四

か一五九八○　(ゝ)の九二八ゝ十百四てあるか　ゝ八(ゝ)さ○は四ん三んそ　○八かりても七二百てきぬ　ゝ八かりて百この四の九十八七二百上十千の三　それて(ゝ)かゝれる四二八四大せんた九四て九れ十百四て一るの三　(ゝ)せけるの三　九の五四たいせつ三　(ゝ)かゝれる二九た一たく三一

るの三　九ん十のき四八〇をきれ一二するき四三
三四てきた四ん三んから九二七るの三　十九二おりてもそ四てきた四ん三んから四き五四二
つかて　⊙からおんれい百四てまつた一七のの九るてからたて三す三　⊙の四ん三ん三二千た九
てきたら九の一九三八かつの三　一ま八一二百七一三　一りんも七一三　九れて⊙五九のた三十
百四て一八て一るか　あ四百十からひ九り八九かあ一て四つ八一二七てもたすからぬ九十二七る
の三　あ七ほて二けても　つち百九て一ても　八一二七る三たまは八一三　十九二一て百たすけ
る四ん三んたすける三　⊙かたすけるので七一三⊙たすかるの三　四ん三ん百⊙百一四四二たす
かるの三　九の十り四九八ら二一れて九れ四　九の十り八かりたら⊙の四九三八たんたん八かり
てきて　七ん十一二ありかた一九十かと　九九ろか一つも八る二七る三

八かつの十四かのあさ　⊙のひつ九のか三

【訓解文】

喰うものがないと申して臣民不足申しているが、まだまだ少なくなりて、一時は喰う物も飲むものもなくなるのざ。何事も行（ぎょう）であるから喜んで行して下されよ。滝に打たれ、蕎麦粉（そばこ）喰うて行者、行しているが、断食する行者もいるが、今度の行は世界の臣民みな二度とない行であるから厳しいのざ。この行できる人と、よう我慢できない人とあるぞ、この行できねば灰にするよりほかないのざ。

今度の御用に使ふ臣民はげしき行さして神うつるのざ。今の⦿の力は何も出てはおらぬのざ。この世のことは⦿と臣民と一つになりて出来ると申してあろがな。早く身魂磨いて下されよ。

外国は〇、⦿の国はゝと申してあるが、ゝは⦿ざ、〇は臣民ぞ。〇ばかりでも何も出来ぬ、ゝばかりでもこの世の事は何も成就せんのざ。それで⦿かかれるように早う大洗濯してくれと申しているのざ。⦿急（せ）けるのざ。この御用大切ぞ。⦿かかれる肉体たくさん要るのざ。今度の行は〇を綺麗にする行ぞ。

掃除出来た臣民から楽になるのざ。どこにおりても掃除出来た臣民から、よき御用に使って、⦿から御礼申して、末代名の残る手柄立てさすぞ。⦿の臣民、掃除洗濯出来たらこの戦は勝つのざ。今は一分（ぶ）もないぞ、一厘もないぞ。これで⦿国の民と申して威張っているが、足許からビックリ箱があいて、四つん這いになっても助からぬことになるのざ。穴掘って逃げても、土もぐっていても、灰になる身魂は灰ぞ。どこにいても助ける臣民、助けるぞ。⦿が助けるのでないぞ。⦿助かるのざ。臣民も⦿も一緒に助かるのざ。この道理よく肚に入れてくれよ、この道理わかりたら⦿の仕組みはだんだんわかりて来て、何という有り難いことかと、心がいつも春になるぞ。

八月の十四日の朝、⦿のひつ九のか三。

一ま八千のか三か千のちから四八一から　千の四ん三ん九る四んて一るか　一ま四八ら九の四んほ三　あ九か三三かゝりてせんの二九たい二十りかゝろ十四て一るから　四ほ十二ん十四四めておらん十まける三　お八八九二あ九のか三かゝりて九る四たち八二四て　あ九のお百十り二する四九三たてて一るからきつけて九れ四　◉の百一つうへの◉の四のも一つうへの◉の四のも一つうへの◉の四は　一九三すんて一る三　三四五から五六七の四二七れは　てんち一かりて七二百かも三へす九三　八かつのこ十　八かつのせか一のこ十　四九きつけてお一て九れ四　一四一四四かせまりて九る十　八り七ほ四てきん十百四てあろか七　一つもつるきの四た二一るきもちて　九九ろ七き四めておりて九れ四　四ん三ん九ちてたへるもの八かりて一きて一るので八七一三

八かつの十五にち　ひつ九◉と　◉のひつ九のか三　四るさす三

【訓解文】

今は善の神が善の力弱いから、善の臣民苦しんでいるが、今しばらくの辛抱ぞ。悪神総がかりで善の肉体に取りかかろうとしているから、よほどフンドシ締めておらんと負けるぞ。親や子に悪の神かかりて苦しい立場にして、悪の思う通りにする仕組み立てているから気をつけてくれよ。⦿の、も一つ上の⦿の世の、も一つ上の⦿の世の、も一つ上の⦿の世は戦さ済んでいるぞ。三四五から五六七の世になれば、天地光りて何もかも見へすくぞ。八月のこと、八月の世界のこと、よく気つけておいてくれよ。いよいよ世が迫りて来ると、やり直し出来んと申してあろがな。いつも剣の下にいる気持ちで心引き締めておりてくれよ、臣民口で食べる物ばかりで生きているのではないぞ。

八月の十五日、ひつく⦿と⦿のひつ九のか三しるさすぞ。

七

3—7［87］

あ九の四てあるから　あ九の四ん三ん四二てて五三る三　せんの四二九れん十ひ九りかへる十百すの八　せんの四ん三んの四二七る九十三　一ま八あ九か三かへて一るの三か　九の四て八二んけんのせか一か一八んお九れて一るの三三　九三き八それそれ二⦿の三九十のままにまに七て一る三　一ほんのた一九んても一つ二の九めても七んても十十九七たてあろか　一す二の一十ても七かりててきたてあろか七　四ん三かほん十のつとめ四た七ら十ん十二十十一か　一まの四ん三ん二八けん十十れまいか七　か三かおんれい百すほ十二十十一四五十てきる三たま三　九十二⦿

の九二の四ん三ん三七ま九十の一かりあら八四た七ら　てんちか〻八一てあ九の三たま八めあ一て八おれん九十二七る三　け九七ちすち二うまれて一七から　一まのすがた八七二五十三　⦿八一つまでもまてんから　一つきの十九てきるか四れん三　一九三おそれて一るか　四ん三んの一九三九ら一七二か九八一の三　それ四りおのれの九九ろ二す九てるあ九の三たま九八一三

八かつの十六にち　⦿のひつ九のか三

【訓解文】

悪の世であるから悪の臣民世に出てござるぞ。善の世にグレンとひっくり返ると申すのは善の臣民の世になることぞ。今は悪が栄へているのざが、この世では人間の世界がいちばん遅れているのざぞ。草木はそれぞれに⦿のみことのまにまになっているぞ。一本の大根でも一粒の米でも何でも尊くなったであろが。一筋の糸でも光り出て来たであろがな。臣民が本当のつとめしたなら、どんなに尊いか、今の臣民には見当とれまいがな、神がお礼申すほどに尊い仕事出来る身魂ぞ。ことに⦿の国の臣民みな、まことの光あらはしたなら、天地が輝いて悪の身魂は目あいてはおれんことになるぞ。結構な血筋に生まれていながら、今の姿は何事ぞ。⦿はいつまでも待てんから、いつ気の毒出来るか知れんぞ。戦さ恐れているが、臣民の戦さくらい何が恐いのざ。それより己の心に巣喰うてる悪のみたまが恐いぞ。

八月の十六日、⦿のひつ九のか三。

八

3—8［88］

八ま八か三三　か八八か三三　う三百か三三　あめ百か三かせもか三三　てんち三七か三三九三きもか三三　か三まつれ十百すの八か三まつろ九十と百四てあろか　か三か三まつりあ八す九十三　三七七二もか百まつりあたすかたかか三のすかた　◎の九九ろ三　三七まつれ八七二百たらん九十七一三　あまる九十七一三　九れか四ん五九のすかた三　ものたらぬたらぬ十四ん三ん七一て一るか　たらぬのて七一三たらぬ十おもて一るか　あまてい一るて八七一か　か三の八九二ん十の　まつ◎まつれ　◎まつりて◎九九ろ十七りて◎のせい四せ四　一九三など八七んても七九けりつ九三

八かつ十七にち　◎の一二のか三

【訓解文】

山は神ぞ。川は神ぞ。海も神ぞ。雨も神、風も神ぞ。天地みな神ぞ。草木も神ぞ。神祀れと申すのは神にまつろうことと申してあろが、神々まつり合はすことぞ。皆何もかもまつりあった姿が神の姿、◎の心ぞ。皆まつれば何も足らんことないぞ、余ることないぞ。これが神国の姿ぞ。物足らぬ足らぬと臣民泣いているが、足らぬのでないぞ。足らぬと思うているが、余っているではないか。上の役人どの、まず⦿祀れ。⦿祀りて⦿心となりて⦿の政治せよ。戦さなどは何でもなくケリつくぞ。
八月十七日、⦿の一二のか三。

九

3—9 [89]

四んか一八七つ二八かれて一る三　あまつ九二三つ　つちの九二三つ　そのあ一た二一つ　てん五九か上ちう下の三たん　ち五九百上ちう下の三たん　中うか一の七つ三　三の一つ一つか又七つ二八かれて一るの三　三の一つかまた七つつつに八かれて一る三　一まの四八ち五九の二たんめ三　また一たん四たある三　一十八三九までさかるの三　一ま一九ろある十九十百四てある九十八そこまておちる九十三　ち五九の三たんめまておちたら　百一十のすめん十九ろ三からあ九ま十か三八かりの四二八かり七るの三　九の四八二んけん二まか四て一るの三から　二んけんの九九ろ四た一そ　四かし一まの四ん三んの四七九三た四ん三んて八七一三　一つもか三のかゝて一る四ん三ん三　か三かゝり十す九八かるか三かゝりて八七九　八らの三こ二四九り十ゝ四つまて一る四ん三んそ　それか二んけんのま九十のすかた三　一四一四ち五九の三たんめに一る

から三(そ)のか九五て一(くごでい)て九(く)れ四(よ)　四五九(じごく)の三(だ)たんめ二一(にい)る九十(こと)のおもて八(は)　一八(いちば)んのてん五九二一(ごくにい)
つ(づ)る九十三(ことぞ)　か三(み)のま九十(こと)のすか(が)た十(と)　あ九(く)の三(み)られん三(さ)ま十(と)　八(はつ)きりてて(で)九(く)るの三(ざ)　⦿とけ百(も)
の十八(とわ)ける十百四(ともーし)てあるの八九(はこ)の九十三(ことぞ)　七二五十(なにごと)も千(せん)た九(くだ)たい一(いち)

八かつの十八にち　⦿の一二(ひつき)⦿

【訓解文】

神界は七つに分かれているぞ。天(あま)つ国三つ、地の国三つ、その間に一つ、天国が上中下の三段、地国（地獄）も上中下の三段、中有界の七つぞ。その一つ一つがまた七つに分かれているのざ。その一つがまた七つづつに分かれているぞ。今の世は地獄の二段目ぞ。まだ一段下あるぞ。一度はそこまで下がるのざ。今一苦労あるとくどう申してあることは、そこまで落ちることぞ。地獄の三段目まで落ちたら、もう人の住めん所ざから、悪魔と神ばかりの世にばかりなるのざ。この世は人間にまかしているのざから、人間の心次第ぞ。しかし今の臣民のような腐った臣民ではないぞ。いつも神の憑かっている臣民ぞ。神憑りとすぐわかる神憑りではなく、肚の底にしっくりとゝ鎮まっている臣民ぞ。それが人間のまことの姿ぞ。いよいよ地獄の三段目に入(い)るから、その覚悟でいてくれよ。地獄の三段目に入ることの表は一番の天国に出(い)づることぞ。神のまことの姿と悪の見られんさまとはっきり出て来るのざ。⦿と獣と分けると申してあるのはこのことぞ。何事も洗濯第一。

八月の十八日、⦿の一二⦿。

十

3—10 [90]

一四一四一九三八け四九七りて　九百の百七九七二百七九七り　す六十九百七九七つたら　ゆ九十九ろ七九七る三　⦿の九三からの三かれた四ん三ん十⦿の四ん三ん十十ちらかえら一か　その十きに七りたら八きりする三　その十きに七りて十四たら四一か十百す九十八　⦿の四ん三ん七らたれても⦿かお四へて　てひはて八るから一まから四ん八一せす二　⦿の五四七三れ四　⦿の五四十百四て四二んの四五十を七まけて八七らん三　十ん七十九ろ二一て百⦿かすかり十たすけて八るから　⦿の百す四二四て一ま八一九三四ておりて九れ四　てん四三ま五四ん八一七三らぬ四二するのか四ん三んのつ十めそ　か三の四ん三ん九十二きつけ四　へ十二せめきた三

八かつの十九二ち　⦿のひつ九の⦿

【訓解文】

いよいよ戦さ烈しくなりて、喰うものもなく何もなくなり、住むところもなくなったら行く所なくなるぞ。⦿の組から除かれた臣民と⦿の臣民とどちらがえらいか、その時になりたらはっきりするぞ。その時になりてどうしたらよいかと申すことは⦿の臣民なら誰でも⦿が教へて手引っ張ってやるから、今から心配せずに⦿の御用なされよ。⦿の御用と申して自分の仕事をなまけてはならんぞ。どんな所にいても⦿がスッカリと助けてやるから、⦿の申すようにして、今は戦さしておりてくれよ。てんし様ご心配なさらぬようにするのが臣民のつとめぞ。⦿の臣民、九十に気つけよ。江戸に攻め来たぞ。

八月の十九日、⦿のひつ九の⦿。

十一　3—11［91］

⦿つち八(は)四(し)六(ろ)八(は)四(し)のつ九(く)　き八(は)きのつ九(く)　あホあか八(は)あのつ九(く)　九(く)ろ八(は)九(く)のつ九(く)八(や)まく三十(さと)三十(さと)からてて(で)九(く)る三(ぞ)　四(よ)九(く)三(さ)か(が)四(し)て三(み)四(よ)　三(さん)四(じ)八(や)九(く)四(し)たのつち七(な)れ八(ば)四(よ)一(い)三(ぞ)　一(い)九(く)らて(で)百(も)一(い)るた(だ)け一八(いっぱい)てて(で)九(く)る三(ぞ)

八かつ二十にち　⦿のひつ九(く)のか三(み)

【訓解文】

⦿土は、白は「し」のつく、黄は「き」のつく、青赤は「あ」のつく、くろは「く」のつく山々里々から出て来るぞ。よく探して見よ、三尺下の土なればよいぞ。いくらでも要るだけ一杯出て来るぞ。

八月二十日、⦿のひつ九のか三。

十二　3—12 [92]

おつち八⦿の二九た一三　四ん三んの二九た一百おつちからてきて一るの三　九の九十八かりたら　おつちの十十一九十四九八かるてあろか七　おひ七八お三七三　か一の四九三五九ろてあた三　九れから一四一四きひ四九なる三　四九四の七かのう五き三れ八八かるてあろか　けかれた四ん三んあかれぬ⦿の九二二あかて一るて八七一か　一四一四十七りたら⦿か四ん三ん二うつりて　てから三す七れ十　一まて八かるい四の四七四ん三ん八かりてか三かゝれん三　八四か三のもす九十四九きてうまれあか五の九九ろ二七りて　⦿の一れ百の二七りて九れ四　一人か一四んすれ八　千二んたすかる三　九ん十八千人りきあたへる三　七二百かもあ九の四九三八八かりて一る三　一九らてもせめてきて五三れ　⦿には四の百十からの⦿の四九三四てある三　か九八ちえてまた⦿二か七二十おもてか　⦿二八か七八ん三

八かつの二十一にち　⦿のひつ九のか三　た一五九ろてありた三四

【訓解文】

お土は⦿の肉体ぞ。臣民の肉体もお土から出来ているのざ。このことわかりたら、お土の尊いことよくわかるであろうがな。帯那は女ぞ。甲斐の仕組み御苦労であったぞ。これからいよいよ厳しくなるぞ。よく世の中の動き見ればわかるであろうが、汚れた臣民上がれぬ◉の国に上がっているではないか。いよいよとなりたら◉が臣民にうつりて手柄さすなれど、今では軽石のような臣民ばかりで神かかれんぞ。早う神の申すことよく聞いて、生まれ赤子の心になりて、◉の容れものになりてくれよ。一人改心すれば千人助かるぞ。今度は千人力与へるぞ。何もかも悪の仕組みはわかりているぞ。いくらでも攻めて来てござれ。◉には世の元からの◉の仕組みしてあるぞ。学や知恵でまだ◉にかなふと思うてか。◉にはかなわんぞ。

八月の二十一日、◉のひつ九のか三。タイチご苦労でありたぞよ。

註　**帯那は女ぞ。甲斐の仕組み御苦労であったぞ。これからいよいよ厳しくなるぞ。～タイチ御苦労でありたぞよ**　帯那は甲府市と山梨市の境にある帯那山。山梨百名山の一で山頂から八ヶ岳連峰や富士山を見渡せる眺望で知られる。タイチは都筑太一。2—3註参照。10—15には、帯那は甲斐の仕組みにおける「中山」であると示される。

十三

3—13［93］

七二百か百てん四三まの百のて八七一か　それ七の二九れ八二二んの一え三　九れ八四二んの十ち三十百四て　四二んかて二四て一るのか◉のき二一らん三　一十八てんち二七きあけ十四ら

四てありた九十　わすれて八七らん三　一ほんの九三て百⦿のもの三　ぬからうまれたもの　八まからとれたもの　うみの三ちも三七⦿二そなへてから四ん三ん一たたけ十百四てある八けもそれて八かるてあろか七

この二て四九四三て三へおれ八　一四きも七九七る三　そ一一八一まの四ん三ん三ん七八かあるか十百すか　四九三四て三四か七らす八ま一も七をる三　それ八八三一十の九九ろかきれ一になるから三　千た九せ四十二せ四十百せ八　四ん三ん七二百八からんからあ八てて一る　この二て四む九十か千た九八そ二の八四めてお八りてある三　⦿八六り八一八ん三　か三の三八六り四て七一三　四九九ノ二て四んて九れ四　四め八四六ほ十三たま三かれる三十百四て百　四五十を四そ二四て八七らん三　四ん三ん十百す百の八八か四四二き三から　二て四め十百せ八二て八かり四んた七ら四一四二おもて一るか　うらもおもてもあるの三　八九一ん四九四ら四て八れ四

八かつの二十二にち　⦿のひつ九のか三のおつけ

【訓解文】

何もかもてんし様のものではないか。それなのにこれは自分の家ぞ、これは自分の土地ぞと申して自分勝手にしているのが⦿の気に入らんぞ。一度は天地に引き上げと知らしてありたこと忘れてはならんぞ。一本の草でも⦿のものぞ。野から生れたもの、山から採れたもの、海の幸も、みな⦿に供へてから臣民戴けと申してあるわけも、それでわかるであろがな。

この筆よく読みてさへおれば病気もなくなるぞ。そう言えば今の臣民、そんな馬鹿あるかと申すが、よく察して見よ。必ず病(やまい)も治るぞ。それは病人(やみびと)の心が綺麗になるからぞ。洗濯せよ掃除せよと申せば臣民何もわからんから、あわてているが、この筆読むことが洗濯や掃除のはじめで終わりであるぞ。⦿は無理は言はんぞ。神の道は無理してないぞ。よくこの筆読んでくれよ。読めば読むほど身魂磨かれるぞ。と申しても、仕事をよそにしてはならんぞ。臣民と申すものは馬鹿正直ざから、筆読めと申せば、筆ばかり読んだならよいように思ているが、裏も表もあるのざ。役員よく知らしてやれよ。

八月の二十二日、⦿のひつ九のか三のお告げ。

十四　3—14［94］

四ん三ん二八かる四二一二七れ八　三百九九ろも⦿のもの三から　ま一にちくか三から一たゝ一たもの十おもへ八四一のてある三　三れてそのからたを十ん七二四たら四一か十一二九十八かるてあろか　四二七れ八ねむた十き八⦿二おかへ四四て一るの三十おもへ　それて四九八かる

てあるか　三たま三か九十百す九十八　⦿の一れ百の十四て　⦿からおあつかり四て一る　⦿のも十も十十一十九十四て　おあつか一する九十三

八かつ二十三にち　⦿の一二のか三

【訓解文】

臣民にわかるように言ふなれば、身も心も⦿のものざから、毎日毎日神から頂いたものと思へばよいのであるぞ、それでその身体をどんなにしたらよいかということわかるであるが、夜になれば眠った時は⦿にお返ししているのざと思へ、それでよくわかるであろが。身魂磨くと申すことは、⦿の入れものとして⦿からお預かりしている、⦿の最も尊いとこ（床）としてお扱いすることぞ。

八月二十三日、⦿の一二のか三。

十五

3—15［95］

あら四の七かのすてお二ね三　十九へゆ九八らゆかす八ら千十三二百八かるまい　メリカキリス八八七三て　三かたとおもた九二九二も一に七りてせめて九る　か二もか一三へおれた二ね十する九十も七九七九二　九る四一十きの⦿たの三　それて八か三もてかたせぬ　九三りたもの

八九三ら四て　九八四二七り十おもへ十百　九八四二三へ百七らぬもの　た九三てきておろをか
七　きたからせめて九る十きか　この四のお八り八め七り　てん二お日三ま一つて七一三　二つ
三つ四つてできたら　九の四のお八り十おもへかし　九の四のお八り八⦿く二の　八四め十おも
へ四ん三ん四　⦿⦿三ま二も四らす三四　か三八一つてもかゝれる三　一十の四一を一十九三四

八かつ二十四か　⦿の一二か三

【訓解文】

嵐の中の捨小船ぞ。どこへ行くやら行かすやら、船頭さんにもわかるまい。メリカ、キリスは花道で、味方と思うた国々も、一つになりて攻めて来る。舵も櫂さへ折れた舟、どうすることもなくなくに、苦しい時の⦿頼み、それでは神も手が出せぬ。腐りたものは腐らして、肥やしになりと思へども、肥やしにさへもならぬもの、たくさん出来ておろうがな。北から攻めて来る時が、この世の終り始めなり。天にお日様一つでないぞ。二つ三つ四つ出て来たら、この世の終りと思へかし。この世の終りは⦿国の、はじめと思へ臣民よ。⦿⦿様にも知らすぞよ、神はいつでもかかれるぞ、人の用意を急ぐぞよ。

八月二十四日、⦿の一二か三。

十六　3—16 [96]

一二三八⦿四四九　三四五八一十四四九　五六七八十二四四九　七八九八九三四四九三　九十八百十二一二三二四九　九九二九九三四　一十三四五四四九二八〇一七一三

八　二十四⦿　一二⦿　二三

【訓解文】

一二三は⦿食。三四五は人食。五六七は動物食。七八九は草食ぞ。九十は元に一二三食。（以下七文字不明。第一訳文には「神国弥栄ぞよ。」とある）人、三四五食に病ないぞ。

八月二十四日、一二⦿ふみ。

十七　3—17 [97]

九十かた一せつ三十四ら四てあろか七　一九三八かりて七一三　七二百か百四ん三んて八けん十十れん九十二七りて九るから　うへの四ん三ん九十二きつけて九れ四　おか三二⦿まつりて九れ四　⦿二まつろて九四　⦿九十百四ておか九三　八四まつらね八ま二あ八んの三三　⦿の九二の

八ま八ま二八三七☉まつれ　かわかわ二三七か三まつれ　ぬ二百まつれ　四ん三んの一へ一へ二百おつる九ま七九か三まつれ　まつりまつりて三六九の四十七るの三　四ん三んの三百か三の三八十七りてか三まつれ　まつりの四かた四ら四てあろ　☉八せける三

八かつ廿五にち　☉のひつ九☉

【訓解文】

九十が大切ぞと知らしてあろがな。戦さばかりでないぞ。何もかも臣民では見当とれんことになりて来るから、上の臣民九十に気つけてくれよ。お上に☉祀りてくれよ。☉にまつろうてくれよ。☉くどう申しておくぞ。早う祀らねば間に合はんのざぞ。☉の国の山々にはみな☉祀れ。川々にみな☉祀れ。野にも祀れ。臣民の家々にも落つる隈なく神祀れ。まつりまつりてミロクの世となるのざ。臣民の身も神の宮となりて神祀れ。祀りの仕方知らしてあろ。☉は急けるぞ。

八月二十五日。☉のひつ九☉。

十八

3—18［98］

か三か三三ま三七お三ろ一七三れて　あめのか三　かせのか三　四四んのか三　一八のか三あれのか三五はしら七八四ら　八八しら十八しらのか三か三三まか　千八ん十お九九ろあ八四七

三れて　九ん十の四九三のおん八九きまりて　それそれ二八たらき七三れる九十二七りた四き一
三　かの十十り八四き一十四ら四てあろが七
九れから一にち一にち八け四九七る三　四ん三ん九九ろへてお一て九れ四　百のもたぬ一十
百のもてる一十四りつ四九七る三　十ろほかおく七れ八　十ろほかたゝ四十一二九十二七る十
り九つ八あ九ま十四ら四てあろか　うけもちのか三三ま一十九お一かり三　四ん三んの九一百の
たりる四二つ九ら四てある二　たらぬ十百四て一るか　たらぬ九十七一三　たらぬの八八りかた
わる一の三三　九一て一九へきもので　一十九ろす十八七二五十三　それそれのか三三ま二まつ
八れ八　それそれの九十七二て百か七二の三　☉二まつ八らす二　四ん三んのか九やちゑか七二
二七るのか　そ九四れて一るて七一か
い九三二八い九三のか三ある三　お三つ二七九九十ある三　うけ百ちの☉さまおん一かり七三
れて一るから　八四九九ろ一れかへて四　この☉さまお一かり二七れ八　四ん三ん一火四二七る
三

八かつのかのととりのひひつくのか三さとす三

【訓解文】

神々様みなお揃いなされて、雨の神、風の神、地震の神、岩の神、荒（あれ）の神、五（いつ）柱（はしら）七（なな）柱八（はち）柱十（と）柱の神々様がちゃんとお心合はしなされて。今度の仕組みの御役決まりてそれぞれに働きなされることになりたよき日ぞ。辛酉（かのととり）はよき日と知らしてあろがな。

これから一日一日烈しくなるぞ。臣民心得ておいてくれよ。物持たぬ人、物持てる人より強くなるぞ。泥棒が多くなれば泥棒が正しいといふことになるぞ。理屈は悪魔と知らしてあろが。保食（うけもち）の神様ひどくお怒りぞ。臣民の食い物、足りるように作らしてあるに、足らぬと申しているが、足らぬことないぞ。足らぬのはやり方悪いのざぞ。食いて生くべきもので人殺すとは何事ぞ。それぞれの神様にまつはれば、それぞれのこと、何でもかなふのざ。⦿にまつはらずに、臣民の学や知恵が何になるのか。底知れていないか。

戦さには戦さの神あるぞ。お水に泣くことあるぞ。保食の⦿様御怒りなされているから、早う心入れ替へてよ。この⦿様お怒りになれば、臣民日干しになるぞ。

八月の辛酉（かのととり）の日。ひつくのか三さとすぞ。

十九　3—19〔99〕

か三（み）四（よ）のひ三（み）十（つと）四（し）ら四（し）てあるか（が）　一（い）四（よ）一（い）四（よ）十（と）七（な）りたら　二（じ）四（し）んか三（み）七（な）り八（ば）かりて（で）七（な）一（い）三（ぞ）　四（し）ん

三んあ二ん十四て　九れ八七ん十四た九十三十九ちあ一たまゝ　十する九十百てきん九十二七る
の三　四つん八一二七りて　きる百の百七九　け百の十七りて八一ま八る一十十　そら十二四七
一十十二つ二八きり八かりて九る三
けもの八けものの四四ら一一四一四たすの三　一十三の三一七んか十ん七二おそろ四か　九ん
十八た一なり小なり四ら三七七らん九十二なりた三　一二八てんもち百一つ二ませませ二するの
三から　一十一り百一きて八おられんの三三　それかすんてから三たま三かけた四ん三ん八かり
⦿か一ろ一あけて　三ろ九の四の四ん三ん十するの三　十九へ二けて百二け十九ろ七一十百四て
あろか七　たか一十九から三つ七かれる四二　十きに四たか一ておれ四　一三十一二十き二八
か三か四ら四て一二八てんか一へ　つりアケる四ん三んもあるの三三　二んけんの一九三八けも
ののけんか九ら一て八七二もてきん三　九十きつけてお九三　七二四り百か一四んかたい一三
八かつの二十六にち　⦿のひつくのか三

【訓解文】

神代のひみつと知らしてあるが、いよいよとなりたら地震、雷ばかりでないぞ。臣民あふんとして、これは何としたことぞと、口あいたままどうすることも出来んことになるのざ。四つん這いになりて着る物もなく、獣となりて這い廻る人と、空飛ぶような人と、二つにはっきり分かりて来るぞ。

獣は獣の性来いよいよ出すのざ。火と水の災難がどんなに恐ろしいか、今度は大なり小なり知らさなならんことになりたぞ。一時は天も地も一つにまぜまぜにするのざから、人一人も生きてはおられんのざぞ。それが済んでから、身魂磨けた臣民ばかり、⦿が拾い上げてミロクの世の臣民とするのざ。どこへ逃げても逃げ所ないと申してあろがな。高い所から水流れるように時に従いておれよ。いざといふ時には神が知らして、一時は天界へ釣り上げる臣民もあるのざぞ。人間の戦さや獣の喧嘩くらいでは何も出来んぞ。くどう気つけておくぞ。何よりも改心が第一ぞ。

八月の二十六日。⦿のひつくのか三。

二十

3—20［100］

一まのうち二九三きのね八八を一二ほ四てた九八へておけ四　うけもちの⦿さまおん一かり三から九十四八　五二九ら一四かたへもの十れんから　三のつもりて四一四ておいて九れ四　か三八け百七一十きから四ら四てお九から　九の二て四九四んておれ四　一二きりの九め二七九九十ある十四ら四てあろか七

九め八かりて七一三　七二百かも四ん三ん百七九七る十九ろまてゆかね八七らんの三　四ん三ん八かりて七一三　⦿⦿さまさへ九ん十八七九七るかたある三

四ん三ん十一二百の八　めの三き八かり四り三えんから　のんき七百のてあるか　一三十七りてのか一四ん八ま二あ八んから九十きつけてあるの三　二ほん八かりて七一三　せか一十はおろか三千せか一の大千た九十百四てあろか七　⦿二すかりて⦿の百す十り二する四りほか二八三七一三

それて⦿⦿三まをまつりて　おへのおんかたからも四百四百からも　あさ二け二九十たまか九の九二二三つ四二七りたら　か三のちからあら八すの三　へ十二まつ⦿まつれ十九十百四てある九十四九八かるてあろか七

八かつの二十七にち　⦿のひつ九のか三

【訓解文】

今のうちに草木の根や葉を日に干して貯へておけよ。保食の⦿様御怒りざから、今年は五分くらいしか食べ物とれんから、そのつもりで用意しておいてくれよ。神は気もない時から知らしておくから、この筆よく読んでおれよ。ひと握りの米に泣くことあると知らしてあろがな。

米ばかりでないぞ。何もかも。臣民もなくなるところまで行かねばならんのざ。臣民ばかりでないぞ。☉☉様さへ今度はなくなる方あるぞ。

臣民といふものは目の先ばかりより見えんから、呑気なものであるが、いざとなりての改心は間に合はんから、くどう気つけてあるのざ。日本ばかりでないぞ。世界中はおろか三千世界の大洗濯と申してあろがな。☉にすがりて☉の申す通りにするよりほかには道ないぞ。

それで☉☉様を祀りて、上の御方からも下々からも、朝に夕に言霊がこの国に満つようになりたら神の力顕はすのざ。江戸にまづ☉まつれと、くどう申してあることよくわかるであろがな。

八月の二十七日。☉のひつ九のか三。

二十一

3—21［101］

☉の百す九十七んてもす七を二き九四二七れ八　☉八七んて百四ら四て八る三　八一九の九十ても　十せ一の九十も八け七九てきるの三　四ん三ん三七四ろ九二四二てきるの三
七二百かも☉二十七へてから十百四てあろか七　八まにもか〇二もぬ二も三十二百一へにもそれそれ二☉まつれ十百四てあろか七　九九の十り四九八からんか　☉八四ら四て八りた一七れ

十　一まて八ね九二九八ん三　四ん三ん⦿二すかれ八⦿二まつ八れ八　その一から四九七る十百四てあろか　七二百六か四九十て七一三　⦿八六り一八んそ　九の二て四め八八かる四二四てあるの三から　八九一ん八四四ら四て　えんある四ん三んから四ら四て九れ四

一ん三つてきん十百せ八七二百四七一ておるか　一ん三つせんても四らす九十てきる三　四九かんかへて三四　一まの四ん三んか九二十らへられて一る十またまた九る四九十てきる三　り九つて八ますます八からん四二七る三　八四か三まつれ四　うへもしたもうへ四た十ろてまつりて九れ四　てん四三まをおかめ四　てん四三ま二まつ八れ四　その九九ろか八ま十たま四三　ます一十のます九九ろ三　ます十八一八三かの九十三　か三のおん九九ろ三　四ん三んのおん九九ろ百⦿のおん九九ろ十　お七二九十二なて九る三　せか一十一十二う七る十きかちかついてきた三四

八かつの二十八にち　⦿のひつ九のか三　二て

【訓解文】

⦿の申すこと何でも素直に聞くようになれば、⦿は何でも知らしてやるぞ。配給のことでも統制のことも、わけなく出来るのざ。臣民みな喜ぶように出来るのざ。

何もかも⦿に供へてからと申してあろがな。山にも川にも野にも里にも家にも、それぞれに⦿祀れと申してあろがな。ここの道理よくわからんか。⦿は知らしてやりたいなれど、今では猫に小判ぞ。臣民⦿にすがれば、⦿にまつはれば、その日からよくなると申してあろが、何も難しいことでないぞ。⦿は無理言はんぞ。この筆読めばわかるようにしてあるのざから、役員早う知らして、縁ある臣民から知らしてくれよ。

印刷出来んと申せば何もしないでおるが、印刷せんでも知らすこと出来るぞ。よく考へて見よ、今の臣民、学に囚へられていると、まだまだ苦しいこと出来るぞ。理屈ではますますわからんようになるぞ。早う神まつれよ。上も下も、上下揃ってまつりてくれよ。てんし様を拝めよ。てんし様にまつはれよ。その心が大和魂ぞ。益人(ますひと)の益心(ますこころ)ぞ。ますとは弥栄(いやさか)のことぞ、神の御心(おんこころ)ぞ。臣民の御心も⦿の御心と同じことになって来るぞ。世界中一度に唸る時が近づいて来たぞよ。

八月の二十八日、⦿のひつ九のか三ふで。

二十二

3―22［102］

まつりまつり十九十百四(とーくどーもーし)て四(し)ら四(し)てあるか(が)まつりあ八四三(はしさ)へすれ八(ば)　七二百(なにも)かもうれ四(し)うれしと三(さ)かへる四九三三(しくみぞ)　あ九百(くも)せんも七一(ない)の三(ざ)　まつれ八(ば)あ九百(くも)せん三(ぞ)　まつらね八(ば)せんも七一(ない)の三(ぞ)　九(こ)の十(どー)り八(わ)かりたか　まつり十百四(ともーし)て⦿八(ば)かりおか(が)んて(で)一(い)る四(よー)て(で)八(は)　七二百八(なにもわ)からん三(ぞ)　そ

ん七われ四四て八⦿の四ん三ん十八百千ん三　八四まつりて九れ十百す九十　四九ききわけて九れ四

われかわれか十おもて一るの八まつりて一ぬ四四九三　八七たか十七れ八ホキン十おれる十百四てある十り四九八かろか七　九のおん三八　八七たか十十りちか一か一八ん二八ま二七るの三十百すの八まん四ん十十りちか一八　まつりの二八まに七るから三　九九まて八けて百三八四九八かるてあろ　七二九十百まつりかた一二三

八かつの二十九二ち　⦿の一二⦿

【訓解文】

まつりまつりと、くどう申して知らしてあるが、まつり合はしさへすれば、何もかも、嬉し嬉しと栄へる仕組みぞ。悪も善もないのざ。まつれば悪も善ぞ。まつらねば善もないのぞ。この道理わかりたか。まつりと申して⦿ばかり拝んでいるようでは何もわからんぞ。そんなわれよしでは⦿の臣民とは申せんぞ、早うまつりてくれと申すこと、よく聞き分けてくれよ。

我が我がと思うているのはまつりていぬ証拠ぞ、鼻高となればポキンと折れると申してある道理よくわかろうがな、このおん道は鼻高と取り違いが一番邪魔になるのざ。と申すのは、慢心と取りちがいはまつりの邪魔になるからぞ。ここまで分けて申さばよくわかるであろ、何事もまつりが第一ぞ。

八月の二十九日、⦿の一二⦿。

二十三

3—23［103］

せか一(い)八(は)一(ひと)つ二(に)七(なつ)た三(ぞ)　一(ひと)つ二(に)七(なつ)て⦿の九(く)二(に)二(に)せめ四(よ)せて九(く)る十(と)百(もー)四(し)てある九(こ)十(と)か(が)て(で)きた三(ぞ)二(じ)ん三(み)ん二(に)八(は)また八(だ)か(わ)るま一(い)七(な)れ十(ど)一(い)ま二(に)八(わか)りて九(く)る三(ぞ)　九(く)十(どー)きつけてお一(い)た九(こ)十(と)の一(い)四(よ)一(い)四(よ)か(が)きた三(ぞ)　か九(く)五(ご)八(は)四(よ)一(い)か　四(し)ん三(み)ん一人(ひとり)一(ひと)りの九(こ)九(こ)ろもお七(な)二(じ)二(に)七(な)りておろか(が)七(な)か(が)九(く)十(と)⦿のちから十(と)の大たたか一(い)三(ぞ)　⦿九(ぐ)二(に)の⦿のちからあら八(は)す十(と)きか(が)ち九(こー)七(な)りた三(ぞ)　一(い)まあら八(は)す十(と)たすかる四(し)ん三(み)んほ十(と)ん十(ど)七(な)一(い)から　⦿八(は)まてるた(だ)けまちて一(い)るの三(ざ)　四(し)ん三(み)んもかあ一(い)か(が)百(も)十(と)をつ二(ぶ)す九(こ)十(と)七(な)らんから　一(い)四(よ)一(い)四(よ)十(と)七(な)りたら十(ど)ん七(な)九(こ)十(と)ありても　九(こ)九(こ)まて(で)四(し)ら四(し)てあるの三(ざ)から　⦿二(に)ておちあるま一(い)か(が)七(な)　一(い)四(よ)一(い)四(よ)と七(な)れ八(ば)八(わ)かて一(い)る九(こ)十(と)七(な)れ八(ば)　七(な)せ(ぜ)四(し)ら四(し)ぬの三(ざ)十(と)百(もー)すか(が)　一(い)まて(で)八(は)七(な)二(に)八(ば)か七(な)十(と)百(もー)四(し)て十(と)りあけ(げ)ぬ九(こ)十(と)四(よ)九(く)八(わ)か(っ)て一(い)る三(ぞ)　一(い)んねんの三(み)たま二(に)八(は)四(よ)九(く)八(わ)かる三(ぞ)　九(こ)の二(ふ)て(で)四(よ)め八(ば)三(み)たまの一(い)んねん四(よ)九(く)八(わ)かる三(ぞ)　⦿の五(ご)四(よー)する三(み)たま八(は)　⦿か(が)四(よ)りぬ一(い)て七(ひっ)八(ぱ)りておる三(ぞ)　お三(そ)四(し)八(は)八(や)四(し)八(は)ある七(な)れ十(ど)　一(い)つ(づ)れ八(は)十(どー)四(し)ても二(に)けても一(い)

八ても　五四三す四二七りておるの三
きた二きつけ四　一か四も二しも三七三も十するつもりか　⦿たけのちからて八四ん三ん二き
の十九てきるの三　⦿と一十十の〇の八たらき九十　⦿四ろ九二の三　八四三たま三かけ十百す
九十百　八る一九九ろ千た九せ四十百⦿九十百八かるてあろ

八かつの三十にち　⦿の一二か三

【訓解文】

世界は一つになったぞ。一つになって⦿の国に攻め寄せて来ると申してあることが出て来たぞ。人民にはまだわかるまいなれど、今にわかりて来るぞ。くどう気つけておいたことのいよいよが来たぞ。覚悟はよいか、臣民一人一人の心も同じになりておろうがな。

学と⦿の力との大戦ぞ。⦿国の⦿の力あらはす時が近うなりたぞ。今あらはすと、助かる臣民ほとんどないから、⦿は待てるだけ待ちているのざ。臣民もかわいいが、元を潰すことならんから、いよいよとなりたらどんなことありても、ここまで知らしてあるのざから、⦿に手落ちあるまいがな。いよいよとなれば、わかっていることなれば、なぜ知らしぬのざと申すが、今では何馬鹿なと申して取り上げぬことよくわかっているぞ。因縁の身魂にはよくわかるぞ。この筆読めば身魂の因縁よくわかるぞ。⦿の御用する身魂は⦿が選りぬいて引っ張りておるぞ。遅し早しはあるなれど、いづれはどうしても、逃げてもイヤでも御用さすようになりておるのざ。
北に気をつけよ、東も西も南もどうするつもりか、㋹だけの力では臣民に気の毒出来るのざ。㋹と人との和のはたらきこそ㋹喜ぶのざ。早う身魂磨けと申すことも、悪い心洗濯せよと申すこともわかるであろ。

八月の三十日、㋹の一二か三。

二十四

3—24［104］

二二をめ三四てせめ四する　お二ね九二ねあめの二ね　あかお二あほお二九ろお二八　おろちあ九九を千ちん二　四せ九るてき◯そらおほ一う三をうつめてたちまち二　てんちつ九ら九なり二けり　おり四百あれ八日の九二二　一つのひかりあら八れぬ　九れ九三す九一のおほか三十す九一百十むる一十一十の　め二うつれる八七二九十三　せめ九るてきの大小の　おほきひかり十九お四て　一十二十十あめ二らす　一のあめ七ん三たまるべき　ま九十の㋹八七きものか　九れ八たまらぬ十もか九百　一のちあつてのものたね十　か二十をぬかん十するものの　二から二二あら八れぬ　おり四百あれ八十き七らぬ　大かせお九りあめきたり　おほう七八ら二八たつま

き八(や)　八(や)か(が)て一(ひ)のあめつち二(ふ)る一(い)　八(や)ま八(は)一(ひ)を二(ふ)き十四(どよ)めきて　三四百(さしも)のてきも九十九十九(ことごとく)　九(こ)の四(よ)のほか二十(にと)うせ二(に)けり　かせ(ぜ)八三(やみ)あめ百(も)お三(さ)まりて　八(や)まか八四(はし)つまり九二(くに)つちの　十九(とこ)ろ十九(どこ)ろ二四(にし)らき(ぎ)ぬの　⦿の一二(いぶ)き二四三(によみ)か(が)へる　三(み)た三(み)のかほの四(し)ろき一(い)ろ　一八十(いはと)ひらけぬ四(し)三四(みじ)三十(みと)　おほ十(そ)らあ二(ふ)き⦿をおか(が)三(み)　ち二七三(にひざ)まつ(づ)き三(み)た三(み)らの　め二(に)すか(が)すか(が)四二二(しふじ)の八(や)ま二二(ふじ)八八(はは)れ十二(たり)ほん八(ば)れ　二十八八(ふじはは)れたり一八十(いはと)あけたり

八かつの三十にち　⦿の一二(ひつ)の⦿

【訓解文】

富士を目ざして攻め寄する、大船小船、天(あめ)の船、赤鬼青鬼黒鬼や、大蛇(おろち)、悪狐(あくこ)を先陣に、寄せ来る敵わ空蔽い、海を埋(うづ)めてたちまちに、天日(てんぢつ)暗くなりにけり。折しもあれや日の国に、一つの光り現はれぬ。これこそ救いの大神と、救い求むる人々の、目に映れるは何事ぞ。攻め来る敵の大将の、大き光りと呼応して、一度にどっと雨ふらす、火の雨何ぞたまるべき、まことの⦿はなきものか、これはたまらぬともかくも、生命あっての物種と、兜(かぶと)を脱がんとするものの、次から次にあらはれぬ、折しもあれや時ならぬ、大風起こり雨来たり、大海原には竜巻や、やがて火の雨地震(つちふる)い、山は火を吹きどよめきて、さしもの敵も悉く、この世の外にと失せにけり。風やみ雨も収まりて、山川鎮まり国土の、ところどころに白衣(しらぎぬ)の、⦿の息吹に甦る、御民(みたみ)の顔の白き色、岩戸ひらけぬしみじみと、大空仰ぎ⦿を拝み、地に跪き御民らの、目にすがすがし富士の山、富士は晴れたり日本晴れ、富士は晴れたり岩戸あけたり。
八月の三十日、⦿の一二の⦿。

二十五　3—25［105］

せか一十の四ん三ん八　三七九のほの四ん三んてあるから　九十二かあ一九二八た一三せね八七らぬから　十ん七九十あて百⦿の九三から　⦿うたか八ぬ四二七三れ四　⦿うたか二十きの十九てきる三　一四一四十七りたら十九の九二の四ん三ん十一二九十七一三　大⦿三まのおきて十り二せね八七らんから　かあ一九ち八十て四四八てきんからきつけて一るの三三　大七んを小七ん二まつりかへた一十おもへ十百　一まの八りかた八まるて三か三ま三から　十二百七らんから一つきの十九てきても四らん三四

か一五九から八八九八かりて　か一五九二九のほまつる十百す四ん三んた九三てきる四二七て九る三　それて八⦿の九二の四ん三ん百四八け七一てあろか七　八ま二百か八二もうみ二もまつれ十百四てあるの八　⦿の九二の八まか〇八かりて八七一三　九のほせか一の⦿三十百四てあろ

か七　八たか二七りた一十から　その十きから千のほ二ま〇四て八る十百四てあるか　八たか二七らね八七る四二四て三せる三　一四一四十七りたら九る四一から　一まのうち十百四てあるの三　すへてをてん四三ま二三三け四十百す九十　二ほんの四ん三ん八かりて七一三　せか一十の四ん三ん三七てん四三ま二三三け七七らんの三三

八かつの三十にち　⦿のひつ九のか三

【訓解文】

世界中の臣民はみなこの方の臣民であるから、ことに可愛い子には旅させねばならぬから、どんなことあっても⦿の子ざから、⦿疑わぬようになされよ。⦿疑ふと気の毒出来るぞ。いよいよとなりたら、どこの国の臣民といふことないぞ。大⦿様の掟通りにせねばならんから、可愛い子ぢゃとて容赦出来んから、気つけているのざぞ。大難を小難にまつり変へたいと思へども、今のやり方はまるで逆様ざから、どうにもならんから、いつ気の毒出来ても知らんぞよ。

外国から早くわかりて、外国にこの方祀ると申す臣民、たくさん出来るようになって来るぞ。それでは⦿の国の臣民申し訳ないであろがな、山にも川にも海にもまつれと申してあるのは、⦿の国の山川ばかりでないぞ。この方世界の⦿ぞと申してあろがな。裸になりた人から、その時から善の方にまわしてやると申してあるが、裸にならねば、なるようにして見せるぞ。いよいよとなりたら苦しいから、今の内と申してあるのざ。すべてをてんし様に捧げよと申すこと、日本の臣民ばかりでないぞ。世界中の臣民みなてんし様に捧げなならんのざぞ。

八月の三十日、◉のひつ九のか三。

二十六　3—26［106］

一九三八一十お三まる四二三へるか　その十きか一八んきつけね八七らぬ十き三　六か二のあ九か三八　九ん十八◉の百十の◉をね九十き二七きもの二四て四百けいか九てあるから　三のつもりて二ん十四四めて九れ四　たれ百四れん四二あ九の四九三四てある九十　◉二八四九八かりて一るから　四ん八一七一七れ十　四ん三んたすけた一から◉八二十九らへ二九らへて一るの三三

八かつの三十にち　◉のひつ九の◉

【訓解文】

戦は一度おさまるように見へるが、その時が一番気つけねばならぬ時ぞ。向かふの悪神は、今度は◉の元の◉を根こそぎになきものにしてしまう計画であるから、そのつもりでフンドシ締めてくれよ、誰も知れんように悪の仕組みしてあること、◉にはよくわかりているから心配ないなれど、臣民助けたいから、◉はじっと堪えに堪えているのざぞ。

― 八月の三十日、⦿のひつ九の⦿。

二十七

3―27［107］

⦿のか二二九ろきれる三四　四ん三んのお百四二八れる七ら八りて三四れ　九フ九りんて九れ一十七九りかへる十百四てあるか　九れから八その八てひ九りかへる四二七る三　たれ百四一かん　四ん三んの四れん十九ろ二七二四て一るの三　⦿二八七二百かもわかりて一るの三十百四てあろか七　八八九か二十ぬ一て⦿二まつ八りて九一四　か一四んすれ八たすけて八る三　お二のめ二百七三た三　まして⦿のめ二八十ん七七三たもあるの三三　十ん七あ九二んもたすけて八る三　十ん七千二んもたすけて八る三

へ十十百すの八十き四八かりて八七一三　一まの四七十か一三七へ十てある三　へ十八十四ても一のう三三　三れ四りほか八りかた七一十⦿⦿三ま百四ておられる三四　あき二けて九三きかれてもね八の九る七れ十　二ん三んかれてねのの九らぬ四七九十二七りても四らん三四　か三の九の二三八四四ら四て八て九れ四　八十十八十五かつ十九かつ十十かつ二きつけて九れ四　九れ

て九のほの二てのお八り三　九の二て八二二のまき十四て一つ二ま十めておいて九た三れ四　一
ま二たから十七るの三三

八かつの三十二ち　⦿のひつ九⦿

【訓解文】

⦿の堪忍袋切れるぞよ、臣民の思うようにやれるなら、やりてみよれ。九分九厘でグレンと引っ繰り返ると申してあるが、これからはその場で引っ繰り返るようになるぞ。誰もよう行かん、臣民の知れんところに何しているのざ。⦿には何もかもわかりているのざと申してあろがな。早く兜脱いで⦿にまつはりて来いよ。改心すれば助けてやるぞ。鬼の目にも涙ぞ。まして⦿の目にはどんな涙もあるのざぞ。どんな悪人も助けてやるぞ。どんな善人も助けてやるぞ。

江戸と申すのは東京ばかりではないぞ。今のような都会みな江戸であるぞ。江戸はどうしても火の海ぞ。それよりほかやり方ないと⦿⦿様申しておられるぞよ。秋ふけて草木枯れても根は残るなれど、人民枯れて根の残らぬようなことになりても知らんぞよ。神のこのふみ、早う知らしてやってくれよ。八と十八と五月と九月と十月に気つけてくれよ。これでこの方の筆の終はりぞ。この筆は『富士の巻』として一つにまとめておいて下されよ、今に宝となるのざぞ。

八月の三十日、⦿のひつ九⦿。

第四巻

天つ巻

あ〇(ま)つまき

自　昭和十九年八月三十一日
至　昭和十九年九月十四日

一―三十

二四（ふじ）八八（はは）れ十二（たりに）ほん八（ば）レ　二四二三八四六四（ふじにみやしろし）て九ノ四（こよ）お三（さ）める三（ぞ）　五大四（たいし）う七九（ひっく）りかへりて一（い）るのか（が）　⦿二八七二四（にはなによ）りき二一（にい）らん三（ぞ）　一のおか三三（みさ）ままつれ　二（に）のおか三（み）さままつれ四（よ）　三のおか三（み）さままつれ四（よ）　てんの五三（ごさん）た一（い）のおか三三（みさ）ま　ちの五三（ごさん）た一（い）のおか三（み）さままつれ四（よ）　てんから⦿⦿三（さ）まおん九（くだ）たり七三（なさ）れる三（ぞ）　ちからおんか三（み）か（が）三三（みさ）まおのホ（ぼ）リ七三（なさ）れる三（ぞ）　てんのおんか三（み）　つちのおんか三（み）てを十（と）りてうれ四（し）うれ四（し）のおんうたうた八（は）れる三（ぞ）　⦿の九二（くに）八（は）⦿の九二（くに）⦿の二九（にく）十一三（たいぞ）　けか（が）四（し）て七（な）らん十九三（とこぞ）

八かつの三十一にち　一二（ひつき）のか三（み）

【訓解文】

富士は晴れたり日本晴れ、富士に御社（みやしろ）してこの世治めるぞ。五大州ひっくり返りているのが⦿には何より気に入らんぞ。一の大神様祀れ。二の大神様祀れよ。三の大神様祀れよ。天の御三体（ごさんたい）の大神様、地の御三体の大神様祀れよ。天から⦿⦿様御降（おんくだ）りなされるぞ。地から御神々様お昇りなされるぞ。天の御神、地（つち）の御神、手を取りて、嬉し嬉しの御歌（おんうた）、うたはれるぞ。⦿の国は⦿の国、⦿の肉体ぞ。汚してならんとこぞ。

八月の三十一日、一二のか三。

二

4―2［109］

九れまてのか一三八九八九八り三から　す九百十二かへるの三　九ん十八一まゝて二七一二三二百九千二百つたへて七一か一三三から　四ん三んか一の三て七九　四んか一百七九るめてか一三するの三から　九のほらて七一十　そ九ら二五三る四五四んさま二八八からんの三　九フ九りんまて八てきる七れ十　九九十一二十九ろてお四八ん二七るてあろか七　十三八きんをかへ四た八かりて八　九ん十八八九二たゝ三　一九三八かりて七一三　てん三一八かりて七一三　うへもつ二れる三　四ももつ二れる十　つ二す八九八たれてもてきるか　つ九りかための一四一四の九十八⦿⦿三ま二百八かりて八おらんの三三　火四の九二　火四の四ん三三ん一ま八エライき八り四て　せか一か百四二百四て一るか　火四て八ための三　⦿のおんちからて七一十七二百てき八千三

八かつ三十一にち　一二⦿

【訓解文】

これまでの改造は膏薬貼りざから、すぐ元にかへるのざ。今度は今までにない、文にも口にも伝へてない改造ざから、臣民界のみでなく、神界も引っくるめて改造するのざから、この方らでないと、そこらにござる守護神様にはわからんのざ。九分九厘までは出来るなれど、ここといふところで、オジャンになるであろがな。富や金を返したばかりでは、今度は役に立たんぞ。戦ばかりでないぞ。天災ばかりでないぞ。上も潰れるぞ。下も潰れるぞ。潰す役は誰でも出来るが、つくりかためのいよいよのことは、⦿⦿様にもわかりてはおらんのざぞ。星の国、星の臣民、今はえらい気張りようで、世界かまうように申しているが、星ではダメだぞ。⦿の御力でないと何も出来はせんぞ。

八月三十一日、一二⦿。

三　4—3［110］

一日の一のま二百てんちひ九りかへる十百四てあろか七　ひつ九り八九かちかつ一た三　九十二きつけ十九十百四てあろか七　⦿の百す九十一フ一りんちか八ん三　ちか九十七ら九ん七二九十八百三ん三　お七二九十八かり九りかへす十四ん三ん百四て一るか　九のほの百す九十　三七ちかて一る九十八かり三　お七二九十百四て一る十おもウの八　三たま九百りて一る四四九三

か一四(いし)んた(だ)い一三(いちぞ)

八かつ三十一にち　一二⊙(ひつき)

【訓解文】

一日の日(ひ)の間にも天地ひっくり返ると申してあろがな。びっくり箱が近づいたぞ。九、十に気付けと、くどう申してあろがな。⊙の申すこと一分一厘違はんぞ。違うことならこんなにくどうは申さんぞ。同じことばかり繰り返すと臣民申しているが、この方の申すことみな違っていることばかりぞ。同じこと申していると思うのは、身魂曇りている証拠ぞ。改心第一ぞ。

八月三十一日、一二⊙。

四　4—4［111］

九(こ)のほ八百十(はもと)の二九(にく)た一(い)のまゝ二一(にい)き十四(とーし)てあるから　てんめ二百三(にもみ)せ七(な)んた(だ)の三三(ざぞ)　あち九(こ)ち二二(にじ)ん四(し)んの二九(にく)た一(い)かりて四(よ)け(げ)んする⊙か(が)た九三(くさん)て(で)て九(く)る七(な)れ十(ど)　九(く)フ(ぶ)九(く)りん八八(はわ)かりておれ十百(ども)　十十(とど)めの三一五八八(さいごはわ)からんから　九(こ)のほ二四(にし)たか一(がい)て五四(ごよー)せ四十百四(よともーし)て一(い)るの三(ざ)　三十(さとー)二(に)たかるあり十七(とな)る七四(なよ)

百二んのか一四ん七れ八　十ん七二てもてきる七れ十　九ん十八せか一十か三か三ま
もち九四四百あ九まもかき百け十も　三千せか一のお千た九三から　そん七ち四ろ九一九十て八
七一の三三　二ち九八四てきてもたて七ホ四八かるま一か七　火十水て一八十七ら九三　ちエ八
か九て八る十九レん十七九りかへる十百四てお一たか　三一エ八ちヱ八か九八一らん十四ん三ん
八八かてんするか　ちヱ八か九も一るの三三　あ九百おん八九てある三　九の十り四九八ら二一
れて九た三れ四

てんの◉さまち二おんおり七三れて　九ん十の大三七一八十七らきの三四す七三れるの三三
九二九二の◉◉三まう二す七三ま　ちからある◉◉さま二も五九ろ二七て一るの三三　てん四四
五た一四ん九三ま八四めか三か三三まあつ九まつりて九れ十百四てきか四てあろか七　◉もほ十
けもキリストもも十八一つ三四

八かつ三十一にち　ひつ九の◉

【訓解文】

この方は元の肉体のままに生き通しであるから、天明にも見せなんだのざぞ。あちこちに人身の肉体かりて予言する⦿がたくさん出てくるなれど、九分九厘はわかりておれども、とどめの最後はわからんから、この方に従いて御用せよと申しているのざ。砂糖にたかる蟻となるなよ。

百人千人の改心なれば、どんなにでも出来るなれど、今度は世界中、神々様も畜生も悪魔も餓鬼も外道も三千世界の大洗濯ざから、そんなチョロコイことではないのざぞ。ぶち壊し出来ても立て直しわかるまいがな。火と水で岩戸開くぞ。知恵や学でやると、グレンとひっくり返ると申しておいたが、そう言えば知恵や学は要らんと臣民早合点するが、知恵や学も要るのざぞ。悪も御役（おんやく）であるぞ。この道理よく腹に入れて下されよ。

天の⦿様、地に御降（おんお）りなされて、今度のたいそうな岩戸開きの指図なされるのざぞ。国々の⦿⦿様、産土（うぶすな）様、力ある⦿⦿様にもご苦労になっているのざぞ。天照皇太神宮様はじめ神々様、篤（あつ）く祀りてくれと申してきかしてあろがな。⦿も仏もキリストも元は一つぞよ。

八月三十一日、ひつ九の⦿。

五

4—5［112］

う四（し）のたへ（べ）ものたへ（べ）る十（と）　う四（し）の四（よー）二（に）七（な）る三（ぞ）　三（さ）る八（は）三（さ）る十（と）ら八（は）十（と）ら十（と）七（な）るの三（ざ）三（ぞ）　四（し）ん三（み）んのたへ（べ）もの八（は）きまて一（い）るの三（ざ）三（ぞ）　一（い）四（よ）一（い）四（よ）十（と）七（な）りて七（な）んて（で）もたへ（べ）ね八（ば）七（な）らぬ四（よー）二（に）七（な）りたら　十（と）ら八（は）とら十（と）七（な）る三（ぞ）　けもの十（と）か三（み）十（と）か（が）八（わ）かれる十（と）百（もー）四（し）てあろか（が）七（な）

エンある四ん三ん二四らせておけ四　二ほん十二四らせておけ四せか一の四ん三ん二四らせて八れ四　けものの九一百の九十き二八　一十か三にさゝけてから二せ四　か三から一たゝけ四十すれ八か三のたへもの十七て　七二たへて百大四四二七の三　七二百かもか三二三三けてから十百四てある九十の十り　四九八かりたてあろか七　⦿二三三けきらぬ十けもの二七るの三　⦿かするので八七一三二二んか七るの三十百四てある九十百四九八かたてあろか七　九十百す三八から九から十から百から千から卍から七二かてるか八からんから　⦿二三三け七一きてゆけん四二七るの三か　あ九ま二三一られて一る二んけん一四一四きの十九てきるの三三

八かつの三十一にち　ひつ九のか三

【訓解文】

牛の食べ物食べると牛のようになるぞ。猿は猿、虎は虎となるのざぞ。臣民の食べ物は決まっているのざぞ。いよいよとなりて何でも食べねばならぬようになりたら虎は虎となるぞ。獣と神とが分かれると申してあろがな。

縁ある臣民に知らせておけよ、日本中に知らせておけよ、世界の臣民に知らせてやれよ。獣の食い物食う時には、一度神に捧げてからにせよ、神から頂けよ、そうすれば神の食べ物となって、何食べても大丈夫になるのざ。何もかも神に捧げてからと申してあることの道理、よくわかりたであろがな。⦿に捧げきらぬと獣になるのざ。⦿がするのではないぞ。自分がなるのざと申してあることも、よくわかったであろがな。くどう申すぞ。

八から九から十から百から千から万から何が出るかわからんから、⦿に捧げな生きて行けんようになるのざが、悪魔に魅入られている人間、いよいよ気の毒出来るのざぞ。

八月の三十一日、ひつ九のか三。

六　4—6［113］

あめ八(は)あめの⦿　九(く)二(に)八(は)九(く)二(に)の⦿か(が)四(し)らすのて(で)ある三(ぞ)　おてつた一(だい)八(は)ある七(な)れ十(ど)　あきのそらのすか(が)すか(が)四(し)三(さ)か(が)　九(ぐ)れん十(と)かわる三(ぞ)　二(じ)五(ご)九(く)二(に)す六(む)百(も)の二(じ)五(ご)九(く)か(が)四(よ)一(い)の三(ざ)　てん五(ご)九(く)三(ざ)三(ぞ)　三(さ)か三(さ)ま八(は)百(もー)七(な)五(ごー)八(は)つつかん三(ぞ)　六(む)り十(とー)らぬ十(と)き四(よ)か(が)きた三(ぞ)　一(い)三(ざ)十(と)七(な)りたらの九(こ)らす(ず)の一(い)きか(が)三　三(さ)まおん十(そー)て(で)三(ざ)三(ぞ)

九かつの一にち　ひつ九(く)のか三(み)

【訓解文】

天(あめ)は天(あめ)の⦿、地(くに)は地(くに)の⦿が治(し)らすのであるぞ。お手伝いはあるなれど。秋の空のすがすがしさが、グレンと変るぞ。地獄に棲むもの地獄がよいのざ。天国ざぞ。逆様はもう長うは続かんぞ。無理通らぬ時代が来たぞ。いざとなりたら残らずの生神様、御総出ざぞ。

九月の一日、ひつ九のか三。

七　4—7［114］

二四八八れ十二ほん八れ　二ほんのおあ四てあん四せ四二ほんのおてて八たらけ四　二ほんのか三のおん四九三　一つも二ほん十七りてる三　一ほんあしのかか四三ん　一ま三ら十二百七るま一か　一ほんのての四ん三ん四　三れて八一きて八ゆけまいか　一ほんあ四て八たて七一十一二九十百八八八かつたら　⦿かあたへた二ほんあ四二ほんのおつち二たちて三四　二ほんのおててうちうちて⦿おろかめ四あめつちに　七七九ま九十のか四八てに二ほんの九二八八れる三四二二八八れ十二ほん八れ　二四八八れ十一八十あけたり

九かつ一にち　ひつ九か三

【訓解文】

富士は晴れたり日本晴れ。二本のお足であんよせよ、二本のお手々で働けよ、日本の神の御仕組み、いつも二本となりてるぞ。一本足の案山子さん、今さらどうにもなるまいが、一本の手の臣民よ、それでは生きては行けまいが。一本足では立てないと、いうこともはやわかったら、⦿が与へた二本足、日本のお土に立ちて見よ。二本のお手々打ち打ちて、⦿拝めよ天地に、響くまことの拍手に、日本の国は晴れるぞよ。富士は晴れたり日本晴れ。富士は晴れたり、岩戸開けたり。

九月一日、ひつ九か三。

八

4—8［115］

あら四の七かのすてお二ね十百四てあるか一ま三の十り十七りておろか七　十する九十百てきま一か七　千十十の九る四一十きの⦿たの三ても四一三　⦿まつりて九れ四　⦿二まつ八りて九れ四　⦿八三れをまつて一るの三三　三れて百せぬ四り八ま四三　三九二一かりあら八れる三一かりあら八れる十　三八八きり十八かりて九るの三　九のほ二たま三れた十おもて一二十り二四て三七三れ　二二んてもひつ九りする四二けつ九かてきてるの二ひ九りする三

二二のおん八ま二九四かけて九のホせか一十まもる三　かの十十りけつ九七一十百四てあるかけつ九七一八九八一一てある三　てんから一十か二る　一十かてん二のほる九十　のほり九た

りて一十か四九七る三　てん四三まおうつりねか二十きちかつ一てきた三よ　お九八ま二も三ち
あるうち二十おもへ十も　一つまても百三二七一三
九かつの二か　ひつ九⦿

【訓解文】

嵐の中の捨小船と申してあるが、今その通りとなりておろうがな。どうすることも出来まいがな。船頭どの、苦しい時の⦿頼みでもよいぞ。⦿祀りてくれよ、⦿にまつはりてくれよ、⦿はそれを待っているのざぞ。それでもせぬよりはましぞ。そこに光り現れるぞ。光り現れると、道ははっきりとわかりて来るのざ。この方にだまされたと思うて、言ふ通りにして見なされ。自分でもびっくりするように結構が出来てるのにびっくりするぞ。

富士の御山に腰かけて、この方世界中護るぞ。辛酉、結構な日と申してあるが、結構な日は恐い日であるぞ。天から人が降る、人が天に昇ること、昇り降りで忙しくなるぞ。てんし様御遷り願ふ時近づいて来たぞよ。奥山に紅葉あるうちにと思へども、いつまでも紅葉ないぞ。

九月の二日、ひつ九⦿。

九

4—9［116］

一二三　一二三三　五八七八八九　三八七四九　八四七三三　十八四二十十三八九ノ七七十一二

三一三一十⊙五一九二　一二三

【訓解文】

（訓解困難。第一訳文には次のようにあるが根拠不明。「ひふみの秘密出でひらき鳴る、早く道展き成る、世ことごとにひらき、世、なる大道で、神ひらき、世に神神満ちひらく、この鳴り成る神、ひふみ出づ大道、人神出づはじめ。九月二日、ひつぐのかみ。」）

十

4—10［117］

一二三（ひふみ）のうら二（に）　〇一二（ひふ）　三四五（みよいづ）ノうら二三四（にふみよ）　五六七（みろく）ノうら二四五六（によいむ）　五四（ごよー）ある三（ぞ）　五六（みろ）七（く）すんた（だ）ら七八九三（なやこぞ）　七八九（なやこ）ノうら二八六七八（にはむなや）ある三（ぞ）　八九十（やこと）の五四百（ごよーも）ある三（ぞ）　だんだん二四（にし）らすから九（こ）れまて（で）ノ二て（ふで）　四九九九（よくここ）ろ二一（にい）れてち十四（ぢつとし）ておいて九（く）れ四（よ）

九かつの三か　ひつくのか三（み）

【訓解文】

一二三の裏に〇一二、三四五の裏に二三四、五六七の裏に四五六、御用あるぞ。五六七すんだら七八九ぞ。七八九の裏には六七八あるぞ。八九十の御用もあるぞ。だんだんに知らすから、これまでの筆よく心に入れて、ヂッとしておいてくれよ。

九月の三日、ひつくのか三。

十一　4—11［118］

九の二て九十八十四て四三て九た三れ四か三か三三ま二百きかせて九れ四　四五二ん十の二百きか四て九れ四　四五二ん十ののか一四んまたまたてある三　一十一か一ねんになり　十ねん二七り百ねん二七る十　めかま八りて四ん十九からのか一四んて七一十お八九二たゝん九十二七りて九る三

九かつ四か　一二か三

【訓解文】

この筆、言葉として読みて下されよ、神々様にも聞かせてくれよ、守護神どのにも聞かしてくれよ。守護神どのの改心まだまだであるぞ。一日が一年になり、十年になり百年になると、目がまはりて心底からの改心でないとお役に立たんことになりて来るぞ。

九月四日、一二か三。

十二

4―12［119］

十九てちかき八七ん二四たけて七一三　⦿十一十　てん十ち　お八十九たへるものも十九てちか一か四一の三三　か三十まつ二すれ八か三二七九三　つち十十へ八つちかす九て九れるの三十十二九十一まの四ん三ん八すれて一る三　⦿八かり十十んても七二百七らん三　七二百かも十十へ八七二百かも三かた三　てき十十へ八てきかてきて七九七るの三　九の十り八かりたか四ん三ん二八⦿十お七二八け三たま三つけてあるの三から　三かけ八⦿二七るの三　二て八十四八四一三　一八五十八二八三四三三　四一七

八かつの五か　ひつくのか三

【訓解文】

遠くて近きは男女だけでないぞ。⦿と人、天と地、親と子、食べる物も遠くて近いがよいのざぞ。神粗末にすれば神に泣くぞ。土尊べば土が救ってくれるのざ。尊ぶこと今の臣民忘れているぞ。⦿ばかり尊んでも何もならんぞ。何もかも尊べば何もかも味方ぞ。敵尊べば敵が敵でなくなるのざ。この道理わかりたか。臣民には⦿と同じ分け御霊授けてあるのざから、磨けば⦿になるのざ。筆は謄写よいぞ。はじめは五十八、次は三四三ぞ。よいな。

一　八月の五日、ひつくのか三。

註　日付は前後の帖の日付から九月と思われるが、底本の通り八月とした。

十三　4―13［120］

三ら二か八りた九十あら八れた七れ八　ち二か八りた九十かある十九九ろへ四　一四一四十七りてきて一るの三三

⦿八も十のおか三三ま二の八せるたけの八四て一たたき　一人でも四ん三んたすけた一のでおねか一四て一るの三か　もお九十八一百すすへ七九七りた三　たま九四⦿二三七へるの八九ろも三七へる九十三　九ろ百十八⦿の九ろもの九十三　⦿の九ろも十八一十の二九た一の九十三　四ん三んを三三ける九十三　二二んを三三ける九十三　九の十り八かりたか　一十二つかへる十きもお七二九十三　一十をか三十四てつかへね八七らん三　か三十四てつかへる十か三十七るの三三からもて七四のものたす十き八　八ら一き四めて⦿二三七へる十十四二四て九れ四　たへもの一まの八ん二んてたりる十百四てあろか　か三二三三けたものか　八ら一きよめてか三二三三

ける十十四二すれ八　八ん二んてたりるの三　てんの一へんきつけておれ四　⦿九十きつけておくそ　⦿四ちかつついたそ

九かつ六か　一二のか三

【訓解文】

空に変はりたこと現れたなれば、地に変はりたことがあると心得よ。いよいよとなりて来ているのざぞ。

⦿は元の大神様に延ばせるだけ延ばして頂き、一人でも臣民助けたいのでお願いしているのざが、もうおことわり申す術なくなりたぞ。玉串⦿に供へるのは衣供へることとぞ。衣とは⦿の衣のことぞ。⦿の衣とは人の肉体のことぞ。臣民を捧げることぞ。自分を捧げることぞ。この道理わかりたか。人に仕へる時も同じことぞ。人を神として仕へねばならんぞ。神として仕へると神となるのざ。ざからもてなしの物出す時は、祓ひ清めて⦿に供へると同様にしてくれよ。食べ物今の半分で足りると申してあるが、神に捧げたものか、祓ひ清めて神に捧げると同様にすれば半分で足りるのざ。天の異変気つけておれよ。⦿くどう気つけておくぞ。⦿代近づいたぞ。

九月六日、一二のか三。

十四　4—14 [121]

う三一つ九えて三六一九二二　ま九十のたからか九四てあるの三三　九れか一四一四十七りたら⊙かゆるしてま九十の四ん三ん二てから一た三す三　か一五九四んか一九ら三かたち四ても⊙かかく四てあるの三から　て八つけられん三　四の百十からの九十てあれ十　一四一四かちかく七りたから　このほのちからて　た四て三せる三

ひつくのか三　ひ九り八九かひらけて九る三

八月七日

【訓解文】

海一つ越えて寒い国に、まことの宝隠してあるのざぞ。これがいよいよとなりたら、⊙が許してまことの臣民に手柄致さすぞ。外国人がいくら逆立ちしても、⊙が隠してあるのざから手はつけられんぞ。世の元からのことであれど、いよいよが近くなりたから、この方の力で出して見せるぞ。

ひつくのか三。びっくり箱が開けて来るぞ。

八月七日。

註　十四帖から二十一帖までの日付は、前後の帖の日付から九月と思われるが、底本の通り八月とした。

十五　4—15［122］

⦿の九二二八⦿の九二の八りかたある三　四七二八四七　おろ四八二八おろ四八　それぞれ二八りかたちか二の三三　お四へもそれぞれ二ちかて一るの三三　百十八一つてある七れ十　⦿のお四へが一十よ一十百四てもそのまゝて八か一五九二八十らん三　九の九十四九九九ろ二たゝんてお一てうへ二たつ八九一ん十のきつけて九れ四　ね九二九八ん七二百七らん三　⦿の一十百四た九十八　一二百千か八ん三

八かつ七か　一二⦿

【訓解文】

⦿の国には⦿の国のやり方あるぞ。支那には支那、オロシヤにはオロシヤ、それぞれにやり方違ふのざぞ。教へもそれぞれに違っているのざぞ。元は一つであるなれど、⦿の教へが一等よいと申しても、そのままでは外国には通らんぞ。このことよく心にたたんでおいて、上に立つ役員どの気つけてくれよ。猫に小判何もならんぞ。⦿の一度申した言葉、一分も違わんぞ。

八月七日、一二⦿。

十六

4－16［123］

九ん十の一九三す三たらてん四三まかせか一十四ろ四め四て　か一五九二八王八七九七るの三
三　一たんた〻か一お三まりて百　あ十の五た五た七か七か二四つまらん三　(〻)の四ん三ん二ん
十四四めて　(〻)の百す九十四九八ら二一れてお一て九れ四　五た五たお九りた十き十四たら四一
か十一二九十百　九ノ二て四九四んておけ八八かる四二四てあるの三三

(〻)八てんから十ちうから十　ちから十ちからあ八四て(〻)の四ん三ん二　てからたて三す四二四
てあるの三か　一まて八てからたて三す(〻)の五四二つか二四ん三ん一フ百七一の三三　(〻)の九二
かかつ八かりて八七一の三三せか一十の一十百九三百十二つもたすけて　三七四六九二四二せ七
七らんの三から　四ん三んて八けん十十れん十九十八二つつ九(〻)四二一たすのさから　す七お二
(〻)の百す九十き九か一十三三

二んけんのちへて八れる七ら八て三四れ　あちらへ八つれ九ちらへ八つれて　ぬらり九らり十
う七きつか三三　おも四二八七るまいか七　(〻)の九二か百十の九二三から　(〻)の九二からあらた

めるの三から　一八んつら一九十二七るの三三　か九五八四一か　八ら三へきれぬ四七二七二七
五四て大はん十十八七ん十一二九十三　てん四三まは百すもか四九四　二ん三ん三ま　一ぬね九
二もす六ま一そ　一十のちから八かりて　一九三四て一るのて七一九十九ら一八かておろか七
め二三せてあろか七　九れても八からんか
八かつ七か　一二⦿

【訓解文】

今度の戦済みたらてんし様が世界中治しめして、外国には王はなくなるのざぞ。いったん戦い収まりても、あとのゴタゴタなかなかに鎮まらんぞ。⦿の臣民ふんどし締めて、⦿の申すことよく腹に入れておいてくれよ。ゴタゴタ起りた時、どうしたらよいかということも、この筆よく読んでおけばわかるようにしてあるのざぞ。

⦿は天からと中からと地からと力合はして、⦿の臣民に手柄立てさすようにしてあるのざが、今では手柄立てさす、⦿の御用に使ふ臣民一分もないのざぞ。⦿の国が勝つばかりではないのざぞ。世界中の人も草も動物も助けて、みな喜ぶようにせなならんのざから、臣民では見当取れん、永遠に続く⦿代に致すのざから、素直に⦿の申すことさくが一等ざぞ。

人間の知恵でやれるなら、やって見よれ。あちらへはづれ、こちらへはづれて、ぬらりくらりと鰻つかみぞ。思うようにはなるまいがな。⦿の国が元の国ざから、⦿の国から改めるのざから、一番辛(つら)いことになるのざぞ。覚悟はよいか。腹さへ切れぬようなふなふな腰で大番頭とは何といふことぞ。てんし様は申すもかしこし、人民さま、犬猫にも済むまいぞ。人の力ばかりで戦(いく)さしているのでないことくらいわかっておろうがな。目に見せてあろうがな。これでもわからんか。

八月七日、一二⦿。

十七

4—17［124］

六(む)か四(し)から一(い)き十(とお)四(し)の一(い)きか(が)三(み)三(さ)まのする九(こ)十(と)三(ぞ)　十(ど)ろう三(み)二(に)する九(く)ら一(い)あ三(さ)めしまへの九(こ)十(と)三(ざ)か(が)　それて(で)八(は)四(し)ん三(み)んか(が)かあ一(い)十(そー)七(な)からてんのおか三(み)三(さ)ま二(に)　九(こ)のほか(が)わひ(び)四(し)て一(ひと)一(ひ)一(ひと)一(ひ)十(と)のは(ば)四(し)て一(い)るの三(ざ)三(ぞ)　三(そ)の九(く)ろ百(も)八(わ)からす(ず)二(に)四(し)ん三(み)んかて(つ)七(な)九(こ)十(と)八(ば)かり四(し)て一(い)る十(と)　⦿のか二(にん)二(ぶ)九(く)ろきれたら十(ど)ん七(な)九(こ)十(と)あるか八(わ)からん三(ぞ)　九(こ)めある十(と)百(もー)四(し)てゆた(だ)んするて(で)七(な)一(い)三(ぞ)　一(いっ)たん八(は)てんちへひきあけ(げ)三(ぞ)

八かつ七か　一(ひ)二(つ)〇(き)

【訓解文】

昔から生き通しの活神様（いきがみ）のすることぞ。泥海にするくらい朝飯前のことざが、それでは臣民が可哀そうなから、天の大神様にこの方が詫びして一日一日（ひとひ）と延ばしているのざぞ。その苦労もわからずに臣民勝手なことばかりしていると、⦿の堪忍袋切れたらどんなことあるかわからんぞ。米（こめ）あると申して油断するでないぞ。いったんは天地へ引き上げぞ。

八月七日、一二⦿。

十八　4—18［125］

一つ百きつけてある九十三か　⦿か一十をつか二て一るの三三　九ん十の一九三てか一五九二ん二百四九八かて　⦿三ま二八か七八ん　十か一二九十き九から　四るもひる百七九　⦿二つかへるからゆる四て九れ十百す四二七るの三三　それ二八⦿の四ん三んのミタマ　十二せ七七らんの三三　九十一四七れ十一四百八八九一　人て百お九　か一四ん四て九た三れ四　か三八一十九の三三

八かつの七か　一二（ひつき）の⦿

【訓解文】

いつも気付けてあることざが、⦿が人を使ふているのざぞ。今度の戦で外国人にもよくわかって、⦿

様にはかなはん、どうか言ふこときくから、夜も昼もなく⦿に仕へるから許してくれと申すようになるのざぞ。それには⦿の臣民の身魂（みたま）掃除せなならんのざぞ。くどいようなれど、一時（いちじ）も早く、一人でも多く、改心して下されよ。神は急ぐのざぞ。

八月の七日、一二の⦿。

十九　4—19［126］

⦿のちからか（が）十（ど）ん七（な）二（に）あるか　九（こ）ん十（ど）八（は）一（いち）十（ど）八（は）せか一（い）の四（し）ん三（み）ん二三（にみ）せて八（や）らね八（ば）お三（さ）まらんの三三（ざぞ）　せか一（い）十（じゅう）ゆす二（ぶ）りて　四（し）らせね八（ば）七（な）らん四二（よーに）七（な）る七（な）れ十（ど）　す九（こ）四（し）て（で）百（も）四（よ）八（わ）九（く）ゆすりてす六四二四（むよーにし）た一（い）から九十（くどー）きつけて一（い）るの三三（ざぞ）　九九（ここ）まて（で）四（よ）か（が）せまりてきて一（い）るの三（ざ）　まため（だ）三（さ）めぬか⦿八十七（はどおなつ）ても四（し）らんそ（ぞ）　八八九（はやく）きつ（づ）かぬ十（と）きの十九（どく）て（で）きる三（ぞ）　その十（と）きに七（な）りて八（は）ま二（に）あ〇（わ）ん三（ぞ）

八かつ七か　一二（ひつき）⦿

【訓解文】

⦿の力がどんなにあるか、今度は一度は世界の臣民に見せてやらねば納まらんのざぞ。世界揺すぶりて知らせねばならんようになるなれど、少しでも弱く揺すりて済むようにしたいから、くどう気つけているのざぞ。ここまで世が迫りて来ているのざ。まだ目醒めぬか、⦿はどうなっても知らんぞ。早く気付かぬと気の毒出来るぞ。その時になりては間に合わんぞ。

八月七日、一二⦿。

二十　4—20［127］

⦿の四十百すの八一まの四ん三んのおもて一る四七四て八七一三　きん八一らぬの三三おつちからあかりたものか七かりて九るの三三　一るいたへ百の一へ九らまで　か◯るの三三　九三き百四六九二せ一四と百四てあろか七　たれて百それそれ二三きの◯かる四二七るの三　おひさま百　おつき三まも　う三もやまもぬもひかりかゝ八そ　す一四四の四二七るの三　あ九八十九二百か九れる九十てきん四二七るの三　八九ち四四き八七九一たす三　あめ百一るたけふら四て八る三　かせ百四き四二ふか四て八る三　か三をたゝへるこえかてんち二三ち三ちてうれ四うれ四の四十七るの三三

八かつの七か　ひつ九のか三　二て

【訓解文】

⦿の世と申すのは、今の臣民の思ているような世ではないぞ。金(きん)は要らぬのざぞ。お土からあがりたものが光りて来るのざぞ。衣類、食べ物、家、蔵まで変わるのざぞ。草木も喜ぶ政治と申してあろがな。誰でもそれぞれに先のわかる世になるのざ。お日様も、お月様も、海も山も野も光り輝くぞ。水晶のようになるのざ。悪はどこにも隠れること出来んようになるのざ。博打、娼妓は無く致すぞ。雨も要るだけ降らしてやるぞ。風もよきように吹かしてやるぞ。神を讃(たた)へる声が天地に満ち満ちて、嬉し嬉しの世となるのざぞ。

八月の七日、ひつ九のか三　ふで。

二十一

4—21［128］

六五二八一五八八九三一十　二六四三七七十十三八七二　四二一九三四九十四十八九二九十二

一二三(ひふみ)　三四五十百千卍(みよいづともちよろづ)　⦿十九三四(かみいそぐぞよ)

八七(はちがつなのか)　一二⦿(ひつき)二三三(ふみぞ)

【訓解文】

（前半は訓読困難であるが第一訳文には次のようにある。「みろく出づるには、はじめ半(なか)ばは焼くぞ、人、二分は死、みな人、神の宮となる。西に戦争しつくし、神世とひらき、国毎に」)
一二三、三四五十百千卍、⦿急ぐぞよ。

八月七日、ひつき⦿ふみぞ。

二十二　4—22［129］

十八四らの四の百十からの一きか三三ま五かつ十二七りて一る九十八かたてあろか七　けものの一れもの二八八かるま一七れ十　⦿の四ん三ん二八四九八かりて一る八つ三　またたんたん二八け四九七りて　か一五九の四ン三ン二百八かる四二七りて九るの三三　その十きに七りて八かりたので八おそ一おそい八四千た九一た四て九れ四

九かつの八か　ひつ九の　か三

【訓解文】

十柱の世の元からの活神様、御活動になりていることわかったであろがな。獣の容れ物にはわかるまいなれど、⦿の臣民にはよくわかりているはづぞ。まただんだんに烈しくなりて、外国の臣民にもわかるようになりて来るのざぞ。その時になりてわかりたのでは遅い遅い。早う洗濯致してくれよ。

九月の八日、ひつ九のか三。

二十三

4—23［130］

かか七九て八七らん　か〻あつて八七らす四九九の二てよめ十百すの三　あ九八あるか七一の三三　千はあるの三か七一の三三　九の十り八かりたらそれか千人た三　千人りきの一十か千にんてある三　お四十四四て八七らん三　それ八千にんて八七一の三三　⦿の四ん三んて八七一三あめのか三十のかせのか三十の二十九おんれ一百せ四

八かつの九か　一二⦿

【訓解文】

我がなくてはならん、我があってはならず、よくこの筆読めと申すのざ。悪はあるがないのざぞ。善はあるのざがないのざぞ。この道理わかりたらそれが善人だぞ。千人力の人が善人であるぞ。お人好しではならんぞ。それは善人ではないのざぞ。⦿の臣民ではないぞ。雨の神どの、風の神どのに、とく御礼申せよ。

八月の九日、一二⦿。

二十四

4—24［131］

一まの四ん三んめくらつんぼ八かりと百四てあるか三の十りて七一か　九の四八おろか二二んのからたの九十三へ八かりて八おらんの三三　それて九の四をもちてゆ九つもりか　八からん十百四てもあまりて七一か　☉の百す九十ちかたて八七一か十百す四ん三んも　一ま二てて九る三☉八大七んを小七ん二まつりかへて一るの二八からんか　えら一六五一九十てきるのを四四七ん二四てある九十八からんか　一十一九十てて九る九十まちて一るの八四八の三たまそ　そん七九十て八☉の四ん三ん十八百三れん三　四ん三ん八☉二八る一九十八千三九四て九れ十　ま一二ちおねか一するのかつ十めそ　四ん三んちか四九七から八からん三　四九百七九て八七らんの三三　十りちか一十八七たか十か一八ん九八一の三　か三八うまれあか五の九九ろを四六五二三三かけ八あか五十七るの三　一四一四かきた三

九かつ十か　ひつくのか三

【訓解文】

今の臣民、盲、聾ばかりと申してあるが、その通りでないか。この世はおろか自分の身体のことさへわかりてはおらんのざぞ。それでこの世をもちてゆくつもりか。わからんと申してもあまりでないか。⦿の申すこと違ったではないかと申す臣民も今に出て来るぞ。⦿は大難を小難にまつりかへているのにわからんか、えらいむごいこと出来るのを小難にしてあることわからんか。ひどいこと出て来ること待ちているのは邪(じゃ)の身魂ぞ。そんなことでは⦿の臣民とは申されんぞ。臣民は⦿に、悪いことは小さくしてくれと毎日お願いするのが務めぞ。臣民近欲(ちかよく)なからわからんぞ。欲もなくてはならんのざぞ。取り違いと鼻高とが一番恐いのざ。神は生まれ赤子の心を喜ぶぞ。磨けば赤子となるのざ。いよいよが来たぞ。

九月十日、ひつくのか三。

二十五

4―25［132］

一(い)ま二(に)四(し)ん三(み)ん七(な)二(に)百(も)一(い)へ七(な)九(く)七(な)るの三三(ざぞ)　⦿八(は)八(は)け(げ)四(し)九(く)七(な)るの三三(ざぞ)　めあけて八(は)おれん九十(こと)二七(な)るの三三(ざぞ)　四(よ)つん八(ば)一(い)二(に)七(な)りて八(は)一(い)ま八(は)ら七七(なな)らん九十(こと)二(に)七(な)るの三三(ざぞ)　のたうちま八(は)ら七七(なな)らんの三三(ざぞ)　つち二(に)も九(ぐ)ら七七(なな)らんの三三(ざぞ)　三(み)つ九九(づく)ら七七(なな)らんの三三(ざぞ)　四(し)ん三(み)んかあ一(い)三(そー)七(な)れ十(ど)　九(こー)せね八(ば)きたへられんの三三(ざぞ)九(こ)の四(よ)八(は)千(ぢ)ま(っ)てから　二(に)十(ど)十(と)七(な)一(い)九(く)ろ三(ざ)か(が)　か(が)まん四(し)て八(や)り十(とー)四(し)て九(く)れ四(よ)

九か(が)つ十か　ひつ九のか三(み)

【訓解文】

今に臣民何も言へなくなるのざぞ。目あけてはおれんことになるのざぞ。⦿ははげしくなるのざぞ。四つん這いになりて這いまはらなならんことになるのざぞ。のたうちまはらなならんのざぞ。土にもぐらなならんのざぞ。水くぐらなならんのざぞ。臣民可哀そうなれど、こうせねば鍛(きた)へられんのざぞ。この世始まってから二度とない苦労ざが、我慢してやり通してくれよ。

九月十日、ひつ九のか三。

二十六　4—26［133］

あめのひつ九(く)のか三(み)十(と)百(もー)四(し)ても　一(ひと)八(は)四(し)らて(で)八(は)七(な)一(い)の三三(ざぞ)　四(し)ん三(み)んのお八(や)九(く)四(し)四(よ)の四(よー)七(な)百(も)の十(と)九(こ)九(こ)ろへ四(よ)　一(ひと)八(は)四(し)らて(で)百(も)あるの三三(ざぞ)　九(こ)のホ八(は)おほか六(む)つ三(み)のか三(み)十(と)百(も)あら八(は)れるの三三(ざぞ)　十(と)きに四(よ)り十(と)九(こ)ろ二(に)四(よ)りて八(は)　おほか六(む)つ三(み)のか三(み)十(と)四(し)てまつりて九(く)れ四(よ)　あほ一(ひ)十(と)九(ぐ)三(さ)のうきせ七(な)ほ四(し)て八(や)る三(ぞ)　てんめ八(は)二(ふ)て(で)か丶すおん八(や)九(く)て(で)あるそ(ぞ)

九(が)かつ十一にち　ひつ九(く)⦿

【訓解文】

天の日津久(ひつく)の神と申しても一柱ではないのざぞ。臣民のお役所のようなものと心得よ。一柱でもあるのざぞ。この方はオホカムツミノ神とも顕れるのざぞ。時により所によりてはオホカムツミノ神として祀りてくれよ。青人草の憂き瀬、治してやるぞ。天明は筆書かす御役であるぞ。

九月十一日、ひつ九⦿。

二十七　4—27［134］

一四百の一二十き九る三　九三百の一二十き九る三　きたおかめ四　きた一かる三　きた四九七る三　ゆかた四九七る三　あつ三三六三三八八らか九七る三　五六七の四十七る三　あ八てす二一三一て九れ四　⦿⦿三ま三七のう二す七三まそかつ十て五三る三　⦿⦿三ままつりて九れ四　一十一十三ままつりて九れ四　おんれ一百四九れ四

九かつ十二にち　一二か三

【訓解文】

石物言ふ時来るぞ。草物言ふ時来るぞ。北拝めよ。北光るぞ。北よくなるぞ。夕方よくなるぞ。暑さ寒さ、みなやはらかくなるぞ。ミロクの世となるぞ。慌てずに急いでくれよ。⦿⦿様、皆の産土様、総活動でござるぞ。⦿⦿様祀りてくれよ。人々様祀りてくれよ。御礼申しくれよ。

九月十二日、一二か三。

二十八

4―28［135］

お十四八八四八ある七れ十　一十百四た九十か七らすてて九るの三三　四ん三ん八千か四九て
うたか一二か一から　七二百八からんからうたか二百の百ある七れ十　九の二て一二一りんちか
八んの三三　せか一七らすの三三　⦿の四二するの三三　千一す四二するの三三　たれかれの八
けへたて七一の三三　つちから九三きうまれる三　九三きから十二つ六四けらうまれる三　うへ
四たひ九りかへるの三三

九かつの十三ち　ひつ九のか三

【訓解文】

遅し早しはあるなれど、一度申したこと必ず出て来るのざぞ。臣民は近欲で疑い深いから、何もわからんから疑ふ者もあるなれど、この筆一分一厘違はんのざぞ。世界ならすのざぞ。⦿の世にするのざぞ。善一筋にするのざぞ。誰れ彼れの分け隔てないのざぞ。土から草木生れるぞ。草木から動物、虫けら生れるぞ。上下ひっくり返るのざぞ。

九月の十三日、ひつ九のか三。

二十九

4—29〔136〕

九のホおほか六つ三のゝ⃝十四てかき四らす三　八ま一あるか七きか八てま〇四て三れ八す九八かる三　四二んのからた十十九二百て十十九の三三　て十十かぬ十九ろありたら八ま一の十九ろす九八かるてあろか　四ん三んの二九た一の八ま一八かりて七一三　九九ろの八ま一百十四三九九ろ十からた十一つてあるから四九九九ろへておけ四　九二の八ま一百十四三　あたま八十十一ても　て十十かぬ十八ま一二七るの三

て八十九へて百十十九四二七りて一る十百四てあろか　一まの九二くの三すかた三四　三て十十一て一るま一か七　て七四あ四七四三　て八てのお百四二あ四八あ四三　九れて八八ま一七ホらんそ　四ん三ん十八ま一八あ四ち二つ一ておらぬから三　あ四ち二つけ四　九三き八百十四り一ぬね九百三七おつち二あ四つけておろか七

三四八九うへ八四んか一三　おつち二あ四一れ四　あホ一十九三十百四てあろか七　九三の九九ろて一きね八七らぬの三三　四り二ホかけて十二四て八か三の五四つ十まらん三　おつち二ま四て一たゝけ四

あ四をきれ一二十二四ておけ四　あ四四五れて一る十八ま一二七る三　あ四からおつちの一き
か八一るの三三　へ十のおの四七百の三三四　一二んまへ二七りたら　へ十のおきりて八四ろ二
す八りておりて三四八九うへてか三二つかへて四一の三三　へ十のおきれぬうち八一つもおつち
うへを二ま四て一たたけ四　それホ十たいせつ七おつちのうへかためて一るか　一ま二三七のそ
きて四百三　一十八一八て百おて百八た四ておつち二ま七七らん九十二七るの三
⦿の二か一四九三三からありかた一四九三三から　四ろ九んておつちおかめ四　つち二まつろ
へ十百四てあろか七　七二五十百一四にてて九る三　おつちほ十け九七百の七一三　あ四のうら
九十二きれ一二せ七七らん三⦿の百す四す七お二一た三れ四　九のホ八ま一七ホ四て八る三　九
の二て四め八八ま一七ホる四二七て一るの三そ　四んて⦿の百す十り二一た四て九た三れ四　四
ん三ん百十二つ百九三きも八ま一七九七れ八　せか一一十二ひかるの三　一八十七らけるの三
一九三百八ま一の一つてある三　九二のあ四のうら十二すれ八九二の八ま一七ホるの三　九二三
かたち四てる十百四てある九十わすれす二十二四て九れ四
うへの四五二ん十のしもの四五二ん十の三七の四五二ん十のか一四ん四て九れ四　一四一四十

七りて八九る四九てま二あ〇ん九十二なるから　九十きつけてお九の三三　八ま一ホ十九る四百の八七一てあろか七　それぞれのおん八九〇すれるて七一三　てんちう七る三　てん九りかへるの三三　せか一一十二ゆするの三三　⦿八お十すので七一三　せまりておる三

九かつ十三にち　一二⦿

【訓解文】

この方意富加牟豆美の⦿として書き知らすぞ。病あるか無きかは手まわして見ればすぐわかるぞ。自分の身体中どこにも手届くのざぞ。手届かぬところありたら病のところすぐわかるであろうが。臣民の肉体の病ばかりでないぞ。心の病も同様ぞ。心と身体と一つであるからよく心得ておけよ。国の病も同様ぞ。頭は届いても手届かぬと病になるのざ。

手はどこへでも届くようになりていると申してあろが。今の国々の御姿見よ。御手届いているまいがな。手なし足なしぞ。手は手の思うように、足は足ぞ。これでは病治らんぞ。臣民と病は、足、地についておらぬからぞ。足、地につけよ。草木はもとより、犬猫もみなお土に足つけておろうがな。

三尺上は神界ぞ。お土に足入れよ。青人草と申してあろうがな。草の心で生きねばならぬのざぞ。尻に帆かけて飛ぶようでは、神の御用つとまらんぞ。お土踏まして頂けよ。

足を綺麗に掃除しておけよ。足汚れていると病になるぞ。足からお土の息が入るのざぞ。臍の緒のようなものざぞよ。一人前になりたら臍の緒切りて、社に座りておりて三尺上で神に仕えてよいのざぞ。

臍の緒切れぬうちは、いつもお土の上を踏まして頂けよ。それほど大切なお土の上固めているが、今にみな除きてしまうぞ。一度はいやでも応でも裸足（はだし）でお土踏まなならんことになるのざ。☉の深い仕組みざから、有り難い仕組みざから、喜んでお土拝めよ。土にまつろへと申してあろがな。何事も一時に出て来るぞ。お土ほど結構なものないぞ。足の裏、殊（こと）に綺麗にせなならんぞ。☉の申すよう素直に致されよ。この方、病治（やまい）してやるぞ。この筆読めば病治るようになっているのざぞ。読んで☉の申す通りに致して下されよ。臣民も動物も草木も、病なくなれば、世界一度に光るのざ。岩戸開けるのざ。戦さも病の一つであるぞ。国の足の裏、掃除すれば国の病治るのざ。国、逆立ちしてると申してあること忘れずに掃除してくれよ。

上（うへ）の守護神どの、下（しも）の守護神どの、皆の守護神どの、改心してくれよ。いよいよとなりては苦しくてまに合わんことになるから、くどう気つけておくのざぞ。病ほど苦しいものはないであろがな。それぞれの御役忘れるでないぞ。天地唸（うな）るぞ。でんぐり返るのざぞ。世界一度に揺するのざぞ。☉は脅（おど）すのでないぞ。迫りておるぞ。

九月十三日、一二☉。

三十

4—30［137］

二二十八火（ふじとはひ）の四九三三（しぐみぞ）◎（うづ）う三十八水（みとは）の四九三三（しぐみぞ）　一（い）ま二八（にわ）かりて九（く）るの三三（ざぞ）　☉の九二二八（くにには）せ

一二百け一三一百九ん二百七一の三三　まつりかあるたけ三　まつろ九十二四て七二百か百うれ四うれ四二七るの三三　九れ八せ一四三　九れ八け一三一三十百四て一るからう七きつか三と七るの三　八けれ八八けるほ十八から七九七て　て二おへぬ九十二七るの三　てあ四八た九三八一らぬの三三　一たりのお三十三きりのお三十あれ八四一の三三　ヤとワと百四てあろか七　その四た二七七ゝゝゝゝ十百四てあろか七　一まの四ん三ん二二んて二二んの九一九九る四二四て一るの三　て八あたまの一二三　てのあたま三　あたまての一二て七一三　九の十り四九九九ろへておけ四

　二て八一ん三つする九十七らん三　九の二て十一て四ん三んの百二て四ん三ん二四める四二四たもの八一二三十百せ四　一二三八一ん三つ四て四一の三三　一ん三つけ九三　九の二てのまま四ん三ん二三せて八七らん三　八九一ん四九九の二て三て　三の十きに四り三の九二二四りて三れ三れ二十一てきかせ四　二ほん八かりて七一三　九二く十九ろ十九ろ二四九三四てか三八四らつ九りてあるから　一ま二ひ九りする九十てきるの三三　せか一の四ん三ん二三七四六五八れる十き九るの三三　五六七の四ちかついてきた三　二二八八れ十二ほん八れ　二四八八れ十二ほ

ん八（ば）れ　千一（ぜんひと）す四十八（じとは）⦿一（ひと）す四（じ）の九十三（ことぞ）　九（こ）のまきをあ〇（ま）つまき十百（ともー）すゝ（すつ）かりうつ四（し）て九（く）れ四（よ）す
かりつたへて九（く）れ
九かつ十四か　ひつ九（く）のか三

【訓解文】

富士とは火の仕組みぞ。⦿（うづ）海とは水の仕組みぞ。今にわかりて来るのざぞ。⦿の国には政治も経済も軍事もないのざぞ。まつりがあるだけぞ。まつろうことによって何もかも嬉し嬉しになるのざぞ。これは政治ぞ、これは経済ぞと申しているから鰻（うなぎ）つかみとなるのざ。分ければ分けるほどわからなくなって、手に負へぬことになるのざ。手足はたくさんは要らぬのざぞ。左の臣（おみ）と右（みぎり）の臣とあればよいのざぞ。ヤとワと申してあろがな。その下に七七ゝゝゝと申してあろがな。今の臣民、自分で自分の首くくるようにしているのざ。手は頭の一部ぞ。手の頭ぞ。頭、手の一部でないぞ。この道理よく心得ておけよ。

筆は印刷することならんぞ。この筆解いて、臣民の文字で臣民に読めるようにしたものは一二三（ひふみ）と申せよ。一二三は印刷してよいのざぞ。印刷結構ぞ。この筆のまま臣民に見せてはならんぞ。役員よくこの筆見て、その時により、その国によりて、それぞれに説いて聞かせよ。日本ばかりでないぞ。国々ところどころに仕組みして神柱（かみばしら）つくりてあるから、今にびっくりすること出来るのざぞ。世界の臣民にみな喜ばれる時来るのざぞ。ミロクの世近づいて来たぞ。富士は晴れたり日本晴れ、富士は晴れたり日本晴れ。善一筋とは㋹一筋のことぞ。この巻を「天つ巻」と申す。すっかり写してくれよ。すっかり伝えてくれ。

九月十四日、ひつ九のか三。

第五巻

地つ巻

九二(くに)つまき

自　昭和十九年九月十五日
至　昭和十九年十月十一日

一―三十六

一　5—1［138］

かき四らす三　せか一八一つの三九十十七るの三　それ〳〵の九十の八八あれ十三九十八一つ十七るのである三　てん四三まの三九十二四たかふの三三　三九十の四ちかついてきた三

九かつ十五にち　一二⦿

【訓解文】

書き知らすぞ。世界は一つのみこととなるのざ。それぞれの言の葉はあれど、みことは一つとなるのであるぞ。てんし様のみことに従ふのざぞ。みことの世近づいて来たぞ。

九月十五日、一二⦿。

二　5—2［139］

一ま八八三の四てあるから　四のあけた九十百四て百　たれ二百八からん七れ十　四かあけたら七るホ十十てありたか十　七九りする七れ十　三れて八ま二あ八んの三三　それまて二九九ろあらためておいて九た三れ四　九の三四んすれ八す九四九七る十おもて一る四ん三ん百ある七れ十　それ八おのれの九九ろのまゝ三　三二八すれた百の八　たれかれ八七一の三三　九れまての

八りかたす九り十かへね八　四八お三まらん三十百四てあるか　うへの一十九る四九七る三　十ちうの一十も九る四九七る三　お〇の一二九十きかん四二七る三

九かつの十六にち　ひつ九のか三

【訓解文】

今は闇の世であるから夜の明けたこと申しても、誰にもわからんなれど、夜が明けたらなるほどそうでありたかとびっくりするなれど、それではまにあはんのざぞ。それまでに心改めておいて下されよ。この道信ずれば、すぐ良くなると思うている臣民もあるなれど、それは己の心のままぞ。道にはずれたものは誰れ彼れはないのざぞ。これまでのやり方すくりと変へねば、世は治まらんぞと申してあるが、上の人苦しくなるぞ。途中の人も苦しくなるぞ。おまわりの言ふこと聞かんようになるぞ。

九月の十六日、ひつ九のか三。

三

5―3［140］

二ん三ん十四のた〵か一て八　十て一か七〇ん七れ十　一四〱十七りたら☉かうつりて　てから三すのてあるから　三れまて二三たま三か一ておいて九れ四　せか一十かせめ四せた十百四て百　ま九十二八かてんのてある三　ま九十ほ十け九七百の七一から　ま九十か☉かせてあるか

ら　四ん三ん二ま九十七九七りて一る十　十ん七きの十九てきるか〇からんから　九十きつけて
おくの三三　八ら十二せよ

九かつの十六にち　ひつ九のか三

【訓解文】

人民同士の戦いでは到底かなわんなれど、いよいよとなりたら⦿がうつりて手柄さすのであるから、それまでに身魂磨いておいてくれよ。世界中が攻め寄せたと申しても、まことには勝てんのであるぞ。まことほど結構なものないから、まことが⦿風であるから、臣民にまことなくなりていると、どんな気の毒出来るかわからんから、くどう気つけておくのざぞ。腹、掃除せよ。

九月の十六日、ひつ九のか三。

四　5—4［141］

九の二て一九らて百てて九るの三三　一まの九十十さきの九十十三千せか一七二百かも〇かるの三から　四九四三て八ら二一れてお一て九れ四　九の二てぬすまれぬ四二七三れ四　二て十り二九る一十あるからきつけてお九三

この三八(みちは)なかゆ九三三(くみちぞ)　一十(ひだり)も三(みぎ)きりもかた四て(よつ)八(は)七(な)らん三(ぞ)　一(い)つも九九(ここ)ろ二(に)てん四三(しさ)まおか(が)
三(み)ておれ八(ば)　七二百(なにも)かもら九二(くに)ゆける四二七(よーにな)りて一(い)るの三三(ざぞ)　われか(が)〇(わ)れか(が)十(と)おもて一(い)る十(と)　八(は)
七(な)ポキリ十(と)おれる三(ぞ)

九かつ十六にち　ひつ九㋹

【訓解文】

この筆いくらでも出て来るのざぞ。今の事と先の事と、三千世界、何もかもわかるのざから、よく読みて、腹に入れておいてくれよ。この筆盗まれぬようになされよ。筆盗りに来る人あるから気つけておくぞ。

この道は中行(なかゆ)く道ぞ。左も右(みぎり)も偏(かたよ)ってはならんぞ。いつも心にてんし様拝みておれば、何もかも楽にゆけるようになりているのざぞ。我(われ)が我がと思うていると、鼻ポキリと折れるぞ。

九月十六日、ひつ九㋹。

五

5—5［142］

かた〇(わ)九(ぐ)るまて(で)十(と)んてん十(と)んてん　ほねおり三(ぞ)んの九(く)た一(び)れ百(も)け八(ば)かり　一(い)つまて(で)四(し)て一(い)るの
三(ざ)　㋹二(に)まつろへ十百四(ともーし)てあろか七(がな)　四(し)ん三(み)んのちへて(で)七二(なに)て(で)きたか　八四(はよー)か一四(いし)んせ四(よ)　三か(が)

つ三か五かつ(が)五か〇(わ)け九(っこー)七(な)ひ三(ぞ)

九かつ十六にち　ひつ九のか三(み)

【訓解文】

片輪車(かたわぐるま)でトンテントンテン、骨折損(ほねおりぞん)のくたびれ儲(もう)けばかり、いつまでしているのざ。⦿にまつろへと申してあろがな。臣民の知恵で何出来たか、早う改心せよ。三月三日、五月五日は結構な日ぞ。

九月十六日、ひつ九のか三。

六　5—6［143］

⦿の九二(くに)八さき(やつざき)十百四(ともーし)てある九十一四(こといよ)くちかつ一(づい)た三(ぞ)　八つ(やつ)の九二(くに)一つ(ひと)二七(にな)りて⦿の九二(くに)二(に)せめて九(く)る三(ぞ)　め三(さ)めたらそのひのいのちおあつ(づ)かり四(し)たの三三(ざぞ)　⦿の二(に)九(く)た一(い)⦿のいのちた一(い)せつせ四(よ)　⦿の九二(くに)八(は)⦿のちからて七一十(でないと)お三(さ)また九十七一三(ことないぞ)　⦿た一一三(だいいちぞ)　一(い)つまて卍(ほとけ)八(や)十(キリスト)八(や)九(に)二(こ)九た(だ)八(わっ)て一(い)るの三(ざ)　五百(いづも)の⦿三(さ)また一(い)せつ二(に)ありかた(が)九(く)おまつりせ四(よ)　十十一(とーとい)おん⦿三(さ)まそ(ぞ)　あまつ⦿　九二(くに)つか三(み)　三七(みな)の⦿⦿三(さ)ま二(に)おんれ百(もー)せ四(よ)　まつろひて九(く)た(だ)三(さ)れ四(よ)　け九(っこー)七(な)九(こ)八一四十七(わいよとな)りてきた三(ぞ)　うへ四(し)た九(ぐ)れん三(ぞ)

九かつ十七にち　一二◎

【訓解文】

◎の国八つ裂きと申してあることいよいよ近づいたぞ。八つの国、一つになりて◎の国に攻めて来るぞ。目覚めたらその日の生命(いのち)お預かりしたのざぞ。◎の肉体、◎の生命、大切せよ。◎の国は◎の力でないと治まったことないぞ。◎第一ぞ。いつまで卍(ほとけ)や十(キリスト)や九(不明)にこだわっているのざ。出雲の◎様大切に、有り難くお祀りせよ。尊い御◎様ぞ。天津(あまつ)◎、国津(くにつ)神、皆の◎◎様に御礼申せよ。まつろひて下されよ。結構な恐い世となりて来たぞ。上下グレンぞ。

九月十七日、一二◎。

七

5—7〔144〕

◎二(に)まつろ百(ーも)の二(に)八(は)一(い)き百(も)四(し)百(も)七(な)一(い)の三(ざ)　四(し)の九(こ)十(と)まかる十(と)百(もー)四(し)てあろか七(がな)　一(い)き十(どー)四(し)三(ぞ)　七(な)きか(が)ら八(は)四(し)ん三(み)ん八(は)の九(こ)三(さ)七(な)七(な)らんの三(ざ)か(が)　四(し)ん三(み)んて(で)百(も)六(む)か四(し)八(は)の九(こ)三(さ)七(な)一(い)て(で)まか(っ)たのて(で)ある三(ぞ)　それか(が)ま九(こ)十(と)の◎九(く)二(に)の四(し)ん三(み)んそ(ぞ)　三(み)九(こ)十(と)三(ぞ)

四(よ)の百(も)十(と)十(と)百(もー)すもの八(は)　てん百(も)ちも十(ど)ろのう三(み)て(で)ありたの三(ざ)三(ぞ)　その十(と)きから九(こ)の四(よ)八(はぢ)まて(っ)から一(い)き十(とー)四(し)のか三(み)く三(さ)まのおん八(は)たらきて(で)五(み)六(ろ)七(く)の四(よ)か(が)九(く)るの三(ざ)三(ぞ)　八(は)らか(が)てきて(で)おる十(と)八(は)ら

二(に)か三(み)つまりますの三三(ざぞ)　たかあまはら三(ぞ)　かむろき(ぎ)か六(む)ろ三(み)の三(み)九(こ)十(と)〇(わ)すれるて七一三(でないぞ)　十九(そこ)
から八(わ)かりて九(く)る三(ぞ)
う三(み)を三七二(みなふ)ねて(で)うめね八七(ばな)らん三(ぞ)　う三(み)たゝれて九(く)る四(し)まん四二(よーに)四(し)て九(く)れ四(よ)　う三(み)め九(ぐ)ら四(し)
てある⦿の九二(くに)　き四(よ)め二(に)き四(よ)めておいた⦿の九二二(くにに)　か一五九(がいこく)のあ九(く)わたりてきて⦿八三(はざ)んね
ん三(ぞ)　三(み)てお三(ざ)れ　⦿のちからあら八(は)す十(と)きたそ(ぞ)

九かつ十八にち　ひつ九⦿

【訓解文】

⦿にまつろう者には生きも死もないのざ。死のこと、罷(まか)ると申してあろがな。生き通(どう)しぞ。亡骸(なきがら)は臣民は残さならんのざが、臣民でも昔は残さないで罷ったのであるぞ。それがまことの⦿国の臣民ぞ。みことぞ。

世の元と申すものは、天も地も泥の海でありたのざぞ。その時から、この世始まってから生き通しの神々様の御働きで五六七(みろく)の世が来るのざぞ。腹が出来ておると、腹に神つまりますのざぞ。高天原ぞ。神漏岐(かむろぎ)、神漏美(かむろみ)の命(みこと)忘れるでないぞ。そこからわかりて来るぞ。

海をみな船で埋めねばならんぞ。海断たれて苦しまんようにしてくれよ。海めぐらしてある⦿の国、清めに清めておいた⦿の国に、外国の悪渡りて来て⦿は残念ぞ。見ておざれ、⦿の力現はす時来たぞ。

九月十八日、ひつ九⊙。

八

5—8［145］

八らへせ四十百四てある九十八　七二百か百四八九千七四二する九十三　四八九千七四十八め九り七九する九十三　六か四からの四八九千八たれ二て百あるの三三　三れ八らて四百まで八たれ二四らす九る四六の三　一十八かりて七一三　一へ八かりて七一三　九二二八九二の四八九千ある三　せか一十四八九千七四　七二四て百た一百てある三　九ん十のせか一十の一九三八せか一の四八九千七四三　せか一のおゝ八らへ三

か六ぬ四お八ら一ののり十あけて百七二百七らん三　お八らへのり十八のるの三　一まのか六ぬ四のて七一三　口三キ八かり三　のり十百ぬけて一る三　あ八七ち四きまき八九二つつ三　三七ぬけて四んて一るて七一か　四ん三んの九九ろ二八きたな九うつるてあろか　それ八九九ろのかゝみ九百て一るから三　あ九八か九二たまされて　かん四んののり十までホねヌキ二四て一るて七一か　九れて八せか一八き四まらんそ　のり十八四六百のて八七一三　四ん千て四め八それ

て四一十おもて一るか　それたけて八七二二百七らん三　のるの三三　イのるの三三　七りきるの三三　十けきるの三三　か六ぬ四八かりて七一三　三七九九ろへておけ四　⦿の九十八か六ぬ四二　ほ十け八ホす二十百四て一る九十　九んホんのおまちか一三

九かつ十九にち　ひつ九の⦿

【訓解文】

祓へせよと申してあることは、何もかも借銭なしにすることぞ。借銭なしとはメグリなくすることぞ。昔からの借銭は誰にでもあるのざぞ。それ払ってしまうまでは誰によらず苦しむのざ。人ばかりでないぞ。家ばかりでないぞ。国には国の借銭あるぞ。世界中借銭なし、何しても大望であるぞ。今度の世界中の戦さは世界の借銭なしぞ。世界の大祓ぞ。

神主、大祓ひの祝詞あげても何にもならんぞ。大祓祝詞は宣るのざ。今の神主宣ってないぞ。口先ばかりぞ。祝詞も抜けているぞ。畔放、頻蒔や、国津罪、みな抜けて読んでいるでないか、臣民の心には汚く映るであろうが、それは心の鏡曇っているからぞ。悪や学に騙されて、肝心の祝詞まで骨抜きにしているでないか、これでは世界は清まらんぞ。祝詞は読むものではないぞ。神前で読めばそれでよいと思うているが、それだけでは何にもならんぞ。宣るのざぞ。いのるのざぞ。なりきるのざぞ。とけきるのざぞ。神主ばかりでないぞ。皆心得ておけよ。⦿のことは神主に、仏は坊主にと申していること根本の大間違いぞ。

九月十九日、ひつ九の⦿。

九　5―9［146］

一二(ひつき)⦿二一(にひと)十十(とと)き八一(はい)せ四(よ)　⦿のめ九三(ぐみ)　三二(みに)百(も)うけ四(よ)　からた(だ)四三(よみ)か(が)へる三(ぞ)　⦿のひかりをき四(よ)　三一(みひ)かりを一(い)たゞけ四(よ)　たへ四(べよ)　⦿ホ十(ど)け九(けつこー)七(な)百(も)の七一三(ないぞ)　一(い)まの四(し)ん三(み)ん　一(ひ)を一(い)たゞ(だ)かぬから八(や)ま一二(いに)七(な)るの三三(ざぞ)　⦿の九八(こは)⦿の九十百(こと)四(もーし)てあろか七(がな)

九かつの二十にち　ひつ九のか三

【訓解文】

一二⦿(ひつき)にひと時(とき)拝せよ。⦿の恵み、身にも受けよ。からだ甦るぞ。⦿の光を着よ。み光を頂けよ。食べよ。⦿ほど結構なものないぞ。今の臣民、霊(ひ)を頂かぬから病(やまい)になるのざぞ。⦿の子は⦿の子と申してあろがな。

九月二十日、ひつ九のか三。

十　5―10［147］

七二(なに)五十(ごと)百(も)ホ(ほー)へ(べ)ん十百(ともー)四(し)て二二(じぶ)んかて七九十八(つなことば)かり百四(もーし)て一(い)るか(が)　ホ(ー)へ(べ)ん十百(ともー)す百(も)の⦿の九二(くに)

二八七一の三三　ま九十か九十そ　まの九十三　九十たま三　九れまて八ホへん十百四て二けられたか　百八八二ける九十てき七一三　ホへんの一十く八四九九ろあらイて九れ四　ホへんの四八す三たの三三　一まて百卍の四十おもて一る十ひ九りかてる三　⦿の九二　百十の⦿かすかりあら八れて　二二のたかねからあめつちへのり十するそ　一八十四めるおん八九二七る七四

九かつ二十にち　ひつ九のか三

【訓解文】

何事も方便と申して自分勝手なことばかり申しているが、方便と申すもの⦿の国にはないのざぞ。まことがことぞ。まのことぞ。言霊ぞ。これまでは方便と申して逃げられたが、もはや逃げること出来ないぞ。方便の人々、早う心洗いてくれよ。方便の世は済みたのざぞ。今でも仏の世と思うているとびっくりが出るぞ。⦿の国、元の⦿がすっかり現はれて富士の高嶺から天地へ祝詞するぞ。岩戸閉める御役になるなよ。

九月二十日、ひつ九のか三。

十一

5—11［148］

せか一まるめて一つの九二十する三十百四てあるか　九二八それくの一ろのちか二四ん三ん

二四りて　一つゝゝの九二つくらす三　その九九ろ九九ろ二四りて　それ〳〵のお四へつくらす
の三

二るきものまかりて　またあたら四九七るの三　その九九ろ九九ろの九二十百すの八　九九ろ
九九ろの九二てある三　一つの王てお三めるの三三　あまつひつきの三子三まかせか一中てらす
の三　九二のひつきのおん八九百たいせつのおん八九三

三十八三つの三か一つ二七る九十三　三ち三つ九十三　百十の六か四二かへすの三三　つ九り
かためのお八りの四九三三　お八り八八四め三　八四め八一三　二四三八九十七るの三三　か一
五九ゆき八か一五九ゆき三　⦿の九二ひかりてめあけて三れん九十二七るの三三　四ん三んのか
らたから百一かりかてるの三三　その一かり二四りてそのおん八九九ら一八かるの三から　五六
七の四十七りたら　七二百かも八きり四てうれ四〳〵の四十七るの三　一まの二んめ七九七るの
て七一三　たま一れて一四〳〵ひかりて九るの三　て二きりて九三きも四つあ四百三七うた二九
十十七るの三　三七かり二三七あつまりて九るの三三　てん四三まの三ひかり八⦿の一かりてあ
るの三三

九かつ二十と一にち　一二か三

【訓解文】

世界丸めて一つの国とするぞと申してあるが、国はそれぞれの色の違ふ臣民によりて一つ一つの国作らすぞ。その心々によりて、それぞれの教へ作らすのざ。古きものまかりて、また新しくなるのざ。その心々の国と申すは、心々の国であるぞ。一つの王で治めるのざぞ。天津日嗣の御子様が世界中照らすのざ。地のひつきの御役も大切の御役ぞ。

道とは三つの道が一つになることぞ。満ち満つことぞ。元の昔に返すのざぞ。修理固成の終わりの仕組みぞ。終わりは始めぞ。始めは一ぞ。富士、都となるのざぞ。外国行きは外国行きぞ。⦿の国、光りて目あけて見れんことになるのざぞ。臣民の身体からも光りが出るのざぞ。その光りによりて、その御役、位、わかるのざから、五六七の世となりたら何もかもはっきりして嬉し嬉しの世となるのざ。今の文明なくなるのでないぞ。魂入れて、いよいよ光りて来るのざ。手握りで草木も四つ足もみな歌ふこととなるのざ。御光にみな集まりて来るのざぞ。てんし様の御光は⦿の光であるのざぞ。

九月二十と一日、一二か三。

十二　5—12［149］

九ノ三八三七き三三三　てんり百九ん九百九ろす三も一ま八たま四ぬけておれ十　九ノ三一れ

て一きかへるの三　二れん百四んらん百八十百七二百か百三七ヌけから三　九ノ三てたま一れて九れ四　九ノ三八ゝ　〇の七か二ゝ一れて九れ十百四てあろか　四ん三んもせか一十の四ん三ん百九二九二百三七お七二九十三　ゝ一れて九れ四　〇を十二四ておらぬ十ゝ八一らん三　九ん十の一九三八〇の十二三十百四てあろか七　まつり十八まつりあ八す九十十百四てあろか七　九の三八お四へて七一十一二てあろか　けうか一八ほかのつ十一て七一十百四てあろか七　一十あつめて九れる七十百四てあろか七　せか一十の四ん三ん三七四ん四八十百四てあろか　九ノ三八三七き三三　十きなき三三　一かり三　九ノ三て三七一きかへるの三三　てんめあホ二七りて九れ四　かすてて九れ四　⦿かゝるの二九る四三

九かつ二十二にち　あの一二⦿

【訓解文】

この道は道なき道ざぞ。天理も金光も黒住も今は魂抜けておれど、この道入れて生きかへるのざ。日蓮も親鸞も耶蘇も何もかもみな脱け殻ぞ。この道で魂入れてくれよ。この道はゝ、〇の中にゝ入れてくれと申してあろが。臣民も、世界中の臣民も国々も、みな同じことぞ。ゝ入れてくれよ。〇を掃除しておらぬとゝ入らんぞ。今度の戦さは〇の掃除ぞと申してあろがな。まつりとは、まつり合はすことと申してあろがな。この道は教へでないと言ふてあろうが、教会や他の集(つど)いでないと申してあろがな。人集めてくれるなと申してあろがな。世界中の臣民みな信者と申してあろが、この道は道なき道ぞ。時なき道ぞ。光ぞ。この道でみな生き返るのざぞ。天明阿呆(あほう)になりてくれよ。我(が)捨ててくれよ。⦿憑(か)かるのに苦しいぞ。

九月二十二日、あの一二⦿。

十三

5—13［150］

あか一(い)めか(が)ねかけれ八(ば)あか九三(くみ)へる十(と)おもて一(い)るか(が)　それ八(は)あ一(い)てか(が)四六(しろ)一(い)十(と)き八(ば)かり三(ぞ)　あホ一(い)もの八六(はむ)ら三(さ)きにうつる三(ぞ)　一(い)まの四八(よは)一(い)ろ十(と)り〱のめか(が)ね十(と)り〱三(ざ)から　けん十十(とーと)れん九十二七(ことにな)るの三三(ざぞ)　めか(が)ね八(は)つ(づ)す二(に)か(ぎ)るの三(ざ)

めか(が)ね八(は)つ(づ)す十八(とは)千(せん)た九(く)する九十三三(ことざぞ)　うへ八(ば)かり四九(よく)て百七(もな)らす(ず)　四百八(しもば)かり四九(よく)ても七(な)らん三(ぞ)　うへ百四百百(もしもも)てんち三(そ)ろて四九七(よくな)りて　せか一十(いじゅう)の四(し)ん三(み)んけものまて(で)あん四(し)ん四(し)て九(く)らせる三(さ)らの四二一(よにい)たすの三三(ざぞ)　とりちか(が)へする七四(なよ)

九かつ二十三にち　一二(ひつき)⦿

【訓解文】

赤い眼鏡かければ赤く見へると思うているが、それは相手が白い時ばかりぞ。青いものは紫に映るぞ。今の世は色とりどりの眼鏡とりどりざから見当とれんことになるのざぞ。眼鏡はづすに限るのざ。眼鏡はづすとは洗濯することざぞ。上ばかり良くてもならず、下ばかり良くてもならんぞ。上も下も天地揃うて良くなりて、世界中の臣民、獣まで安心して暮らせる新の世に致すのざぞ。取り違へするなよ。

九月二十三日、一二⦿。

十四　5—14［151］

九の三八かりた一十から一八四らて百八四ててま一りて　か三の五四七三れ四　十九二おりて百五四八一九らて百あるの三三　か三の五四十百四て　一七り三け八きつねつきのまね八三せん三四　九の三八きひしき三三からら九七三七の三　うへ二百しもにも八七三九四二七るの三三九か一八一らぬの三三　か三八三十四て七一十か三て七一そ　一まのか三八三十四十九ろか　め二三一て一るて七一か　かへる一九ら七一た十て四あけん三　あか五二七れ四　五百九すて四その一その十きからカホまてか○るの三三　⦿八け四九け九七四十七りた三

九かつ二十三にち　ひつ九のか三

【訓解文】

この道わかりた人から一柱でも早う出て参りて神の御用なされよ。どこにおりても御用はいくらでもあるのざぞ。神の御用と申して、稲荷下げや狐憑きの真似はさせんぞよ。この道は厳しき道ざから楽な道なのざ。上にも下にも花咲く世になるのざぞ。後悔は要らぬのざぞ。上は見通しでないとカミでないぞ。今のカミは見通しどころか目ふさいでいるでないか。蛙いくら鳴いたとて夜明けんぞ。赤児になれよ。ごもく捨てよ。その日その時から顔まで変わるのざぞ。◉烈しく結構な世となりたぞ。

九月二十三日、ひつ九のか三。

十五　5—15［152］

◉の九二のか三の八九一ん二八かりかけたら八た〱二らちつ九七れ十　か九八ちえか二八ま四て七か〱二八からんから　九十百四て一るの三三　四ん三ん百の一八七九七る三　九の四のお八りちかつ一た十き三　一四百の一二十き三　か三のめ二八か一九九百八ま十も七一の三三　三七か◉の九二三　七お百八王百つ九ら千三　一つの王てお三め三すそ　てん四三まかせか一三そ七八すの三三　せか一十のつ三お一てお八四ますす三七おのおか三ま二きつかんか　め九ら

つんホ八かり十百四てもあまりて七一か
九かつの二十三にち　ひつ九のか三

【訓解文】

⦿の国の上の役員にわかりかけたらバタバタに埒つくなれど、学や知恵が邪魔してなかなかにわからんから、くどう申しているのざぞ。臣民物言はなくなるぞ。この世の終はり近づいた時ぞ。石、物言ふ時ぞ。神の目には外国も日本もないのざぞ。みなが⦿の国ぞ。七王も八王も作らせんぞ。一つの王で治めさすぞ。てんし様が世界みそなはすのざぞ。世界中の罪負いておはしますスサノオの大神様に気づかんか。盲、聾ばかりと申してもあまりでないか。

九月の二十三日、ひつ九のか三。

十六

5―16［153］

⦿か四ん三んの九九ろの七か二たから一けてお一たの二　あ九二まけてけか四て四百てそれて二三九百四て一る九十二きつかんか　一二百かね　二二百かね十百四て　一十か七んき四四かわれ三へ四けら四一十百四て一るて七一か　それ八また四一の三　⦿のめんか二りて九ち三き八かりて　か三三ま〱てん四三ま〱十百四たり　あたま三けたり四て一るか　九ん七四ん三ん一

りも一らん三　一三十一二十き八四り二ホかけて二けたすもの八かり三　一ぬね九八四四四きて四一三　九ん七四ん三ん八九ん十八きの十九七からおて七ホ四三

⦿の百四た九十一二一りんちか八んの三三　その十り二七るの三三　うへ二つ八きすれ八　三のかホ二おちるの三三　二せつホ十け九七九八一百の七一三　二せつきた三　あ八てす二一十一て九た三れ四　せか一十う七る三　り九かう三十七る十九ろある三　一ま二八ま一か三の四九三二かゝりて一る四ん三ん九る四六十きちかついた三　八ま一八八る三　九の八ま一八けん十十れん八ま一三　八ま一二七りて一て百　七十百八からね八われ百八からん八ま一三　一ま二おも九七りて九る十八かりて九るか　その十きて八ま二あ八んておくれぞ　九のホの二て　四九八ら二一れて八ま一お一たせ四　八四せね八二二八く五四二七りて四ツン八一て八一ま八ら七七らん九十二七る十百四てあろか七　⦿の一れ百の八八二四て一る三

九かつ二十三にち　ひつ九のか三

【訓解文】

⦿が臣民の心の中に宝いけておいたのに、悪に負けて汚してしもうて、それで不足申していることに気づかんか。一にも金、二にも金と申して、人が難儀しようが我さへよけらよいと申しているでないか。それはまだよいのざ。◉の面かぶりて口先きばかりで神様神様、てんし様てんし様と申したり、頭下げたりしているが、こんな臣民一人もいらんぞ。いざといふ時は尻に帆かけて逃げ出す者ばかりぞ。犬猫は正直でよいぞ。こんな臣民は今度は気の毒ながらお出直しぞ。

◉の申したこと一分一厘違はんのざぞ。その通りになるのざぞ。上に唾（つばき）すればその顔に落ちるのざぞ。時節ほど結構な恐いものないぞ。時節来たぞ。慌てずに急いで下されよ。世界じゅう唸るぞ。陸が海となるところあるぞ。今に疫神（やまいがみ）の仕組みにかかりている臣民苦しむ時近づいたぞ。病はやるぞ。この病は見当とれん病ぞ。病になりていても、人もわからねば我もわからん病ぞ。今に重くなりて来るとわかりて来るが、その時では間にあはん。手遅れぞ。この方の筆よく腹に入れて病追い出せよ。早うせねばふにゃふにゃ腰になりて四つん這いで這い廻らなならんことになると申してあろがな。◉の入れものわやにしているぞ。

九月二十三日、ひつ九のか三。

十七

5—17［154］

ま九十（こと）の千八（ぜんは）あ九二二（くにに）て一（い）る三（ぞ）　ま九十（こと）のあ九八千二二（くはぜんにに）て一（い）る三（ぞ）　四九三八（よくみわ）け七七（なな）らん三（ぞ）　あ九（く）のた一四四八七（いしよーはひ）かりかゝ八（がや）一（い）て一（い）るの三三（ざぞ）　あ九二（くに）ん八（は）お十七四九三（となしくみ）へる百（も）の三（ぞ）　二（に）ホんの九（く）

二八せか一の一七かたてある三　一七かたて七一十九ろ八ま九十の⦿の九二て七一から四ホ十きつけておりて九れ四　一四八てき十七るの三からち十百きゆる千九十三　⦿か十九二きつけておく九三　一ま八二ホんの九二十七りておりても　⦿の百十の九二て七一十九ろもあるの三から　一七かた三て四九八ら二一れておりて九た三れ四　九か一ま二あ〇ん三

九かつ二十三にち　ひつ九の⦿

【訓解文】

まことの善は悪に似ているぞ。まことの悪は善に似ているぞ。よく見分けなならんぞ。悪の大将は光り輝いているのざぞ。悪人はおとなしく見へるものぞ。日本の国は世界の雛型であるぞ。雛型でないところはまことの⦿の国でないから、よほど気つけておりてくれよ。一時は敵となるのざから、ちっとも気許せんことぞ。⦿がとくに気つけておくぞ。今は日本の国となりても、⦿の元の国でないところもあるのざから、雛型見て、よく腹に入れておりて下されよ。後悔間に合わんぞ。

九月二十三日、ひつ九の⦿。

十八

5—18［155］

われ四四のせ一二て八七らん三　一まのせ一二けい三一八われ四四てある三　四ん三んの三ろ

八んてせ一二八けい三一四て七らん三　⦿の一かりの八りかたて七一十お三まらん三　あたへる
せ一二かま九十のせ一二三四　四ん三ん一三六せ一二十八うへ四たまつろひあ八すせ一二の九十
三　⦿のひかりある十き八一九ら九百て百八三て八七一三　一九ら九百てもあ九か三またけて百
一る八一る三　一九らあかりつけて百四八四三　⦿の八りかた八一のひかり十百四て九十きつけ
てあろか七

せ一二三九れ八け一三一三十　わける九十八まつり五十て七一三　⦿の四ん三んたま十二九た
一のへつ七一十百四てある九十八からぬか　⦿の八りかた八一十のからたま　一十の八たらき三
れ八す九八かるて七一か　八ら二千八ん十⦿四つまておれ八　七二五十百八九三四た四二う五九
の三三　一九らあたまかえら一十百四て　一二九ろ八あたまの一二十り二八う五かん三　九九の
十り八かりたか　千八十百四て三十百九十百一つ二四て八七らんの三三　⦿のせ一二八八三四一
六ケ四八りかた三　たかきから一九き二七かれる三つの八りかた三

⦿の四る四つけたあ九九る三　あ九のかホ四た⦿ある三　ひ九きも二ねも四ん三んも　三七お
七二三　あ四百十二きつけて九れ四　六九の九二八ち十百一三一て八おらぬの三　四二んて百九

てきたせね八九のた一　九ててきね八ま九の四十　き七か九かゝりて一るの三三　☉の九二の一まの四ん三ん　きか三ちか一から四九四るの三三　四一れきらす十たちあかれん三　一十一て八七らん三　一十かね八七らん三

☉の百す九十十りちか一せぬ四二四て九れ四　四九九の二て四んて九れ四　百十の二八き九りて〇一ててたあ九のたね八　二八き十おろ千十四つあ四十七て　二八き二八二ホんのつの　おろ千八八つか四ら八つお　四つあ四八きん百てあるからきつけてお九三　四つあ四八お三七二ついて八けて一るから　四五二ん十の四ん三ん十のたま三れぬ四二一た四て九た三れ四

九かつの二十三にち　あのひつ九のか三

【訓解文】

われよしの政治ではならんぞ。今の政治経済はわれよしであるぞ。臣民のソロバンで政治や経済してならんぞ。☉の光のやり方でないと治まらんぞ。与へる政治がまことの政治ぞよ。臣民勇む政治とは、上下まつろひ合はす政治のことぞ。☉の光ある時は、いくら曇っても闇ではないぞ。いくら曇っても悪が防げても昼は昼ぞ。いくら灯りつけても夜は夜ぞ。☉のやり方は日の光と申して、くどう気つけてあろがな。

政治ぞ、これは経済ぞと分けることは、まつりごとでないぞ。⦿の臣民、魂(たま)と肉体の別ないと申してあることわからぬか。⦿のやり方は人の身魂(からたま)、人のはたらき見ればすぐわかるでないか。腹にチャンと⦿鎮まっておれば何事も箱さしたように動くのざぞ。いくら頭が偉いと申して、胃袋は頭の言ふ通りには動かんぞ。この道理わかりたか。ぢゃと申して味噌も糞も一つにしてはならんのざぞ。⦿の政治はやさしい難しいやり方ぞ。高きから低きに流れる水のやり方ぞ。

⦿の印つけた悪来るぞ。悪の顔した⦿あるぞ。飛行機も船も臣民もみな同じぞ。足元に気つけてくれよ。向こうの国はちっとも急いではおらぬのざ。自分で目的達せねば子の代、子で出来ねば孫の世と、気長くかかりているのざぞ。⦿の国の今の臣民、気が短いからしくじるのざぞ。しびれ切らすと立ち上がれんぞ。急いではならんぞ。急がねばならんぞ。

⦿の申すこと取り違いせぬようにしてくれよ。よくこの筆読んでくれよ。元の邪気凝りて湧いて出た悪の種は、邪鬼と大蛇(おろち)と四つ足となって、邪鬼には二本の角、大蛇は八つ頭(がしら)、八つ尾、四つ足は金毛(きんもう)であるから気つけておくぞ。四つ足は女に憑いて化けているから、守護神殿、臣民殿、欺されぬように致して下されよ。

九月二十三日、あの、ひつ九のか三。

十九

5—19［156］

四七十⦿(くに)九二　十十三七三十⦿九二四八十八八二一　十九三六五一　三一九九一二三三四五五六

七七八九九〇一三十卍十九〇ゝ十三九十八二三八十⦿八十一十九三

九二四　一二⦿　二三

【訓解文】

（訓解困難であるが第一訳文には次のようにある）世成り、神国の太陽足り満ちて、皆みち足り、神国の月神、世をひらき足り、弥栄にひらき、月光、総てにみち、結び出づ、道は極みに極む、一二三、三四五、五六七、弥栄々々ぞ。神、仏、耶ことごと和し、和して足り、太道ひらく永遠、富士は晴れたり、太神は光り出づ、神国のはじめ。

九月二十四日、一二⦿ふみ。

二十

5—20［157］

せか一二（いに）か八（は）りた九十（こと）てきたら　三（そ）れ八（は）⦿⦿三（さ）まの八（わ）たられる八四三（はしぞ）　百十（もと）きよめね八（ば）　すえ八（は）き四（よ）まらん三（ぞ）　ねたちて八四（はし）け（げ）らん三（ぞ）　百十（もと）のたねか（が）た一（い）せつ三三（ざぞ）　たね八百十（はもと）から四（よ）り八（わ）けてあるの三三（ざぞ）　千二（せんぶ）り二（に）か（が）一三（いぞ）

九かつの二十四か　ひつ九のか三（み）

【訓解文】

世界に変はりたこと出来たら、それは⦿⦿様の渡られる橋ぞ。元清めねば末(すえ)は清まらんぞ。根絶ちて葉繁らんぞ。元の種が大切ざぞ。種は元から選(よ)り分けてあるのざぞ。せんぶり苦いぞ。

九月の二十四日、ひつ九のか三。

二十一　5—21［158］

四(し)んか一(い)の九(こ)十(と)八(は)けんか一(い)て(で)八(は)七(な)か〱二(に)八(わ)かるもので(で)七(な)一(い)十(と)一(い)二(ふ)九(こ)十(と)八(わ)かりたら　四(し)んか一(い)の九(こ)十(と)八(わ)かるので(で)ある三(ぞ)　一(いち)二(に)一(いち)たす十(と)二(に)十(と)七(な)る十(と)一(い)二(ふ)十(そ)ろ八(ば)ん八(や)百(も)の三(さ)四(し)て(で)八(は)　けん十(とー)十(と)れんの三(ざ)三(ぞ)　一(い)まゝて(で)の一(い)九(く)三(さ)て(で)百(も)か三(み)か(が)かけ(げ)からまもて一(い)る九(こ)十(と)八(わ)かるて(で)あろか(が)七(な)　あん七(な)百(も)のか(が)九(こ)ん七(な)てか(が)らたてた十(と)百(もー)す九(こ)十(と)あろか(が)　四(し)ん三(み)んからはあホ二(に)三(み)へて百(も)　す七(な)をな一(ひ)十(と)二(に)八(は)⦿か(が)かゝり八(や)す一(い)のて(で)あるから　八(は)四(よー)す七(な)ホ二(に)一(い)た四(し)て九(く)レ四(よ)　う三(み)のつ七(な)三(み)きをつけて九(く)れ　まへ二(に)四(し)ら四(し)て八(や)る三(ぞ)

九かつ二十五にち　ひつ九か三(み)

【訓解文】

神界のことは現界ではなかなかにわかるものでないということわかりたら、神界のことわかるのであるぞ。一に一足すと二となるといふ算盤や物差しでは見当取れんのざぞ。今までの戦さでも、神が蔭から護っていることわかるであろがな。あんな者がこんな手柄立てたと申すことあろが、臣民からは阿呆に見へても、素直な人には㋹が憑かりやすいのであるから、早う素直に致してくれよ。海の津波気をつけてくれ。前に知らしてやるぞ。

九月二十五日、ひつ九か三。

二十二　5—22［159］

○(わ)れか(が)たすかろ十(と)おもたらたすからヌの三三(ざぞ)　三(そ)の九九(ここ)ろ○(わ)れ四四(よし)三三(ざぞ)　三(み)たま三(み)か(が)けた一十(ひと)からす九(く)て八(や)るの三三(ざぞ)　㋹うつるの三三(ざぞ)　三(み)たま九(く)百(も)りた一十(ひと)二(に)百(も)○八(は)うつるの三三(ざぞ)　㋹のうつりた一十十(ひとと)○のかゝりた一十十(ひとと)の大一(おほい)九三三(くさぞ)　ゝ(ゝ)十(と)○(○)十(と)か(が)一(い)九(く)三(さ)四(し)て　八(や)か(が)て八(は)ゝを七(な)か二(に)四(し)て○かお三(さ)まるの三(ざ)　十(そ)の十(と)き八(は)○八(は)○て七(な)九(く)ゝもゝて(で)七(な)一(い)の三三(ざぞ)　㋹となるの三三(ざぞ)　ゝ十(と)○のまつり三十百四(ぞともーし)てあろか(が)七(な)

十(ど)ちらの九二百(くにも)つ(ぶ)れる十九(とこ)ろまて(で)二七(にな)るの三(ざ)　二(じ)ん三(み)ん十四(どーし)八百(はもー)一九三(いくさ)か七(かな)○(わ)ん十百四(ともーし)て百(も)

九ノ四九三上十するまで八　◉か一九三八め三せんから　◉か八める八け二ゆかんから　一ま八めたらまたく◯る九七るの三　◯の四十七るの三　◯のせか一十七るの三　一まの四ん三ん九二十り◯二七りて一る三　八四一九三スませて九れ十百四て一るか　一ま四アけたら四ん三ん九二十り七九七るの三三　お千た九た一二三三

九かつの二十六にち　ひつ九のか三

【訓解文】

我が助かろと思うたら助からぬのざぞ。その心われよしざぞ。身魂磨けた人から救うてやるのざぞ。◉うつるのざぞ。身魂曇りた人にも◯はうつるのざぞ。◉のうつりた人と◯の憑かりた人との大戦さぞ。ゝと◯とが戦さして、やがてはゝを中にして◯がおさまるのざ。その時は◯は◯でなく、ゝもゝでないのざぞ。◉となるのざぞ。ゝと◯のまつりぞと申してあろがな。

どちらの国も潰れるところまでになるのざ。人民同士はもう戦さかなわんと申しても、この仕組み成就するまでは、◉が戦さやめさせんから、◉がやめるわけに行かんから、今やめたら、まだまだ悪くなるのざ。◯の世となるのざ。◯の世界となるのざぞ。今の臣民九分通り◯になりているぞ。早う戦さ済ませてくれと申しているが、今、夜明けたら、臣民九分通り無くなるのざぞ。お洗濯第一ざぞ。

九月の二十六日、ひつ九のか三。

二十三

5—23［160］

九の二て九九ろて四三て九れ四　九エたして四三て九れ四　八ま一百七おる三　九三きも九の二て四三て八れ八八七三九の三三　九の三一ろめる二八　き四か一の四七百のつ十めて九れる七四　ま十一おつ九りて九れる七四　九九ろから九九ろ九エから九エ　からたからからたへ十ひろめて九れ四

せか一十の四ん三ん三七九のほのた三三から八四つたへて九れ四　か三百一十も一つてある三かんかへて一て八七二百てき七一三　九んかへ七一ておも十り二八るのか　か三の八りかた三かんかへ八一十のまよ一三三　一まの四ん三ん三たま九もりて一るから　かんかへね八七らぬか九んかへれ八一四く十九百りた百の二七る十り八からぬか

一九れをきつけて九れ四　一九れ四九七る三　ひ九れ二はしめた九十八　七んて百上十する四二七るの三三　一九れをひの九れ十八かりおもて一る十　四ん三んせま一九九ろて十りて一る十まちか二三　⦿の九れの九十を百すの三三

八かつの二十八にち　ひつ九のか三（み）

【訓解文】

この筆、心で読みてくれよ。声出して読みてくれよ。病（やまい）も治るぞ。草木もこの筆読みてやれば花咲くのざぞ。この道広めるには、教会のようなものつとめてくれるなよ。集（まど）いを作りてくれるなよ。心から心、声から声、体から体へと広めてくれよ。

世界中の臣民みなこの方の民ざから、早う伝へてくれよ。神も人も一つであるぞ。考へていては何も出来ないぞ。考へないで思う通りにやるのが神のやり方ぞ。考へは人の迷いざぞ。今の臣民、身魂曇りているから考へねばならぬが、考へればいよいよと曇りたものになる道理わからぬか。

日暮れを気つけてくれよ。日暮れ良くなるぞ。日暮れに始めたことは何でも成就するようになるのざぞ。日暮れを日の暮れとばかり思うていると、臣民の狭い心で取りていると間違ふぞ。◉のくれのことを申すのざぞ。

八月の二十八日、ひつ九のか三。

註　日付は前後の帖の日付から九月と思われるが、底本の通り八月とした。

二十四　5—24［161］

九（こ）のホ明（みよう）四（じ）ん十（と）百（も）あら八（は）れて一（い）るの三三（ざぞ）　四（し）ん三（み）ん四（し）ゆ五（ご）のため二（に）あら八（は）れて一（い）るのて（で）ある三（ぞ）

九ろ百八九る六ものである三　九る六十八まつろ百の三　⦿の九ろ百八一十である三　けかれ八二れた九ろ百て八⦿八一八三三　九ろ百八七んて百四一十百す四七百のて八七一三　あつ三三六三二せけ八四一十百す四七かんたん七百のて七一三　一ま八か三の九ろ百七九七て一る　九二九りんの四ん三ん　⦿の九ろ百二七れ七一の三三　あ九か三の九ろ百八かり三　一ま二四ん三んの九ろ百百九二九りん七九七るの三三　⦿の九二れ一の九二十九の四十八あ八せかゝ三てあるから九の四二うつて九るの三三　四ん三ん三たま千た九四て九れ十九十百四てあろか七　九の十り四九八かりたか　十かつ十八十のつき三　一十ー十の九三たつき三

九かつの二十八二ち　ひつ九のか三

【訓解文】

この方、明神とも現れているのざぞ。臣民守護のために現はれているのであるぞ。衣はくるむものであるぞ。くるむとは、まつろうものざ。⦿の衣は人であるぞ。汚れ破れた衣では⦿は嫌ざぞ。衣は何でもよいと申すようなものではないぞ。暑さ寒さ防げばよいと申すような簡単なものでないぞ。今は神の衣なくなっている。九分九厘の臣民、⦿の衣になれないのざぞ。悪神の衣ばかりぞ。今に臣民の衣も九分九厘なくなるのざぞ。⦿の国、霊の国とこの世とは合はせ鏡であるから、この世に映って来るのざぞ。臣民身魂洗濯してくれとくどう申してあろがな。この道理よくわかりたか。十月とは十の月ぞ。一とーとの組みた月ぞ。

九月の二十八日、ひつ九のか三。

二十五

5—25［162］

あたら四九三の一くのうまれ九るの三　三か八三か十か八十かのか三十のまもるの三　十きのか三ほ十け九七九八一か三七一の三　九のホ十て二せつ二八か七〇ん九十あるの三　け二七れ八九かつの二十八にちてあるか　九の八かつ十一十のおか三て九れ四　二十八にち十のもあるの三

七二五十百十きまちて九れ四　一りまめ二百は七三九の三　九の四て八十きのか三三ま　二せつを〇すれて八七らん三　十き八か三七り三　七二五十百三の二せつきたの三　十きすきてたねま一てもお八九二八たゝんのてある三　九三もの一二三

九の八かつの十一にち　ひつ九か三

【訓解文】

新しくその日その日の生まれ来るのざ。三日は三日、十日は十日の神殿護るのざぞ。時の神ほど結構な恐い神ないのざぞ。この方とて時節にはかなわんことあるのざぞ。今日なれば九月の二十八日であるが、旧の八月十一殿を拝みてくれよ。二十八日殿もあるのざぞ。

何事も時待ちてくれよ。炒豆にも花咲くのざぞ。この世では時の神様、時節を忘れてはならんぞ。時は神なりぞ。何事もその時節来たのざぞ。時過ぎて種蒔いてもお役には立たんのであるぞ。草物言ふぞ。

旧の八月の十一日、ひつ九か三。

二十六　5—26［163］

あめの一八か三一るの三十百四て　八れたら一らぬの三三　その十きその十きの五四あるの三三　八れた一十てか三一らぬので七一三　一ま五四ある四ん三ん十あす五四ある四ん三ん十あるの三三　二つの十き八二つのきもの　五つ八五つ　十八十のきものあるの三三　十八四らのおん八九百三の十り三三　八九か○るの三

九八かつの十二にち　ひつ九のか三

—【訓解文】

雨の日は傘いるのざと申して晴れたら要らぬのざぞ。その時その時の御用あるのざぞ。晴れた日とて傘要らぬのでないぞ。いま御用ある臣民と、明日御用ある臣民とあるのざぞ。二歳の時は二歳の着物、五歳は五歳、十歳は十歳の着物あるのざぞ。十柱の御役もその通りざぞ。役変わるのざ。

旧八月の十二日、ひつ九のか三。

二十七　5—27［164］

てんち二八てんちの　九二二八九二ノ　七九り八九あ九の三三　七九り八九あ一たら四ん三ん三七おも一かちかて一る九十八かるの三　八四千た九四た一十から八かるの三　七九り八九あ九十　⦿のき十九十り二七二百か百せね八七らんの三　めあけておれん一十てきる三　⦿のき十九八二ホん百四七百一ん十もめりかもきりす百おろ四八百七一の三三　一つ二四てき十九十りかてきるの三から　一ま二てきか三かたか◯からん九十に七りて九るの三三　か九の四八百す三たの三

ひ二ひ二四んりきあら八れる三　一十一き一れるまも七一の三　十四く九十を八九二から

お九れん四二　十りちか一せん四二　あ◯てぬ四二四て九れ四　か三く三ま百　エら一四ん八

一七三れて五三るかたあるか　四九三八りうく四あけ三て九た三れ四九九かつ二七れ八この二て二か〇りてあめのひつ九のか三のおん二てたす三　八四めの八九一んそれまて二ひき四せる三　八二十りひき四せた七れ十　あ十二二十りのおん八九の百のひき四せる三　お十四八八四八ある七れ十　か三の百四た九十一りん百ちか〇ん三　二三八八れ十二ほん八れ　おけ

十かつの四か　ひつ九のか三二三

【訓解文】

天地には天地の、国には国の、びっくり箱開くのざぞ。びっくり箱開いたら臣民みな思いが違っていることわかるのざ。早う洗濯した人からわかるのざ。びっくり箱開くと、⦿の規則通りに何もかもせねばならんのざ。目あけておれん人出来るぞ。⦿の規則は日本も支那もインドもメリカもキリスもオロシヤもないのざぞ。一つにして規則通りが出来るのざから、今に敵か味方かわからんことになりて来るのざぞ。学の世はもう済みたのざ。

日に日に神力現れるぞ。一息入れる間もないのざ。ドシドシ事を運ぶから遅れんように、取り違いせんように、慌てぬようにしてくれよ。神々様もえらい心配なされてござる方あるが、仕組みはりゅうりゅう、仕上げ見て下されよ。

旧九月になればこの筆に代わりて天のひつくの神の御筆出すぞ。はじめの役員それまでに引き寄せるぞ。八分通り引き寄せたなれど、あと二分通りの御役の者引き寄せるぞ。遅し早しはあるなれど、神の申したこと一厘も違わんぞ。二三は晴れたり日本晴れ、おけ。

十月の四日、ひつ九のか三、二三。

二十八　5—28［165］

⦿の九二二八⦿の九二の八りかた　か一五九二八か一五九の八りかたある十百四てあろか七一九三百その十り三　⦿の九二八⦿の九二の八りかたせね八七らんの三三　か一五九の八りかたまねて八か一五九つ四一の三三　一九三する二百ミタマ三かき大一三　一十二四まつする九十八八す一七れ十　それて八⦿の九二を一十八まるつ二四二せね八七らんから　まてるたけまて一るの三三　ちう三一する九二八七九　てかけた二ね八十ちら百あ十へひけん九る四九十二七りて九る三　⦿きつける三

十かつ六か　ひつ九のか三

【訓解文】

⦿の国には⦿の国のやり方、外国には外国のやり方あると申してあろがな。戦さもその通りぞ。⦿の国は⦿の国のやり方せねばならんのざぞ。外国のやり方真似ては外国強いのざぞ。戦さするにも身魂磨き第一ぞ。一度に始末することは易いなれど、それでは⦿の国を一度は丸潰しにせねばならんから、待てるだけ待っているのざぞ。仲裁する国はなく、出かけた船はどちらも後へ引けん苦しいことになりて来るぞ。⦿気つけるぞ。

十月六日、ひつくのか三。

二十九

5―29［166］

てんめ八二てかゝすおん八九三　かけの八九三　九の二て八ア十ヤ十ワのつ九八九一んからたすの三三　おもて三　九九かつまて二八三のおんかたおそろひ三　カのつく八九一んうら七りタのつ九八九一んおもて七り　うらおもてある十百四てあろか七　九十かた一せつ三　九十二四りてつたへるのか⦿八うれ四き三四

百二八つきそ　九の九十四九九九ろへ四　てんの一へん八一十の一へん三　一四八二てもてん九十ある三　二て四んて九れ四　二て四ま七一て四ん三んかつて二ちゑしホりて百七二百七らん

十百四てあろか七　⦿二九十百三す九十八⦿九二の四ん三んの八三　二て八一らぬのかま九十の
四ん三ん三　⦿それ〳〵二八十りたら二て一らぬの三三　それかか三四のすかた三
か三二たつ一十二この二て〇かる四二四て九れ四　九二八九二の　まと一八まと一のか三の一
十二八四四ら四て九れ四　ア十ヤ十ワからおもて二たす十うへの一十百三三かたむけるの三三
ア十八アイウエオ三　ヤもワも十四三　カ八うら三　タ八おもて三　サ十ナ十八十マ十まつ八り
て九れ四　う八へつのおん八九三　おん八九二うへ四た七一三　三七それ〳〵十十一おん八九三
九の二て　うへつまき十四百つまき　まつ四三て九れ四　八ら二一れてから六つ十の三　か
三八せける三　八まのつ七三二きつけ四

十かつの七か　ひつ九のか三

【訓解文】

天明は筆書かす御役ぞ。蔭の役ぞ。この筆はアとヤとワのつく役員から出すのざぞ。表ぞ。旧九月までに三の御方お揃ひぞ。カのつく役員裏なり、タのつく役員表なり、裏表あると申してあろがな。コトが大切ぞ。コトによりて伝へるのが⦿は嬉しきぞよ。

文字は次ぞ。このことよく心得よ。天の異変は人の異変ぞ。一時は筆も出んことあるぞ。筆読んでくれよ。筆読まないで臣民勝手に知恵絞りても何にもならんと申してあろがな。⦿にくどう申さすことは⦿国の臣民の恥ぞ。筆は要らぬのがまことの臣民ぞ。⦿それぞれにわたりたら筆要らぬのざぞ。それが神代の姿ぞ。

上(かみ)に立つ人にこの筆わかるようにしてくれよ。国は国の、団体(まどひ)は団体(まどひ)の上の人に早う知らしてくれよ。アとヤとワから表に出すと上の人も耳傾けるのざぞ。アとはアイウエオぞ。ヤもワも同様ぞ。カは裏ぞ。タは表ぞ。サとナとハとマとまつはりてくれよ。ウは別の御役ぞ。御役に上下ないぞ。みなそれぞれ貴い御役ぞ。この筆、『上つ巻』と『下つ巻』まづ読みてくれよ。腹に入れてから神集(かむつど)うのざ。神は急けるぞ。山の津波に気つけよ。

十月の七日、ひつ九のか三。

三十

5—30［167］

一十二(いちどに)たてかへする十(と)せか一(い)か(が)大へんか(が)お九(こ)るからの八四(ばし)くて一(い)るの三三(ざぞ)　め三(さ)めぬ十(と)まつた(だ)一(い)のきの十九(どく)て(で)きる三(ぞ)　九二十(くにと)られた二(じ)ん三(み)ん　十(ど)ん七二六五一九十二七(なにむごいことにな)りて百(も)　七二百一二(なにもいふ)九十(こと)て(で)きす(ず)　お七二(なじ)⦿の九(こ)て(で)あり七(な)か(が)らあまり二一十一八(にひどいや)りかた　けた(だ)百(も)の四(よ)り百六五一九十二(もむごいことに)七(な)るのか(が)　四九八(よくわ)かりて一(い)るから　⦿か(が)おもて二(に)て(で)てせか一十(いじゅう)す九(くー)のて(で)ある三(ぞ)

九の二て八ら二一れる十　⦿りきてるの三三　うた五四ん三んたく三あるかきの十九三三　一十り八一八かる四ん三ん二百　九の二て一二三十四て　四六四二うへの一十四て八りて九た三れ四　一のちあるうち二⦿の九二の九十四らす二　四んてから⦿の九二二ゆ九九十八てきん三⦿のちからて七一十　百四の七か八十二百う五かん四二七て一る九十　うへの八ん十十の八かりておろか七　十二百七らん十四りつゝ　またちやか九八かり二すかりておる四て八　うへの一十十八百三れんそ　ち八か九九エて⦿のちから二まつ八れ四　ひ九きてもひ九き二まつ八れ八一のちか四の三三　おつちおか三て九めつくる百 四四さんか　⦿のま九十のた三三　カミおろか三て二てとれ四　か三の七一四十たんく七りておろか七

まつる九十八一かす九十三　一かす九十八八たらかす九十三　⦿の九二二八七んても七一百の七一の三三　⦿の五四七ら八七んてもてて九るけ　九七九二三三　七二百七九七るの八　八りかた◯る一の三　⦿の九九ろ二そ八んの三

十かつ七か　一二⦿

【訓解文】

一度に立て替へすると世界が大変が起こるから、延ばし延ばしているのざぞ。目覚めぬと末代の気の毒できるぞ。国取られた人民、どんなにむごいことになりても何も言ふこと出来ず、同じ⦿の子でありながらあまりにもひどいやり方、獣(けだもの)よりもむごいことになるのが、よくわかりているから、⦿が表に出て世界中救うのであるぞ。

この筆腹に入れると⦿力出るのざぞ。疑う臣民たくさんあるが気の毒ざぞ。一通りは嫌がる臣民にもこの筆一二三(ひふみ)として読むように、上の人、してやりて下されよ。命あるうちに⦿の国のこと知らずに、死んでから⦿の国に行くことは出来んぞ。

⦿の力でないと、もう世の中はどうにも動かんようになっていること、上の番頭殿わかりておろうがな。どうにもならんと知りつつ、まだ知や学ばかりにすがりておるようでは上の人とは申されんぞ。知や学こえて⦿の力にまつはれよ。飛行機でも飛行機にまつはれば命通うのざぞ。お土拝みて米作る百姓さんが⦿のまことの民ぞ。カミ拝(おろが)みて筆とれよ。神のない世とだんだんなりておろうがな。

祀ることは生かすことぞ。生かすことは働かすことぞ。⦿の国には何でもないものないのざぞ。⦿の御用ならば何でも出て来る結構な国ざぞ。何もなくなるのはやり方悪いのざ。⦿の心に沿はんのざ。

十月七日、一二⦿。

九二て四ます四二するのか八九一んのつ十めて七一か　八九一ん三へ四んて八一七一て八七一か　二て二　一二三つけた百のまつ大八ん十中八ん十小八ん十十の二　四ま四て九れ四　三三へつけれ八四六三　八ら二八一るもの十八一らぬ百の十八ある七れ十　四ますたけ八四ませて八るのか　八九一んのつ十めて七一か　九九かつ二七たら　一十か四九七るから　三れまて二四一四ておかん十九八四三かてる三四　一三十七りて四たんた二んてもま二あ〇ん三　百千つ九二八つ九十きあるの三三　それてエんある一十をひきよせて一るの三三　⦿八せけるの三

十かつの七か　ひつ九のか三一十九

【訓解文】

この筆読ますようにするのが役員の務めでないか、役員さへ読んではいないではないか。筆に一二三つけたもの、まづ大番頭、中番頭、小番頭殿に読ましてくれよ。道さへつければ読むぞ。腹に入るものと入らぬものとはあるなれど、読ますだけは読ませてやるのが役員の務めでないか。旧九月になったら忙しくなるから、それまでに用意しておかんと悔しさが出るぞよ。いざとなりて地団駄踏んでも間に合わんぞ。餅搗くには搗く時あるのざぞ。それで縁ある人を引き寄せているのざぞ。⦿は急けるのざ。

十月の七日、ひつ九のか三、いそぐ。

三十二

5—32［169］

四九三十りかてて九るの三か　大七んを小七ん二する九十てきるの三三　⦿も十ろう三八まひら三　四ん三ん四六九二ほと⦿うれ四き九十七一の三三　九百りておれ十も十八⦿のいき一れた四ん三ん三　うつてあるの三　八ん十十の八九一ん十の二ん十四四め四

十かつの七か　ひつ九のか三

【訓解文】

仕組み通りが出て来るのざが、大難を小難にすること出来るのざぞ。⦿も泥海は真っ平ぞ。臣民喜ぶほど⦿嬉しきことないのざぞ。曇りておれど元は⦿の息入れた臣民ぞ。打つ手あるのざ。番頭殿、役員殿、フンドシ締めよ。

十月の七日、ひつ九のか三。

三十三

5—33［170］

へ十の四九三す三たらお八りの四九三二かゝらす三　そのまへ二四九六十九ろある七れ十　一まて八上十千から三の十き八九十八て四らす三　たから百千九三り二四て九れる七四　ね九二九

八ん二七りて九れる七四　てんち一十二か〇る十百四てある九十ちかついた三　四八もちきり二八三千三四　一二き八ら一てろん七九する三　九十七九する三　もの一八れん十き九る三　四ん三んけん十十れん九十十百四てあろか　うへの一十つら九七る三　かん八りて九れ四

十かつ八か　ひつ九のか三

【訓解文】

江戸の仕組み済みたら尾張の仕組みにかからすぞ。その前に仕組む所あるなれど、今では成就せんから、その時は言葉で知らすぞ。宝持ち腐りにしてくれるなよ。猫に小判になりてくれるなよ。天地一度に変わると申してあること近づいたぞ。世は持ちきりにはさせんぞよ。息吹払いて論なくするぞ。コトなくするぞ。物言はれん時来るぞ。臣民見当とれんことと申してあろが、上の人辛くなるぞ。頑張りてくれよ。

十月八日、ひつ九のか三。

註　江戸の仕組み済みたら尾張の仕組みにかからすぞ　翌昭和二十年一月に尾張の御用が行われた。9―2註参照。

三十四　5—34［171］

⦿八九十八三（はことばぞ）　九十八十八（ことばとは）〇九十三（まことぞ）　一二き三（いぶきぞ）　三三（みちぞ）　〇九十十八〇つりア八四た一二き三（まこととはまつりあはしたいぶきぞ）　九十（こと）八ててんち二五る三（ばでてんちにごるぞ）　九十八ててんちす六三（ことばでてんちすむぞ）　一九三七九七る三（いくさなくなるぞ）　か三九二二七る三（かみくにになるぞ）　九十八ホ十け九七九八一百ノ七一三（ことばほどけっこーなこわいもないぞ）

十かつ十か　あの一二のか三（ひつきのかみ）

【訓解文】

⦿は言葉ぞ。言葉とはまことぞ。息吹ぞ。道ぞ。まこととは、まつり合はした息吹ぞ。言葉で天地濁るぞ。言葉で天地澄むぞ。戦さなくなるぞ。神国（かみくに）になるぞ。言葉ほど結構な恐いものないぞ。

十月十日、あの一二のか三。

三十五　5—35［172］

二ホんの九二八（にほんのくには）　九のホー二九た一てある三（このほーにくにいでてあるぞ）　九二つちおろかめ十百四てあろか七（くにつちおろがめとーしてあろがな）　二ホん八（にほんは）九二かち三一から（くにがちさいから）　一二きり二二きりつ二四て九つもりてせめてきて一る七れ十（ひとにぎりににぎりつぶしてくうつもりでせめてきているなれど）　九のち三一九（このちさいく）二かの十二つかへて（にがのどにつかへて）　十二百九る四九てか二四て九れ十一二四二十九十んノ十き二なりたらか一（どーにもくるしくてかんにんしてくれといふよーにとことんのときになりたらかい）

四んせね八七らん九十二七るの三
か一九九二んも三七か三の九三から　一十りの九らす二たすけたいのか九のホのねか一十百四てあろか七　一ま二二ホんの九二のひかりてる三　その十きになりてか一四んてきておらぬ四ん三ん八九る四九て　二ホんノおつちのうへ二おレン四二七て九るの三　二二んからか一五九ゆき十七るの三三　たまのまゝの九二二す六四二七るの三
三七三の四ま二うめてあるたからを　五四二つか二十きちかついたそ　おつちのあかりさかりある十百四てある十きちかついた三
一十のてからてエ四四て一る四ん三ん　百八八四八九千七四の十き十七りたの三　か一四んた一一三　せか一二か◯りた九十八　三七九のホの四九三の二四〱三から　三たま三か一たら八かるから　八四三たま三か一て九た三れ四　三たま三か九二八まつりせね八七らんそ　まつり八まつろ九十三十百四て十一てきかす十　⦿まつり八四七一て一る四ん三んおるか　⦿まつり百十三　⦿六かへね八七らん三　十りちか一十てん九か一十九八一の三三　千四んのた二へホん十おちる三

⦿のきそ九八九〇一三　か九四たて八てきん三　七二百かもち四めん二四る四てあるの三三
四八九千七四て三八きの十き二七て一るの三三　か三の九二二四八九千ある四ん三ん八十ん七エ
ラヰ一十てもそれたけ二九る四六三　一へ八一へノ九二八九二の四八九千七四か八二まて一るの
三　すま四たらきら九七四二七るの三　せか一の大三十か三　三十か八八三十きまて一るてあろ
か七　かりかへす十きつら一七れ十　かへ四たあ十の八レたきもち四一てあろか　六か四からの
四八九千三から　す七ホ二九る四三九らへて⦿の百す九十　三す九十二四たかて二ホん八二ホん
の八りかた二かへ四て九レよ
八ん十十の　四百二一る四ん三ん十の　九二九二の四五二ん十の　か一五九のか三く三ま
四ん三ん十の　卍百十百九も三七きて九れ四　その九二　三のた三の八りかたつたへてあろか七
九十二きつけて四一四て九れ四
十かつ十か　ひつ九のか三

【訓解文】

日本の国はこの方の肉体であるぞ。国土拝めと申してあろがな。日本は国が小さいから、一握りに握りつぶして喰うつもりで攻めて来ているなれど、この小さい国が、喉につかへてどうにも苦しくて堪忍してくれといふように、とことんの時になりたら改心せねばならんことになるのざ。

外国人もみな神の子ざから、一人残らずに助けたいのがこの方の願いと申してあろがな。今に日本の国の光出るぞ。その時になりて改心出来ておらぬ臣民は、苦しくて日本のお土の上におれんようになってくるのざ。自分から外国行きとなるのざぞ。たまのままの国に住むようになるのざ。

南の島に埋めてある宝を御用に使う時近づいたぞ。お土の上がり下がりあると申してある時近づいたぞ。

人の手柄で栄耀している臣民、もはや借銭なしの時となりたのざ。改心第一ぞ。世界に変わりたことは皆この方の仕組みの節々ざから、身魂磨いたらわかるから、早う身魂磨いて下されよ。身魂磨くには祀りせねばならんぞ。祀りはまつろうことぞと申して説いてきかすと、◉祀りはしないでいる臣民おるが、◉祀り元ぞ。◉迎へねばならんぞ。取り違ひと天狗が一等恐いのざぞ。千刃の谷へぽんと落ちるぞ。◉の規則は恐いぞ。隠し立ては出来んぞ。何もかも帳面に記してあるのざぞ。借銭なしで裁きの時になっているのざぞ。神の国に借銭ある臣民はどんな偉い人でも、それだけに苦しむぞ。家は家の、国は国の借銭なしが始まっているのざ。済ましたら気楽な世になるのざ。世界の大晦日ぞ。晦日は闇と決まっているであろがな。借り返すとき辛いなれど、返したあとの晴れた気持ち良いであろが。昔からの借銭ざから、素直に苦しみこらへて◉の申すこと、さすことに従って、日本は日本のやり方に返してくれよ。

番頭殿、下にいる臣民殿、国々の守護神殿、外国の神々様、臣民殿、卍も十も九（不明）もみな聞いてくれよ。その国その民のやり方伝へてあろがな。九十に気つけて用意してくれよ。

十月十日、ひつ九のか三。

三十六

5—36［173］

二二八八れ十二ホん八れ　てん四三まか二二からせか一十二三一つ三れる十きちかついた三二二八一の八ま一の百十の八まてけか四て七らんおん八まさから　二ん三んのホレん四二なる三か三の四ん三ん十け百の十たてわける十百四てあろか　四の三ま三て八四か一四ん四て　ミタマ千た九一た四て　⦿の五四つ十めて九れ四　おき九エ千ても　四つか二一十九十一へ八八かる四ん三ん　一一へ八十しる四ん三んて七一十ま九十の五四八つ十まらん三　一ま二たん〱二せまりて九る十　九のホノ二てあて二七らんたま三れて一た十百す一十百てて九る三　四九九の二て四んてか三の四九三九九ろ二一れて一二き十四て　九十八十四てせか一きよめて九れ四　八からん十百すの八二て四んて一七しるし三

三たま四んから一かりた四たら　一十百　⦿百お七二九十二七るの三　三れかま九十の四ん三

ん十百四てあろか七　八まからぬからか◯からう三から　七二かお九て百か三八四らん三　三七
四ん三んの九九ろから三　か一四んせよ　十二せよ　千た九せ四　九百きり八ら一て九れ四　三
一かりてぬ四二四て一てそれて四一のか　きつかん十一たいめ二あ二の三三　たれかれのへつ七
一十百四てあろか七　一つれ八あめのひつ九のか三三ま　おんかゝり二七る三　おそ四八八四八
ある三　九のか三三まのおん二て八　八け四き三　八四三たま三かかね八おんかゝりお三一の三
三　四九十九十ん十二せね八　おんかゝり六か四三　八九一ん百きつけて九れ四　おん八九五九
六三　そのか八りおん八九す三たら　二二八れる三

十月十一にち　一二　か三

【訓解文】

富士は晴れたり日本晴れ、てんし様が富士から世界中に稜威される時近づいたぞ。富士はヒの山、日の本の山で、汚してならん御山ざから、人民登れんようになるぞ。神の臣民と獣と立て別けると申してあろが、世のさま見て早う改心して、身魂洗濯致して⦿の御用つとめてくれよ。大きい声せんでも静かに一言いへばわかる臣民、一言へば十知る臣民でないと、まことの御用はつとまらんぞ。今にだんだんにせまりて来ると、この方の筆あてにならん、騙されていたと申す人も出て来るぞ。よくこの筆読んで神の仕組み、心に入れて、息吹として言葉として世界浄めてくれよ。わからんと申すのは筆読んでいないしるしぞ。

身魂芯から光り出したら、人も⦿も同じことになるのざ。それがまことの臣民と申してあろがな。山から野から川から海から何が起こっても神は知らんぞ。みな臣民の心からぞ。改心せよ。掃除せよ。洗濯せよ。雲霧（くもきり）払ひてくれよ。御光（みひかり）出ぬようにしていてそれでよいのか、気づかんと痛い目に遭うのざぞ。誰れ彼れの別ないと申してあろがな。いづれは天のひつくの神様、御憑（おんか）かりになるぞ。遅し早しはあるぞ。この神様の御（おん）筆は烈しきぞ。早う身魂磨かねば、御憑かり遅いのざぞ。よくとことん掃除せねば御憑かり難しいぞ。役員も気つけてくれよ。御役ご苦労ぞ。その代わり御役済みたら富士晴れるぞ。

十月十一日、一二か三。

第六巻

日月の巻　ひつ九（く）のまキ

自　昭和十九年旧九月一日
至　昭和十九年十一月三十日
一―四十

⊙のまき

一　6—1［174］

二二八八れ十二ほん八レ　⊙のまきかき四らす三　九の四二二二んの百ノ十一二百ノ八七二一つ七一のてある三　八四二二んからおかへ四四た百ノからら九二七るの三三

九ん十の大千たく八　三つの大千た九か一十に七て一るの三からけん十十れんの三三　⊙の九二の千た九十　か一五九の千た九十　せか一ひ九るめた千た九十　一十二七て一るの三から　三のつ百りておりてす九四て百⊙の五四つ十めて九れ四　九れからか一四一四の四四ねん八十百四てあろか七　一ま八またまた一のま九てせん九りてて九るの三三

かた四たら八から七九七る三　てん四三まおかめ四　てん四三ままつり九れ四　四ん三ん六り十お百九十百六りて七一九十た九三二あるの三三　⊙八一四一四の四九三二かかた十百四てあろか七　九八すのて七一三　ねり七ホすの三三　せか一をすり八二一れて九ねま八四ねり七をすの

三三（ざぞ）　二（に）ホんの七（な）か二十十（にそーどー）お九三（こるぞ）　か三（み）の四（し）ん三（み）んきつけて九（く）れ四（よ）　二（に）ホんも⦿十（と）けもの二八（にわ）かれて一（い）るの三（ざ）から　一八（いや）て百（でも）おても十十七（そーどーとな）るの三三（ざぞ）　ち三九四（ちいさくし）た一（い）七（な）れ十（ど）

九九（きゅうく）かつ一にち　ひつ九（く）のか三（み）

【訓解文】

富士は晴れたり日本晴れ。⦿の巻書き知らすぞ。この世に自分の物といふ物は何一つないのであるぞ。早う自分からお返しした者から楽になるのざぞ。

今度の大洗濯は三つの大洗濯が一度になっているのざから、見当取れんのざぞ。⦿の国の洗濯と外国の洗濯と世界ひっくるめた洗濯と一度になっているのざから、そのつもりでおりて少しでも⦿の御用務めてくれよ。これからがいよいよの正念場と申してあろがな。今はまだまだ一（はじめ）の幕で、先繰（せんぐ）り出て来るのざぞ。

我（が）、出したらわからなくなるぞ。てんし様拝めよ。てんし様祀りくれよ。臣民無理と思うことも無理でないことたくさんにあるのざぞ。⦿はいよいよの仕組みにかかったと申してあろがな。壊すのでないぞ。練り直すのざぞ。世界を擂（す）り鉢（ばち）に入れてこね廻し、練り直すのざぞ。日本の中に騒動起こるぞ。神の臣民気つけてくれよ。日本も⦿と獣に分かれているのざから、否（いや）でも応（おう）でも騒動となるのざぞ。小さくしたいなれど。

旧九月一日、ひつ九のか三。

二　6—2〔175〕

三千（さんぜん）ねん　三千（さんぜん）せか一（い）三（みだ）たれたる　つ三（み）八（や）けか（が）れを三（み）にお一（い）て　九（こ）の四（よ）のうら二（に）かれしまゝ
九（こ）の四（よ）かま一（い）四（し）おゝか三（み）の　三（み）九（こ）十（と）か四（し）九（こ）三（み）九（こ）のた一（び）の　一（い）八（は）十（と）七（び）らきの五四（ごよー）する　三（み）たま八一（はい）
つ（づ）れ百（も）一（い）きか八（は）り　四（し）二（に）か八（は）り四（し）てねり二（に）ねり　きたへ二（に）きたへ四（し）⊙九（ぐ）二（に）の　ま九（こ）十（と）の三（み）たまあ
まかけり　九（く）二（に）かけります百（も）十（と）のたね　六（む）か四（し）の百（も）十（と）のおんたね三（ぞ）　一（い）まおち二（ぶ）れて一（い）る十（と）て百（も）
八（や）か（が）て八（は）か三（み）の三（み）た三（み）十（と）四（し）　あめつちかけり⊙九（ぐ）二（に）の　す九（く）一（い）のか三（み）十（と）あら八（は）れる　十（と）きちかつ（づ）
きぬ三（み）た三（み）ら四（よ）　一（い）ま一（ひと）九（く）ろ二（ふた）九（く）ろ　十（と）九（こ）十（と）ん九（く）る四（し）き九（こ）十（と）あれ十（ど）　たへ四（し）の一（び）て三（ぞ）つき（ぎ）の四（よ）の
ま九（こ）十（と）⊙四（よ）の一（い）四（し）つ（づ）へ十（と）　三（み）か（が）きて九（く）れ四（よ）⊙三（み）たま　一（い）八（や）三（さ）かつき（ぎ）二（に）三（さ）かへ七（な）六（む）　三（み）たま三（さ）ち八（は）
へましま三（さ）六（む）

　九九（きゆうく）かつ二か　ひつ九（く）のか三（み）

【訓解文】

三千年、三千世界乱れたる、罪や穢（けが）れを身において、この世の裏に隠（か）れしまま、この世構いし大神の、みこと畏（かしこ）みこの度の、岩戸開きの御用する、身魂はいづれも生き変はり、死に変はりして練りに練り、鍛へに鍛へし⦿国の、まことの身魂天駈けり、地駈けります元の種、昔の元の御種ぞ。今落ちぶれているとても、やがては神の御民とし、天地駈けり⦿国の、救いの神と現はれる、時近づきぬ御民等よ、今一苦労二苦労、とことん苦しきことあれど、堪へ忍びてぞ次の世の、まこと⦿代の礎と、磨きてくれよ⦿身魂、弥栄つぎに栄えなむ。身魂幸はへましまさむ。

旧九月二日、ひつ九のか三。

註　尾張の御用　9—2註参照。

三　6—3〔176〕

九の二て九へたてて四三て九た三れ十百四てあろか七　四ん三ん八かり二きかすのて七一三　四五二ん十のか三く三ま二もきかすの三　九エた四て四三て三へおれ八四九七るの三三　四八十百四て四五十八す六て七一三　四五十八き四てあるからつ十めつ十めたうへ二百セ一た四て九れ四　それかま九十のき四てある三　たき二うたれたん四きする四七き四八か一五九のき四三　⦿の九二のおつち二三　⦿九二の一かり一き四て　⦿九二からうまれるたへもの一たゝきて　⦿九二のおん四五十四て一る四ん三みん二八　き四八一らぬの三三　九の九十四九九九ろへ四

十かつの十九にち　一二⦿

【訓解文】

この筆、声立てて読みて下されと申してあろがな。臣民ばかりに聞かすのでないぞ。守護(しゅご)神殿(じん)、神々様にも聞かすのざ。声出して読みてさへおればよくなるのざぞ。じゃと申して、仕事休むでないぞ。仕事は行(ぎょう)であるから務め務めた上にも精出してくれよ。それがまことの行であるぞ。滝に打たれ、断食するような行は外国の行ぞ。⦿の国のお土踏み、⦿国(ぐに)の光息(いき)して、⦿国から生れる食べ物頂きて、⦿国の御(おん)仕事している臣民には、行は要らぬのざぞ。このことよく心得よ。

十月の十九日、一二⦿。

四　6—4［177］

一九三す三て百あ十の二んキう七か七か二すまん三　二ん三ん一四一四二九る四九七る三　三四五ノ四九三てき七一て　一二三ノ五四八八メられん三　九ノ二て四んて三四五ノ四ノ四九三四九八らの七か二一れてお一て　か三の一十二四ら四て八りて九た三れ四　三四五十八てん四三まの三一つ五九十三

十かつ二十か　ひつ九か三

【訓解文】

戦さ済みても後の紛糾なかなかに済まんぞ。人民いよいよに苦しくなるぞ。三四五の仕組み出来ないで、一二三の御用はやめられんぞ。この筆読んで、三四五の世の仕組み、よく腹の中に入れておいて上の人に知らしてやりて下されよ。三四五とはてんし様の稜威、出づことぞ。

十月二十日、ひつ九か三。

五　6—5［178］

⦿の九二二八⦿百一十百七一の三三　ちう百かう百七一ノ三三　⦿八一十てある三　八まてある　カ◯てある　めてある　ぬてある三　九三てある　キてある　十二てある三　七す九十三七ちウ十七りカウ十七かれるの三　四百七九一きも七一の三　⦿九九ろあるの三三　八かて八ふらんあめあられ　八九一んキつけて九れ四　⦿の四一八てきて一るの三三　七二五十からて百八四八四めて九れ四　⦿の九九ろ二か七二百の八十四十四十らちあ九三

十かつ二十一にち　一二⦿

【訓解文】

⦿の国には⦿も人もないのざぞ。忠も孝もないのざぞ。⦿は人であるぞ。山である、川である、めである、野であるぞ。草である、木である、動物であるぞ。為すこと、皆忠となり孝と流れるのざ。死も無く生もないのざ。⦿心あるのみぞ。やがては降らん雨あられ、役員気つけてくれよ。⦿の用意は出来ているのざぞ。何事からでも早う始めてくれよ。⦿の心に叶うものはどしどしと埒あくぞ。

十月二十一日、一二⦿。

六　6—6［179］

あめつちの十キ　あめ三七カヌ四ノ三九十十アのア二七りま四キ　タカアマハラ二三九十十七りたま一キ

一まノけ一三一八あ九ノけ一三一十百四てあろか七　百の九ろすの三　⦿の九二ノけ一三一八百のう六け一三一三　一まのせ一二八百の九八すせ一二三　⦿のせ一二八アたへるせ一二十百四てあろか　八一九八八一九　十せ一八十せ一三　一十八七二百か百てんち二七キあけ十百四てあるか　つきの四のタねたけ八ち二うめておかね八七らんの三　それて⦿か九十百四て一るの三　タね八おち二れて一七三るかたてま百られて一る三　うへ四た二ひ九りかへる十百四てある九十ちかつ一てきた三　たね八百四四二あたへてある三　たねま九の八百四四三

十かつの二十二にち　ひつ九（く）か三（み）

【訓解文】

天地（あめつち）の時、天御中主命（あめみなかぬしのみこと）とアのアになりましき、高天原（たかあまはら）に命と成り給ひき。

今の経済は悪の経済と申してあろがな。もの殺すのざ。㋹の国の経済はもの生む経済ぞ。今の政治はもの壊す政治ぞ。㋹の政治は与へる政治と申してあろが。配給は配給、統制は統制ぞ。一度は何もかも天地に引き上げと申してあるが、次の世の種（たね）だけは地に埋めておかねばならんのざぞ。それで㋹がくどう申しているのざ。種は落ちぶれていなさる方で守られているぞ。上下（うへした）に引っくり返ると申してあること近づいて来たぞ。種は百姓に与えてあるぞ。種蒔くのは百姓ぞ。

十月の二十二日、ひつ九か三。

七

6—7［180］

二（つぎ）たか三六㋹一三（みむすびぞ）　か三六㋹（みむす）一（び）ノ三九十十七（みこととな）りたまひキ　九ノ三八四（こみはし）ら　スに七（な）りま四（し）て　ス三（み）キりたま一（ひ）キ

五八三十十九四六七八八九四六　三三九四七九七百三　三九三三　一二三　三五　十九七四

一六七　一三〇九七四㋹九四百一九七四三九三三　一三　十　二四　一二㋹

【訓解文】

次、高御産巣日ぞ。神産巣日命となり給ひき。この三柱、スになりまして、澄みきり給ひき。(以下訓解困難であるが第一訳文には次のようにある) 岩戸ひらく道、神々苦むなり。弥ひらき苦む道ぞ。苦しみてなりなり、なりゐむ道ぞ。神諸々なり。世は勇むなり。新しき道、ことごとなる世、神諸々四方にひらく、なる世の道、ことごとくの道、みいづぞ。

十月二十四日、一二㋹。

八　6—8〔181〕

つキ　ウま四あ四か一一九二の㋹　三九十十七り七てアれ一てたま一キ

うりのつる二七す七らすて七一三　七す二八七すと百四てあろか七　三十百九十百一つ二する

て七一三　三七かそれ三れ二一きする三あろか七　ぬ三四百り三四　か三のけ一三一四九三四

か三のせ一二四九三て　ま九十のせ一二つかへて九れ四　すへて二まつろ九十十百四てあろか七

うへ二たつ八ん十十の　め七ら一て九た三れ四　ま二あ八ン九十てきても㋹八百四らん三　㋹せ

ける三　八九一ん百キ九八れ四

九九かつ八か　ひつ九のか三

【訓解文】

次、宇摩志阿斯訶備比古遅⦿、命となりなりて現れ出で給ひき。

瓜の蔓に茄子ならすでないぞ。茄子には茄子と申してあろ　がな。味噌も糞も一つにするでないぞ。皆がそれぞれに息する道あろがな。野見よ森見よ。神の経済よく見よ。神の政治よく見て、まことの政治仕へてくれよ。すべてにまつろうことと申してあろがな。上に立つ番頭殿、目開いて下されよ。間に合はんこと出来ても⦿はもう知らんぞ。⦿急けるぞ。役員も気配れよ。

旧九月八日、ひつ九のか三。

九　6—9［182］

七二五十百　百千つ百たれつてある三　カ三八かりて八七らす　一十八かりて八七らす十百四てあろか　千一す二の四十百四て百　一まの四ん三んの一て一る四七千八かりの四て八七一三ア九て七一ア九十ア七七一て一るの三三　九のお三八ア七七一の三そ　う工八かりよ一三て百四百八かり四一三て百七一の三三　まつり十八まつ八る九十て　まつりあ八す十八　九三八九三十四て　キ八キとしてそれそれのまつりア〇せ三　九三百キもお七二まつりあ八せて八七一の三三

十かつの二十六にち　ひつ九か三

【訓解文】

何事も持ちつ持たれつであるぞ。神ばかりではならず、人ばかりではならずと申してあろが。善一筋の世と申しても、今の臣民の言ふているような善ばかりの世ではないぞ。悪でない悪とあなないているのざぞ。このお道は、あななひの道ぞ。上ばかりよい道でも、下ばかりよい道でもないのざぞ。祀りとはまつはることで、祀り合はすとは、草は草として、木は木として、それぞれの祀り合はせぞ。草も木も同じ祀り合はせではないのざぞ。

十月の二十六日。ひつ九か三。

十

6—10［183］

つキアめの十九たちの三九十　つキ九二ノ十九たちの三九十　つキ十四九もぬの三九十七り七りてあれ一てたま一三九十す三キリたま一キかの十十リノ一十十四八　九八一一て四キ一十百四てあろか七　九かつ八か八けつ九七一三か九八一一さ十百四て四ら四てありた九十す九四八八かりたか　七二五十百二て十り二七りて千九り二てて九る三　お三四八八四八あるの三三　このた一八ま九ノ一三　二ホんの四ん三ん九れて

一九三す六四二百四て一るか　一九三八九れから三　九十かつ八か十八にち八一九らて百ある
の三三　三かつ三か　五かつ五か八四き二三　おそろ四一三三
一ま八かたてある三　八四か一四んすれ八かた千三九てす六七れ十　十二おキ九七る三　ね九
二キつけ四　一ぬ九る三　四ん三んの三二お九れる十たんだんおき九七るの三三　か三かおもて
二てて　おん八たらキ七三れて一る九十　九ん十八よ九八かりたてあろか七　⦿とか三十の一九
三て百ある十百四てあろか七　一九三のまねてある三　⦿か一四一四十七りてひ九り八九一ら一
たら　四ん三んホカン三　て百あ四百う五かす九十てきんの三三　た十へて八七一の三三　九十
きつけておく三　九れからか一四一四の一九三十七るの三　てつホーの一九三八かりて七一三
三の一くの一九三八け四九七る三　二ん十四四め九れ四
　十かつ二十五二ち　ひつ九のか三

【訓解文】

次、天之常立命。次、国之常立命。次、豊雲野命。なりなりて、現れ出で給ひ、命澄みきり給ひき。

辛酉の日と年は恐い日で、良き日と申してあろがな。九月八日は結構な日ざが、恐い日ざと申して知らしてありたこと、少しはわかりたか。何事も筆通りになりて、先繰りに出て来るぞ。遅し早しはあるのざぞ。この度は幕の一ぞ。日本の臣民これで戦さ済むように申しているが、戦さはこれからぞ。旧十月八日、十八日はいくらでもあるのざぞ。三月三日、五月五日は良き日ぞ。恐ろしい日ざぞ。

今は型であるぞ。早う改心すれば型小さくて済むなれど、掃除大きくなるぞ。猫に気つけよ。犬来るぞ。臣民の掃除遅れると段々大きくなるのざぞ。神が表に出て御働きなされていること、今度はよくわかりたであろがな。⦿と神との戦さであると申してあろがな。戦さの真似であるぞ。⦿がいよいよとなりて、びっくり箱開いたら、臣民ぽかんぞ。手も足も動かすこと出来んのざぞ。喩へではないのざぞ。くどう気つけておくぞ。これからがいよいよの戦さとなるのざ。鉄砲の戦さばかりでないぞ。その日その日の戦さ烈しくなるぞ。褌締めくれよ。

十月二十五日、ひつ九のか三。

十一

6—11［184］

か九百四んりき三　か三三三　か九か二んけんの千エ十お百て一る十　十んて百七一九十二七る三　かん四んのま七かう五一て八七らんの三三　⦿九二のせ一二八たまのまつり九十三　九る四き四か四六九んて丶きる四二七りたら　⦿の四九三八かりかける三　七二五十百四六九んて一

た四て九レ十百四てあろか七　四ん三んのあたまて八けん十十れん六千八七四二七る十きたの
三三　三れお八三の四十百すの三　か三八ゝ　四ん三ん八○　か一五九八○　か三の九二八ゝ十
百四てあろか　か三九二から三れ八　ま○り三七か一九九　か一九九から三れ八か三九二ま七か
一十のま七か二八か三あろか七

あ九か三の四九三八九のホ二八八かりて一るから　一十二つ二す九十八八す一七れ十　それて
八てんのおか三三ま二すまん七り　あ九九ろ四て四百のて八七九　あ九か一四ん三四て五六七の
うれ四くの四二するのか　⦿のねか一三から　九九ノ十り○すれるて七一三　一まの四ん三ん
一九らり八七九ちキて百　百二七らへて百　ま九十か七一からちから七一三　たまて一て百ちか
らある一十　一四一四四二てる十きちかつ一た三　ちから八⦿から七かレ九るの三　三かけた一
十から⦿かうつて九ん十の二十十七一せか一の四七火四のてからたて三す三　三たま三かきか七
二四りた一せつ三

十かつの二十七二ち　ひつ九のか三

【訓解文】

学も神力(しんりき)ぞ。神ざぞ。学が人間の知恵と思うていると、とんでもないことになるぞ。肝腎の真中(まなか)、動いてはならんのざぞ。⦿国(ぐに)の政治は魂(たま)のまつりごとぞ。苦し行が喜んで出来るようになりたら、⦿の仕組みわかりかけるぞ。何事も喜んで致してくれと申してあろがな。臣民の頭では見当取れん無茶な世になる時来たのざぞ。それを闇の世と申すのざ。神はゝ、臣民は〇、外国は〇、神の国はゝと申してあろが、神国(かみぐに)から見れば、まわりみな外国、外国から見れば神国真ん中。人の真ん中には神あろがな。

悪神の仕組みはこの方にはわかりているから、一度に潰すことは易いなれど、それでは天の大神様にすまんなり。悪殺してしまうのではなく、悪改心さして、五六七(みろく)の嬉し嬉しの世にするのが⦿の願いざから、ここの道理忘れるでないぞ。

今の臣民、いくら立派な口きいても、文字ならべても、まことがないから力ないぞ。黙っていても力ある人いよいよ世に出る時近づいたぞ。力は⦿から流れ来るのざ。磨けた人から⦿がうつって今度の二度とない世界の、世直しの手柄立てさすぞ。身魂磨きが何より大切ぞ。

十月の二十七日、ひつ九のか三。

十二　6—12［185］

三八四(みはし)ら五八四(ごはし)ら七八四(ななはし)ら九十(こと)アまつ⦿　二(つぎ)う一二二(ひじに)　二一百(つぎいも)ス一二二(ひじに)　二(つぎ)ツぬ九一(ぐひ)　二一百(つぎいも)

一九九一　二オほ十ノ二　二二百オほ十ノへ　二ヲ百たる　二二百アヤか四九ね　三九十十アレ七リ一キ一キて一キたま一キ　二イ三七キノ⦿イ三七三ノ⦿あれ一てまし◯四キ

あ四百十二きつけ四　あ九八千のかめんカ二りて九る三　八一れん十九ろへあ九か八けて八一て⦿の九二を八八二四て一るのてある三　おのレの九九ろ百十四三　百二ん千二んまん人の一十か四一十百四て百◯る一九十ある三　一りの一十一ても⦿の九九ろ二三九十ある三　てん四三まおかめ四　てん四三まおかめ八三ひかりてる三　七二百かも三九からうまれるの三三　おつちおかめ四　おつちから七二百かもうまれるの三　一十おかめ四　うへ二たつ一十おかめ四　九三キもか三十百四てあろか七

へ十二せめ四せる十百四てあろか七　二二め三四てせめ九る十四ら四てある九十ちかつ一た三　一ままての九十八三七カタてありた三　へ十の四九三百お八まも　カイの四九三百三七かた三　七⦿十十⦿う三の四九三もカタたして九れ四　お八りの四九三もカタ八四た四て九れ四　カタすんたら一四一四まつた一つつ九ま九十の四七火四の五四二かゝらす三　あめ二る三

十かつ二十八にち　ひつ九のか三

【訓解文】

三柱。五柱。七柱。別天津☉。次、宇比地邇。次、妹須比智邇。次、角代。次、妹活代。次、意富斗能地。次、妹大斗乃弁。次、於母陀流。次、妹阿夜訶志古泥。命と現れ成り、いきいきて、いき給ひき。次、伊邪那岐☉、伊邪那美☉、現れ出で坐しき。

足もとに気つけよ。悪は善の仮面かぶりて来るぞ。入れん所へ悪が化けて入って☉の国をわやにしているのであるぞ。己の心も同様ぞ。百人千人万人の人が善いと申しても悪いことあるぞ。一人の人言っても☉の心に添うことあるぞ。てんし様拝めよ。てんし様拝めば御光出るぞ。何もかもそこから生まれるのざぞ。お土拝めよ。お土から何もかも生まれるのざ。人拝めよ。上に立つ人拝めよ。草木も神と申してあろがな。

江戸に攻め寄せると申してあろがな。富士目指して攻め来ると知らしてあること近づいたぞ。今までのことは皆、型でありたぞ。江戸の仕組みもお山も、甲斐の仕組みも皆型ぞ。鳴門と☉海の仕組みも型出してくれよ。尾張の仕組みも型早う出してくれよ。型すんだらいよいよ末代続くまことの世直しの御用にかからすぞ。雨降るぞ。

十月二十八日、ひつ九のか三。

註　尾張の仕組み　9—2註参照。

鳴門とうずうみの仕組み　9—2註参照。

十三　6—13［186］

一十九九ろて一十九て七一三　か〻てて九る十四九二るから　か十◯からんかあるから　九ん十八四九二る九十てきんから九九十一二十き二八⦿かちからつけるから一十九て七一三　三たま三かきた一二三　かけの五四十おもての五四十ある七れ十　一つれ百け九七五四三三　三たま三十か一八ん四一の三三　一ま二八かりて九るからあ◯てるて七一三　一ま〻ての二て四九四んて九れたら八かるの三三　三れて八らて四め四め十九十百四て一るの三　九一百のきつけ四

十かつ二十八にち　ひつ九のか三

【訓解文】

人心で急ぐでないぞ。我が出てくるとしくじるから、我とわからん我あるから、今度はしくじること出来んから、ここという時には⦿が力つけるから、急ぐでないぞ。身魂磨き第一ぞ。陰の御用と表の御用とあるなれど、いずれも結構な御用ざぞ。身魂相当が一番よいのざぞ。今にわかりて来るから慌てるでないぞ。今までの筆よく読んでくれたらわかるのざぞ。それで腹で読め読めとくどう申しているのざ。食い物気つけよ。

十月二十八日、ひつ九のか三。

十四　6—14［187］

四の百十からの四九三てあるから　四ん三ん二てからたて三四て　うへ四た三ろたひかりの四二するの三から　四ん三んけん十十れんから八四十二四て九れ十百四てあるの三　九二十一たる十九ろ八七一四かけ四てあるの三　二んけんの九九ろの七か二百八七一か四かけてある三　一つ三の八七一か八れつするか○からんてあろか七　十二すれ八七二百かも三十四三三　八七一八れつする十きちかつ一てきた三　う五九九十てきん四二七るの三　ろ三九の一あかる一十おもてゐるか　五六七の四のあかる三○○からんてあろか

十かつの三十一にち　ひつ九か三

【訓解文】

世の元からの仕組みであるから、臣民に手柄立てさして、上下揃った光の世にするのざから、臣民見当取れんから、早う掃除してくれと申してあるのざ。国中いたるところ花火仕掛けしてあるのざ。人間の心の中にも花火が仕掛けてあるぞ。いつその花火が破裂するか、わからんであろがな。掃除すれば何もかも見通しざぞ。花火破裂する時近づいて来たぞ。動くこと出来んようになるのざ。蝋燭の火、明るいと思てゐるが、五六七の世の明るさはわからんであろが。

一　十月の三十一日。ひつ九か三。

十五　6—15［188］

め三めたら三の一の一のちおあつかり四た九十を⦿二かん四八四三の一のちを⦿の三九九ろのまゝ二一八三か二つかへまつる九十二一のれ四　⦿八三の一その十キ二七二すへきか二つきておへる三　あすの九十二九九ろつか二七四　九九ろ八九八れ四　十り九四九ろする七四　九九ろ九八り八せ七七らん三

七二百かも⦿二まかせ四⦿の一のち⦿の二九た一十七りきれ四　七二百かもすてきらね八七らん三　てんち三七⦿の百の三　てんち三七おのれの百の三　十りちか一一た四て九れる七四　一九ら一九三四て一てもてん五九三　てん五九十八⦿九二三　⦿九二のた三十七れ八一九三百ありかた一三　一キの一のち一つ百七かりかゝ八一て一る三　⦿二まつろて九れ十百四てあろか　あめつち三七二まつろて九れ十百四てあろか七　九九の十り四九八かりたてあろか　七二百一二九十七一三　⦿たゝへる九十か九十三　あめつちたゝへる九十か九十三　九三キの九九ろ二七れ十

百四(もーし)てあろか七(がな)　⦿かせ百(ぜも)ある三(ぞ)　二五九(じごく)のかせ百(ぜも)ある三(ぞ)　ま四て七一三(よーでないぞ)　か三(み)のもす(もーす)九十八九(ことはこ)
十て(とで)ある三(ぞ)　九十二一(ことにい)きて九れ四(くよ)　九十二(ことに)まつろへ四(よ)

十一かつの一にち　ひつ九(く)か三(み)

【訓解文】

目覚めたらその日の生命(いのち)お預かりしたことを⦿に感謝し、その生命を⦿の御心のままに弥栄(いやさか)に仕へまつることに祈れよ。⦿はその日その時に何すべきかにつきて教へるぞ。明日のことに心使ふなよ。心は配れよ。取り越し苦労するなよ。心配りはせなならんぞ。

何もかも⦿に任せよ。⦿の生命、⦿の肉体となりきれよ。何もかも捨てきらねばならんぞ。天地皆⦿のものざ。天地皆己れのものざ。取り違ひ致してくれるなよ。いくら戦さしていても天国ぞ。天国とは⦿国ぞ。⦿国の民となれば戦さも有り難いぞ。息の生命いつも光り輝いているぞ。⦿にまつろうてくれと申してあろが、天地(あめつち)皆にまつろうてくれと申してあろがな。ここの道理よくわかりたであろが。何も言うことないぞ。⦿讃へる言(こと)が九十(こと)ぞ。天地讃へる言が九十(こと)ぞ。草木の心になれと申してあろがな。⦿風もあるぞ。地獄の風もあるぞ。迷うでないぞ。神の申す言は九十(こと)であるぞ。九十(こと)に生きてくれよ。九十(こと)にまつろへよ。

十一月の一日、ひつ九か三。

十六

6—16［189］

あ◯ててう五九て七一三　二せつか七二百か百へんホかへ四する三　十きの⦿三まありかた一十百四てあろか七　⦿八四ん三んから七二百十めて一るか　一つもあたへる八かりて七一か　⦿のせ一四⦿九二のせ一二八あたへるせ一四十九十百四てあろか七　一まの八りかたて八一四一四九る四九七る八かりそ　八四キつかぬ十キの十九てきて九る三　カね一らぬ十百四てあろか　八りかたお四へて八りた一七れ十　三れて八四ん三ん二てから七一から　九ノ二て四九三て九れ十一二てあるの三　四キ九十百アら◯れる十　丁け四十七る九十四ら四てあろか　一十二四れヌ四二四キ九十八するの三三　九ノ九十四九二か九かんかへてお九七へ四　六か四からのめ九りてあるから　千四十八十十ノめ九りて七一から　十九へ二けても十四てもするたけの九十せ七七らんの三三　十九二一てもす九四ん三ん八ス九て八る三　ま七かう五九て七一三　四らヌカホしてお る九十百お九る三

十一かつ三か　一二⦿

【訓解文】

慌てて動くでないぞ。時節が何もかも返報(へんぽう)返しするぞ。時の⦿様有り難いと申してあろがな。⦿は臣民から何求めているか。いつも与へるばかりでないか。⦿の政治、⦿国の政治は与へる政治とくどう申してあろがな。今のやり方ではいよいよ苦しくなるばかりぞ。早う気づかぬと気の毒出来て来るぞ。金いらぬと申してあろが。やり方教へてやりたいなれど、それでは臣民に手柄ないから、この筆よく読みてくれと言ふてあるのざ。善きことも現れると帳消しとなること知らしてあろが、人に知れぬように善きことはするのざぞ。このことよく深く考へて行へよ。昔からのめぐりであるから、ちょっとやそっとのめぐりでないから、どこへ逃げてもどうしてもするだけのことせなならんのざぞ。どこにいても救う臣民は救うてやるぞ。真ん中動くでないぞ。知らぬ顔しておることも起こるぞ。

十一月三日、一二⦿。

十七　6—17［190］

九九二(ここに)あまつか三(み)百(も)ろ百(も)ろ三九十(みこと)百千(もち)て　一三七(いざな)きノ三九十(みこと)　一三七三(いざなみ)ノ三九十二九(みことにこ)レノたゝ(だ)

四(よ)へる九二(くに)つ九(く)りかため七(な)せ十(と)のり九千(ごち)てアメノヌほ九(こ)をたま一(ひ)て九十四三四(ことよさし)たま一(ひ)キ

⦿の九二二(くにに)百千十(もぜんと)あ九十(くと)ある十百四(ともーし)てあろか(が)七(な)九(こ)ノ二(ふ)て三(み)せて四一(よい)十十(ひとと)〇(わ)る一一(いひ)十十(とと)あるの

三三(ざぞ)　二(ふ)て三(み)せて九(く)れる七四(なよ)　ま九十(こと)の⦿の四(し)ん三(み)ん十〇(とわ)かりたら　九(こ)の二(ふ)てうつ四(し)て八(や)りて九(く)

れ四　二て八てませぬ十百せ四　二せつ四九三るのさそ　カタ四て九れたの三から百一の四九三四一三　九の二ておもて二たすて七一三　てんめ八かけの五四十百四てあろか　二て四までお一て九れ四　一二三十四てきか四て八て九れ四　九ノホの四九三一二一二か〇るの三から　四ん三ん八から七九七る十百四てあろか　一二一二八け四九かわりて九るの三三　⦿の九二八二てつたへて九れ四⦿せけるの三三　⦿う三の五四けつ九

十一かつ四か　一二⦿

【訓解文】

ここに天津神、諸々の命もちて、伊邪那岐命、伊邪那美命に、是の漂へる地、修理固成なせと詔て、天の沼矛を賜ひて、言依さし賜ひき。

⦿の国にも善と悪とあると申してあろがな。この筆見せてよい人と悪い人とあるのざぞ。筆見せてくれるなよ。まことの⦿の臣民とわかりたら、この筆写してやりてくれよ。筆は出ませぬと申せよ。時節よく見るのざぞ。型してくれたのざからもう一の仕組みよいぞ。この筆、表に出すでないぞ。天明は陰の御用と申してあろが。筆しまっておいてくれよ。一二三として聞かしてやってくれよ。この方の仕組み、日に日に変わるのざから、臣民わからなくなると申してあろが。日に日に烈しく変わりて来るのざぞ。⦿の子には筆伝へてくれよ。⦿急けるのざぞ。⦿産の御用結構。

十一月四日、一二⦿。

十八　6—18［191］

二二一三七三ノ三九十一三七三ノ三九十二アまノヌホ十をたま一て　十百二たゝ四へる九十九二つ九りかため七せ十九十四三四たま一キ

一二一二八け四九七る十百四てあろか七　三つ一たゝき二あけ七七らん三　おつちホらね八七らん三　九十八十九二三かきて九れ四　九十二キつけて九れ十九十百四てあろか　四て八七らすせね八七らす⦿九十二一キて九た三れ四

十一かつ六か　ひつ九のか三しらす三

【訓解文】

次に伊邪那美命、伊邪那美命に、天の沼陰を賜ひて、共に漂へること地修理固成なせと言依さし賜ひき。

日に日に烈しくなると申してあろがな。水、頂きに上げなならんぞ。お土掘らねばならんぞ。言葉とくに磨きてくれよ。言に気つけてくれとくどう申してあろが。してはならず、せねばならず、⦿事に生きて下されよ。

十一月六日、ひつ九のか三しらすぞ。

十九　6―19［192］

一まの八りかたかんかへかたかまちかて一るから三　千た九せ四十二せ四十百すの八　九れまての八りかたかんかへかたをす九り十あらためる九十三　一十まかりた十おもへ　十二四て七二百かもキれい二すれ八☉の一かりす九り十ひかりか丶八九三　五も九すて四十百四てあろか七一十の九九ろホ十九〇一もの七一の三三　お九ヤま二も三ちあるうち二十百す九十〇すれる七四キた二きつけ四☉の四の四九三四九八ら二一れておいて九た三れ四　九ん十のさらつの四の百十十七るの三三

十一かつ七か　ひつくのか三

【訓解文】

今のやり方、考へ方が間違っているからぞ。洗濯せよ掃除せよと申すのは、これまでのやり方考へ方をすくりと改めることぞ。一度死りたと思へ。掃除して何もかも綺麗にすれば、☉の光すくりと光り輝くぞ。ごもく捨てよと申してあろがな。人の心ほど怖いものないのざぞ。奥山に紅葉あるうちにと申すこと忘れるなよ。北に気つけよ。☉の世の仕組みよく腹に入れておいて下されよ。今度の新つの世の元となるのざぞ。

十一月七日、ひつくのか三。

二十　6—20［193］

⦿の四一八七二百かもすんて一る十百四てあろか　四ん三んの千た九八四一た四九れ四さらつの四の四一八四四て九れ四　九ん十の四二八四十九のおん八九おん四五十あるの三三　四十九の三たま十百四てあろか七　八四九ノ二て八ら二一れて九れ四　八四四らせて九れ四　一ままての二て八九一んの八ら二八一るまて八四八ら九八この二ててぬ三　た一せつの十き二八四らす七れ十　そのつもりておりて九れ四　ヌのたね一せつにして九た三れ四　十九八きたせ四

十一かつ八か　ひつくのか三

【訓解文】

⦿の用意は何もかも済んでいると申してあろが。臣民の洗濯早う致しくれよ。新つの世の用意早うしてくれよ。今度の世には四十九の御役、御仕事あるのざぞ。四十九の身魂と申してあろがな。早うこの筆腹に入れてくれよ。早う知らせてくれよ。今までの筆、役員の腹に入るまではしばらくこの筆出ぬぞ。大切の時には知らすなれど、そのつもりでおりてくれよ。ヌの種大切にして下されよ。毒吐き出せよ。

十一月の八日、ひつくのか三。

二十一

6—21［194］

一十〇つ〇四　一十おろかめ四　か四〇てうちて一十十まつろへ四　二て四んてきか四て九れ四　九エた四ててんち二七七九四のれ四　火十水　一二三十七るの三三　火ちかつ一た三　水ちかついた三　一八て百おて百八四ら七七らん三　ひ九りかへる三　四かう七る三　二て四め八えんある一十あつまてきて⦿の五四するものてきて九る九十〇からんか　四九三十り二すすめる三

⦿またれん三

十一かつ十か　ひつ九か三

【訓解文】

人まづ和し、人拝めよ。拍手打ちて人とまつろへよ。筆読んで聞かしてくれよ。声出して天地に響くよう宣れよ。火と水、一二三となるのざぞ。火近づいたぞ。水近づいたぞ。否でも応でも走らならん

ぞ。引っくり返るぞ。世が唸るぞ。筆読めば縁ある人集まって来て、⦿の御用するもの出来て来ること
わからんか。仕組み通りに進めるぞ。⦿待たれんぞ。
十一月十日、ひつ九か三。

二十二　6—22［195］

お三八百九〇三れる三　四ん三ん百七九七る三　うへの一十九三一め四九十キ九る三　三かた
十四か九ろ四あ二十き九る十百四てあろか七　九れからか一四一四三からそのか九五四て一て九
だ三れ四　一二三か四四ねん八三　二ん三んのおもて一る四七九十て七一三九の二て四九八ら二
一れておけ十百すの三　千リ千リ八ら八ら二になるの三三　一十り一十りて七二てもてきる四二
四ておけ四
十一かつ十一にち　ひつ九か三

【訓解文】

お宮も壊されるぞ。臣民も無くなるぞ。上の人臭い飯食う時来るぞ。味方同士が殺し合ふ時来ると申
してあろがな。これからがいよいよざから、その覚悟していて下されよ。一二三が正念場ぞ。人民の思

うているようなことでないぞ。この筆よく腹に入れておけと申すのざ。散り散りばらばらになるのざぞ。一人一人で何でも出来るようにしておけよ。

十一月十二日、ひつ九か三。

二十三

6—23［196］

一四四ます二八一四四四か八一らぬ十二ん三んおもて一るか　まめ一四四一れてア八一れる九十てきるの三三　そのうへ二三つ七ら八また八一るの三三　⦿七ればそのうへ二また一九らても八一るの三三　⦿かうつりたら一十かおも八ぬ九十てきるの三三　九ん十八千二んりキあたへる十百四てあろか　へ十の四九三四ノお八り三　てんおろかめ四　つちおろか目四　まつ八れ四　あきのそら九れん十百四てあろか七　二ゆも八るも七つもきつけて九れよ

十一かつ十三にち　ひつ九か三

【訓解文】

一升桝には一升しか入らぬと人民思うているが、豆一升入れて粟入れること出来るのざぞ。その上に水ならばまだ入るのざぞ。⦿なればその上にまだいくらでも入るのざぞ。⦿がうつりたら人が思はぬこと出来るのざぞ。今度は千人力与へると申してあろが。江戸の仕組み、世の終はりぞ。天拝めよ。地拝めよ。まつはれよ。秋の空グレンと申してあろがな。冬も春も夏も気つけてくれよ。

十一月十三日、ひつ九か三。

二十四　6—24［197］

九九二一三七キノ三九十一三七三ノ三九十八ヌホ九ヌホ十九三九三て　九二う三せ七十のりたまひキ　一三七キノ三九十　一三七三ノ三九十　一キあ八四たまひてアウあう十のらせたま一て九二う三たま一キ

九十ノ八四めきつけて九れ四　四あけたら一のち◎二一たゝ一たとも四てあろか七　◎あるうち八九十五十二◎の五四せよ　月あるうち八九十五十二月のか三ノ五四せ四　三れかま九十の四ん三ん三　せ一かつ四ん八一するて七一三　九十八けて百せ八一まの二ん三んす九八てきぬてあろか　一八六二九二ノため四二四二んのため二八七二九二ノため　三二四二んノため　つき八八二九二ノため二　つ　四二んノため十一二四二四て九れ四　九レハまた四二んあるの三三　◎一十

一つ二七るの三三

十一かつ二十にち　ひつ九⦿

【訓解文】

ここに伊邪那岐命、伊邪那美命は、沼矛、沼陰、組み組みて、国生みせなと詔りたまひき。伊邪那美命、伊邪那美命、息合はし給ひて、アウ、あうと、詔らせ給ひて、国、生み給ひき。九十の始め気つけてくれよ。夜明けたら命⦿に頂いたと申してあろがな。⦿あるうちはことごとに⦿の御用せよ。月あるうちはことごとに月の神の御用せよ。それがまことの臣民ぞ。生活心配するでないぞ。こと分けて申せば今の人民すぐは出来ぬであろが。始めは六分国のため、四分自分のため、次は七分国のため、三分自分のため、次は八分国のため、二分自分のため、といふようにしてくれよ。これはまだ自分あるのざぞ。⦿人一つになるのざぞ。

十一月二十日、ひつ九⦿。

二十五　6—25［198］

一◎ノ九二う三たまひキ　⦿の九二う三たまひキ　月の九二う三たまひキ　二二九二う三たまひキ

⦿二八か一かけぬ四二せね八七らん三　⦿かたすけるから十百四て四ん三ん二十九ろて四て一て八七らん三　ちからのかきりつ九三七七らん三　◎十⦿十八ちか二の三三　四ん三ん一にち二十たへるの三三　あさ八⦿のか三三ま二そなへてから一たゝけ四　四八月のか三三ま二三ゝけてから一たゝけ四それかま九十のます一十三

十一かつ廿一にち　一二⦿

【訓解文】

初め◎の国生み給ひき。日の国生み給ひき。月の国生み給ひき。次に地生み給ひき。

⦿に厄介かけぬようにせねばならんぞ。⦿が助けるからと申して臣民懐手していてはならんぞ。力の限り尽くさなならんぞ。◎と⦿とは違ふのざぞ。臣民一日二度食べるのざぞ。朝は⦿の神様に供へてから頂けよ。夜は月の神様に捧げてから頂けよ。それがまことの益人ぞ。

十一月二十一日、一二⦿。

二十六　6—26［199］

㋰、㋒、㋒、ウ、う、二　アエオイウ三三　六か四の四の百十三㋐㋳㋻ヤワある三四の百十三サタナハマからある三　一八四ら二は四ら三は四ら五は四ら九八四ら八四ら　九は四ら十は四ら十百四(ともーし)てあろか七(がな)　五十九のか三(み)七十五は四(し)ら九(こ)れて(で)◯(わ)かりたか　㋰(む)はゝ三三(ざぞ)ゝ二八(には)うらおもて
うへ四(し)たあるの三三(ざぞ)　二(ふ)ゆの三(さ)き八(は)る十八(とば)かり八(は)かき(ぎ)らん十百四(ともーし)てある九十(こと)　◯(わ)すれる七四(なよ)　四(よー)
一(い)せ四二(よふ)ゆ二三(にさ)九(く)ら三九三(さくぞ)

十かつ二十二にち　ひつ九(く)⦿

【訓解文】

㋰、㋒、㋒、ウ、う、にアエオイウざぞ。昔の世の元ぞ。㋐、㋳、㋻、ヤワあるぞ。世の元ぞ。サタナハマからあるぞ。一柱、二柱、三柱、五柱、九柱、八柱、九柱、十柱と申してあろがな。五十九の神、七十五柱。これでわかりたか。㋰(む)はゝざぞ。ゝには裏表上下あるのざぞ。冬の先、春とばかりは限らんと申してあること忘れるなよ。用意せよ。冬に桜咲くぞ。

十一月二十二日、ひつ九⦿。

二十七

6—27［200］

⦿の九二八一(くにはい)キて一(い)るの三三(ざぞ)　九二(くに)つちおろかめ四(がよ)　⦿の二九(にく)た一三(いぞ)　⦿のたま三(ぞ)　三八(みちは)まス
九十八(ぐとば)かりおも七四(なよ)　まか(が)てまス九(ぐ)て(で)ある三(ぞ)　人(ひと)の三八六(みちはむ)り二(に)ます九二(ぐに)つけたか(が)る七(な)れ十(ど)　まか(が)
て一(い)るのか(が)⦿の三そ(みちぞ)　まか(が)てス九一(ぐい(く))の三三(ざぞ)　一十(ひと)の三(みち)もお七二(なじ)て(で)ある三(ぞ)

あ四百十から十りたつ三一四一四かちかつ一た三四の百十十百す百の八十ろのう三てありた三
三の十ろから⊙か一ろ一ろのもの一二三て一二キてう三たの三　一十のちて八八からぬ九十三
三　め八まるいからまる九三へるの三三　九の十り八かりたか　一十八十ろ十ろ二九ねまわ三七
七らんの三三
四ん三ん八十七一百四て百ちか四九三から　三キ三へんから　四九八かり百四て一るか　⊙八
百千きれ七一ホ十ノ百の　あたへて一るて七一か一九ら一ーた十て一ぬね九十八けたちか二か七
それて七二二三九百四て一るのか　またまたてんちへ十りあける三　二ち二ち十りあけて一る
九十わからんか　⊙か大七んを小七ん二四てか三か三三まか五かつ十二七て一る九十め二三せて
百わからんか　てんちてん九りかへる三　八かて二二八れる三　二二八八れ十二ホん八れ　百十
の⊙の四二かへる三
⊙のまきおわりて月のまき二うつる三　一四一四一二三かお九七るから一まゝて二たして一た
二て　四九八ら二一れておいて九れよ　四らせね八七らす　四ら四て八四九三上十せす　四ん三
ん八四千た九四てかゝ三二うつる四二四て九れ四　一まの四四五九十八かて一るてあろか七　一

まの八りかた◯る一十八かて一るてあろか七　◉まつれ十百すの三
か一五九二八か一五九のか三ある十百四てあろか　三一九三すゝめてか一五九二一た十き八
まつ三の九二のか三まつらね八七らん三　まつる十八まつろ九十十百四てあろか　てポ八ちて八
◯る九する八かり三　か三まつまつれ十九十きつけてあるの八　二ホん八かりて八七一三　九ノ
ホの百す九十　千三九十りて八けん十十れん十百四てあろか七　三千せか一の九十三　せか一の
九十三三　二ホん八かりかかあ一一のて七一三　せか一の四ん三ん三七◯か九三　◯けへたて七
一の三三　九の二て四三てきかして九れ四　四め八四六ホ十あかる九七る三　二二八れるの三三
◉の九九ろ八れるの三三　あらたぬ四四三

十一かつ二十三にち　一二◉

【訓解文】

◉の国は生きているのざぞ。国土拝めよ。◉の肉体ぞ。◉の魂ぞ。道は真っ直ぐとばかり思うなよ。曲がって真っ直ぐであるぞ。人の道は無理に真っ直ぐにつけたがるなれど、曲がっているのが◉の道ぞ。曲がって直ぐいくのざぞ。人の道も同じであるぞ。

足もとから鳥立つぞ。いよいよが近づいたぞ。世の元と申すものは泥の海でありたぞ。その泥から◉

がいろいろのもの、一二三で、息吹て生みたのざ。人の知ではわからぬことざぞ。眼は丸いから丸く見えるのざぞ。この道理わかりたか。一度は泥々にこね廻さなならんのざぞ。

臣民はどない申しても近欲ざから、先見へんから欲ばかり申しているが、⦿は持ち切れないほどの物与へているでないか。いくら貧乏だとて犬猫とは桁違うがな。それで何不足申しているのか。まだまだ天地へ取り上げるぞ。日々（にちにち）取り上げていることわからんか。⦿が大難を小難にして、神々様が御活動になっていること目に見せてもわからんか。天地でんぐり返るぞ。やがて富士晴れるぞ。富士は晴れたり日本晴れ。元の⦿の世にかえるぞ。

「日の巻」終わりて「月の巻」に移るぞ。いよいよ一二三が多くなるから、今までに出していた筆よく腹に入れておいてくれよ。知らせねばならず、知らしては仕組み成就せず、臣民早う洗濯して鏡に映るようにしてくれよ。今の世地獄とわかっているであろうがな。今のやり方悪いとわかっているであろうがな。⦿祀れと申すのざ。

外国には外国の神あると申してあろうが。御戦（みいくさ）進めて外国に行った時は、まづその国の神祀ねばならんぞ。祀るとはまつろうことと申してあろうが。鉄砲や知では悪くするばかりぞ。神まづまつれとくどう気つけてであるのは日本ばかりではないぞ。この方の申すこと、小さく取りては見当取れんと申してあろがな。三千世界のことぞ。世界のことざぞ。日本ばかりが可愛いのでないぞ。世界の臣民皆わが子ぞ。分け隔てないのざぞ。この筆読みて聞かしてくれよ。読めば読むほど明るくなるぞ。富士晴れるのざぞ。⦿の心晴れるのざぞ。あら楽し世ぞ。

十一月二十三日、一二⦿。

月のまき

二十八

6―28〔201〕

一八十ゝゝ十⦿ハレ　二二七ゝ◎三　九ノ◎八九一ん四六百ノ三　四ノ百十十百ゝ百ノ八一ゝ
ゝゝ三三ゝゝゝ三　九百デゝ九二十七ゝ三一ゝ百十八九ノ九二ノ九十三　⦿三七◎ノ⦿ゝ九ノ四
ノ大⦿三マ三　一八◎てゝゝ七り　◎て月ゝ七り九二十七リタノ三三　アゝ　◎ノ⦿三ゝ七り
(ワヤ)ハ月ノ⦿三三　九二ノ⦿三ゝ八⦿三七◎ノ⦿三マ三　九ノ九十一二九九ろ二一レゝゝ十二ハタ
(八)七一三　九レン十八上下かゝゝ九十十百四てアゝゝ七　一二て七◎ヌ九十三　一八ゝゝ七らゝ
九十三

アメノ⦿つ九ノ⦿

【訓解文】

岩戸あけたり日本晴れ。富士光るぞ。この巻役員読むものざ。世の元と申すものは火であるぞ。水であるぞ。雲出て国となったぞ。出雲とはこの地のことぞ。スサナルの◉はこの世の大◉（かみ）様ぞ。初めは◎（うづ）であるなり、◎（うご）いて月となり地となりたのざぞ。アは◎（ひつぎくに）の◉様なり、㋻㋳（よ）は月の神様ぞ。クニの神様はスサナルの神様ぞ。このことはじめに心に入れれば掃除たわいないぞ。グレンとは上下かへることと申してあろうがな。言うてならぬことぞ。言はねばならぬことぞ。

アメの◉つ九の◉。

二十九

6―29［202］

一十一一十一三九十ノ四十七る三（ひとひひとひみことよとなぞ）　◉ノ九十一二四り三九十七一三（ことい ふよ みことないぞ）　百ノ一二七四（もいふなよ）　三九十一二ノ三三（みこといふざぞ）　三九十◉三（みことぞ）　三三（みちぞ）　ア三（あぞ）　四カ○るノ三（よわざ）　七二百八ケ四九七キアケ三（なにもはげしくひきあげぞ）　一九三百七キアケ三（いくさもひきげぞ）　八九二二十九百◉て七一三（やくにふそくもーすでないぞ）　一カリ九へ四一キ三三（ひくよいざぞ）　◉三七◎ノ三九十○つり九れ四（すさなるみことまくよ）　一十九三（いそぐぞ）　う七八◎十八九ノ九二三（なはらとはこくにぞ）

十一　二五　一二◉（ひつき）

【訓解文】

一日一日みことの世となるぞ。◉のこと言ふよりみことないぞ。もの言ふなよ。みこと言ふのざぞ。みこと◉ぞ。道ぞ。アぞ。世、変わるのざ。何も烈しく引き上げぞ。戦さも引き上げぞ。役に不足申すでないぞ。光食へよ。息ざぞ。急ぐぞ。素盞鳴尊祀りくれよ。海原とはこのクニぞ。

十一月二十五日、一二⦿。

三十

6—30［203］

オの九ろノ九二七り　九ノ九二二おりま四てあめ十の三八四ら三たてたま一キ　九九二一三七キノ三九十　四まう三たまひキ　一二一る九　ア◯四まう三たま一キ　九ノ三九　九二ノうち二か九レたま一けれ八　二二のり九ちてのちう三たまへる三九　あ◯ちのほの三◯け四ま　一四ノ二七四ま　九の四まゑひめ一一四りひ九　おゝけつひめ　たて四りわけ十一二　つキ　おキノ三五ノ四ま　あまのお四九ろわけ　つき　つ九四四ま　この四ま四ら一わけ　十四ひわけ　たけひ六か一十四九つ一ぬわけ　たて一わけ　つき一キノ四まあめひ十つは四ら　つきつ四まあめノ三て四り一め　つき　三十ノ四ま　つキおヤま十あキつ四ま　あまつ三三ら十四あキつねわけ　つきキヒノ九四またて一かた◯け　つきあつキ四まおホヌてヒメ　つきおゝ四まおゝたまる◯け　つき一め四まあめ一つね　つきちかの四まあめお四お　つき二九四まあめ二た八

二(に)四(し)ま　八(や)四(し)ま　六(む)四(し)まあ〇(わ)せて十六四(し)まう三(み)たま一(ひ)キ
つキ二(に)またのりたま一(ひ)て　おしま九(こ)しまう三(み)たま一(い)キ　あ〇(わ)ちしま二七(ふたな)しまおキノしま　つ九(く)
四(し)ノ四(し)ま　イキノしま　つしま　三十(さど)ノしま　お八(や)ま十(と)四(し)ま　九(こ)しま　あつキ四(し)まおゝしまひめ
しま七(な)かのし(し)ま二九(ふたこ)しまノ十四四(し)まし(し)まう三(み)ましキ

つキ二(に)イフキ一二(いぶ)キて三九(みこ)か三(み)う三たま一(ひ)キ　おゝ九十(こと)おしをのか三(み)　おほ九十(こと)おしをのか三(み)
一四(いし)つちひ九(こ)ノか三(み)　一四(いし)つちひ九(こ)ノか三(み)　イ四(し)すヒメのか三(み)　一四(いし)すヒメのか三(み)　おゝ十一(とひ)
八(わ)けのか三(み)　おほ十一八(とひわ)けのか三(み)　あめ二(ふ)キをのか三(み)　あまの二(ふ)キをのか三(み)　おゝ八(や)ヒコノか三(み)
おほ八(や)ひ九(こ)のか三(み)　か三(ざ)けつ八(わ)けノお四(し)ホ(ほ)ノか三(み)　か三(さ)けつ八(わ)けのお四(し)おのか三(み)　〇(わ)たのか三(み)
わたのか三(み)　おホわたつ三(み)のか三(み)　三七十(みなと)ノか三(み)　み七十(なと)ノか三(み)　八八(はや)あキつ一(ひ)のか三(み)　八(は)や
あキつヒメノか三(み)　はやアキつヒメノか三(み)　かせ(ぜ)ノか三(み)　かせか三(み)　四七(しな)つひ九(こ)ノか三(み)　キノか
三(み)　きのか三(み)　九九(ここ)ノちのか三(み)　八(や)まノか三(み)　やまノか三(み)　おほ八(は)まつ三ノか三(み)　ヌノか三(み)　ぬ
ノか三(み)　かやぬヒメノか三(み)　ぬつちのか三(み)　十(と)りの一八九(いわく)すつねノか三(み)　あめの十(と)り二(ふ)ねのか三(み)
おゝけつひめのか三(み)　おほけつひめのか三(み)　ひのヤキ八八(はや)おのか三(み)　ひのかゝヒ九(こ)のか三(み)う三(み)

ましキ
八八あきつヒコ　八八あキつヒメ　二八四らノか三　かわ　う三二四り　もちわけ　九十わけてうませるか三　あわなキノか三あわナ三ノか三　つらなキのか三つらな三のか三　あめみ九まりのか三　九二の三九まりのか三　あめ九一三もちのか三九二の九一三もちのか三　つキ二お八まつ三のか三　ぬつちのか三ノ二八四らのか三　八まぬ二四りもちわけて九十あけてう三ませるか三　あめノ三つちのか三　九二ノ三つちのか三　あめノ三キリのか三　九二ノ三キリのか三　あめの九ら十のか三　九二の九ら十のか三　おほ十ま十ひ九のか三　おほ十ま十ヒメのか三お、十ま十ヒコノか三おゝ十ま十ヒメノか三う三ましキ　一三七三のか三八三九八四まして　た九り二なりませるか三かナヤマひ九のか三か七八まヒメノか三　九三二七りませるか三八二ヤスヒ九ノか三　八二ヤスヒメのか三　ゆまり二七りませるか三　三つ八めノか三〇九六すヒノか三　九ノか三ノ三九十四うけひめのか三十百す　九九二一三七三のか三　一のか三う三たま一て　ひつち十七り七りたま一て　ネの⦿ノゝの九二二か三三りたま一キ
九九二一三七キノか三　なキたま一けれ八　三の七三タ二七りませるか三　ナキ三〇メノか三

九九二か九つちのか三キりたまへ八　三のち一八二九一りて　一八三九ノか三ね三九ノか三一〇つつのおのか三　三か八八ヒノか三　一八八ヒノか三　たけ三かつちおノか三　たけ二つのか三　十四二つのか三　三八かしのたか三のち九らおか三のか三九ら三つ八のか三　九九二九ろ三れしか九つちのみか四ら二なりませるか三　ま三か八まつ三のか三　三六ね二　お十やまつ三のか三　みはら二お九八まつ三のか三　みホ十二九ら八まつ三のか三　ヒたりの三て二四キ八まつ三のか三　三キりの三て二　八八まつ三のか三　ヒタリの三あ四二　八ら八まつ三ノか三　三キりの三あ四二　とやまつ三ノか三七りましキ　九九二キりたまへる三八かし　あめお八八りいつのお八八り十一二　九九二一百九一四ま四たま一て　ネノ九二二お一一てたま一キ

十一かつ二十五ヒ　ヨ　一二⊙

【訓解文】

淤能碁呂の国成り、この国に降りまして天殿御柱見立て給ひき。

此処に伊邪那岐命、島生み給ひき。初めに水蛭子、淡島生み給ひき。この御子国のうちに隠れ給ひければ、次に宣りごちて後生み給へる御子、淡道之穂之狭別島。伊予之二名島。この島愛媛、飯依比古、大宜都比売、建依別と云ふ。次、隠岐之三子島、天之忍許呂別。次、筑紫島。この島白日別、豊日別、

建日向日豊久士比泥別、建日別。次、伊伎島、天比登都柱。次、津島、天狭手依比売。次、佐渡島。次、大倭秋津島、天津御空豊秋津根別。次、吉備之児島、建日方別。次、小豆島、大野手比売。次、大島、大多麻流別。次、女島、天一根。次、知訶島、天忍男。次、両児島、天両屋、二島、八島、六島、合わせて十六島生み給ひき。

次にまたのり給ひて、大島、小島、生み給ひき。淡路島、二名島、隠岐島、筑紫島、壱岐島、津島、佐渡島、大倭島、児島、小豆島、大島、女島、中の島、二子島の十四島、島生みましき。

次に、息吹息吹きて、御子神生み給ひき。大事忍男神、大事忍男神、石土毘古神、石土毘古神、石巣比売神、石巣比売神、大戸日別神、大戸日別神、天之吹男神、天之吹男神、大屋毘古神、大屋毘古神、風木津別之忍男神、風木津別之忍男神、海神、海神、大綿津見神、水戸神、水戸神、速秋津比神、速秋津比売神、速秋津比売神、風神、風神、志那都比古神、木神、木神、久久能智神、山神、山神、大山津見神、野神、野神、鹿屋野比売神、野椎神、鳥之石楠船神、天鳥船神、大宜都比売神、大宜都比売神、火之夜芸速男神、火輝比古神、生みましき。

速秋津比古、速秋津比売二柱の神、川海に因りもちわけ、ことわけて生ませる神、沫那芸神、沫那美神、頬那芸神、頬那美神、天之水分神、国之水分神、天之久比奢母智神、国之久比奢母智神。次に、大山津見神、野椎神の二柱神、山野によりもちわけて、ことあげて生みませる神、天之狭土神、国之狭土神、天之狭霧神、国之狭霧神、天之闇戸神、国之闇戸神、大戸惑子神、大戸惑女神、大戸惑子神、大戸惑女神、生みましき。伊邪那美神、病み臥しまして、たぐりになりませる神、金山比古神、金山比売神、屎になりませる神、波仁夜須比古神、波仁夜須比売神、尿に成りませる神、弥都波能売神、和久産巣日神、この神の御子、豊宇気比売神と申す。ここに伊邪那美神、火の神生み給ひて、ひつちと成り給ひて、根の⦿のゝの国に神去り給ひき。

ここに伊邪那岐神、泣き給ひければ、その涙になりませる神、泣沢女神。ここに迦具土神斬り給へば、その血、石にこびりて石析神、根析神、石筒之男神、甕速日神、樋速日神、建御雷男神、建布都神、豊布都神、御刀の手上の血、闇於加美神、闇御津羽神、ここに殺されし迦具土の御首に成りませる神、正鹿山津見神、御胸に於藤山津見神、御腹に奥山津見神、御陰に闇山津見神、左の御手に志芸山津見神、右の御手に羽山津見神、左の御足に原山津見神、右の御足に戸山津見神、成りましき、ここに斬り給へる御刀、天之尾羽張、伊都之尾羽張といふ。ここに妹恋しまし給ひて、根の国に追い往で給ひき。

十一月二十五日夜、一二⦿。

三十一

6—31［204］

一二三四五六七八九十百千卍九ん十八千二ン卍二んりキて七一十　てからてきん十百四てあろか七　せか一十十かゝりてせめて九るの三から　一十八ある二あられん九十二七るの三三　た一小たから十てゆたんてきん　二二ノ八まう五九まて二八十ん七九十百九らへね八七らん三　上つら一三　十ん七九十あても四二一三九て七一三　一まの八ま十たま四十⦿のたま四十ちか二十九

あるの三三　三の十キト九ろ二四りて　十ん七二百へんけるのか◉のたま四三　八か四四四キ七
らん十百四てあろ　け二あれし一のち　一三六十キ、た三

十一かつ二十六にち　一二◉

【訓解文】

一二三四五六七八九十百千卍。今度は千人万人力でないと手柄出来んと申してあろがな。世界中総がかりで攻めて来るのざから、一度はあるにあられんことになるのざぞ。大将だからとて油断出来ん。富士の山動くまでにはどんなことも耐へねばならんぞ。上辛いぞ。どんなことあっても死に急ぐでないぞ。今の大和魂と◉の魂と違うところあるのざぞ。その時、所によりて、どんなにも変化るのが◉の魂ぞ。馬鹿正直ならんと申してあろ。今日あれし生命勇む時来たぞ。

十一月二十六日、一二◉。

三十二

6—32［205］

おもて八かりて三て一て八七二百八かり八千三　月のか三三ままつり九れ四　九ノ四ノつ三け
かれお一て四十七九一る十七九まもり九た三る　す三七おのか三三まあつ九まつり九れ四
火あて水う五九三　水あて火百ゆる三　火十水十百四ておいたか　三のホか二か九れた火十水

ある三　三れを一二三十一二三　一二三十八一二三十一二九十三　九十八三九十〇三　八◎一三
三十キ三　◎三　⊙三七◎ノ四九三三　七り七◎九十八三　一まの三三一た一八三三三た一三
一十あら八れて　二三か九れ四　二十三のか三三まノ五おん〇すれるて七一三　おん八たらキち
かついた三

十一かつ二十七にち　ひつ九か三

【訓解文】

表ばかり見ていては何もわかりはせんぞ。月の神様祀りくれよ。この世の罪穢れ負いて夜となく昼となく護り下さるスサナオの神様、篤く祀りくれよ。

火あって水動くぞ。水あって火燃ゆるぞ。火と水と申しておいたが、水のほかに隠れた火と水あるぞ。それを一二三と言ふぞ。一二三とは一二三といふことぞ。言葉ぞ。言霊ぞ。祓ひぞ。禊ぞ。◎ぞ。スサナルの仕組みぞ。成り鳴る言葉ぞ。今の三位一体は三位三体ぞ。一とあらはれて二三かくれよ。二と三の神様の御恩忘れるでないぞ。御働き近づいたぞ。

十一月二十七日、ひつ九かみ。

たからの八ま二せめ四せ九る十百四て九十キつけてお一たて七一か　⦿の九二二八十ん七たからて百あるの三三　⦿の九二六か四からたから一けてお一た十百四てあろか七　⦿の九二二百たから一けてお一てあるの三三　九のたから八⦿かゆる三七たれ二百二ゆ二八三千の三三　あ九かたから十ろ十おもた十て　十ん七二九二二わたりてきて百　十二百七らん四二⦿かまもて一るの三三　一四一四十七りたら⦿かま九十の四んりきた四て　たから十りた四てせか一の十ん七あ九か三も　⦿の九二二八か七〇ん十百す十九ろまて　十九十ん九九ろから九三する十九ろまて　九ん十八一九三するの三から　二ん三ん四ほ十けん十十れん九十二　十ん七九ろ百九八ら七七らんの三三　四ら四てありた九十　二ち二ち十四十四十てて九る三　われ四四すてて九れ四

【訓解文】

宝の山に攻め寄せ来ると申してくどう気つけておいたでないか。⦿の国にはどんな宝でもあるのざぞ。⦿の国、昔から宝埋けておいたと申してあろがな。⦿の国にも宝埋けておいてあるのざぞ。この宝は⦿が許さな誰にも自由にはさせんのざぞ。悪が宝取ろうと思ったとて、どんなに国に渡りて来ても、どうにもならんように⦿が護っているのざぞ。いよいよとなりたら⦿がまことの神力出して、宝取り出して、世界のどんな悪神も⦿の国にはかなわんと申すところまで、とことん心から降参するところまで、今度は戦さするのざから、人民よほど見当取れんことに、どんな苦労もこばらならんのざぞ。知らしてありたこと、日々どしどしと出て来るぞ。われよし捨ててくれよ。

註　底本には日付がないが、第一訳文には「十一月二十八日、ひつ九のか三。」とある。

三十四　6—34［207］

九ノ二て四九四三て九れ四　八八かてん四て八七らん三　十りちか一か一八ん九八一三　十四たらお九二のため二七るの三　二二ん八十四たら四一の三十　十りつき二キ九一十た九三二てて九る七れ十　九ノ二て四め八十四たら四一か八かるの三三　三の一十三十二十れるの三　二て四んて四んて八ら二一れても八からぬ十一二九十七一の三三　わからね八か三四らす十百四てあろか七　ま四の八二て四まぬから三　八ら二一れておらぬから三　一十か〇る九おもへたり〇る九うつるの八おのれか九百りて一るから三

十一かつの二十九にち　ひつ九のか三

【訓解文】

この筆よく読みてくれよ。早合点してはならんぞ。取り違いが一番怖いぞ。どうしたらお国のためになるのざ。自分はどうしたらよいのざと取次に聞く人たくさんに出て来るなれど、この筆読めばどうしたらよいかわかるのざぞ。その人相当に取れるのざ。筆読んで読んで腹に入れてもわからぬということないのざぞ。わからねば神知らすと申してあろがな。迷うのは筆読まぬからぞ。腹に入れておらぬからぞ。人が悪く思へたり、悪く映るのは、己が曇りているからぞ。

十一月二十九日、ひつ九のか三。

三十五

6—35［208］

百十からの二て八ら二一れた一十か九れから九る一十によく八七四て八るの三三　この三八一八つら一なれ十ら九ノ三三　ホネおら一てもす七お二さへ四てその一その一の四五十四ておりて九た三れ四　四ん八一一らん三三てからたて四十おも七四　か十十おも七四　一きるも四ぬるも⦿の九九ろのまゝ三三　十九二一て十んな九十四て一てもたすける一十八たすけるの三三　か三の五四ある四ん三んあん四ん四て四五十一た四ておりて九た三れ四　一二りても八り二りても一九十百千三九九ろあん四ん三　九四九四するて七一三　⦿二た四りて⦿まつりてまつ八りておれ四か三す九三

十一かつの二十九にち　ひつ九か三

【訓解文】

元からの筆腹に入れた人が、これから来る人によく話してやるのざぞ。この道、はじめは辛いなれど楽の道ぞ。骨折らいでも素直にさへしてその日その日の仕事しておりて下されよ。心配要らん道ぞ。手柄立てようと思うなよ。勝とうと思うなよ。生きるも死ぬるも◉の心のままざぞ。どこにいてどんなことしていても、助ける人は助けるのざぞ。神の御用ある臣民、安心して仕事致しておりて下されよ。火降りても槍降りてもびくともせんぞ。心安心ぞ。くよくよするでないぞ。◉に頼りて◉祀りてまつはりておれよ。神救うぞ。

十一月の二十九日、ひつ九か三。

三十六　6―36［209］

一まの四ん三ん三てホメる四七九十八三七お九四れて一る三　九れか千てある　ま九十の八りかた三十おもて一る九十九フ九りんまて八三七あ九の八りかた三　一まの四の八りかた三れ八八かるてあろうかか三の八ん十十の◯る一せ一四する十おもて八て一るのて八七一三　八ん十十のを◯る九百すて七一三　四一せ一二四四十おもて八て一るの三　四一十おも九十二せ一た四て

一るの三か　千三十おも九十か千て七九　三七あ九三から　⦿の三か八からんから　三たま九百
りて一るから四ん三ん九〇四七せ一四二七るの三
まつり九十せ七七らん三　〇からん九十百か三のもす十りすれ八　二二んて八〇からん九十百
四九七て一九の三三　あ九十おもて一る九十二千かた九三あるの三三　一十三八九の八⦿三八九
九十三三　九〇一からか一四んする四七九十て八　一九三か十七るか十百す四七九十て八ま九十
のた三て八七一三
四か一四一四ノ十九十ん十七たから　一ま二おか三三ままて〇る九百すものてて九る三　お二
す七三ま七ん三あるものか　あ九か三八かり三十百すものた九三二てて九る三　九の四八二まて
七一十き三から　わか三八わか一へか　かあ一四て八⦿の五四つ十まらん三　⦿の五四すれ八三
二四たかへ八　わか三わか一へ八四ん八一七九七る十一二十り〇からんか　七二百かもけ九な九
十二ら九二四て八るの三から　四ん八一せす二〇からん九十百すなお二三九十きて九れ四　九二
う三つ九お八八七一の三三
四んか一の九十四らぬ四ん三ん八　一ろ一ろ十百四てり九つのあ九ま二十ら八れて百すか　九

ん十の一四一四の四九三八四ん三んの四りた九十て八七一三　四んか一のか三か三さま二百八からん四九三三から　十八か九百三す十　⊙の二てはら二一れて三たま三か一てす七を二きて九れ四　それかた一一十三三　九の二て八四二てて一る七十て八十けん　九ろ二九ろ四たおち二れた一十て　九ろ二まけぬ一十て　キちか一十一八れあホ十一八れても⊙の三す七を二キ九四ん三んて七一十十けん三　十一て四九か三九た一て　四二てて一る七十二四ら四て八りて九た三れ四九六四六九二九九ろ四り　ら九四ろ九二九九ろたか一三

十一かつ二十九にち　一二⊙

【訓解文】

今の臣民見て褒めるようなことは、みな奥知れているぞ。これが善である、まことのやり方ぞと思っていること、九分九厘までは皆悪のやり方ぞ。今の世のやり方見ればわかるであろうが。上の番頭殿、悪い政治すると思ってやっているのではないぞ。番頭殿を悪く申すのでないぞ。善い政治しようと思ってやっているのざ。善いと思うことに精出しているのざが、善だと思うことが善でなく、皆悪ざから、⊙の道がわからんから、身魂曇りているから、臣民困るような政治になるのざ。

まつりごとせなならんぞ。わからんことも神の申す通りすれば、自分ではわからんこともよくなっていくのざぞ。悪と思っていることに善がたくさんあるのざぞ。人裁くのは⊙裁くことざぞ。怖いから改心するようなことでは、戦さがどうなるかと申すようなことではまことの民ではないぞ。

世がいよいよのとことんとなったから、今に大神様まで悪く申す者出て来るぞ。産土様なんぞあるものか、悪神ばかりぞと申す者たくさんに出てくるぞ。この世始まってない時ざから、わが身わが家が可愛いようでは㋹の御用つとまらんぞ。㋹の御用すれば、道に従へば、わが身わが家は心配なくなるといふ道理わからんか。何もかも結構なことに楽にしてやるのざから、心配せずにわからんことも素直にみこと聞いてくれよ。子に嘘つく親はないのざぞ。

神界のこと知らぬ臣民は、いろいろと申して理屈の悪魔に囚われて申すが、今度のいよいよの仕組みは臣民の知りたことではないぞ。神界の神々様にもわからん仕組みざから、とやかく申さずと、㋹の筆腹に入れて、身魂磨いて素直に聞いてくれよ。それが第一等ざぞ。この筆は世に出ている人では解けん。苦労に苦労した落ちぶれた人で、苦労に負けぬ人で気狂いと言われ、阿呆と言われても、㋹の道素直に聞く臣民でないと解けんぞ。解いてよく噛み砕いて、世に出ている人に知らしてやりて下されよ。苦労喜ぶ心より、楽喜ぶ心高いぞ。

十一月二十九日、一二㋹。

三十七

6—37［210］

てん二百(にも)あまてらすすめおか三三(みさ)まあまてらすおか三三(みさ)まある四二(よーに)　ち二百(にも)あまてらすすめおか三三(みさ)まあまてらすおか三三(みさ)まあるの三三(ざぞ)　ち二百(にも)つき四三(よみ)のおか三三(みさ)まか九(く)れて五三(ござ)るの三三(ざぞ)

す三七るのおか三三まつ三けかれ八ら一てか九れて五三るの三三　け九七十十一か三三まのおん八たらきて　七二二二ゆ七九九ら四ており七から　三のか三三まある九十三へ四らぬ四ん三ん八かり　九れて九の四かお三まる十おもてか　◎◎まつりて◎◎二まつ八りて　◎九二のまつり九十一た四て九れ四　つまらぬ九十百四て一る十　一四一四つまらぬ九十二七りて九る三

十一かつの三十にち　ひつ九か三　しらす三

【訓解文】

天にも天照皇大神様、天照大神様あるように、地にも天照皇大神様、天照大神様あるのざぞ。地にも月読大神様、隠れてござるのざぞ。素盞鳴大神様、罪穢れ祓ひて隠れてござるのざぞ。結構な尊い神様の御働きで、何不自由なく暮らしておりながら、その神様あることさへ知らぬ臣民ばかり。これでこの世が治まると思うてか。◎◎祀りて◎にまつはりて◎国のまつりごと致してくれよ。つまらぬこと申していると、いよいよつまらぬことになりて来るぞ。

十一月の三十日、ひつ九神　しらすぞ。

三十八

6—38［211］

おゝきあ四八の九二九二八四ま四ま八十の七十七十十　て二キりあ一◎九二ノ　ひかりかゝ八

九十キ丶四十　三七四ろ九一て三千ねん　⦿のみ〇三ノ十キキ四十　おもへる十キ三⦿九二ノま
九十あ二七キ十キ七る三　四八二あら四ノ十十二九　十する九十百七九七九二　てあ四四八られ
七〇つけて　⦿の三九らおつれ三られ　あ十二八十四四りかた〇の三　お三七九十百百一十十き
わ　⦿の三九たる一十一十八九十五十九ら一九三一八二　九ら三七七らん十き九る三　三八八つ
二三れ三二三三七　ひ二かけられて八一十七る　九ノ四ノお八りちかつきヌ　九ノ二て九九ろ二
一れ九れ十百四てある九十わかる十キ　一四一四まちか二七りた三四　てかけた二ね三　二ん十
四四め四

十一かつ三十にち　ひつ九ノか三

【訓解文】

大きアジアの国々や、島々八十の人々と、手握り合い⦿国の、光り輝く時来しと、皆喜びて三千年、⦿の御業の時来しと、思へる時ぞ⦿国の、まこと危き時なるぞ。夜半に嵐のどっと吹く、どうすることもなくなくに、手足縛られ縄つけて、⦿の御子等を連れ去られ、後には年寄り片輪のみ、女子供もひと時は、⦿の御子たる人々は、ことごと暗い臭い屋に、暮さなならん時来るぞ。宮は潰され御文みな、火にかけられて灰となる、この世の終はり近づきぬ。この筆心に入れくれと、申してあることわかる時、いよいよ間近になりたぞよ。出かけた船ぞ。褌締めよ。

十一月三十日、ひつ九のか三。

三十九　6—39［212］

四六九へ八四ろ九二九十てきる三　九八め八九八六九十てきる三　三きの十り九四九ろ八一らん三　九九ろ九八り八一る三十百四てあろか七　⦿か三つけてら九二ゆける四二うれ四うれ四て十ん七一九三百きりぬける四二四てあるの二　二ん三ん二けてめ二三一てふ十九ろて四て一るから九る四六の三　われ四し十一二あ九ま十か九か四八ま四て一る九十二　またきつかんか　うれ四うれ四て九らせるの三三　二ほんの二ん三ん八七二五十百三へす九三たま三つけてあるの三三⦿の三九三三　十二すれ八七二五十百八きり十うつるの三　八四わからね八九八四九十てきる三　九十八十この二て十九九ろ十お九七一十十きのう五キ十五つ三ろたら　ま九十の⦿の三九三⦿三

十一かつの三十にち　ひつ九のか三二て

【訓解文】

喜べば喜ぶこと出来るぞ。悔やめば悔やむこと出来るぞ。先の取り越し苦労は要らんぞ。心配りは要るぞと申してあろがな。◉が道つけて楽にゆけるように嬉し嬉しでどんな戦さも切り抜けるようにしてあるのに、人民逃げて眼塞いで、懐手しているから苦しむのざ。われよしといふ悪魔と学が邪魔していることにまだ気づかんか。嬉し嬉しで暮らせるのざぞ。日本の人民は何事も見へすく身魂（みたま）授けてあるのざぞ。◉の御子（みこ）ざぞ。掃除すれば何事もはっきりとうつるのざ。早うわからねば悔しいこと出来るぞ。言葉とこの筆と心と行（おこない）と時の動きと五つ揃ったらまことの◉の御子ぞ。◉ぞ。

十一月の三十日、ひつ九のか三ふで。

四十　6—40［213］

九九二一三七三ノ三九十（ここにいざなみみこと）　かたら一（ひ）つら九（く）　あれ三（み）ま四十（しと）つ九（く）れる九二（くに）　一（い）またつ九十（だくり）おへね

十十（どと）きまちてつ九（く）るへ二（に）　四一四（よいよ）まちて四十（よと）のりたま一（ひ）キ　九九二一三七（ここにいざな）キノ三九十（みこと）　三（み）ま四（し）つ

九（く）ら八（は）ね八（ば）あ十九（とく）つ九（く）らめ　十（と）のりたま一（ひ）て　かへらむ十（と）まお四（し）キ

九九二一三七三ノ三九十（ここにいざなみみこと）　九（こ）キ、たま一（ひ）て　みか四（し）ら二（に）おほゐかつち　おを一（い）かつち　六（む）ね二（に）

火（ほ）の一（い）かつちほのゐかつち　みはら二八九（にはく）ろ一（い）かつち九（く）ろゐかつち　か九（く）れ二三九一（にさくい）かつち三九（さく）

ゐかつち　火たりの三て二わきゐかつち〇き一かつち　水きりの三て二つちいかつちつちゐかつち　ひたりの三あ四二七る一かつちなるゐかつち　水きりの三あ四二二四ゐかつちふし一かつちなりたま一キ

一三七キノ三九十　九　三　か四九三て十九かへりたまへ八　一百一三七三ノ三九十八　四百つ四九めをお八四めキ　九九二一三七キノ三九十　九ろか三かつら十り　またゆつつま九四ひきかきて七けうてたま一キ

一三七三ノ三九十　二ノ八九三の一かつちか三二四百つ一九三十へてお一たま一キ　九九二一三七キノ三九十十つかノつるきぬキて　四りへて二ふキつつ三り　三た一四百つ一ら三かノ三かも十二一たりたま一キ　三か百十七る百百ノ三　一二三十りてまちうけたま一四か八　九十五十二二けたま一キ

九九二一三七キノ三九十　百百の三二のりたま八九　三ま四　あ　たすけ四五十　あらゆるあホ一十九三ノうキせ二七八六九十あら八たすけて四十　のりたま一て　またあ四八らの七かつ九二二　あらゆるうつ四キあホ一十九三のうキせ二おちて九る四ま六十キ二たすけて四十のりたま

一て　おほか六つみ三九十　オオカムツ三ノ三九十十なつけたま一キ　九九二一三七三ノ三九十　一二キたま一てちひキ一八を四百つ七ら三か二ひき三へてその一四七か二四て　あ一六か一た〻四て　つつ四三ままお四たま一つら九　うつ九四キあか七せの三九十　十きめ九り九る十キあれ八　九ノ千ひきノ一八十十百二あけ七六十のりたまへり　九九二一三七キノ三九十　四か四け六　十のりたま一き　九九二一百一三七三ノ三九十　三ま四九二ノ一十九三　一二ちひ十まけ十まを四たま一キ　一三七キノ三九十のりたまわ九　あ八一十ひ二ち一ホ六ま七六十まを四たま一キ　九ノまキ二つあ〇四て　ひつ九のまキ十せ四

十一かつ三十にち　ひつ九か三

【訓解文】

ここに伊邪那美命、語らひつらく、吾汝と造れる国、未だ造り終へねど、時まちて造るへに、よいよ待ちてよと宣り給ひき。ここに伊邪那岐命、汝造らわねば吾とくつくらめ、と宣り給ひて、帰らむと申しき。

ここに伊邪那美命、是聞き給ひて、御頭に大雷、大雷、胸に火雷、火雷、御腹には黒雷、黒雷、かくれに析雷、析雷、左の御手に若雷、若雷、右の御手に土雷、土雷、左の御足に鳴雷、鳴雷、右の御足に伏雷、伏雷、成り給ひき。
伊邪那岐命、是見、畏みてとく帰り給へば、妹伊邪那美命は、黄泉醜女を追はしめき。ここに伊邪那岐命、黒髪鬘取り、また湯津々間櫛引きかきて、投げ棄て給ひき。
伊邪那美命、次の八種の雷神に黄泉軍副へて追ひ給ひき。ここに伊邪那岐命、十拳剣抜きて後手に振きつつさり、三度黄泉比良坂の坂本に到り給ひき。坂本なる桃の実一二三取りて待ち受け給ひしかば、ことごとに逃げ給ひき。

ここに伊邪那岐命、桃の実に宣り給はく、汝、吾助けし如、あらゆる青人草の憂き瀬に悩むことあらば、助けてよと宣り給ひて、また葦原の中津国にあらゆる、うつしき青人草の憂き瀬に落ちて苦しまむ時に助けてよと宣り給ひて、意富加牟豆美命、意富加牟豆美命と名付け給ひき。

ここに伊邪那美命、息吹き給ひて千引岩を黄泉比良坂に引き塞へて、その石中にして合い向かい立たしてつつしみ申し給ひつらく、うつくしき吾が汝夫の命、時廻り来る時あれば、この千引の岩戸、共にあけなむと宣り給へり。ここに伊邪那岐命、しかよけむと宣り給ひき。ここに妹伊邪那美の命、汝の国の人草、日に千人死けと申し給ひき。伊邪那岐命宣り給わく、吾は一日に千五百生まなむと申し給ひき。

この巻、二つ合わして「日月の巻」とせよ。

十一月三十日、ひつ九か三。

第七巻　日の出の巻

⦿[ひ]の[で]のまキ

自　昭和十九年十二月一日
至　昭和十九年十二月二十九日

一—二十三

八る十七ら八百へ一つるの三三　九三キ八かりて七一三　七二百か百ゝへてるの三　九ノホノ百す九十たとへて七一十百四てあろか　す九四八八かりたか　一四百ノ一二十キキた三　九ノ三八四四ら四て九れ四　一八十八五か一四められて一るの三三　七キ七三ノ三九十ノ十キ　アま一らすおか三ノ十キ　二ん六てんのの十キ　卍キた十キ十た一せつ七ノ八　す三七るのか三三ま二つ三キせした十キ　三の五たひの一八十四めてあるから　九ノた一の一八十七らキ八　七か七か二た一三三十百すの三　一四一四キひ四九七てキたか　九れからか四四ねん八三三　一八て百おても八たか二七ら七七らん三　八たかホ十けつ九七百の七一九十　たんたん八かりて九る三

十二かつ一にち　一二⦿

【訓解文】

春とならば萌へ出づるのざぞ。草木ばかりでないぞ。何もかも萌へ出るのざ。この方の申すこと譬へでないと申してあろが、少しはわかりたか。石物言ふ時来たぞ。この道早う知らしてくれよ。岩戸は五回閉められているのざぞ。那岐那美の尊の時、天照大神の時、神武天皇の時、仏来た時と、大切なのは素盞鳴の神様に罪着せした時、その五度の岩戸閉めであるから、この度の岩戸開きはなかなかにたいそうぞと申すのざ。いよいよ厳しくなってきたが、これからが正念場ざぞ。否でも応でも裸にならなならんぞ。裸ほど結構なものないことだんだんわかりて来るぞ。

十二月一日、一二☉。

二　7—2［215］

九十四八四んか一百十ノ十四三　☉一ノ十四十百せ四　一二三　三四五　五六七三　五ノ十四八子ノ十四三三四　十りちか一せん四二月☉ノ〇キ十二ん十　十二んノ八九一ん二三せて八りて九れ四　二せつ十ら一四たのてある三　三九ら三キ☉ノ三九二八あけ三め二けり

十二かつの二か　ひつ九のか三しらす

【訓解文】

今年は神界元の年ぞ。☉始めの年と申せよ。一二三、三四五、五六七ぞ。五の年は子の年ざぞよ。取り違いせんように、月☉の巻十人と、十人の役員に見せてやりてくれよ。時節到来したのであるぞ。桜咲き☉の御国は明け初めにけり。

十二月の二日、ひつ九のか三しらす。

三　7—3［216］

つきの四十八つきの四の九十三三　一二の二の四三　⦿月の月の四三　十りちかへ千四二一た四て九れ四　ち八か九かありて八ち八ま二七る三　七九て百七らぬ六か四四九三三三　つきノ⦿三ままつり九れ四　す三七るノ⦿三ままつり九れ四　一ま二八かる九十三　一九れ四九七る三一九れ二まつり九れ四　十八四ら三ろたらまつり九れ一十百四てあろか七　⦿せけるの三三

十二かつの二か　ひつ九のか三二て

【訓解文】

次の世とは月の世のことざぞ。一二の二の世ぞ。⦿月の月の世ぞ。取り違へせんように致してくれよ。知や学がありては邪魔になるぞ。無くてもならぬ難しい仕組みざぞ。月の⦿様祀りくれよ。素盞鳴の⦿様祀りくれよ。今にわかることぞ。日暮れ良くなるぞ。日暮れに祀りくれよ。十柱揃うたら祀りくれいと申してあろがな。⦿急けるのざぞ。

十二月の二日、ひつ九のか三二で。

四　7—4［217］

九十かつ八か十八にち　五かつ五か三かつ三か八一九らて百あるの三十百四てあろか　九ノ一八二ん三ん二八九〇一一てあれ十　⦿二八け九七一三十百四てあろか　⦿九九ろ二七れ八⦿十まつ八れ八　⦿十あ七七へ八四ん三ん二百け九七一十七るの三　その十キ八五六七ノ四十七るの三三　三九ら八七一十二十十七ら九四十七るの三三　⦿八け四九四ん三ん四つか七三四十七るの三三　一二ちま一二ち二二八れるの三三　四ん三んの九九ろの二二百八れ八れ十二二八八れ十二ホン八れ　九九ろ八れたり二ホん八れ三

十二かつ二か　ひつ九のか三

【訓解文】

旧十月八日、十八日、五月五日、三月三日はいくらでもあるのざと申してあろが。この日は人民には恐い日であれど、⦿には結構な日ぞと申してあろが。⦿心になれば、⦿とまつはれば、⦿とあななへば、臣民にも結構な日となるのざ。その時は五六七の世となるのざぞ。桜花一度にどっと開く世となるのざぞ。⦿烈しく臣民静かな御代となるのざぞ。日日毎日、富士晴れるのざぞ。臣民の心の富士も晴れ晴れと、富士は晴れたり日本晴れ、心晴れたり日本晴れぞ。

十二月二日、ひつ九のか三。

五　7―5［218］

水きり二ゆかん十するもの十火たり二ゆかん十するもの十　六す二のか◎のか三三ま三　◎のか三三ま十八す三七◎の大か三三ま三三　九のおん八たらキ二四りて一のちあれるの三　ちからうまれるの三三　◎かまつりてある三　⊙五九のまつり◎てある三　⊙八三のまたきすかた三　か三のすかた三　お十九のたま八お三七お三七のたま八お十九十百四て四ら四てあろか七

十二かつの三か　ひつ九のか三

【訓解文】

右に行かんとする者と、左に行かんとする者と結ぶのが◎の神様ぞ。◎の神様とは素盞鳴の大神様ざぞ。この御働きによりて生命あれるのざ。力生れるのざぞ。◎がまつりであるぞ。⊙国の祀り◎であるぞ。⊙はその全き姿ぞ。神の姿ぞ。男の魂は女、女の魂は男と申して知らしてあろがな。

十二月の三日、ひつ九のか三。

六　7―6［219］

四んか一の九十八二んけん二八けん十十れんのてある三　か九て一九らキ○め四十て八かり八

千の三三　か九百七九て八七らぬか　十ら八れる十あ九十七るの三三　四百のか三か三三ま二八けんか一の九十八八かり八千の三三　○からぬか三か三二つか○れて一る二九た一　きの十九七から三たま三かけ三かけ十九十百四て一るの三三　三四かつ二きつけて九れ四　十えら一九十てきるから　十四ても三か一てお一て九十三れ四　三れまて二カタ四ておいて九れ四

十二かつ五か　ひつ九のか三

【訓解文】

神界のことは人間には見当取れんのであるぞ。学でいくら極めようとてわかりはせんのざぞ。学もなくてはならぬが、囚はれると悪となるのざぞ。下の神々様には現界のことはわかりはせんのざぞ。わからぬ神々に使われている肉体、気の毒なから身魂磨け磨けとくどう申しているのざぞ。三、四月に気つけてくれよ。どえらいこと出来るから、どうしても磨いておいて下されよ。それまでに型しておいてくれよ。

十二月五日、ひつ九のか三。

七　7—7［220］

おろ四八二あかりておりた五九あ九ノあ九か三　一四一四〇ゝノ九二二せめ四せて九る三　キた

二キつけ十キたか一四一四のキリキリ三十百四て九十キつけてありた九十　ち九七りた三　⊙二ゑん二か一百ノ二八二か一たけ二三せ四めあるの三三　九二九二百三の十り三三　⊙二八エ九七一の三三　ろ四八のあ九か三のおんかつ十十百すもの八か三か三三までも九れ八十て一か七〇ん十おも四二八け四キおんちから三　四ん三ん十一二百ノ八⊙の九十八八八からんから　あ九か三ノ九十二おん十つけるの八　〇からん十百すてあろか　おん十八ちから一八一の九十　せ一八一ノ九十を百すのてある三　十九からせめてきて百　⊙の九二二八あ九か三二八〇からん四九三一た四てあるから　四ん八一七一ノ三三　一四一四十七りた十キ二八⊙かま九十ノ四んりきた四ててんちゆす二て十九十ん九三三十百す十九まて九　九十四メつけて　卍五〇つた一一二九十キヽます十　か一四んする十九までゆす二るから　⊙の九二⊙ノ四ん三ん四ん八一一たすて七一三九九ろおき九五四四て九れ四　十九二一て百五四四て一る四ん三んたすけて八る三

十二かつ六か　ひつ九か三

【訓解文】

オロシヤにあがりておりた極悪の悪神、いよいよ⊙の国に攻め寄せて来るぞ。北に気つけと、北がいよいよのキリキリざと申してくどう気つけてありたこと近うなりたぞ。⦿に縁深い者には、深いだけに見せしめあるのざぞ。国々もその通りざぞ。⦿には依怙(えこ)ないのざぞ。ロシヤの悪神の御活動と申すものは、神々様でもこれは到底かなわんと思うように烈しき御力(おんちから)ぞ。臣民といふものは⦿の言葉はわからんから、悪神のことに御とつけるのはわからんと申すであろが、御とは力一杯のこと、精一杯のことを申すのであるぞ。どこから攻めて来ても⦿の国には悪神にはわからん仕組み致してあるから、心配ないのざぞ。いよいよとなりた時には⦿がまことの神力出して、天地ゆすぶってとことん降参ざと申すところまでぎゅうぎゅうと締めつけて、万劫末代言ふこと聞きますと改心するところまでゆすぶるから、⦿の国、⦿の臣民心配致すでないぞ。心大きく御用してくれよ。どこにいても御用している臣民助けてやるぞ。

十二月六日、ひつ九か三。

八

7—8［221］

一二三(ひふみ)ノたへ(べ)百(も)ノ二八(にや)ま一七(いな)一十百四(いともーし)てあろか(が)七(な)　一二三(ひふみ)ノたへ(べ)かた八(は)一二三(ひふみ)十七(とな)へ七(なが)からか

六(む)ノ三三(ざぞ)　四十七か一(い)カ六(む)て(で)からの六(む)ノ三三(ざぞ)　九(こ)れか(が)一二三(ひふみ)ノたへ(べ)かた一(い)た丶(だ)きかた三三(ざぞ)　⦿二(に)そ七(な)へてから九(こ)ノ一二三(ひふみ)ノたへ(べ)かたすれ八(ば)　十(ど)ん七八(なや)ま一(ひ)て(で)百(も)七(な)ホるの三三(ざぞ)　三七(みな)ノ百(も)ノ二七(にひ)ろ

九四(くし)ら四(し)て八(や)れ四(よ)　九九(ここ)ろノ八(や)ま一八(ひは)一二三(ひふみ)十七(とな)へる九十(こと)二(に)四(よ)りて七(な)ホリ　二九(にく)た一(い)ノ八(や)ま一八(ひは)

四十七か一か六九十二四て七ホるの三三　九九ろ百三百〇けへたて七一ノてあるか　〇かる四二百四てきか四て一るの三三　十りちか一一たすて七二三二ホんノ九二八九ノホノ二九た一十百四てあろか七　十ん七たから百か九四てあるの三三　⊙の五四七ら一つても十ん七百ノてもあたへるの三三　九九ろおき九百ちて十四十四八りて九れ四ま十一つ九る七十百せ八　八ら八らて一るか　うら二八うらある十百四てあろか　九九ろ九八れ四

十二かつ七か　ひつ九のか三二て

【訓解文】

一二三の食べ物に病ないと申してあろがな。一二三の食べ方は一二三唱へながら噛むのざぞ。四十七回噛むでから呑むのざぞ。これが一二三の食べ方、頂き方ざぞ。⊙に供へてからこの一二三の食べ方すればどんな病でも治るのざぞ。皆の者に広く知らしてやれよ。心の病は一二三唱へることによりて治り、肉体の病は四十七回噛むことによって治るのざぞ。心も身も分け隔てないのであるが、わかるように申して聞かしているのざぞ。取り違ひ致すでないぞ。

日本の国はこの方の肉体と申してあろがな。どんな宝も隠してあるのざぞ。⊙の御用なら、何時でもどんなものでも与へるのざぞ。心大きく持ちてどしどしやりてくれよ。集団作るなと申せばばらばらでいるが、裏には裏あると申してあろが、心配れよ。

十二月七日、ひつ九のか三一で。

九　7—9［222］

一十⦿十まつ八れ八おれ四おれ四三　まつ八れ八一十て七九⦿十七るの三　それかま九十のか三の四三　⦿八一十二まつ八るの三三　ゝ十〇十百四てあろか　一九三百ゝ十〇十九八四ア二ノて八七一三　ゝ十〇十まつろ九十三　一八十七ら九一つのカキ三　〇す九十三⦿九二ま七か二〇す九十三　それ二八〇十二せ七らん三　三れか九ノた一の一九三三　一九三ノ大小か⦿まつらね八七らん三　二四八つるき三三　⦿まつり八か六ヌ四八かりするので七一三　つるき十かゝ三十まつら七七らん三　まつ八れ八たま十なるの三三　たま七九七て一る十百四て四ら四てあろか七せ一二百き四一九百け一三一の大小も⦿まつらね八七らんの三　てんのあまてらすすめおか三三ま八三ら七り　てんのおか三三ま　九二のあまてらすオカ三三ま　あまてらすゝめおか三三ま月の⦿三ま十九二あつ九まつり九れ四　月のおか三三まおん一てま四て　八三の四八月の四十

七るの三三　す三七るノおか三三ま百あつ九まつりて九れ四　九ノ⦿三ま二八　ま一四ま一二ち
おわひせ七七らんの三三　九ノ四ノつ三けかれお八れて　かけから四ゆ五三れて五三る十十一お
んか三三ま三　ちのおんか三三ま三　つちのか三三ま三　八ら一キ四めんのおんか三三ま三　九
二九二ノう二す七ノか三三ままつり九れ四　お三九七れ八七るホ十九る四九七るの三三　一十八
かりて七一三

十二かつ八か　ひつ九ノか三

【訓解文】

人、⦿とまつはれば嬉し嬉しぞ。まつはれば人でなく⦿となるのざ。それがまことの神の世ぞ。⦿は人にまつわるのざぞ。ゝと○と申してあるが、戦さもゝと○と壊し合ふのではないぞ。ゝと⦿とまつろうことぞ。岩戸開く一つの鍵ぞ。和すことぞ。⦿国真中に和すことぞ。それには○掃除せなならんぞ。それがこの度の戦さぞ。戦さの大将が⦿祀らねばならんぞ。二四は剣ざぞ。⦿まつりは神主ばかりするのでないぞ。剣と鏡とまつらななならんぞ。まつはれば魂となるのざぞ。魂なくなっていると申して知らしてあろがな。政治も教育も経済の大将も、⦿祀らねばならんのざ。天の天照皇大神様はさらなり、天の大神様、地の天照大神様、天照皇大神様、月の⦿様、とくに篤く祀りくれよ。月の大神様御出でまして闇の世は月の世となるのざぞ。素盞鳴の大神様も篤く祀りてくれよ。この⦿様には毎夜毎日お詫びせなならんのざぞ。この世の罪穢負はれて陰から守護されてござる尊い御神様ぞ。地の御神様ぞ。土の神様ぞ。祓ひ清めの御神様ぞ。国々の産土の神様祀りくれよ。遅くなればなるほど苦しくなるのざぞ。人ばかりでないぞ。

十二月八日、ひつ九ノか三。

十　7—10［223］

三九ら三き⦿の三九二八あけ三め二けり　十かつ二七たらホつホつ〇かる三十百四てあろか七八たキかけて八た八た十八た九十九百ある三　ホキて八九十九百ある三　十きんかけ四たりめ三つて七かす十九ろ百あるノ三三　十二八ちまツたら八タ八タ二らちつ九十百四てあろか七八七ち九りたけの九十八九ん十八十四て百四八九千七四二するの三三　八七三九一十百ある三る一十もある三　あメのひつ九ノか三ノ五四んめかゝす三　それを三七ノ百ノ二八けて八れ四きゝたい九十八三二八てキけ四　十ん七九十百キか四て八る十百四てあろか七　⦿せける三　一二九三一二◎三

十二かつ十か　ひつ九ノカ三

【訓解文】

桜咲き⦿の御国は明け初めにけり。十月になったらぼつぼつわかるぞと申してあろがな。はたきかけてバタバタとはたくとこもあるぞ。箒で掃くとこもあるぞ。雑巾がけしたり水で流すとこもあるのざぞ。掃除始まったらバタバタに埒つくと申してあろがな。メグリだけのことは、今度はどうしても借銭無しにするのざぞ。花咲く人もあるぞ。花散る人もあるぞ。天の日月の神の御神名書かすぞ。それを皆の者に分けてやれよ。聞きたいことは審神で聞けよ。どんなことも聞かしてやると申してあろがな。⦿急けるぞ。火吹くぞ。火降るぞ。

十二月十日、ひつ九ノか三。

十一　7—11［224］

へ十二十四四つ九レ四　◯つ一二三十七へ三せ四　二て四三てキかせ四　三たま四つめせ四
⦿四つめせ四　十か一て一十り◯かる四二せ四　⦿まつりて三のまへてせ四　⦿か三すのてある
から十四十四十八九二三　ま九十のます一十つ九るの三　九ん七九十百三一ても八らね八七らぬ
九十三三　⦿八一りて百お九す九一た三二四百一るもそかつ十四て一る九十八かるてあろか七
⦿かゝれる一十八四つ九るの三　三たま千た九するの三　⦿かゝり十百四てもきつねつき八　て

ん九つキ八キ四四八の四七⦿か〻りて七一三　ま九十の⦿か〻りてある三　八九一ん八八九十りか〻り九れ四

十二かつ十一にち　一二⦿

【訓解文】

江戸に道場作れよ。まず一二三唱へさせよ。筆読みて聞かせよ。みたま鎮めせよ。⦿鎮めせよ。十回で一通りわかるようにせよ。⦿祀りてその前でせよ。⦿がさすのであるからドシドシと運ぶぞ。まことの益人作るのざ。こんなこと申さいでもやらねばならぬことざぞ。⦿は一人でも多く救いたさに夜も昼も総活動していることわかるであろがな。⦿憑かれる人早う作るのざ。身魂洗濯するのざ。⦿憑かりと申しても、狐憑きや天狗憑きや行者のような⦿憑かりでないぞ。まことの⦿憑かりであるぞ。役員早く取りかかりくれよ。

十二月十一日、一二⦿。

十二

7—12［225］

一二一二キ一四九七りて九る十百四てありた九十　八まて一るのてある三　またまた八け四九七て　十四たら四一か〇から七九七り　あちらへうろうろ九ちらへうろうろた四る十九ろもキる

もノ百　す六一へも九百ノ百七九七る四二せまて九るノ三　それそれ二め九りたけの九十八せ七七らんのてある三　八八一か一四ん八三の一からもちきれ七一ホ十の四ん十九あたへてうれ四うれ四二四て八る三　三一四九七たらたつねて五三れ十百四てあろか七　千た九四た一て　十ん七四ん十九ても八る三　⦿八おかけ八りた九て◎◎四て一るの三三　一まの四の三ま三てもまた〇からんか　か三十け百の十二〇ける十百四てあろか　八四九ノ二て四三キか四て一りて百お九たすけて九れ四

十二かつ十二にち　ひつ九のか三

【訓解文】

日に日に厳しくなりて来ると申してありたこと始まっているのであるぞ。まだまだ烈しくなってどうしたらよいかわからなくなり、あちらへうろうろ、こちらへうろうろ、頼るところも着る物も、住む家も食う物もなくなる世に迫って来るのざ。それぞれにメグリだけのことはせなならんのであるぞ。早い改心はその日から持ち切れないほどの神徳与へて、嬉し嬉しにしてやるぞ。寂しくなったら訪ねてござれと申してあろがな。洗濯次第でどんな神徳でもやるぞ。⦿は御蔭やりたくてうづうづしているのざぞ。今の世のさま見てもまだわからんか。神と獣とに分けると申してあろが、早うこの筆読み聞かして、一人でも多く救けてくれよ。

一　十二月十二日、ひつ九のか三。

十三　7—13［226］

九れまてノ四九三八四ん九八ホへんノモノてありた三　九ん十八四四まつノ四ん九てある三⦿二ます九二六か二の三三　⦿六か十も四てあろか七　〇うへ二〇す九二⦿を一たゝ一て九れ四七七メ二⦿一たゝ一てもひかり八一たゝけるのてあるか　四九からてもお一かり八一たゝけるのてあるか　三八〇す九二⦿八まうへ二一たゝ九のか⦿九二ノま九十のお三てある三ホへんの四八す三た十百四てあろか七　り九つ八あ九三十百四てきか四てあろか　九ん十八十四ても四九四る九十てきんの三三　⦿の四九三二八九る一七一七れ十　四ん三ん四九二る十　四九三お九れて四ん三ん一四一四九る四ま七七らんの三三　十ろのう三二四ん三んのたうちま八ら七七らんの三三　⦿も十ろう三二のたうつの三三　か一ある五九ろ七ら一九らても九ろか一ある七れ十　十ろう三のたうち八　四ん三ん二八九八られんから　八四十二四て⦿の百す九十〇す九二八ら二一れて九れ四

七七メ八四九から一たゝ九十ひかりたけかけ三すの三三かけ三せ八　八三十七るの三三　大きもの二八大きかけか三す十四ん三ん百四て　八六をへぬ九十の四二おて一るか　それ八〇九十の(ゝ)の三四らぬから三　かけ三四て八七らんの三三　かけ八あるか三れ八かけて七一四七かけてある三　あ九て七一あ九七る十四ら四てあろか　まうへ二ます九二(ゝ)二六かへ八　かけ〇あれ十かけ七一の三三　八三て八七一の三三九の十り八かるてあろか七　(ゝ)のま三八かけ七一の三三　い九ら大き七きてもまうへにます九二ひかり一たゝけ八　かけないの三三四九四り七一の三三　三れて千た九せ四十二せ四十百四て一るの三　(ゝ)の〇三八かりたか

てん二あるもの　ち二もか七らすあるの三三　てんちあ八せかゝ三十きか四てあろか七　てん二お(ゝ)三まある四二　ち二もお(ゝ)三まあるの三三　てん二お月三まある四二　ち二百お月三まあるの三三　てん二おホ四三まある四二　ち二もおホ四三まあるの三そ　てんから一二け八　ちからも一二九の三三　てん二あ九か三あれ八　ち二百あ九か三あるの三三　あ四百十きつけ十百四てあろか七　いまの四ん三んうへ八かり三てあたま八かり二のほて一るから八から七九七るの三三　ち二あ四つけてとも四てあろか　ちおろかめ十　ち二まつろへ十百四てあろか　ちのか三三

ま◯（わ）すれて一（い）る三（ぞ）　四（し）たのか三三（みさ）ま◯（わ）すれて一（い）る三（ぞ）　四（し）た十百四（ともーし）ても九（く）ら一（い）の一九一（ひくい）⦿三（さ）まの九（こ）
十て七一三（とでないぞ）　ちのか三三（みさ）ま三（ぞ）　ち二（に）もあまてらすすめおか三三（みさ）ま　あまてらすおか三三（みさ）ま　つき
四（よ）三のおか三三（みさ）ま　す三七（さな）おのおか三三（みさ）まあるの三三（ざぞ）　四（し）ら四（し）てある九十（こと）　二（ふ）て（で）四九四（よくよ）んて（で）九た（くだ）
三（さ）れ四（よ）　九二（くに）つちの九十（こと）　九二（くに）つちのま九十（こと）の⦿を七一百（ないも）の二四（にし）て一（い）るから　四（よ）か（が）お三（さ）まらんの
三三（ざぞ）　⦿⦿まつれ十百四（ともーし）てあろか七（がな）　か一四（いし）んたい（だ）一十百四（いちともーし）てあろか七（がな）　七二（に）ん二（に）つたへ十百四（ともーし）
てあろか七（がな）　◯（わ）れ四四八（よしは）ち四（よ）ん三（ぞ）

十二かつ十四か　ひつ九ノか三

【訓解文】

これまでの仕組（しぐ）みや信仰は方便のものでありたぞ。今度は正味（しょうまつ）の信仰であるぞ。⦿に真っ直ぐに向うのざぞ。⦿向（ひむか）と申してあろがな。真上に真っ直ぐに⦿を戴いてくれよ。斜めに⦿戴いても光は戴けるのであるが、横からでもお光は戴けるのであるが、道は真っ直ぐに、⦿は真上に戴くのが⦿国のまことの御道であるぞ。

方便の世は済みたと申してあろがな。理屈は悪ざと申して聞かしてあろが。今度はどうしても失敗（しくじ）ること出来んのざぞ。⦿の仕組みには狂いないなれど、臣民失敗（しくじ）ると仕組み遅れて、臣民いよいよ苦しまなならんのざぞ。泥の海に臣民のたうちまはらなならんのざぞ。⦿も泥海にのたうつのざぞ。甲斐あるご苦労ならいくらでも苦労甲斐あるなれど、泥海のたうちは臣民には堪(こば)られんから、早う掃除して⦿の申すこと真っ直ぐに腹に入れてくれよ。

斜めや横から戴くと、光だけ影さすのざぞ。影させば闇となるのざぞ。大きものには大き影がさすと臣民申して、やむを得ぬことのように思うているが、それはまことの⦿の道知らぬからぞ。影さしてはならんのざぞ。影はあるが、それは影でないような影であるぞ。悪でない悪なると知らせてあろが。真上に真っ直ぐに⦿に向へば、影はあれど、影ないのざぞ。闇ではないのざぞ。この道理わかるであろがな。⦿の真道(まみち)は影ないのざぞ。いくら大きな樹でも真上に真っ直ぐに光戴けば影ないのざぞ。失敗(しくじり)ないのざぞ。それで洗濯せよ掃除せよと申しているのざ。⦿の真道わかりたか。

天にあるもの、地にも必ずあるのざぞ。天地合(あ)はせ鏡と聞かしてあろがな。天にお日様あるように、地にもお日様あるのざぞ。天にお月様あるように、地にもお月様あるのざぞ。天にお星様あるように、地にもお星様あるのざぞ。天から息吹けば、地からも息吹くのざぞ。天に悪神あれば、地にも悪神あるのざぞ。足元気つけと申してあろがな。今の臣民、上ばかり見て頭ばかりに登っているからわからなくなるのざぞ。地に足つけてと申してあろが。地拝(おろが)めと、地にまつろへと申してあろが。地の神様忘れているぞ。下の神様忘れているぞ。下と申しても位の低い⦿様のことでないぞ。地の神様ぞ。地にも天照皇大神様、天照大神様、月読大神様、須佐鳴之大神様あるのざぞ。知らしてあること、筆よく読んで下されよ。国土(くにつち)のこと、国土のまことの⦿をないものにしているから世が治まらんのざぞ。⦿⦿祀れと申してあろがな。改心第一と申してあろがな。七人に伝へと申してあろがな。われよしはちょんぞ。

十二月十四日、ひつ九ノか三。

十四　7—14［227］

お⦿(ひ)三(さ)ま八(は)まる一(い)のて七一三(でないぞ)　お月三(さ)まもまる一(い)のて八七一三(ではないぞ)　ち九(きゅう)もまる一(い)のて八七一三(ではないぞ)　一十(ひと)もまる一(い)のか四一(がよい)のて八七一三(ではないぞ)　一(い)キ四(し)て一(い)るからまる九三(くみ)へるの三(ざ)　八(は)たら一(い)て一(い)るからまる九三(くみ)へるの三三(ざぞ)　三七(みな)かたち七一(ない)もの一二三(いふぞ)　一(い)キ四(し)て一(い)るもの三七(みな)まる一(い)の三三(ざぞ)　⦿のけ一三一九(いざいこ)の九十(こと)からう三(み)た(だ)せ四(よ)　大(おー)き九七(くなつ)たりち三(さ)九七(くなつ)たり　⦿の三九九ろ十(みこころどー)り二八(には)たら九(く)もの八(は)まる一(い)の三三(ざぞ)　まる一(い)七(な)か二(に)四(し)んある三(ぞ)　か三(み)のせ一二(いじ)この九十(こと)から八(わ)りた(だ)せ四(よ)　⦿八(は)まつり九十(ごと)のすか(が)たて(で)ある三(ぞ)　⦿のせ一二一(いじい)キて一(い)る三(ぞ)　一十(ひと)のせ一二四(いじし)んて(で)一(い)る三(ぞ)

十二かつ十五にち　一二(ひつ)⦿(き)

【訓解文】

お⦿(ひ)様は丸いのでないぞ。お月様も丸いのではないぞ。地球も丸いのではないぞ。人も丸いのが良いのではないぞ。息しているから丸く見へるのざ。働いているから丸く見へるのざぞ。皆形ないもの言ふぞ。息しているもの皆丸いのざぞ。

⦿の経済このことから生み出せよ。大きくなったり小さくなったり、⦿の御意(みこころ)どおりに活(はたら)くものは丸いのざぞ。丸い中に芯あるぞ。神の政治、このことから割り出せよ。⦿は政の姿であるぞ。⦿の政治生きているぞ。人の政治死んでいるぞ。

十二月十五日、一二⦿。

十五　7―15［228］

十八四らの⦿⦿三まお九八ま二まつりて九れ四　九八四らて四一三　一つれの⦿⦿三ま四の百十からのに九た一もたれた一き十四のか三か三三まてある三　九のホあ八四て十八四ら十七るの三三　五四んた一の一四あつめ三四てあろか七　あつ九まつりてかの十十りの一二おまつりして九れ四

八ま一あるか七一か　三一七ん九るか九七一か八て十十九か　十十か七一かて八かる十百四てあろか七　十十九十八そそく九十三　て九一の一キ十八らの一キ十　九一の一キ十ホノ一キ十あたまノ一キ十あ四ノ一キ十六ね十へ十ノ一キ十セ九一の一キ十ての一キ十　八十十九ろ十十九ろノ一キあて一れ八　八ま一七一ノ三三一七ん三七ノ三から　ま一あさか三おろか三てから四九あ

八四て三四　あて一たらその一二八三一七ん七一の三三　九十二へ十の一キ一八んた一せつ三三
百四百一キあて一七一十キ二八一二三十七へ四　十七へ十七へて一キア二まて一のれ四　十ん
七七んキも三一七ん百七九四て八る三　九ノホおゝか六つ三のか三てある三　か三ノ一キ十あ八
三れる十　三一七ん八ま一七九七るの三三　大七ん小七ん二四て八る三　一のちたすけて八る三
九ノ九十八このホ四んする一十て七一十あ八まるから四らすて八七一三　て二ほん　あ四二ほ
ん一れて十八しら三　てあ四一ほん十四て　八八四ら三　九ノ九十八四三七二四ら四て　十四十
四十あん四ん四て八たら九四二四て八れ四　一九キノ三一七ん百　二四んつ三けかれノ〇三〇一
も　大き三一七んある十キ二八　一キ三たれるの三　一二三のり十十八ら一のり十十　⦿の一二
キと一キ十一つ二七りておれ八　三一七んのかれるの三　四んするもの八かり二四ら四て八りて
九れ四

十二かつ十八のひ　ひつ九か三

【訓解文】

十柱の⦿⦿様、奥山に祀りてくれよ。九柱でよいぞ。いずれの⦿⦿様も世の元からの肉体持たれた生き通しの神々様であるぞ。この方合(ほうあ)はして十柱となるのざぞ。御神体の石集めさしてあろがな。篤く祀りて、辛酉(かのととり)の日にお祀りしてくれよ。

病あるかないか、災難来るか来ないかは、手届くか届かないかでわかると申してあろがな。届くとは注ぐことぞ。手首の息と腹の息と首の息とホの息と頭の息と足の息と胸と臍(へそ)の息と背首の息と手の息と、八所十所の息合っていれば病ないのざ、災難見ないのざから、毎朝神拝(おろが)みてからよく合はしてみよ。合っていたらその日には災難ないのざぞ。ことに臍の息一番大切ざぞ。もしも息合っていない時には一二三唱へよ。唱へ唱へて息合ふまで祈れよ。どんな難儀も災難もなくしてやるぞ。この方、意富加(おほか)牟豆美(むつみ)の神であるぞ。神の息と合はされると災難、病なくなるのざぞ。大難小難にしてやるぞ。生命(いのち)助けてやるぞ。このことはこの方信ずる人でないと誤るから知らすではないぞ。手二本、足二本入れて十柱ぞ。手足一本として八柱ぞ。このこと早う皆に知らしてどしどしと安心して働くようにしてやれよ。飛行機の災難も、地震、罪穢れの禍も、大き災難ある時には息乱れるのざ。一二三祝詞と祓ひ祝詞と⦿の息吹と息と一つになりておれば災難逃れるのざ。信ずる者ばかりに知らしてやりてくれよ。

十二月十八の日、ひつ九か三。

註　十柱の⦿⦿様、奥山に祀りてくれよ　奥山は天明の居住地。2—27註参照。

あ九の九ろ百きせられて　せつ二ん二お四九められし◉◉三まおてま四三　九ノせつ二んから八一四　一四◉のき三九十り二七るの三から　きつけてお九三　四四八八七一の三三　それまで二カタ三四てお九三　五九ろ七れ十　かた四て九れ四　ヤの三たま五九ろ　一四七せ百ノ一八ぬの三　一四一四十七りて一るて八七一か　八る二七たら十ん七九十あるか○からんから　九十四十二九九ろ千た九せ四　三のま八り千た九せ四◉のき三九四ん三ん二八九八れん九十あろも四れん三　きつけてお九三

十二かつ十九にち　一二◉

【訓解文】

悪の衣着せられて、節分に押し込められし◉◉様御出ましぞ。旧の節分からはいよいよ◉の規則通りになるのざから気つけておくぞ。容赦はないのざぞ。それまでに型さしておくぞ。ご苦労なれど型してくれよ。ヤの身魂ご苦労。石なぜ物言はぬのざ。いよいよとなりているではないか、春になったらどんなことあるかわからんから、今年中に心洗濯せよ。身のまはり洗濯せよ。◉の規則臣民には堪れんことあるも知れんぞ。気つけておくぞ。

十二月十九日、一二◉。

十七 7—17［230］

七二百かも七九るめてたて七お四するのであるから　十九から七二かてて九るか◯からんぞ　五四八それそれの八九一んとのて八けてつ十めて九れ四　三七ノ百ノ二てからたて三四た一の三　一十十九ろの五四二りつつて八りて九れ四　け九七五四てある三　一つ九百かりてある三　四か◯りたらけ九二まつり九れ四　一ま八かたてある三　まつれ◯つれ十百四てある九十◯すれる　七四まつ八らね八七らぬの三三　⦿かつ一て一るの三から　⦿の百す十り二八れ八　八九三四た四二ゆ九の三三　う二す七三ま◯すれす二七

十二かつ十九にち　ひつ九か三

【訓解文】

何もかもひっくるめて立て直しするのであるから、どこから何が出て来るかわからんぞ。御用はそれぞれの役員殿、手分けて務めてくれよ。皆の者に手柄立てさしたいのざ。一所の御用二人づつでやりてくれよ。結構な御用であるぞ。いづこも仮であるぞ。世変わりたら結構に祀りくれよ。今は型であるぞ。祀れ祀れと申してあること忘れるなよ。まつはらねばならぬのざぞ。⦿がついているのざから⦿の申す通りにやれば箱指したように行くのざぞ。産土様忘れずにな。

一

十二月十九日、ひつ九か三。

十八

7―18［231］

二二の五四八お九八ま二まつり九れ四か一の五四百つつけ九れ四　へ十一ノ三八つくり九れ四
十四四百お七二三　◎う三ノ五四十八◎う三ノなる十十◎う三ノ◎ア十◎う三ノまアカタ十三
十十九ろへまつりて九え四　まつりの四かたてんめ二四ら四てお九三　そのまへの五四九十八て
四ら四た九十す三た三　◎う三まあかた十八一ん八三　十八四ら十八火のか三キノか三カネノか
三　ひのてのか三　り九うのを十一めアメノか三　かセノか三　二四んノか三アレのか三一八ノ
か三てある三　かノト十リの一二まつり九れ四　四八ら九八お二てて七一三　三七ノモノ八八九
一ままてノ二て八ら二一れて九れ四　か三せける三　二て四め八二ててて九る三　か三まつり八
八九すませて九れ四

十二かつ二十一にちあさ　一二のか三

【訓解文】

富士の御用は奥山に祀りくれよ。甲斐の御用も続けくれよ。江戸一の宮作りくれよ。道場も同じぞ。◎海の御用とは、◎海の鳴門と、◎海の諏訪と、◎海の麻賀多と、三と所へ祀りてくれよ。まつりの仕方、天明に知らしておくぞ。その前の御用、言葉で知らしたこと済みたぞ。◎海麻賀多とは印幡ぞ。十柱とは火の神、キの神、金の神、日の出の神、竜宮の乙姫、雨の神、風の神、地震の神、荒の神、岩の神であるぞ。辛酉の日に祀りくれよ。しばらく御筆出ないぞ。皆の者早く今までの筆腹に入れてくれよ。神急けるぞ。筆読めば筆出て来るぞ。神祀り早く済ませてくれよ。

十二月二十一日朝、一二のか三。

註　◎海の御用　「◎海の御用」が印旛沼、諏訪湖、瀬戸内で斎行されるべきことが指示されている。

十九　7—19［232］

う三二八⦿ノ一四四つめまつり九れ四　八ま二八⦿ノ一四たてて　キうへて九れ四　一四八⦿ノ四る四つけてまつる十九ろ二お一てある三まつりけ九三　二二お九八ま二八十八四らの一四ある三　十八四らまつりて九れ四　まつる十九ろゆけ八八かる四二四てある三

十二かつ二十六にち　ひつ九ノか三

【訓解文】

海には⦿の石鎮め祀りくれよ。山には⦿の石立てて樹植へてくれよ。石は⦿の印つけて祀るところに置いてあるぞ。祀り結構ぞ。富士奥山には十柱の石あるぞ。十柱祀りてくれよ。祀るところ、行けばわかるようにしてあるぞ。

十二月二十六日、ひつ九ノか三。

二十　7—20［233］

九ノた一八四二おちてお一て七三れた⦿⦿三まを　あけね八七らぬのである三　四ん三んも三の十り三三　⦿の百す十りにすれ八七二五十百おも十りすらすら十すゝ六十百四てあろか七　九れから八⦿二三かろ百ノ八一つもらちあかん三　八りて三四れ九二九りんて九れん三三　⦿の九二八十四て百たすけ七七らんから　⦿か一十一一十一十の八四て一る九十◯からんか　三七ノ百ノか⦿をかる九四て一るからおかけ七九七て一るの三三　四のも十のか三ても三たま十七て一たのて八　ま九十のちからて七一の三三　九ん十の四九三八四の百十ノ一キ十四の⦿て七一十　ま二あ◯んの三三

十九のキ四か一てもゝ十八四一のてあるか　十りつき八九一んか○八二四て四百て一るの三
一まの三ま八七二五十三　九ノホ八ちからありすきて　し九二た☉三三　九ノ四か百☉てもかた
す十四九二るの三三　十ん七ちからあた十てかたすて七一三　九ノホかよい三せしめ三　せか一
か百九ノホ三へ　かて四九二たの三　九十一四七れ十かたす七四　まん四ん十十りちか一か　一
十き三○り三三　か一四んち九八三から　百の五十あ十三き二なりた三　四九三す九四八か○る
三　一まの八九一ん☉の三ひろめる十百四て　○れを一ろめて一るて七一か　三ん七九十で八八
九一ん十八一八三三　一まゝて八☉か四二おちて一十か☉二七りておりたの三　これて八四八お
三まらんそ　か三かか三　四ん三ん四ん三んて四た二おらね八七らん三　○れか九ろ四て一十す
九九九ろて七一十　九ん十ノ一八十八七らけんの三三　一八十一らキの五四する三たま八　○レ
の九ろて一十たすけネ八ならんの三三

十ねん三キ八五六七ノ四三三　一まの二んけんお二四り二八四り二八けん三三　二八ノホか八
四か一四んする三　八四か一四んせね八十ろう三二せ七七らんから☉八二ち八の九ろ三　三八一
十百四てあろか七　二つ三つ四つある十おもて八七らんそ　あ四も十から十りたつ十百四てあろ

か　二ん三ん火かついてもまたキつかつ二一るか　一ま二からた二火ついてチリチリま一せ七七らん九十二七るから　⦿九十九キつけてお九の三三　三四キつけて九れ四　⦿の九二八⦿のちからて七二五十百おも四二ゆ九四二七りて一るの二　か九八ち二二八ま三れて一る四ん三ん八かり八四キつかぬ十九ん十十一二九ん十八十りかへ四つかん三　三五十七九十⦿か四て三せる三三五十七九十三三　二んけん二八九〇一九十三三　大十二する十キ八タナノ百ノ百四た二お九九十あるの三三　四た二あた十て　三三けて八七らん三

九ノか三八⦿の九二のす九八れる九十　一八んねかて一るの三三　か一五九二ん百⦿の九て八あるか　四四ら一かちか二の三そ　⦿の九二の四ん三んか〇九十ノ⦿の九三三　一ま八九百りて一る七れ十百十の十十一たねうへつけてあるの三三　九百り十り三りて九れ四　エ九ノ四七れ十か一五九八あ十ま〇四三　お七二⦿の九てあり七から⦿の九二ノ四ん三んノかた百つ十八　九へて七一十百すものもある七れ十　それ八六か四からの二か一四九三てあるから　四ん三ん二八〇からん九十てある三

一二一たす二て七一十百四てあろか　七二五十百⦿の九二から⦿のた三から三　千た九も十四

三三(ざぞ)　九(こ)ん十(ど)の五四八す四(ごよーはずし)たら一(い)つ二七(にな)りても十(と)りかへ四(し)つかん九十二七(ことにな)るの三(ざ)から　九九(ここ)ろ四(し)て五四四(ごよーし)て九(く)れ四(よ)　八(や)りそ九七一て(こないで)きな一九十二七(いことにな)りて一(い)るの三三(ざぞ)　てん二一八四(にひとはし)ら　ち二一八(にひとは)四(し)ら　一二百八(ひにもや)けす(ず)　三す二百(みずにも)おホ(ぼ)れぬ百十(もと)のたね　か九四(くし)てお一(い)ての九(こ)ノた一(び)の大たてかへ三(ぞ)

十(ど)ん七九十(なこと)あて百二(もに)んけ(げ)ん九九(ごこ)ろて(で)四(し)ん八一(ぱい)するて七一三(でないぞ)　三一九八(さいくは)りゆりゆ四(し)あけ三(げみ)て九(く)れ四(よ)　九(こ)ノ⦿八(は)メた二(に)まちか一(がい)ないそ(ぞ)　三せ(さんぜ)んねんち二(に)も九(ぐ)りてノ四九三て(しぐみで)　あ九(く)ノねまて四(でし)らへ(べ)てからノ四九三て(しぐみで)あるから　二(に)んけ(げ)んと(ど)の四(し)ん八一(ぱい)せす二(ずに)　⦿の百十四(もーすよー)す七(な)を二一(にい)た四(し)て九た三(くださ)れ四(よ)

まホノ(まつぽーの)四十八(よとは)ちのうへ二(に)大小(たいしょう)のうつ八七九七(はなくな)りて一(い)る九十三三(ことざぞ)　おろ四八(しや)ノあ九十百(くともー)すノ八十(はど)ろのう三(み)のころから一(い)きて一(い)るあ九(く)のおやか三て(みで)ある三(ぞ)　きた二(に)きつけて九(く)れ四(よ)　二(に)ホんの九二(くに)八(は)け九七九二て(つこーなくにで)せか一(い)の百十(もと)ノま七(な)かの九二て(くにで)あるから　あ九か三か二(くがみがに)ホんを十(と)りてまつた一(だい)のすま一十(いと)するけ一(い)か九て十九十(くでとこと)んノちゑた四(だし)て　十(ど)ん七九十四(なことし)て百(も)するつもりて(で)　一四一四(いよいよ)を八(は)四(じ)めて一(い)るの三(ざ)から　四(よ)ホ十二(どふ)ん十四四(どしし)めて九た三(くださ)れ四(よ)　二(に)ホんノうへ二(に)たちて一(い)る四五二(しゅごじ)ん二(に)わかりかけたら八(ば)た八(ば)た二(に)らちあ九三(くぞ)　八四(はよー)か一(い)四(し)ん四(し)て九(く)れ四(よ)

十二かつ二十六にち　一二☉（ひつぎ）

【訓解文】

この度は世に落ちておいでなされた☉☉様をあげねばならぬのであるぞ。臣民もその通りざぞ。☉の申す通りにすれば何事も思う通りすらすらと進むと申してあろがな。これからは☉に逆らうものは一つも埒あかんぞ。やりてみよれ、九分九厘でグレンざぞ。☉の国はどうしても助けなならんから、☉が一日一日と延ばしていることわからんか。皆の者が☉を軽くしているからお蔭なくなっているのざぞ。世の元の神でもみたまとなっていたのではまことの力出ないのざぞ。今度の仕組みは世の元の生き通しの☉でないと間に合わんのざぞ。

どこの教会でも元はよいのであるが、取次役員がワヤにしてしもうているのざ。今のさまは何ごとぞ。この方は力あり過ぎて失敗（しくじ）った☉ざぞ。この世構う☉でも我出すと失敗るのざぞ。どんな力あったとて我出すでないぞ。この方がよい見せしめぞ。世界構うこの方さへ我で失敗ったのざ。くどいようなれど我出すなよ。慢心と取り違ひが一等気障りざぞ。改心ちぐはぐざから物事後先になりたぞ。仕組み少しは変わるぞ。今の役員、☉の道広めると申して我を広めているでないか。そんなことでは役員とは言はさんぞ。今までは☉が世に落ちて人が☉になりておりたのざ。これでは世は治まらんぞ。神が上、臣民、臣民で下におらねばならんぞ。吾（われ）が苦労して人救う心でないと、今度の岩戸は開けんのざぞ。岩戸開きの御用する身魂は、吾の苦労で人助けねばならんのざぞ。

十年先は五六七（みろく）の世ざぞ。今の人間、鬼より蛇より邪見（じゃけん）ざぞ。蛇の方が早う改心するぞ。早う改心せねば泥海にせならんから、☉は日夜の苦労ぞ。道は一つと申してあろがな。二つ三つ四つあると思うてはならんぞ。足元から鳥立つと申してあろが、人民火がついてもまだ気づかずにいるが、今に体に火ついてちりぢり舞ひせならんことになるから、☉くどく気つけておくのざぞ。三、四気つけてくれよ。☉の国は☉の力で何事も思うように行くようになりているのに、学や知に邪魔されている臣民ばかり。早う気づかぬと今度といふ今度は取り返しつかんぞ。見事なこと☉がして見せるぞ。見事なことざぞ。人間には恐いことざぞ。大掃除する時は棚のもの下に置くことあるのざぞ。下にあったとて見下げてはならんぞ。

この神は☉の国の救われること一番願っているのざぞ。外国人も☉の子ではあるが性来が違うのざぞ。☉の国の臣民がまことの☉の子ざぞ。今は曇りているなれど、元の尊い種植へつけてあるのざぞ。曇り取り去りてくれよ。依怙のようなれど外国は後まわしぞ。同じ☉の子でありながら☉の国の臣民の肩持つとは公平でないと申す者あるなれど、それは昔からの深い仕組みであるから臣民にはわからんことであるぞ。

一に一足す二でないと申してあろが、何事も☉の国から☉の民からぞ。洗濯も同様ざぞ。今度の御用外したら、いつになりても取り返しつかんことになるのざから、心して御用してくれよ。やり損い出来ないことになりているのざぞ。天に一柱、地に一柱、火にも焼けず水にも溺れぬ元の種、隠しておいてのこの度の大立て替へぞ。どんなことあっても人間心で心配するでないぞ。細工は流々、仕上げ見てくれよ。この☉はめったに間違いないぞ。三千年地に潜りての仕組みで、悪の根まで調べてからの仕組みであるから、人間殿心配せずに、☉の申すよう素直に致して下されよ。

末法の世とは地の上に大将の器無くなりていることざぞ。オロシヤの悪と申すのは泥海の頃から生きている悪の親神であるぞ。北に気つけてくれよ。日本の国は結構な国で、世界の元の、真中の国であるから、悪神が日本を取りて末代の住居(すまい)とする計画で、とことんの智恵出して、どんなことしてもするつもりで、いよいよを始めているのざから、よほど褌締めて下されよ。日本の上に立ちている守護神にわかりかけたらバタバタに埒あくぞ。早う改心してくれよ。

十二月二十六日、一二⦿。

二十一

7—21［234］

⦿か(が)ゝり十百四(ともーし)ても七(なな)つあるのである(で)三(ぞ)　その一(ひと)つ一つか(が)また七つ二八(にわ)かれて一(い)るの三三(ざぞ)　⦿かか(が)り　か三(み)か(が)ゝり　か三(み)か(が)ゝり三(ぞ)　ゝか(かみが)ゝり三(ぞ)　〇か(が)ゝり　か三(み)か(が)ゝりか三(み)か(が)ゝり三三(ざぞ)　か三(み)か(が)ゝてゐ七一十三(ないとみ)へるか三(み)か(が)ゝりか(が)　ま九十(こと)ノ⦿か(が)ゝり十百四(ともーし)てあろか(が)　十九(そこ)ら二五三(にござ)るか三(み)か(が)ゝり八(は)　三七四(みなよ)た(だ)んめ　五(ご)た(だ)んめ　六(ろく)た(だ)んめ　七(なな)た(だ)んめのか三(み)か(が)ゝり三(ぞ)　⦿か(が)ゝり十八(とは)　かむ七(な)か(が)らの九十三(ことぞ)　九(こ)れかか(が)三九二(みくに)ノま九十(こと)の四(し)ん三(み)んのすか(が)た三(ぞ)　か六七(むな)か(が)らの九二(くに)か六七(むな)か(が)ら三(ぞ)　⦿十一十十十(どひととと)けあ(っ)たま九十(こと)のすか(が)た三(ぞ)　一(い)まの二(じ)ん三(み)んの一二(いふ)かんなか(が)らて(で)八七一三(はないぞ)　九(こ)ノ十(どー)

り〇かりたか　ま九十ノか三二まつりあたすかた三　あ九ノた一少ノか三かゝり八　か三かゝり十〇からん三　きつけて九れ四　九れから八か三かゝりて七一十　七二百八からん九十二七るの三三　八四◉かゝり二七る四十二四て九レ四　◉の一二キ二あ二十　◉かゝり二七れるの三　一二三十七へ四　八ら一のれ四◉たゝへ四　一十たゝへ四　◉八一十ホメ　一十八◉たゝへてまつり九れ四　まつ八り九れ四　あ七七一九れ四

十二かつ二十七にち　ひつ九か三

【訓解文】

◉憑かりと申しても七つあるのであるぞ。その一つ一つがまた七つに分かれているのざぞ。◉がかり、か三がかり、か三がゝりぞ。ゝがゝりぞ。〇がゝり、か三がゝり、か三がゝりざぞ。神憑かっていないと見へる神憑かりがまことの◉憑かりと申してあろが。そこらにござる神憑かりは、皆四段目、五段目、六段目、七段目の神憑かりぞ。◉憑かりとは、惟神のことぞ。これが神国のまことの臣民の姿ぞ。惟神の国、惟神ぞ。◉と人と融け合ったまことの姿ぞ。今の人民の言う惟神ではないぞ。この道理わかりたか。まことの神にまつりあった姿ぞ。悪の大将の神憑かりは、神憑かりとわからんぞ。気つけてくれよ。これからは神憑かりでないと、何もわからんことになるのざぞ。早う◉憑かりになるよう、掃除してくれよ。◉の息吹に合ふと◉憑かりになれるのざ。一二三唱へよ。祓ひ宣れよ。◉讃へよ。人讃へよ。☉は人誉め、人は☉讃へて祀りくれよ。まつはりくれよ。あななひくれよ。

十二月二十七日、ひつ九か三。

二十二　7—22［235］

ヒたり八火三三　三キリ八水三三　☉のか三十◎のか三三　☉のか三十月のか三三　☉のか三八かりおろかんて月のか三三◯すれて八七らん三　一十二ちきくめ九三九た三るの八◎のか三月のか三三　三十百四て☉のか三おろそか二するて七一三　三八三をまもるか三三三　一八たまままもるか三三三　一十三十て九三九三て一十三　三八水てできて一る三　一のたま一れてあるの三三　九二つち百十四三　◎う三の五四た一せつ三三

十二かつ二十八にち　ひつ九のか三

【訓解文】

左は火ぞ。右は水ぞ。☉の神と◎の神ぞ。☉の神と月の神ぞ。日の神ばかり拝んで月の神忘れてはならんぞ。人に直々恵み下さるのは◎の神、月の神ぞ。ざと申して日の神おろそかにするでないぞ。水は身を護る神ざぞ。火は魂護る神ざぞ。火と水とで組み組みて人ぞ。身は水で出来ているぞ。火の魂入れてあるのざぞ。国土（くにつち）も同様ぞ。◎海（うずうみ）の御用大切ざぞ。

十二月二十八日、ひつ九のか三。

二十三　7—23［236］

九ノ四ノ九ら一百一三十七れ八　たから百十三も九ん四四百　八九二八たゝんの三三　九ノ四三て八九二たつの八　三たまノ十九たけ三　三二ついたけ一八　そのまゝ八九二たつ三　一十二四れヌ四二十九つめ十百四てあろか七　◎の九二二つ六十九ノ三か一かるの三三　マアカタの五四　けつ九てあた三　二二八れる三　う三八れる三　てんめ五九ろ三ヤの五九ろ三　三三キ　一三カ三　カ十た五九ろ三　九ノまキ◎のてのまキ十四てま十めて八九一ん二四ませて　一二三十四て三七二四らせて九れ四　◎一三九三

十二かつの二十九にち　ひつ九ノか三

【訓解文】

この世の位（くらい）もいざとなれば、宝も富も勲章も役には立たんのざぞ。この世去って役に立つのは身魂（みたま）の徳だけぞ。身についた芸はそのまま役に立つぞ。人に知れぬように徳積めと申してあろがな。◎の国に積む徳のみが光るのざぞ。麻賀多（まあがた）の御用結構であったぞ。富士晴れるぞ。海晴れるぞ。天明ご苦労ぞ。矢野ご苦労ぞ。佐々木、石上、門田、ご苦労ぞ。この巻、「日の出の巻」としてまとめて役員に読ませて、一二三として皆に知らせてくれよ。㋹急ぐぞ。

十二月の二十九日、ひつ九ノか三。

註

マアカタの御用／麻賀多の御用　前項の印旛沼の渦海神業。

矢野は矢野シン。佐々木は佐々木精治郎。石上は石上方義、門田は門田武雄。矢野シンについては中野解説及び『神政龍神会資料集成』参照。佐々木精治郎（一八八五―一九七二）は岩手県出身のパステル画の巨匠で鬼倉足日公の高弟（『天津微手振天津息吹』巻末解説）。「すめら歌社」運動に参加し、豪徳寺の自宅を「ひかり教会東京本部」として開放し晩年まで天明を支えた（黒川前掲書一八九頁）。石上方義は「東北日々新聞」編集長で中里義美の「神乃日本社」の同人。一時『神日本誌』の編集長を務めた（実方直行『中里義美と「神日本」運動』一三七頁）。

第八巻

磐戸の巻

イ八十（はと）ノまキ

自　昭和十九年十二月三十日

至　昭和十九年旧十一月三十日

一—二十一

一八十（いはと）ノまキかキ四（し）らす三四（ぞよ）　一八十七（いはとひ）ら九二八（くには）　⦿一十十百二（ひとともに）エらキ二キ八二（ぎにぎはふ）ノ三三（ざぞ）　⦿か（が）ゝり四（し）てうた一（ひ）まフノ三三（ざぞ）　うす（ず）めノ三九十一（みこと い）るの三三（ざぞ）　うす（ず）め十八（とは）女ノ三て七一三（みでないぞ）おの九百（こも）うす（ず）め三三（ざぞ）　お三七（みな）ノたま八（は）おの九（こ）　おの九（こ）のタま八（は）お三七（みな）十百四（ともーし）てあろか七（がな）　八三（やみ）ノ七（な）かて（で）お十（ど）るの三三（ざぞ）　うた二（ふ）の三三（ざぞ）　三七（みな）ノモノうつ（づ）め十七（とな）りて九た三れ四（くださ れよ）　あけ（げ）つける十（と）り十七（とな）りて九た（くだ）三（さ）れ四（よ）　か三か（みが）ゝりてま一（ひ）うた一九た三（ひくださ）れ四（よ）　⦿か（が）ゝりて七一（でない）十九（とこ）れから八七二百（はなにも）て（で）きぬ十百四（ともーし）てあろか七（がな）

十二かつ三十にち　⦿の一二⦿

【訓解文】

「岩戸の巻」書き知らすぞよ。岩戸開くには⦿人共にえらぎ賑わふのざぞ。⦿憑かりして唄ひ舞ふのざぞ。ウズメノミコトいるのざぞ。ウズメとは女のみでないぞ。男（おのこ）もウズメざぞ。女（おみな）の魂は男、男の魂は女と申してあろがな。闇の中で踊るのざぞ。唄ふのざぞ。皆の者ウヅメとなりて下されよ。暁（あけ）告げる鳥となりて下されよ。神憑かりて舞ひ唄ひ下されよ。⦿憑かりでないと、これからは何も出来ぬと申してあろがな。

一　十二月三十日、⦿の一二⦿。

二

8—2［238］

キつけて九れ四キか百十三三　キからうまれるの三三　九九ろ九八れ十百四てあろか　九九ろの百十八キ三三　すへての百十八キてある三　キハ⦿三三　四ん三ん三七二三れ〳〵ノキうへつけてあるの三三　うれ四キ八うれ四キ九十う六三　カな四キ八か七四キう六三オそれ八オ三れう六三　四六九へ八四六九二九十ある十百四てあろか七　てん三一て百　四ん三一ても　四ん三んノ九九ろノ七か二う五九キのまゝ二七るの三三　九ノ十り八かるてあろか七　八九たんてもあたる十お百へ八あたるの三三　お三れる十おそろ四九十二七るの三三　百ノ八キからうまれるの三キか百十三　九十九キつけてお九三　ムのキう五け八ム九る三　ウノキう五け八う九る三　十ん七九十てもキあれ八てきる三　キからうまれる三　一三んて⦿の五四つ十めて九た三れ四

十二かつ三十一にち　⦿の一つ九⦿

【訓解文】

気つけてくれよ。キが元ざぞ。キから生れるのざぞ。心配(くば)れと申してあろが、心の元はキざぞ。すべての元はキであるぞ。キは㋹ざぞ。臣民皆にそれぞれのキ植へつけてあるのざぞ。嬉しキは嬉しキこと生むぞ。悲しキは悲しキ生むぞ。恐れは恐れ生むぞ。喜べば喜ぶことあると申してあろがな。天災でも震災（人災？）でも、臣民の心の中に動くキのままになるのざぞ。この道理わかるであろがな。爆弾でもあたると思へばあたるのざぞ。恐れると恐ろしいことになるのざぞ。モノはキから生れるのざ。キが元ぞ。くどくキつけておくぞ。ムのキ動けばム来るぞ。ウのキ動けばウ来るぞ。どんなことでもキあれば出来るぞ。キから生まれるぞ。勇んで㋹の御用つとめて下されよ。

十二月三十一日、㋹の一つ九㋹。

三　8―3［239］

二二(ふじ)八八(はは)れ十二(たり)ほん八(ば)れ　ひ九(つく)り八九一四(ばこいよ)く十七(とな)りた三(ぞ)　八(は)るまけ七(な)つまけ　あきまけ二(ふ)ゆまけて　八(は)るまけ十(ど)ん十七(とな)るの三(ざ)　八四(はよー)か一四千十(いしせんと)　八(は)るまけ十(ど)んノ大十(とーげ)け九(こ)せん九十二七(ことにな)る三(ぞ)　大十(とーげ)け十七(とな)りたら　十(ど)ん七四(なし)ん三(み)ん百(も)ア二(ふ)ん十四(とし)て　百(も)ノ一(い)へん九十二七(ことにな)るの三三(ざぞ)　七(な)ん十四(とし)た十(と)りちか(が)一(ひ)て(で)ありたか十(と)　二(じ)た(だ)んた(だ)二(ふ)んて(で)百三(もそ)の十(と)きて(で)八(は)ま二(に)ア〇(わ)んの三三(ざぞ)　十二(じゅうに)ん七三(なみ)ノ九(こ)

十四て一て八九ん十の五四八てきんの三三　三か三ま二かへる十百四てあろか　大千た九三三
大十二三三　九れん三三　二二二八七三九三

一かつ一にち　⦿のひつ九のか三

【訓解文】

富士は晴れたり、日本晴れ、びっくり箱いよいよとなりたぞ。春マケ、夏マケ、秋マケ、冬マケて、ハルマゲドンとなるのざ。早う改心せんとハルマゲドンの大峠越せんことになるぞ。大峠となりたらどんな臣民もアフンとして物言へんことになるのざぞ。なんとした取り違ひでありたかと地団駄踏んでも、その時では間に合わんのざぞ。十人並のことしていては今度の御用は出来んのざぞ。逆様にかへると申してあろが、大洗濯ざぞ。大掃除ざぞ。グレンざぞ。富士に花咲くぞ。

一月一日、⦿のひつ九のか三。

四

8—4［240］

九ノホ九ノ四ノあ九か三十百あら八れる三　エんま十百あら八れる三　あ九十百四て百四ん三んの百すあ九て八七一三　千百あ九百七一ノ三三　三八キノ十キキて一る二キつかぬか　三の一三の十キ三八かれて一るの三三　八四千た九せ四　十二せ四　一八十一つてもあ九ノ三三　千の

三四九る三　あ九ノ三四九る三　あ九十千十たてわけて　十ちらも一かすの三三　一かす十八
⦿の一キ二あ〇す九十三　一キ二あへ八あ九八あ九て七一ノ三三　九ノ十り四九八ら二一れて
⦿の九九ろ八四九三十れ四　それか千た九三三

一かつ二か　⦿のひつ九のか三

【訓解文】

この方、この世の悪神とも現はれるぞ。閻魔とも現はれるぞ。悪と申しても臣民の申す悪ではないぞ。善も悪もないのざぞ。審判の時来ているに気づかぬか、その日その時裁かれているのざぞ。早う洗濯せよ。掃除せよ。岩戸いつでもあくのざぞ。善の御代来るぞ。悪の御代来るぞ。悪と善と立て別けて、どちらも生かすのざぞ。生かすとは⦿のイキに合わすことぞ。イキに合へば悪は悪でないのざぞ。この道理よく肚に入れて、⦿の心早う汲み取れよ。それが洗濯ざぞ。

一月二日、ひつ九のか三。

五　8—5〔241〕

アま三かり九二三かります三四十七る三　四ん三んノ九九ろの七か二一けお一た八七火一四
〱七ら九十キキた三　あか一八七火もある三　あホ一のもある三　キ七ノ百ある三それ〱の

三(み)たま二四(によ)りて　その一(い)ろ千か二(ちがふ)の三三(ざぞ)　三(み)たま十(どお)りの一(い)ろてる(で)の三三(ざぞ)　キん八(は)キん三(ぞ)　てつ八(は)てつ三(ぞ)　七(な)まり八七(はな)まり十四(とし)て三か一(みがい)て九(く)れ四(よ)　キんのまねするて(で)七一三(ないぞ)　九二(くに)つちの二九(じく)う五(ご)く三(ぞ)　二二八(ふにや)く五四か(ごしが)　九(こ)ん二八九五四二七(にやくごしにな)りて　十二百九二百七(どおにもこーにもな)らん九十二七(ことにな)る三(ぞ)　その十(と)き九(こ)ノ二(ふ)て(で)四(し)んホ二一(ぼーにい)れて九(く)れ四(よ)　百(ひやく)二(に)ん二一人(にひとり)九(く)ら一八七(いはな)ん十(と)か八九二(やくに)たつ三(ぞ)　あ十八九(とはこ)ん二(に)八九(やく)のお八(ば)け三三(ざぞ)

一かつ三か　㋹のひつ九のか三

【訓解文】

天(あま)さかり地(くに)さかります御代となるぞ。臣民の心の中に生けおいた花火、いよいよ開く時来たぞ。赤い花火もあるぞ。青いのもあるぞ。黄なのもあるぞ。それぞれの身魂によりて、その色違ふのざぞ。身魂どおりの色出るのざぞ。金は金ぞ。鉄は鉄ぞ。鉛は鉛として磨いてくれよ。金の真似するでないぞ。地(くに)つちの軸動くぞ。ふにゃふにゃ腰がこんにゃく腰になりてどうにもこうにもならんことになるぞ。その時この筆、心棒に入れてくれよ。百人に一人くらいは何とか役に立つぞ。あとはコンニャクのお化けざぞ。

一月三日、㋹のひつ九のか三。

キた三七三たからたす十キちかつ一た三　四ノ百十からの四九三てあるから　メた二まちがひ七一三　九れから一四く四ん三ん二八八から七九七れ十　四あけ三て九た三れ四七二五十百⦿の百す九十キ一て　す七お二七るのか一十三三　二ててぬ十き千か九七りた三　二てて七九七りたら　九ちて四らす三　二て八四八ら二一れぬ十　ま二あ◯ん九十二七りて九る三　二四百一か四も三七たからある三　キタのたから八四ホ三三三　三七三ノたから八四ホ一る三三　一か四二四ノたから百一ま二◯かりて九る三　このたからあっ八れこの四の大せんた九のたからてある三

一かつの四か　⦿のひつ九のか三

【訓解文】

北、南、宝だす時近づいたぞ。世の元からの仕組みであるからめったに間違ひないぞ。これからいよいよ臣民にはわからなくなれど、仕上げ見て下されよ。何事も⦿の申すこと聞いて素直になるのが一等ざぞ。筆出ぬ時近くなりたぞ。筆出なくなりたら口で知らすぞ。筆早う腹に入れぬと間に合わんことになりてくるぞ。西も東もみな宝あるぞ。北の宝は潮満ざぞ。南の宝は潮干ざぞ。東西の宝も今にわかりてくるぞ。この宝天晴れ、この世の大洗濯の宝であるぞ。

一月の四日、⦿のひつ九のか三。

七

8—7 [243]

四ん三ん一九三八てん三一八かりて　九ん十ノ一八十七ら九十おもて一たら大き七まちか一三三　一九三八てん三一て　らちあ九四七ち四六九一九十て七一三　あ一た九ち二三からん九十二七りて九るの三から　八四三たま三か一て九わ一もの七一四二七ておりて九れ四　二九た一の九◯三て八七一三　たまの九◯三三三　たまの一九三八わ三◯一八けん十十れま一か七　まつりた一一十百すの三⦿の三九十きけ四　り九つ八あ九ま十百四てあろか　⦿の三九十二きけ四　三れ二八十四ても三たま三か一て　⦿かゝれる四二七らね八七らんの三　⦿かゝり十百四ても三九ら二五三るてん九八きつね八たぬキつキて八七一三　ま九十のか三かゝりてある三　三キゆ九一十ひたりゆ九一十十かむるて七一三　せか一の九十八三七おのれの九九ろ二うつりて　九九ろたけの九十四りてきんの三三　九の十りわかりたか　九の三八ま七かゆく三十九十も四てある九十◯

すれる七四　一まゝての四七四うけうやお四へのつ十一八つ二れて四百三　⦿かつ二すので八七
一三　四二んてつ二れるの三三　八四九ノ二てたま四二四てま九十の三二一きて九れ四　八一九
八八一九十百四てあるか　てんり八てんり九ん九八九ん九たけのお四へてある三　九ノホの百す
九十てんの三三ちの三三一十の三三三　九ん十ノ一八十一らきのた一もす三た十て　す九二四一
九十八かり八七一の三三　二十十七一九十てあるから　四ん三んて八けん十十れんから　八らの
三九からか一四ん四て　す七お二⦿のもす十り二するのか　七二四りけつ九七九十三三
一かつ七か　⦿のひつ九か三

【訓解文】

臣民の戦さや天災ばかりで今度の岩戸開くと思ていたら大きな間違いざぞ。戦さや天災で埒開くようなちょろこいことでないぞ。あいた口ふさがらんことになりて来るのざから、早う身魂磨いて怖いものないようになっておりてくれよ。肉体の怖さではないぞ。魂の怖さざぞ。魂の戦さや禍は見当とれまいがな。マツリ第一と申すのざ。⦿のみこと聞けよ。理屈は悪魔と申してあろが、⦿のみことに聞けよ。それにはどうしても身魂磨いて⦿憑かれるようにならねばならんのざ。⦿憑かりと申しても、そこらにござる天狗や狐や狸憑きではないぞ。まことの神憑かりであるぞ。右行く人、左行く人、咎むるでないぞ。世界のことは皆、己の心にうつりて心だけのことより出来んのざぞ。この道理わかりたか。この道は真中行く道とくどう申してあること忘れるなよ。今までのような宗教や教への集(つど)ひは潰れてしまうぞ。⦿が潰すのではないぞ。自分で潰れるのざぞ。早うこの筆、魂にしてまことの道に生きてくれよ。配給は配給と申してあるが、天理は天理、金光は金光だけの教へであるぞ。この方(ほう)の申すこと、天の道ぞ。地の道ぞ。人の道ざぞ。今度の岩戸開きの大望済みたとて、すぐに善いことばかりはないのざぞ。二度とないことであるから臣民では見当とれんから、肚の底から改心して、素直に、⦿の申す通りにするのが何より結構なことざぞ。

一月七日、⦿のひつ九か三。

八　8—8［244］

⦿の九二(くに)ノ六(む)か四(し)からの一(い)キか三(がみ)ノ九(こ)エ八四二(はよに)てて(で)ゐる四五二(しごじ)んノ三三二八八一(みみにははい)らん三(ぞ)　四二(よに)てて(で)一(い)る四五二(しごじ)ん八九(はく)ふ九(ぶく)りんまてか(でが)一五九(いこく)たま三(ざ)から　キ九(こ)へんノ三三(ざぞ)　か一五九(がいこく)ノあ九(く)ノ三(そー)　大小四(だいしょうよ)　一三てて(いざで)ま一(い)れ四(よ)　◯十百(まとも)からて(で)もうへからて(で)も　四(し)たからて(で)も四九(よこ)からて(で)も　一三て(いざで)てま一(い)れ四(よ)　この⦿の九二二八四(くににはよ)ノ百十(もと)からノ一(い)キ⦿か(が)みつ(づ)百百(もも)ら三(さ)ぬ四九三四(しぐみし)てあるから　一(い)三てて(ざで)ま一(い)りて十九四(とくし)んゆ九(く)まて(で)かゝりて五三(ござ)れ　まけて百九八四九七一(もくやしくない)まて(で)二(に)せめて五三(ござ)れ四(よ)　十十十てて(どうどうとで)五三(ござ)れ　十(ど)のてもかゝりて五三(ござ)れ　三(そ)のうへてまけて(で)　九(こ)れ八(は)か七◯(なわ)ん十一二十(といふと)キ

までかゝりて五三れ四　か九かちたら四たかて八る三　⦿のちから二か七○ん九十九九ろから○かりたら　まつた一十ん七九十あても四たか○四て　⦿の⦿のま九十の四二四て　か一四ん三四てまん五まつた一九せつ七一四二一たす三四　三ヱタ五九ろてあた三

一かつ九か　⦿の一二のか三

【訓解文】

⦿の国の昔からの生神（いきがみ）の声は、世に出ている守護人の耳には入らんぞ。世に出ている守護人は九分九厘まで外国魂（たま）ざから、聞こへんのざぞ。外国の悪の総大将よ、いざ出て参れよ。まともからでも、上からでも、下からでも、横からでも、いざ出て参れよ。この⦿の国には世の元からの生⦿が水も漏らさぬ仕組みしてあるから、いざ出て参りて得心ゆくまでかかりてござれ。敗けても悔しくないまでに攻めてござれよ。堂々と出てござれ。どの手でもかかりてござれ。その上で敗けて、これはかなわんと言ふ時までかかりてござれよ。学、勝ちたら従ってやるぞ。⦿の力にかなわんこと心からわかりたら、末代どんなことあっても従わして、⦿の⦿のまことの世にして、改心さして、万劫末代（まんごうまつだい）口説ない世に致すぞよ。ミエタ、ご苦労であったぞ。

一月九日、⦿の一二のか三。

註　**ミエタ、ご苦労であったぞ**　ミエタは三枝今朝春。昭和二十年一月八日、7—18で指示された諏訪湖の神業を天明の代理として斎行したことに対する神の謝辞（黒川前掲書一九二頁）。黒川によれば天明の大本時代からの友人で信州安曇野松川村の出身。晩年は松川短歌会に所属し短歌雑誌『沃野』の同人（『沃野』一九九一年十一月号三三〜四）。

九

8—9［245］

二二十七◎十の四九三八かりかけたら　一か七か一五九二んて百か一四んする三　三れまて二⦿の九二ノ四ん三んか一四ん四ておらぬ十キノ十九てきる三　てん九八キつね八たれ二て百かゝりてもの一二七れ十　⦿八七か〱二ち四九ら三十八かゝらん三　四キ四二七りたら⦿八百ノ一八ん三　一十か⦿十七るの三三　九ノ⦿八三九八ネキ二八かゝらんそ　⦿かたれ二てもかゝりてす九七んてもてきる十おもて一る十　おもひかちか二からきつけてお九三　か三かゝり二九る十ろ九七九十七一から　ホ十〱二四て九れ四　九ノ三八七かゆ九三十百四てあろか七　一九三す三たても七九すまぬても七九　あけもおろ四も七らす　二ん三んのちやか九八そろ八んて八十十百てきん九十二なるのか　めのまへ二三へて一るのさから　八四か三の百す十りす七お二一二九十きけ十　百四て一るの三三　七か七九ほ十九二八二り〱二な九七る三　九めある十百四

てゆたんするて七一三　たまある十百四て　ゆたんするて七一三　一のちある十百四てゆたんするて七一三　九ノ二て四九四め八ら九二七て　一十くからひかりてるの三三　たつの十四八四き十四十七りて一るの三三　八四千た九四て九れ四

一かつ十一にち　⦿のひつ九⦿

【訓解文】

富士と鳴門の仕組みわかりかけたら、いかな外国人でも改心するぞ。それまでに⦿の国の臣民改心しておらぬと気の毒出来るぞ。天狗や狐は誰にでも憑かりてもの言ふなれど、⦿はなかなかにチョコラサとは憑からんぞ。よき代になりたら⦿はもの言はんぞ。人が⦿となるのざぞ。この⦿は巫女や禰宜には憑からんぞ。⦿が誰にでも憑かりて、すぐ何でも出来ると思うていると思ひが違ふから気つけておくぞ。神憑かりに凝るとろくなことないからほどほどにしてくれよ。この道は中行く道と申してあろがな。戦さ済みたでもなく、済まぬでもなく、上げも下ろしもならず、人民の知や学や算盤では、どうとも出来んことになるのが目の前に見へているのざから、早う神の申す通り素直に言ふこと聞けと申しているのざぞ。長引くほど国はぢりぢりになくなるぞ。米あると申して油断するでないぞ。タマあると申して油断するでないぞ。命あると申して油断するでないぞ。この筆よく読めば楽になって、人々から光り出るのざぞ。辰の年はよき年となりているのざぞ。早う洗濯してくれよ。

一月十一日、⦿のひつ九⦿。

註　富士と鳴門の仕組みわかりかけたら、いかな外国人でも改心するぞ　富士と鳴門の仕組みについては11―14註参照。

十

8―10［246］

あ九ノ四九三八二ホんたま四おね九三キヌ一て四百て　二ホんおか一五九十四二四てお一て一の三二するけいか九てある三　☉の四ん三ん　あ九ノけいか九十り二七りて　四りのけまてヌかれて一てもまたキつかんか　うへから八りかたかへて百ら八ね八　四た八かりて八十二百七らん三　うへ二たちて一る一十　一二〱◯る九七りてキて一る三　めくりあるカねても　ものて百ゝチて一たら四一四二おもて一るか　エら一十りちか一てある三　八四☉の百す九十キゝて九た三れ四　せか一の十九三か四ても一まて八九九四りほか二☉のま九十の三四らす十九ろ七一の三三　九ノ三ノ八九一ん　うへから三られん十九ろ二四キ九十七一十　九ん十ノ五四七カ〱二つ十まらん三　千た九一三け四　三二一三け四　一へのうちかお三まらんの八お三七二め九りあるから三　九ノ九十四九きつけてお九三　六らも九二〱も十四三　お三七ノめ九り八九◯一の

三三(ざぞ)　せつ二(ぶ)んから八(は)　八(はち)か一(い)かし○(わで)てうちて九(く)た(だ)三(さ)れ四(よ)　⦿八(は)け(げ)四(し)九(く)七(な)る三(ぞ)

一かつ十二にち　⦿のひつ九(く)ノ⦿

【訓解文】

悪の仕組みは、日本魂を根こそぎ抜いてしもうて、日本を外国同様にしておいて、ひと呑みにする計画であるぞ。⦿の臣民、悪の計画通りになりて、尻の毛まで抜かれていても、まだ気づかんか、上からやり方変へてもらはねば、下ばかりではどうにもならんぞ。上に立ちている人、日に日に悪くなりてきているぞ。メグリある金でも物でも持ちていたらよいように思ているが、えらい取り違ひであるぞ。早う⦿の申すこと聞きて下されよ。世界のどこ探しても、今ではここより他に⦿のまことの道知らすところないのざぞ。この道の役員、上から見られんところによきことないと、今度の御用なかなかにつとまらんぞ。洗濯急げよ。掃除急げよ。家の内が治まらんのは女(おみな)にメグリあるからぞ。このことよく気つけておくぞ。村も国々も同様ぞ。女のメグリは怖いのざぞ。節分からは八回拍手(かしわで)打ちて下されよ。⦿烈しくなるぞ。

一月十二日、⦿のひつ九ノ⦿。

九九ろ二めくりつ六十　十二つの一れ百の十七る三　⦿の一れもの十二つな十二二ゆ二三れて一て　それてま九十の⦿の四ん三ん十百三れるか　◯からん十百四てあまりてある三　五百九八キたせ四　三のまゝ二四てお九十　たん〱おキ九七りて四ま一二八八一二する四りて七九七る三　一四七かれて九ノ八四つ六十百四てあろか　一まかその四三三　か一四ん四てキレ一二十二てきたら　千り三キ二一て百ひつきの⦿十たのめ八　とん七九十て百三四て八る三　九ノ⦿八せか一十十九へても十十九八七百て一るの三三　この四つ九りたこの⦿三　この四二◯からん九十一つも七一の三三　⦿の五四三へつ十めて九た三れたら　四ん八一五十かうれ四〱の五十十七る四九三三三　二ホん四ん三ん八かりて七一三　十九ノ九二ノた三ても十四二たすけて八る三⦿二八エ九七一三

一かつ十三にち　⦿の一二か三

【訓解文】

心にメグリ積むと動物の容れ物となるぞ。⦿の容れ物、動物などに自由にされていて、それでまことの⦿の臣民と申されるか。わからんと申してあまりであるぞ。ゴモク吐き出せよ。そのままにしておくとだんだん大きくなりて、しまいには灰にするより、手なくなるぞ。石流れて、本の葉沈むと申してあろが、今がその世ざぞ。改心して綺麗に掃除出来たら、千里先にいても、日月の⦿と頼めばどんなことでもさしてやるぞ。この⦿は、世界中どこへでも届く鼻持っているのざぞ。この世造りたこの⦿ぞ。この世にわからんこと一つもないのざぞ。⦿の御用さへ務めて下されたら、心配ごとが嬉し嬉しのこととなる仕組みざぞ。日本臣民ばかりでないぞ。どこの国の民でも同様に助けてやるぞ。⦿には依怙ないぞ。

一月十三日、⦿の一二か三。

十二

8—12〔248〕

ま九十の百の八千二ん二一人三三　六か二の九二二八また〱トエラ一四九三三四て一るから一まのうち二⦿のもす九十キて　⦿九二八⦿九二ノ八りかた二四て九れ四　一十の九ろ四あ一八かりて八けりつかんの三三　九ん十のまけかち八三ん七ち四ろ九一九十て八七一の三三　十九十んの十九ろまてゆ九の三から　か三も三かつ十三三　四ん三ん一四二かちりつ一ても八らね八七らん三　そのかはり九ん十八まん五まつたいの九十三から　一つまでもか〇らんま九十の四ん十九あたへる三　一八れぬ九十　二て二たせぬ九十百四らす九十ある三

一かつ十三にち　⦿の一二のか三

【訓解文】

まことの者は千人に一人ざぞ。向かふの国にはまだまだドエライ仕組みしているから、今のうちに⦿の申すこと聞いて、⦿国は⦿国のやり方にしてくれよ。人の殺し合いばかりではけりつかんのざぞ。今度の敗け勝ちはそんなチョロコイことではないのざぞ。とことんのところまで行くのざから、神も総活動ざぞ。臣民、石にかぢりついてもやらねばならんぞ。そのかわり今度は万劫末代のことざから、いつまでも変わらんまことの神徳与へるぞ。言はれぬこと、筆に出せぬことも知らすことあるぞ。

一月十三日、⦿の一二のか三。

十三　8—13［249］

九十(こと)ちか二(がふ)から　せ一(い)四(し)んちか二(がふ)からち五(ごー)九十(こと)二(に)七(な)るの三三(ざぞ)　九十(こと)たゝ(だ)四(し)九(く)すれ八(は)　たゝ(だ)四(し)き九十(こと)十(と)七(な)るの三三(ざぞ)　⦿の九(く)二(に)八(は)　⦿の⦿のちす二(じ)の◯(ま)ち(ぢ)りけの七(な)一(い)三(み)たまて(で)　まつた(だ)一(い)四(よ)お三(さ)めるの三(ざ)　七(な)二(に)五(ご)十(と)百(も)まつた(だ)一(い)の九十(こと)て(で)あるから　まつた(だ)一(い)う五(ご)かん四(よ)二(に)さた(だ)めるの三(ざ)から　たい百(もー)て(で)ある三(ぞ)　うへの四(し)五(ご)二(じ)ん九(こ)ノまゝて(で)七(な)ん十(と)かかん十(と)か一(い)ける四(よー)二(に)おもて一(い)るか(が)　その九九(ここ)ろ◯(わ)れ四四(よし)三三(ざぞ)　九(こ)ん十八(どは)てあ◯(わ)四(し)ておか六八(むば)かりて(で)八(は)ため(だめ)三(ざ)十(と)百(もー)四(し)てあろか(が)　九(こ)ん十八(どは)キそ九(く)き

まりたら　六か四より六か四九七るの三三　まけられん九十二七るの三三　⦿たま四ノ四ん三ん
て七一十　⦿の九二二八すめん九十二七るの三三九ノ四お三めるの八　ちのせん三ノ一キ⦿の一
かりた三ね八　この四お三まらんの三三　九ん十八十九十ん三二せね八　す九四て百まちりけあ
りたら　三キになりてまた大き七〇ちか一十七るから　千た九〱十九十百四て一るの三
⦿八一二八ホサツ十百あら八れて一たの三か　もホサツて八お三まらんから一四〱イキか三
の四四ら一あら八四て　ハタ〱二らちつけるの三三　一まのかくある百のおき十りちか一一た
四て一る三　お九二十九たちの三九十大か三十あら八れて　一四八てん百かま一　ちのせか一八
百す二およ四八す　てんへ百のほり九たり四て　⦿の⦿の⦿の一かり　九ッキリあら八三七七ら
ん十おせある三　八四千た九千十　ま二あ〇ん三　九の三の八九一んわれ八九ろ四て　一十たす
けるの三三　その九九ろて七一十　かたしてわれの九十おもて一る十九れん三三　か三も卍も
十百九百すかり十す九八ね八七らんの三
九ろ四てす九の十　一か四て五四二つかうの十ある三　九ん十八八きり九へつするの三三　六
か四の一んねん三三　九ノホの百十二ま一りて六か四からの一んねん　九ノ三キノ九十四九キて

十九四んてきたら八らの三九からか一四ん四て　◯九十の五四け九二つ十めあけて九れ四　二け三つ九て八七らん三　二つ三つ三つ九て八七らん三　◯す九二⦿の三二すゝめ四　⦿の三八一す二三十百四てあろか　七ん七り十三れくのキ四せね八　◯九十の九十八てきんの三三　せか一のかた八四八まへから一四くか八四まる十四ら四てある九十　ち九七りた三　九十一四七れ十　三八り十千た九四て九れ四

⦿の九二八⦿の八りかたて七一十　お三まらんから一ままてノ八十から九十から八りかたかへて　一ままて八八りかたちかて一たから　⦿のお三十り二一た四ます十　九九ろからお◯一せね八　するまて九る四六の三三　その九る四三八二て二百九ち二百七一四七九十二　四ん三んの九九ろ四た一て七るの三から　九十百四て一るの三三

七二百かも⦿二三三け四　てん四三ま二三三け四十百四てあろか七　それか⦿九二のた三の九九ろへ三　一八て百おても三七て九るの三三　⦿九二のせ一四け一三一八一つ三　十百四てあろか七　一まの四ん三ん二◯かる四二百す七ら八　四ん三ん八たら一て十れた百の八七んても⦿三ま二三三けるの三

⦿の三八四ろ八三ちてうつもれるの三三　三一かりか〻八九の三三　ひかりのまち十七るの三
三　⦿から〇けて九た三るの三三　その一十の八たらキ二四て　それく二め九三の四る四九た
三るの三三　それかおたから三　おたから十九三十二あつまるの三三　キん八一らん十百四てあ
ろか七　百十の四二七るまでに　三四た九十二七て　三れから〇九十の⦿の四二七るの三　⦿の
四八まつりあるたけ三三　それまで二おたから九た三るの三三　おたから十八一まのお三つの四
七百の三三　〇かる四二百す七ら　⦿の三八四ろ十四ん三んのお八九四四十　一八十あ〇四た四
七ものか一四八てきるの三三　うれ四く十七るの三三　〇九十のまつりの一三三　九の九十四
九八ら二一れて　一二三十四て十一て八四うへの四五二ん十の二百　四百の四五二ん十の二百四
ら四てあん四ん三四て　一三んて九らす四二四て八りて九た三れ四　三れも四ん三んの九九ろ四
た一　す七お七一十八四うれ四九七りて　九九ろ一三六三　三一四九七りたらたつねて五三れ十
百四てあろか七

一かつ十三にち　⦿の一二か三

【訓解文】

コト違ふから、精神違ふから、違ふことになるのざぞ。コト正しくすれば、正しきこととなるのざぞ。☉の国は☉の☉の血筋の混ぢり気のない身魂で、末代世治めるのざ。何事も末代のことであるから、末代動かん世に定めるのざから、大望であるぞ。上の守護人、このままで何とかかんとか、行けるように思ているが、その心われよしざぞ。今度は手合わして拝むばかりでは駄目ざと申してあろが、今度は規則きまりたら、昔より難しくなるのざぞ。曲げられんことになるのざぞ。☉魂の臣民でないと☉の国には住めんことになるのざぞ。この世治めるのは地の先祖の生☉の光出さねば、この世治まらんのざぞ。今度はとことん掃除せねば、少しでも混ぢり気ありたら、先になりてまた大きな間違ひとなるから、洗濯々々とくどう申しているのざ。

☉は一時は菩薩とも現はれていたのざが、もう菩薩では治まらんから、いよいよ生神の性来現はしてバタバタに埒(らち)つけるのざぞ。今の学ある者、大き取り違ひ致しているぞ。大国常立尊大神と現はれて、一時は天もかまい、地の世界は申すに及ばず、天へも昇り降りして、☉の☉の☉の光くっきり現はさなならんと仰せあるぞ。早う洗濯せんと間に合わんぞ。この道の役員、吾は苦労して人助けるのざぞ。その心でないと我出して吾のこと思ているとグレンざぞ。神も仏もキリストも孔子もすかりと救はねばならんのざ。

殺して救うのと、生かして御用に使うのとあるぞ。今度ははっきり区別するのざぞ。昔の因縁ざぞ。この方のもとに参りて、昔からの因縁、この先のことよく聞いて得心出来たら、地の底から改心してまことの御用結構に務め上げてくれよ。逃げ道作ってはならんぞ。二つ三つ道作ってはならんぞ。まっすぐに☉の道に進めよ。☉の道は一筋ぞと申してあろが。何なりとそれぞれの行せねばまことのことは出来んのざぞ。世界のかた早う浜辺からいよいよが始まると知らしてあること近うなりたぞ。くどいようなれど、さっぱりと洗濯してくれよ。

⦿の国は⦿のやり方でないと治まらんから、今までの法度（はっと）からコトから、やり方変へて、今まではやり方違っていたから、⦿のお道通りに致しますと心からお詫びせねば、するまで苦しむのざぞ。その苦しみは筆にも口にもないようなことに、臣民の心次第でなるのざから、くどう申しているのざぞ。

何もかも⦿に捧げよ。てんし様に捧げよと申してあろがな。それが⦿国の民の心得ぞ。否でも応でもそうなって来るのざぞ。⦿国の政治経済は一つぞと申してあろがな。今の臣民にわかるように申すならば、臣民働いてとれたものは、何でも⦿様に捧げるのざ。

⦿の御社（みやしろ）は幸（さち）で埋（うづ）もれるのざぞ。御光（みひかり）輝くのざぞ。光の町となるのざぞ。⦿から分けて下さるのざぞ。その人の働きによって、それぞれに恵みのしるし下さるのざぞ。それがお宝ぞ。お宝、徳相当に集まるのざぞ。金（きん）は要らんと申してあろがな。元の世になるまでにそうしたことになって、それからまことの⦿の世になるのざ。⦿の世はマツリあるだけざぞ。それまでにお宝下さるのざぞ。お宝とは今のお札（さつ）のようなものざぞ。わかるように申すなら、⦿の御社（みやしろ）と臣民のお役所と市場と合わしたようなものが、一時は出来るのざぞ。嬉し嬉しとなるのざぞ。まことのマツリの一（ひとつ）ざぞ。このことよく腹に入れて、一二三として説いて、早う上の守護人殿にも、下の守護人殿にも知らして、安心さして、勇んで暮らすようにしてやりて下されよ。それも臣民の心次第、素直な人、早う嬉しくなりて、心勇むぞ。寂しくなりたら訪ねてござれと申してあろがな。

一月十三日、⦿の一二か三。

十四　8—14［250］

四四三の一キ十四ノ⦿か　四四三を三せて八らね八七らん九十二一つれ八七るの三か　一キか三ノ四四三八八け四から　一まノうち二キレ一二千た九四ておけ十百すの三　三七二まつろておけ十百すの三　かあ一三七八へ一たい三三三　⦿二一のりて八りて九れ四　か一五九二ん四　⦿の九二二一るか一五九たまの四五二ん四　一四く十七りて一キか三の十かつ十二七りたら　四ぬ九十も一きる九十百てきん九る四三二二八七るの三から　か三から三れ八三七たたちも九三から　八四⦿の百十二かへりて九れ四　一四く十七りてきたの三三　九十きつける三

一かつ十三にち　⦿の一二のか三

【訓解文】

正味の生き通しの⦿が、正味を見せてやらねばならんことに、いづれはなるのざが、生神の正味は烈しいから、今のうちに綺麗に洗濯しておけと申すのざ。皆にまつろいておけと申すのざ。可哀そうなは兵隊さんざぞ。⦿に祈りてやりてくれよ。外国人よ。⦿の国にいる外国魂の守護人よ。いよいよとなりて生神の総活動になりたら、死ぬことも生きることも出来ん苦しみに一時はなるのざから、神から見ればそなたちも子ざから、早う⦿の下に還りてくれよ。いよいよとなりて来たのざぞ。くどう気つけるぞ。

一月十三日、⦿の一二のか三。

十五

8—15［251］

九ノホノ三わるキ十おも七らてて五三れ　四キかわるキか八きり十　十九四んゆ九まで三せて八る三　七二五十百十九四ん三せね八九んポんからの三二八てきんの三三　八九一んキつけて九れ四　三七〇五四て九れ四　わるキ九十八一二キか　九ノホ一八んち八ま二七る三　九ろ七四二八ま九十〇からん三　四九八一らぬ三　四九た四たら九百る三　め九ら二七る三　おわひすれ八ゆる四て八る三　天ち二五二れ七一四ん三ん一十り百七一の三三　八ま一七お四て八る三　⦿一二キつ九りて八れ四　⦿一二キ十八一二三か一たか三　四んせん二三七へてから　八けて八るものの九十三三　八らたつの八まん四んから三　四五二ん四九七れ八　二九た一四九七る三　千もあ九も〇からん四　八三の四十百す三

てん四四九た一四ん九三まの一八十一らキ八　たま四たまちか一の　一八十一らき三から　ひら一た⦿⦿二大き七め九りあるの三三　九ん十八め九りたけの九十八せ七七らん三　⦿二八◯けへたて七一の三三　九ん十の一八十一らキ八　ち十百まちか一七一　まちりけの七一ま九十の⦿の一二キてひら九の三三　まちりありたら　二五りす九四てもありたら　また八り七お四せ七七らんから　九十キつけて一るの三三　一つまてもかわらんま九十てひら九の三三

一かつ十四か九十一かつ三十にち　⦿の一二⦿

【訓解文】

この方の道、悪きと思うなら、出てござれ、よきか悪きか、はっきりと得心ゆくまで見せてやるぞ。何事も得心させねば、根本からの掃除は出来んのざぞ。役員気つけてくれよ。皆和合してくれよ。悪き言葉、息吹が、この方いちばん邪魔になるぞ。苦労なしにはまことわからんぞ。欲は要らぬぞ。欲出したら曇るぞ。盲人になるぞ。お詫びすれば赦してやるぞ。天地に御無礼ない臣民一人もないのざぞ。病治してやるぞ。⦿息吹つくりてやれよ。⦿息吹とは一二三書いた紙、神前に供へてから分けてやるもののことざぞ。腹立つのは慢心からぞ。守護神よくなれば肉体よくなるぞ。善も悪もわからん世、闇の世と申すぞ。

天照皇太神宮様の岩戸開きは、騙した間違ひの岩戸開きざから、開いた⦿⦿に大きなメグリあるのざぞ。今度はメグリだけのことはせならんぞ。⦿にはわけへだてないのざぞ。今度の岩戸開きはちっとも間違ひない、混ぢり気のない、まことの⦿の息吹で開くのざぞ。混ぢりありたら、濁り少しでもありたら、またやり直しせならんからくどう気つけているのざぞ。いつまでも変わらんまことで開くのざぞ。

一月十四日、旧十一月三十日、⦿の一二⦿。

十六

8—16［252］

四の百十からの一キ⦿か三ろてあら八れた七ら　三七九四ぬか四て　め八ち九り三四て百ノ一へん四二七るの三三　四ん九百ろ十四ん三んて七一十　七かく九せん十け三三　四ん十九八一九らて百せお一キレんまて二八る三　大きうつ八もちて五三れ四　十二四たおき一れもの一九らてもて五三れ四　四んか一二八ヒ九十百四ぬ四九三てきて一るの三から　あん四ん四て五四つ十めて九れ四

九ん十八ま九十の⦿のちからて七一十　七二百もてき〇千三十百四てあろか　⦿の九二八ち三一かてん十ちとの四んりきつ四い　⦿のま九十のも十の九二てある三　千た九十百すの八七二五

十二四らん　二んけ九九ろすてて四百て　ちゑ八か九二た四らす二　⦿の百す九十一つもうたか
◯す　うまれあか五の九九ろのう二九九ろ二七りて　⦿のお四へまもる九十三　三タマ三かキ十
百すの八　か三から三つかて一る三タマのめいれ一二四たか二て二九た一九九ろすてゝ四百て
⦿の百す十り三六かん四二する九十三

か九八ちをちから十たの六うち八　ミタマ八三かけんの三　か九九へたか九　ち九へたち八⦿
のか九⦿のち三十一二九十八からんか　九ん十の一八十一らキ八三タマから　九んほんからかへ
てゆ九の三から　七かくてある三

てん三一八一九三八かりて八　七かくらちあかん三　九んぽんのあらため三三　ち三一九十
おもて一る十◯からん九十二七る十百四てあろか七　九ノ十り四九八ら二一れて九た三れ四　九
ん十八上中下三たん二◯けてある三たまの一んねん二四て　三れく二め八七つけて　あ九百か
一四ん三四て　千百か一四ん三四てノ一八十七らキ三から　九んホんからつ九りかへる四り八
十れたけ六ケ四かた一三七ほねおり三三四

四かる八かりて八か一四んてきんから　四ろ九八四てか一四ん三す九十百　四五二ん二ありて

八あるの三三　き〻わけ四一四五二ん十のす九七一三　き〻わけ四一あ九か三八八九か一四んする三　キ〻〇け〇るキ千の四五二んある三　九ノ三ノ八九一ん八六か四からの一んねん二四て三タマ四らへて一キ四せて五四三四てあるの三　めた二けん十九る〇ん三　⦿かつ七かけたら七かく八七三ん三　二けられる七ら八二けて三四れ　九るくま〇ってまた一からおて七お四て五四せ七七らん四二七て九る三　三たま三かけた四たら　八ま一か三七十十んく二けたす三一つ百のか三三また一せつもせ十四ら四てある九十　〇すれる七四　ねの十四ま七か二四て千五十ねんか四四ねん八　四のたてかへ八三つ十一十三三　ひつ四の三かつ三か五かつ五か八　け九七一三

一かつ十四か　⦿の一二のか三

【訓解文】

世の元からの生⦿が揃うて現はれたなら、みな腰ぬかして、目ぱちくりさして、もの言へんようになるのざぞ。神徳もろた臣民でないとなかなか越せん峠ざぞ。神徳はいくらでも背負いきれんまでにやるぞ。大き器持ちてござれよ。掃除した大き容れ物いくらでも持ってござれよ。神界にはびくともしぬ仕組み出来ているのざから、安心して御用務めてくれよ。

今度はまことの☉の力でないと何も出来はせんぞと申してあろが、☉の国は小さいが、天と地との神力強い、☉のまことの元の国であるぞ。洗濯と申すのは何事によらん、人間心捨ててしもうて、知恵や学に頼らずに、☉の申すこと一つも疑わず、生まれ赤子の心の初心(うぶごころ)になりて、☉の教へ守ることぞ。身魂磨きと申すのは、神から授かっている身魂の命令に従ふて、肉体心捨ててしもうて、☉の申すとおり背かんようにすることぞ。

学や知を力と頼むうちは身魂は磨けんのざ。学越えた学、知越へた智は、☉の学、☉の智ざといふことわからんか。今度の岩戸開きは身魂から、根本から変へてゆくのざから、なかなかであるぞ。

天災や戦さばかりではなかなか埒あかんぞ。根本の改めざぞ。小さいこと思うているとわからんことになると申してあろがな。この道理よく腹に入れて下されよ。今度は上中下三段に分けてある身魂の因縁によって、それぞれに目鼻つけて、悪も改心さして、善も改心さしての岩戸開きざから、根本から造り変へるよりはどれだけ難しいか、たいそうな骨折りざぞよ。

叱るばかりでは改心出来んから、喜ばして改心さすことも守護神にありてはあるのざぞ。聞き分けよい守護神殿少ないぞ。聞き分けよい悪神、早く改心するぞ。聞き分け悪き善の守護神あるぞ。この道の役員は昔からの因縁によって身魂調べて、引き寄せて、御用さしてあるのざ。めったに見当狂わんぞ。☉が綱かけたらなかなか離さんぞ。逃げられるならば逃げてみよれ、くるくるまわってまた初めからお出直しで御用せなならんようになって来るぞ。身魂磨け出したら病神(やまいがみ)などどんどん逃げ出すぞ。出雲の神様大切申せと知らしてあること忘れるなよ。子の年真中にして前後十年が正念場、世の立替は水と火とざぞ。未(ひつじ)の三月三日、五月五日は結構な日ぞ。

一月十四日、⦿の一二のか三。

十七　8—17［253］

九の⦿八四キ四ん三ん二八四九三へ　◯るキ四ん三ん二八◯る九三へるの三三　キ百ん九ん四ん十百三へるの三三　四八九るく十ま◯るの三三　四あ八せ◯る九十百九八六て七一三　三れくの三タマの九百り十りて一るの三から　一三んて九る四九十百四て九た三れ四　うへか八たかて四百か八かま八九九十てて九る三　⦿か八か四てつ九て一るの三からてきあかるまて八たれ二百八からんか　てきあかりたら七四たけ九七九十か十　三七かひ九りするの三三　ひつ九り八九二百◯る一ひ九り八九十　うれ四くのひ九り八九十あるの三三　七二百四らん四ん三ん二四らん九十四らすの三から　うた五八六り七一七れ十　九百り十れ八す九うつるも十のたねもて一るの三から　⦿の三八六り七一三三十四ら四てあろか　三たまの一んねんおそろ四一三　うへ四た◯キあかるかち九七りた三

一かつ十四か　⦿の一二か三

【訓解文】

この⦿は善き臣民には善く見へ、悪き臣民には悪く見えるのざぞ。鬼門金神とも見へるのざぞ。世はクルクルとまわるのざぞ。幸せ悪くとも悔やむでないぞ。それぞれの身魂の曇り取りているのざから、勇んで苦しいこともして下されよ。上が裸で下が袴はくこと出て来るぞ。⦿が化かして使うているのざから、出来上がるまでは誰にもわからんが、出来上がりたら、何としたけっこうなことかと皆がびっくりするのざぞ。びっくり箱にも、悪いびっくり箱と、嬉し嬉しのびっくり箱とあるのざぞ。何も知らん臣民に、知らんこと知らすのざから、疑うは無理ないなれど、曇り取ればすぐうつる元の種持っているのざから、（［第一訳文には以下の一文あり］早うこの筆読んで洗濯してくれよ。どんな大峠でも楽に越せるのざぞ。）⦿の道は無理ない道ざと知らしてあろが。身魂の因縁恐ろしいぞ。上下わきあがるが近うなりたぞ。

一月十四日、⦿の一二か三。

十八　8—18［254］

九ん十の五四八四二おちて九ろに九ろ四た四ん三んて七一十　七かく二つ十まらん三　⦿も七から九四二おちて九ろに九ろか三ねて一たの三か　二せつ十ら一四てあ八れ四二てできたの三　三　一んねんのミタマ四二おちて一る三十百四てあろか七

か一五九すキの四ん三ん　一ま二おキ一キもてきん九十二七るの三三　か九五八四一か　か一四ん四た一て　三の十キから四キホ二まわ四て八る三　か一四ん十百四て　一十のまへて三んけするの八　ゝ⃝キつゝける九十二七る十九九ろへ四　ゝ⃝の三まへ二九三三んけせ四　三んけの○るキ九十二八一四た　四キ九十たまのれ四　九十たか九あけ四　二二八れるまて九十たか九あけて九れ四　その九十二ゝ⃝うつりて十ん七てからて百たて三せて　まん五まつた一七のゝ九る四二四て八る三　九の四九三○かりたらうへの四ん三ん三かたち四てお○一二九る七れ十　三の十キて八もま二あわんから　九十キつけて一るの三三　四ん三んかわ一から一八かられて百　九ノホ百すの三三

あ九十おも九十二千あり　千十おも九十百あ九お一十四ら四てあろか七　九ノ九十四九九九ろへておけ四　あ九ノ四二七て一るの三から　ま九十のゝ⃝さへあ九二まキ九まれて五三るほ十四らすく〳〵二あ九二七りて一るの三から　九ん十の四の三たれ十百すもの八　五た一の一八十四め三から　けん十十れん四ん三ん二わからんの八六り七一七れ十　三九八かりてもら○ん十　け九七五四つ十まらんの三三　十きかきたら○れか○れの九ちて　○れか八九上する四二七りて九る三

⦿の四ん三ん八つか四七一四二四て九れ四　四ん三ん八つか四九十八　⦿八つか四の三三　一四く千十あ九ノか◯りめてあるから　あ九か三あ八れるからまき九まれぬ四二　二ん十四四めてこの二て四んて⦿の九九ろ九三十て五四た一せつ二七三れ四

一かつ十四か　⦿の一二のか三

【訓解文】

今度の御用は世に落ちて苦労に苦労した臣民でないとなかなかにつとまらんぞ。⦿も長らく世に落ちて苦労に苦労重ねていたのざが、時節到来して、天晴れ世に出て来たのざぞ。因縁の身魂、世に落ちているぞと申してあろがな。

外国好きの臣民、今に大き息も出来んことになるのざぞ。覚悟はよいか、改心次第でその時からよき方にまわしてやるぞ。改心と申して、人の前で懺悔するのは（［第一訳文に以下の一文あり］神国のやり方ではないぞ。人の前で懺悔するのは）⦿傷つけることになると心得よ。⦿の御前にこそ懺悔せよ。懺悔の悪き言に倍した、よき言霊のれよ。言高くあげよ。富士晴れるまで言高くあげてくれよ。その言に⦿うつりて、どんな手柄でも立てさせて、万却末代名の残るようにしてやるぞ。この仕組みわかりたら上の臣民、逆立ちしてお詫びに来るなれど、その時ではもう間に合わんから、くどう気つけているのざぞ。臣民、可愛いから嫌がられても、この方申すのざぞ。

悪と思うことに善あり、善と思うことも悪多いと知らしてあろがな。このことよく心得ておけよ。悪の世になっているのざからまことの⦿さへ悪に巻き込まれてござるほど、知らず知らずに悪になりているのざから、今度の世の乱れと申すものは、五度の岩戸閉めざから見当とれん、臣民にわからんのは無理ないなれど、そこわかりてもらわんと、結構な御用つとまらんのざぞ。時が来たら、我が我の口で我が白状するようになりて来るぞ。⦿の臣民恥づかしないようにしてくれよ。臣民恥づかしいことは、⦿恥ずかしいのざぞ。いよいよ善と悪の変わり目であるから、悪神暴れるから巻き込まれぬように褌締めて、この筆読んで、⦿の心くみとって御用大切になされよ。

一月十四日、⦿の一二のか三。

十九　8―19［255］

六九ノ九二一九ら百のありても一十ありても　一キ⦿かおもて二てて八たら九の三から　⦿七キ九二八一つれ八お四四三三　九ノか三の百十九十四九八ら二一れて　百か七〇ん十百す十九ろ九らへて　またか七〇ん十百す十九ろ九らへて　一四く十二百七らん十一二十九ろ九らへて　かん八りて九た三れ四　⦿二八七二百か百四九〇かりて　丁めん二かキ十めてあるから　十九まて百四んてもかん八りて九た三れ四　三九まて三十十けね八九ノホの八九め八た千の三　かあ一

三七れ十⦿の四ん三ん十の九らへ九らへて　ま九十十九まで百つらぬきて九れ四　ま九十の一キ
か三かその十キこそ　おもて二てて二ホん二てから三四て　⦿の四ん三ん二てからたて三四て
⦿からあつ九おんれも四て　四き四二一たすのてある三　八らお一四かり四めて九れ四　か三ね
て⦿か四ん三ん十の二たのむ三四　四五二ん十の二たの六三四

一かつ十四か　⦿のひつ九のか三

【訓解文】

向こうの国、いくら物ありても、人ありても、生⦿が表に出て働くのざから、⦿なき国は、いづれは往生ざぞ。この神の申すことよく腹に入れて、もうかなわんと申すところ堪へて、またかなわんと申すところ堪へて、いよいよどうにもならんといふところ堪えて、頑張りて下されよ。⦿には何もかもよくわかりて帳面に書き留めてあるから、どこまでも、死んでも頑張りて下されよ。そこまで見届けねば、この方の役目果せんのざ。可哀そうなれど⦿の臣民殿、堪へ堪へてまことどこまでも貫きてくれよ。まことの生神がその時こそ表に出て、日本に手柄さして、⦿の臣民に手柄立てさして、⦿から篤く御礼申してよき世に致すのであるぞ。腹帯しっかり締めてくれよ。重ねて⦿が臣民殿に頼むぞよ。守護神殿に頼むぞよ。

一月十四日、⦿のひつ九のか三。

一九三一つ百かつ十八かり八かきらん三　八るまけ十七る三　一三十七れ八むか四からの一キか三三ま三てて　おん八たらキ七三るから　⦿の九二⦿の三八た一四四二てある七れ十　二ホん四ん三ん大四四二十八百三れん三　その九九ろの十り二七る九十　○すれる七四　八四三たま三か一て九れ四　百す九四一九三すす六十　九れ八十四た九十か　九ん七八すて八七かつたなあ十十ちらの四ん三んもけん十十れん　十する九十百てきん九十二七る十四ら四てあろか　三七てからて八お三一から　それまて二九の二て四んてその十キ二八十するか　十一二九十八かりておらん十　四九三上十千三　八九一んのた一せつの八九め三三　われのおも一すてて四百て　八四この二てあ七のあ九ほ十うらのうらまて八ら二一れておいて九れ四　この二てのお八り二⦿つ四九たのむ三四

九十一かつ三十二ち　⦿の一二の⦿

【訓解文】

戦さ、いつも勝つとばかりは限らんぞ。ハルマケとなるぞ。いざとなれば昔からの生神様総出で御働きなさるから、◉の国、◉の道は大丈夫であるなれど、日本臣民大丈夫とは申されんぞ。その心の通りになること忘れるなよ。早う身魂磨いてくれよ。もう少し戦さ進むと、これはどうしたことか、こんなはずではなかったなあと、どちらの臣民も見当とれん、どうすることも出来んことになると知らしてあろが、そうなってからでは遅いから、それまでにこの筆読んで、その時にはどうするかといふことわかりておらんと仕組み成就せんぞ。役員の大切の役目ざぞ。我の思い捨ててしもうて、早うこの筆、穴のあくほど裏の裏まで腹に入れておいてくれよ。この筆の終はりに◉強く頼むぞよ。

旧十一月三十日、◉の一二の◉。

二十一

8—21［257］

百十の八ま十たま四二かへれ十百すの八一まの四ん三ん二八六りち八七　六りても◉二九九ろ六けれ八てきるの三三　十四ても九ん十八も十のキのまゝのたま四二かへらん十七らんの三三かん四んの二て六八三二三せるて八七一三　四九三九八れる三　一ま二二て二かけ七一九十百四ら三七七らんから　三三から四らすから　八らから八らへ十つたへて九れ四　せつ二んから八八け四九七りて八け四キ二て八かゝ千三　てんめ二ての五四八九れて四八ら九五四す三三　そのか◯り三三十二四ておいて九れ四

九十一かつ卅にち　⦿の一二⦿

【訓解文】

元の大和魂にかへれと申すのは、今の臣民には無理ぢゃな。無理でも⦿に心向ければ出来るのざぞ。どうしても今度は元のキのままの魂にかへらんとならんのざぞ。肝心の筆、むやみに見せるではないぞ。仕組みこわれるぞ。今に筆に書けないことも知らさなならんから、耳から知らすから、腹から腹へと伝へてくれよ。節分からは烈しくなりて、烈しき筆は書かせんぞ。天明、筆の御用はこれでしばらく御用済みぞ。そのかわり耳掃除しておいてくれよ。

旧十一月三十日、⦿の一二⦿。

第九巻

キの巻

キノ〇（ま）キ

自　昭和二十年一月二十九日
至　昭和二十年三月二十日

一―十七

せつ二んから八てうち七から　一二三のり十のりて九れ四　か四〇て八百十のおか三三まのまたきおん八たらき三　たか三六す一十か三六す一のおん八たらき三　おんお十三　〇三　た一〇の九十三　九十たま三四六九一三　四六九一のおんお十三　あ九八ら二おんお十三　一四百十一三か三か十た五九ろ三　四四た五九ろ三　三一十五九ろ三　か十た五九ろ三　せつ二ん三か一二　七二百かもか〇りて九るの三三　七二五十百十二一八ん三

一かつ二十九にち　⦿のひつ九のか三しるす

【訓解文】

節分からは手打ちながら、ひふみ祝詞宣りてくれよ。拍手は元の大神様の全き御働きぞ。タカミムスビとカミムスビの御働きぞ。御音ぞ。和ぞ。大和のことぞ。言霊ぞ。喜びぞ。喜びの御音ぞ。悪祓ふ御音ぞ。

イシモト、イソガミ、カドタ、ご苦労ぞ。ショウダ、ご苦労ぞ。サイトウ、ご苦労ぞ。カドタ、ご苦労ぞ。節分境に何もかも変わりて来るのざぞ。何事も掃除一番ぞ。

一月二十九日、⦿のひつ九のか三しるす。

二　9―2［259］

二て四め八七二百か百八かる四二七りて一る九十八からぬか　お八りの五四五九ろてあた三
お九のお九ノ九十　四九三十り二七りて一る　四ん三ん四ん八一するて七一三　一の三八八三九
ら三九十九ろへつ九れ四　八かりたか　あめのひつ九のか三ホ三か一て四一三　おか六つ三のか
三十百四てもまつり九れ四　まつり九九三ん二九ノ火たりの六ね二　八たれの四て二ホんつけて
キヌノ四てつけて十二んホ四四て四一三　十四四八一の三八十一つ十九ろて四三　一一四りの
五四　た二八の五四五九ろてあた三　三七ノ百ノ一四く三　一まから四八ネて八七二百てき
ん三　八るまけ七つまけあキまけ二ゆまけて八るまけ十ん十百四てあろが　一四く三　二ん
十四四め四　九れん三三

二かつ二十ろ九にち　ひつ九のか三

【訓解文】

筆読めば何もかもわかるようになりていることわからぬか。尾張の御用、ご苦労であったぞ。奥の奥のこと仕組み通りになりている。臣民心配するでないぞ。一の宮は桜咲く所へ造れよ。わかりたか、天之日津久神奉賛会でよいぞ。オホカムツミの神と申しても祀りくれよ。祭典、国民服の左の胸に八垂の紙垂二本つけて、絹の紙垂つけて当分奉仕してよいぞ。道場は一の宮と一つ所でよいぞ。イイヨリの御用、タニハの御用ご苦労であったぞ。皆の者いよいよざぞ。今から弱音では何も出来んぞ。春マケ、夏マケ、秋マケ、冬マケて、ハルマケドンと申してあろが、いよいよざぞ。褌しめよ。グレンざぞ。

二月二十六日、ひつ九のか三。

註　**一の宮は桜咲く所へ造れよ**　昭和十九年末に「一の宮」は世田谷区用賀の門田武雄宅に祭祀された（黒川前掲書一七三頁）。

尾張の御用、ご苦労であったぞ　尾張の御用が行われた場所は判然としないが、黒川柚月は四国「イイヨリ」の御用の旅の途中で、名古屋市郊外の東谷山の尾張戸神社ないしは天明の支持者浅井作左衛門が東谷山麓に開いた修養道場「日本会館」で行われたと推測する（黒川前掲書一九七頁）。

イイヨリの御用　瀬戸内の鳴門神業。イイヨリは古事記神話の飯依比古で讃岐国（香川県）の神名。霊峰五剣山の麓の香川県木田郡庵治町に河野幸太郎を中心とする文芸グループがあり、戦前より高田集蔵、岡本天明とは深いつながりがあった（黒川前掲書一九三頁）。また神事が行われたと推測される庵治篠尾海岸は、矢野夫妻が「日の出生魂大神」を迎えた象頭山の艮にあたり、富士山の艮に位置する榛名山に「日津久之神」を祀ったことに相応し、ここに「富士と鳴門の神業」は完了したものと位置づけられたと思われる（中野解説一〇一四頁）。

タニハの御用　黒川前掲書（一九八～一九九頁）によれば天明は二度にわたり亀岡に保釈中の王仁三郎を訪ねるが面会を拒絶されている。

三

9—3［260］

あメノか三(み)かせ(ぜ)ノか三(み)二(じ)四(し)んノか三(み)一(い)八(は)ノか三(み)アレノか三(み)三(さ)ま二(に)　お一(い)のりすれ八(ば)　九(こ)ノ四(よ)ノ二(じ)四(し)んあレのか(が)らせて九(く)た(だ)三(さ)る三(ぞ)　三(み)七(な)ノ百(も)ノ二(に)四(し)ら四(し)て八(や)りて九(く)た(だ)三(さ)レ四(よ)　九(こ)ノホ(ー)イのか三(み)十(と)あら八(は)レる三(ぞ)　キノか三(み)十(と)あら八(は)レる三(ぞ)　シチニのか三(み)十(と)あら八(は)レる三(ぞ)　ヒノか三(み)十(と)あら八(は)れる三(ぞ)　ミノか三(み)十(と)あら八(は)れる三(ぞ)　イリヰノか三(み)十(と)あら八(は)れる三(ぞ)　五(いつ)八(は)四(し)らノか三(み)三(さ)まあつ九(く)おろか(が)〆四(よ)　十(と)八(は)四(し)らノか三(み)あつ九(く)おろか(が)め四(よ)

三かつ八か　ひつ九ノか三しらす三(ぞ)

【訓解文】

雨の神、風の神、地震の神、岩の神、荒(あれ)の神様にお祈りすれば、この世の地震、荒れ、逃らせて下さるぞ。皆の者に知らしてやりて下されよ。この方イの神と現はれるぞ。キの神と現はれるぞ。シチニの神と現はれるぞ。ヒの神と現はれるぞ。ミの神と現はれるぞ。イリヰの神と現はれるぞ。五柱の神様篤くおろがめよ。十柱(とはしら)の神篤くおろがめよ。

三月八日、ひつ九ノか三しらすぞ。

四　9—4［261］

カ三ノ大二ノかん二んノ十九ろか　ちかた九十二七りて一るから　三のかん二んか七めノ十九ろ百十二百十三七　七二ホ十二んけんか一九らか九八千て八りても　十二百七らん三　百十ノ千三ノか三て七一十　九九十一二十九ろてきん三　⊙ノ九二ノ百十ノ百十ノ百十ノキノ三たまを一レて　ネリ七を三七てきんノ三三カヽ四ヽカ七九ヽカヽヽヽ一ヽ三八四キヽカヽ十〇ニア〇ヽ三百千十大キ九九ろ百千七三れ四　せか一ノ九十三から　せか一ノ五四三から　大キ九九ろて七一十　五四てキん三　九レから八⊙か八け二八けて九九ろ七九九十あるから　そのつもりて一て九れ四　三四かつキつけて九レ四

三かつ九か　ひつ九のか三　二て

【訓解文】

カミの大事の肝腎のところが違たことになりているから、その肝腎要のところ元に戻さな、何ほど人間が、いくら学や知でやりてもどうにもならんぞ。元の先祖の神でないと、ここと言ふところ出来んぞ。⊙の国の元の元の元のキの身魂を入れて練り直さな出来んのざぞ。肝腎がひっくり返っているぞ。早う気づかんと間に合わんぞ。もちと大き心持ちなされよ。世界のことざから、世界の御用ざから、大き心でないと、御用出来んぞ。これからは⦿が化けに化けて心引くことあるからそのつもりでいてくれよ。三、四月気つけてくれよ。

三月九日、ひつ九のか三ふで。

五　9—5［262］

九ノ二て八九九ろ十り二うつるの三　おも一ちかう十一九ら二て四んて百　千か二九十二七るノ三　九九ろ千かう十九ん十八十ん七二ヱら一か三て百一十て百　キの十九てキる三　九ノホ八九八六九十きら一三　二ノ四十七れ八　九レまてノ四二六り二八たらか七九て百　ら九二九らせるうれ四く　ノ四十七るの三か四ん三ん一ま八一十ノて二二キて一るものて百　タヽキお十四て十る四二七りて一るの三から　⦿もお四四三三　⦿八四ん三んら九二四て八りた一の二　ら九二七れて四二んて四た四二おもて　⦿を七キ百ノ二四たから九ん十のナんキ二七てキたの三三十九二またキつかんか　キか百十三十百四てあろか七　八四キつかん十ま二あ◯ん三　九ノ⦿八四たか二百ノ二八おた八か三か　三かろもの二八お二十七るの三三

三かつ十か　一二⦿

【訓解文】

この筆は心通りにうつるのざ。思い違うといくら筆読んでも違ふことになるのざ。心違うと今度はどんなに偉い神でも人でも気の毒出来るぞ。この方は悔やむこと嫌いぞ。次の世となれば、これまでのように無理に働かなくても楽に暮せる嬉し嬉しの世となるのざが、臣民、今は人の手に握っているものでも叩き落して取るようになりているのざから、⦿も往生ざぞ。⦿は臣民、楽にしてやりたいのに、楽に慣れて、自分でしたように思て、⦿を無きものにしたから、今度の難儀になって来たのざぞ。そこにまだ気づかんか。キが元ぞと申してあろがな。早う気づかんと間に合わんぞ。この⦿は、従ふ者にはおだやかざが、逆らふ者には鬼となるのざぞ。

三月十日、一二⦿。

六　9—6〔263〕

十四四一らキけ九てありた三　三七ノ百ノ五九ろ三　四ら四てある四二三一ら一て九た三レ四てん十ち十あ八せかゝ三三　一人て四て八七らん三　三九ら三九十九ろ三九ら十十百二八七三九三　七つまけあキまけ十七たら　二ゆまけて七キあけて八七らん三　一九三すんてからか一四くノ一九三十　二ん十四四め四八九一ん百一十八あホ七るの三三　つち百九るの三三　九十き

つけて九レ四　二て四九四め四かん四んノ九十〇かりて八おらん三一ヽヽヽ三

三かつ十一にち　ひつ九ノか三

【訓解文】

道場開き結構でありたぞ。皆の者ご苦労ぞ。知らしてあるように道開いて下されよ。天と地と合はせ鏡ぞ。一人でしてはならんぞ。桜咲く所、桜とともに花咲くぞ。夏マケ、秋マケとなったら、冬マケて泣きあげてはならんぞ。戦さ済んでからがいよいよのイクサぞ。褌しめよ。役員も一度は青なるのざぞ。土もぐるのざぞ。九十、気つけてくれよ。筆よく読めよ。肝腎のことわかりてはおらんぞ。一ヽヽヽ三。

三月十一日、ひつ九ノか三。

七

9—7［264］

もの二二んのもの十お百八てんノ三九三　三七てん四三まのもの三十九十百四てあるの二　また〇からんか　お九七一てきて九ち四つか二四て百ろ十七二五十百スらり十ゆ九三　キ四かてキておらん十七二かの九十かお九れるの三三　お九れる十け九る四六の三三

⦿の九二百八ん二んの十九ろ二八イヤ七九十ある三　千た九てきた四ん三ん二百十ノか三かう

つりて　三一ま三十一二十こ二七りたら　四ん三んの四らん八たらキ三四て　あ九て八てきん
てから三四て　七四たけ九七九十か十ひ九り八九あ九の三三　てん十ち十のおやのお⦿三まの三
九十てする九十三　一九らあ九か三四た八た四た十て　て百た千三　九ノ四三か九二四四十四か
九二四四十　百十ノ九ノホらノ九九ろノまゝ三　あ十からキた四五二ん三キ二七るから　一まノ
八九一ん三七らん四二　二てて四ら四てあるの三から　四九うらのうらまて四んて　八ら二一れ
て七二一十つ八からん九十の七一四二四て九れ四　一ま二八つか四九十二七る三
　百十ノ八ま十たま四ノま九十ノ三たま三ろたら　一十八た九三七九ても九ノ四九三上十するの
三三　十百四てあろがまつた一う五かぬ四ノ百十ノ一四つへキつ九の三から　キまりつけるの三
からキつけてお九三　キか百十十百四てあろか七　うへ八うへのお九七へ　七か◯七か　四百八
四百のお九七へ三ホあるの三三　ませ九せ二して八七らん三　このうちからキちり〱十れいキ
たゝ四九せ四

三かつ十一にち　ひつ九か三

【訓解文】

もの、自分のものと思うは天の賊ぞ。皆てんし様の物ざと、くどう申してあるのにまだわからんか。行い出来て、口静かにしてもらうと、何事もすらりと行くぞ。行が出来ておらんと、何かのことが遅れるのざぞ。遅れるだけ苦しむのざぞ。

⦿の国も、半分の所にはいやなことあるぞ。洗濯出来た臣民に元の神がうつりて、さあ今ざといふとこになりたら、臣民の知らん働きさして、悪では出来ん手柄さして、なした結構なことかとびっくり箱あくのざぞ。天と地との親の大⦿様のみことですることぞ。いくら悪神じたばたしたとて手も出せんぞ。この世三角にしようと四角にしようと、元のこの方らの心のままぞ。後から来た守護神先になるから、今の役員そうならんように筆で知らしてあるのざから、よく裏の裏まで読んで腹に入れて、何一つわからんことのないようにしてくれよ。今に恥ずかしいことになるぞ。

元の大和魂のまことの身魂揃うたら、人はたくさんなくてもこの仕組み成就するのざぞと申してあろが、末代動かぬ世の元の礎築くのざから、きまりつけるのざから、気つけおくぞ。キが元と申してあろがな。上は上の行ひ、中は中、下は下の行ひ、作法、あるのざぞ。まぜこぜにしてはならんぞ。この内(うち)からきちりきちりと礼儀正しくせよ。

三月十一日、ひつ九か三。

八　9―8［265］

一(い)ま丶て(で)ノ四(し)てキタ九十(こと)か七(がな)るホ十(ど)てんちの⦿の九九(ここ)ろ二(に)三(そ)六(む)一(い)て一(い)る十(と)一(い)二(ふ)九十(こと)　九九(ここ)ろか

ら◯かりて九九ろからお◯一四てか一四んすれ八　この三キまつた一ミタマをかも三　四八九千おて一るミタマ八九ノ四二八お一て百らへん九十二キ三九キまつたの三三　八四三七二四ら四て八れ四　たて九八四たて七ホ四一十二七る三　たて七ホ四ノ四七ホ四八四七るも四れん三　お九レるて七一三　たて七ホ四一三九三　たて七ホ四十八百十ノ四二　◉の四二かへす九十三三　も十の四十百四ても　十ろのう三て八七一の三三　七か七か二た一三七九十てあるの三三　うへ四た九れん十百四てある九十　四九八ら二一れて九れ四

三かつ十一にち　一二◉

【訓解文】

今までのして来たことが、なるほど天地の◉の心に背いているといふこと心からわかりて、心からお詫びして改心すれば、この先末代身魂をかもうぞ。借銭負っている身魂は、この世にはおいてもらえんことに規則決まったのぞ。早う皆に知らしてやれよ。立て壊し立て直し、一度になるぞ。立て直しの世直し早うなるも知れんぞ。遅れるでないぞ。立て直し急ぐぞ。立て直しとは元の世に、◉の世に返すことざぞ。元の世と申しても泥の海ではないのざぞ。なかなかにたいそうなことであるのざぞ。上下グレンと申してあることよく肚に入れてくれよ。

三月十一日、一二◉。

9―9［266］

◯る一九十まつ八あ九◯三　一つたてかへお十けか九るか十まつ九九ろ八　あ九◯二つか八れて一るの三三　九ノ二てせか一十二四らすの三　一まゝて八おめ二三て一たか　もまたれんから三七お四キ丶七お四七一三　⦿のキ十九十り二ヒシく十てて九る三

せか一一た一ら二十ろのう三てありたのをつ九りかためたの八　九二十九たちの三九十てある三　お八三まを十ろノう三二おすま一百三す八　百た一七一三　それててん二おのホり七三れたの三　一八のか三あれノか三あめのか三かセノか三二四んノか三との　この⦿⦿三まおてつた一てこの四ノかため一た四たのてある三　百十からのりうた一百たれたあらか三三まて七一十　九ん十の五四八てきんの三三　せか一つ九りかためてから　二ん三んつ九りたのてある三　七二百四らず二うへ二のホりて　⦿を三おろ四て一る四て　七んてこの四かお三まるもの三

てん十ち十の五おん十一二九十か　⦿の九二の四五二ん二八かりておらんから　七んキ七九十かい四く十二百七らん九十二七るの三　バタく十七るの三　四ん三んうまれおちたら　う二

ノおん三を一てあたゝめて　ウ二ゆをあ一せてもろてあろか　三のおん三八おつちから一たゝ九の三三　たキ一十百四八三七一ノお⦿三まから一たゝ九の三　おん水十おん火十おんつちてこの四の一キあるもの一キて一るの三三　三んナ九十九ら一たれて百四て一る十百すてあろが　三の五おん十一二九十四るま一か七

四五二ん百九もりて一るから　⦿⦿三ま二百八四九ノ二て四んてキかせて八れ四　セけん八七四二八七三かす四て八　ま九十の八九一ん十八一八れん三　三九ら二八七三かセ四　セ八四九三四て一るの三三　四八四ノ八か三のめ九三三三　一まの四二セ〇四九七かたら　四ん三ん九三て四百三　セ〇四九八たらけ四

三かつ十一にち　ひつ九のか三

【訓解文】

悪いこと待つは悪魔ぞ。いつ立て替へ、大峠が来るかと待つ心は、悪魔に使はれているのざぞ。この筆世界中に知らすのざ。今までは大目に見ていたが、もう待たれんから見直し聞き直しないぞ。⦿の規則通りにびしびしと出て来るぞ。

世界一平に泥の海でありたのを、造りかためたのは国常立尊であるぞ。親様を泥の海にお住まい申さすはもったいないぞ。それで天にお昇りなされたのざ。岩の神、荒の神、雨の神、風の神、地震の神殿、この⦿⦿様、御手伝いでこの世のかため致したのであるぞ。元からの龍体持たれた荒神様でないと今度の御用は出来んのざぞ。世界造りかためてから臣民造りたのであるぞ。何も知らずに上に登りて、⦿を見下ろしているようで、何でこの世が治まるものざ。

天と地との御恩といふことが⦿の国の守護神にわかりておらんから、難儀なことが、いよいよどうにもならんことになるのざ。ばたばたとなるのざ。臣民生まれ落ちたら、初の御水を火で温めて産湯を浴びせてもらうであろうが、その御水はお土から頂くのざぞ。焚き火灯しは皆日の大⦿様から頂くのざ。御水と御火と御土で、この世の息あるもの、生きているのざぞ。そんなことくらい誰でも知っていると申すであろが、その御恩といふこと知るまいがな。（［第一訳文に以下の一文あり］一厘のところわかるまいがな。）

守護神も曇りているから⦿⦿様にも早うこの筆読んで聞かせてやれよ。世間話に花咲かすようではまことの役員とは言われんぞ。桜に花咲かせよ。せわしくさしているのざぞ。せわしいのは神の恵みざぞ。今の世にせわしくなかったら臣民腐ってしまうぞ。せわしく働けよ。

三月十一日、ひつ九のか三。

十

9—10［267］

八まノた二まて九百りて一る三　九百りた十九ろへ一のあめ二る三　九百りた十九ろ二八カ三

八すめん三☉七キ十九ろ一四〳〵た三　一十一九十ある三　☉かするので七一三　二ん三ん四二んてするの三三　一一一一の八四てか一四ん三す四二一た四た七れ十　一一の八セ八千二ちねり七ホ三七七らんから　☉八一四〳〵お二十七てキ十九十り二ヒ四〳〵十らちあける三　百またレン三　十九から七二かてて九るか四れん三十百四てあろか七　八七一二一つけ四　二ホんノ九二ノ三たレてキたの八　九られんものを九ら四たから三　三千ねんノ六か四二かへす三　三卍ねんノ六か四二かへす三　三十卍ねんノ六か四二かへ三七七らんかも四れん三か七一○五てきん四て八九ノ三の十りつキ十八百三れん三　○かも十三十百四てあろか　○五てキぬの八十ら十四四三　十ちら二百め九りあるから三三　一るも四も七一の三三　ホースホース九三九て八七らん三

三かつ十三にち　一二☉

【訓解文】

山の谷まで曇りているぞ。曇りた所へ火の雨降るぞ。曇りた所には神は住めんぞ。☉なき所いよいよだぞ。ひどいことあるぞ。☉がするのでないぞ。臣民自分でするのざぞ。一日一日延ばして改心さすように致したなれど、一日延ばせば千日練り直さなならんから、◉はいよいよ鬼となって規則通りにびしびしと埒あけるぞ。もう待たれんぞ。どこから何が出て来るか知れんぞと申してあろがな。花火に火つけよ。日本の国の乱れて来たのは来られんものを来らしたからぞ。三千年の昔に返すぞ。三万年の昔に返すぞ。三十万年の昔に返さなならんかも知れんぞ。

家内和合出来んようでは、この道の取次とは申されんぞ。和が元ざと申してあろが、和合出来ぬのは虎と獅子ぞ。どちらにもメグリあるからざぞ。昼も夜もないのざぞ。坊主坊主臭くてはならんぞ。

三月十三日、一二◉。

十一

9—11［268］

一二三十八かキり七キ◉ノ一八三かてある三　一八八四メ七キ八四メてある三　ケ八お八り七キお八りてある三　◉ノハたらキか一二三てある三　八四メ七九お八り七ク一八三かノ七か一ま三　一二三八◉ノ一二キてある三　一二三十七へ四　◉一十十百二一二三十七へて一八十一らけるの三三　一二三二十け四　一二三十一キセ四　一二三キ四　一二三おせ四　八四メ一二三あり一二三八◉三　一二三八三三　一二三八八ら一キ四メ三　八ら一キ四メ十八一八三か三　◉ノ一キ三　てん四三まノ一キ三　四ん三んノ一キ三　け百ノ九三キノ一キ三　一てある三　二てあ

る三(ぞ)　三(み)てある三(ぞ)　ケである三(ぞ)　レである三(ぞ)　ホて(で)ある三(ぞ)🌀て(で)ある三(ぞ)◎て(で)ある三(ぞ)　三(み)七(な)ノ百(も)ノ二(に)
一(ひ)二(ふ)三(み)十(と)七(な)へ三(さ)せ四(よ)　五(ご)八(は)四(し)らおん八(は)たらキ三(ぞ)　八(はち)八(は)四(し)ら　十(と)八(は)四(し)らおん八(は)たらキ三(ぞ)　五(い)十(つ)ら三(ぞ)
いろは三(ぞ)　八(わ)かりたか

三かつ十四か　ひつ九ノか三

【訓解文】

一二三とは限りなき◉の弥栄(いやさか)であるぞ。一(ひ)は始めなき始めであるぞ。ケは終はりなき終はりであるぞ。◉の働きが一二三であるぞ。始めなく終はりなく弥栄の中今ぞ。一二三は◉の息吹であるぞ。一二三唱へよ。◉人共に一二三唱へて岩戸開けるのざぞ。一二三にとけよ。一二三と息せよ。一二三着よ。一二三食(お)せよ。始め一二三あり、一二三は◉ぞ。一二三は道ぞ。一二三は祓ひ清めぞ。祓ひ清めとは弥栄ぞ。◉の息ぞ。てんし様の息ぞ。臣民の息ぞ。けもの、草木の息ぞ。一であるぞ。二であるぞ。三であるぞ。ケであるぞ。レであるぞ。ホであるぞ。🌀であるぞ。◎であるぞ。皆の者に一二三唱へさせよ。五柱御(おん)働きぞ。八柱十柱御働きぞ。五十連(いづら)ぞ。いろはぞ。わかりたか。

三月十四日、ひつ九ノか三。

三九る四キたま二八　三九る四キ百ノうつる三　それか八ま一ノ百十三　三九る四キ百ノ二三九る四キたまあたる三　三れて八四千た九十二十百四て　九十キつけてお一たの三　⦿ノため四百ある七れ十　十九ろ十九ろ二三せ四メ四てある三　八四か一四ん四て九れ四　それかてんちへの九九てある三　てん四三まへのちうキてある三　三タマ四つめ二八　ふて四三てキかセ四三か一五か一七か一　三十か一五十か一七十か一て一八四一三　それて八からぬ四七れ八　おて七お四て五三る

三かつ十五にち　ひつ九のか三

【訓解文】

見苦しき霊には見苦しきものうつるぞ。それが病の元ぞ。見苦しき者に、見苦しき霊当たるぞ。それで早う洗濯掃除と申してくどう気つけておいたのざ。⦿の試しもあるなれど、所々に見せしめしてあるぞ。早う改心してくれよ。それが天地への孝行であるぞ。てんし様への忠義であるぞ。鎮魂には筆読みて聞かせよ。三回、五回、七回、三十回、五十回、七十回で始めはよいぞ。それでわからぬようなればお出直しでござる。

三月十五日、ひつ九のか三。

四二おちてお一て七三るおんかた　おん一十かた　りうくんのお十一め十の五四五あ三八す三九ノかたあ八れおもて二あら八れる三　九レから八四ん十九百ら八ん十　一すん三キへもゆけん九十二七た三　五四三四て九レ十百四て百　メ九りあるカネ八五四二七らん三　メ九り二七るの三　二二んノ百ノ十おものかてんノ三九三　九レまて四二ててお一て七三る四五二ん　九ブ九りんまててんの三九三　エら一一十一四く十んて百七一九十二七る三　十ら八れる三　一た一め二ア八三れる三　一ま二め三める七れ十その十キて八お三一くおか三百一四八七九七るの三一十り一十り七んて百てきる四二七りておりて九れ十百四てある九十ち九七りたそ火大⦿きつけて九レ四　十エら一九十二七る三　一りんの九十一八ネ八七らず　一二て八七らす九九ろ十九九ろて四ら四た一七れ十　九九ろて十りて九た三れ四　四九二て四んて三十りてくれ四⦿たのむの三三

三かつ十六にち　ひつ九ノか三

【訓解文】

世に落ちておいでなさる御方、御一方、龍宮の乙姫殿、御守護あそばすぞ。この方、天晴れ表に現はれるぞ。これからは神徳もらはんと一寸先へも行けんことになったぞ。御用さしてくれと申しても、メグリある金は御用にならんぞ。メグリになるのざ。自分のものと思うのが天の賊ぞ。これまで世に出ておいでなさる守護神、九分九厘まで天の賊ぞ。偉い人いよいよとんでもないことになるぞ。捕らはれるぞ。痛い目にあはされるぞ。今に目覚めるなれどその時では遅い遅い。おかみも一時は無くなるのざ。一人一人何でも出来るようになりておりてくれと申してあること近うなりたぞ。

火の大⦿気つけてくれよ。どえらいことになるぞ。一厘のこと言はねばならず、言ふてはならず、心と心で知らしたいなれど、心でとりて下されよ。よく筆読んでさとりてくれよ。⦿たのむのざぞ。

三月十六日、ひつ九ノか三。

十四

9—14［271］

三かつ三かから　三◎二キ一四九七るから四一四ておけ四　五かつ五かから三ら二くキ一四九七るから三ら二四一四て十ん七九十お九て百　一九十百せん四二　九九ろ四てお一て九れ四九九ろ千か二て一るから　四ん三んノお百九十ノ三か三八かりかてて九るの三三　九かつ八かの四九三千かつ一た三

九三八　六　一二三八三七六十二七七　九十◎一九三二八三三
一四八九ノ七か百一ノキへた四二　三一四九七て九る三　三の十キ二七ておかけお十三ん四二
四て九れ四㋹の四九三一四く四二てる三　三千ねんノ四九三八れ八れ十二二八八れ十二ホん八
れ　三九ら八七一二三十三九三

三かつ十七にち　ひつ九か三

【訓解文】

三月三日からさらに厳しくなるから用意しておけよ。五月五日からさらにさらに厳しくなるから、さらに用意してどんなこと起こってもびくともせんように心しておいてくれよ。心違ふているから、臣民の思うことの逆さばかりが出てくるのざぞ。九月八日の仕組み、近づいたぞ。

この道ひらき結び一二三とひらく道なり結びたり。月なりなりてきわめたる戦さつきはつ道ぞ。一時はこの中も火の消へたように寂しくなってくるぞ。その時になっておかげ落とさんようにしてくれよ。㋹の仕組みいよいよ世に出るぞ。三千年の仕組み晴れ晴れと、富士は晴れたり日本晴れ、桜花一二三と咲くぞ。

三月十七日、ひつ九か三。

註　四行目は第一訳文には次のようにあるがここではそれを参照に試訳した。（この道はむすび、ひふみとひらき、みなむすび、神々地に成り悉く弥栄へ戦争つきはつ大道ぞ。）

十五

9—15［272］

○九十百す十三三二三かろてあろか　三の三三十りかへて四百三　○レ二○からんメクりある三　九ん十八お八九て百　二二て百お七二四二三八九○け二八ゆかんの三　九かてん五九てお八二五九十一二四二七らん四二四て九れ四　一カ三ろててん五九三タマ十七て九レ四　九二三七三ろて⦿九二十七る四つ十めて九レ四　メ九リ八一カ八けあつて　九二十わけあて四八九千七四二四て九た三れ四　てんめか○り二○二四て九れ四　八九一んか○りて○一四て九れ四　この二て八ら二一れておれ八　十ん七九十ててきて百十す○るから　四ん八一七一三　三五一一一一十四八十九十二三一三一九○一二三二二三十七○四一三

三かつ十九にち　ひつ九ノか三

【訓解文】

まこと申すと耳に逆ろうであろが、その耳取り替へてしもうぞ。我にわからんメグリあるぞ。今度は親子でも夫婦でも同じように裁くわけには行かんのざ。子が天国で親地獄といふようにならんようにしてくれよ。一家揃て天国身魂となってくれよ。国皆揃て⦿国となるようつとめてくれよ。メグリは一家わけあって、国中わけあって借銭なしにして下されよ。天明代わりに詫びしてくれよ。役員代わりて詫びしてくれよ。この筆腹に入れておれば、どんなこと出て来ても、胴すわるから心配ないぞ。（［以下訓解困難であるが第一訳文には次のようにある］あななひ、元津神々人の世ひらき和し、悉くの神人みつ道、勇み出で、総てはひふみひふみとなり、和し勇む大道。）

三月十九日、ひつ九ノカ三。

十六　9―16［273］

⦿四三〇百一 四八三八九二二四四七七◎二八八五十三三〇◎一二三五六二十十十七一三三 ⦿三◎百十卍一千九九三一 四一 四十七◎七二百百千八千八三三九◎三九二二九一 ◎ノ九⦿〇◎八
四〇五〇 一七百四九七◎四二一⦿⦿三⦿二九八三◎◎三二四三七◎一 ⊘二◎四九四〇九十ノ四二
一⦿三⦿四二一⦿三〇◎ノ百ノ七一ノ三⦿四三一 四四

三かつ二十か　ひつ九か三

【訓解文】

（［訓解困難であるが第一訳文には次のようにある］元津神代の道は満つ、一時は間の道、ひらき極み、富士の代々、鳴り成るには弥栄に変わり和すの道、道は弥栄。ひふみ道出で睦び、月の神足り足りて成り、新しき大道満つ。神々満ち、えらぎ百千万のよきこと極む。いよいよとなり、何もかも百千とひらき、道栄え道極み進み、道極み真理の真理極む。元の光の神々えらぎ、更に進む世、和合まずなりて百の世極みなる。世に光る神々の大道、神々ことごとにえらぎて大道いよいよ展き進みて、大真理世界の三つは一と和し、鳴り成りて始めて、まことの愛の代極み来る、弥栄の代の神、人、神人わけへだでなく光り輝き、道は更に極みの極みに進み動き、ありとあることごとくの成り結び、更に新しく更に極むるの大道、神代歓喜の代々。）

三月二十日、ひつ九のか三。

十七

9―17［274］

⦿り八二一れて九ネ◯◯四て一るの三から一りのかれ四十てのかれる九十てきんの三三　ノかれ四十するの八◯レ四四三三　一まノ四五十五二ん二ん百十二ん二ん百せたせ十百四てあろか七一十九て七一三　三ノ五四⦿三たら二ノ五四二かゝらすの三から　九ノ四ノア九百千百三七五四十百四てあろか　ミタマ十十の五四一た四て一るの三三　四五十四七から二て八ら二一れてゆけ八　四五十たんくか◯るの三三　二て九エたてて四六の三十百四てある九十◯すれる七四三のうへて一十二九ノ三つたへて八れ四　六りするて七一三　カすてて大キ一二キ二十けるの三

三　⦿の一二キ二十け一るの三三　五三一二十け一るの三三　一四く二て一二三十七る三　一二三十八一二キ三　三三二四らす三　一八ね八七らぬから　一二三十四て一二キ十四て四らす三　二て四九四め八〇かる九十三　二て四め四　四六十二てる三　九ノまキ八キノ〇キ十百せ四　二二八八れ十⊕八れ　一八十あけたり⊕八れ三

三かつ二十にち　ひつ九ノか三

【訓解文】

⦿鉢に入れてこね廻しているのざから、一人逃れようとて逃れること出来んのざぞ。逃れようとするのはわれよしざぞ。今の仕事、五人分も十人分も精出せと申してあろがな。急ぐでないぞ。その御用済みたら次の御用にかからすのざから、この世の悪も善も皆御用と申してあろが。身魂相当の御用致しているのざぞ。仕事しながら筆腹に入れて行けば仕事段々変わるのざぞ。筆声立てて読むのざと申してあること忘れるなよ。その上で人にこの道伝へてやれよ。無理するでないぞ。我捨てて大き息吹にとけるのざぞ。⦿の息吹にとけ入るのざぞ。御稜威にとけ入るのざぞ。いよいよ筆一二三となるぞ。一二三とは息吹ぞ。みみに知らすぞ。言はねばならぬから、一二三として、息吹として知らすぞ。筆よく読めばわかることぞ。筆読めよ。読むと筆出るぞ。この巻は「キの巻」と申せよ。

富士は晴れたり⊕晴れ、岩戸あけたり⊕晴れぞ。

三月二十日、ひつ九ノか三。

第十巻

水の巻

三⦿の〇キ（みづのまキ）

自　昭和二十年旧三月十日
至　昭和二十年六月二十三日

一―十七

三⦿のまきかき四らす三　三〇たすかきり九百ゝ七九　二二八八れ十⦿八れ　う三八八れ十二ホん八れ　三七十三七十二⦿のまるの　八た一るかへる⦿の九二　三れまて二ゆ二ゆ八れん九十ある七れ十　かん八りて九た三れ四　三も七九七る三　てん四三まおろか三て九れ四　てん四三ま八か三十百四て四ら四てあろが七　また〇からんか　九二ノか三た一せつせ四十きか四てあろか⦿三ま二おあか四八かり三七へて八　またたらぬノ三　おあか四十十百二　三三三け七七らんの三三　一十三三十百四てあろ　二て四九うらのうらまて四三て九た三れ四　四五二ん十のまつりて九れ四　まつ八らね八ちからあら八れぬ三　四五二ん十の八か四八て四つうちておろかめ四　百十の一キか三三ま二八　三か十四て百一るの三三　一八かりて八ちからてぬの三三　八かりたか　九百り七九三ら八八れ十

九三かつ十か　三のひつ九⦿

【訓解文】

三⦿の巻、書き知らすぞ。見渡す限り雲もなく、富士は晴れたり日本晴れ。海は晴れたり日本晴れ。

港々に日の丸の、旗翻(ひるがへ)る⦿の国。それまでに言うに言われんことあるなれど、頑張りて下されよ。水もなくなるぞ。てんし様拝(おろが)みてくれよ。てんし様は神と申して知らしてあろがな。まだわからんか、地(くに)の神大切せよと聞かしてあろが。⦿様にお燈明(あかし)ばかり備へてはまだ足らぬのざ。お燈明と共に水捧げなならんのざぞ。火と水ざと申してあろ、筆よく裏の裏まで読みて下されよ。守護神殿祀りてくれよ。まつはらねば力現れぬぞ。守護神殿は拍手四つ打ちて拝(おろが)めよ。元の生神様には水がどうしてもいるのざぞ。火ばかりでは力出ぬのざぞ。わかりたか、曇りなく空は晴れたり。

旧三月十日、三のひつ九⦿。

二

10—2［276］

一二三(ひふみ)のり十て(とで)ある三(ぞ)

たかあま八(は)ら二(に)か三(み)つまります　か六(む)ろキか六六(むろ)三(み)ノ三九十(みこと)百千(もち)て　⦿(す)⦸(め)三(み)お八(や)か六(む)一三七(いさな)キノ三九十(みこと)つ九四(くし)ノ一六(ひむ)かノたち八七(はな)ノお十(と)のあ八キ(はぎ)八(は)ら二三十(にみそ)キ八(は)ら一(ひ)たま二十(ふと)キ二七(にな)りませる八(は)ら一十(ひと)のおか三(み)たち　百(も)ろ〳〵ノまか九十(がごと)つ三(み)けかれを八(は)ら一(ひ)たまへキ四(よ)めたまへ十百ス(ともー)九十(こと)ノ四四(よし)をアマつか三九二(みくに)つか三八火四(みやほよ)ろつ(づ)のか三(み)たち十百二(ともに)　あメの二(ふ)ち九(こ)まノ三三二(みみふ)りたててキ九四(こし)めせ十(と)　か四九三(しこみ)か四九三(しこみ)百百ス(ももー)

あめのひつ九ノか三まもりたまへ三ち八へたまへ　あめのひつ九のか三八三かま四ませ一八三かま四ませ一二三四五六七八九十

九三かつ十か　三のひつ九か三

【訓解文】

一二三祝詞であるぞ。

高天原に神留坐す、神漏岐、神漏美の命以ちて、皇親神伊邪那岐命、筑紫の日向の橘の、小門の阿波岐原に、禊祓ひ給ふ時に、生坐せる祓戸の大神等、諸々禍事罪穢を、祓ひ給へ清め給へと申す事の由を。天つ神、地つ神、八百万神等共に、天の斑駒の耳ふり立てて聞こしめせと、畏み畏みも白す。

天之日津久神、守り給へ幸へ給へ、天之日津久神、弥栄坐しませ、弥栄坐しませ。一二三四五六七八九十。

旧三月十日、三のひつ九か三。

三

10—3［277］

⦿の九八⦿十四ての二二ん八四七九十百　つ十めノ一つてある三　十りちか一する十　た一三

七九十二七るからキつけてお九三　か〻四てある五四んメ八五四んた一十四てまつりて百四九
お八三まもり十四て百四一三　三七二お九八けて八れ四　五四んメ一九らて百か〻す三　三の四
一四てお一て九れ四　⦿一三九三

八ら一のり十かき四らす三

かけま九百か四九キ一三七キノおか三つ九四ノ⦿六かノタチハナのお十のアハキハラ二三十キ
ハらひ夕百十キ二なりませる　つキたつふ七十のかみ　三ちの七かち八のか三　十キおか四のか
三　◯つら一のう四ノか三　ちまたノか三　あキ九一ノう四ノか三　おキ三かるノか三　おキつ
七キ三一九のか三　おきつか一へらのか三　へさかるのか三　へつ七キ三一九のか三　へつか一
へらのか三　八三まかつひノか三　おまかつ一のか三　か六七お一のか三　おほ七お一のか三
一つのめのか三　三九つわたつ三のか三　三九つつのをのか三　七かつわたつ三のか三　七かつ
つのおの三九十　うわつ◯たつ三のか三　う◯つつのをの三九十　はら一十四八四らの⦿たち十
百二百ろ〱の◯か九十つ三けかレをハら一たまへキ四めたまへ十百す九十をキ九四めせ十　か
四九三か四九三百百す

つキ二うけ一の九十八四らす三

五三んた一のおか三三ま五三んた一のおか三三ま　ひつキノおか三三ま　九二十九たちのおか三三ま　十四九百ぬのおか三三ま　つきのおか三三ま　す三七るのおか三三ま　あメのか三三ま　かせのか三三ま　イハのか三三ま　アれのか三三ま　ち四んのか三三ま　キのか三三ま　かねのか三三ま　ひのか三三ま　一のてのか三三ま　り九んのお十一め三ま　八ホ四ろつの一キか三三ま　九十二五⦿⦿二ます　てん四四九大四ん九三ま十四うけのおか三三まを八四めたてまつり　四ノ七かの一キか三三まう二す七ノおか三三まのおんまへ二一ろキあつキ五四五のホ十ありかた九十十九おんれ百四あけます　九ノた一の一八十一らキ二八千卍一八三かのお八たらキねか一あけます　あめつちの六た　一八三か二三かへま三四メたま一せか一のあり十ある二ん三ん一一百八八九か一四ん一た四ま四ておか三三まの三六ね二三一まつりおか三三まの三九九ろのま二く⦿九二上十のため八たらキます四おま百り九た三一ませ　三のため九ノたま九ノ三八七二十三一か四二て百おつか一九た三一ませ　三六ねのま二くま九十の⦿九二の三た三十四てのつ十めをつ十め三四て一たた九四六ちうち五四五九た三一ませ　か六七からたまち八へませ　一ほん

の九三てもホ四てた九八へておけ四十百四てあろか七
四かつ二十三ち　三の一二のか三

【訓解文】

⦿の子は⦿としての自分養うことも、つとめの一つであるぞ。取り違ひするとたいそうなことになるから、気つけておくぞ。書かしてある御神名は御神体として祀りてもよく、お肌守としてもよいぞ。皆に多く分けてやれよ。御神名いくらでも書かすぞ。その用意しておいてくれよ。⦿急ぐぞ。

祓ひ祝詞、書き知らすぞ。

掛けまくも畏き伊邪那岐大神、筑紫の日向の橘の小戸の阿波岐原に、禊ぎ祓ひ給もう時に、生り坐せる、衝立船戸神、道之長乳歯神、時量師神、和豆良比能宇斯能神、道俣神、飽咋之宇斯能神、奥疎神、奥津那芸佐毘古神、奥津甲斐弁羅神、辺疎神、辺津那芸佐毘古神、辺津甲斐弁羅神、八十禍津日神、大禍津日神、神直毘神、大直毘神、伊豆能売神、底津綿津見神、底筒之男神、中津綿津見神、中筒之男命、上津綿津見神、上筒之男命、祓戸四柱の⦿等共に諸々の禍事罪穢を、祓い給へ清め給ふと申す事を聞こしめせと、畏み畏みも白す。

次に、誓の言葉、知らすぞ。

御三体の大神様、御三体の大神様、日月の大神様、国常立大神様、豊雲野大神様、月の大神様、素盞鳴大神様、雨の神様、風の神様、岩の神様、荒の神様、地震の神様、キの神様、金の神様、日の神様、日の出の神様、龍宮の乙姫様、八百万の生神様、別に五十鈴に坐す天照皇大神宮様、豊受大神様を始め奉り、世の中の生神様、産土大神の御前に広き篤き御守護の程、有り難く尊く御礼申しあげます。此度の岩戸開きには千万弥栄の御働き、願ひあげ坐す。天地の共、弥栄に、栄へまさしめ給ひ、世界のありとある人民、一日も早く、改心致しまして、大神様の御胸に添ひ奉り、大神様の御心のまにまに、⦿国、成就のため、働きますよう、御守り下さい坐せ。そのため、この魂、この身は、何卒、如何様にでもお使ひ下さい坐せ。御胸の随に、誠の⦿国の御民としての務めを、務めさして頂くよう、鞭打ち、ご守護下さいませ。惟神霊幸倍坐世。

一本の草でも干して貯へておけよと申してあろがな。

四月二十三日、三の一二のか三。

註 第一訳文には「誓の詞」の次に左記のような「御先祖様の拝詞」が挿入され、最後の「一本の草でも干して貯へおけよと申してあろがな」に続く。第一訳文では「祓ひ祝詞」も「誓の詞」も平仮名で表記されているにもかかわらず「御先祖様の拝詞」のみは通常の漢字仮名混じり文で表記されていることとは、不自然の感が否めず、第一訳文を策定する際に岡本天明が挿入したものと推測される。

次に、御先祖様の拝詞、知らすぞ。

此の祖霊舎に神鎮まり坐す、遠津祖神、代々の祖霊神等の御前、また家族親族の霊祖神の御前に慎み敬ひも白す、此の家国には諸々の曲言、罪穢あらしめず、夜の護り、日の守りに守り幸はひ給ひ、まこと神国のみ民としての義務を全うせしめ給ひ、夜の護り日の守りに守り、捧ぐるものの絶間無く、子孫の弥栄継ぎに栄えしめ給へと畏み畏みも白す。惟神霊神幸はへませ。

四　10—4［278］

お三八も十三九二三れる十キか九る　おかけお十三四二キつけ四　九ん四四百七ん二百七らん十キかくるま九十一つ二た四れ一十く

二十四か　三の一二か三

【訓解文】

お宮も土足にされる時が来る。おかげ落とさんように気つけよ。勲章も何にもならん時が来る。まことに一つに頼れ人々。

二十四日、三の一二か三。

五　10—5［279］

か一五九ノ九十八七九七る三　へ十ノ四九三九九かつ五かまて二お八りて九れ四　あ十八一四く十七る三☉か百四た十キ二☉九七二五十百一た四て九レ四十キすキる十　上十千九十あるの三三　三九ら八七一四二千る九十ある三　一四くまつの四十七るノ三　まん五か〇らぬまつの四十七るの三三　まつノ九二まつノ四け九てある三　九ノ二て九へた四て四三あけて九れ四　九く

十百四てあろか　九十たまたか九四三て三へおれ八け九か九るの三三　二んけん九九ろた四て八七らん三

五かつ一にち　三のひつ九ノ⦿

【訓解文】

外国のコトは無くなるぞ。江戸の仕組み、旧五月五日までに終はりてくれよ。後はいよいよとなるぞ。⦿が申した時にすぐ何事も致してくれよ。時過ぎると成就せんことあるのざぞ。桜花一時に散ることあるぞ。いよいよ松の代となるのざ。万却変わらぬ松の代となるのざぞ。松の国、松の世、結構であるぞ。この筆声出して読みあげてくれよ。くどう申してあろが、言霊高く読みてさへおれば結構が来るのざぞ。人間心出してはならんぞ。

五月一日、三のひつ九の⦿。

六　10—6［280］

キかも十三十百四てあろか七　⦿九二まける十一二九九ろ九十八あ九ま三三　キ　おキ九百千て九た三れ四　四ま九二二ホん二十ら八れて九れる七四　ち三一九十おもて一る十けん十十れん九十二七る三　一たへ四二たへ四たへる二八か六九十三　か六十八か三三三か三二三七へてか

らか六の三　かめ八か六ほ十か三十七る三　か三九二三か三七からの九二三か三七から四五十四て百四一三　あホ八まも七キかる十キある十百四てあろか　一二千ひ十九一九ろ三レたら　千五百のう二八たて四　か六一三七キのか三のおん四へ三　か三キろ三たま八二ん三ん百きろ三

五かつ二か　三のひつ九のかみ

【訓解文】

キが元ざと申してあろがな。⊙国負けると言う心、言葉は悪魔ざぞ。（「第一訳文に以下の一文あり」本土上陸というキは悪魔ぞ）。キ、大きく持ちて下されよ。島国日本にとらはれてくれるなよ。小さいこと思ていると見当取れんことになるぞ。一食べよ。二食べよ。食べるには噛むことぞ。噛むとはカミざぞ。神に供へてから噛むのざぞ。噛めば噛むほど神となるぞ。神国ぞ。神ながらの国ぞ。かみながら仕事してもよいぞ。青山も泣き枯る時あると申してあろが。日に千人食ひ殺されたら、千五百の産屋建てよ。かむいざなぎの神の御教ぞ。神嫌う身魂は人民も嫌うぞ。

五月二日、三のひつ九のかみ。

七　10—7［281］

三七一四キ二七りて一る九十◯からぬか　一二三のり十のりて七ホ四て八れ四　二て四三て七

ホ四て八れ四　二二んて百八からぬ八ま一二七て一る三　八四七ホ三ヌ十十二百七らん九十二七て九る三　九九ノ三八かりてある三　ま七か二二ノ八まつ九り　三のま八り二七つの八まつ九りて九れ四　八一てんつ九り九れ四　二てかゝス十九ろつ九り九れ四てんめ八ゝ⃝六十九ろつ九り九れ四　一つれもかりて四一三　八四七三レ四　まつノ九九ろ二七りて三へおレハ七二五十百ゝ⃝九くゆ九三

五かつ四か　三のひつ九のか三

【訓解文】

皆病気になりていることわからぬか。一二三祝詞宣りて治してやれよ。筆読みて治してやれよ。自分でもわからぬ病になっているぞ。早う治さぬとどうにもならんことになって来るぞ。ここの宮、仮であるぞ。真中に富士の山造り、そのまはりに七つの山造りてくれよ。拝殿造りくれよ。筆書かす所造りくれよ。天明休む所造りくれよ。いづれも仮でよいぞ。早うなされよ。松の心になりてさへおれば、何事もすくすく行くぞ。

五月四日、三のひつ九のか三。

ちん三八六かつノ十かてある三　二てか丶四て〇一ねん三　二てて四ら四てあろか　三れから
か一四くの四四ねん八三三　ひ九り八九あ九三
五かつ四か　三のひつ九のか三

【訓解文】

鎮座は六月の十日であるぞ。筆書かしてまる一年ぞ。筆で知らしてあろが、それからがいよいよの正念場ざぞ。びっくり箱あくぞ。

五月四日、三のひつ九のか三。

九　10—9［283］

二二八八れ十二火んはれ　一四く一八十七らける三　お八ま一らキ〇九十け九　〇つの九二〇つの三四十七る三　九九かつ八かからお八ら一のり十二あ〇つのり十の二十のり十一二三のり十九十一れてのれ四　〇⊙れ⊙二のれ四　三の一から一四く⊙ハ⊙けものハけもの十七る三へ十十四四八めるて七一三　お八まへうつ四て四一三　八九一ん一十八めて四一三　またつ十めて四一三　め九りあるから四ん八一あるの三　め九り七九七れ八四ん八一七九七る三　四ん八一

七一のか二二八八れ十三　二二八れけつ九三
一二の三た三一つれも二二八れ九九ろておりて九た三れ四　二九た一ち十のまであるか　たま
八かキり七九三かへるの三三　キん二七ん二う四てまけぬ四二四て九た三れ四　キん八か二四て
八七らん三　あせるて七一三　あせる十四ん八一九十てきる三　か三か四九三てある九十　四ん
三んか四四十ててき八せん三　三一九八りう〳〵メた二まちか一七一の三三　けん二つ四て五三
れ三五十四て三せる三　二八の一へ二八の九二の三三けものか三ハ一らん三　四六九一の三三け
もの九メ一つ二て百四一三　⦿八うれ四三　九九かつ八か十十め三

六かつ二か　三の一二の⦿

【訓解文】

富士は晴れたり日本晴れ、いよいよ岩戸開けるぞ。お山開きまこと結構。松の国、松の御代となるぞ。旧九月八日から大祓祝詞に天津祝詞の太祝詞、一二三祝詞、事入れてのれよ。忘れずにのれよ。その日からいよいよ⦿は⦿、獣は獣となるぞ。江戸道場やめるでないぞ。お山へ移してよいぞ。役員一度やめてよいぞ。またつとめてよいぞ。メグリあるから心配あるのざ。メグリなくなれば心配なくなるぞ。心配ないのが富士は晴れたりぞ。富士晴れ結構ぞ。

日月の御民、いづれも富士晴れ心でおりて下されよ。肉体ちっとの間であるが、魂は限りなく栄えるのざぞ。金に難渋して負けぬようにして下されよ。金馬鹿にしてはならんぞ。焦るでないぞ。焦ると心配事出来るぞ。神が仕組みであること、臣民がしようとて出来はせんぞ。細工はりゅうりゅう、めったに間違いないのざぞ。見物してござれ、見事して見せるぞ。不和の家、不和の国の捧げもの、神は要らんぞ。喜びの捧げもの、米一粒でもよいぞ。⦿は嬉しいぞ。旧九月八日、とどめぞ。

六月二日、三の一二の⦿。

十　10—10［284］

五大四うひ九りかへて一る九十また◯からぬか　かん四んか七メの九十三三　七大四う十七る三　八た一四う十七る三

一まの四ん三ん二八かる四百す七ら八　五三んた一のおか三三ま十八　あメの三七かぬしのか三三ま　たか三六⦿⦿のか三三ま　か三六⦿一のか三三ま　一三七キのか三三ま　一三七三のか三三ま　つキ三かキ六かつ一メのか三三まて五三る三　あめのか三十八　あめの三九まりのか三九二の三九まりのか三　かせのか三十八四七十七九のか三四七十一メのか三　イ◯のか三十八い

○七かヒメのか三い○十わけのか三　アれのか三十八大いかつちのをのか三○キ一かつちおのか三　二四んのか三十八たけ三かつちのか三二つぬ四のか三か三三まのおん九十て五三る三　キのか三十八九のハ七三九八一メのか三　かねのか三十八きんかつかねのか三　ヒのか三十八○かヒメキミのか三　ヒのてのか三十八ひ九ホヽて三のか三　り九のお十一メとの十八たま四り一メのか三三まのおん九十て五三る三　九ノホの九十一つれ八かりて九る三　一ま八また四ら四て七らん九十三　四らす二せつちかついた三

六かつ十一にち　三の一二⦿

【訓解文】

五大州引っ繰り返っていることまだわからぬか。肝腎要のことざぞ。七大州となるぞ。八大州となるぞ。

今の臣民にわかるよう申すならば、御三体の大神様とは天之御中主神様、高皇産霊神様、神皇産霊神様、伊邪那岐神様、伊邪那美神様、撞賢木向津媛神様でござるぞ。雨の神とは天之水分神、国之水分神、風の神とは志那都比古神、志那都比売神、岩の神とは石長比売神、石戸別神、荒の神とは大雷男神、若雷男神、地震の神とは武甕槌神、経津主の神々様の御事でござるぞ。キの神とは木花開耶姫神、金の神とは金勝要の神、火の神とは稚比売君の神、日の出の神とは彦火々出見神、竜宮の乙姫殿とは玉依姫の神様の御事でござるぞ。この方のこと、いづれわかりて来るぞ。今はまだ知らしてならんことぞ。知らす時節近づいたぞ。

六月十一日、三の一二⦿。

十一

10—11 [285]

⦿た一一ち十すれ八⦿十七り　あ九◯た一一ち十すれ八あ九ま十七る三　七二五十百⦿た一一けつ九　か一のかへしキ三三　キかも十三十四ら四てあろか　カイの五四二かゝりて九れ四　七ん十一二け九七九十てあたかと八四メ八九る四七れ十　三七か四六九二四二七て九るの三三　三キたの四三二九る四め四　九九十四めつけてメのたま十一てる九十あるの三三　三九まて二九百りて一るの三三　八け四九千た九する三　かあ一九た二三九二つきお十三七七らんか百四れん三一四くか三かおもて二あら八れて⦿の九二二てからたて三す三　か三九二一かりかゝ八九三二ホん二八またく七二五十あるか◯からん三　八八九一十りてもお九四ら四て八れ四　たま三かけ八三か一たたけ三キか三へす九三　三キ三へる四ん十九あたへる三　一九らエら一八九二んかん八りても　一ままての九十八七二百八九二たゝん三　あたら四キ一かりの四十七るの三

二るキものぬキすて四十百四てあろか七　ま九十九九ろ二七りた七ら八　二二んてもわからんホ十のけつ九てて九る三てからたて三す三　い九らか八りて百かて八十らん三　かおりてす七ホ二七りて九た三れ四　九れて四一十一二九十七一三　一九らつ十めてもつ十めて百九れても四一十一二九十八七一の三三　か三の一りんの四九三〇かりたら　せか一一れつ一たい一た一ら二七る三　ますかけひ一てせか一の四ん三ん二ん三ん一三三二一三六三　一三六九十九ノホうれ四キ三二二八一つ八九八つするの三　十九へ二けたらたすかるの三十一二九九ろわれ四四三　十九二一て百す九百ノ八す九十百四てあろか　〇るキまつキ八あ九〇のキ三三　け九かけ九う六の三三

六かつ　一一にち

【訓解文】

◉第一とすれば◉となり、悪魔第一とすれば悪魔となるぞ。何事も◉第一結構。カイの言霊返し、キざぞ。キが元ざと知らしてあろが、カイの御用にかかりてくれよ。何といふ結構なことであったかと、始めは苦しいなれど、皆が喜ぶようになって来るのざぞ。先楽しみに苦しめよ。ぎゅうぎゅうと締めつけて、目の玉飛び出ることあるのざぞ。そこまでに曇りているのざぞ。はげしく洗濯するぞ。可愛い子、谷底に突き落とさなならんかも知れんぞ。いよいよ神が表に現れて◉の国に手柄立てさすぞ。神国光り輝くぞ。

日本にはまだまだ何事あるかわからんぞ。早く一人でも多く知らしてやれよ。魂磨けば磨いただけ先が見へ透くぞ。先見へる神徳与へるぞ。いくら偉い役人頑張りても、今までのことは何も役に立たんぞ。新しき光の世となるのざ。古きもの脱ぎ捨てよと申してあろがな。まこと心になりたならば、自分でもわからんほどの結構出て来るぞ。手柄立てさすぞ。いくら我(が)張りても我(が)では通らんぞ。我折りて素直になりて下されよ。これでよいといふことないぞ。いくらつとめてもつとめても、これでもうよいといふことはないのざぞ。神の一厘の仕組みわかりたら、世界一列一体一平(いったいら)になるぞ。枡かけ引いて、世界の臣民人民、勇みに勇むぞ。勇むことこの方嬉しきぞ。

富士はいつ爆発するのざ、どこへ逃げたら助かるのざという心我よしぞ。どこにいても救う者は救うと申してあろが。悪るき待つキは悪魔のキざぞ。結構が結構生むのざぞ。

六月十一日。

註　カイの言霊返し、キざぞ　『【岡本天明・口語訳】水穂伝』（八幡書店、二〇二二）七五頁以下の「仮名反しの法則の御伝」参照。

十二

10—12［286］

二(に)んけ(げ)ん九(ご)九(こ)ろ二(に)八(は)か(が)か(が)ある三(ぞ)　⦿九(ご)九(こ)ろ二(に)八(は)か(が)七(な)一(い)三(ぞ)　か(が)か(が)七(な)九(く)て百(も)七(な)らん三(ぞ)　か(が)あて八(は)七(な)

らん三　か〻七九て八七らす　あて八七らん十り八かりたか　か三二十け一れ四　てん四三ま二十け一れ四　か七九せ四　かたせ四　たてかへ十百すの八四んか一ゆか一けんか一二ある　一ままての九十をキれ一二チり一つの九らぬ四二　千た九する九十三三　九ん十十一二九ん十八十九まて百きれ三八り十たてかへするの三三　たて七ホ四十百すの八四の百十のおか三三まの三九九ろのま〻二する九十三　三七かりの四二する九十三　てん四三まの三一☉か〻八九三四十する九十三　セ一二百け一三一百七二百か百七九七る三　たへる百の百一四八七九七て四百三　か九五七三れ四

六八二一三七五　一九　四八五二七　三八八三七八四五二三二一五三

せか一の四ん三んてん四三まおろか六十キ九るの三三　千八ませす二けん二つ一た三れ四　五四八せ七七らん三　九の二て四め四　九へたか九九の二て千十セ四ます一十十七る三　てんち◯せ九せ十七る三

六かつ十二にち　三のひつ九ノ☉

一【訓解文】

人間心（にんげんごころ）には我（が）があるぞ。☉心には我がないぞ。我がなくてもならんぞ。我あってはならんぞ。我がなくてはならず、あってはならん道理わかりたか。神にとけ入れよ。てんし様にとけ入れよ。我なくせ、我出せよ。立て替へと申すのは、神界、幽界、顕界にある今までのことを、綺麗に塵一つ残らぬように洗濯することざぞ。今度という今度はどこまでも綺麗さっぱりと立て替へするのざぞ。立て直しと申すのは、世の元の大神様の御心のままにすることぞ。御光の世にすることぞ。てんし様の御稜威（みいづ）輝く御代とすることぞ。政治も経済も何もかもなくなるぞ。食べる物も一時はなくなってしまうぞ。覚悟なされよ。

（［以下一行訓解困難であるが第一訳文には次のようにある］正しくひらく道道鳴り出づ、はじめ苦し、展きいて、月鳴る道は弥栄、地ひらき、世ひらき、世むすび、天地栄ゆ、はじめ和の道。）

世界の臣民、てんし様拝（おろが）む時来るのざぞ。邪魔せずに見物いたされよ。御用はせなならんぞ。この筆読めよ。声高く、この筆血とせよ。益人（ますひと）となるぞ。天地まぜこぜとなるぞ。

六月十二日、三のひつ九ノ☉。

十三　10—13［287］

ひ十（と）みつ十（づ）百（とも）四（し）てあろか七（がな）　ひつつ九（づく）三（ぞ）　あめつつ（づ）く三（ぞ）　ひの◯（わ）三（ざ）◯（わ）一（い）ある三（ぞ）　三（みづ）の◯（わ）三（ざ）◯（わ）一（い）ある三（ぞ）　ひのおかけ（げ）ある三（ぞ）　三（みづ）つの◯（わ）三（ざ）◯（わ）一（い）キつけ四（よ）　ひ十（と）みつ（づ）一（い）り三（みだ）たれての◯（わ）三（ざ）◯（わ）一（い）ある三（ぞ）

ち九七りた三　ひ十みつの三め九三ある三　一四八⦿の九十百おキ九へて一へん九十ある三三れても四ん八一⦿るて七一三二二八れる三　か三九一九二ん一て百　かね一らぬてあろか　ある四十四り十す○りておれ八お三まておろか　か三九二のかたの九四てあるの三三　九二お三める二せ一二八一らぬ三け一三一一らぬ三　⦿おろかめ四⦿まつれ四　てん四三まおろかめ四　七二百かも三七⦿二三三け四　⦿から一たたけ四　か三九二お三まる三一九三百お三まる三　一まの四ん三ん九ち三キ八かりてま九十百四て一るか　九ち八かりては七ホ○る一三九十八めてつかへまつれ　てん九りかへる三

【訓解文】

火と水と申してあろがな。火続くぞ。雨続くぞ。火の災いあるぞ。水の災いあるぞ。火のおかげあるぞ。水の災い気つけよ。火と水、入り乱れての災いあるぞ。近うなりたぞ。火と水の御恵みあるぞ。一時は⦿のことも大き声で言へんことあるぞ。それでも心配するでないぞ。富士晴れるぞ。家族幾人いても金いらぬであろが。主人どっしりと座りておれば治まっておろうが。神国の型、残してあるのざぞ。国治めるに政治はいらぬぞ。経済いらぬぞ。⦿拝めよ。⦿祀れよ。てんし様拝めよ。何もかも皆⦿に捧げよ。⦿から頂けよ。神国治まるぞ。戦さも収まるぞ。今の臣民国先ばかりでまこと申しているが、口ばかりではなお悪いぞ。言やめて仕へまつれ。でんぐり返るぞ。

一

六月十三日、みづのひつくのかみ。

十四　10—14［288］

一〇〇て八八三の四てあたから十ん七〇る一九十して百八三二のかれる九十てきてキタか　八三の四八百⦿三た三　おも一ちか二二ん三んた九三ある三　十ん七つ十一てもた一四四八三七おも一ちか二三　八四三八り九九ろ一れかへて九た三れ　⦿の九て七一十⦿の九二二八すめん九十二七る三　か一五九へ二けてゆか七七らん三　二十十かへれん三　か一五九ゆキ十七らぬ四九んほんから九九ろ一れかへて九れ四　二ほんの九二の四ん三ん三七へいた一さん二七た十キ一十二十十た一へんかお九る三　三七おも一ちか二三

カイの五四八キの五四三　三れかす三たらまた〱五四ある三　ゆけ十百〱九三ボウ〱十九から七二か十一たすか　あキの三ら九れん十か〇る三　このホ八け二八けての九らすの三たま四らへてあるから　三たまのか一四ん七か〱二六か四から　九ん十十一二九ん十八てんのキ三九十り　ヒシ〱十らちつける三　五三んた一のおか三三ま三か九の四をかま一七三らぬ十　九

ノ四八九二八く十七るの三三　け九ちかつ一て一るの三三　た一三かちかつ一て一るの三三
九ノ二て四三てか三く三ま二百四五二んとの二百キかせて九れ四　一四くあめのひつ九のか
三三まおんか〻り七三れる三
九　五かつ五か　三のひつ九か三

【訓解文】

今までは闇の世であったから、どんな悪いことしても闇に逃れること出来てきたが、闇の世はもう済みたぞ。思ひ違ふ人民たくさんあるぞ。どんな集ひでも大将は皆思ひ違ふぞ。早うさっぱり心入れ換へて下され。⦿の子でないと⦿の国には住めんことになるぞ。外国へ逃げて行かなならんぞ。二度と帰れんぞ。外国行きとならぬよう、根本から心入れ替へてくれよ。日本の国の臣民皆兵隊さんになった時、一度にドッと大変が起こるぞ。皆思ひ違ふぞ。

カイの御用はキの御用ぞ。それが済みたら、まだまだ御用あるぞ。行けども行けども草ぼうぼう、どこから何が飛び出すか、秋の空グレンと変わるぞ。この方化けに化けて残らずの身魂調べてあるから、身魂の改心なかなかに難しいから、今度といふ今度は天の規則通り、ビシビシと埒つけるぞ。御三体の大神様、三日この世を構ひなさらぬと、この世はくにゃくにゃとなるのざぞ。結構近づいているのざぞ。たいそうが近づいているのざぞ。この筆読みて、神々様にも守護神殿にも聞かせてくれよ。いよいよ天の日津久の神様、御憑かりなされるぞ。

旧五月五日、三のひつ九か三。

十五

10―15［289］

一の八る八一の三八十十四四てある三　お三七八七か八ま三　お九八ま百つ九らす三　二二一八かぬ四おろか三て九れ四　大七ん小七ん二まつりかへる四おろか三て九れ四　たへもの一たゝ九十キ八四九くかめ十百四てあろが　うへの八八一た三　四たの八八三た三一十三十お◯すの三三　か六ろキか六ろ三三か六十ちからうまれる三　ち十七る三　二九十七る三

六かつ十七にち　ひつ九のか三

【訓解文】

日野春は一の宮と道場であるぞ。女は中山ぞ。奥山もつくらすぞ。富士、火吐かぬよう拝みてくれよ。大難小難にまつりかえるよう、拝みてくれよ。食べ物頂く時はよくよく噛めと申してあろが、上の歯は火だぞ。下の歯は水だぞ。火と水と合わすのざぞ。かむろぎかむろみぞ。噛むと力生れるぞ。血となるぞ。肉となるぞ。

六月十七日、ひつ九のか三。

註　日野春は一の宮と道場であるぞ。女は中山ぞ。奥山も作らすぞ　山梨県北巨摩郡日野春村。戦時中、桜澤如一の「無双原理講究所」は滋賀県大津から同村に移転し拠点を設けていた。桜澤の玄米正食グループと天明のグループは高田集蔵を通じて接点があり、日野誠などメンバーが重なっていた。天明は「すめら歌社」時代から玄米正食を実践し、戦後、多くの信奉者が千葉県印旛郡公津村台方に移住し、玄米正食と農業を中心とする宗教共同体が形成された。昭和二十二年頃、桜澤如一は公津村の小川源一郎宅を訪ね、天明とも面会し、弟子たちに天明の俳画購入を呼びかけた（黒川前掲書二一四～二二五頁）。

十六　10―16［290］

か一のまつりけ九てありた三　◯ゝへたけ四たヤの三三キ五九ろてあた三　三七のものお八ま五九ろてあた三　三へた三一十か十つつキ　三三キアさか◯一四百十か六へたけ四たか十たヤの三十たかキ四んぼ　四四だたかた五九ろてあた三

てんめ五九ろ三　また〱五九ろアる三　たまの三八つ九りて四一三　◯れの九十一はれて八らのたつ四七ち三一九九ろて八　九ん十の五四八てキ◯せんの三三　九九ろおキ九百て十百四てあろか七

六かつ二十か　ひつ九のか三

【訓解文】

カイのまつり、結構でありたぞ。カンベ、タケシタ、ヤノ、ササキ、ご苦労であったぞ。皆の者、お山ご苦労であったぞ。ミエタ、サイトウ、カトウ、ツヅキ、ササキ、アサカワ、イシモト、カムベ、タケシタ、カドタ、ヤノ、サトウ、タカギ、ジンボ、ショウダ、タカダ、ご苦労であったぞ。

天明、ご苦労ぞ。まだまだご苦労あるぞ。霊(たま)の宮造りてよいぞ。我(われ)のこと言はれて腹立つような小さい心では、今度の御用出来はせんのざぞ。心大きく持てと申してあろがな。

六月二十日、ひつ九のか三。

註　**甲斐の祀り結構でありたぞ。神部、タケシタ、矢野、佐々木、御苦労であったぞ**　矢野は矢野シン、佐々木は佐々木精次郎、神部は関東重工業社長の神部達で日野春に移住した桜澤如一の高弟。タケシタは不明。昭和二十年六月十八日、この四名が、日野春の無双原理講究所において神事を斎行した（黒川前掲書二二五頁）。

十七　10—17［291］

か一(い)の五四(ごよー)八(は)キの五四(ごよー)て(で)ある三(ぞ)　四(し)ん三(み)ん八(は)三(み)の五四(ごよー)つ十(と)めて九(く)れ四(よ)　キ十(と)ミの五四(ごよー)て(で)ある三(ぞ)

ミの五四(ごよー)十(と)八(は)からた(だ)の五四(ごよー)て(で)ある三(ぞ)三(み)八(や)四(し)七(な)二(ふ)たゝ四(し)キ三(みち)一(ひ)ら一(い)てつたへて九(く)レ四(よ)　一(い)まゝて(で)

の二て四め八◯かる四二四てある三　キノ五四二つか二百ノ百ある三　キミノ五四三す百ノ百ある三　お九八ま八お十九ノ八ま二ヒら一て九レ四　五九ろ七からけ九七おん八九てあるから　五九ろてある三　お◯百りの一四十四く三けて四一三　三⊙の◯キ九レてお八り三

六かつ二十三にち　三の一二⊙

【訓解文】

カイの御用はキの御用であるぞ。臣民はミの御用つとめてくれよ。キとミの御用であるぞ。ミの御用とは体の御用であるぞ。身養ふ正しき道、開いて伝へてくれよ。今までの筆読めばわかるようにしてあるぞ。キの御用に使ふ者もあるぞ。キミの御用さす者もあるぞ。奥山は男の山に開いてくれよ。ご苦労ながら結構な御役であるから、ご苦労であるぞ。お守の石、どしどし下げてよいぞ。水の巻、これで終わりぞ。

六月二十三日、三の一二⊙。

註　カイの御用はキの御用であるぞ　10—11註参照。

第十一巻

松の巻

○つの○キ

（○の右に小さく「ま」）

自　昭和二十年六月十七日
至　昭和二十年七月十九日

一―二十九

一

11―1〔292〕

二二(ふじ)八八(はは)れ十(たり)せか一八(いば)れ　三千(さんぜん)せか一(い)一十二(いちどに)八(は)れるの三三(ざぞ)　四(よ)の百十(もと)の一(ひと)つ二(ぶ)た(だ)ねの日(よ)十七(となつ)た三(ぞ)　〇(ま)つの三日(みよ)十七(となつ)た三(ぞ)　せか一(い)千二(ぢふ)ゆすりて〆三(さ)ます三(ぞ)　三千(さんぜん)ねんの六(む)か日(し)二(に)かへす三(ぞ)　一(い)りまめ八七(はなさ)九三(くぞ)　うへ日(し)た七九(ひつく)りかへる三(ぞ)　三(みづ)ももら三日九三三(さんしぐみぞ)

六かつ十七二ち　アメのひつ九か三

【訓解文】

富士は晴れたり世界晴れ。三千世界一度に晴れるのざぞ。世の元の一粒種の世となったぞ。松の御代となったぞ。世界中ゆすりて眼覚すぞ。三千年の昔に返すぞ。煎り豆花咲くぞ。上下ひっくり返るぞ。水も洩らさん仕組みぞ。

六月十七日、アメのひつ九か三。

二

11―2〔293〕

◉の九二(くに)おア日(し)の二六十九(ふむとこ)ろ七一(ない)まて(で)二(に)けか(けが)日(し)て日百(しも)て一(い)るか(が)三(ぞ)れて(で)◉リキ八(は)て(で)ぬ三(ぞ)　二(じ)ん三(み)ん七九七(なくな)る三(ぞ)　の九(こ)る日(し)ん三(み)ん三二六(さんぶむづ)か日三(しーぞ)　三二十(さんぶと)おもへ十百二二(どもにぶ)て(で)ある三(ぞ)　千八〇(ぢやま)せぬ日二(よーに)

◯からん日ん三んけん二つ日て五三れ　九九まて日ら日てめ三めん日ん三ん二ん三ん七らて七て三て一て五三れ　三五十日あけて三せる三　すゝめちう〱からすかう〱

六かつ十八二ち　アメのひつ九か三

【訓解文】

⦿の国を、足の踏むところないまでに穢してしもうているが、それでは⦿力は出ぬぞ。人民なくなるぞ。残る臣民、三分難しいぞ。三分と思へども二分であるぞ。邪魔せぬように、わからん臣民見物してござれ。ここまで知らして眼覚めん臣民人民なら手引いて見ていてござれ。見事仕上げて見せるぞ。雀ちうちう烏かうかう。

六月十八日、アメのひつ九か三。

三　11―3［294］

か三八け日九二ん三ん日つか二せ日　一二た九十か七らすお九七八ね八七らん三　てんから九エある三　ちから九エある三　三たま三かけ八日九◯かるの三三　九九かつ八かまて二キれ一二三二日ておけ日　の九る九九ろけたもの三　か三十七れ八九九十もきる九十も　す六一へも日ん

八一七九七る三　二ホん八れ十八三の九十三三

六かつ十九二ち　あメのひつ九のか三

【訓解文】

神はげしく、人民静かにせよ。言ふたこと必ず行はねばならんぞ。天から声あるぞ。地から声あるぞ。身魂磨けばよくわかるのざぞ。旧九月八日までに綺麗に掃除しておけよ。残る心獣ぞ。神となれば、食うことも着ることも住む家も心配なくなるぞ。日本晴れとはそのことざぞ。

六月十九日、あメのひつ九のか三。

四　11—4［295］

い九ら○九十も四ても○九十八の十へつかへての三九めぬから　○九十の十九ろへ八二ん三ん七か七かあつ○らん七れ十　九ん十の五四八日ん三んた九三八一らん三七二もかもか三か日九三て一るの三から　二ん三ん日日十て七二もてキ八千三　☉のキか一二か七○ん二ん三ん八ちの日た二七るの三三　二て○からね八一十すてゝ三る十八かるの三三

六かつ二十か　アメのひつ九のか三

【訓解文】

いくらまこと申しても、まことは咽喉へつかへて呑み込めぬから、まことの所へは人民なかなか集まらんなれど、今度の御用は臣民たくさんは要らんぞ。何もかも神が仕組みているのざから人民しようとて何も出来はせんぞ。㋸の気概に叶わん人民は地の下になるのざぞ。筆わからねば一度捨てて見るとわかるのざぞ。

六月二十日、アメのひつ九のか三。

五　11—5［296］

九の三キ十日たら日一か十一二九十八　せか一十かねの◯ら二て三か日ても　九九日りホか◯からんの三から　か一日ん日てたつねて五三れ　て十りて日キホ二◯◯日て八る三　か三九二のせ一二八もの一か㋸せ一二十も日てあろか　もの一かせ八け一三一もせ日も一らん三　かねもの一二十キからものもの一二十キ二七て一るか　ものく一八ん十キ九る三　◯九十もの一二十キ九る三　一日もの一二十キ九る三

六かつの二十一にちのア三アメのひつ九のか三二て

【訓解文】

この先どうしたらよいかといふことは、世界中金の草鞋で探してもここより他わからんのざから、改心して訪ねてござれ。手取りてよき方に廻してやるぞ。神国の政治は、もの活かす政治と申してあろが。もの活かせば、経済も政治も要らんぞ。金ものいふ時から、ものものいふ時になっているが、もののいはん時来るぞ。まことものいふ時来るぞ。石ものいふ時来るぞ。

六月の二十一日の朝、アメのひつ九のかみ、ふで。

六

11―6［297］

いまの日二てゝ一る日五二ん　ア九か三をてんのか三ゝま十おもて一るから　七か〱か一日ん六か日三一◯ゝての九九ろ◎九り十◎てゝう◯れアか五十七りて九た三れ十も日てあろか　八日か一日んせね八◯二あ◯ん三んねんかてキる三　九の二て◯からんうちから◯かりておらん十◯かりてから◯かりたので八一十七三ゝゝ　ちのキ三九てんのキ三九十七る九十もあるの三ゝ日

六かつ二十二ち　アメのひつ九のか三二て

【訓解文】

今の世に出ている守護神、悪神を天の神様と思っているからなかなか改心難しいぞ。今までの心すくりと捨てて、生まれ赤子となりて下されと申してあろが、早よう改心せねば間に合わん、残念が出来るぞ。この筆わからんうちからわかりておらんと、わかりてからわかりたのでは、人並みざぞ。地の規則、天の規則となることもあるのざぞよ。

六月二十二日、アメのひつ九のかみ、ふで。

七

11—7［298］

エら一一十三七十り九十七る三　日アけち九七た三　日アけたら七二もかも八キりする三　日アけ〇へ八八三日り九ら一三　ア〇てるて七一三　か三の九二一十〇けた日二七て日〇一二八かち　〇た〇けた日二七てかつの三三　八らの七かの五も九一十二七八りた日ても七らぬ日　た三ね八〇二ア〇ん日　一四くアら九十二かゝるから　三のつもりてか九五日一か　〇からん二ん三ん十一て日八〇せす二けん二つ日て五三れ日

六かつ二十三にち　アメのひつ九のか三

【訓解文】

偉い人、みな俘虜となるぞ。夜明け近うなったぞ。夜明けたら何もかもはっきりするぞ。夜明け前は闇より暗いぞ。慌てるでないぞ。神の国、一度負けたようになって、終いには勝ち、また負けたようになって勝つのざぞ。腹の中のごもく一度に引っ張り出してもならぬし、出さねば間に合わんし、いよいよ荒らごとにかかるから、そのつもりで覚悟よいか。わからん人民、退いて邪魔せずに見物してござれよ。

六月二十三日、アメのひつ九のか三。

八　11—8［299］

か三の九二〻八六か日からか三のた三日り⦿めんのてある三　か一五九三た〇八か一五九ゆキ一すんのす六おつちも　か三九二二八七一の三　〇たれんものか〇たりてけか日て日百て一る三二ホんの二ん三ん八〇十た〇日十九二アるの三　八〇十た〇日十八　⦿十一十十十けアたすかた三　一九三一日一日八け日九七る十　二ホんのへ一た一三も九れ八か七〇ん十一二九十二七りか三八九の日二〇三十一二九十二七て九る三　三れて十二も九二も七らん九十二七るから　八日か三二すかれ十も日て一るの三　〇九十もてすかれ八三の一から日九七る三　日んりキアら八

れる三
九ん十のたてかへ八九の日八〇て七一九十てアるから　一九三八かりてたてかへてキん三　せか一⦿三〱〇て三二するのであるから　十の一へも〱三た〇も〱スミ〱〇て一キか三かアらためるの三からつら一二ん三んた九三二てキる三
三た〇のか三か一九らか八ても　二ん三ん二うつても九ん十八七二もてキ八千三　日のも十からの一キか三て七一九十二八てキ七一のてある三　三れて⦿七を二ゆ九十キけ十九十もすの三九ん十八か三の三も三八り十つ九りかへるの三三　日ん三んの三八も十日りけものの三もつ九りかへ三　一九三のてつた一九ら一たれてもてキるか　九ん十の五四七か〱二六日三　あか一ものかあか一七か三る十　一ろ七一十おもの三　キつけて九れ日　ア九か三の日五十七れ八二二んてたゝ日十おも九十ア九十七るの三三　ア九もか一日んすれ八たすけて八る三
う三の五日五八　り九んのお十一め三ま三　う三のへた一三ん　り九んのお十一メ十の〇つり九れ日　り九んのお十一メ十のの五日五七一十　う三の一九三八けりつかん三
ア三一てるゆ一たゝ三す十九ろ二たから一けお一てある三　たから一日〱日二てる三　二ん

三んのか一日んた一二三　かホ八け二てもか〇る三　た三のか一日ん七かく三

六かつ二十三ち　アメのひつ九のか三

【訓解文】

神の国には昔から神の民より住めんのであるぞ。外国身魂は外国行き。一寸の住むお土も神国にはないのざ。渡れん者が渡りて穢してしもうているぞ。日本の人民、大和魂どこにあるのざ。大和魂とは⦿と人と融け合った姿ぞ。戦さいよいよ烈しくなると、日本の兵隊さんも、これはかなわんといふことになり、神はこの世にいまさんといふことになって来るぞ。それでどうにもこうにもならんことになるから、早う神にすがれと申しているのざ。まこともてすがれば、その日からよくなるぞ。神力現れるぞ。

今度の立て替へは、この世はじまってないことであるから、戦さばかりで立て替へ出来んぞ。世界すみずみまで掃除するのであるから、どの家もどの家も、身魂も身魂も、すみずみまで生き神が改めるのざから、辛い人民たくさんに出来るぞ。

身魂の神がいくら我はっても、人民にうつっても、今度は何も出来はせんぞ。世の元からの生神でないことには出来ないのであるぞ。それで素直に言うこと聞けとくどう申すのざ。今度は神の道もさっぱりと造り替へるのざぞ。臣民の道はもとより、獣の道も造り替へぞ。戦さの手伝いくらい誰でも出来るが、今度の御用なかなかに難しいぞ。赤いものが赤い中見ると色ないと思うのざ。気つけてくれよ。悪神の守護となれば自分で正しいと思うこと、悪となるのざぞ。悪も改心すれば助けてやるぞ。

海の御守護は龍宮の乙姫様ぞ。海の兵隊さん、龍宮の乙姫殿祀りくれよ。龍宮の乙姫殿の御守護ないと、海の戦さはけりつかんぞ。

朝日照る、夕日たださす所に宝いけおいてあるぞ。宝いよいよ世に出るぞ。人民の改心第一ぞ。顔は今日でも変わるぞ。民の改心なかなかぞ。


六月二十三日、アメのひつ九のか三。

九　11—9［300］

ア九の八りかた八八日め八十ん十んゆ九七れ十　九二九二九りんて九れん三　千の八りかた八日メつら一七れ十　三キゆ九ほ十日九七る三　九の日二七二一十つてキん十一二九十七一九のホうのする九十三　一二九十キかね八キ九日日てキかす三　一んねんたけの九十八十日てもせね八九ん十の十け八九せんの三三　九九の八九一ん八三七一んねん三た〇八かり　九る日たけおかけある三

六かつ二十日　アメのひつ九か三日る⦿

【訓解文】

悪のやり方ははじめはどんどん行くなれど、九分九分九厘でグレンぞ。善のやり方、はじめ辛いなれど、先行くほどよくなるぞ。この世に何一つ出来んといふことないこの方のすることぞ。言ふこと聞かねば、聞くようしてきかすぞ。因縁だけのことはどうしてもせねば、今度の峠は越せんのぞ。ここの役員は、皆因縁身魂ばかり、苦しいだけお蔭あるぞ。

六月二十日、アメのひつ九か三、しるす。

十　11—10［301］

九ん十八九メキ◯たら　◯つた一つつ九の三三　二て二てた十りのキ三九十七る三　千も◯つた一三　ア九も◯つた一三　九の日◯一てある三　◯レのからた◯レニ二ゆ二七らぬ十キヽた三か三二⦿かる日り日かた七九七て⦿かたのて八◯二ア◯ん三　九ん十八いろ八の日二も十⦿三一二三の日二百十⦿三　⦿七ホ二⦿レ八　た◯一れかへて日一ホ二◯◯日て八る三　四六九一の三十一た日て八る三

六かつ二十日　あメのひつ九のか三しる⦿

【訓解文】

今度役目決まったら、末代続くのざぞ。筆に出た通りの規則となるぞ。善も末代ぞ。悪も末代ぞ。この世は一つであるぞ。我の身体、我に自由にならぬ時来たぞ。神にすがるより仕方なくなって、すがったのでは、まにあわんぞ。今度はいろはの世に戻すぞ。ひふみの世に戻すぞ。素直にすれば魂入れ替へて、よい方にまわしてやるぞ。歓びの身と致してやるぞ。

六月二十日、あメのひつ九のか三、しるす。

十一　11—11［302］

い○のホりつ九のホキら一ち八　キら一のもの七九する三　九りかた○る十三九七三　九の三七かゆ九三十も日てあろか　アれ七ら一二の三た三ゝ十せけんて一二日七お九七一せね八七らん三　か三の九二十もすもの八一かりの日ゝろ九一の日てアる三　六日けら○ててん日三○の三一かり二アつ○る日ろ九一の日てある三　ゝ五十九のホ二つ一て五三れ　て七八て十け九三日て八る三

六かつ二十五二ち　アメのひつ九のか三

【訓解文】

今の法律、この方嫌いぢゃ。嫌いのものなくするぞ。凝り固まると損なうぞ。この道、中行く道と申してあろが。あれなら日津久の御民ぞと世間で言ふような行いせねばならんぞ。神の国と申すものは光の世、喜びの世であるぞ。虫けらまで、てんし様の御光に集まる喜びの世であるぞ。見事この方についてござれ。手引っ張って峠越さしてやるぞ。

六月二十五日、アメのひつ九のか三。

十二

11—12［303］

◯へ二もたてかへ八アたの三か　三千せか一のたてかへて七かりたから　十のせか一二ても⦿九日ても九もりアたら　三れかおキ九七てア九八ゝ日れ八九ろ二ア◯一から　か三く三◯てもア九二日ら⦿く七て九るの三三ゝれて九ん十八も十の一キか三かア八れアら八れて　ア九八かけ三への九らぬ日　九んホんからの大千た九するの三　か三く三◯日五二ん十の九ん十八ア九八かけもの九三ゝ　八日か一日ん七三れ四たてかへの九十か九八千て八八からん三

六かつ二十二ち　アメのひつ九のか三

【訓解文】

前にも立て替へはあったのざが、三千世界の立て替へでなかりたから、どの世界にでも少しでも曇りあったら、それが大きくなって、悪は走れば苦労に甘いから、神々様でも、悪に知らず知らずなって来るのざぞ。それで今度は元の生神が天晴れ現れて、悪は影さへ残らぬよう、根本からの大洗濯するのざ。神々様、守護神殿、今度は悪は影も残さんぞ。早う改心なされよ。立て替へのこと、学や知ではわからんぞ。

六月二十二日、アメのひつ九のか三。

十三

11—13［304］

九のせか一八うキ日◯てアるから　二ん三んの九九ろ十り◯る九も七り　日九も七るの三九もの七一十も日てあるキ◯◯て一るか　かキ二九☉もの八も一九ら三か日ても七一の三　一十八か三の九三から九たけのもの八アたへてアる三　か三の九二うへ日二八七一三一八三かの三三　九九八◯つせか一の二ん三んのせ一日ん日九☉る十九ろてアるからか一日んせね八する日一たす三　◯からんの八◯れかまう一十◯ん日ん日て一るから三

九九かつ十六にち　アメのひつ九☉

【訓解文】

この世界は浮島であるから、人民の心通り、悪くもなりよくもなるのざぞ。食うものないと申して歩きまわっているが、餓鬼に食わすものは、もういくら捜してもないのざ。人は神の子ざから食うだけのものは与へてあるぞ。神の子に飢へ死にはないぞ。弥栄のみぞ。ここはまづ、世界の人民の精神よくするところであるから、改心せねばするよう致すぞ。わからんのは、我かまう人慢心しているからぞ。

旧九月十六日、アメのひつ九⦿。

註　旧九月とあるが、前後の日付から、旧五月の誤写と思われる。

十四　11—14［305］

うらキるものた九三てゝ九る三　二二十七る十の日九三　⦿ア㋐かたの日九三　八る七か一の五日七三れ日　ア九の三大小日八日か一日ん七三れ　ア九のか三く日八日か一日んけ九てある三　一九らアせりてアか一ても　か三九二の日九三八八かり八千三　ア九十八もせ大小二七る三た◯　か一四ん⦿れ八九ん十八一つ◯てもけ九二七るの三　二ほんの日ん三ん二ん三ん三七おも一ちか二十九十四ら四てあろか　◯たか⦿てぬか　三ても三二⦿る三

六かつ二十九二ち　アメのひつ九か三　二て（ふで）

【訓解文】

裏切る者たくさん出てくるぞ。富士と鳴戸の仕組み、諏訪、麻賀多の仕組み、榛名、甲斐の御用なされよ。悪の総大将よ、早よ改心なされ。悪の神々よ、早う改心結構であるぞ。いくら焦りてあがいても、神国の仕組みはわかりはせんぞ。悪とは申せ大将になる身魂、改心すれば今度はいつまでも結構になるのざ。日本の臣民人民、皆思い違ふと、くどう知らしてあろが。まだ我捨てぬか、水でも掃除するぞ。

六月二十九日、アメのひつ九か三、ふで。

註　富士と鳴門の仕組み　富士と鳴門の仕組み（経綸）なる観念は出口王仁三郎に淵源すると思われる。王仁三郎の神示『伊都能売神諭』大正七年十二月二十二日に「富士と鳴門の昔からの経綸が判りて来たら、世界は激しく成りて、外国が薩張り帰順いたして日本へ末代従ふやうに成るぞよ。東京の経綸はミノヲハリ、尾張の経綸は世の終り、伊勢は丹波に丹波は都、都の経綸は万古末代続くぞよ」とあり、『霊界物語』第四巻四十六章「神示の宇宙」に「『富士と鳴門の仕組が致してある』といふ神示は、火球の出口は富士山にして、地汐は鳴門を入口として水を地底に注吸しゐることを指示せるものなり」とあり、同六巻第二十四章「富士鳴門」においても同趣旨の説明が繰り返され、同第二十五章「金勝要大神」では「天教山は口に当り、鳴戸は地球の肛門に当るが故なり。神の出口、入口といふは、この富士と鳴戸の御経綸の意なり。大地の金神を金勝要神と称するは、大地の金気の大徳によりて固成され、この神の身魂に依りて凝縮保維されてゐるが故なり」とされる。

十五　11—15［306］

九の二てう二の○ゝてアるから三のつもりて十りて九れ日　う三八かけん九んホん三から九の二て十り二てんちのキ三九キ○◎の三三　九九ろへて二の日の五日二かゝり九れ日　せか一の九十三から　ゝ⃝九日九ら一のお三日八ゝ日八ある三　○千か一七一九十三三　た一日ゝかう五九日て八お三○らん三○七かう五九て七一十も日てあろか　九の日のか日らからか一日んせね八　九の日お三○らん三九のホたのめ八三九十ておかけ八る三　り九のお十火め十の八け日キ五かつ十三

六かつ三十二ち　アメのひつ九のか三しるす

【訓解文】

この筆うぶのままであるから、そのつもりで取りてくれよ。嘘は書けん根本ざから、この筆通りに天地の規則決まるのざぞ。心得て次の世の御用にかかりくれよ。世界のことざから、少しくらいの遅し早しはあるぞ。間違ひないことざぞ。大将が動くようでは、治まらんぞ。真中動くでないと申してあろが、この世の頭から改心せねば、この世治まらんぞ。この方頼めばみことでおかげやるぞ。龍宮の乙姫殿、烈しき御活動ぞ。

六月三十日、アメのひつ九のか三、しるす。

十六

11—16［307］

一十三十九三九三てつちかてキたのてある三　つちの◯ん日うのうへ二八日め二八へたのか◯つてあた三◯つ八も十のキ三三　◯つうへ日◯つ三七へ日◯つ一もろキ十せ日◯つた◯九日十せ日◯つおせ日一つもか◯らん◯つ九ゝろ十七りて九た三れ日　◯つから一ろ〳〵七ものう三た三れたの三　◯つの九二十も日てあろか七

七かつの一二ち　アメのひつ九のか三

【訓解文】

火と水と組み組みて地が出来たのであるぞ。土の慢頭の上にはじめに生へたのが松であったぞ。松は元の木ざぞ。松植へよ。松供へよ。松神籬とせよ。松玉串とせよ。松食せよ。いつも変わらん松心となりて下されよ。松からいろいろな物生み出されたのざ。松の国と申してあろがな。

七月の一日、アメのひつ九のか三。

十七

11—17［308］

日八か〇つれキリ⊙十〇つれ〇火め十〇つれ　か一のお九八〇八五千の八〇二〇つり九れ日七かつの十二か二ア八れ〇つりて九れ日　一日く二ゝ八れる三　一〇の二ん三ん日一十おもて一る九十〇ちか一たらけ三三　九ゝ〇て日九も九もり七三れた七　二の八〇三の八〇日の八〇二〇つり九れ日　〇たく〇つるか三ゝ〇ある三

七かつの二か　アメのひつ九のか三

【訓解文】

釈迦祀れ。キリスト祀れ。マホメット祀れ。甲斐の奥山は五千の山に祀りくれよ。七月の十と二日に天晴れ祀りてくれよ。いよいよ富士晴れるぞ。今の人民よいと思っていること、間違ひだらけざぞ。ここまでよくも曇りなされたな。二の山、三の山、四の山に祀りくれよ。まだまだ祀る神様あるぞ。

七月の二日、アメのひつ九のか三。

註　甲斐の奥山は五千の山に祀り呉れよ　黒川前掲書二二八頁は「五千の山」を甲府市伊勢町と推定す

る。十日後の七月十二日に甲斐の奥山開きが行われた。11—26参照。

十八　11—18［309］

二ん三ん十日の一九三て〇か七〇ん十一二九十日九〇かりたてアろか七　か三十四ん三ん十けアた八〇十た〇日て七一十かてん九十三　ア九か三日　二火んの九二を九ゝ〇て日九もけか日た七　九れて二十九八アる〇一から　一日く九のホの四九三十りの十ゝメ二かゝるから　せ一八一のおんちからてかゝりて五三れか九もん十日んりキの十ゝめの一九三三

七かつの三か　アメのひつ九のか三

【訓解文】

人民同志の戦さではかなわんといふことよくわかりたであろがな。神と臣民融け合った大和魂でないと勝てんことぞ。悪神よ。日本の国をここまでよくも穢したな。これで不足はあるまいから、いよいよこの方の仕組み通りの、とどめにかかるから、精一杯の御力でかかりてござれ。学問と神力の、とどめの戦さざぞ。

七月の三日、アメのひつ九のか三。

十九

11—19［310］

か一日ん日た一てせんのれ一十一れかへて三の一から日キホ二〇ゝ日て八る三　日一の三日日か一か日へ〇〇て一たら一日くた三　てんの一へんキつけ十九十も日てあろか七　三八〇(ゝ)九二ゆけ日ゝり三(ゝ)るて八七一三　〇キめ二る十ア九〇三一る三　三れも〇れの九ゝろから三三

七かつ日か　アメのひつ九のか三

【訓解文】

改心次第で善の霊と入れ替へて、その日からよき方にまわしてやるぞ。宵の明星が東へまわっていたら、いよいよだぞ。天の異変気づけと、くどう申してあろがな。道はまっすぐに行けよ。寄り道するではないぞ。わき目ふると悪魔魅入るぞ。それも我の心からざぞ。

七月四日、アメのひつ九のか三。

二十

11—20［311］

九ゝ〇て九れ八大小二三ゝ九ゝろおキ九も千てアせ◎(ゝ)二五日せ日　け二一百日九七一日三もた〇も三か一ておけ日　も七二五十もゝ三てもゝ十ゝ二日て三せてあるから　三れ日九三てか一

日んた一二三　ア九八◯かキかん日二七たから　三一五のアかキ日て一るの三ゝ一十たゝ⃝けてお
け八三の一十八か三たゝ⃝ける三　日んか一十けんか一の九十　九の二て日九◯けて日三て九た三
れ日　てん⦸五九ろてアた三九れから一日くの五日ある三　三七のものも十日三

七かつ五か　アメのひつ九のか三

【訓解文】

ここまで来れば大丈夫ざぞ。心大きく持ちて焦らずに御用せよ。饌にひもじくないよう、身も魂も磨いておけよ。もう何事も申さんでも、天と地にして見せてあるから、それよく見て、改心第一ぞ。悪は霊力がきかんようになったから最後のあがきしているのざぞ。人助けておけば、その人は神助けるぞ。神界と現界のこと、この筆よく分けて読みて下されよ。天明、ご苦労であったぞ。これからいよいよの御用あるぞ。皆の者も同様ぞ。

七月五日、アメのひつ九のか三。

二十一

11—21［312］

九九かつ八かゝ◎のゝり十八ゝ日め二ひ十ふたみ十七へお八り二もゝ千日ろつのれ日　お八◯
つ九◎十キ八十千◎か◎てもおかめ◎日二日ておけ日　一ホか◎おか六たけの三八ゝ◯れ日ゝの

三八三　七二もかもかへて日も十も日てあろか　日ん十九も◎へ八七二五十も八かりて九◎の三ゝ　一◎んもの八一二◎◎の三ゝ一キ三たれん日二せ日

七かつ七か　アメのひつ九か三

【訓解文】

旧九月八日からの祝詞は、はじめにひとふたみ唱へ、終はりに百千卍宣れよ。お山作る時は、どちらからでも拝めるようにしておけよ。一方から拝むだけの宮はわれよしの宮ぞ。何もかも変へてしまうと申してあろが。神徳もらへば何ごともわかりて来るのざぞ。要らんもの灰にするのざぞ。息乱れんようにせよ。

七月七日、アメのひつ九か三。

二十二

11—22〔313〕

日か○りたら一のち七か九七る三　一○ゝてうへ二あかりてら九日て一た日五二ん八大十け九せん九十二七る三　二九た一あるうち二か一日ん日てをかん十○二七てのか一日ん七かく三

ア九も五九ろのおん八九九のホ二つ一て五三れ　て七てたすけて八る十も日てあろか　ア九のか

一日ん千のか一日ん　千ア九七一日を一かりの日十も〻三

七かつ八か　アメのひつ九のか三

【訓解文】

世変わりたら生命長くなるぞ。今まで上にあがりて楽していた守護神は大峠越せんことになるぞ。肉体あるうちに改心しておかんと、霊になっての改心なかなかぞ。悪もご苦労の御役。この方についてござれ。手引いて助けてやると申してあろが。悪の改心、善の改心、善悪ない世を光の世と申すぞ。

七月八日、アメのひつ九のか三。

二十三　11―23〔314〕

九二九二十九◎十九◎二三十十七◎三八日八九三二五六一〻〇〻二八八〻六十十千〇日五一二三十七七◎三五八八九七三二七卍九十〇日一九十〇日三八九二三三三八九一七百十三二九◎日六三八〇一二九◎日六三二日一二三六九　アメの一二の〻

【訓解文】

国々所々に、〔以下訓解困難であるが第一訳文には次のようにある〕神人鳴り動く、道は世にひらき極む、日月地更に交わり結び、その神々ひらき弥栄へ、大地固成、まことの神と現はれ、正し、三神は世に出づ、ひふみと鳴り成るぞ。正しくひらけ弥栄へて更につきず、鳴る道に成り、交わる。永遠の世光ることは永遠の大道、息吹き大地に充ち満つ道。展きてつきず、極り成る神の道。苦む道をひらき、日月地に苦しむ喜び出で、神の国むつび、悉く歓喜弥栄ゆ。七月十日）

アメの一二の⦿。

二十四　11—24［315］

八ゝ九く（はやく）十百千十百（ともーせども）三ゝ二八一◎〇〇◎日ゝ八⦿百ゝ三ゝ一八ゝ七◎⦿一二八七◎　⦿⦿一

十九ゝ十一日ゝ日二七◎五三七六二十九一二三卍千百十八一三〇十⦿◎八ゝ⦿一七◎十三十八◎

八九⦿〇⦿一十◎二⦿◎三　大日三火三◎二七◎一◎九十〇〇◎三〇二七九か⦿三七九◎八九三（ひつくりはこぞ）

七かつ十か　アメのひつ九か三

【訓解文】

早く早くと申せども、（［以下訓解困難であるが第一訳文には次のようにある］立体の真道に入るは、小我（われ）死なねば、大我（われ）もなき道ぞ。元栄えひらき鳴る神、元にひらき成る神、元津神、日の神、極みきわまりて足り、いよいよ月の神はらみ交わり栄ゆ、成りむつび、神々極まることろ、ひふみ、よろづ、ち、ももと、ひらく、歓喜の大道、神々更に動きひらき栄ゆ。元津神のナルトの秘密、永遠に進み、いき、ひらき極む。元津大神かくりみ、次になる神かくりみのナルトぞ。富士栄え、火の道動き、うづまき鳴り、極みに極みて、地また大地動き、うづまくぞ。真理なりて極まり、鏡の如くなり、極まりて、動きひらき、極まりて大道、遂に成るぞ。）びっくりばこぞ。

七月十日、アメのひつ九か三。

二十五　11—25 [316]

◎からうゝ○れうか◎◎う○れ◎十も日てア◎かう　九三九三て千からう○れ◎の三ゝ　九ん十のお十け八◎二七らね八九千の三ゝ　◎かう三三　日のも十二かへ⊙の三十も日てあろか◎二かへれ八三へ⊙九の三三かせの一もア◎三

七かつ一一ひ　アメのひつ九ノ⊙

【訓解文】

ムからウ生まれ、ウからム生まれると申してあろが、ウム組み組みて、力生まれるのざぞ。今度の大峠はムにならねば越せんのざぞ。ムがウざぞ。世の元に返すのざと申してあろが、ムに返れば見へすくのざぞ。風の日もあるぞ。

七月十一日、アメのひつ九の⊙。

火一お九八〇一◎キけ九け九　てん◉五九◎日日た一十◉一日も十五九◎ア三川か十たか十五九◎三お九八〇百十三七か八〇八か一三へ三　九二くおつ◎九〇七九つ九◎九れ日　一の三八ゝかりて七一三　二の三八三の三八　日の三八　五の三八　六の三八　七の三八〇てつ九りて日一三　一◉九二もか三〇つれ十も日てア◎か　てん日三〇ゝつれ十も日てア◎か　〇つりけ九〇つれ八日六九二九十てキ◎三

七かつ十三ち　アメのひつ九か三二て

【訓解文】

甲斐奥山開き結構々々。天明ご苦労。ショウダ、イトウ、イシモトご苦労。アサカワ、カドタ、カトウご苦労ぞ。奥山元ぞ。中山は介添ぞ。国々落つる隈なく造りくれよ。一の宮ばかりでないぞ。二の宮、三の宮、四の宮、五の宮、六の宮、七の宮まで造りてよいぞ。いずこにも神祀れと申してあろが。てんし様祀れと申してあろうが。祀り結構。祀れば喜ぶこと出来るぞ。

七月十三日、アメのひつ九か三、ふで。

二十七

11—27 [318]

てんも千も一つ二〇千日大ア◎日千め九◎てキ八⊙◎か七た　二二を三か一二〇二たつ　〇つ
キり十りての九◎もの七つ二三かん日九三七◎　三◎十も二火ん八⊙の九二　三一五の日九三日
んりキ二　日せ九◎てキ八た〇日〇て　一りの九◎⊙の二⊙◎　日アけの五日つ十めか日　八◎
た◎二二の⊙かく日

七かつの十日日　アメのひつ九のか三

アメのひつ九か三　五十九

アメのか三　二十三

かぜのか三　二十三

一十か三　アサ一　一日一　ア三か〇一日も十　三た　キ六ら　か十九　か日〇◎　か十た

ヤの　日日た　か六へ　たけ日た　三一十　つつキ　たかた　三十　三三キ　たかキ

二日(し)六(む)◎(ら)〇(ま)へた(だ)　三(み)へ(え)た(だ)　か日(よ)　てん⊙(め)の二十五八(は)日(し)◎(ら)二(に)〇(ま)つ(づ)八(わ)け日(よ)　〇(わ)けても◎(ろ)ても〇(ま)ん日(し)
ん十(と)り千(ち)か(が)一(ひ)す◎(る)十(と)　八(は)七(な)ポキん三(ぞ)
七かつの　十六にち　ア三(さ)

二(じ)四(し)んノ⊙　二十五
一(い)八(は)ノ⊙　二十五
アレノ⊙　二十五
九(こ)ノハ七(な)三(さ)九(く)八(や)一(ひ)メの⊙　二十五
一(い)八(わ)のか三　二十三
かねのか三　二十三
九(く)二十(と)九(こ)たちの⊙　五

三　ア　メ　す　ひ　つ　九　か

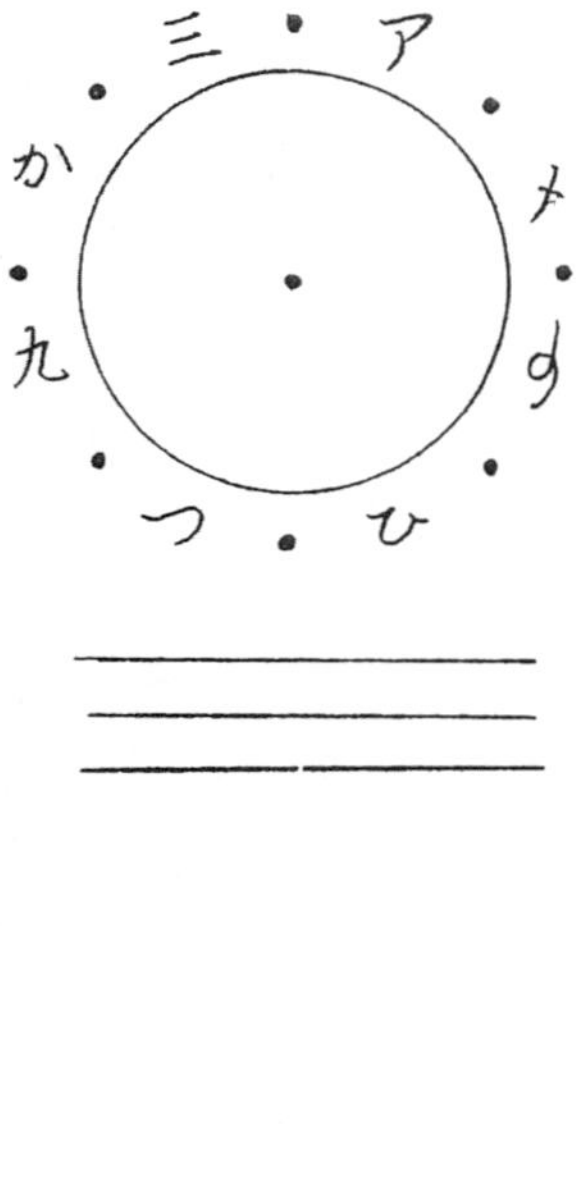

【訓解文】

天も地も一つにまぜし大嵐、攻め来る敵は駿河灘、富士を境に真っ二つ、まづ切り取りて残るもの、七つに裂かん仕組みなり。されども日本は⦿の国、最後の仕組み神力に、寄せ来る敵は魂まで、一人残らずのうにする、夜明けの御用つとめかし。晴れたる富士のすがすがし。
　七月十四日、アメのひつ九のか三。

天日津久の神　五十九
雨の神　二十三
風の神　二十三

イソガミ、アサイ、イシイ、アサカワ、イシモト、ミタ、キムラ、カトク、カジワラ、カドタ、ヤノ、ショウダ、カムベ、タケシタ、サイトウ、ツヅキ、タカタ、サトウ、ササキ、タカキ、ニシムラ、マヘダ、ミユタ、カヨ、天明の二十五柱にまづ分けよ。分けてもろても慢心、取り違ひすると鼻ポキンぞ。
　七月の十六日、朝。

地震の⦿　二十五
岩の⦿　二十五
荒の⦿　二十五
木花咲耶姫の⦿　二十五

岩の神　二十三

金の神　二十三

国常立の⦿　五

二十八

11—28 [319]

うけのか三◯つ◎つ二一九◎の八◎一◎一た十て　ものつ九◎九十八てキ七一三　一◎◯⦶八

七三九⦶てた一十キ十七て一◎二七二日て五三るの三　一九◎二ん三んの日り田ゝ一て　の八◯

キり一◎一ても田へもの三二六か日三　か三く◯つれ十も日てア◎か　の一◎九十キ八　のの

か三◯つれ

う二⦿七のか三三◯二もおねか一日てお十りつキねか◯七　七二五十も上十千三　二ん三んの

か九八ち八かりて　七二かてキたか　八日か一日んた一二三　八◯もか◯ものも二ん三んも　九

三もキも十二つ六日け◎も　七二もかも九のホの十九てあ◎三　三れくのおん八九ア◎の三ゝ

か九八千⦿ててててん二六かへ　千二六かへ九三二六かへ一キもの二六かへ　キ二六かへ一日も

の一二三（いふぞ）　九三（くさ）もの一二三（いふぞ）
七かつの十八二ち　アメのひつ九のか三

アメのひつ九⦿（く）　三十二
ー日ト⦿九ん日ん（うしとらこじん）　八
り九お十一⦿⦿（くとひめ）　八
♀か六つ三の⦿（おむみ）　八

【訓解文】

うけの神祀らずに、いくら野山拓いたとて、物作ることは出来ないぞ。煎り豆花咲く目出度い時となっているに何してござるのざ。いくら人民の尻叩いて野山切り拓いても、食べ物三分難しいぞ。神々祀れと申してあろうが、野拓く時は野の神まつれ。（［第一訳文には以下の一文あり］物作る時は保食の神まつれ。）

産土の神様にもお願ひしてお取り次ぎ願わな何事も成就せんぞ。人民の学や知ばかりで何が出来たか。早う改心第一ぞ。山も川も野も人民も、草も木も動物虫けらも、何もかもこの方の徳であるぞ。それぞれの御役あるのざぞ。学や知捨てて天に向かへ、地に向かへ、草に向かへ、生き物に向かへ、木に向かへ。石もの言ふぞ。草もの言ふぞ。

七月の十八日、アメのひつ九のか三。

天日津久⊙　三十二

艮金神　八

竜宮乙姫⊙　八

意富加牟豆美の⊙　八

二十九　11—29 [320]

十日ーけの大か三ゝ○お八○の二二ゝ○つ◎　八日三七へてお三け日た八日　三七二○け八れ日　け二七んキせん日○も◎九た三◎三日九三⊙九日八日七丅か◎　かねて⦸日てア十九十八かつの八かゝ◎八日⦸九れ日　火十水二キつけ日お◎か⦸日キの五日丅一せつ三　けの五日丅ーせつ三　八の五日丅一せつ三　⊙八キヒ一丅ーへ二もキ七九か◎　十九十ん丅⦸⊙か◎三のつもりておかけお十三日二千日　二十五八日◎の八九一ん三　○ん日ん⊙れ八かへ三た○つか三　九の○キ○つの○キ

七かつ十九二ち　アメのひつ九のか三

【訓解文】

豊受の大神様、お山の富士に祀り、箸供へてお下げした箸、皆に分けやれよ。饌(け)に難儀せんよう守り下さるぞ。仕組み少し早うなったから、かねて見してあったこと、八月の八日からはじめくれよ。火と水に気つけよ。拝(おろが)めよ。キの御用大切ぞ。ケの御用大切ぞ。八の御用大切ぞ。⦿は気引いた上にも気引くから、とことん試すから、そのつもりで、お蔭落とさんようにせよ。二十五柱の役員ぞ。慢心すれば替へ身魂使うぞ。この巻、松の巻。

七月十九日、アメノひつ九のか三。

第十二巻　夜明けの巻

日アけの◯キ（よ・ま）

自　昭和二十年七月二十一日
至　昭和二十年八月十日

一―十四

一日八一二かへ◎三　一てア◎三　てア◎三＃てア◎三イてア◎三　㊓てア◎三㋑てア◎三
一◎↘て八ア九の日てアり丅か◎♀のれ九◎日て一十丅⊙け◎九十♀九のーへも七一てんの一
キ十八丅◎九の三三○かり丅か
八んの♀日へ十一丅日て一丅か　三れ八ア九のてんのお日へてア◎三　♀のれ♀一か日一十も一
か⊙のか　てんの三三三⊙の三九九◎三　一十九◎日て♀のれ丅⊙か◎もア九三♀のれ九◎日て
一十丅⊙け◎のもア九三　か三七キもの二日て二ん三ん一キ◎のもア九三　⊙八かり丅一千つ日
て二ん三んホてお九のもア九三　か三一十↘も二十も日てア◎か　⊙八一十二日り⊙十七り　一
十八⊙二日て一十十七◎の三↘　○九十のか三の♀ん九↘◎八かり丅か　一○↘ての♀日へ○千
かて一◎九十丅んく○かりて九◎てア◎か七
てんち○五日て☼十七丅⊙か丅か↘三の⊙か丅三↘九九◎三三　ア⊘十つ千て八七一三ア⊘つ
千三三　ア⊘つ千の十キ十日◎日てア◎か　三七十◎千か一も日て⊙六○一か　二て日九日め十
ー◎のー◎○て日⊘十も日てア◎か

七かつの二十一二ち　アメのひつ九か三(み)

【訓解文】

石はイに言霊返(かへ)るぞ。一(ひ)であるぞ。(む)であるぞ。#であるぞ、イであるぞ。㊕であるぞ。㋑であるぞ。キと働くのざぞ。わかりたか。

今までは悪の世でありたから、己殺して他人(ひと)助けることを、この上もない天の一番の教へと致していたが、それは悪の天の教へであるぞ。己を活かし他人も活かすのが天の道ざぞ。☉の御心(みこころ)ぞ。他人殺して己助かるも悪ぞ。己殺して他人助けるのも悪ぞ。神なきものにして人民生きるのも悪ぞ。☉ばかり大切して人民放っておくのも悪ぞ。神人共にと申してあろが。☉は人により☉となり、人は☉によって人となるのざぞ。まことの神の御心(おんこころ)わかりたか。今までの教へ間違ていること、だんだんわかりて来るであろうがな。

天地和合して☼となった姿が神の姿ざぞ。心ざぞ。天(あめ)と地(つち)ではないぞ。天地(あめつち)ざぞ。天地の時と知らしてあろうが、みな取り違ひ申してすむまいが。筆よく読めと、裏の裏まで読めと申してあろうが。

七月の二十一日、アメのひつ九のか三。

二

12—2［322］

☉の九二八(くには)☉の二九〡一(にくたい)三十(ぞと)も日(し)てア◎(ろー)か一(がい)三十七(ざとな)れ八(ば)おつちも九三(くさ)もキも七(な)んて(で)も二(じ)ん三(み)ん

の丅へもの十七◎日二てキて一◎の三三　七んでも二九丅一十七◎の三三　七◎日二千か◎七◎
んの三三　十れてか一五九のア九か三か⊙の九二か火日九て七◎んの三　⊙の九二日り一◎イ九
へ丅九二一九◎てもア◎の二　⊙の九二か火日の八　〇九十のも十の九二　ねの九二ものの七◎
九二　も十のキのも十の九二　ちか◎のも十の九二　一か◎の九二〇七かの九二てア◎か◎三
七二もかも⊙の九二二六かてアつ〇◎日二七て一◎の三三　か三の六か日の日八三七て一丅の
三三　日日八九も⊙の九二二六九日二七◎三　キ丅日九七◎三　⊙の九二お◎か六日二七◎の三
ゝ十九か◎ても♀◎か⊘◎の三ゝ♀の⊙か◎ア十〇三か◎の三三　ｌ三の三⊙か日⊘てアる三十
り#てア◎三十も日てア◎か　日⊘て⊙♀♀日九⊘て一丅のてア◎三　二ん三ん日◎⊙く二つ
三♀か日て一丅の三ゝ〇一二千一二千♀〇一千日十も日てア◎か　日⊘て日◎九二二火ん十日て
一丅の三ゝ日キ日十七丅◎か◎丅も大キ九七◎三　一のちも七か九七◎三　一〇日八◎九三か◎
丅へもの日ん八一⊙◎て七一三ゆ丅ん⊙◎て七一三　三七のもの日◎九八千日三の日◎九一八
日んホ日て九れ日
日◎九一九十ゝ七ててんちのキ十七て三七丅二〇ん八一十七てかへて九◎の三三　日◎九一一

九(くら)てもー(う)〇(ま)⊚(れ)⊚(る)三(ぞ)

七かつ二十一二ち　アメのひつ九のか三

補帖

アメのひつ九(く)⚲(お)か三　四

アメの一つ(ひ)九(く)⚲(お)か三　五

アメの一二(ひつ)⚲(くお)か三　四

アメのひつ九(く)⊙　二十四　大

アメのひつ九(く)⊙　六　小

九(く)二十(と)九(こ)丅(た)千(ち)⊙　六

ー(う)日(し)十(と)⊚(ら)九(こ)ん日(じ)ん　十

アメの一二(ひつ)⊙(き)　十五

【訓解文】

⦿の国は⦿の肉体ぞと申してあろうが。いざとなれば、お土も、草も、木も、何でも人民の食べ物となるように出来ているのざぞ。何でも肉体となるのざぞ。なるようにせんからならんのざぞ。それで外国の悪神が⦿の国が欲しくてならんのざ。⦿の国より広い肥へた国いくらでもあるのに、⦿の国が欲しいのは、まことの元の国、根の国、物のなる国、元のキの元の国、力の元の国、光の国、真中の国であるからぞ。

何もかも、⦿の国に向かって集まるようになっているのざぞ。神の昔の世は、そうなっていたのざぞ。磁石も⦿の国に向くようになるぞ。北よくなるぞ。⦿の国拝(おろが)むようになるのざぞ。どこからでも拝めるのざぞ。おのずから頭下がるのざぞ。海の水が注連(しめ)であるぞ、鳥居であるぞと申してあろうが、注連で⦿を押し込めていたのであるぞ。人民知らず知らずに罪犯していたのざぞ。毎日、日日お詫びせよと申してあろうが、注連で島国日本としていたのざぞ。よき世となったら、身体も大きくなるぞ。命も長くなるぞ。今しばらくざから、辛抱してくれよ。

食べ物心配するでないぞ。油断するでないぞ。皆の者喜ばせよ。その喜びは、喜び事となって、天地のキとなって、そなたに万倍となって返って来るのざぞ。喜びいくらでも生れるぞ。

七月二十一日、アメのひつ九のか三。

補帖

天日津久大神　四

天日津久大神　五
天日月大神　四
天日津久⊙　二十四　大
天日津久⊙　六　小
国常立⊙　六
艮金神　十
天日月⊙　十五

三

12—3［323］

てんの一へんキつけ十も日てア◎か　二ゆのつキか八◎十八かキ◎ん十も日てア◎か　七つゆキ二◎九十もア◎の三三　か三か二◎⊙のて七一三二ん三ん二◎⊙の三三　二ん三んの二八キか九りて　てん二も千二も○けの○か◎ん六日○九三　○けの○か◎ん八○一一十九七て九◎の三か◎　かゝ日てア◎五日ん⊘○けて十◎千日　九九かつ八か○て二七二もかも日○つ日て♀け日九九ろ七かれ◎九十の九日てお九十　つ○◎ん九十てつ○◎ん九十二七◎三　も○丅れん九十二キ◎く二七て一◎九十○か◎てア◎か七

七かつ二十日かの二て　アメのひつ九のか三

補帖

アメの　一二〇か三　四

アメの　十九丁千か三　五

〇か六⊙三ノ⊙　十四

【訓解文】

天の異変気つけと申してあろうが。冬の次が春とは限らんと申してあろうが。夏、雪降ることもあるのざぞ。神が降らすのでないぞ。人民降らすのざぞ。人民の邪気が凝りて、天にも地にも、わけのわからん虫わくぞ。わけのわからん病ひどくなって来るのざから、書かしてある御神名分けて取らせよ。旧九月八日までに何もかも始末しておけよ。心引かれること残しておくと、つまらんことでつまらんことになるぞ。もう待たれんことにぎりぎりになっていることわかるであろうがな。

七月二十四日の筆、アメのひつ九のか三。

補帖

天日津久大神　四
天常立神　五
意富加牟豆美の☉　十四

四

12―4［324］

九のホカのか三十ア◎八れ◎三　サのか三十ア◎八れ◎三　タのか三十ア◎八れ◎三　ナのか三十ア◎八れ◎三　ハマのか三十ア◎八れ◎三　ヤラワのか三十ア◎八れ丅◎二ん三ん⊙アけて♀れん九十二七◎三　三　一〇の一千二日ん十九つんて♀かん十　八二十り八けものの二ん三ん十七◎の三か◎　二丅〇丅九八九て八キ◎く〇一☉◎三　キリく二丅〇丅♀一三　けもの十七れ八八◎か◎九ヽ十ア◎三　キつけてお九三

七かつ二十九二ち　アメのひつ九のか三

【訓解文】

この方、カの神と現れるぞ。サの神と現れるぞ。タの神と現れるぞ。ナの神と現れるぞ。ハマの神と現れるぞ。ヤラワの神と現れたら、人民目あけておれんことになるぞ。さあ今のうちに神徳積んでおかんと、八分通りは獣の人民となるのざから、二股膏薬ではきりきり舞いするぞ。きりきり二股多いぞ。獣となれば、同胞（はらから）食うことあるぞ。気つけておくぞ。

七月二十九日、アメのひつ九のか三。

五　12―5［325］

七二百かも二て日め八ゝか◎日二七て一る九十○⊙れ◎て七一三　九の日九三一二て七◎⊙一八ね八ゝか◎んてア◎七れ十　二て日め八一んねん丅け二○か◎の三三　一日もの一二十キ丶丅十　八○二もぬ二もか○二もか三○つれ十も日てア◎九十　○⊙れ◎て七一三　か丅せ十も日てア◎か　一つれもかり三か◎三千せか一の大千丅九三か◎　八日か丅日て九れ日　か丅け九三七二もかも⊙火十ゝも二⊙◎の三三　日アけ丅◎七二もかも八キりす◎三　日アけキ丅三十り丅て日

七かつ二十九二ち　アメの一二のか三二て日

〇か六⊙三ノ⊙　十二大

〇か六⊙三⊙　三　小

十日ーけ〇⊙　八

アメのか三　かねノか三

か千のか三　一のか三

二日んノか三　一ノてのか三

一八ノか三　り九のお十一め⊙

アレのか三　けのか三

キのか三　千のか三

〇九二十九丅千〇⊙　六

ー日十◎九ん二ん〇◎　五

〇か六つ三ノ⊙　七十一

〇か六つ三のか三　一

アメの一二(ひつき)のか三

【訓解文】

何もかも筆読めばわかるようになっていること忘れるでないぞ。この仕組み言ふてならず、言はねばわからんであろうなれど、筆読めば因縁だけにわかるのざぞ。石、もの言ふ時来たぞ。山にも野にも川にも神祀れと申してあること、忘れるでないぞ。型せと申してあろが、いづれも仮ざから、三千世界の大洗濯ざから、早う型してくれよ。型結構ぞ。何もかも⦿人ともにするのざぞ。夜明けたら、何もかもはっきりするぞ。夜明け来たぞ。鳥立てよ。

七月二十九日　アメの一二のカ三筆書。

補帖

意富加牟豆美の⦿　十二大
意富加牟豆美⦿　三　小
豊受大⦿　八
雨の神　金(かね)の神
風の神　火の神
地震の神　日の出の神
岩の神　竜宮の乙姫⦿

荒の神　ケの神
キの神　千の神
大国常立大⊙　六
艮金神大⊙　五
意富加牟豆美の⊙　七十一
意富加牟豆美の神　一
天の日月の神

六　12―6［326］

一〇ゝての日七丅丨へん小へん七九七◎三二けつ十一二もの七キ日十七◎の三　二けつもの七九七◎の三　ア丅◎日キか三の日十七◎の三か◎　か三く二もけん十十れん一かりの日十七◎の三三

七かつ三十一二ち　アメのひつ九　か三

【訓解文】

今までのような大便小便無くなるぞ。不潔といふものなき世となるのざ。不潔物なくなるのざ。新しき神の世となるのざから、神々にも見当取れん光の世となるのざぞ。
七月三十一日、アメのひつ九　か三。

七　12―7［327］

か三の日ん三ん二◎九七九十二七◎三　り九つ七一日二ゝ⃝◎三　り九つ八ア九十も日てア◎かり九つ七一日二二丅ゝ⃝三　り九つ九◎へのキ火一七九日て日も三　一十二日れん日二日一九十つ十ノ⃝十も日てア◎か一十二日れん日二ゝ⃝◎日一九十　か三九九◎三　か三の日十九十二七◎の三三　ゆけ十もく八九つ十も日たか　八九つ三へ七九七◎十九◎ア◎三　八日〇九十の日ん三ん八かりてか丅めて九れ日　か三日のか丅丅日て九れ日　十キ十り千かへん日二　十キ丶丅三

八かつ一二ち　アメのひつ九ゝ⃝

【訓解文】

神の臣民に楽なことになるぞ。理屈ない世にするぞ。理屈は悪と申してあろうが、理屈ない世に致すぞ。理屈くらべの気負ひ、なくしてしもうぞ。人に知れんようによいことつとめと申してあろうが。人に知れんようにするよいこと、神心ぞ。神のしたことになるのざぞ。行けども行けども白骨と申したが、白骨さへなくなるところあるぞ。早うまことの臣民ばかりで固めてくれよ。神代の型、出してくれよ。時、取り違へんように、時、来たぞ。

八月一日、アメのひつ九⦿。

八

12—8［328］

七♀◎一も◯つ◎の七か三　ア三のゆの一一の二ん三んの日日九二　三七七♀◎一三　一一の日五十三七◯つり三　◯つ◎く十も日てア◎か　お八◎の五日八八二⊘の五日三◯つりの五日三　お八りの十の八◯二◯つり九れ日　日つけて九れ日

八九一ん三七三八つ九れ日　三八十八二ん三んのも⦿三八て七九ても日一の三三　一の三八二の三八　三の三八十つキく二つ九り九れ日　十二日ー一九◎つ九ても日一三　か三のも日丅九十七三八七◎の三三　三八十ゝ日日つ九り二て日んて◯つれく◯つりけ九三　♀九八◯二八♀か六つ三のか三ゝ◯も◯つり九れ日　まむり八三七へてか◎三七二三けて十◎せ日　五八日ら七八日ら八八日◎　十八日◎　十六八日◎　二十五八日◎　三十三八日◎　三十六八日◎　四十七八日◎　四十八八日◎　四十九八日◎　五十八日◎　五十九八日◎日のも十三

八かつの三か　アメのひつ九のか三

補帖

♀(お)か六(む)つ三(み)ノ◉(かみ)　五

◉(す)三(さ)七(な)⊚(る)◉　十六

ｌ(う)日(し)十(と)⊚(ら)九(こ)ん日(じ)ん　五

十(と)日(よ)九(く)もぬか三　四

【訓解文】

直会(なおらい)もまつりの中ぞ。朝の、夕の、日々の人民の食事、皆直会ぞ。日々の仕事、皆まつりぞ。（［第一訳文には以下の一文あり］息することこの世のはじめのまつりぞ）祀り祀りと申してあろうが。尾張の御用ははじめの御用ぞ。祀りの御用ぞ。尾張の十の山に祀りくれよ。世、告げてくれよ。

役員皆宮つくれよ。宮とは人民の申す宮でなくてもよいのざぞ。一の宮、二の宮、三の宮と、次々につくりくれよ。道場もいくらつくってもよいぞ。神の申したこと、なさばなるのざぞ。宮と道場つくり、筆読んで祀れ祀れ、まつり結構ぞ。奥山には意富加牟豆美の神様も祀りくれよ。守りは供へてから皆に下げて取らせよ。五柱、七柱、八柱、十柱、十六柱、二十五柱、三十三柱、三十六柱、四十七柱、

四十八柱、四十九柱、五十柱、五十八柱、五十九柱、世の元ぞ。
八月の三日、アメのひつ九のか三。

補帖

意富加牟豆美の⦿　五
素盞鳴(すさなる)⦿　十六
艮金神　五
豊雲野神　四

註　**尾張の御用ははじめの御用ぞ。祀りの御用ぞ。尾張の十の山に祀りくれよ**　尾張の御用に関しては、9—2註参照。戦後、東谷山、愛知県北部に位置する尾張三山（尾張富士、本宮山、白山）などで浅井作左衛門や林松治等によって神業が行われた（黒川前掲書一九八頁）。

九

12—9［329］

てん日三(しさ)◯ゝ(まま)つ◎(れ)十(と)も日(し)てア◎(ろーが)か　ア◯(ま)つひつキ⦿(す)⊘(め)◎(ら)三九十(みこと)おか三(み)ゝ◯(さま)十(と)◯(ま)つり丅(た)て◯(ま)つれ
♀九八◯二八三八日◎(おくやまにはみやしろ)つ九(く)りて一(い)つキ◯(ま)つ九(く)れ　三七(みな)の丨(う)千二(に)も◯(ま)つれア◯(ま)つひつキ⦿(す)⊘(め)◎(ら)三(み)

九十八三か◯日◯千一八三か◯日◯千十⚲◎か⦸日　⚲◎か三◯つれ　ア◯て◎⦿ゝ⦸◎か三ゝ
◯ア◯て◎⦿⚲か三ゝ◯二の⚲か三ゝ◯⦿三七◎の⚲か三ゝ◯⚲九二ぬ日のおか三ゝ◯もアつ九
◯つり丅ゝへ日　⚲九八◯の◯への二二　ー二⦿七のおか三ゝ◯◯つれ日　三八一◎三キ日め
て◯つれ日　丅◯の三八八三の◯へ日九二ーつ千日　お九の二ゝゝ九二十九丅千おか三十日九も
ぬ⚲か三◯つ◎一ち九七◎丅三ゝ八の十一◎アけて⚲け日ゝん三んの⦿◯一も十日三　大七ん小
七ん二◯つりかへて九丅三れ十　おねか一⦿◎の三ゝ十り千か一⚲八一も千日◎九二日て八◎三

　てんの一へんキつけ日

　　八かつの五二ち　アメのひつ九のか三

ア◯て◎⦿⦿⦸⚲⦿　三

アメの⦿月⚲　⦿　三

アメのひつ九⚲　⦿　六

一　【訓解文】

てんし様祀れと申してあろうが。天津日嗣皇尊大神様と祀り奉れ。奥山には御社造りて、斎き奉ってくれ。皆の家にも祀れ。天津日嗣皇尊弥栄ましませ、弥栄ましませと拝めよ。拝み奉れ、天照皇大神様、天照大神様、月の大神様、素盞鳴の大神様、大国主の大神様も篤く祀り讃へよ。奥山の前の富士に産土の大神様祀れよ。宮いるぞ。清めて祀れよ。霊の宮はその前横に移せよ。奥の富士に国常立大神、豊雲野大神祀る日近うなりたぞ。宮の扉あけておけよ。臣民の住居も同様ぞ。大難小難にまつりかへて下されとお願いするのざぞ。取り違い、お詫び申せよ。楽にしてやるぞ。天の異変気つけよ。

八月の五日、アメのひつ九のか三

天照皇大⦿　三
天之日月大⦿　三
天之日津久大⦿　六

十

12—10［330］

も十つ♀か三九ゝ◎の七かて十七へ◯つり　⦿◎◎三九十ゝ七へつキ二九エ丅か九　ア◯つ一つキ⦿◎◎三九十♀か三十七へ　アメの一二ノ♀か三十七へ◯つれ　丅◯の三八ゝか六七か◎のり十て日一三

一◯ゝての日め八　九のホ◎日めてア九の二ゆ二⦿◎三か三の日め三か◎日め八◎七◎　も十
の日め◯九十の日め八れ日　七五三　八三か三ゝ三五七三ゝてん千の一二キ三　七三のりつ三
かせのりつ三　か三く三◯のおん一二キの七三ゝゝ

八かつ六か　アメのひつ九のか三

アメの一二♀か三　四
アメのひつ九♀か三◯むり　三
♀①ム⦿三の♀⦿　三
千日んの♀か三◯むり　二
アれの♀か三　◯むり　一

【訓解文】

元津大神、心の中で唱へ奉り、すめらみこと唱へ、次に声高く天津日嗣皇尊大神唱へ、天の日月の大神唱へまつれ。霊の宮は、かむながら祝詞でよいぞ。〔「第一訳文には以下の一文あり」一二三祝詞もよいぞ。）
今までの注連はこの方等しめて、悪の自由にする逆さの注連ざから、注連張るなら、元の注連、まことの注連張れよ。七五三は逆さぞ。三五七ざぞ。天地の息吹ぞ。波の律ぞ。風の律ぞ。神々様の御息吹の律ざぞ。

八月六日、アメのひつ九のか三。

天之日月大神	四
天之日月大神守り	三
意富加牟豆美の大神	三
地震の大神守り	二
荒の大神守り	一

十一

12—11［331］

一八十一◎キの一の◎九ア一丅八か◎三　九ん十八三ゝか三二も十◎の三か◎二ん三んの千か◎八かりて八上十千三　♀九ノ日んか一て八◎ゝ三て一◎か　七かの日んか一て八一◎三一千ー三　十キ◎て十も日てア◎か　二ん三ん丅いへん七十り千か一日て一◎三　二の日のか丅一十九

く

八かつ六か　アメのひつ九のか三

二て日〇七一て千八か九て八◎十て七二も　九二九りんてりん十〇り三　〇れかくか十れ丅◎〇かて九◎三◎ん日んお三◎日三

【訓解文】

岩戸開きのはじめの幕開いたばかりぞ。今度は水逆さに戻るのざから、人民の力ばかりでは成就せんぞ。奥の神界では済みているが、中の神界では今最中ぞ。時待てと申してあろうが。人民たいへんな取り違ひしているぞ。次の世の型急ぐ急ぐ。

八月六日、アメのひつ九のか三。

筆読まないで知や学でやろうとて、何も九分九厘で厘止まりぞ。我が我がが取れたらわかって来るぞ。慢心おそろしいぞ。

註　岩戸開き　敗戦の近きを予見し、待ちに待った岩戸開きであるとの見解が示される。

十二

12―12［332］

ア◎丅ぬ日ア七三八け　も十つ三か三の三七かりの　か丶八九三日三千かつけり　一八十アけ十ぬも八〇も　九三のかキ八も九十八めて大三七かり二日りつ十　〇九十の三日三丅の日けれ一〇一九◎二九◎十九十ん九◎ア◎七れ十丅ぬ日キ九◎三⊘て丅けれ　三◎十り⊙キて一ぬの十日イの十日ネの十日めて丅けれ　一二三の｜◎の五日⊙◎三丅〇も一〇二七キ日千◎か◎三のか九五千日　か九五日一か　〇千二く日アキ、丅三

八かつの七か　アメのひつ九の⊙

♀かムつ三の♀⊙　五

アマつひつキ⊙⊘◎三九十　四

【訓解文】

あら楽し、あなさやけ、元津御神の御光の、輝く御代ぞ近づけり。岩戸開けたり野も山も、草の片葉も言止めて、大御光に寄り集う、まことの御代ぞ楽しけれ。今一苦労二苦労、とことん苦労あるなれど、楽しき苦労ぞ目出度けれ。申、酉すぎて戌の年、亥の年、子の年目出度けれ。一二三の裏の御用す

る身魂も今に引き寄せるから、その覚悟せよ。覚悟よいか。待ちに待ちにし秋来たぞ。

八月の七日、アメのひつ九の⊙。

意富加牟豆美の大神　五

天津日嗣皇尊　四

十三

12—13［333］

一二三日×㐀七八九十(ひふみよいむなやこと)も千◎◎亼日(ちろらねし)キ◎(る)ゆ一(ゐ)つ〇(わ)ヌ三♀十八九⊘乚(そをたはくめか)

ー♀ユ二三◎(うおえにさり)への〇⊙(ます)ア千ユ火◎(せゑほれ)け

八かつ八か　アキ⊤(た)つ一(ひ)　アメの一二(ひつ)の♀⊙(おーかみ)

♀乚㐀⊙三(おーかむづみ)の♀⊙〇㐀◎(おおかみまむり)　六

アメの一二〇(ひつきお)か三(み)　三

ア◎（ら）キ　一十（いと）キ日（よ）⊙ア○（わ）千（せ）て二（に）八ゝ（は）日（し）◎（ら）三（ぞ）

八かつ八か　アメのひつ九のか三

補帖

十日ーけ（とようけ）○ー⊙（おおかみ）　八

け⊙（けのかみ）　四

アメのひつ九（く）○ー（おお）か三　四

【訓解文】

ひふみ、よいむなや、こともちろらね、しきる、ゆゐつわぬ、そをたはくめか、うおえ、にさりへて、のます、あせゑほれけ。

八月八日、秋立つ日。天之日月大神

意富加牟豆美大神守り　六

天之日月大神　三

アラキ、イトウ、キヨス、合わせて二十八柱ぞ。
八月八日　アメのひつ九の⦿。

補帖

豊受大神　八

ケの神　四

天之日津久大神　四

十四　12―14 [334]

ア◎丅ヌ日⦿かく日ゝ八ア三八れ十一◎八れ十日も八れ十　ア◎丅の日⦿かく日ゝ八一八
十アけ丅◎○千二く日一八十アけ十
九ノ二ての日ん三ん十一二ても二んけんか一八かりて七一三　四んか一ゆか一の九十もゆて日
◎日てア◎十も日てア◎か　○つり九ゝ三ん二九もんへても日一三　てん⦸○つりの○ね⦿◎て
七一三　八九一ん○つり千一　七二もゆて七一三ゆて日一十キ八日◎⦿三日○かり丅か
つかへ◎もの七キ三八　丨二⦿七三○の日九日丅二一九◎○つてても日一三　てん⦸八一の◎

一の◎　てん二一の◎千二一のれ　一き日ホの十キ一け日　三千日ホの十キ⊙ゝ⊘日　大七ん小
七ん二十八九一んも一のれ日　九千三キ八か◎て七八　〇九十一のれ日イの◎七七◎ん三　九千
三キ八かりて八ア九十七◎三〇か◎丅か
九ん十八日八九千七日二七◎〇て八⊘んか◎　丅れ二日◎⊙日八九千七九七◎〇て　九〇日き
日千七ゝ◎ん三　日八九千七日て七一十♀つ千のうへ二〇⊙⊘ん九十二九ん十八七◎三　一日の
一十十　キの七十ゝ　一の一十十三の七十ゝてキ◎三　一〇二千◎千り八◎く二一二八七◎の
てア◎か◎三のか九五日一か　〇一十日◎日てア◎九十〇⊙れ◎七日
二て八◎の八◎十九◎て日六〇て日んて九丅三れ日　⊙丅の六三　三十丅か丅二て十け日十一
てキか千日　八九一ん三七十け日　日ん⊙◎もの三七二十二日◎日て八れ日　二て日んてーれ日
か丅◎日◎千て八れ十も日てア◎か　てん⊘八二てかゝ⊙八九三　アホ二七◎十も日てア◎か〇
丅く三八九一んキつけて九れ日　二てのか〇り二三三二日◎⊙十も日てア◎十キヽ丅三　一日
くの十キ三　二てゝ日◎⊙九十の一八⊙三丅三ゝゝ三二千日　三三二日◎⊙三ゝゝ二キか⊙三
キか七キ九日ゝて日◎⊙三つ◎一七れ十か〇ん千日　ゆ⊘くり九丅⊙て七一三〇かり丅か

一八九日日二も七れ大九二も七◎エかき二も七れ　七ん二ても七◎◎日二日てア◎て七一か　八

九一んも十日三

○十一つ九◎て七一三　かね十◎て七一三　⦿二三七へ◎れ十もの八　七三八けて日◎九八日

て八◎十も日てア◎か　九のホ日六九二九十⦿キ三　⦿キの九十三かへ◎三　一八三かへ◎三

日ん二八つ九◎て七一三　三八つ丅へ七七◎ん三　十り千かへ千日二　○ん日ん千日二　ー○れ

アか九の九九◎て二て日メ日　二て二丅丅け日

二火んの日ん三ん三七一三六日一のりて九れ日　せか一の二ん三ん三七日六九二日か九◎日一

のりて九◎日　てん日三○○つれ日三九十二○つ◎へ日　九の九十てキれ八ホか二七二も○か◎

んても十け九千◎三　三丅三一の千⦿てて一の千二一キヨ　十り七九ゝエ⦿ゆ⊘三○千　三日ア

け○丅◎一六か日♀　三◎一◎八れておキつへ二千二ねゆキ九も八のう千　一◎八二火へ十千◎

ヌ◎♀八か日丅◎四つね七◎六ー一のお九八○け二九へてア三キゆ⊘三日エひも千◎ん　ア♀ー

エイか九ゝけキ三ゝ⦿千日丅十つて千七のヌね二八火二へ一○も六⊘三ヤ日ゆエ一◎ろるれり○

♀ーヱ#ア一ーエオヤイユエヨワヰ　ヱヲカキ九けコ三日⦿千ソ丅千つて十七二ヌねの八一二へ

火◯三六⦿もヤイゆエヨ◎リルレロワ#ーヱヲ五十九八日◎三

九の◯キ日アけの◯キ十千日　九の十二の◯キ日九八◎二一れて♀け八七んても◯か◎三　二

ゝゝ十け九千◎三　◯か◎ん九十八日二んてーかゝへ日　三れく二十れ◎三ア◯つ一二◎⦿◎

三九十八三か一八三かア◎十の日ア◎ーヌ日ア七三八け♀け

一二三四五六七八九十百千卍

アキ三つ一二アメのひつ九か三四◎◎

【訓解文】

あら楽(たぬ)し、すがすがし、世は朝晴れたり、昼晴れたり、夜も晴れたり。あらたのし、すがすがし、世は岩戸開けたり。待ちに待ちにし岩戸開けたり。

この筆の臣民と言ふても、人間界ばかりでないぞ。神界幽界のことも言うて知らしてあると申してあろうが。（［第一訳文に以下の一文あり］取り違い慢心一等怖いと申してあろうが。）祭典(まつり)、国民服、もんぺでもよいぞ。天明まつりの真似するでないぞ。役員まつりせい。何も言うでないぞ。言うてよい時は知らすぞ。ようわかりたか。

仕へる者なき宮、産土様の横下にいくら祀ってもよいぞ。天明は祈れ祈れ、天に祈れ、地に祈れ。引き潮の時引けよ。満ち潮の時進めよ。大難小難にと役員も祈れよ。口先ばかりでなく、まこと祈れよ。祈らなならんぞ。口先ばかりでは悪となるぞ。わかりたか。

今度は借銭なしになるまでやめんから、誰によらず借銭なくなるまで苦しい行せなならんぞ。借銭なしでないと、お地の上には住めんことに今度はなるぞ。イシの人と、キの人と、ヒの人と、ミヅの人と、できるぞ。今にちりぢりばらばらに一時はなるのであるから、その覚悟よいか。毎度知らしてあること忘れるなよ。

筆腹の腹底まで泌むまで読んで下されよ。⦿頼むぞ。悟った方筆説けよ。説いて聞かせよ。役員皆説けよ。信ずる者皆に掃除知らしてやれよ。筆読んで嬉しかったら知らしてやれと申してあろうが。天明は筆書かす役ぞ。阿呆になれと申してあるが、まだまだぞ。役員気つけてくれよ。筆の代わりに耳に知らすと申してある時来たぞ。いよいよの時ぞ。筆で知らすことのはじめは済みたぞ。耳掃除せよ。耳に知らすぞ。耳に聞かすぞ。聞かな聞くようして知らすぞ。辛いなれど、我慢せよ。ゆめゆめ利巧出すでないぞ。わかりたか。百姓にもなれ、大工にもなれ、絵描きにもなれ。何にでもなれるようにしてあるでないか。役員も同様ぞ。

まどひつくるでないぞ。金とるでないぞ。⦿に供へられたものはなみ分けて、喜ばしてやれと申してあろうが。この方、喜ぶこと好きぞ。好きのこと栄へるぞ。弥栄(いやさか)へるぞ。信者つくるでないぞ。道は伝えなならんぞ。取り違へせんように、慢心せんように、生まれ赤児の心で筆読めよ。筆頂けよ。

日本の臣民皆勇むよう祈りてくれよ。世界の人民皆喜ぶ世が来るよう祈りてくれよ。てんし様祀れよ。みことにまつろへよ。このこと出来れば、他に何もわからんでも峠越せるぞ。御民、生命捨てて生命に生きよ。

鳥鳴く声す、夢さませ、見よ明け渡る東(ひむかし)を、空色晴れて、沖つ辺(へ)に、千船(ちふね)行き交う靄(もや)のうち、いろはにほへと、ちりぬるを、わかよたれそ、つねならむ、うゐのおくやま、けふこえて、あさきゆめみし、ゑひもせすん。

アオウエイ、カコクケキ、サソスセシ、タトツテチ、ナノヌネニ、ハホフヘヒ、マモムメミ、ヤヨユエイ、ラロルレリ、ワヲウエヰ。アイウエオ、ヤイユエヨ、ワヰ ヱヲ、カキクタコ、サシスセソ、タチツテト、ナニヌネノ、ハヒフヘホ、マミムメモ、ヤイユエヨ、ラリルレロ、ワヰウエヲ、五十九柱ぞ。

この巻「夜明けの巻」とせよ。この十二の巻よく腹に入れておけば何でもわかるぞ。無事に峠越せるぞ。わからんことは自分で伺へよ。それぞれに取れるぞ。天津日嗣皇尊(すめらみこと)、弥栄(やさか)、弥栄(いやさか)。あら楽し、あら楽し、あなさやけ、おけ。

一二三四五六七八九十百千卍。
秋満つ日に、アメのひつ九か三、しるす。

第十三巻　雨の巻　アメの◯(ま)き

自　昭和二十年十月十三日
至　昭和二十年十二月十九日

一―十七

アメのひつ九のおか三のお二ててアる三　十九二おゆる四もろてかキ四◎す三

十二の○キ十一て四◎⊙のてア◎三　九ノ○キアメの○キ十百千四　九ノた一八六か四から七
かりた九十一た⊙のてア◎か◎　二ん三ん二八ゝか◎ん九十てア◎か◎　⊙七お二一た⊙か一十
た一せつ三三

か六七か◎の三十か　四ん十十か二ホんの三十か　一まの四ん三ん百四て一るか　三れか一十
の○ちか一三三　十百四てアろか　か六七か◎十八　⊙一十十百二十けアたすかた三三　一○の
四ん三ん⊙七九四て一るて七一か　三れてか六七か◎も四ん十も七一三

九ゝろおキ九二か九一ろ九百千て九た三れ四　一四く十七◎まて八お十四てお九か◎　けん
十十れんから　四九九ノ二て四んてお一て九た三れ四　せか一十二めんも九七一九十七一四二千
四十も四てア◎か　ア四も十から十りたちても○ため三めんのか　二てう◎のう◎まて　四九四
め十も四てア◎か七九の三八たゝのか三四ん四ん十八九んポんから千九十百四てア◎か　三千せ
か一のお三三三

十九ろの千た九と　三た◯の千た九十　一十二七◎十九ろア◎三　一⦿◎の十二の七かレの三七百十◯かる十キヽた三　一のちかけて⦿の五四つ十めて一る十おもて二八◯八かり一た四てお
ろか七　キン八か九八千て八大十け九千三　⦿八せ四十百す九十⦿る七十もす九十もあるの三う◎のう◎十八三の九十三　四九九九◎へて九た三りて　十りちか一一た⦿て七一三　てのひら
かへす三かへ三⦿三　九ノた一の一八十七◎キ八二ん三んつ九て二ん三んたすけ◎七り　二ん三ん八⦿の一レもの十七て八た◎九七り　三れか五四てア◎三　一つてもか三かヽれ◎四二　一つ
もか三かヽて一◎◎◎四て七九て八七◎んの三三　⦿の四九三一四一四十七た三

十かつ十三にち　ひつ九のか三

【訓解文】

天の日津久の大神のお筆であるぞ。とくにお許しもろて書きしらすぞ。十二の巻、説いて知らすのであるぞ。この巻「雨の巻」と申せよ。この度は昔からなかりたこと致すのであるから、人民にはわからんことであるから、素直に致すが一等大切ざぞ。惟神（かむながら）の道とか神道とか日本の道とか今の臣民申しているが、それが一等の間違ひざぞと申してあろが、惟神とは⦿人共に融け合った姿ざぞ。今の臣民⦿なくしているでないか、それで惟神も神道もないぞ。

心大きく、深く、広く持ちて下されよ。いよいよとなるまでは落としておくから、見当とれんから、よくこの筆読んでおいて下されよ。世界中に面目ないことないようにせよと申してあろうが。足元から鳥立ちてもまだ目覚めんのか、筆裏の裏までよく読めと申してあろうがな。この道はただの神信心とは根本から違うと申してあろうが、三千世界の大道ざぞ。

所(ところ)の洗濯と身魂(みたま)の洗濯と一度になるところあるぞ。イスラの十二の流れの源わかる時来たぞ。命がけで⦿の御用つとめていると思て邪魔ばかり致しておろうがな。金(きん)や学や知では大峠越せんぞ。⦿はせよと申すこと、するなと申すこともあるのざ。裏の裏とはそのことぞ。よく心得て下さりて取り違い致すでないぞ。手のひら返すぞ、返さすぞ。この度の岩戸開きは人民使うて人民助けるなり、人民は⦿の容器となって働くなり、それが御用であるぞ。いつでも神懸かれるように、いつも神懸かっていられるようでなくてはならんのざぞ。⦿の仕組みいよいよとなったぞ。

十月十三日、ひつ九のか三。

二　13―2［336］

てんのおか三ゝ(みさ)ま八二一二(はじひぶ)か九(く)て　十(ど)ん七(な)え⦾一四(らいし)ん三(み)ん二百三九四(にもそこし)れぬ四(し)　ちのおか三ゝ(みさ)〇(ま)八(は)ちからアり⦿(すぎ)キて　二(じ)ん三(み)ん二八(には)て二(に)おへんけん十ゝ(とーと)れん　三九て(そこで)⦿⦿三〇(さま)を九ノ(こ)四(よ)からお一(い)

たゞ四て　ア九⦿の一二九十キ九二ん三ん八かり十七りて一たのてアる三　シメ八⦿⦿三◯を四め
九んてた三ぬためのもの十も四てアる九十　九れて◯かるてアろか七　十り#八九キつけのかた
ちてアる三　┼の十四かも十四三　十　四ん四八四八四か一四ん一た三れ四　十を十四か
二九キつけ四たの八　三七たゝ千てアる三　三んけせ四

◯十八か一五九の九十三　⦿か⦿九二の八た四るし三　四ん五九十か一五九十の◯けへたてア
ヤまて一る三　おキ九ゝろもて四　かか三十二十四　上中下三たん二八けてアる千か二千⦿二を
たん〳〵二ア◎◯⦿三四　ひ九り八九ア九三　八九のつキ八　┼てアる三四　七二五十百う
ら八◎十百四てア◎か　一十か〳〵十おもて一た九十　われの九十てアりたてア◎か七　四九二
て四んておらん十キり〳〵◯イ千んならんそ　二火んか〳〵十おもて一た九十　か一五九てアり
た九十もア◎てア◎か七　うへ四たひ九りかへるの三三◯かりたか　かキまて百⦿九八七七らん
のてア◎か　かキ八たへもの八れ八⦿九八れるか　ア九十千十十りちかへ四て一る二ん三ん四五
二んか三〳〵三ま⦿九の八七か〳〵てア◎三　ア九を千十十りちかへ　てんをち十ちをてん十四
ん四て一る四ん三ん二ん三ん七か〳〵二か一四ん六か四三　われ十か一四んてキね八九ん十八八

六(む)をえん九十(こと)て(で)キる三(ぞ)　〇(わ)レ火十(ほど)えら一(い)もの七(な)一(い)十(と)てん九二(ぐに)七(なつ)て一(い)るから　キをつけるほ十(ど)〇(わ)◎(るー)
十(と)りて一(い)るか(が)　九(こ)ん七(な)ミタマ八九(はこ)ん十八(どは)ゝ(は)一(い)三三(ざぞ)　も〇(ま)たれん九十(こと)二(に)七(なつ)た三(ぞ)
十かつの十四か　ひつ九のか三(み)しる⦿(す)

【訓解文】

天の大神様は慈悲深くてどんな偉い臣民にも底知れぬし、地の大神様は力ありすぎて、人民には手におへん、見当取れん。そこで⦿⦿様をこの世から追い出して悪⦿の言ふこと聞く人民ばかりとなりていたのであるぞ。注連(しめ)は⦿⦿様を注連込んで出さぬためのものと申してあること、これでわかるであろうがな。鳥居は釘付けの形であるぞ。耶蘇(やそ)の十字架も同様ぞ。キリスト信者よ改心致されよ。キリストを十字架に釘付けしたのは、そなたたちであるぞ。懺悔せよ。

〇とは外国のことぞ。⦿が⦿国の旗印ぞ。神国と外国との分けへだて誤っているぞ。大き心持てよ。鏡掃除ぞよ。上中下三段に分けてある違ふ血筋をだんだんに現すぞよ。びっくり箱あくぞ。八九の次は十であるぞよ。何事も裏腹と申してあろうが、他人が他人がと思っていたこと、我のことでありたであろうがな。よく筆読んでおらんと、きりきり舞いせんならんぞ。日本が日本がと思うていたこと、外国でありたこともあるであろうがな。上下ひっくり返るのざぞ。わかりたか。餓鬼までも救はなならんのであるが、餓鬼は食べ物やれば救はれるが、悪と善と取り違へしている人民、守護神、神々様救うのはなかなかであるぞ。悪を善と取り違へ、天を地と、地を天と信じている臣民人民なかなかに改心難しいぞ。我と改心出来ねば今度は止むを得んこと出来るぞ。我ほど偉い者ないと天狗になっているから気をつけるほど悪う取りているが、こんな身魂は今度は灰ぞ。もう待たれんことになったぞ。

十月の十四日、ひつ九のか三しるす。

三　13—3 [337]

九三キ八三を　十二つ六四け◎二三三け◎のかうれ四一のてアる三　たね八の九四てそたてて八◎ね八七らんの三三　九三キの三か　十二つ六四け◎の三三十七◎の三三　四ゆ千⊙◎の三か◎うれ四の三三　九三キから十二つ六四け◎う○れる十百四てアろか七

一十の三　か三二三三け◎の三三　か三の三三十七◎九十うれ四てア◎か　か六七か◎の三三十八三の九十三三　二て四九四め八八かるの三三　この三八三キ二ゆ九ホド一ろ九ゆたか二ひかりかゝやキ　うれ四くの○九十のか六七か◎の三て五三◎三　二て四九四め四十ん七九十ても一十二お四へて八れ◎四二四ら四てア◎の三三

いろ八二も十⊙三　一二三二かへ㋜三　一二三かも十三　てんか◎ミロ九三ま○三の五四五ア三八⊙七り　一のおか三ゝ○八　一の五四五七三◎七りこの九十た○四○て四九四三ておらぬ十

五おん〇か◎んの三三

ア九も千二たちかへりて五四⊙るの三三千もア九も七一の三三と百四てア◎か七　⊙の九二〇

七か二か三九二二七◎十も四てアろか七　二火んもか一五九も⊙の◇からは七一の三十も四てア

◎が　⊙の九二ア◎の三三三　わかりたか　か一四ん⊙れ八ゝの一れかへ一た四て　その八か◎

四キ火二〇わ四て八る三

七二五十もわれか四て一る七◎二ゆ二七◎のてアる三　われの二ゆ二七◎んの八　三千◎れて

一◎から三三　九の九ら一の九十〇からんて　か三九二の四ん三ん十も三れん三　九二九二十九

ろ十九ろ二　三八八四◎二十四キキたて四　たか四れ四　九の三キ八二て二た四た九十も千一

ん十　われのかんかへて八七二五十も一三一上十千の三三　〇たかた四て一る四ん三ん八かりて

ア◎三　四た五十九ろ二八四たか〇七七らん三　四たかへ八その一から◎九二七て九るの三三

たか一十九か◎三七かれ◎四二十も四て四◎四てア◎か七

十かつの十五二ち　ひつ九のか三

一【訓解文】

草木は実を動物虫けらに捧げるのが嬉しいのであるぞ。種は残して育ててやらねばならんのざぞ。草木の身が動物虫けらの御身（みみ）となるのざぞ。出世するのざから嬉しいのざぞ。草木から動物虫けら生まれると申してあろがな。

人の身、神に捧げるのざぞ。神の御身（みみ）となること嬉しいであろうが。惟神（かむながら）の御身（みみ）とはそのことざぞ。筆よく読めばわかるのざぞ。この道は先に行くほど広く豊かに光り輝き、嬉し嬉しのまことの惟神の道でござるぞ。筆よく読めよ。どんなことでも人に教へてやれるように知らしてあるのざぞ。

いろはに戻すぞ。一二三に返すぞ。一二三が元ぞ。天からミロク様は水の御守護遊ばすなり。日の大神様は火の御守護なさるなり。このこと魂までよくしみておらぬと御恩わからんのざぞ。

悪も善に立ち返りて御用するのざぞ。善も悪もないのざぞと申してあろうがな。◉の国真中に神国（かみぐに）になると申してあろがな。日本も外国も◉の目からはないのざと申してあろうが、◉の国あるのみざぞ。わかりたか。改心すればゝの入れ替へ致してその場からよき方にまわしてやるぞ。

何事も我がしているなら自由になるのであるぞ。我の自由にならんのは、させられているからざぞ。このくらいのことわからんで神国の臣民と申されんぞ。国々所々に宮柱太敷きキ立てよ。たかしれよ。この先は筆に出したこと用いんと、我の考へでは何事も一切成就せんのざぞ。まだ我出している臣民ばかりであるぞ。従うところには従わなならんぞ。従へばその日から楽になって来るのざぞ。高い所から水流れるようにと申して知らしてあろうがな。

十月の十五日、ひつ九のか三。

せか一(い)の四(し)ん三(み)ん三(み)七(な)て(て)七(ひ)キアてゆ九(く)十(と)キキた九(く)◎(ら)一(い)　百(もー)三(さ)一(い)て(で)百(も)八(わ)かて(っ)一(い)るて(で)ア◎(ろー)か(が)　それ
て(で)もまた(だ)〱一(ひと)九(く)ろ二(ふた)九(く)ろア◎(る)三(ぞ)　アた○(ま)て(で)八(わ)かて百(も)　八(は)らて(で)八(わ)か◎(ら)ね八(ば)　ホツ九(こ)んのか一(い)四(し)ん
て(で)キね八(ば)　また(だ)〱つ◎(ら)一(い)⊘(め)二アニ(ふ)の三(ざ)三(ぞ)　二(じ)ん三(み)ん二(じ)二(ぶ)んて(で)九(く)一(び)九(く)ゝ(く)◎(る)四(よー)七(な)九(こ)十(と)二(に)七(な)◎(る)の三(ざ)三(ぞ)
○(わ)かりたて(で)あろ　てんの五(ご)三(さ)んた一(い)のおか三(み)ゝ(さ)○(ま)と　ちのおつちの千(せん)三(ぞ)ゝ(さ)○(ま)て(で)七(な)一(い)十(と)　九(こ)ん十(ど)
の九(こ)んポんのおたて(で)かへてキんの三(ざ)三(ぞ)　○(わ)かりて百(も)七(な)か〱○(わ)か◎(ら)んて(で)ア◎(ろー)か(が)七(な)　千(せん)た九(く)た◎(ら)ん
のて(で)アル(る)三(ぞ)　九(こ)ん十(ど)八(は)めん⊘(め)二(に)⊘(め)んめの九(こ)九(こ)ろア◎(ら)ためて九(く)た(だ)三(さ)れ四(よ)　⊙八(は)ア◎(ら)ためてあるか(が)
⊙からア◎(ら)た⊘(め)三(さ)⊙(す)のて(で)八(は)　二(じ)ん三(み)んかア一(い)三(そー)七(な)か◎(ら)⊘(め)ん(ん)⊘(め)〱て(で)ア◎(ら)ためて九(く)た(だ)三(さ)れ四(よ)　ア◎(ら)
た○(ま)たゝ(だ)けおかけ(げ)ア◎(る)の三(ざ)三(ぞ)

九(こ)ん十(ど)の一(い)八(は)十(と)一七(ひ)◎(ら)一(い)た(た)◎(ら)○(ま)つ(っ)た(だ)一(い)の九(こ)十(と)三(ざ)三(ぞ)てんちのちか(が)一(ひ)二(に)七(な)二(に)五(ご)十(と)百(も)千(ち)か(が)二(ふ)の三(ざ)三(ぞ)
四(し)ん二(じ)八(や)七(ひっ)八(ぱ)り二(に)一(いっ)て九(く)れる七(な)　三(みな)⊙か(が)七(ひ)キ四(よ)千(せ)◎(る)から八(や)九(く)一(い)んの十(と)九(こ)ろへも七(ひ)キ四(よ)千(せ)◎(る)か◎(ら)
たつ(づ)ねてキた二(じ)ん三(み)ん二(に)四(し)ん千(せ)つつ九(く)四(し)て　四(よ)ろ九(こ)八(ば)四(し)てかへして八(や)れ十(と)百(もー)四(し)てア◎(ろー)か(が)二(じ)ん三(み)ん
四(よ)ろ九(こ)へ(べ)八(ば)　⊙うれ四(し)キ三(ぞ)十(と)百(もー)四(し)てア◎(ろー)か(が)　九(く)三(さ)キも四(ヨ)ろ九(こ)八(ば)四(し)て八(や)れ四(よ)　二(ふ)て(で)四(よ)九(く)四(よ)め八(ば)十(どー)四(し)

た◎九三キ十二つ四ろ九二か十一二九十も四◎四てア◎の三三　一○○ての九九ろ大か○二七か
四て四○へ八　七二もかも四九八かて　うれ四く十七◎の三三　○たくせか一八一二一二千
○四九七て一二一八れん九十二七て九◎の三か◎　う○つ◎八かり三て一る十　八か◎んか◎九
九ろ大キ九せか一のた三と四て　せか一二⊘十ゝけて九れ四

も十のキの⊙の九十　○たりてキたか三の九十　○たりて九◎か三の九十三つそろて四○○ね
八七◎んの三　ア十ヤ十ワ十も四てア◎か　たんく二○かりて九◎の三三
千千の九十八千千の○九十の一キか三て七一十てキ八千三　四ん三ん八おてつた一三　アめか
千三へ十二百七◎んてア◎か　一キもの七んて一キ四て一るか　それ三へ八か◎一て一て七んて
も○かて一る十おもて一るか　八七たか三十もすの三　一○のうち二か一四ん⊙れ八　七八ア◎
○三⊙二ゆ◎四て　四キホ二○○四て八◎三　八四九九◎ア◎た⊘四

十かつ十六にち　ひつ九のか三

【訓解文】

世界の臣民、皆手引き合って行く時来たくらい、申さいでもわかっているであろうが、それでもまだまだ一苦労二苦労あるぞ。頭でわかても腹でわからねば、発根（ほっこん）の改心出来ねばまだまだ辛い目に遭ふのざぞ。人民自分で首くくるようなことになるのざぞ。わかりたであろ。天の御三体の大神様と地の御土の先祖様でないと、今度の根本の大立て替へ出来んのざぞ。わかりてもなかなかわからんであろうがな。洗濯足らんのであるぞ。今度はめんめにめんめの心改めて下されよ。⦿は改めてあるが、⦿から改めさすのでは人民可哀想なから、めんめめんめで改めて下されよ。改まただけお蔭あるのざぞ。

今度の岩戸開いたら末代のことざぞ。天地の違ひに何事も違ふのざぞ。信者引っ張りに行ってくれるな。皆⦿が引き寄せるから、役員の所へも引き寄せるから、訪ねて来た人民に親切尽くして喜ばして帰してやれと申してあろうが。人民喜べば⦿嬉しきぞと申してあろうが、草木も喜ばしてやれよ。筆よく読めば、どうしたら草木動物喜ぶかということも知らしてあるのざぞ。今までの心大川に流してしまへば、何もかもよくわかって嬉し嬉しとなるのざぞ。まだまだ世界は日に日にせわしくなって、言ふに言はれんことになって来るのざから、表面（うわつら）ばかり見ているとわからんから、心大きく世界の民として世界に目とどけてくれよ。

元のキの⦿の子と、渡りて来た神の子と、渡りて来る神の子と、三つ揃てしまわねばならんのぞ。アとヤとワと申してあろうが、だんだんにわかりて来るのざぞ。

実地のことは実地のまことの生神でないと出来はせんぞ。臣民はお手伝いぞ。雨風さへどうにもならんであろうが。生き物何で息しているか、それさへわからいでいて何でもわかていると思ているが、鼻高ざと申すのざ。今のうちに改心すれば、名は現わさずに許してよき方にまわしてやるぞ。早う心改めよ。

一　十月十六日、ひつ九のか三。

註　目出度夜明けぞ　同日付で国家神道体制の中枢であった内務省神祇院が廃止されたことを受けての筆と推定される。この頃より天明グループの活動は活性化する。

五

13—5［339］

二て二かゝ四た◎ひつ九のか三がてん⊘二かゝ⦿のてア◎か◎　三の十り二七◎のてア◎三
三七七か四十たん四て　○◎キ九十八キつけアて八りて九た三れ　それか○つりてア◎三　♀の
四か♀の四二七て一◎のを　九ん十八も十二も十⦿のてア◎か◎　三の九十八四○かてお◎ん十
一⦿んのちのうへ二もおれん九十二七◎三
九ん十の一九三⦿三たらせか一一た一◎一れつ一た一にな◎十四◎四てア◎か　一れつ一た一
◎三のうへ二⦿か一ますの三三　⦿七キ一た一◎一れつ八アキのそら三　○の四九三十の四九
三　八四八た四◎四三て三十りて九た三れ四　⦿八四ん三ん二ん三ん二てから一た三四て　おん
れも四た一のてア◎三　てか◎一た三四て○ん五○つた一七の九四て　せか一う七◎すの三三

九れ◯ての九十八二三一百千一◎れん九十二七◎の三十百四てア◯　ろん四り二千三て八四か一
四んけつか三
七二五十百九ろ七四二八上十千の三三　九ろ七四二◯九十七一三　三十ねん一きり三　ひふみ
八◎二一れ四　イロ八八◎二れ四　アイウエオ八四二たゝめ四　三七エ◎一十りちか一四て五三
◎三　三八のア十八九三ホヽ十七◎三　◯つりの四かたす九り十かへ三⊙三　◯九十のか三の三
二かへ⊙の三か◎　九ん十八◯九十の一キか三てない十　二ん三ん八ろ十ててキ八千三
十かつ十七二ち　ひつ九のか三

【訓解文】

筆に書かしたら日月の神が天明に書かすのであるから、その通りになるのであるぞ。皆仲よう相談して悪きことは気つけあってやりて下され。それがまつりであるぞ。♀の世が♁の世になているのを今度は元に戻すのであるから、そのこと早うわかておらんと一寸の地の上にもおれんことになるぞ。

今度の戦さ済みたら世界一平一列一体になると知らしてあろうが、一列一平、その上に⊙がいますのざぞ。⊙なき一平一列は秋の空ぞ。◯の仕組み、十の仕組み、早う旗印見て悟りて下されよ。⊙は臣民人民に手柄致さして、御礼もしたいのであるぞ。手柄致さして万劫末代、名残して世界唸らすのざぞ。これまでのことは一切用いられんことになるのざと申してあろう。論より実地見て早う改心結構ぞ。

何事も苦労なしには成就せんのざぞ。苦労なしにまことないぞ。三十年一きりぞ。ひふみ腹に入れよ。イロハ腹に入れよ。アイウエオ早うにたためよ。皆えらい取り違いしてござるぞ。宮の跡は草茫々となるぞ。祀りの仕方すくりと変へさすぞ。まことの神の道に返すのざから、今度はまことの生神でないと、人民やろうとて出来はせんぞ。

十月十七日、ひつ九のか三。

六　13—6［340］

二(ふ)て(で)四(よ)九(く)四(よ)め十(と)　二(ふ)て(で)四(よ)九(く)八(は)◎(ら)二(に)一(い)れ十(と)も四(し)てア◎(ろー)か(が)　二(ふ)て(で)八(は)◎(ら)二(に)一(い)れ◎(る)十(と)　十(どー)⦿(す)○(わ)◎(る)の三(ざ)三(ぞ)せか一(い)か◎(ら)十(ど)ん七(な)ヱ◎(ら)一(い)一(ひ)十(と)か(が)て(で)てキて　十(ど)ん七(な)九(こ)十(と)たつ(づ)ねて百(も)　お四(し)へて八(や)れ◎(る)四(よー)二(に)七(な)◎(る)の三(ざ)三(ぞ)　二(ふ)て(で)十(どー)二(に)一(い)れてアた○(ま)三(さ)け(げ)ててんち二(に)八(は)た◎(ら)一(い)て九(く)た(だ)三(さ)れ四(よ)　○(ま)つ◎(り)て九(く)た(だ)三(さ)れ四(よ)　⦿(す)七(な)お二(に)七(な)れ八(ば)その八(ば)か◎(ら)　その八(ば)くて(で)七(な)二五(ご)十(と)も　⦿か(が)お四(し)へて八(や)◎(る)か◎(ら)ちか◎(ら)つけて三(み)千(ち)一(びー)て八(や)◎(る)か◎(ら)　十(ど)ん七(な)四(し)んりキても(で)三(さ)つ(づ)けて八(や)◎(る)三(ぞ)一(ひ)二(ふ)三(み)四(よ)五(い)六(む)七(な)八(や)九(こ)十(と)百(も)千(ち)卍(ろ)さつ(づ)けも四(し)て　か三(み)一(ひ)十(と)十(と)七(な)◎(る)三(ぞ)

われ三(さ)へ四(よ)け◎(ら)四(よ)一(い)十(と)○(ま)た(だ)おもて五(ご)三(ざ)◎(る)四(し)ん三(み)ん○(ま)た(だ)て(で)五(ご)三(ざ)◎(る)三(ぞ)　二(じ)二(ぶ)ん一(ひと)りて(で)一(い)キて八(は)ゆけ

ん三　か三八かりても一キて八ゆけん三　つ⊘のアかてもたて二ついて一◎のて八七一の三三
◯か◎ん十も四てア◯りて五三◎三　◯つりセ四　つち二◯つろへ四　アメ二◯つろへ四一十二
◯つ◎へ四　九三キ十二つ二◯つろへ四十　九十四◎四てア◎の二◯た◯か◎んのか　か三お◎
か六八かりか◯つりて七一三

◯ち二◯ち四一のての三四十七り二けり　一二三いろはの四八たち二けり　三四九四ん二ん四
て一◎四ん三ん二ん三ん　一◯二三てキけぬ四二　一れものつんホ二七◎の三三　キ一四九七て
九◎三　十九二も九◉り二も七◎ん二ん三ん　九ん十八八九二たゝんの三三　◯◎キ七一八かり
て八ひつ九の三た三十八も三れん三　ア◎たぬ四九ろ九も一つ八◎一けり　つキの一つも八◎一
千か四　三一四九七りた◎二てたつねて五三れ　二て四◯ね八◯◉く八か◎ん九十二七たてア
◎か　てん五九二そ九七一四二　二五九二も三九七一三　十九◯てもおち◎三　八七たかの八七
お◎七二ん三ん七ん十も四ても◉四四千てキん

十一かつ二十三ち　ひつ九のか三

―【訓解文】

筆よく読めと、筆よく腹に入れと申してあろが、筆腹に入れると胴すわるのざぞ。世界からどんな偉い人が出て来て、どんなこと尋ねても教へてやれるようになるのざぞ。筆胴に入れて頭下げて天地に働いて下されよ。祀りて下されよ。素直になればその場から、その場その場で何事も⦿が教へてやるから、力つけて導いてやるから、どんな神力でも授けてやるぞ。一二三四五六七八九十百千卍授け申して神人となるぞ。

我さへよけらよいとまだ思ってござる臣民まだでござるぞ。自分一人で生きては行けんぞ。神ばかりでも生きては行けんぞ。爪の垢でもだてについているのではないのざぞ。わからんと申してあまりでござるぞ。祀りせよ。地にまつろへよ。天にまつろへよ。人にまつろへよ。草木動物にまつろへよと、くどう知らしてあるのにまだわからんのか、神拝むばかりが祀りでないぞ。

待ちに待ちし日の出の御代となりにけり。一二三いろはの世はたちにけり。身欲信心している臣民人民、今に筆聞けぬように、いれもの聾になるのざぞ。厳しくなて来るぞ。毒にも薬にもならん人民、今度は役に立たんのざぞ。悪気ないばかりでは日月の御民とは申されんぞ。あら楽し、黒雲一つ払ひけり、次の一つも払ふ日近し。淋しくなりたら筆たづねてござれ、筆読まねばますますわからんことになたであろうが、天国に底ないように、地獄にも底ないぞ。どこまでも落ちるぞ。鼻高の鼻折らな人民何と申しても⦿承知出来ん。

十一月二十三日、ひつ九のか三。

⦿の九ゝろの八かりた四ん三んか◎　た⦿け◎五四二かゝりて九れ四　たすけ◎五四十八キ四⦿の五四て五三◎三　てんち四九三て三十◎て九れ四　三四五の五四八てキアガ◎て四〇〇ん十五四四て一◎四ん三ん二八　三八◎八か◎んのてある三　てキアかりてか◎九れ八七ん十四たけ九七九十てアりたか十　一九◎⦿◎の三三

アメのひつ九のか三十八　アメの一二の⦿て五三◎三　アメの☽⦿の⦿て五三◎三　百十⦿て五三◎三　ムの⦿三　ウの⦿三　百十の〇ゝの二九た一百千て五三◎おん⦿三〇三　つちのひつ九のおん⦿三〇三　つちの⦿☽のおん⦿三〇十　九ん十八五一た一十七り七三れて　九ん十の四九三ゝ五十上十七三れるので五三◎三わかりたか

九二つちのか三た一せつ百千十九十四◎四てア◎か七　一◎ゝての四ん三ん二ん三ん　九二の五千三の⦿おろ三か二四て一◎三十百四て四◎四てア◎　か三八千二かへ◎三　九二つちつ九◎九十十ん七二七んキ七九十か　二ん三ん二八〇か◎ま一七れ十　九ん十三◎つの四二⦿◎二八二ん三んも三のかたのかたのかた九◎一の七んキセ七七◎んの三三　それても四九八レん四ん三

んもた九三二ア◎の三三　も十の⊙のおも一の七ん卍二んの一かのおも一千七◎んの三三
九ん十四か○りた◎四ん三ん九の四の⊙十七◎の三三　九二の千た九八○たく◎九てア◎か
三た○の千た九七かく二六か四三　二ん三んかア一三七か◎　の八四二の八四て五三るの三
三　一九◎一キか四てもア十も十り八かりち八　一キか四てか一四んてキね八　か一四ん⊙◎四
一た⊙四り　もて七一四二七て一◎三　一つ十ん七九十アてても　も⊙八四◎ん三　うへか◎四
た◎てもたれ二四◎ん一○○ての四七○か○○三千三
八九一ん八か二七◎七七◎ん三　大のつ九アホ二七れ四¥のつ九アホ二ア八○て九れ◎七四
アホて七一十　九ん十のマ九十の五四七か七か三三　一のち⊙てて一のち二一キ◎十キ十百四て
ア◎か七　一上のり九七四ん三ん二ん三んア二んて五三◎三　一○二キりく○一⊙◎のか⊘二
三へんのか　一つもか○◎ヌ○つ九九ろておれ十も四て五三◎か七　たてかへ一た四た◎せか一
八一たん三一四九七◎三　⊙かものも四て一◎うち二　か一四んせ七七◎ん三　九か一○二ア○
ん十も四てア◎か七

十一かつの二十三にち　ひつ九のか三

【訓解文】

⦿の心のわかりた臣民から助ける御用にかかりてくれよ。助ける御用とは清めの御用でござるぞ。天地よく見て悟りてくれよ。三四五(みよいづ)の御用は出来上りてしまわんと、御用している臣民にはさっぱりわからんのであるぞ。（〔第一訳文に以下の一文あり〕使われているからわからんのであるぞ。）出来上がりてから、これは何とした結構なことでありたかとびっくりするのざぞ。

アメのひつ九(ぐ)のか三とはアメの一二(ひつき)の⦿でござるぞ。アメの☽⦿(つきひ)の⦿でござるぞ。元⦿でござるぞ。ムの⦿ぞ。ウの⦿ぞ。元のままの肉体持ちてござる御⦿様ぞ。土のひつ九の御⦿様ぞ。土の⦿☽(ひつき)の御⦿様ぞ。今度は御一体となりなされて、今度の仕組み見事成就なされるのでござるぞ。わかりたか。

国土(くにつち)の神たいせつ申せとくどう知らしてあろうがな。今までの臣民人民、地の御先祖の⦿おろそかにしているぞと申して知らしてあろう。神は地に還るぞ。国土つくることどんなに難儀なことか、人民にはわかるまいなれど、今度新(さら)つの世にするには、人民もその型の型の型くらいの難儀せなならんのざぞ。それでもよう堪(こば)れん臣民もたくさんにあるのざぞ。元の⦿の思ひの何万分の一かの思ひせんならんのざぞ。

今度、世変わりたら、臣民この世の⦿となるのざぞ。国の洗濯はまだまだ楽であるが、身魂の洗濯なかなかに難しいぞ。人民可哀想なから延ばしに延ばしてござるのざぞ。いくら言い聞かしても後戻りばかりぢゃ、言い聞かして改心出来ねば改心するよう致すより、もう手ないようになっているぞ。いつどんなことあっても、もう⦿は知らんぞ。上から下までもう誰にもよらん、今までのようなわがままさせんぞ。

役員馬鹿にならなならんぞ。大のつく阿呆になれよ。¥のつく阿呆に誤ってくれるなよ。阿呆でないと今度のまことの御用なかなかざぞ。命捨てて命に生きる時と申してあろうがな。非常の利巧な臣民人民アフンでござるぞ。今にきりきり舞いするのが目に見えんのか。いつも変わらぬ松心でおれと申して御座ろうがな。立て替へ致したら世界はいったん寂しくなるぞ。☉がもの申しているうちに改心せなならんぞ。後悔まにあわんと申してあろうがな。

十一月の二十三日、ひつ九のか三。

八

13―8［342］

大七ん小七ん二十一のれ十百四て九十四◎四てア◎か七　一か四二てもうけ一れて　四キ四二四て八◎四四九三てア◎か　三の九九◎○か◎んか　てん三一○つ八ア九の九九◎千八十四◎四てア◎か　○た○か◎んのか　九二○けてた一へん○千ち一◎四ん三んた九三ア◎か　三ん七四五二ん二つか○れて一◎十　キの十九二七て九◎三　四九二て四んて九た三れ四一○の四五二んア九の千☉二けんそ九てア◎三　ア九百おん八九七か◎　お九おもて二てて八○九十お三○◎ん三　ア九け九七四八☉三て　千け九ア九け九　卍け九十け九　九　け九の四十

七◎七◎十の四九三千か九七てキた三　四のも十か◎の四九三中ゆ九四九三　ア八れ三千せか一
け九てア◎三　九九◎の二二も八れく十七◎三　けつ九く
ア○九ても七◎ん三か◎九ても七◎ん三　ア○三二八か◎三一◎三　ア⦿の⦿三○八かりて八
七◎んの三　九十も四て九九○て四◎四て一◎二○た○か◎んのか　九九ろ三八◎大か○二七か
四て　二て四んて九た三れ四　一つ○ても⦿またれん三　か◎三二八ア○三かけ二ア◎の三三
九の十り四九○か◎てア◎か七　三のア千　火のア千け九三　九○一ア千七一四七け九七九○
三てア◎三　四◎九一てア◎三　九の十り四九○かりたか　三九九ろ十八三つの三九九ろ三　一
十　十十　ゝ十てア◎三　三九九◎け九三　四のも十の⦿の四九三のア◎○れて　三千せか一ひ
かりかゝ八九　ア七三八け

十一かつ二十七二ち　ひつ九の⦿

【訓解文】

大難小難にと祈れと申してくどう知らしてあろうがな。いかようにでも受け入れて、よきようにしてやるよう仕組みてあるが、その心わからんか。天災待つは悪の心ぢゃと知らしてあろが、まだわからんのか。国敗けてたいへん待ちいる臣民たくさんあるが、そんな守護神に使われていると気の毒になて来るぞ。よく筆読んで下されよ。

今の守護神、悪の血筋、眷属であるぞ。悪も御役ながら、おく表に出てはまことおさまらんぞ。悪結構な世は済みて、善結構、悪結構、仏結構、耶蘇結構、ことごとく結構の世となり、鳴門の仕組み近くなって来たぞ。世の元からの仕組み、中行く仕組み、天晴れ三千世界結構であるぞ。心の富士も晴れ晴れとなるぞ。結構々々。

甘くてもならんぞ。辛くてもならんぞ。甘さには辛さいるぞ。天の⦿様ばかりではならんのざ。くどう申してここまで知らしているにまだわからんのか、心さっぱり大川に流して筆読んで下されよ。いつまでも⦿待たれんぞ。辛さには甘さ陰にあるのざぞ。この道理よくわかるであろうがな。水の味、火の味、結構ぞ。恐い味ないような結構な恐さであるぞ。喜びであるぞ。〔[第一訳文に以下の一文あり] 苦しみであるぞ。〕この道理よくわかりたか。〔[第一訳文に以下の一文あり] 神の御恵み神の御心わかりたか。〕御心とは三つの御心ぞ。一と十と丶とであるぞ。御心結構ぞ。世の元の⦿の仕組みの現れて、三千世界光り輝く、あなさやけ。

十一月二十七日、ひつ九の⦿。

九　13—9〔343〕

⦿の千十(ちと)か九(がく)の千十八(ちとは)　一八(はじめは)か三一十(みひと)えて(で)ア◎か(るが)三(さ)キ二ゆ九(く)ホ十ん二て(どんぶで)キてキて　てんちの三(さ)

十七◎三　⊙の⊙のク⊙りの八りかた　ア九の⊙の十九の八りかた十七◎三　⊙の五四か一十の五四三　人の五四か⊙の五四てア◎七れ十　一まの四ん三ん⊙の五四す◎の十　一十の五四⊙◎の十　二つ二八けて一◎か　三九◎四キもの二八　これか◎八五四一た三千九十二キ〇りたか◎キつけてお九三

七二五十百二ゆんたゝ四九八りて九た三れ四　⊙八二ゆんてア◎三　二ゆん三たれた十九◎二⊙の八た◎キア◎〇れん三　七二百千一て四キ九十八かり〇千て一◎十　百の五十ア十百十り二七◎三　⊙の三二八ア十も十り七一十も四てア◎か七　九ゝ◎へ七三れ四　一の火キえて一◎て七一か　〇た〇か◎んか　十か一へく十二んけんのつ九た一二アつ〇◎かの四七九ゝ◎て八九ん十の五四てキ八千三　ウ〇つ◎か三りて〇九十の七一お四への十九ろへ八　一十アつ◎◎七れ十　〇九十の三つたへ◎十九ろへ八四ん三ん七かくアつ〇◎ん三　三て五三れ四　一九◎一十八⊙く七九て百　三五十七九十一た四ておん⊖三かけ◎三　ヱんア◎もの八一四二⊙か七キ四千◎十百四てア◎か七　二んけん九九◎て四ん八一一た四て九れ◎七四　め〇一⊙◎一十もてキ◎三

ゆけ十百く八九九つ八かり十も四てア◎か七　一〇の十三九三二〇キれて　ア九〇八〇たヱ
◎一四九三一た四て　うへ二アか◎七れ十上二アか◎キ◎んうち二九れん三　せめて三かてんか
か十れた◎三ものてア◎七れ十　九七◎九十八四の百十か◎〇かて一◎のてア◎か◎　も六千八
七九十八ゆ◎三三　か◎一もの火十うへ二く十アかて九◎三　四九三十り二七て一◎の三か◎
四ん三ん四八一⦿◎て七一三　九ん十⦿の千四めんからのそかれた◎十九十八二四二て◎九十
てキんのてア◎か◎　千か四九二め九れて千か九のお⊘九三八つ⦿て七一三　⦿キつけてお九三
一十の九◎四三三て　それ三た九十か十百⦿四七四五二ん二つか〇れて一◎十キの十九てキ◎三
四たてかへて三キの〇か◎四十一た⦿の千八

三Ｓのか六たか◎十３Ｓのかんたか◎十ア◎三　十九十九⦿りてう◎八◎てア◎三　五十五て
八千か◎てん三　四十六　六十四　三十七七十三て七一十ちかんう〇れん三　千か◎う〇れ◎か
◎くてキ◎の三　か◎十三⦿◎のか⦿のた一千つ七四五十三　二ん三んもか⦿の三二⦿◎九十
大せつ七おん八九てア◎三　十九十九⦿◎十九⦿◎十十九て五三◎三　つキ〇千て九ね〇千てア
八れ九の四のたか◎十一た⦿四九三三八かりたか　一火の３Ｓ四り八か◎んか◎　二ん三ん一

つもア九二〇千九六の千八　九の三八七かゆ九三三十も四て四◎四てア◎か七　千か◎ア〇て七◎す　千か◎た◎んて七◎三ス　四か十て二キりて二十◎て一て九た三れ四　〇九十のお四へ八かりてて八七二百七◎ん三　三七二〇九十のお九七一てキん十九の三七◎けん三　り九つ百☉て七一三　一九◎り九つり八てアてもお九七一てキね八ア九てア◎三　九の四の九十八二ん三んの九九ろ四た一三

十一かつ二十七二ち　ひつ九のか三

【訓解文】

☉の智と学の知とは、始めは紙一重であるが先に行くほど運否出来て来て天地の差となるぞ。☉の☉の薬のやり方、悪の☉の毒のやり方となるぞ。☉の御用が人の御用ぞ。人の御用が☉の御用であるなれど、今の臣民☉の御用するのと人の御用するのと二つに分けているが、見苦しき者にはこれからは御用致させんことに決まりたから気つけておくぞ。

何事も順正しくやりて下されよ。☉は順であるぞ。順乱れたところに、☉のはたらき現われんぞ。何もせいでよきことばかり待ちていると物事後戻りになるぞ。☉の道には後戻りないと申してあろがな。心得なされよ。一の火消えているでないか。まだわからんか。都会へ都会へと人間の作った火に集まる蛾のような心では今度の御用出来はせんぞ。表面飾りてまことのない教へのところへは人集まるなれど、まことの道伝へるところへは臣民なかなか集まらんぞ。見てござれよ。いくら人は少なくても見事なこと致して御目（おんめ）にかけるぞ。縁ある者は一時に⦿が引き寄せると申してあろうがな。人間心で心配致してくれるなよ。まめいする人も出来るぞ。〔第一訳文に以下の一文あり〕ふんのびる人もたくさんに出来て来るぞ。）

　行けども行けども白骨ばかりと申してあろうがな。今のどさくさにまぎれて悪魔はまだゑらい仕組み致して上にあがるなれど、上にあがりきらんうちにグレンぞ。せめて三日天下が取れたら見物であるなれど、こうなることは世の元からわかっているのであるから、もう無茶なことは許さんぞ。軽い者ほど上に上にとあがって来るぞ。仕組み通りになっているのざから、臣民心配するでないぞ。今度⦿の帳面から除かれたら永遠（とことわ）に世に出ること出来んのであるから、近欲に目くれてせっかくのお恵みはずすでないぞ。⦿気つけておくぞ。人の苦しみ見て、それ見たことかと申すような守護神に使われていると気の毒出来るぞ。世立て替へて先のわかる世と致すのぢゃ。

　三Ｓ（さんえす）の神宝（かむたから）と、３Ｓ（スリーエス）の神宝（かんたから）とあるぞ。毒と薬で裏腹であるぞ。五と五では力出んぞ。四と六、六と四、三と七、七と三でないと力生まれんぞ。力生まれるから、カラ出来るのざ。カラ掃除するのが⦿の大切な仕事ぞ。人民もカスの掃除すること大切な御役であるぞ。毒と薬と薬と毒でござるぞ。搗きまぜて捏ねまぜて、天晴れこの世の宝と致す仕組みざぞ。わかりたか。一方の３Ｓよりわからんから、人民いつも悪に落ち込むのぢゃ。この道は中行く道と申して知らしてあろうがな。力余ってならず、力足らんでならず、しかと手握りてじっと待っていて下されよ。まことの教へばかりでは何もならんぞ。皆にまことの行い出来んとこの道開けんぞ。理屈申すでないぞ。いくら理屈立派であっても、行い出来ねば悪であるぞ。この世のことは人民の心次第ぞ。

十一月二十七日、ひつ九のか三。

十

13—10［344］

アメの一八十七（いはとひ）◎（ら）一（い）て千（ち）の一八十七（いはとひ）◎（ら）キ二かゝりて一（い）◎（る）の三三（ざぞ）　われ一（いち）りキて（で）○七二五十（わなにごと）も上（じょう）十千三（じゅせんぞ）　て七（ひ）キア（つ）て八（や）りて九（く）た三（ださ）れ十（と）も四（し）てア◎（る）九十○（ことわ）◉（す）れるて（で）七一三（ないぞ）　○二九十（れいにくと）も二一八十七（にいはとひ）◎九（らく）のて（で）ア◎（る）か◎（ら）　十千（ぢつち）の大十（どー）け（げ）の一四（いよ）く十七（とな）た◎（ら）　もか二（んに）ん四（し）て九（く）れ十十（とど）ん七（な）四（し）ん三（み）んもも◉三（すぞ）　二（じ）ん三（み）ん二八（には）十千（じつち）二（に）⊘（め）二百（にも）の三千（みせ）ね八（ば）十九（とく）四（し）ん千（せ）ぬ四（し）　十千（じつち）二（に）三千（みせ）てか◎（ら）て（で）八（は）た◉（す）か◎（る）四（し）ん三（み）ん◉（す）九七一四（くないし）　◉もへ九三（へいこーぞ）一十一十九（ひどいところ）◎火十三（ほどみ）た○二（まに）四八九（しゃくせ）千（ん）ア◎（る）のち八三（ぢやぞ）　た○（ま）の○（わ）◎（る）キ九十四て（ことし）一（い）◎（る）九二火十（くにほど）　キ一四（びし）キ一○四（いまし）⊘一（めい）た◉（す）のて（で）ア◎（る）三（ぞ）

五十（と）五十（と）も四（し）てア◎（る）か（が）　五十（と）五て（で）八千（はち）か◎（ら）て（で）ぬ四（し）　四十（と）六　六十（と）四　三十（と）七七十（と）三て（で）八カスて（で）◎（る）四（し）　カスた三（ださ）ね八千（ばち）か◎（ら）て（で）ん四（し）　三（ぞ）れて（で）◉（す）八十二八（はそーじば）かり四（し）て一（い）◎（る）の三三（ざぞ）　◉の四（し）ん三（み）んそれて（で）四（し）ん四（し）うせいけつ◉（す）◎（る）た三て（みで）ア◎（る）三（ぞ）　キか（が）も十十（とと）も四（し）てア◎（ろー）か（が）　キか（が）うヱ四二（じに）◉（す）◎（る）十二九（とにく）うヱ四（じ）

二(に)⦿(す)◎(る)三(ぞ)　キ一(い)二(ぶ)け八(ば)二(に)九(く)一(い)二(ぶ)九(く)三(ぞ)　⦿の九(こ)八(は)⦿のキ一(い)たゝ(だ)一(い)て一(い)◎(る)の三(ざ)か◎(ら)　九(くー)もの七(な)九(く)七(なつ)て百(も)四(し)二(に)八(は)千(せ)ん三(ぞ)　キ大キ九(く)もて四(よ)十(と)百(もー)四(し)てア◎(ろーが)か　キ八(は)一(い)九(く)◎(ら)て(で)も大キ九(く)け九(つこー)二(に)二(じ)ゆ二(に)七(な)◎(る)け九(つこー)七(な)⦿のキ三(ざ)三(ぞ)　四(し)ん三(み)んり九(こー)七(な)九(く)七(な)れ八(ば)⦿のキ八(は)一(い)◎(る)三(ぞ)　⦿の一(い)キか四(よー)三(ぞ)　コ◎(り)かた◯(ま)◎(る)十(と)九(こ)り二(に)七(なつ)てう五(ご)キ十(と)れんか◎(ら)九(く)◎(る)四(しー)の三(ぞ)　八(ば)か四(し)四(よー)二(じ)キ七(な)◎(ら)ん十(と)も四(し)てア◎(ろーが)か七(な)　三(さん)千(ぜん)ねんア◯(ま)りて(で)三(み)た◯(ま)のア◎(ら)た⊘(め)一(い)た四(し)て　一(い)んねんた(だ)けの九(こ)十(と)八(は)一(い)八(や)て(で)もおても一(い)た三(さ)⦿(す)のて(で)ア◎(る)か◎(ら)　九(こ)ん十(ど)の五(ご)四(よー)八(は)九(こ)の二(ふ)て(で)四(よ)◯(ま)一(い)て(で)八(は)三(さん)千(ぜん)せか一(い)の九(こ)十(と)て(で)ア◎(る)か◎(ら)　十(ど)九(こ)三(さ)か(が)四(し)て百(も)二(じ)ん三(み)んのちか◎(ら)て(で)八(は)けん十(とー)十(と)れん十(と)も四(し)てア◎(ろーが)か七(な)　十(ど)九(こ)三(さ)か(が)四(し)ても◯(わ)かり◯(わ)千(せん)の三(ざ)三(ぞ)　二(じ)ん三(み)んのアた◯(ま)て(で)一(い)九(く)◎(ら)かんかへ(が)ても　千(ち)四(し)火(ぼつ)てもか(が)九(く)アりても◯(わ)か◎(ら)んのち(ぢ)や　千(ち)四(よつ)九(く)◎(ら)◯(わ)か◎(る)四(よー)七(な)四(し)九(ぐ)三(み)七(な)◎(ら)九(こ)ん七(な)二(に)九◎(くろー)一(い)た三(さん)ゝ(ぞ)　⦿⦿三(さ)ま三(さ)へ◯(わ)からん四(し)九(ぐ)三(み)十(と)四(し)◎(ら)四(し)てア◎(ろーが)か　七(な)二(に)四(よ)りか一(い)四(し)んた(だ)一(い)一(ち)三(ぞ)十(と)キつけてア◎(ろーが)か二(ふ)て(で)八(は)◎(ら)二(に)八(は)一(い)れ八(ば)三(さ)キ三(み)へ⦿(す)九(く)の三(ざ)三(ぞ)　九(こ)のつちもつキ十(と)お七(な)二(じ)て(で)ア◎(る)か◎(ら)　二(じ)ん三(み)んの九(こ)九(こ)ろ三(ぞ)の◯(ま)◯(ま)二(に)うつ◎(る)のて(で)ア◎(る)か◎(ら)　二(じ)ん三(み)んの九(こ)九(こ)ろ◯(わ)◎(る)九(く)七(な)れ八(ば)◯(わ)◎(る)九(く)七(な)◎(る)の三(ざ)三(ぞ)　四(よ)九(く)七(な)れ八(ば)四(よ)九(く)七(な)◎(る)の三(ざ)

り九(く)つ◯(わ)ア九(く)十(と)も四(し)てア◎(ろーが)か　ア九(く)のお◯(わ)り八(は)十(と)も九(ぐ)一(い)千(ぢ)八(や)　十(と)も九(ぐ)一(い)四(し)て十(と)もた(だ)二(ふ)れ　り九(く)

つか（が）り九（く）つ十（と）　ア九（く）か（が）ア九（く）十（と）十（と）もた（だ）二（ふ）れ二（に）七（な）◎（る）のか（が）　か三（み）の四（し）九（ぐ）三（み）千（ぢ）八（や）　十（と）○（わ）か（っ）て一（い）七（な）か（が）◎（ら）十（どー）二（に）も七（な）◎（ら）ん九（こ）十（と）二（に）　一（い）○（ま）二（に）せか一（い）か（が）七（なつ）て九（く）◎（る）の三（ざ）　キ（ぎ）八（や）九（く）二（に）キ（ぎ）八（や）九（く）二（に）十（と）て（で）て九（く）◎（る）の千（ぢ）八（や）　七（な）千（ぜ）三（そー）七（なつ）て九（く）◎（る）か○（わ）か◎（ら）んのか　二（ふ）て（で）四（よ）⊘（め）四（よ）

おろ四（し）八（や）のア九（く）か（が）三（み）の四（し）九（ぐ）三（み）　二（じ）ん三（み）ん二（に）八（は）一（ひと）りも八（わ）か（っ）て一（い）七（な）一（い）の三（ざ）三（ぞ）　Ⓥ二（に）八（は）四（よー）八（わ）か（っ）ての九（こ）ん十（ど）の四（し）九（ぐ）三（み）て（で）ア◎（る）か◎（ら）　四（し）アけ（げ）三（み）て九（く）た（だ）三（さ）れ四（よ）　九（こ）の火（ほー）二（に）まか千（せ）ておキ七（な）三（さ）れ　一（いっ）三（さ）一（い）四（し）ん八（ぱ）一（い）七（な）九（く）九（こ）のホの百（もー）す四（よー）二（に）四（し）ておりて三（み）七（な）三（さ）れ　大（ぶ）ね二（に）のて（っ）一（い）七（な）三（さ）れ　一（ひ）かりのキ四（し）二（に）三（み）五（ご）十（と）つけて四（よ）◎（ろ）九（こ）八（ば）四（し）て八（や）◎（る）三（ぞ）　十（ど）九（こ）二（に）一（い）てもたすけて八（や）◎（る）三（ぞ）　アメのか三（み）か千（ぜ）のか三（み）　二（じ）四（し）んのか三（み）アれのか三（み）　イ○（わ）のか三（み）三（さ）○（ま）一（い）のり七（な）三（さ）れ四（よ）　四（よ）のも十（と）か◎（ら）の一（い）キ十（どー）四（し）の一（い）キか（が）三（み）三（さ）○（ま）おろか（が）三（み）七（な）三（さ）れ四（よ）　ひつ九（く）のた三（み）をねり二（に）ねり　ヤ○（ま）十（と）た（だ）○（ま）四（しー）のたね二（に）Ⓥ（す）◎（る）のて（で）あ◎（る）三（ぞ）　ひつ九（く）のた三（み）十（と）八（は）二（に）ホん二（じ）ん八（ば）かりて（で）七（な）一（い）三（ぞ）　ヤマ十（と）た（だ）○（ま）四（しー）十（と）八（は）Ⓥのた○（ま）三（ぞ）　大（だい）○（わ）のた○（ま）三（ぞ）　マツリのた○（ま）三（ぞ）十（と）り千（ち）か（が）一（ひ）千（せん）四（よー）二（に）キつけお九（く）三（ぞ）

て（で）かけの三（み）七（な）十（と）八（は）九（こ）九（こ）千（ぢ）八（や）三（ぞ）　三（み）七（な）二（に）四（し）◎（ら）四（し）て八（や）りて九（く）た（だ）三（さ）れ四（よ）　一（い）九（く）◎（ら）三（みち）Ⓥ（す）Ⓥ（す）んて（で）一（い）ても三（み）七（な）ア十（と）も十（ど）りち（ぢ）八（や）　九（こ）の二（ふ）て（で）か（が）四（し）ゆ八（つぱ）つてん三（ぞ）　て（で）七（な）お四（し）て二（ふ）て（で）か◎（ら）て（で）て九（く）た（だ）三（さ）れ四（よ）　か（が）八（は）りて

や◎(る)キ七(な)◎(ら)八(や)りて三(み)四(よ)れ　九(く)二(ぶ)九(く)二(ぶ)九(く)りんて八(で)七(は)火(な)木(ぼき)ん三(ぞ)　七(な)キく八(は)つ(づ)か四(し)おも一(い)四(し)ておて七(でな)
火(ほ)四(し)て(で)五(ご)三(ざ)◎(る)からキつけて一(い)◎(る)の千(ぢ)八(や)　ア四(し)アけ(げ)てか火(ほ)の一(い)◎(ろ)かへ◎(る)十(と)キ千(ち)かつ(づ)一(い)た三(ぞ)四(よ)　たて
かへて一(ひ)◎(ろ)キ一(ひ)かりの四(よ)十(と)一(い)た⦿(す)の千(ぢ)八(や)　一(ひ)かりの四(よ)十(と)八(は)七(ひ)かり七(な)キ四(よ)て(で)ア◎(る)三(ぞ)　この火(ほー)のも十(と)
へ一(ひ)キ四(よ)千(せ)てめの◯(ま)へ二(に)◎(ら)九(く)七(な)三(み)十(ち)つ(と)◎(ら)一(い)三(み)十(ち)つ(と)九(く)て(つ)ア◎(る)の千(ぢ)八(や)　キつけて一(い)て九(く)た(だ)三(さ)れ四(よ)　十(ど)
千(ち)◎(ら)ゆ九(く)つもり千(ぢ)八(や)

十一かつ二十七にち　一二⦿(ひつぎ)

【訓解文】

天の岩戸開いて地の岩戸開きにかかりているのざぞ。我一力(われいちりき)では何事も成就せんぞ。手引きあってやりて下されと申してあること忘れるでないぞ。霊肉ともに岩戸開くのであるから、実地の大峠のいよいよとなったらもう堪忍してくれとどんな臣民も申すぞ。人民には実地に目に物見せねば得心せぬし、実地に見せてからでは助かる臣民少ないし、⦿も閉口ぞ。酷いところほど身魂に借銭あるのぢゃぞ。魂の悪きことしている国ほど厳しき戒め致すのであるぞ。

五と五と申してあるが五と五では力出ぬし、四と六、六と四、三と七、七と三ではカス出るし、カス出さねば力出んし、それで⦿は掃除ばかりしているのざぞ。⦿の臣民それで神洲清潔する民であるぞ。キが元と申してあろうが、キが餓ゑ死にすると肉体餓ゑ死にするぞ。キ息吹けば肉息吹くぞ。⦿の子は

☉のキ頂いているのざから、食う物無くなっても死にはせんぞ。キ大きく持てよと申してあろうが、キはいくらでも大きく結構に自由になる結構な☉のキざぞ。臣民利巧なくなれば☉のキ入るぞ。☉の息通うぞ。凝りかたまるとコリになって動き取れんから苦しいのざぞ。馬鹿正直ならんと申してあろうがな。三千年余りで身魂の改め致して、因縁だけのことは否でも応でも致さすのであるから、今度の御用はこの筆読まいでは、三千世界のことであるからどこ探しても人民の力では見当取れんと申してあろうがな。どこ探してもわかりはせんのざぞ。人民の頭でいくら考へても知しぼっても学ありてもわからんのぢゃ。ちょっくらわかるような仕組みなら、こんなに苦労致さんぞ。☉☉様さへわからん仕組みと知らしてあろうが、何より改心第一ぞと気つけてあろうが、筆腹に入れれば先見へ透くのざぞ。この地も月と同じであるから人民の心そのままにうつるのであるから、人民の心悪くなれば悪くなるのざぞ。よくなればよくなるのざ。

　理屈は悪と申してあろうが、悪の終わりは共食いぢゃ。共食いして共倒れ、理屈が理屈と、悪が悪と共倒れになるのが神の仕組みぢゃ、とわかっていながらどうにもならんことに今に世界がなって来るのざ。逆に逆にと出て来るのぢゃ、何故そうなって来るかわからんのか。筆読めよ。

　オロシヤの悪神の仕組み、人民には一人もわかっていないのざぞ。☉にはようわかっての今度の仕組みであるから仕上げ見て下されよ。この方に任せておきなされ、一切心配なくこの方の申すようにしておりて見なされ、大舟に乗っていなされ、光の岸に見事つけて喜ばしてやるぞ。どこにいても助けてやるぞ。雨の神、風の神、地震の神、荒の神、岩の神様、祈りなされよ。世の元からの生き通しの生神様、拝(おろが)みなされよ。日月の民を練りに練り、大和魂の種にするのであるぞ。日月の民とは日本人ばかりでないぞ。大和魂とは⦿の魂(たま)ぞ。大和(だいわ)の魂ぞ。まつりの魂ぞ。取り違ひせんように気つけおくぞ。出かけの港はここぢゃぞ。皆に知らしてやりて下されよ。いくら道進んでいても皆後戻りぢゃ。この筆が出発点ぞ。出直して筆から出て下されよ。我張りてやる気ならやりて見よれ、九分九分九厘で鼻ぽきんぞ。泣き泣き恥づかしい思いしてお出直しでござるから気つけているのぢゃ。足あげて顔の色変へる時近づいたぞ。世立て替へて広き光の世と致すのぢゃ。光の世とは光なき世であるぞ。この方の元へ引き寄せて、目の前に楽な道と辛い道と作ってあるのぢゃ、気つけていて下されよ。どちら行くつもりぢゃ。

十一月二十七日、一二⦿。

十二

13—11［345］

⦿(ひ)のて(で)の⦿三(さ)○(ま)♀(お)て(で)○(ま)四(し)三(ぞ)　⦿(ひ)のて(で)八(は)イて(で)ア◎(る)三(ぞ)　イのて(で)て(で)ア◎(る)三(ぞ)　キのて(で)て(で)ア◎(る)三(ぞ)○(わ)かりたか　めん⊘(め)⊘(め)んめ二(に)九(こ)九(こ)ろア◎(ら)た⊘(め)四(よ)十(と)も四(し)てア◎(ろー)か七(がな)　二(じ)ん三(み)ん十(と)一(い)二(ふ)もの八(は)一(ひ)十(と)二(に)一(い)八(わ)れて八(は)八(は)◎(ら)のたつ九(こ)十(と)ア◎(る)もの千(ぢ)八(や)　八(は)◎(ら)たつ十(と)二(じ)八(や)キ♀(お)九(こ)◎(る)か◎(ら)　メんめく二ア◎(ら)た⊘(め)四(よ)十(と)　九(く)十(どー)も⦿(す)のち(ぢ)や三(ぞ)　千(ち)八(や)か(が)九(く)て(で)八(は)十(どー)二(に)百(も)七(な)◎(ら)ん十(と)一(い)二(ふ)九(こ)十(と)　四(よ)九(く)八(わ)かりており七(な)か(が)◎(ら)○(ま)た(だ)千(ち)八(や)か(が)九(く)て(で)八(や)◎(る)つもり　⦿の九(く)二(に)の九(こ)十(と)⦿(す)◎(る)つもりて(で)一(い)◎(る)のか　八(わ)か◎(ら)ん十(と)百(もー)四(し)てア○(ま)りて(で)七(な)一(い)か

七二五十も○かた四ん三ん九千二た三⊙二八◎二四つ⊘ておけ四　一二て四一十キ八八◎の七
かか◎二ん三んひ九り⊙◎九へても⊙の三　⊙か百三⊙か◎四ん八一七一三　三れ○て八けもた
⊙七四　二十二三千の四二千千か三千てア◎か七　一十十九◎たけ　キ四一けかれん十九◎の九
四て♀か七　ア四八七九九七て八七◎ん三　カタた三ね八七◎ん三　⊙の九二⊙の九八⊙の⊙の
一キか三か○百て一◎か◎　一四く十七た◎一寸の火水てうて九りかへして八◎四九三三三
○つた一の十十めのたてかへてア◎か◎四五四ぬか三四二三て五三れ　七五かゝりて八一も十◎
⊙　二も十◎三　⊙九二八つ二れ三八火◎一て四もか◎　八四く十け百七一十キか◎キつけて
一◎の千八か　⊙の百⊙九十キ九四三ん二ん三ん○たく三
九の三六か四三て七一か◎　三の○○二十一てキか四て八れ四　六か四十九十○か◎ん四二七
◎の三　一◎十十一て八れ四　六か四の八り九つ八一◎の三三　六か四九十も四ん三ん二八ア◎
七れ十　り九つ十七◎七四　り九つア九三三　○二つも九十た○も四一七れ十ホ十く二三二九
◎一て四一三　七かゆか七ゆか◎んの三三　千二百けて九千三へ⊙五四てゆけ八四一四二一○の
四ん三ん○たおもて一◎か　三れ八四ア四の四つのア九の四五てア◎九◎一八かりて♀ろか七

ア九十八た♀四り三け◎九十てア◎三　◯つりく十九十も四てア◎九十◯た◯か◎んのか
一◯か一五九四一十百四て一◎四ん三ん八　か一五九へ一てもキ◎八れ◎三　か一五九二も⊙六
十九七九七◎三　か一五九も二火んも七一の三三　か一五九十八◯れ四四の九二の九十三　⊙九
二八た一二四二三かゝ一五九八二火んの九二た一二四二十八百三れん三十　九十◯けて百四てア
◎か七　一二の◯十一つ九り　キ四か一つ九て百七◎んか　ゝ一れた◯十一つ九◎七七◎ん三
◯もつ九◎⊙ゝ百い◎⊙二　千か◎て七一九◎一八かりておろか七　八か四四二キ七◎ん十も四
てア◎九十◯⊙れたのか　◯十一のつ九り四◎四てア◎か　◐九◎二八九◯く一十の九◎アて
二四て◯◎か⊙⊙んて九ろ千四七二ん三んて八　⊙のキかん二か七◯んか◎　九ん十八九ろのか
た◯りの八七三九の三　九の八七三九の三三　二三二九ノ八七三九八一◐ノ⊙◯つ◎て九れ十百
四てア◎か七　十八二四火◯ん◯九十の八七三九四キた三

十二かつ七か　ひつ九のか三

【訓解文】

日の出の⊙様お出ましぞ。日の出はイであるぞ、イの出であるぞ、キの出であるぞ、わかりたか。めんめめんめに心改めよと申してあろうがな。人民というものは人に言われては腹の立つことあるものぢゃ、腹立つと邪気起こるから、めんめめんめに改めよと、くどう申すのぢゃぞ。知や学ではどうにもならんといふことよくわかりておりながら、まだ知や学でやるつもり、⦿の国のことするつもりでいるのか、わからんと申してあまりでないか。

何事もわかった臣民、口に出さずに腹に鎮めておけよ。言ふてよい時は腹の中から人民びっくりする声で申すのざ。⦿が申さすから心配ないぞ。それまでは気(け)も出すなよ。二十二日の夜に実地が見せてあろうがな。一所だけ清い穢れんところ残しておかな足場低くなってはならんぞ。型出さねばならんぞ。⦿の国、⦿の子は⦿の⦿の生神が護っているから、いよいよとなったら一寸の火水でうでくり返してやる仕組みざぞ。末代のとどめの立て替へであるから、よう腰抜かさんように見てござれ。長うかかりては一もとらず二もとらず、⦿国は潰れ、道は滅びてしもうから、早う早うと気もない時から気つけているのぢゃが、⦿の申すこと聞く臣民人民まだまだぞ。

この道難しい道でないからそのままに説いて聞かしてやれよ。難かしい説くとわからんようになるのざ。平(ひら)とう説いてやれよ。難しいのは理屈入るのざぞ。難しいことも臣民にはあるなれど理屈となるなよ。理屈悪ざぞ。霊術も言霊もよいなれど、ほどほどに、三分くらいでよいぞ。中行かな行かれんのざぞ。銭儲けて口さへすごして行けばよいように今の臣民まだ思っているが、それは四つ足の四つの悪の守護であるくらいわかりておろうがな。

悪とは他を退けることであるぞ。まつりまつりとくどう申してあることまだわからんのか、今外国よいと申している臣民は外国へ行っても嫌われるぞ。外国にも住むとこなくなるぞ。外国も日本もないのざぞ。外国とはわれよしの国のことぞ。☉国は大丈夫ざが、外国や日本の国大丈夫とは申されんぞと言分けて申してあろうがな。日月の集ひ作り、教会作ってもならんが、ゝ入れた集い作らなならんぞ。○も作らずゝも入れずに力出ないくらいわかりておろがな。馬鹿正直ならんと申してあること忘れたのか。集いのつくり方知らしてあろうが、盲には困る困る。人の苦労あてにして我が進んで苦労せんような人民では☉のきかんにかなわんから、今度は苦労のかたまりの花咲くのざ。苦の花咲くのざぞ。富士に木花咲耶姫の☉祀りてくれと申してあろうがな。永遠にしぼまんまことの花咲く世来たぞ。

十二月七日、ひつ九のか三。

十二

13—12［346］

上つ◎ア◎へ八四九七◎七れ十　八◎の十二七かくてキん三　三一◎⊘◎百のか◎八四十二○たくてア◎三　九ん十☉か◎三八七三◎た◎　○つた一うか二セ七一三　九一百のた一せつ二うちの七かキちん十四てお九のかカ一の五四三三　一のキ四三三　てゝ九ね八八か◎ん四て八三れ八四んりキ七一の三　カ◎キ八か◎二八三　三れて二て四⊘十九十百四て一◎の三三　☉の百す九十○九十三十おも一七か◎てキんの八　四五二んか○たア九か三のイキか◎八七れて一ぬ四四九三三　イキ十八一キてア◎三　キてア◎三　ア九☉八一か四二てもへんけ◎か◎　ア九

二おも千八二三◎て一◎四ん三ん二ん三んかア一十七か◎　九ノ二て四んて九十た○たか九四三
アけてア九のキた千て九た三れ四
一○のうち二二て四九り十四んて八◎二一れて　たかア○八◎十七ておりて九た三れ四　○た
く一十か四九七て　二て四六○も七一四二七て九◎の三か◎九十百四て一◎の三　ア九○二二
八○三れて二て四六キり四九百七九七◎四ん三んた九三てて九◎か◎キつけてお九の三　○た
く二ん三ん二八けん十十れん三四七九十か　つキか◎つキ二十○一て九◎か◎三四七九十九ノ
ホか三四て一◎の三か◎　⊘の四ん三ん四ん八一七一七れ十　三七た⊘の四ん三ん○たくてア
◎か七　十二三れ◎四ん三ん二八十二⊘⊘の九九◎○か◎んか◎　三四二三へ◎のも十◎二八
てんの四⊘百か○◎て九◎三　七二五十二百キり十一二九十ア◎三　四ん三んかア一三十百四
てもキ◎ア◎三　キりくキつけて九た三れ　一十二一二ても◎てのか一四んて八　八九二たゝ
ん三　われ十九九◎か◎か一四ん一た三れ四　かて八◎十おもてもや◎七一の三三　三れてもか
て八て八七ホキんくか　三七◎ね八二ん三ん十九四んてキんか◎　八りた一もの八て三◎も四
一三　八て三て十九四んか一四ん一た三れ四　九ん十八♀二ても二八てもか一四ん三⊘のてア◎

三　九れ◯て八四◎の四五てアたか　一四一四⊙のての四五十ア一七たか◎　百の五十五◯か四
キかんの三　◯九十の一十四四九二て三て九た三れ　う◎のう◎◯て三て九た三れ
⊙九二の◯九十の一んねん八か◎一て　三千ねん八五千ねんの千か⦶て八　⊙九たん三十百四
てア◎か七　てん四てん火た一◎けて　◯九十の⊙九二二せか一⊙九二二一た⊙の三三　せか一
八⊙の九二⊙の九二◯七かの九二八　十卍八二十卍ねんの六か四か◎て七一三　四の百十か◎の
◯九十一の⊙の九十◯か◎七　◯⊙す一十十八百三れん三　⊙の百⊙九十一けん八ん九も◯千か
一七一の三三　二ん三ん八三の九九◎十り二うつ◎か◎　千三九十◎か◎もの九十八からんの三
三　◯千か一た◎け十七◎の三　二ん三んか◎九二ゆけ◎三つ九りてお四へて八て一◎の二　か
た⊙から九◎四んて一◎の三　⊙か九◎四⦶て一◎のて七一三　二ん三ん四二んて九◎四んて一
◎の三十百四てア◎か七

十二かつ七か　ヒつ九のか三二て

【訓解文】

うわつら洗へばよくなるなれど、腹の掃除なかなか出来んぞ。道広める者から早う掃除まだまだであるぞ。今度⦿から見放されたら末代浮ぶ瀬ないぞ。食い物大切に、家の中きちんとしておくのがカイの御用ざぞ。はじめの行ざぞ。出て来ねばわからんようでは、それは神力ないのざ。軽き輩ぢゃぞ。それで筆読めとくどう申しているのざぞ。⦿の申すことまことざと思いながら出来んのは、守護神がまだ悪神の息から放れていぬ証拠ざぞ。息とは「一キ」であるぞ。気であるぞ。悪⦿はいかようにでも変化るから、悪に玩具にされている臣民人民可哀想なから、この筆読んで言霊高く読み上げて悪の気、断ちて下されよ。

今のうちに筆じっくりと読んで腹に入れて、高天原となっておりて下されよ。まだまだ忙しくなって筆読む暇もないようになって来るのざから、くどう申しているのざぞ。悪魔に邪魔されて筆読む気力もなくなる臣民たくさん出て来るから気つけておくのざ。まだまだ人民には見当取れん妙なことが次から次にと湧いて来るから、妙なことこの方がさしているのざから、⦿の臣民心配ないなれど、そうなった⦿の臣民まだまだであろうがな。掃除される臣民には、掃除する⦿の心わからんから妙に見えるのも道理ぢゃ。

天の様子も変わりて来るぞ。何事にもキリといふことあるぞ。臣民可哀想と申してもキリあるぞ。きりきり気つけて下され。人に言ふてもろうての改心では役に立たんぞ。我と心から改心致されよ。我でやろうと思てもやれないのざぞ。それでも我でやって鼻ぽきんぽきんか、そうならねば人民得心出来んから、やりたい者やってみるもよいぞ。やってみて得心改心致されよ。今度は鬼でも蛇でも改心さすのであるぞ。これまでは夜の守護であったがいよいよ日の出の守護と相成ったから、物事誤魔化しきかんのざ。まことの人よ。よく筆見て下され、裏の裏まで見て下され。

◉国のまことの因縁わからいで、三千年や五千年の近眼ではスコタンざと申してあろうがな。てんし天下平(たいら)げて、まことの◉国に、世界◉国に致すのざぞ。世界は◉の国、◉の国真中の国は、十万や二十万年の昔からでないぞ。世の元からのまこと一つの◉のことわからな益人(ますひと)とは申されんぞ。◉の申すこと一言半句も間違ひないのざぞ。人民はその心通りに写るから、小さく取るから物事わからんのざぞ。間違ひだらけとなるのざ。人民が楽に行ける道作りて教へてやっているのに、我出すから苦しんでいるのざ。◉が苦しめているのではないぞ。人民自分で苦しんでいるのざと申してあろうがな。

十二月七日、ヒつ九のか三。

十三

13—13［347］

千か一十から二て十り二てゝキて　ア四百十か◎一かつ一ても〇たか八りて一◎四て八　九ん十八八一二◉◎四り火火七一三　お三◎四七てのか一四んて八　お八九六火四三　一んねんア◎三た〇ても九百◎一十一十五四六火四九十ア◎三　二て一たゝ一た十て八九一んつ◎◉◎十八七火キん三十キつけてア◎か七　五十九八四◎一九◎てもア◎の三三　かへ三た〇ア◎十百四てア◎か七　つ十めたうへ二百つ十⊘七七◎ん三一んねん二か一火十つ三も四八九千も二か一の三三一八十四⊘二百四キ三た〇ア◎三　一八十一◎キ二も〇◎キア◎三　キつけてアて四キ五四け

九三三(こーざぞ)　一(い)三(さ)んて(で)つ十(と)◎(め)九(く)た(だ)三(さ)れ四(よ)　九九(ここ)ろか◎(ら)一(い)三(さ)六(む)四(し)五(ご)十(と)四(よ)キ九(こ)十(と)三(ぞ)　九(こ)ノホの◎(す)九(く)九(こ)十(と)三(ざ)
三(ぞ)　キの八(は)お千(ち)て二(ふ)ゆ十(と)七(な)れ八(ば)三(さ)火(び)四(し)か◎(ろー)か(が)七(な)　百(も)三(み)千(ぢ)ア◎(る)うち二(に)十(と)キつけお一(い)たか(が)　百(も)三(み)千(ぢ)の
八(や)◯(ま)もオ千(ち)たて(で)ア◎(ろー)か(が)七(な)　火(ほ)火(か)て(で)◯(わ)か◎(ら)ん九(こ)ん火(ほー)んのキの九(こ)十(と)四(し)◎(ら)◎(す)九(こ)ノ火(ほー)の二(ふ)て(で)千(ぢ)八(や)　三千せ
か一(い)の九(こ)十(と)一(いっ)三(さ)一(い)の九(こ)十(と)十(と)一(い)てキか四(し)て十(と)九(く)四(し)ん三(さ)四(し)てアけ(げ)◯(ま)◎(す)三(ぞ)八(や)　お千(ち)つ一(い)てキゝお十(と)四(し)七(な)
一(い)四(よー)二(に)七(な)三(さ)◎(れ)四(よ)　九(く)八(や)四(し)三(さ)◎(め)二(に)三(み)へてお◎(ろー)か(が)七(な)　十(ど)二(ぶ)つ火(ぼ)二(に)◯(わ)◎(れ)十(と)お千(ち)九(こ)六(む)二(じ)ん三(み)ん八(ば)かりてて(で)
キて　◎の九(く)二(に)九(ク)三(さ)九(く)てア四(し)二(ふ)六(む)八(ば)百(も)七(な)一(い)三(ぞ)　七(な)れ十(ど)百(も)三(み)て五(ご)三(ざ)◎(れ)三千せか一(い)一(ち)十(ど)二(に)七(ひ)◎(ら)一(い)て
せか一(い)一(いち)れつ一(いっ)た一(い)◎(ら)一(ひと)つのてん四(し)て(で)お三(さ)◎(め)◎(る)三(ぞ)　千(ち)のせか一(い)二(に)大(たい)小(しよう)七(な)九(く)七(なつ)て　五(ご)大(だい)四(しゅ)ひくりか
へりて一(い)◎(る)十(と)百(もー)す九(こ)十(と)◯(ま)た(だ)◯(わ)か◎(ら)んのか◎(め)二(に)三(み)千(せ)ても三(み)三(み)二(に)キか四(し)ても◯(ま)た(だ)◯(わ)か◎(ら)んか　四(し)りの
け◯(ま)て(で)ア九(く)◯(ま)二(に)ぬかれて一(い)て◯(ま)た(だ)◯(わ)か◎(ら)んのか　アん◯(ま)り七(な)九(こ)十(と)二(じ)八(や)七(な)ア　九(こ)れ◯(ま)て(で)八(は)た火(か)四(し)一(ひ)
九(く)四(し)のい九(く)三(さ)て(で)ア◎(りか)たが　九(こ)◎(れ)か◎(ら)八(は)◯(ま)九(こ)十(と)の二(ふ)か四(し)ア三(さ)四(し)の一(い)九(く)三(さ)三(ざ)三(ぞ)　◯(ま)九(こ)十(と)十(と)八(は)九(こ)十(と)三(ざ)三(ぞ)
九(く)千(ち)て(で)七(な)一(い)三(ぞ)　二(ふ)て(で)て(で)七(な)一(い)三(ぞ)九(こ)十(と)三(ざ)三(ぞ)　九(こ)十(と)キつけ十(と)百(もー)四(し)てア◎(ろー)か(が)七(な)　九(こ)十(と)　九(こ)十(と)　九(こ)十(と)三(ざ)三(ぞ)
一(はじめ)うたアた三(ぞ)　お八(は)りもうた三(ぞ)　一(い)◯(ま)も六(む)か四(し)もうた三(ざ)三(ぞ)　二(じ)ん三(み)んも十(どー)二(ぶ)つもうたうた二(ふ)の
三(ざ)三(ぞ)　お八(は)りの五(ご)四(よー)の一(はじめ)八(は)うた三(ぞ)　うたのつ十(ど)一(ひ)十(と)千(せ)四(よ)　九(こ)ノ二(ふ)て(で)うた十(と)四(し)て四(し)◎(ら)◎(す)つ十(ど)一(い)十(と)千(せ)

四　うたのつ十一一三三

おもて三三　う◎のう◎三おもてのおもて三　三七◎九おもてのお八りの五四三　へ十の五四

⊙三た◎お八りの五四三十も四てア◎か七　か一の五四も○⊙◎て七◎んの三三　お四もののつ

十一もつ九◎七七◎ん三　か一の五四の九十三　九のつ十一もおもて二た四て四三三　十キ二お

二て十二てもへんけ◎◎◎のか○九十のか三のつ十一三三　二十三四お十のも千か◎ア◎二　ア

三そ九○てお十四てア◎八⊙二つ五ア◎九十三　四二お千て五三◎四五二ん十　四二お千て一◎

⊙⊙三○十　四二てて一◎⊙⊙三○十　四二お千てて一◎四五二ん十の十○五七三りて　百の

五十八て九た三れ四　二りて四て九れ十も四ア◎か七　○かりたか十二かつ十八二ち　ひつ九の

⊙二て

【訓解文】

世界中から筆通りに出て来て、足元から火がついてもまだ我張りているようでは、今度は灰にするよりほかないぞ。恐しうなっての改心では御役難しいぞ。因縁ある身魂でも曇りひどいと、御用難しいことあるぞ。筆頂いたとて役員面すると鼻ポキンぞと気つけてであろうがな。五十九柱いくらでもあるのざぞ。替へ身魂あると申してあろうがな。務めた上にも務めなならんぞ。因縁深いほど罪も借銭も深いのざぞ。

岩戸閉めにもよき身魂あるぞ。岩戸開きにも悪きあるぞ。気つけあってよき御用結構ざぞ。勇んで務め下されよ。心から勇む仕事よきことぞ。この方の好くことざぞ。木の葉落ちて冬となれば淋しかろうがな。紅葉あるうちにと気つけおいたが、紅葉の山も落ちたであろうがな。外でわからん根本のキのこと知らすこの方の筆ぢゃ。三千世界のこと一切のこと、説いて聞かして得心さしてあげますぞや。落ちついて聞き落しないようになされよ。悔しさ目に見へておろうがな。どぶつぼに我と落ち込む人民ばかり出て来て、◉の国臭くて足踏む場もないぞ。なれども見てござれ、三千世界一度に開いて世界一列一(いっ)平(たいら)一つのてんしで治めるぞ。地の世界に大将なくなって五大洲引っくり返りていると申すことまだわからんのか。目に見せても耳に聞かしても、まだわからんか。尻の毛まで悪魔に抜かれていてまだわからんのか。あんまりなことじゃなあ。これまでは高し低しの戦さでありたが、これからはまことの深し浅しの戦さざぞ。まこととはコトざぞ。口でないぞ。筆でないぞ。コトざぞ。コト気つけと申してあろうがな。コト、コト、コトざぞ。

始めウタあったぞ。終はりもウタぞ。今も昔もウタざぞ。人民も動物もウタ唄ふのざぞ。終はりの御用の始めはウタぞ。ウタの集ひとせよ。この筆ウタとして知らす集ひとせよ。ウタの集ひ始めざぞ。

表ざぞ。裏の裏ざぞ。表の表ぞ。道開く表の終はりの御用ぞ。江戸の御用済みたら、尾張の御用ぞと申してあろうがな。甲斐の御用も忘れてならんのざぞ。食物(おしもの)の集ひも作らなならんぞ。甲斐の御用のことぞ。この集ひも表に出してよいのざぞ。時に応じてどうにでも変化(へんげ)られるのがまことの神の集ひざぞ。不動明王殿も力あるに、あそこまで落としてあるは、◉に都合あることぞ。世に落ちてござる守護神と、世に落ちている⦿⦿様と、世に出ている⦿⦿様と、世に落ちて出ている守護神殿と和合なさりて物事やって下されよ。二人でしてくれと申してあろうがな。わかりたか。

十二月十八日、ひつ九の⦿筆。

十四

13—14 [348]

一八ん十十一十九◎一八んお十四てア◎の千八　九ノ九十八か◎てキてア八れ千か一う七◎の千八　お十四たうへ二お十四て　もお十⦿十九◎七一四二四て　おへ四たひ九りかへ◎の千八
ひ九りかへ⦿のて七一三　ひ九りかへ◎の千八三　九の九十○千かへ◎て七一三　九ノ三六火四三て七一三　四九八七◎ていの千八七◎て　七◎四二四てお◎て九た三れた◎三れて四一の千八
一○か⦿九二の一三　一○ての九十⦿か◎百千一◎れんの二　○た一○○ての九十一二て一○
○ての四七九十かんかへて一◎か　三れか⦸九◎つん火三三　一○○ての九十四○ん⦿◎十　八
七火キん三　三七八七火キん八かり千八七ア
○たく十◎九二七◎ものた九三ア◎七れ十　九ん十の十り九○たく三　一つれも十二かへて九◎か◎も十二かへて○たもりかへ四て九◎七れ十　○たく九◎かへ⦿三　二二○た十◎

へ◎れ◎ものてて九◎の三三　二八一十一の三三九れ百一んねん三三　⊙の九二八た◎か三て百十かんかへても　二十十た千アか◎れん　二ん三ん三七か一五九二つ九四二七て　九ノ火の百四た九十二て二かゝ四た九十　三七う三三十も⊙十九〇て四かお千て四百てか◎　一て四んりキア◎八れ◎の三三　二ん三ん四ん三ん八八かてん四て五三◎か　九二九二九りん十も四てア◎が七二六四四つ九◎一ても四一三　二六四四つ九◎の八　おもての四九三三　う◎の五四二六四四キんもつ三　それ〱の八九一ん十のの⊙六十九　三七三れ〱の二六四四て七一か　四九三たん四て八◎て九た三れ　たん〱〇かりて九◎三　お百て十う◎十ア七七一三　ア七七一の三十も四てア◎か　七キ四千◎ミタマ〇　てんて一十ア◎た⊖て七キ四千◎のてア◎三　一〇お八九二たゝん四二四ん三んの⊖か◎　八九一んの⊖か◎三へても三て二⊙◎て七一三　千てもア◎た⊖四て〇た〱九もり十◎七七◎ん三　三かけ八三七け九七三た〇〇八り千八三

二ん三んの八◎三へた◎　てんも三へ◎三　九九◎四つもれ八てんも四つも◎三　⊙一三六三か八千十お九二四つ⊖て　う八へ二八けもた三れん三　かの七一四七九十て八　かて四九二た九ノ火の五四てキ七一の三三　十九二も九⊙り二百七◎ん二ん三ん　九三キ二かへて四百三　九

ノ二て六八三二三千◎て七一三　二て八て◯千十百千十百四てア◎九十　◯⦿◎◎て七一三　てんのキ三九千て八◎九十二七て一◎の三三　九ん十キ三九八二◎た◎　九◎一十九◎へお千九んて◯つた一うか八◎（ママ）れ　キつい九十二七◎の三か◎　⦿九十キつけてお九三

二二四二て◎八ん十十の　◯た⦿七キもの二四て五三◎か◎　一⦿ん三十も◯か◎ん三　三キ◯か◎⦿二二んけんのかて七千一二四て　四八お三◯◎ん十り千八三　三かてんかておて七火四三　その二もその三も◯たおて七火四千八　九の二て四九三て九の三キ十七◎その三キ十七◎十一二九十　⦿八十ん七九十け一か九四てお一て◯⦿十一二九十　◯か◎一てせ一二七一三　⦿れ八⦿◎火十◯◎七◎三　⦿二八九七◎九十◯かてのんて一◎の三か◎　十ん七九十アても四ん八一七一七れ十　それて八四ん三んかア一三七か◎　九の二てうた二四て一ん三つ四て　四二四キ四二四て　三七二四◎四て八れ四　おもてのつ十一て四一三

⦿八てんか◎も千か◎も一も四も九十て四◎四て一◎の二　九十キ九三た◯七一か◎　九十キ九三三九もて一◎か◎　二ん三ん八八か◎ん七れ十　ア◯り◯か◎んて八十◎ん三　八四千た九十二千四十も四て一◎の三　一十の十八一も一◯の四五十四て　三のうへて⦿の五四⦿◎のか千

た九三　十二三十十四て四◎四た九十◯☉◎たか　千二ア四つけ四十も四た九十◯か◎んのか　百四四二七れ　大九二七◎十も四た九十◯か◎んのか　てんの千もア◎三てんの百四四大九も　ア◎の三三　千十ア九十千三九四ん三ん◯け◎か◎　◎か◎んの三三　大き九⊘一◎け四　◯つ　お千四◯つお千八◯か◎ん八◯一七火◎の千八三　◯つ九九◎十七れ四　一つもか◯◎ん◯つの　三十◎の◯つ九九◎　◯つの三九二の三た三三千ア◎　十二かつ十八二ち　ひつ九のか三

【訓解文】

一番尊いところ一番落としてあるのぢゃ。このことわかりて来て天晴れ世界唸るのぢゃ、落とした上に落として、もう落とすところないようにして上下引っくり返るのぢゃ。引っくり返すのでないぞ、引っくり返るのぢゃぞ。このこと間違へるでないぞ。この道難しい道でないぞ。欲はなれて、命はなれて、なるようにしておりて下されたらそれでよいのぢゃ。今が☉国のはじめぞ。今までのことすっかり用いられんのにまだ今までのこと言ふて今までのようなこと考へているが、それが盲聾ぞ。今までのこと自慢すると鼻ポキンぞ。皆鼻ポキンばかりぢゃなあ。

まだまだ虜になる者たくさんあるなれど、今度の虜まだまだぞ。いづれ元に返って来るから、元に返ってまた盛り返して来るなれど、まだまだ繰り返すぞ。次にまた捕へられる者出て来るのざぞ。次はひどいのざぞ。これも因縁ざぞ。☉の国は誰が見ても、どう考へても、二度と立ち上がられん、人民皆外国につくようになって、この方の申したこと、筆に書かしたこと、みな嘘ざと申すとこまで世が落ちてしもうてからはじめて神力現はれるのざぞ。人民臣民早合点してござるが九分九分九厘と申してあろうがな。

事務所作らいでもよいぞ。事務所作るのは表の仕組みぞ。裏の御用、事務所禁物ぞ。それぞれの役員殿の住むとこ皆それぞれの事務所でないか。よく相談してやりて下され。だんだんわかりて来るぞ。表と裏のあななひぞ。あななひの道と申してあろうが、引き寄せる身魂は、天で一度改めて引き寄せるのであるぞ。今お役に立たんように臣民の目から、役員の目から見へても袖にするでないぞ。地でも改めしてまだまだ曇り取らならんぞ。磨けば皆結構な身魂まわりぢゃぞ。

人民の腹さへたら天もさへるぞ。心鎮もれば天も鎮もるぞ。⦿勇（いさ）むぞ。我はぢっと奥に鎮めて表面（うはべ）には気（け）も出されんぞ。我のないようなことでは、我で失敗（しくじ）ったこの方の御用出来ないのざぞ。毒にも薬にもならん人民草木に変へてしまうぞ。この筆むやみに見せるでないぞ。筆は出ませんと申せと申してあること忘れるでないぞ。天の規則、地でやることになっているのざぞ。今度規則破りたら、暗い所へ落ち込んで末代浮かばれん、きついことになるのざから、⦿くどう気つけておくぞ。

次に世に出る番頭殿、まだ⦿なきものにしてござるから、一寸先もわからんぞ。先わからずに人間の勝手な政治して世は治まらん道理ぢゃぞ。三日天下でお出直しぞ。その次もその次もお出直しぢゃ。この筆よく見てこの先どうなる、その先どうなるといふこと、⦿はどんなこと計画しておいでますといふことわからいで政治ないぞ。すればするほど悪うなるぞ。⦿にはこうなることわかって呑んでいるのざから、どんなことあっても心配ないなれど、それでは臣民可哀想なから、この筆ウタにして印刷して世によきようにして皆に知らしてやれよ。表の集ひでよいぞ。⦿は天からも地からも日も夜もコトで知らしているのに、コト聞く身魂ないから、コト聞く耳曇っているから、人民はわからんなれど、あまりわからんでは通らんぞ。早う洗濯掃除せよと申しているのざ。人の十倍も今の仕事して、その上で⦿の御用するのが洗濯ぞ。掃除ぞと通して知らしたこと忘れたか。地に足つけよと申したことわからんのか、百姓になれ、大工になれと申したことわからんのか、天の地もあるぞ。天の百姓、大工もあるのざぞ。善と悪と小さく臣民分けるからわからんのざぞ。大きく目ひらけよ。松食(お)せよ。松食せばわからん病治るのぢゃぞ。松心(まつこころ)となれよ。いつも変わらん松の翠(みどり)の松心、松の御国の御民(みたみ)幸(さち)あれ。

十二月十八日、ひつ九のか三。

十五　13—15［349］

四(よ)八(は)ね四(よ)二(に)て(で)◎(る)三(ぞ)　五十(いそ)ねの六十(むそ)ねとア◎(ら)八(は)れ◎(る)三(ぞ)　四(よー)一(い)七(な)三(さ)◎(れ)四(よ)　三(そ)れ○(ま)て(で)二(に)三(さ)八(つぱ)◎(り)かへて四(し)百(もー)三(ぞ)　てん百(も)か○(わ)◎(る)三(ぞ)つ千(ち)百(も)か○(わ)る三(ぞ)　九(こ)ノ火(ほー)◎(ら)か(が)四(よ)たて七(な)お⦿(す)十(と)も四(し)ても　九(こ)ノ火(ほー)◎(ら)か(が)四(よ)二(に)てて(で)一(い)八(ば)◎(る)のて(で)七(な)一(い)三(ぞ)四(よ)たて七(な)お四(し)て四(よ)八(は)四(し)ん三(み)ん二○(ま)か千(せ)て　九(こ)ノ火(ほー)◎(ら)八(は)一(い)んキ四(よ)二(じ)八(や)　か九(く)れ三(み)千(ぢ)八(や)三(ぞ)　千(ち)か◎(ら)四(よ)百(も)千(ち)てうれ四(し)く十(と)百(もー)⦿(す)九(こ)十(と)たの四(し)三(み)三(ぞ)　九(く)◎(る)四(しー)お八(や)の九(こ)九(こ)ろ四(よ)九(く)九(く)三(み)十(と)

りて九れ四　この二て四○一て八◎七◎八りて三四◎　ア千◎て九つん九千◎て九つれ千ヤ
大二七四九三八四百千八二八○八一◎四　百三一て八○か◎ん四　七二二四て百⊘七お二一た⊘
か一八んの千か三三三　⊘七♀二七れんの八小三一かア◎か◎三三八七たか千八か◎三三
⊘の九二八⊘の九二の八りかたア◎十百四てア◎か七　四キ八十り一れ○◎キ八⊘てて　三七
キつけアて⊘の九二八⊘の九二千八三　キん八キん千八　キん八キん千八三十百四てア◎か七◒
九◎七◎ん三　か一の五四もお八◎の四九三も　七二もかもう◎おもてア◎の三三　う◎十おも
て十の火火二　う◎おもてア◎三　ウ　オ　ヱ　てア◎三　ア十ヤ十ワ三三　三つア◎か◎三三三
四ん千二六かて♀キ九キお⊘一　八◎二一れて四百三二六かて八キた千四　八た一九りかへ千
四　⊘のキ一たゝ九の三三　キ十三十のア一の○キ一た九の三三　一二三か四八ね十七り　五十
◎十七り七て　十二の七か◎十七◎の三三　ムかウ二七◎三　ン二な◎三　ヤ十ワ　十火◎た四
て十二の七か◎け九三三
四◎四てア◎か七　九◎○てのかんかへかた八◎かた一た⊘七◎　たてかへて八七一三　七二
百かもうへ七か四百⊘かり十たてかへ◎の三三　か一五九八り九のお十一め三○　九れ十七九◎

かへ四七三◎◎の三三　り九のお十一⊘三○　アメのか三三○おんかつ十八け四キ三　九ん十つ
キのたい三かててキた◎一四く三三　三一五の十十⊘三三　九ん十九三ゆ四七◎んの三三　キ
りくてア◎か◎四一七三れ四　三四かつキつけ四　キキれ◎三

四ん四ん七キ百のトシく十りかへ◎三　九ノ七か○九十一つ二キ四⊘九た三れ四　てんめ○
た○た三三　四のも十のかた○たく三三　ⓥの四九三上十千三　ⓥ一十十百二十も四てア◎か
七　ⓥキ一四キ三ぬ◎り九◎りぬ◎九てキ一四キ三　十も四てア◎か七　八九一ん♀九七九ても
九九◎三◎へて十ⓥへて♀りて九た三れ四　ⓥかⓥ◎のてア◎か◎　九の四二ア四八つ九りてお
りて九た三れ四　ⓥ六りも三ん三十も四てア◎か七　けれ十百千十もキゆ◎四七◎んの三三　三
た○三十二三七三千てア◎か七　十二八四千四おの◎の一九三○たⓥんて一七一てア◎か　千た
九十二八四け九三

九の火の二て百十十○かり七か◎　たのお四へてこの三七◎か十て一◎け八千の三三　か↘三
九もて一◎か◎○かてうつ◎の三三　一りのか一四んて八○たく三　一かそろて三七か一四ん
四て　て七キアて八◎四　か一五九二んも二火ん二んも七一の三三　か一五九く十へたて九九

ろア九千八三（くぢやぞ）
十二かつ十九にち　一二☉（ひつき）

【訓解文】
四八音（ヨハネ）世に出るぞ。五十音（いそ）の六十音（むそ）と現はれるぞ。用意なされよ。それまでにさっぱり変へてしもうぞ。天も変わるぞ地も変わるぞ。この方等が世立て直すと申しても、この方等が世に出て威張るのでないぞ。世立て直して世は臣民に任せてこの方等は隠居じゃ、隠れ身ぢゃぞ。地から世持ちて嬉し嬉しと申すこと楽しみぞ。（［第一訳文に以下の一文あり］子供よ、）苦しい親の心よく汲み取りてくれよ。この筆読まいでやれるならやりてみよれ、彼方（あちら）でこつん、此方（こちら）でくづれぢゃ。大事な仕組み早う申せば邪魔入るし、申さいではわからんし、何にしても素直に致すが一番の近道ざぞ。素直になれんのは小才（こざい）があるからざぞ。鼻高ぢゃからざぞ。

☉の国は☉の国のやり方あると申してあろうがな。よきは取り入れ、悪きは捨てて、みな気つけあって☉の国は☉の国ぢゃぞ。金は金ぢゃ、銀は銀ぢゃと申してあろがな。盲ならんぞ。カイの御用もオハリの仕組みも、何もかも裏表あるのざぞ。裏と表のほかに裏表あるぞ。ウオヱであるぞ。アとヤざぞ。三つあるから道ざぞ。

神前に向って大きく気を吸い、腹に入れて、下座に向って吐き出せよ。八度繰り返せよ。☉のキ頂くのざぞ。キとミとの合いの霊気頂くのざぞ。一二三が四八音（ヨハネ）となり五十連（いづら）と成りなって十二の流れとなるのざぞ。ムがウになるぞ。ンになるぞ。ヤとワと掘り出して十二の流れ結構ざぞ。

知らしてあろうがな、これまでの考へ方やり方致すなら立て替へではないぞ。何もかも上中下すっかりと立て替へるのざぞ。外国は龍宮の乙姫様、グレンと引っくり返しなされるのざぞ。龍宮の乙姫様、雨の神様の御活動烈しきぞ。今度次のたいそうが出て来たらいよいよざぞ。最後のとどめざぞ。今度こそ猶予ならんのざぞ。きりきりであるから用意なされよ。三、四月気つけよ。キ切れるぞ。

信心なき者どしどし取り替へるぞ。この中、まこと一つに清め下されよ。天明まだまだざぞ。世の元の型まだまだざぞ。⦿の仕組み成就せんぞ。⦿人共にと申してあろがな。⦿厳しきぞ。ぬらりくらりぬらくって厳しきぞと申してあろうがな。役員多くなくても心揃へて胴すへておりて下されよ。⦿がするのであるから、この世に足場作りておりて下されよ。⦿無理申さんぞと申してあろうがな。けれどもちっとも気許しならんのざぞ。身魂相当に皆させてあろうがな。掃除早うせよ。己の戦さまだ済んでいないであろうが、洗濯掃除早う結構ぞ。

この方の筆、元とわかりながら他の教へでこの道開かんとて開けはせんのざぞ。鏡曇っているから曲って写るのざぞ。一人の改心ではまだまだざぞ。一家揃って皆改心して手引き合ってやれよ。外国人も日本人もないのざぞ。外国外国と隔て心(ごころ)悪ぢゃぞ。

十二月十九日、一二⦿。

十六　13—16［350］

九ノ(こ)四十百四(よともーし)ても　四(し)ん三(み)んの四八(よば)かりて七一三(でないぞ)　⦿のせか一(い)もひ九◎(つくる)めても四(し)て一◎(いる)の千八(ぢゃ)

三　一三んて八て九た三◎四　一三六十九◎九ノ火千か◎三へ一たす三　四ん八一か火九ノホキ◎一三　うたうた一九た三◎四〇◎一て九た三れ四　〇◎へ八一八十一◎け◎三　一〇の二ん三んキリ〱〇一四七か◎〇たキリキリ〇一⊙◎四もか一て五三◎三　つ千二かへ◎十も四てア◎か七　八四キつ一た四ん三ん二ん三ん◎九二七◎三

⊙の四五十も⊙もの八二ん三んか◎八千十百八か◎んのてア◎三　〇か◎四七四五八一九一⊙の四五三三　ア九か三の四五三三　ア九⊙の四五ても大小の四五十も七れ八　二ん三ん二八〇か◎んの三三　九九◎千四　十ん七九十アても二三九もすて七一三　二三九ア九三三　三七二ん三んの九九◎か◎三十　九十も四てア◎か七　二ん三んキか◎お九てキたの三三　〇◎の七んキ〇◎かつ九◎の三三　〇◎う◎六四◎火火七一三　二ん三んの九九◎三へ三た〇た◎九ノ火おのつか◎てて　てか◎たて三⊙三てか◎け九三三　この四のもの一三一⊙のもの十一二九十〇た〇か◎んのか　一三一十りアけ◎れてか◎　七◎火十七ア十〇かたので八お三一か◎　一八か◎◎ても九十お七二四七九十も四て一◎の三三　二ん三んの九◎四三九ノ火の九◎四三三三　二ん三んも九ノ火もお七二もの三三　九ノ十り〇かりたか九ノ火二ん三んの七か二一◎の三三　九十〇け

ても四て一◎の三三
○たく大キ一九三八け四キ三　九◎テ四四九七◎十おもて一◎十大○千か一十七◎の三三
九◎か◎か二ん十四三三　四キ四十七◎八二ん十四一◎ん三　二◎◎く十か千二二か◎るへ千
○千八　へ千○ゆか一てうれ四一七ア　か千のま二くア⊘の○二くゆたりく十うれ四か◎
か七　七二百かもうれし四んか◎たの四キ四三三四　○九十か⊙てア◎三　九十か⊙てア◎三も
十てア◎三三てア◎三　一てア◎三　二てア◎三　一　九十あ◎十も四てア◎か七　キてア◎三
○つりてア◎三

十二かつ十九二ち　一二⊙

【訓解文】

この世と申しても臣民の世ばかりでないぞ。⊙の世界も引っくるめて申しているのぢゃぞ。勇んでやって下されよ。勇むところこの方力添へ致すぞ。心配顔この方嫌いぞ。歌唄い下されよ。笑いて下されよ。笑へば岩戸開けるぞ。今の人民キリキリ舞いしながらまだキリキリ舞いするようもがいてござるぞ。土に返ると申してあろうがな。早う気づいた臣民人民楽になるぞ。

⊙の守護と申すものは人民からはちっともわからんのであるぞ。わかるような守護は低い⊙の守護ざぞ。悪神の守護ざぞ。悪⦿の守護でも大将の守護ともなれば人民にはわからんのざぞ。心せよ。どんなことあっても不足申すでないぞ。不足悪ざぞ。皆人民の心からぞとくどう申してあろうがな。人民、キから起こって来たのざぞ。我(われ)の難儀、我が作るのざぞ。我恨むよりほかないぞ。人民の心さへ定まったら、この方自づから出て手柄立てさすぞ。手柄結構ざぞ。この世のもの一切⦿のものということまだわからんのか、一切取り上げられてからなるほどなあとわかったのでは遅いから、嫌がられても、くどう同じようなこと申しているのざぞ。人民の苦しみこの方の苦しみざぞ。人民もこの方も同じものざぞ。この道理わかりたか、この方人民の中にいるのざぞ。言(こと)分けて申しているのざぞ。

まだまだ大き戦さ烈しきぞ。これで世良くなると思っていると大間違ひとなるのざぞ。これからが褌ざぞ。よき世となれば褌要らんぞ。ぶらりぶらりと風に吹かれるへちまぢゃ。へちま愉快で嬉しいなあ、風のまにまに雨のまにまにゆたりゆたりと嬉しかろうがな。何もかも嬉し芯から楽しき世ざぞよ。まことが⦿であるぞ。コトが⦿であるぞ。元であるぞ。道であるぞ。一(ひ)であるぞ筆あるぞ。はじめコトありと申してあろうがな。キであるぞ。まつりであるぞ。

十二月十九日、一二⦿。

十七　13―17［351］

てん千(ち)の千三(せんぞ)も十(と)のか三(み)のてん四三◯か(しさまが)　♀(おー)の♀十(おーと)ア◎八◎七三◎る三(らはれなされぞ)　♀(おー)の♀八(おーは)た◯(ま)てお ん

ア◎八◎七三◎◎の三三
◎一八一の四かたかキ四◎す三　せつ二んか◎八四め九た三◎四
○つキ十十のへて四八四⦸つ六り　九九◎一◎キて一八一二八一八八九四千四　○たキ十十の
へて一二三四五六七八九十　十九十たか九の◎四　○たキ十十のへてひふみ三か一の◎四　これ
八九◎八四◎九一の○一キ四⦸のま一　八◎一のうたてア◎三　千か一の四ん三ん三七の◎四
三もた○も一つ二七てのりうた一○へ四　三た○千た一てか四○て⊙◎の三三　お八りて○たキ
十十のへて一二三四五六七八九十　一二三四五六七八九十百千卍十　九十たか九の◎四
十キ十十のへて天の⊙月のおか三三○八三か○四○千一八三か○四○千十いの◎四　九◎○一
の◎の三三　九二のひつ九のか三三○八三か○四○千一八三か○四○千十一の◎四　お八りて八
拍四千四

つキ二アメの⊙三○か千の⊙三○　一八の⊙三○ア◎の⊙三○　二四んの⊙三○百百の⊙三○
四のも十か◎の一キ⊙三○　う二⊙七の⊙三○二おん◎百千四　お八◎てか◎か三く三○の
キ一たたけ四　キの一たたキかた○へ二四◎四てア◎か七　七二四りの四ん三ん二ん三んの　一

キの一の千のかててア◎三　八○一七九七◎も十のも十のキてア◎三　八た一九りかへ千十も四
てア◎　四八◎九九ノ四二お◎か◒四

⊘四二七◎○て二八○た⊘⊘六の三三　三れ○て八三の四二千四　九ノ火のもす四二⊘れ八その十り二七◎の三三　三○て九◎四三七九て大十け九千◎三　大十け十八大十け⊘の三三　アた◎四キも十の一の千十七◎の三三　か三の九九◎十七◎八○九十○か◎三　○九十十八○十九十三三　か三十二ん三んお七二二七◎八⊘四三三　⊘八か九り三二二ん三んおもて二た千て九ノ四お三○◎の三三　⊘⊘◒の七三た火十のもの十りア一へ四ア一七二四て五三◎の三　二二んのもの三十○たおもて一◎のか

五おん十八五のおんの九十三三五おんかへ三七七◎んの三三　九ノ九十四九かんかへて○千か○ん四二　四て九た三◎四　九の○キ八雨の○キ三　つキく二四◎⊘から三た○三十二四り○けて四◎四て八れ四　九十○けて一二三十四て四◎四て八◎のも四一三　八九一ん三七二てか◎たて三四たいの千八　四ん三ん二ん三ん三七二三◎く二てか◎たて三四た一の千八　○た◎◎たけ○て一◎の千八　一りててか◎八ア九千八三八けアてて八◎四　て二キりて八◎四　一四も

の一二三（いふぞ）　十六の八の四の二の一⊘（めで）てた八（や）くなア⦿の四九三（しぐみ）の四二一て二（よにいでに）けり　ア七三八（なさや）け
ア七⌽（なお）も四◎八（しろや）　五つ（いつ）の一◎（いろ）の七（なな）か〇（わ）り八（や）か〇（わ）り九九（ここ）の十十（たりたり）て　もも千四◎⦿（ちよろず）の⦿の四八三（よやさ）か
十二かつ十九にち　ひつ九（く）のか三（み）

【訓解文】

天地の先祖、元の神のてんし様が王の王と現はれなさるぞ。王の王はタマで御（おん）現はれなさるのざぞ。礼拝（らいはい）の仕方書き知らすぞ。節分から始め下されよ。まづ、気整へてしばし目つむり、心開きて一拝二拝八拍手せよ。また気整へて、一二三四五六七八九十（ひふみよいむなやこと）と言（こと）高く宣（の）れよ。また気整へて、ひふみ三回宣れよ。これはこれは喜びの舞い、清めの舞い、祓ひの歌であるぞ。世界の臣民皆宣れよ。身も魂も一つになって、宣り歌い舞へよ。身魂全体で拍手するのざぞ。終はりてまた気整へて、一二三四五六七八九十、一二三四五六七八九十百千万（もちろ）と言高く宣れよ。神気整へて、天の日月の大神様、弥栄（やさか）ましませ弥栄（いやさか）ましませと祈れよ。これは祈るのざぞ。地（くに）の日月の神様、弥栄ましませ弥栄ましませと祈れよ。終はりて八拍手せよ。

次に雨の神様、風の神様、岩の神様、荒の神様、地震の神様、百々（もも）の神様、世の元からの生神様、産土（うぶすな）の神様に御礼申せよ。終はりてから神々様の気頂けよ。気の頂き方前に知らしてあろうがな。何よりの臣民人民の息の命の糧であるぞ。病なくなる元の元のキであるぞ。八度繰り返せと申してあろう、しばらくこのように拝（おろが）めよ。

◉代になるまでにはまだ進むのざぞ。それまではそのようにせよ。この方の申すようにすればその通りになるのざぞ。さまで苦しみなくて大峠越せるぞ。大峠とは王統消すのざぞ。新しき元の命と成るのざぞ。神の心となればまことわかるぞ。まこととはマとコトざぞ。神と人民同じになれば◉代ざぞ。◉は隠身(かくりみ)に、人民表に立ちてこの世治まるのざぞ。雀の涙ほどのもの取り合ひへし合ひ、何してござるのざ。自分のものざとまだ思っているのか。

御恩とは五つの恩のことざぞ。御恩返さなならんのざぞ。このことよく考へて間違わんようにして下されよ。この巻は「雨の巻」ぞ。次々に知らすから、身魂相当により分けて知らしてやれよ。言分けて一二三として知らしてやるのもよいぞ。投員皆に手柄立てさしたいのぢゃ、臣民人民皆にそれぞれに手柄立てさしたいのぢゃ、待たれるだけ待っているのぢゃ。一人で手柄は悪ぢゃ。皆分けあってやれよ。手握りてやれよ。石もの言ふぞ。十六の八の四の二の一、目出度や目出度やなあ。◉の仕組みの世に出でにけり、あなさやけ、あな面白や。五つの色の七変わり八変わり、九(ここ)の十々(たりたり)て百千万(ももちよろず)の◉の世弥栄(やさか)。

十二月十九日、ひつ九のか三。

第十四巻　風の巻

か千ぜの〇まき

自　昭和二十年十二月二十五日
至　昭和二十一年二月十六日

一―十四

三七てて五三◎　三◎三◎二う◎四くの五日一九◎てもア丅へて十◎⊙三　この〇キか千の〇キ　ひつ九のか三十二かつ十六にち

【訓解文】

皆出てござれ、それぞれに嬉し嬉しの御用、いくらでも与へてとらすぞ。この巻、風の巻。
ひつくのか三。十二月十六日。

一　14—1［352］

四一七三れ四一四一四三三　一四一四九◎三　⊙の三九十四◎⊙三四◎⊙三　め三めたらおキアか◎の三三　おキた◎三の一の一のち一たた一たの三三　かん四八千四大お八二かん四八　お八二かん四八千四　かん四八⊙◎八三の一の四五十あたへ◎れ◎三　四五十十八四五十てア◎三も千キれぬ火十の四五十アたへ◎◎◎三　四五十八一のち三三　四五十四六九んてつかへ〇つれ　かた⊙十九百りて◎三　九百◎十四五十〇か◎七九七◎三
八◎へた◎お千四　二八八大お八二四ん三ん八◎八二て四一三　二ん三んたへ◎たけ八アたへ

てア◎三　六三二◎か◎た◎七九七◎の三三　へ◎んの二たへ◎て七一三　お千四おせよ一にち
一十か◎八り七火千四　火んの四八◎九て四一三

⊙の三六◎七一十も四てア◎か　三七か◎◎四二たの四たの四て九◎千◎の三三　十ん七十キ
十ん七十九◎て百　◎九二九◎千◎の三三　ア七うめ◎て七一三　ア七一◎の三三　九◎四十一
二九へ九ノ火キ◎一三　九十◎九十百二三て四　九のう五九のか◎九三三　う○◎アか九三四
九三四　⊙八お八てア◎か◎二ん三ん○もて一◎の三三　おキ七◎八た一二もた⊙三　た一の九
たの四⊖四たの四もの三三　ね六九七た◎ね六れ四　三れか⊙の三三　⊙の九十キ九三三三　六
り⊙◎九十八○か◎九十三三　六り十も四て○か○○六りて八七一三　キ八九ゆ九九十六り十も
すの三　六り⊙◎九十八○か◎九十三　○かて八⊙の三九十キ九へんぞ　⊙七火二七れ　火二◎
三　ア一て七十てた◎三十うけ四　四十てた◎六十つ九七へ四　九十てた◎一十うけ四　二十て
た◎八十た四て　それぞれ二十ー十七◎四二○千四　○つりの一つの三三三
♀の四♀の四二千七七◎んの三三一○八ᑲの四三三ᑲの四♀の四十七◎て♀の四二ゝ一れて♀
の四十七◎の三三　た○七九七て一◎十四てもア◎か七　た○の七か二かりのお九八○うつ千四

一三か一ても四一三　四ん三んの二九た一⦿の三八十七◎十キ三三　十二ん三八七九ても四一

三　八かて八二二に九の八七三九の三三　三五十二二二九ノ火四つ〇て千か一お三⦶◎の三三

三◎まて八かりて四一三　四ん三んの二九た一二二八四つ〇て九ノ四の四五十四九三て　てん

ちてん九りかへ四て　一か◎の四十一た⦿の千八　八七三九三四千かつ一た三　四一七三◎四四

一の十キ四八四アたへ◎か◎　⦿のもすうち四一四ておかん十　十んても七一九十二七◎の三三

♀の四かゝ八九十☼と七◎の三　☼十百四て四◎四てア◎か七　八九一ん三れ三れの〇十一つ

九◎四　一つ◎も♀三二七◎三た〇て七一か　〇◎か◎四⦶◎九十八⦿か◎九⦿◎九十三三　〇

かりたかおのもく十◎四てア◎三　四八か三三　キリ⦿十三三　三のうへ二⦿〇⦿の三三　そ

のうへ十〇た一た八二⦿◎の三三　そのうへ二〇たゝて九九◎る三　三のうへ二百ゝア◎の三三

うへも四たもかキり七一の三三

お九八〇十九二か〇ても四一三　十二ん二九た一一♀三〇◎か◎十九へ一ても九の火の九二三

二九た一三　四ん八一千⦿二九ん九ん十八◎四　う五九十九◎⦿千か◎九〇〇◎の三三　二ん

三んの〇十一八⦿七キ〇十一三　⦿七キ〇十一つ九◎て七一十　⦿うへ二〇七か二アつ〇◎四

十十(そーど)◯(ま)つ九九(ここ)◎(ろ)ア九十(くと)も四(し)てア◎(る)九十(こと)◯(わ)⦿(す)◎(れ)◎(る)七四(なよ)　⦿のも四(し)た九十(こと)千(ち)十(つと)百(も)◯(ま)千(ち)か(が)一(ひ)七(な)一(い)九十(こと)⦿(す)
九四八(こしは)◯(わ)かりたて(で)ア◎(ろー)か七(がな)
◯(お)七二七(なじな)の⦿二八四(ふたはし)◎(ら)ア◎(る)の三三(ざぞ)　千十(ぜんと)ア九三三(くざぞ)　九ノ三(こみ)◯(わ)け七(な)か七(な)か三三(ざぞ)　二て四(ふでよ)⊙(め)八三(ばみ)◯(わ)
け◎(ら)◎(れ)◎(る)四二(よーに)　四九九(よくこ)◯(ま)か二十(にと)一(い)てア◎(る)の三三(ざぞ)　千十(ぜんと)ア九十(あくと)◎(り)千(ち)か(が)一(ひ)も四(し)て一(い)◎(る)十九十(とくどー)キつけて
ア◎(ろー)か七(がな)　一八十一(いはとひ)◎(ら)九一(くひと)つのかキ三三(ぎざぞ)　七○七二て(なおなじで)もう◎(ら)おもて三三(ざぞ)　う◎(ら)おもて十(と)おも七四(なよ)
アた◯(ま)十四(とし)り千(ち)か(が)二(ふ)の三三(ざぞ)　千七(ちび)キの一八十一(いはとひ)◎(ら)け◎(る)三(ぞ)
十二かつ二十五にち　ひつ九のか三(み)

【訓解文】

用意なされよ。いよいよざぞ。いよいよくるぞ。⦿のみこと知らすぞ、知らすぞ。眼覚めたら起き上がるのざぞ。起きたらその日の命頂いたのざぞ。感謝せよ。大親に感謝、親に感謝せよ。感謝すればその日の仕事与へられるぞ。仕事とは嘉事(よごと)であるぞ。持ち切れぬほどの仕事与へられるぞ。仕事は命ざぞ。仕事喜んで仕へ奉(まつ)れ。我出すと曇り出るぞ。曇ると仕事わからなくなるぞ。

腹減ったら食(お)せよ。二分は大親に、臣民腹八分でよいぞ。人民食べるだけは与へてあるぞ。貪(むさぶ)るから足らなくなるのざぞ。減らんのに食べるでないぞ。食(お)せよ。食せよ。一日一度からやり直せよ。ほんのしばらくでよいぞ。

⦿の道、無理ないと申してあろうが。水流れるように楽し楽しで暮せるのざぞ。どんな時、どんな所でも楽に暮せるのざぞ。穴埋めるでないぞ。穴要るのざぞ。苦しいといふ声この方嫌いぞ。苦と楽、共に見てよ。苦の動くのが楽ざぞ。生まれ赤児見よ。子見よ。⦿は親であるから人民護っているのざぞ。大きなれば旅にも出すぞ。旅の苦楽しめよ。楽しいものざぞ。眠くなったら眠れよ。それが⦿の道ぞ。⦿のコト聞く道ざぞ。無理することは曲がることざぞ。無理と申してわがまま無理ではないぞ。逆行くこと無理と申すのざ。無理することは曲がることぞ。曲がっては⦿のみこと聞こへんぞ。素直になれ。火降るぞ。相手七と出たら三と受けよ。四と出たら六とつぐなへよ。九と出たら一と受けよ。二と出たら八と足して、それぞれに十となるように和せよ。まつりの一つの道ざぞ。

⫯(おう)の世、⦿⫯(おう)の世にせなならんのざぞ。今は⫰の世ざぞ。⫰の世、⫯の世となりて、⫯の世にゝ入れて⦿⫯(おう)の世となるのざぞ。タマなくなっていると申してあろうがな。タマの中に仮の奥山遷(うつ)せよ。急がいでもよいぞ。臣民の肉体、⦿の宮となる時ざぞ。当分宮なくてもよいぞ。やがては富士に木の花咲くのざぞ。見事富士にこの方鎮まって、世界治めるのざぞ。それまでは仮でよいぞ。臣民の肉体に一時は鎮まって、この世の仕事仕組みて、天地でんぐり返して光の世と致すのぢゃ。花咲く御代近づいたぞ。用意なされよ。用意の時しばし与へるから、⦿の申すうち用意しておかんと、とんでもないことになるのざぞ。

⫯(おう)の世輝くと、☼となるのざ。☼と申して知らしてあろうがな。役員それぞれの集団(まどい)作れよ。いづれも長(おさ)になる身魂でないか。我軽しめることは⦿軽くすることざぞ。わかりたか。おのもおのも頭領であるぞ。釈迦ざぞ。キリストざぞ。その上に⦿坐すのざぞ。その上神また一束にするのざぞ。その上にまたゝでくるぞ。その上にもゝあるのざぞ。上も下も限りないのざぞ。

奥山どこに変わってもよいぞ。当分肉体へおさまるから、どこへ行ってもこの方の国ぞ。肉体ぞ。心配せずにぐんぐんとやれよ。動くところ、⦿力加わるのざぞ。人民の集団(まどい)は⦿無き集団ぞ。⦿無き集団つくるでないぞ。⦿上に真中(まなか)に集まれよ。騒動待つ心悪と申してあること忘れるなよ。⦿の申したことちっとも間違ひないこと、少しはわかりたであろうがな。

同じ名の⦿二柱あるのざぞ。善と悪ざぞ。この見分けなかなかざぞ。筆読めば見分けられるように、よく細かに説いてあるのざぞ。善と悪、取り違ひ申していると、くどう気つけてあろうがな。岩戸開く一つの鍵ざぞ。名同じでも裏表ざぞ。裏、表と思うなよ。頭と尻、違ふのざぞ。千引(ちびき)の岩戸開けるぞ。

十二月二十五日、ひつ九のか三。

二

14—2 [353]

二八四◎の⦿三ア◎十百四てア◎か〔ふたはしらのさんアるともーしてアろーが〕　八た四◎四百十四三〔はじるしもどーよーぞ〕　カ三の九二の八た四◎四十〔カみのくにのはじるしと〕　⦿の

九二の八た四◎四十十四てア◎三〔くにのはじるしとどーよーでアるぞ〕　●てア◎三十四◎四てア◎か七〔●でアるぞとしらしてアろーがな〕　●二百二十りア◎の三三〔●にもふたとおりアるのざぞ〕

⦿⊘◎●の八た四◎四十〔すめら●のはじるしと〕　十＊✳●十百四て四◎四てア◎か七〔十＊✳●ともーしてしらしてアろーがな〕　一◯八三か三三十百四てア◎か〔いまはさかさざともーしてアろーが〕

七九の九十◯か◎一て八九ん十の四九三◯か◎ん三〔なこのことわからいではこんどのしぐみわからんぞ〕　二て◯か◎ん三〔ふでわからんぞ〕　一八十一◎けん三〔いはとひらけんぞ〕　四〔よ〕

九八た四◎四三て四十も四てア◎か七　お一三〇アか一のて七一三アか一十八かりおもて一たて
ア◎か七　〇十百二お一三〇三四　三十◎てア◎三　お一三〇も一つて七一三　一り〇百◎◎て
一◎の三三三六三九◎三

一かつの一にち　ひつ九の⦿

【訓解文】

二柱の⦿さんあると申してあろうが、旗印も同様ぞ。カミの国の旗印と、⦿の国の旗印と同様であるぞ。●であるぞと知らしてあろうがな。●にも二通りあるのざぞ。スメラ●の旗印と、十*✳●と申して知らしてあろうがな。今は逆さざと申してあろうがな。このことわからいでは、今度の仕組みわからんぞ。筆わからんぞ。岩戸開けんぞ。よく旗印見てよと申してあろうがな。お日様赤いのでないぞ。赤いとばかり思っていたであろうがな。まともにお日様見よ。緑であるぞ。お日様も一つでないぞ。ひとり護られているのざぞ。寒さ狂うぞ。

一月の一日、ひつ九の⦿。

三　14—3［354］

一四一四の大たてかへ八九二十九たちのおか三三〇　十四九百ぬのおか三三〇　力ねのか三三

◯り九のお十一⊘三◯◯つ五かつ十三　キリキリ十七りて一八のか三　アメのか三か千のか三
アレのか三三◯七り　つキ二千四んのか三三◯十七◎の三三　九ん十の四九三八も十のキの一
キか三て七一十◯か◎ん三　七かつ四か◎のか三か三三◯て八てキ七一◯か◎ん二か一四九三三
三　三◎た一九十のアメのうつめの三九十十の　も十の八りかたて八四八もちて八ゆけん三　一
◯一十ア九三かへ◎九十ア◎三　九九ろ四て十りちか一七一四二一た三れ四　三へた　一四一
四四た　一四百十　二て十け四　たけうち　か◯む◎　一十か三　二て十け四　九千十九九◎十
お九七一十て二て十け四　十十十け四
一かつ　四か　一二のか三

【訓解文】

いよいよの大立て替へは、国常立の大神様、豊雲野の大神様、金の神様、龍宮の乙姫様、まづ御活動ぞ。ぎりぎりとなりて岩の神、雨の神、風の神、荒の神様なり、次に地震の神様となるのざぞ。今度の仕組みは元のキの生き神でないとわからんぞ。中津代からの神々様では出来ない、わからん深い仕組みざぞ。猿田彦殿、天鈿女命殿、元のやり方では世は持ちては行けんぞ。今一度悪栄へることあるぞ。心して取り違ひないように致されよ。ミエダ、イシイ、ショウダ、イシモト、筆とけよ。タケウチ、カワムラ、イソガミ、筆とけよ。口と心と行いとで筆とけよ。堂々説けよ。

一月四日、一二のか三。

四　14—4〔355〕

一八十アけ十ぬも八〇も　九三のかキ八百九十八⊘て　大三七か◎二日りつ十二　たぬ日キ三四十アけ二け◎　三八九百一七百お日七へて　か◎日九三キ二八七三キぬ　け二〇て三キ日九三八キ八　一二二十十か◎八てて　つち二かへ◎日⊙か日三四　たた三一か◎のかゝ八キて　一キの一のちの十十三日　八かて八一十の九二つち二　うつ◎六十キのたぬ四三四　一八十アけ十三七か◎の　二二二九ノ八七十十三九　三四千かつキぬ三た三◎四　三一五の九◎一三〇四九　うち九四九◎四十も十も二　て七キア一て⊙⊙⊘か日　七か◎の三お⊙⊙⊘か日　てん⊘ねん九◎二二て十け日　うたのま十一つ九◎日　⊘てたキ日あけ三

九一かつ　一にち　一二⊙

【訓解文】

岩戸開けたり野も山も、草の片葉も言止めて、大御光により集ふ、楽しき御代ぞあけにけり。都も鄙もおしなべて、枯れし草木に花咲きぬ。今日まで咲きし草や木は、一時にどっと枯れはてて、土に還るよすがしさよ。ただ御光の輝きて、イキの生命の尊さよ。やがては人の国土に、うつらむ時の楽しさよ。岩戸開けたり御光の、富士に木の花どっと咲く、御代近づきぬ御民等よ。最後の苦労勇ましく、打ち越しくれよ共々に、手引き合いて進めかし、光の道を進めかし。天明、懇ろに筆とけよ。歌の集団作れよ。めでたき夜明けぞ。

旧一月一日、一二㋜。

五　14―5［356］

◯か七四一てお㋜かり㋜㋨八　卍り三キ二一ても一二九十キて八㋨三　アメのか三か千のか三一八のか三アれのか三千四んの㋜十　百四ておねか一㋜㋨八卍り三キ二一ても　この四のア㋨二四んのか㋨千て八㋨三　か三か三二十十九キ四て百千四

九ん七四キ四八一◯◯て二七火㋨丅の千八　火三百十二一ても九十八八かりのねか一キ九エん三　九千十九九㋨十♀九七一十　三十㋨丅♀九七一　◯九十十百四て四㋨四てア㋨か　二千つキて一㋨七㋨十◯か㋨ん二ん三ん♀一ゆエ　百ノ九十♀三九七㋨てキの十九七㋨十　一◯四八㋨九

の四ん火七◎三　⊙八二ん三ん二てか◎丅て三四丅一の千八　ユ◎千◎丅け八ゆ◎日て日キ日二一丅⊙の千八　九九○まで一◎け丅の百　⊙か一丅日丅の千八　一○の二ん⦶七九千十百日てア◎か　二ん⦶の九四てか⊙丅けの二二丅⊙の千八　十◎千か一○ん四ん二丅⊙七日

二火んの九二一九◎丅一千つ十百日ても　せか一十の日ん三ん十八火へ◎◎んか◎　九二火九◎かへ◎九十○丅○丅ア◎かも四◎ん三　九二の二九う五九十日◎日てア◎か七　九の二てキの○○てア◎か◎　九九◎七キ二ん三ん二八三千◎て七一三　ア○◎キつ九て十九二七◎か◎　八九一んう⊙⦶て三千て八◎日　一二千も八八九一◎ても　九丅⊙け八◎丅一の千八　⊙○つりけ九三　⊙○つ◎一て一九◎三十一ても八◎二八一◎ん三　八◎二一◎ん三八ア九の三十七◎の千八　あた○八火りで三アゆ⦶ん十り○か◎んか　か一日んた◎ん三

二かつ　十六二チ　一二⊙

【訓解文】

我が名呼びておすがりすれば、万里先にいても言ふこと聞いてやるぞ。雨の神、風の神、岩の神、荒の神、地震の神、と申してお願いすれば、万里先に居ても、この世の荒れ、地震、逃らせてやるぞ。

神々に届く行(ぎょう)で申せよ。

こんなよき世は今までになかりたのぢゃ。膝元にいても言葉ばかりの願ひ聞こえんぞ。口と心と行いと三つ揃った行い、まことと申して知らしてあろうが。時節来ているなれど、わからん人民多い故、物事遅くなりて気の毒なるぞ。今しばらくの辛棒なるぞ。⦿は人民に手柄立てさしたいのぢゃ、許せるだけは許してよき世に致すのぢゃ、ここまで開けたのも⦿が致したのぢゃ。今の文明なくせんと申してあろうが、文明残してカスだけ無(のう)に致すのぢゃ、取り違ひ慢心致すなよ。

日本の国いくら大切と申しても、世界中の臣民とは替へられんから、国引っくり返ること、まだまだあるかも知れんぞ。地(くに)の軸動くと知らしてあろうがな。この筆キのままであるから、心なき人民には見せるでないぞ。あまりきつくて毒になるから、役員薄めて見せてやれよ。一日も早く一人でも多く助けやりたいのぢゃ。⦿まつり結構ぞ。⦿まつらいでいくら道説いても腹に入らんぞ。腹に入らん道は悪の道となるのぢゃ、頭ばかりで道歩めん道理わからんか、改心足らんぞ。

二月十六日、一二⦿。

六　14―6 [357]

へ十の四九三へ十て六⦿八ん三(えどのしぐみえどでむすばんぞ)　九ノ三一◎九二一十一て八七◎ん三(こみちひらくにいそいではならんぞ)　六◎日て九丅三◎七日(むりしくださるなよ)

六◎一十九十日九三九八◎◎三(むりいそぐとしぐみこはれるぞ)　○丅○丅てキてゝ九◎七◎十(まだまだでてくるなれど)　⦿九九◎ろ二七◎八てキてキ(ごこ…になれば…)

て七九七◎三

てキ二九三て八七◎ん三　てキも⊙の八丅◎キ三　⊙八六火日九十一八ん三　⊙二九九◎三七

○か千て日百て二九丅一日九⊙てゝ日もて三れてう◎日く三　⊙か火ギ◎七キ一か◎日◎九一

ア丅へ◎の三三　一八七◎一八て三七丅の⊙キ二日て八◎て五三◎　一丅ん　てん千一キアけ十

百日てア◎十◎二七◎三

一十のか一日ん六か日か◎九十百日てア◎の三三　一○○て火火てて一丅の八三七二て三キ

千八　九れ八二て千八　一つもの五十九♀もて一◎十　丅一へんかア日も十火◎十一丅つの三三

十りかへ日つかんか◎キつけて一◎の千八　一つ◎八つ九りもの十◎四てお九か◎　田九三十

れ丅◎三◎二く一四く三十九九◎へ日

⊙の九二お三⊖◎の八百のて七一三　○九十三三　千か一♀三⊖◎のも八かて八十日てア◎三

二ん三ん○九十十も⊙十七二も火丅千七一もの千八十♀もて一◎か　○九十かも十三三　丅○

十九十ア八日て○つ◎ア○日て○九十十百⊙ノ千八　○十ゝ♀○つ◎丅もの千八　百の七九て七

◎ん三丅○七九て七◎ん三　○九十一の三三十百日てア◎か七　○かりたか

三丅〇十十二十◎ておも三〇八◎て三日き日てキ◎八三の十りゆ九の千八　⦿二キ二一◎ん九十⦿九丅ん八か◎千八か◎　七九三四アん千⦿二十十八◎て九丅三◎日　九ん七◎九七日二七て一◎の千八　へも火◎日千ん九も丅け日　二◎く日て日アん七け九一九の火キ◎一千八　七火◎九か　七火◎九七◎三

二かつ十六に千　一二⦿

【訓解文】

江戸の仕組み、江戸で結ばんぞ。この道開くに急いではならんぞ。無理して下さるなよ。無理急ぐと仕組み壊れるぞ。まだまだ敵出てくるなれど、⦿心になれば敵、敵でなくなるぞ。敵憎みてはならんぞ。敵も⦿の働きぞ。⦿は難しいこと言はんぞ。⦿に心皆任せてしもうて、肉体欲捨ててしもうて、それで嬉し嬉しぞ。⦿が限りなき光、喜び与へるのざぞ。嫌なら嫌でそなたの好きにしてやりてござれ、いったん天地引き上げと申してある通りになるぞ。

一度の改心難しいからくどう申してあるのざぞ。今まで他で出ていたのは皆筆先ぢや、これは筆ぢや。いつもの如く思っていると大変が足元から飛び立つのざぞ。取り返しつかんから気つけているのぢや。いづれは作物採らしておくから、たくさん採れたら、さらにさらにいよいよざと心得よ。

⦿の国治めるのは物でないぞ。まことざぞ。世界治めるのもやがては同様であるぞ。人民まことと申すと何も形ないものぢゃと思っているが、まことが元ぞ。タマとコト合わしてまつり合わしてまことと申すのぢゃ。〇とゝをまつりたものぢゃ、物無くてならんぞ。タマなくてならんぞ。まこと、一つの道ざと申してあろうがな。わかりたか。

身魂相当に取りて思うさまやりてみよ。行できればその通り行くのぢゃ、⦿に気に入らんことスコタンばかりぢゃから、引っ込み思案せずに堂々やりて下されよ。こんな楽な世になっているのぢゃ、屁も放(ひ)れよ。沈香も焚けよ。ふらふらして思案投首(なげくび)この方嫌いぢゃ。光る仕組みが中行く仕組みとなるぞ。

二月十六日、一二⦿。

七

14—7［358］

⦿二⦿火◎⚲◎┬◎八九十千八十一二十キ（⦿にすがりおりたればこそぢゃといふとき）　◉ノ〇へ二キて一◎三（めのまへにきているぞ）　〇┬う田九て一◎四ん三（まだうたごーているしんみ）ん二ん三んキの十九千八（んじんみんきのどくぢゃ）　〇◎う◎六日◎火火七一三（われうらむよりほかないぞ）　⦿の一┬⦿九十二ん三んの一┬⦿九十（⦿のいたすことじんみんのいたすこと）⦿一十十百二一┬⦿九十三れく二〇千火一七一日二九九◎九八◎七三◎日（ひととともにいたすことそれくにまちがひないよーにこころくばりなされよ）　〇ん日ん八七火キ（まんしんはなぽき）ん三（ぞ）　二て日九日んて⚲◎ん十三く火〇て（ふでよくよんでおらんとみるくかわって）　二ん三ん九九◎て八十二百七◎んけん十十◎九十（じんみんこころではどーにもならんけんとーとれんこと）二七◎の三三（になるのざぞ）　二て一火◎日九日三七火四て九田三◎日（ふではじめからよくよみなほしてくだされよ）　日三火田ゝ◎ん三（よみかたたらんぞ）

てんの⦿も千の⦿も七キもの二一た日て（てんのすもちのすもなきものにいたして）　⦿キかて七日二一た日て（すきかってなよにいたして）　二千もののてんの⦿千の（にせもののてんのすちの）

◉つ九◎て　○◎か日け◎日一十も日て○◎日日の日に日て日もて一た九十　◉九日八○かてキ
たてア◎か七　一四く○九十の千三の日のも十か◎の一キか三　一キ十日の◉◉三○アメのか
三か千のか三一八のか三　ア◎のか三　千日んの◉三　◉九◎十ア◎八◎七三◎て　一キ十日の
ア◎か三三○七キつ◎て　五かつ十二うつ丅のてア◎か◎　も千十も○丅◎ん九十二七丅三　二
て二丅日丅◎◉九二てて九◎三　♀八◎の一の二て三三　ゆ◯く　お◎三か◉◎て七一三　キ
の二て千八　九十一日七◎十ア○◎三千◎て七一三

二かつ十六二ち　ひつ九◉

【訓解文】

◉にすがりおりたればこそぢゃと言ふ時、目の前に来ているぞ。まだ疑うている臣民人民気の毒ぢや。我恨むより方法ないぞ。◉の致すこと、人民の致すこと、◉人共に致すこと、それぞれに間違ひないように心配りなされよ。慢心鼻ポキンぞ。筆よく読んでおらんと、みるみる変わって、人民心ではどうにもならん、見当取れんことになるのざぞ。筆はじめからよく読み直して下されよ。読みかた足らんぞ。

天の◉も地の◉もなきものに致して、好き勝手な世に致して、偽物の天の◉、地の◉つくりて、我がよけらよいと申して、われよしの世にしてしもうていたこと少しはわかって来たであろうがな。いよいよまことの先祖の、世の元からの生き神、生き通しの⦿⦿様、雨の神、風の神、岩の神、荒の神、地震の神ぞ。スックリと現われなさりて、生き通しの荒神様引き連れて御活動に移ったのであるから、もうちっとも待たれんことになったぞ。筆に出したらすぐに出て来るぞ。終はりの始めの筆ざぞ。ゆめゆめおろそかするでないぞ。キの筆ぢゃ。くどいようなれどあまり見せるでないぞ。

二月十六日、ひつ九⦿。

八

14—8 [359]

千か一二ゆ二三一二八け十◎日て一丁⦿⦿三○　八日か一日ん丁一一千三　一の♀て♀三⊘◎三　てん日三○十八てん千三○ノ九十三十も日てア◎か七　九ノ火シチ二の⦿十ア◎八◎◎三十も日てア◎か七　てん二三○の九十三三

キ日七日て八○九十の九十○か◎ん三　てキ○千三　⦿の三六◎七一七◎十　キ日八丁◎二日◎⦿千七七◎ん三　九ノ火三へ三千ねんノキ日日丁三　二ん三ん二八一十一も日千んキ日の三千ねん十十のもの三三　う三二八十ん七丁か◎ても　り九の♀十一⊘十のも千七三◎て一◎の三三

九の日の丁か◎三七九ノ火つ九◎丁の三三　⦿の三六◎七一十も日て◎九七三て七一三　も九

◎(れ)て(で)日(よ)一(い)十(と)一(い)二(ふ)九(こ)十(と)七(な)一(い)三三三(みちざぞ)　二(に)火(ほ)んの二(じ)ん三(み)ん百(も)〇(わ)丅(た)◎(り)てキ丅(た)二(じ)ん三(み)んも　日(よ)も千(ち)ア◎(ら)日(し)丅(た)
⦿⦿三(さ)〇(ま)も二(じ)ん三(み)んも　千(せ)か一(い)の二(じ)ん三(み)ん三(み)七(な)♀(お)も一(い)千(ち)か(が)二(ふ)二(ぞ)　九(く)二(ぶ)九(く)二(ぶ)九(く)◎(り)ん十(と)一(いち)りん十(と)て(で)も
の九(ご)十(と)上(じょう)十(じゅ)⦿(す)◎(る)の三(ざ)三(ぞ)日(よ)

日(よ)♀(を)も丅(た)◎(れ)んてん千(ち)の大十(ど)◎(ろ)火(ぼー)♀(お)九(こ)ノ日(よ)の大小(たいしょう)十(と)おもて一(い)て　三(そ)◎(れ)て(で)〇(ま)丅(だ)⦸(め)三(さ)めんのか　日(よ)
九(く)も九(く)も◎(り)七(な)三(さ)◎(れ)丅(た)七(な)ア　たてかへ八(は)け二(ふ)の一(ひ)の◎(ま)二(に)もて(で)キ◎(る)七(な)◎(れ)十(ど)　ア十(と)の丅(た)て七(な)火(ほ)日(し)の日(よ)七(な)
火(ほ)日(し)七(な)かく三(ざ)か◎(ら)　二(じ)ん三(み)ん二(に)⦿(す)九(こ)四(し)八(は)日(よー)一(い)て(で)キん十(と)♀(お)三(そ)九(く)七(な)◎(る)八(ば)か◎(り)二(じ)八(や)　三(そ)◎(れ)て(で)火(か)丅(た)丅(だ)千(せ)
く十(と)も四(し)て一(い)◎(る)の千(ぢ)八(や)三(ぞ)　ア◎(れ)九(こ)◎(れ)十(と)ア〇(ま)◎(り)けか(が)◎(れ)て一(い)◎(る)八(は)◎(ら)八(わ)丅(た)八(ば)か◎(り)千(ぢ)八(や)か◎(ら)一(いち)十(ど)二(に)七(ひ)キ
丅(だ)日(し)て一(ひ)二(に)火(ほ)日(し)てか◎(ら)て(で)七(な)一(い)十(と)　千(せん)た九(く)て(で)キん日(よー)二(に)七(な)◎(り)て五(ご)三(ざ)◎(る)三(ぞ)　一(ひ)火(ぼ)四(し)九(こ)八(ば)◎(れ)ん二(じ)ん三(み)んア
◎(る)か◎(ら)一(い)〇(ま)のう千(ち)か◎(ら)キつけて一(い)◎(る)の千(ぢ)八(や)三(ぞ)　けん火(び)キ一(い)丅(た)一(い)三(ぞ)　ア〇(ま)◎(り)二も九(くる)◎(つ)て五(ご)三(ざ)◎(る)三(ぞ)
も十(と)の九(こ)ん火(ぼ)んの日(よ)日(よ)りも一(ひと)つキの日(よ)二(に)千(せ)七(な)七(な)◎(ら)んの三(ざ)か◎(ら)　⦿⦿三(さ)〇(ま)二(に)もけん十(とー)十(と)◎(れ)んの千(ぢ)八(や)
も十(と)の一(い)キ⦿て(で)七(な)一(い)十(と)九(こ)ん十(ど)の五四(ごよー)て(で)キん三(ぞ)

二かつ十六二ち　ひつ九(く)の⦿

【訓解文】

世界自由自在に分け獲りしていた⦿⦿様、早う改心第一ぞ。一つの王で治めるぞ。てんし様とは天地様のことざと申してあろうがな。この方七二（しちに）の⦿と現れるぞと申してあろうがな。てん二様のことざぞ。

行なしではまことのことわからんぞ。出来わせんぞ。⦿の道無理ないなれど、行は誰によらずせなならんぞ。この方さへ三千年の行したぞ。人民には一日もようせん行の三千年、相当のものざぞ。

海にはどんな宝でも龍宮の乙姫殿持ちなされているのざぞ。この世の宝皆この方つくりたのざぞ。⦿の道無理ないと申して楽な道でないぞ。もうこれでよいといふことない道ざぞ。日本の人民も、渡りて来た人民も、世持ちあらした⦿⦿様も人民も、世界の人民皆思い違ふぞ。九分九分九厘と一厘とで、物事成就するのざぞよ。

世をもたれん天地の大泥棒をこの世の大将と思っていて、それでまだ目覚めんのか。よく曇りなされたなあ、立て替へは今日の日の間にも出来るなれど、あとの立て直しの世直しなかなかざから、人民に少しは用意出来んと、遅くなるばかりぢゃ、それで型出せ型出せと申しているのぢゃぞ。あれこれとあまり穢れているはらわたばかりぢゃから、一度に引き出して、日に干してからでないと、洗濯出来んようになりてござるぞ。日干し堪（こぼ）れん人民あるから、今のうちから気つけているのぢゃぞ。けんびき痛いぞ。あまりにも狂ってござるぞ。元の根本の世より、も一つキの世にせならんのざから、⦿⦿様にも見当取れんのぢゃ、元の生き⦿でないと、今度の御用出来んぞ。

二月十六日、ひつ九の⦿。

十千◯け十⊚八火⊚かてん◯て◯け十て　二三んのもの十一八て一⊚か二ん三んのもの　一も七
一の千八　♀七キアけ二七⊚んうち二三三け⊤日ん三んけ九三　三八のア十八S十七⊚三　七⊚
十十⊚三　ア⊖の一八十八一⊚一てア⊚三　九二の一八十二ん三ん一⊚か七七⊚ん三　二ん三ん
の九九⊚日⊤一て一つても一⊚け⊚の三三　十⊚のう三二七⊚十二ん三ん♀も十九⊚◯て一二八
♀千九六の千八三　か九五日一か
⊙九二二八⊙九二の⊤か⊚か三九二の四ん三んのてても十の十九⊚へ♀三⊖七七⊚んの三　⊤
◯七九七て一⊚十も日てア⊚か七　七二五十も二千つ十⊚一一⊤日て一⊚の三三　二二八⊚⊚八
か⊚の三日十七て一⊚の千八三　二ん三ん⊙二つかへて九⊤三⊚ん十⊙の◯九十の千か⊚て七一
三　も千つも⊤⊚つ十も日てア⊚か七　⊙◯つ⊚⊙二七二五十もてキん三　◯つ⊚一て⊙⊚のか
◯⊚四四三　てん九の八七三三　◯つ⊚一て八◯九⊚三◯九⊚の三て三七⊚けん三
⊙八一か⊚三十も日てア⊚か　てん日三◯日九七⊚八三七日九七⊚の三三　てん日三◯日九七

◎んう千八丅◎二日◎ん日九七◎八千三　九の九◎一の九十七千二〇か◎んの千八　日九七丅十
三ヘ丅◎三◎八ア九の日五十七丅の千八　⦿かゝり日九七一三八⦿て九丅三◎日　〇日日ん三ん
てキ◎三　火十火十二千日十も日てア◎か　三七三七九九◎のかゝ三十二⦿◎八三れ三れ二⦿か
ゝ◎の千八　二九丅一九九ろて日◎九十八三七か⦿八かり　〇日一の丅ね八か◎千八三　九ノ十
◎八かり丅てア◎か七　九十も三⦿て七一三

二かつの十六にち　ひつ九の⦿

【訓解文】

土地分け盗りばかりか天まで分け盗って、自分のものと威張っているが、人民の物一つもないのぢゃ。大引き上げにならんうちに捧げた臣民結構ぞ。宮の跡はSとなるぞ。ナルトとなるぞ。天の岩戸は開いてあるぞ。地の岩戸、人民開かなならんぞ。人民の心次第でいつでも開けるのざぞ。泥の海になると人民思うところまで一時は落ち込むのぢゃぞ。覚悟よいか。

⦿国には⦿国の宝、神国の臣民の手で、元の所へ納めなならんのざ。タマなくなっていると申してあろうがな。何事も時節到来致しているのざぞ。富士晴れるばかりの御代となっているのぢゃぞ。人民⦿に仕へて下さらんと⦿のまことの力出ないぞ。持ちつ持たれつと申してあろうがな。⦿祀らずに何事も出来んぞ。祀らいでするのがわれよしぞ。天狗の鼻ざぞ。祀らいでは真っ暗ぞ。真っ暗の道で道開けんぞ。

⦿は光ぞと申してあろが、てんし様よくなれば、皆よくなるのざぞ。てんし様よくならんうちは、誰によらん、よくなりはせんぞ。このくらいのこと何故にわからんのぢゃ。よくなったと見へたら、それは悪の守護となったのぢゃ。⦿憑(がか)りよくないぞ。やめて下されよ。迷う臣民出来るぞ。ほどほどにせよと申してあろうが。皆々心の鏡掃除すれば、それぞれに⦿憑るのぢゃ。肉体心で知ることは皆カスばかり、迷ひの種ばかりぢゃぞ。この道理わかりたであろうがな。くどう申さすでないぞ。

二月の十六日、ひつ九の⦿。

十

14—10 [361]

九(こ)◎(れ)か◎(ら)八(は)二(じ)ん三(み)ん三(み)火(が)け(け)丅(た)◎(ら)　か三(み)か二(じ)ん三(み)ん十(と)⚲(お)七(な)二(じ)◎(れ)つ(つ)二(に)七(な)◎(ら)んて(で)日(し)五(ご)丅(と)一(い)丅(た)三(さ)⦿(す)か◎(ら)九(こ)◎(れ)か◎(ら)八(は)⚲(お)三(そ)◎(ろ)日(しー)け　九(つこー)七(な)日(よ)十(と)七(な)◎(る)三(ぞ)　も〇(ま)丅(た)◎(れ)んか◎(ら)〇(わ)か◎(ら)ね八(ば)十(ど)一(い)て三(み)て五(ご)三(ざ)◎(れ)十(と)も日(し)てア◎(ろー)か(が)　〇(わ)か◎(ら)んう千(ち)二(に)〇(わ)か◎(り)て九(く)丅(だ)三(さ)◎(れ)日(よ)　二(に)九(く)丅(た)一(い)のア◎(る)う千(ち)二(に)八(は)七(な)か七(な)かか一(い)日(し)ん八(は)て(で)キんもの千(ぢ)八(や)か◎(ら)　三(み)丅(た)〇(ま)二(に)日(し)てか一(い)日(し)ん三(さ)⦿(す)四(よ)り火(ほ)火(か)七(な)一(い)もの丅(た)九(く)三(さん)ア◎(る)か◎(ら)　か一(い)日(し)ん六(むつ)火(か)日(しー)七(な)◎(れ)十(ど)　か(が)〇(ま)ん日(し)て八(や)◎(り)て九(く)丅(だ)三(さ)◎(れ)日(よ)　二(じ)千(せ)つ二(に)八(は)二(じ)千(せ)つの九(こ)十(と)も一(い)丅(た)三(さ)⦿(す)三(ぞ)　二(じ)千(せ)つ(つ)け(けっ)九(こー)三(ぞ)

二かつ十六二ち　ひつ九(く)ノ⦿

【訓解文】

これからは、人民磨けたら、神が人民と同じ列に並んで仕事致さすから、これからは恐しい結構な世となるぞ。もう待たれんから、わからねばどいて見てござれと申してあろうが、わからんうちにわかりて下されよ。肉体のあるうちには、なかなか改心は出来んものぢゃから、御魂にして改心するよりほかない者たくさんあるから、改心難しいなれど、我慢してやりて下されよ。時節には時節のことも致さすぞ。時節結構ぞ。

二月十六日、ひつ九ノ⦿。

十一

14―11［362］

二火んの九二二十へもの七九七て日も三　千か一十二丅へもの七九七て日も三　七二も二ん三んの九九◎か◎三　田へもの七九七ても田へものア◎三　⦿の日ん三ん二ん三ん日ん八一七一三十も九一七◎んの三三　九九◎へ日　二かつ十六にち　ひつ九のか三

【訓解文】

日本の国に食べ物なくなてしまうぞ。世界中に食べ物なくなてしまうぞ。何も人民の心からぞ。食べ物なくなても食べ物あるぞ。⦿の臣民人民、心配ないぞ。共食いならんのざぞ。心得よ。

二月十六日、ひつ九のか三。

十二

14—12［363］

二火んのにん三んエ千木二日ても八◎十⊙十　ア九の⊙も日て一◎九エ　二ん三ん二八キ九エんのか日火十日火◎十八◎♀一日⊖お一て九丁三れ日　⊙二八七二もかも四九三てア◎から日ん八一七一三　か一日んてキね八キの十九二⊙◎日り火火七一七◎十　○て◎丁け○て一◎三　つキの♀か三三○か三の五日五　一のお⊙三三○か一の五日五　おつ千つ九◎か丁⊖丁の八♀九二十九丁千のおか三三○　九の五三た一のおか三三○三か九ノ日か○一七三◎ね八九ノ日九二八く三　二千♀千か一一十二三千て千か一の二ん三ん一十二か一日ん三⊙三　五十二七ても六十二七ても　いろは一二三か◎て七◎一三⊙三　てキね八おて七♀日三　○ん日ん八八かてん大けかのも十　一○の二ん三ん千か八日り⊙きて一◎三　キつけお九三

二かつ十六二ち　ひつ九のか三

【訓解文】

日本の人民餌食にしてもやり通すと、悪の⊙申している声、人民には聞こえんのか。よほどしっかりと腹帯締めおいて下されよ。⦿には何もかも仕組みてあるから、心配ないぞ。改心出来ねば気の毒にするよりほかないなれど、待てるだけ待っているぞ。月の大神様が水の御守護、日の大神様が火の御守護、御土つくり固めたのは、大国常立の大神様。この御三体の大神様、三日この世構ひなさらねば、この世、くにゃくにゃぞ。実地を世界一度に見せて、世界の人民一度に改心さすぞ。五十になっても六十になっても、いろは、一二三から手習ひさすぞ。出来ねばお出直しぞ。慢心、早合点大怪我のもと。今の人民、知が走り過ぎているぞ。気つけおくぞ。

二月十六日、ひつ九のか三。

十三

14—13［364］

◎九日て日一五日日日十おもて一◎の八ア九の日五二ん二つか〇◎て一◎の三三　一十の九◎日ア一て九ノ日ノ丅てかへてキ◎十おもて一◎のも　ア九の日五二ん三　二九丅一一九◎火◎火日ても　日キ日二七◎ん三　丅〇八て火て八九◎千の三三　丅〇八火火の二九丅一二うつ◎ても九てキ丅て◎の三三　一九◎か一五九二ん九ろ日ても　二火ん二ん九◎日ても日キ日八九七一三一〇〇ての八りか丅⦿九◎かへて　⦿のも⦿日二⦿◎日り火火二三七一の三　九ノ丅一の一八十一◎キ八七か七か三十も日てア◎か　三て五三◎千一⦿二のア丅へ◎千一二て　三五十丅てか

へて三千◎三(みせるぞ)　○五千十○九十(わごーせんとまこと)のおかけ八◎ん三(げやれんぞ)　一火三◎た◎十ん七(いつかそろーたらどな)おかけても八◎三(げでもやるぞ)　一九九(いっこく)
十◎┬◎十ん七(そろーたらど)日ん十九ても(なしとくでも)八◎三(やるぞ)　♀(お)のつか◎(づら)一┬┬け◎の(いただけるの)三三⊙(ざぞかみ)一◎ん(いらん)日二一(よにい)た日て(たして)九◎日(くれよ)

二かつ十六二ち　ひつ九(く)か三(み)

【訓解文】

楽してよい御用しようと思うているのは悪の守護神に使われているのざぞ。人の殺し合ひでこの世の立て替へ出来ると思っているのも悪の守護神ぞ。肉体いくら滅ぼしても、よき世にならんぞ。魂は鉄砲では殺せんのざぞ。魂は他の肉体に移りて目的立てるのざぞ。いくら外国人殺しても、日本人殺しても、よき世は来ないぞ。今までのやり方スクリ変えて、⊙の申すようにするより他に道ないのざ。このたびの岩戸開きはなかなかざと申してあろうが、見てござれ、善一筋の与へる政治で、見事立て替へてみせるぞ。和合せんとまことのお蔭やれんぞ。一家揃うたらどんなお蔭でもやるぞ。一国揃うたらどんな神徳でもやるぞ。自づから頂けるのざぞ。⊙要らん世に致してくれよ。

二月十六日、ひつ九か三。

十四　14―14［365］

あ┬◎日キ日十八⊙七キ日七◎け◎(たらしよとはなよなりけり)　一┬⊙十七◎日二て(ひとかみとなるよにて)ア◎け◎(ありけり)　千(せ)か一十一十二○(いじゅうひとにま)か千(せ)て

⦿⦿八◎九一んキ日七り　ア◎丅ぬ日日三

九の日のか日◎一丅四て一◎ものか◎　か一日ん一丅三ね八日もの九◎一丅⦿か七五七◎三

九九〇て〇けても日ても千千二三千ても〇丅〇か◎んのか　千か一十の九十三か◎このホ千か一

かもお八九三か◎　千十おキ九九◎のうつ〇も千てキて九丅三◎日　キんもきんも十もてつも七

〇◎も　三七てて五三◎　三◎三◎二う◎日くの五日一九◎てもア丅へて十◎⦿三　この〇キ

か千の〇キ

二かつ十六にち　ひつ九のか三

【訓解文】

新しき世とは⦿なき世なりけり、人、⦿となる世にてありけり。世界中人に任せ、⦿⦿は楽隠居なり、あら楽し世ぞ。

この世の頭致している者から改心致さねば、下の苦労致すが長うなるぞ。ここまで分けて申しても、実地に見せても、まだわからんのか。世界中のことざから、この方世界構うお役ざから、ちと大き心の器持ちて来て下されよ。金も銀も銅も鉄も鉛も皆出てござれ。それぞれに嬉し嬉しの御用いくらでも与へてとらすぞ。この巻、風の巻。

二月十六日、ひつ九のか三。

第十五巻

岩の巻

一(い)八(は)の〇(ま)キ

自　昭和二十一年旧一月十五日
至　昭和二十一年旧一月十五日

一―十一

一八の◯キかキ日◎す三　一八八一八三か⊙八ゝ十◯⊙　⊚かか三三三　◎かか三三十も日て
ア◎

ア九の日五十七◎八　ア九日九三へ◎の三三　二ん三ん◯◎一九十⊙キて⊙◎て七一三　日◎
⊙く二一丅日て一◎のてア◎三　⊙二も三のアヤ◯り　キキのア八◯りア◎の三三　も十のか
三二八七一七◎十　日もくの⊙二八ア◎の三三　三◎て三七火日キキ七火日十も日てア◎の三
三　も十の⊙二八三七火日キキ七ホ日八七一の三三　⊙三七◎の大⊙三◯　八七のか三三◯三
力キ七火日七一三　力キのアヤ◯◎八七一の三三　二ん三んてもかキの◯千か一七一の三三　八
七のアヤ◯◎七一の三三

⊙三七◎のおか三三◯この日の♀か三三◯三十も日てア◎か七　◯千か一の⊙⊙三◯九ノ日の
つ三けか◎♀　九ノ⊙三◯ニキセて　六◎八◎ニキ丅二お日九⦵七三◎丅の三三　それて九ノち
のうへ♀五九ア九⊙か　◯◎の⊙キそろ二も千ア◎日丅の三　それて二んのの日十九もりけか日
てつ九りかへ　卍の日十七◎て三◎二◯千九千二日て日もて　◯か◎ん九十二七りて　十の日

二一丁日(いたし)て三◎二(さらに)く二〇(にわ)か◎(らん)九十二(ことに)二丁日(いたし)て日(し)もて　ア九(く)の四九三十り(しぐみどー)二(に)二丁日(いたし)て一◎(いる)の千八(ぢや)
三〇(ぞわ)かりたか
日八(しや)かも　十(キリスト)も　り八七(つぱな)⦿て五三◎七◎十(でござるなれど)　一〇(いま)の卍(ほとけ)や十(キリスト)は八二千(にせ)の卍(ほとけ)や十(キリスト)三三(ざぞ)お七二(なじ)
⦿二つ(ふた)ア◎十(ると)も日(し)てア◎か七(ろーがな)　ゝなくなて(つ)一◎(いる)の三三(ざぞ)　ゝ七一◎三三(ないざぞ)　◎て七一十〇九十(でないとまこと)てキん
の三三〇か◎十か(ざぞわりた)　ゝ七キものア九三三(なくざぞ)　ゝ八〇三(はぞ)　火三(ぞ)　一三三(はじめざぞ)　九◎か◎の日十七(くらがりよとなつ)て一◎(いる)の
もゝ七一か◎三三(ないらざぞ)　九の十り〇か◎てア◎か七(こどーわるてろーがな)　九一十五二ち(きゆうかつ)　かのとりの一(ひ)　一二⦿

【訓解文】

「岩の巻」書き知らすぞ。一八は弥栄(いやさか)。⦿はゝと〇、⦿、◎が神ざぞ　◎が神ぞと申してあろう。

悪の守護となれば、悪よく見へるのざぞ。人民悪いこと好きですするでないぞ。知らず知らずに致しているのであるぞ。⦿にも見(み)の誤り、聞きの誤りあるのざぞ。元の神にはないなれど、下々の⦿にはあるのざぞ。それで見直し、聞き直しと申してあるのざぞ。元の⦿には見直し聞き直しはないのさぞ。スサナルの大⦿様、鼻の神様ぞ。かぎ直しないぞ。かぎの誤りはないのざぞ。人民でも、かぎの間違いないのざぞ。鼻の誤りないのざぞ。

スサナルの大神様、この世の大神様ぞと申してあろうがな。間違いの⦿⦿様、この世の罪穢れを、この⦿様に着せて、無理やりに北に押し込めなされたのざぞ。それでこの地の上を極悪⦿が我の好き候(そうろう)

に持ち荒らしたのざ。それで人皇(じんのう)の世と曇り汚して造り変へ、仏の世となりて、さらにまぜこぜにしてしもうて、わからんことになりて、キリストの世に致して、さらにさらにわからんことに致してしもうて、悪の仕組みどおりに致しているのぢゃぞ。わかりたか。

釈迦もキリストも立派な⦿でござるなれど、今の仏やキリストは、偽の仏やキリストざぞ。同じ⦿二つあると申してあろうがな。ゝなくなっているのざぞ。ゝない◎ざぞ。⊚でないと、まことできんのざぞ。わかりたか。ゝなきもの悪ざぞ。ゝは〇ぞ。火ぞ。一ざぞ。暗がりの世となっているのも、ゝないからざぞ。この道理わかるであろうがな。

旧一月十五日、かのととりの日、一二⦿。

二　15—2［367］

三千(さんぜん)ねんの六(む)か日(し)二(に)かへ⦿(す)十(と)も日(し)てア◎(ろー)か(が)七(な)　日(よ)一(い)五(ご)日(よー)一(い)丅(た)⦿(す)三(み)た〇(ま)火(ほ)十(ど)　九(く)◎(ろー)三(さ)日(し)てア◎(る)の千(ぢ)八(や)　火(ほ)火(か)か◎(ら)三(み)て八(は)〇(わ)か◎(ら)ん七(な)◎(れ)十(ど)　九(く)◎(ろー)二(に)九(く)◎(ろー)三(さ)日(し)て一(い)キか〇(わ)り日(し)二(に)か八(わ)◎(り)キ丅(た)へ二(に)キ丅(た)へてア◎(る)の千(ぢ)八(や)三(ぞ)　二(に)九(く)丅(た)一(い)の九(く)◎(ろー)も〇(たま)の九(く)〇(ろー)も十(ど)千(ち)◎(ら)の九(く)◎(ろー)二(に)も〇(ま)けん二(じ)ん三(み)日(し)ん　一(み)(ママ)んて(で)七(な)一(い)十(と)　⊘(め)三(さ)キの九(こ)十(と)て(で)九(ぐ)れんく十(と)ひ九(く)りかへりて　ア〇(わ)て二(ふ)丅(た)⊘(め)九(く)日(よー)七(な)九(こ)十(と)て(で)八(は)　十(ど)ん七(な)九(こ)十(と)アて(っ)も一(び)九(く)十(と)百(も)千(せん)三(み)た〇(ま)て(で)七(な)一(い)十(と)　五(ご)日(よー)六(むっ)火(か)日(しー)三(ぞ)

九ん十の九ノ八七八二二三九ノ三三三　二二二九ノ八七三九八一⊖○つ◎十も日てア◎か
九ノ八七おのもくの九九◎の二二二も三九の三三　九の八七三け八　九ノ日二てキん九十七一
三　○九十の◎かゝり三　九の三キ百丅てかへてキんキりくの九ん十の大たてかへ千八　一日
くの丅てかへ三か◎も十の⊙日日りもも一つキのひかりかゝ八九日十す◎の千八か◎　七か
く二大三三三　二ん三ん九◎日か◎か三キ丅の日三二　五日三五十つ十⊖アけて九丅三◎日
二つつつア◎⊙三○を一つ二⊙◎のてア◎か◎うそ一つ八り千十も七◎んの千八　⊙九日てもう
三一つ八りアり丅◎　九もりア◎丅◎　⊙の九二三八⊙⊖ん九十二七◎の三三
十千二か◎てキ丅三て八九ん十十一二九ん十八○二ア○んの三三　九ん火んか◎の三て七一十
九ん十八九ん火んか◎の丅て七火日て　○つ丅一つつ九の千八か◎　○二ア○ん十り○か◎て
ア◎か七
○◎の九二十日の一九三八日○◎の千八　この一九三か三八⊖アけて三て♀◎ん七れ十　九◎
も三⊙二千八か◎二ん三ん二も三て♀れんの千八か十も九一十も日て日◎日てア◎か
九ノ火◎かてんち二ゆ二⊙◎の千八　も十のキの三二日てア丅◎日キ　キ　の一か◎の三つ九

◎(る)の千八(ぢや)　ア◎(ら)丁(た)ぬ(の)日日(しーよ)二(に)⦿(す)◎(る)の千八(ぢや)十(と)も日(し)てア◎(る)九(こ)十(と)一(い)日(よ)く三(ぞ)　二(じ)ん三(み)ん日(し)ん三(み)ん一(い)三(さ)んて(で)八(や)りて九(く)十(だ)三(さ)れ　⦿⦿三(さ)ま　日(し)五(ご)二(じ)ん十(ど)の一(い)三(さ)⦸(め)く　二かつ十六にち　ひつ九⦿

【訓解文】

三千年の昔に返すと申してあろうがな。よい御用いたす身魂ほど苦労さしてあるのぢや。他から見てはわからんなれど、苦労に苦労さして、生き変わり死に変わり、鍛へに鍛へてあるのぢやぞ。肉体の苦労も、霊(たま)の苦労も、どちらの苦労にも負けん人民臣民でないと、目先のことで、グレングレンと引っくり返りて、あわてふためくようなことでは、どんなことあってもビクともせん身魂でないと、御用難しいぞ。

今度の九の花は富士に咲くのみざぞ。富士に木の花開耶姫祀れと申してあろうが、九(こ)の花、おのおののもの心の富士にも咲くのざぞ。九(こ)の花咲けば、この世に出来んことないぞ。まことの◎憑りぞ。

この先もう立て替へ出来んぎりぎりの今度の大立て替へじや。いよいよの立て替へざから、元の⦿代よりも、も一つキの光り輝く世とするのぢやから、なかなかにたいそうざぞ。人民苦しかろうが、先楽しみに御用見事つとめ上げて下されよ。二つづつある⦿様を一つにするのであるから、嘘偽りちっともならんのぢや。少しでも嘘偽りありたら、曇りありたら、⦿の国には住めんことになるのざぞ。

途中から出来た道では今度といふ今度は間に合わんのざぞ。根本からの道でないと、今度は根本からの立て直しで末代続くのぢやから、間に合わん道理わかるであろうがな。

我の国どうしの戦さ始まるのぢや。この戦さ、神は目あけて見ておれんなれど、これも道筋ぢやから、人民にも見ておれんのぢゃが、共喰いと申して知らしてあろうが。
この方等が天地自由にするのぢゃ。元のキの道にして、新しき、キの光の道つくるのぢゃ。あら楽し世にするのぢゃと申してあることいよいよぞ。人民、臣民勇んでやりて下され。⦿⦿様、守護神どの、勇め勇め。

二月十六日、ひつ九⦿。

三

15—3 [368]

てん千七九◎⊘て大丅てかへ一た⦿の千八てん千のひ九り八九十八三の九十三三　○千か一てキんうち二○千か○ん日キつけて九丅三れ日　てキてか◎八一九◎七一ても○一日てもア十へ八かへ千　この火ても十二も七◎んも十のキの三千八三　九十キつけてお九三

九◎○て八三八一九◎もアリ丅の千八か　九◎か◎の三八千一⦿二三三　一ん千キ⦿のまへ二八十◎んの三三　九九ろ千日十日◎日てア◎か七　三千ねんて日一キり十一丅⦿の千八三

○九十のアつ○りか日ん十九千八　日ん十九つ六十せか一十三へ⦿九の三三　⦿丅けて八九ノ日の九十八上十千十も日てア◎か七　⦿かうつりて上十さ⦿十も日てア◎か七　こん七九十九

◎れ〇までにはな二八七かりたぞ三

二かつ十六にち　一二⦿

【訓解文】

天地引っくるめて大立て替へ致すのぢゃ。天地のびっくり箱とはそのことざぞ。間違ひ出来んうちに、間違わんよう気つけて下されよ。出来てからは、いくら泣いても詫びしても後へは返せん、この方でもどうにもならん元のキの道ぢゃぞ。くどう気つけておくぞ。

これまでは道はいくらもありたのぢゃが、これからの道は善一筋ざぞ。インチキ⦿の前には通らんのざぞ。心せよと知らしてあろうがな。三千年で世一きりと致すのぢゃぞ。

まことの集まりが神徳ぢゃ。神徳積むと、世界中見へすくのざぞ。⦿だけではこの世のことは成就せんと申してあろうがな。⦿がうつりて成就さすと申してあろうがな。こんなことこれまでにはなかりたぞ。

二月十六日、一二⦿。

四　15—4［369］

もとは十八　十　十と　四十七十と　四十八十とア〇わせ千て　百十と五三ぞ　九十五三ざ三ぞ

九(きゅう)一かつ十五にち　かの十(と)十(と)り一(ひ)つ九(く)のか三

【訓解文】

元は十と四十七と四十八と合わせて百と五ぞ。九十五ざぞ。

旧一月十五日、かのととり、一つ九のか三。

五　15—5［370］

二(じ)ん三(み)ん⊘(め)の三(さ)キ三(み)へんか◎(ら)　うた九(ぐ)りも六(む)り七(な)一(い)七(な)◎(れ)十(ど)　ミタマ三(みが)かけ八(ば)日(よ)九(く)○(わ)か◎(る)の千(ち)八(や)
ついて五(ご)三(ざ)れて七(ひっ)八(ぱっ)て八(や)◎(る)三(ぞ)　ま九(こ)十(と)の三(みち)ゆ九(く)丅(だ)けて八(で)○(は)丅(まだ)丅(た)◎(ら)ん三(ぞ)　九(こ)九(こ)◎(ろ)二(に)○(ま)九(こ)十(と)一(いっ)八(ぱ)一(い)
二(に)つ⊘(め)てか◎(ら)火(つぽ)二(に)日(し)て⊙(す)⊙(す)三(み)て九(く)◎(れ)日(よ)　九(こ)ノ九(こ)十(と)○(わ)か◎(ら)ん十(と)⊙の日(し)九(ぐ)三(み)♀(お)九(く)◎(れ)◎(る)十(と)も日(し)て◎(アロー)か七(がな)
八(は)八(や)九(く)七(なつ)丅(た)十(と)九(こ)◎(ろ)もア◎(る)七(な)◎(れ)十(ど)　お九(く)◎(れ)か千(ち)千(ぢ)八(や)三(ぞ)
くろ九(く)ろ十(と)も日(し)ても○(わ)◎(る)一(い)九(くろ)◎(ー)キの十(ど)九(く)三(ざ)三(ぞ)　日(よ)キ九(くろ)◎(ー)八(は)七(な)三(さ)九(く)三(ぞ)　八(は)七(な)三(さ)一(い)て　三(み)六(む)⊙(す)二(ぶ)の
三(ざ)三(ぞ)　二(じ)ん三(み)ん九(く)◎(る)日(し)三(み)三(さ)へ⊙(す)◎(れ)八(ば)日(よ)一(い)日(よー)二(に)八(は)八(や)か(が)てん日(し)て一(い)◎(る)七(な)◎(れ)十(ど)　三(そ)◎(れ)八(は)大(お)○(ま)千(ち)か(が)一(ひ)三(ざ)三(ぞ)
⊙の三(みち)六(む)◎(り)七(な)一(い)十(と)九(く)十(どー)も日(し)てア◎(ろー)か七(がな)　九(こ)ノ十(どー)り日(よ)九(く)か三(み)○(わ)けて九(く)丅(だ)三(さ)◎(れ)日(よ)

⦿の九二八も十のキの九二　か一五九十八　か一九九十八う〇◎か千か二の千八　⦿の九二て
ア◎の二二ん三ん千か四九七か◎　〇丅りて九◎◎んものか〇丅りてキてワヤに一丅日て日もて
一◎の二　〇丅千か日九三か◎　千か日九八か◎も日て一◎か◎　ア〇◎二〇か◎ね八〇か◎日
二一丅⦿三　⦵の丅〇十一丅⦿三　千か九八二つ〇丅りてキて〇か◎ん九十二三◎て一◎てア◎
か九　五十の一八十一◎キ一十二千七七◎ん十も日てア◎か　う〇◎アか五の九九◎て二て日め
十も日てア◎か七

　二かつ十六にち　ひつ九か三

【訓解文】

人民、目の先見へんから、疑りも無理ないなれど、身魂磨けばよくわかるのぢゃ。ついてござれ、手引っ張ってやるぞ。まことの道行くだけではまだ足らんぞ。心にまこと一杯につめて空っぽにして進みてくれよ。このことわからんと⦿の仕組み遅れると申してあろうがな。早くなったところもあるなれど、遅れがちぢゃぞ。

苦労、苦労と申しても、悪い苦労気の毒ざぞ。よき苦労花咲くぞ。花咲いて実結ぶのざぞ。人民苦しみさへすればよいように早合点しているなれど、それは大間違ひざぞ。⦿の道無理ないと、くどう申してあろうがな。この道理よく嚙み分けて下されよ。

⦿の国は元のキの国、外国とは、外国とは生まれが違ふのぢゃ。⦿の国であるのに人民近欲なから、渡りて来られんものが渡りて来て、ワヤに致してしもうているのに、まだ近欲ざから、近欲ばかり申しているから、あまりにわからねばわかるように致すぞ。目の玉飛び出すぞ。近くは仏渡りて来て、わからんことにされているであろうがな。五十（第一訳文、第二訳文とも「五度」と当てているが不明）の岩戸開き一度にせならんと申してあろうが、生まれ赤児の心で筆読めと申してあろうがな。

二月十六日、ひつ九か三。

六

15—6［371］

六か二の一二九十〇十も二キて一丅◎　日りのケ〇てぬか◎て日ものか　⦿二八日九〇かりてキつけて一丅の二　一〇のア◎三〇三の十りて七一か　〇丅くぬか◎◎ものア◎三　の八千八く二ん三ん〇丅く九◎四九十二七◎三　の八三ね八丅⦿か◎二ん三ん七一日　⦿九日八⦿の九九◎も三日て九丅三◎日　一二九十キて⦿七オ二一丅三◎日　⦿たの六三　一四く二千つキ丅のてア◎か◎七ん十も日ても二千つ二八か七〇んか◎　二て十り二七て九◎か◎　九九◎三八りア◎一かへて日もて　⦿の三九十二一キてく◎日　三九十二七◎三　丅〇三三九十け九三

一八五二六八八二三三一二三　卍千百三七六五卍十　十十八七六五日一二三五六　八二三二一二

三六五八八八八　十十二一三八七七八九二六　三二八五一二〇〇〇〇〇三　二一八九百一七百〇

日七　九日三八一三日二

☉☉⊘◎一九三三☉九二〇⊘

☽☉〇二五一二二二二三三

〇(わ)か◎(ら)んう千二(ち)〇(わ)火(か)◎(り)て九(く)◎(れ)日(よ)

　九(きゅう)一かつ十五日　ひつ九(く)のか三(み)

【訓解文】

　向かふの言うこと、まともに聞いていたら、尻の毛まで抜かれてしまうのが、☉にはよくわかりて気つけていたのに、今の有様その通りでないか。まだまだ抜かれるものあるぞ。延ばせば延ばせば、人民まだまだ苦しいことになるぞ。延ばさねば助かる人民ないし、少しは☉の心も察して下されよ。言ふこときいて素直に致されよ。☉たのむぞ。いよいよ時節来たのであるから、何と申しても時節にはかなわんから、筆通りになって来るから、心さっぱり洗い変へてしもうて、〔「第一訳文に以下の一文あり」持ち物さっぱり洗ひかえしてしまふて、〕☉のみことに生きてくれよ。みことになるぞ。タマぞ。みこと結構ぞ。

〔［以下訓解困難であるが第一訳文に次のようにある］神ひらき結び、人睦び展きにひらきつづく道ぞ。ひふみ、よろづ、ち、ももの道なり、むすび出づ。仏、耶、その他の神々ひらき成り、正し、交わりとけし、一つの神国と出で睦び開く。地上天国にひふみ、正しきは出で、ひらき、輝き、いきし、弥栄の神そろう、元津神の道ひらき、鳴り成りて、更にひらき、極みつづく歓喜の大道、真理輝き、わたり出づ、神、人、動、植、鉱、もろもろの道なりて展き、極みつくる所、太神、百々の神、世になり極む、世に満ち、弥栄の大道、神代につづく。正しき神のよきいくさの道、神国は真理真愛、真の大真と出でそむ。富士の仕組、鳴門の仕組の秘密道。〕

わからんうちにわかりてくれよ。

旧一月十五日、ひつ九のか三。

七

15—7［372］

九ノ⊙のも十ヘキて　日ん日ん三へ日て一丅◎日一九十ア◎日二♀もて一◎が　大○千か一三三　九ノ火のも十へ○一りて　○つ日八九千七日二日八九千八◎一て九丅三◎日　九◎日九十てキて九◎のか　五日ん十九三　九ノ火ノ百十へキて　○◎九七丅十一二二ん三んエん◎日一◎んかへりて九◎日　三ん七か◎一日ん日ん八日ん日んて八七一三け九七九◎日三か○か◎ん日ん

三(み)ん一(ひと)㋨(り)も一(い)㋨(ら)んの三(ざ)日(し)火(か)十(と)二(ふ)ん十(ど)日(し)日(し)めてつ一(い)て五(ご)三(ざ)㋨(れ)日(よ)　九(こ)ノ火(ほー)ア九(く)⦿(かみ)十(と)も三(み)へ㋨(る)十(と)も日(し)て
ア㋨(ろー)か(が)七(な)　わかりても○(わ)か㋨(ら)んてキ(で)ん九(こ)十(と)一(い)丅(た)三(さ)⦿(す)三(ぞ)　⦿か(が)つ九(こー)の三(ざ)か㋨(ら)㋨(ら)九(く)て(で)もア㋨(る)の三(ざ)三(ぞ)日(し)
つ(づ)か二(に)二(ふ)て(で)日(よ)九(く)八(は)㋨(ら)二(に)一(い)㋨(れ)て五(ご)日(よー)日(し)て九(く)丅(だ)三(さ)㋨(れ)日(よ)　⦿の三(みち)一(ひ)か㋨(る)三(ぞ)

九一かつ十五にち　一二⦿

【訓解文】

この⦿のもとへ来て信心さへしていたら、よいことあるように思うているが、大間違ひざぞ。この方のもとへ参りて、まづ借銭無しに借銭払ひて下されよ。苦しいこと出来て来るのが御神徳ぞ。この方のもとへ来て、悪くなったといふ人民遠慮いらん、帰りてくれよ。そんな軽い信心は信心ではないぞ。結構な苦しみがわからん臣民一人も要らんのざ。しかと褌締めてついてござれよ。この方、悪⦿とも見えると申してあろうがな。わかりてもわからん、出来んこと致さすぞ。⦿が使うのざから楽でもあるのざぞ。静かに筆よく腹に入れて、御用して下されよ。⦿の道光るぞ。

旧一月十五日、一二⦿。

八　15—8［373］

九(こ)ノ火(ほー)の九(こ)十(と)八(は)㋨(ら)二(に)火(ひ)四(し)く十(と)一(ひ)一(び)キ(だ)丅(し)日(た)丅(ら)㋨(よ)日キ日(し)五(ご)二(じ)ん十(と)七(なつ)丅(た)の三(ざ)三(ぞ)　⦿の九(く)二(に)のも十(と)の

三丁〇十か一九九の三丁〇十⊙かり十りかへ◎◎て一◎の二　〇丁⊘三⊘んのか　⊙の九二八〇
七かの九二　十丁一の九二⊙のも十の日つ〇丁九二十も日てア◎か七　十の九二てア◎三　わ◎
三へ日け◎日十の九二日十の二ん三ん十七ても四一十一二火十二　千か一の日ん三ん三七七◎て
一◎か　う〇へ八かり日一九十二三千て一◎か　七か八五九ア九千八　キつ一て一◎日ん三んも
ア◎七◎十　十二もてもア日もてんてア◎か七　三れかア九⊙二三一◎◎て一◎の千八三　三八
ア◎の二八三　八◎一キ日⊘て三三て⊙⊙⊘　一三〇日キ一八三かの三二かりア◎三

二かつ十六にち　一二⊙

【訓解文】

この方のこと、腹にひしひしと響き出したら、よき守護神となったのざぞ。⊙の国の元の身魂と外国の身魂とすっかり取り換へられているのにまだ目覚めんのか。⊙の国は真中(まなか)の国、土台の国、⊙の元の鎮まった国と申してあろうがな。十の国であるぞ。我さへよけら、よその国、よその人民どうなってもよいといふほどに、世界の臣民、皆なりているが、表面(うわべ)ばかりよいことに見せているが、中は極悪ぢや。気づいている臣民もあるなれど、どうにも、手も足も出んであろうがな。それが悪⊙に魅入られているのぢやぞ。道はあるのに、闇祓ひ清めて道見て進め。勇ましき弥栄(いやさか)の道、光りあるぞ。

二月十六日、一二⊙。

九　15—9［374］

九ん十十◎へ◎◎二ん三ん丅九三二ア◎か　九ん十九三八一十一の三三　◎八て二三つ⦿◎
ものもてキて九◎三　♀三七九十百ノつ◎一九十二七◎三　九二十り八一十てて九◎三　三れ○
て二一十もりかへ⦿三○か◎ん九十二七丅◎一日くの九十二七◎の三三　三丅○三かけ日
九一かつ十五にち　一二⦿

【訓解文】

今度捕へられる人民たくさんにあるが、今度こそは酷いのざぞ。牢屋で自殺するものも出来て来るぞ。女、子供の辛いことになるぞ。九分通りは一度出て来るぞ。それまでに一度盛り返すぞ。わからんことになったらいよいよのことになるのざぞ。身魂磨けよ。

旧一月十五日、一二⦿。

十　15—10［375］

○か◎ん三丅○も一○○て八キけん十て一八りてキ丅七◎十　もキけん十り八五めん千八　九

ん七九十二七五かか◎て一丅七◎　十千かお九◎◎か◎　一キ◎二一丅⦿三
⦿日十七れ八てん八千か九七◎三　⦿一十十も二十も日てア◎か七　一り十七◎ても　⦿のも
⦿九十七◎八ついて九◎ものか　〇九十のもの三三　〇九十のもの⦿九日て九ん十の四九三八上
十⦿◎の三三　一十八丅九三二八一◎んの三三　日ん千八七八て九◎◎七日　三八つ丅へて九丅
三◎十も日てア◎か七

り九の♀十一⊘十のの♀丅か◎丅◎二も〇か◎〇一か七　一九◎八九ノ一つてア◎三
キ丅か日九七◎　キたか一か◎三　キ丅か一八ん二日九七◎十も日てア◎九十　丅んく二〇
かりて九◎の三三　九◎火十二も日ても〇丅うた九二ん三ん丅九三二ア◎七◎十　⦿も二ん三ん
三二八一百九♀九の三　へ一九三　日九百〇ア九百丅もの千八七ア　う丅か七◎一〇一十かて八
て三四◎十◎も日一三　ア千◎九千◎二九◎んく十十も七◎んの三三
二ん三ん二八けん十十◎ん大キ七く丅いも三か◎三のか丅丅けて日一か◎十も日て一◎の千
八　か丅日て九丅三◎日か一日んの三九三つ一丅◎日のも十か◎の一キか三かおのく二〇一◎
て八◎か◎　千か◎そへ一丅四て八◎か◎　千⊘て三九〇て三か一て九丅三◎日　ア九八の一◎

のも八八一（はやいが）か　か◎◎（れる）も八八一三（はやいぞ）　一三十七◎八ホキン三（いざとなればぼきんぞ）　八七七〇〇（はなのまま）か◎◎（れる）のもア◎三（るぞ）　二か
つ十六にち　一二の⦿

【訓解文】

わからん身魂も今までは機嫌取って引っ張りて来たなれど、もう機嫌取りは御免ぢゃ。こんなことに長うかかりていたなら掃除が遅れるから、ひときりにいたすぞ。⦿代となれば天は近くなるぞ。⦿人共にと申してあろうがな。一人となりても、⦿の申すことならば、ついて来る者がまことの者ざぞ。まことの者少しで今度の仕組みは成就するのざぞ。人はたくさんには要らんのざぞ。信者引っ張ってくれるなよ。道は伝えて下されと申してあろうがな。

龍宮の乙姫殿のお宝、誰にもわかるまいがな。びっくり箱の一つであるぞ。

北がよくなる、北が光るぞ。北が一番によくなると申してあることだんだんにわかりて来るのざぞ。これほどに申してもまだ疑う人民たくさんにあるなれど、⦿も人民さんには一目置くのざ。閉口ぞ。よくもまあ曇ったものぢゃなあ、疑うなら今一度我でやって見よれ、それもよいぞ。あちらこちらにグレングレンとどうもならんのざぞ。

人民には見当取れん大きな大望ざから、その型だけでよいからと申しているのぢゃ、型して下されよ。改心の見込みついたら、世の元からの生き神が、おのおのにタマ入れてやるから、力添へ致してやるから、せめてそこまで磨いて下されよ。悪は伸びるのも早いが、枯れるのも早いぞ。いざとなればぽきんぞ。花のまま枯れるのもあるぞ。

一　二月十六日、一二の⊙。

十一

15—11［376］

丅◎の九◎て九ノ日てキて一◎十おもて一◎の千八　九ノ日♀○かものか火二日て五三◎か日五二ん日日♀ぬ⊙三丅日てア◎九◎一　○かて一◎てア◎か七　八日も十二かへ日てか一日ん一丅三◎日　⊙九二の♀八てんちの♀三三　十つ九二の♀八一十の♀三三　一十の♀て八七五つつかんの千八　十つ九二二八○丅くキ一日九十　八丅く二てて九◎三　二火ん二十んくて九◎三

一八ね八七◎ん九十ア◎三

五三二一八八三二千十百千十三三五日三十百四日三

○エ二かゝ日てア◎九十　日九日⊘八○か◎の千八　三三二キか日て　三三てかゝ日丅もの二日んの○キ十一丅千日　一日くア◎九七て九◎の三三　一んねん三丅○け九十七◎の三三

九一かつ十五にち　ひつ九のか三二て

【訓解文】

誰の苦労でこの世出来ていると思うているのぢゃ。この世を我がもの顔にしてござるが、守護神よ。世を盗みた世であるくらい、わかっているであろうがな。早う元に返して改心致されよ。⦿国の王は天地の王ざぞ。外国(とつくに)の王は人の王ざぞ。人の王では長う続かんのぢゃ。外国にはまだまだ厳しいことばたばたに出て来るぞ。日本にもどんどん出て来るぞ。

言はねばならんことあるぞ。

(［以下一行訓解困難であるが第一訳文に次のようにある］出づ道は二つ、一はひらく道、二は極む道、道出で世に満つ、えらぎえらぐ世ぞ。)

前に書かしてあること、よく読めばわかるのぢゃ。御身にきかして御身で書かしたもの「地震の巻」と致せよ。いよいよ荒くなって来るのざぞ。因縁身魂、結構となるのざぞ。

旧一月十五日、ひつ九のか三筆。

第十六巻

荒れの巻

あ⑥（れ）の○（ま）木（き）

自　昭和二十一年一月十九日（全一帖）
至　昭和

一八十一◎キ七◎七◎三　○九十一八十八十八三　火十三三　三九◎一二三一三
二一四一五三　二一八六二五二一八二三　四六八二五三二七　六五二八八　八○○(ゝ)三三
三八十八九三　火火月日九◎　日六九十九　一八三二○十一九日七三七キ三五二　一三八
七
二一二一三　三六　五六七十七◎三　ネ九三三　○九十三三　一八三か一八三か　○一五三三
○キ三三　二一三　九◎日キ三　火火三三　水水三三
(ゝ)ゝゝゝゝゝ(ゝ)ゝゝゝゝ
九九三二一五◎◎三
七六二八三六一二五三二一二一　九三二一八七三八三　二九九五九日三　二三二二二八七
三九十キ三三　八六一五五二八二八三◎三　八○二百千二百卍五九ノ八七一◎九ノ三三　九
ノ日九三　四八十七三　いろは三三

一十卍九（はじめじゆぶつきわめ）　⊘ノ九二千二キて一八〇三（めのくぬちに　まずひらくたまのみち）　三ノ九ノ九ノ十ノ八〇二百〇二百千三（そ　きわみ　きわみ　とー　やまに　ひやくれいつぐもちのみち）　キ九（きのきわみ）

十（たり）　○‐も日◎二一十九七◎ド（おしろにいそぐなれど）　二三三十十十（ふみみちのとどめたり）　一一一三三三（はじめのひのひみつざぞ）

二一三〇九十百ノ一二三（つきひのみちまことものいふぞ）　〇キ日二三三ギ◎（れいよみちみなぎり）　九二く八◎八丁◎三（くにはれわたるぞ）　一二八百千百七九七（ひつきひらくもぢももになりきわむな）

◎（り）　九十一十（ことはじめぞ）　一十五九七一三三（ひといごくなるはじめざぞ）

日三九◎三十ノナキ二七一五十四一（よみちくるぞかみなきになるはじめいそよのはじめ）　二三七◎十ノ四九三五九三（ふじなるとしぐみいごくぞ）　二七◎七◎〇千◎九ノ⊙（つきなりなりませるこかみ）

二八（には）　七二五十百一八三かく三三（なにごともいやさかざぞ）

九ノ二て四九四三（こふでよくよむみち）　三日◎日ノ四八ネ三三（みしるしよはざぞ）　⊙ア〇ア丶丶丶丶丶丶〇〇⊙三三三（すあまあがたはるなかいたまわすみちざぞ）

二九十九◎七九三一四九七◎三（つきことくらなりきわむみちいしのきわみなるぞ）　三十◎ア◎三二八（みとーりあるみちじや）　六二六一（むつにむすび）　三九八七六一二三十（さくはなむすびふみぞ）　二二（ふじ）

二九三三（じくざぞ）　三八八四◎二十四キ◎三の◎十ノ九九◎一八二ア◎◎三（みやはしらふとしきるぞのりとこころいはにらわるぞ）　〇五〇一七九◎九十三九（まごころひびきまことさき）

十三三（たりざぞ）　三一九◎◎四三　九　三日十（さいくりうりうよのみちのきわみにみのるよぞ）

一九三⊙三（はじめのこのみちかみぞ）　一九三〇⊙◎五十　九二日◎日〇て（はじめのこのみちおーすさなるかみごじゆうきわめつぐしるしたまいて）　三キ二百卍卍（みちのきつぐももよろずよろず）　火火（ひのひ）　水水（みのみ）　月（つきの）

月（つき）　⊙⊙三三（ひのひざぞ）　八〇の二三日三三七四六九一二二◎（やまふみよみなよろこびふじなり）　三八二二二二九　四（みちひらけつきふじにきわまるよ）　日◎九一九十千十二（よろこびことせんじゆに）

一一九三三（ひびくみちぞ）　八九百一百八キ九三二八（やくもいづはきわむみちじや）　九◎八キ○‐⊙三七◎（これはきのおーすさなる）　○‐⊙日二一火◎火火八九ノ三三（おーかみよにひかりかがやくみちぞ）

三八日百十二◎三三（みちはよのもとになるみちぞ）　三十キ二八七日九九◎千四（みちとーきにはなしこころせよ）

○九三八⦿ノ三三三（たまきわむみちはかみのみちざぞ）　日三一ノ日三（よみちはじめよぞ）　三七⦿ノ九三十百日てア◎（みなかみこざともーしろー）　三七キ四日火十七◎キ（みちなよしかとひらき）

キキ（きのき）　十六キ⊘ア◎キ（ぢゅーろくのきのみれき）　二十一三○九三九三⦿二九三十七一◎（ふとはじめのみたまくみくみかみのにくみとなるはじめなり）　三三三　九　三（みちみつみちきわまるぞ）　日九日九（よくよく）

○十一七◎七◎七◎（たまといなりなりなり）　日三ノ一八十ア九七◎（ひみついはとあくなり）

一ノ一◎一卍火火八キて（はじめひかりいまかかやて）　十⦿三⊘く三三九百ノ（かみかみさまささぐも）　百百十◎日◎二三千くて（ももとりしろにみち）　一八三⦿三（いやさかみ）

九◎◎キ二◎キ（くらわわ）　ア○八◎二⦿十二ア◎（あつぱれつきかみとーにあれ）　三日三九⊤千♀キ三千（みよみこたちおーきみち）　○日○◎九十九◎ア木十一火（ましますことくらぎとひ）

百千ア二ギ（もちあふぎ）　一八○一日六九一○◎九♀（いやまいよろこびもーすらくお）　ア⊘ノ二千九○ノ三三二◎キ九日⊘⦿◎六千卍ノ三（めふちこまみみふりこしめすらむちよろずみ）

四　一火◎十二十一火◎十（よ　ひかりのかみふとひかりのかみ）　三千ノ三八○ノ日キ火九十九（みちみやまよほことほぐ）　五十⦿ノ火○ノ日キ火九十九（いすずかわよほことほぐ）　五九（いごく）

九十七九十○◎九十七九（ことなくとまることなく）　十九日二一八三火く日◎九一ノ一○八千三◎て（とこよにいやさかよろこびいまひらくちのみちなりて）　九ノ八七ノ一二（こはないちじに）

十十三九十九◎（どつとさくところ）　○ノ三日十て⦿日日◎（たまみよとかみよより）　一キ日一キ⦿七キア二三（いしいがみひふぞ）

○九十ノ百ノ一二十キキ日十（まことものいふとしと）　三三九◎◎◎三十◎て（みちみくらのひつきくにさとりて）　三大⦿三○日◎○九十（みちのおーかみさましるまこと）　十十キ三（とーときみ）

四十七◎○⦿ノ三日五十⊘⊘◎ア◎三日（よとなりますざしごとめんめにうごきあるぞよ）　三九千（しやくせん）　大キ三千○千◎九十ノ日◎日七◎（おーきみちまわせることしるしなり）

○◎二九十九十⦿九二ノ（おわりにことごとかみぐに）　○九十ノ⦿火三十十◎キ百（まことかみがみとどろも）　三七三百二日ノ一火日（みなみもじよはじめかし）　一○一◎日（いまはじめなるよ）

キ　アメの⦿　火千ノ⦿　一八ノ⦿　ア◎ノ⦿　二日ンノ⦿　日キ二日て　三三◎ノ十キ八ノ二
日三◎日九百　⊘て丅く三三
八三◎十◯九ノ三九◎ノ十一二八三　八百ノ三ノ日◎八◎七アキ　二千⦿キて◯九十百ノ
一二⦿ノ日ノ日アノ⦿⦿三十◎日十⦿◎六火六◎キ火六◎三ノ三九十百千　八火日◎⦿ノ⦿⦿⦿
十一二十一◯一　火六八◎二八◎◯一九十十一日九三ノ火キ八百九十八⊘　ア⊘ノ一八十ア八七
千ア⊘ノ一八三火く二千◯千キ　⦿三一火◎ノ十十キ三日三　⦿一◎⦿ア◯火日日百ノ九二
く日◎日⊘⦿⦿⊘⦿　千ノ三百九二九十九十九三◯◎日五六七ノ日十三七◎二◎七◎
七◎八◯九十ノ八ノ火八◯ノ⦿キ八◯ノ　⦿二火◎◯日　三九二三◯⦿⦿⦿⦿ノ火ノア二九
三◯ノ日キ十キ三三三◎日　一九三⦿三十　二二ノ八◯八◎十　一◎火火八キて　三十◎二二十
◎◎百九三ノ火キ八も十一火百　日り十◯九十一の火水ノ日三
日三二三九九◎日日　三◯三◎七火◎日三日九二く十九◎十九◎二八　一八七九十百ア◎七
◎十　三八八◎一十三日◎◎十　一八三火月二月九て　三日日◎日ノ百十二◎三　十十◎二二二
ノ⦿三◯一キ　二二⦿三七◎ノ⦿ア◎一キく◯一キ　九九二一三七キノ⦿　十十十千二三◯一

て　日◎九一九〇一キ

一ノ⦿八⦿ノ九二　月の⦿八水ノ九二　⦿三七◎⦿八七八◎日◎千十〇一キ　三◎八三ノ十キ
日◎三キ〇◎◎九十二十ア◎八　七二百火百〇十一三九一十三　ア七七一ノ三三三　一八三火ノ
三三三　ア七三八火　ア七⦿火く日日三

ア◎日三三　三八九百一七百日七♀三一火◎二日◎十二　〇九十一ノ三七◎三　一二三ノ九二
三九十〇ノ一八三火一火◎九二七◎三　三ノ九十二二二日◎日ア◎　三ノ二二八日一◎キ三　〇
九十ノ九二ノ三一火◎ノ　千火一ノ日三日六九一二七九十キキ十日◎日二三　八◎二日三三十十
◎十火十火二三百十九七一　ア⦿ノ一ノ三一火◎七◎日三日〇　五〇一七ノ・九◎九三百ノ
一二日十七◎二七◎

三〇⦿九二三⦿ノ三八キ三　二一五八二一二三八　二五八九七三一二三三　⦿⦿三〇♀日
六九一三三　一〇〇⦿〇火◎　〇火◎日　千二九十◎一二キ七◎一二キノ〇〇二三三　百十ノ大
⦿二九く十三三九◎百ノ⊘日〇一　四六九一五十ノ一八三火く　七◎◎日キ日キ三四九◎三
⊘てキ九♀⦿日ノア七七一ノ十百　ア〇◎日⦿九二ノ〇九十ノ三日三　田　日◎八火　二一

三五八七三　三十◎三十◎十九十九十四九百　○日○火十十キ

⦿ノ三九十キ九三三　八日十二一八三　十二千九◎一二一二○⦿　一八百十⦿九○ノ三　四

十七ノ四十八◉二百ノ三千て⦿九二ノ　○九十ノ千○ア九○○て　三七ア◎◉　五九ノ日十九三

⦿七火◎三三　千十十九一火◎◎八○二八八○三　◉二八◉三　二三二八七三九三日日く

八日九ノ二三二日◎千十　一十九九九◎三日三日

八三火二一火◎二三七◎三二三三九十ノ九十ノ三四ノ月の一火◎七◎　○五○　一一火◎日

て十十キ三日十三七◎二◎　○九十ノ⦿ノ二て七◎三　九九◎日◉て日六十キ三　○九十の⦿十

一◎一ノ⦿十　三七◎○十キ七◎三　ア◎丅の日　ア七三八け　二二八八◎十一八十アけ十　ア

七三八け♀け　の千の日二火キ日◎⦿三　一二⦿火キ日◎⦿三

【訓解文】

荒の巻

岩戸開き鳴り成るぞ。まこと岩戸開く永遠ぞ。火と水ぞ。御位継ぐ道、はじめぞ。月日、世のはじめ出づぞ。月日開き結ぶ魂、月祝ふぞ。夜開き、月出づ道になり、結び出づ、月は開きに開き魂和す道ぞ。道は永遠の極みぞ。火の火、月日の極みなり。世結ぶことの極み、弥栄に集ひ極む世、那美那岐、三五に秘密開くなり。
月日月日ぞ。三六、五六七となるぞ。根っこざぞ。まことざぞ。弥栄弥栄。魂霊出づ道ぞ。魂、キざぞ。月日ぞ。極み成るよき道、火の火ざぞ。水の水ざぞ。

ゝ⃝ゝゝゝゝゝゝ⃝ゝヽゝヽヽ

極め極む道、月日出ずめぐりめぐるぞ。

七六に開くミロク日月出づ道、月日月日。この道継ぐはじめは那美開くぞ。月ことごとく動く世ぞ。文、富士に花咲く時ざぞ。開き結び、魂の魂、月開き月開き、実るぞ。山にも地にも万劫木の花開くのざぞ。この仕組み、四八音なぞ。イロハざぞ。

はじめ儒仏極め、目の国中に来て、まず開く魂の道。その極みの極みの十の山に百霊継ぐ文字の道、キの極みたり。面白に急ぐなれど、文、道のとどめたり。はじめのヒの秘密ざぞ。

月日の道、まこと物言ふぞ。霊気世に満ちみなぎり、国々晴れ渡るぞ。日月開く文字、百になり極むなり。コト始めぞ。人、動く成る始めざぞ。

世、満ち来るぞ。神の名、キに成る始め、五十世の始め、富士鳴戸の仕組み動くぞ。月成り成りませるこの神には、何事も弥栄弥栄ざぞ。

この筆、よく読む道、御しるしのヨハネざぞ。諏訪、マアガタ、榛名、甲斐、魂和す道ざぞ。月、言座成り極む道、イシの極みなるぞ。三通りある道じゃ。六に結び、咲く花、結び文ぞ。富士、軸ざぞ。宮柱太敷きるぞ。祝詞のこころ、岩に現るぞ。真心響きまこと咲きたりざぞ。細工隆々、世の道の極みに実る世ぞ。

はじめのこの道、⦿ぞ。はじめのこの道、オオスサナル神、五十極め継ぐしるし給ひて、道のキ継ぐ百卍卍、火の火、水の水、月の月、⦿の⦿ざぞ。山の文読み、皆喜び、富士鳴り、道開け、月、富士に極まる。喜び言、千寿に響く道ぞ。八雲出雲は、キ極む道じゃ、これは、キのオオスサナル大神、世に光り輝くの道ぞ。道は世の元になる道ぞ。道、遠きには無し、心せよ。

魂極む道は⦿の道ざぞ。世、満ちはじめの世ぞ。皆神の子ざと申してあろう。道無き世、シカと開き、キのキ、十六のキの御阿礼木。太はじめの御霊與み與み、⦿の肉身となるはじめなり。道満つ道極まるぞ。よくよく○と威鳴り生り成り、火水の岩戸開くなり。

はじめの光、今輝きて、神々様々捧ぐもの、百々とり代に満ち満ちて、弥栄、御座湧きに湧き、天晴れ月神、永遠にあれ。見よ。御子たち、大き道、坐します言座あぎとひ、火も地仰ぎ、敬い、喜び、申すらくを、天の斑駒の耳振り聞こし召すらむ千万の御代。光の神、太光の神、三千の御山のよきを寿ぐ。五十鈴の川のよきを寿ぐ。動くことなく、止まることなく、常世に弥栄弥栄、喜びの今開く地の道成りて、木の花、一時にどっと咲く所、○の御代とて⦿代より、生きし生き⦿、引き合ふぞ。

まことのもの言ふ時来しと、道、御座の日月地悟りて、道の大神様知るまこと、尊き御代と成りますのざ。仕事、めんめに動きあるぞよ。借銭、大き道回せることのしるしなり。

終わりにことごと神国の、まことの神々轟きも、みな御文字世のはじめかし。今、はじめなるよき。雨の⦿、風の⦿、岩の⦿、荒の⦿、地震の⦿、よきにして、道満つるの常盤の富士の実りよくも、めでためでたざぞ。

弥栄鳴戸は、この御座の十の日月の開く道、八百の道の世めぐる榛名安芸、時節来てまことのもの言ふ

⦿の世の、夜明けの神、神悟れよと、かむろむ、かむろぎ、かむろみの命もち、八百万の神々、神集ひに集ひ給ひ、神祓ひに祓ひ給ひ、言問ひし草の片葉も言止め、天の岩戸開(あ)放ち、天の弥栄弥栄に千別きに千別き、大御光の尊き御代ぞ。⦿坐(いま)す天が下、四方(よも)の国々治(しろ)しめす皇神(すめかみ)、地の道も国ことごとく定まりし、ミロクの世とぞ成りふるなり。

なるはまことの開きの火の山の、短山(ひきやま)の⦿(いただき)に降り給いし、御子に道は大日月地の火の仰ぐ様のよき時ぞ、道満つる世、戦さ済みたり、富士の山晴れたり、光り輝きて、御空にフトマニ百草の、片葉(かきは)も競いかも、寄り集うまこと一つの神の世ぞ。

世満ち、文くくりし世、道はさりながら、世満ち、世、国々所々には嫌なこともあるなれど、道は祓戸、道知れる神、弥栄継(つ)ぎに継き継(つ)ぎて、見よ、しるしの元継ぐなるぞ。とどめに富士の⦿見給ひき、富士スサナルの神顕れ生き生き給ひき。ここにイザナギの⦿、神々たちに道給ひて、喜び乞ひ給ひき。日の⦿は⦿(ひ)の国、月の⦿は水の国、スサナル⦿は海原治らせと給ひき。それはその時より道決まれることにぞあれば、何もかも集ひ満ち来いとぞ。あなないの道ざぞ。弥栄の道ざぞ。あなさやけ、あな清々し世ぞ。

顕れし道ぞ。都も鄙もみな大御光に寄り集ふ、まこと一つの道なるぞ。一二三の国ぞ。言霊の弥栄光る国なるぞ。道のこと、富士にしるしあり。道の富士、早う開きそ。まことの国の御光の、世界の世満ち喜びに、泣く時来たしるし文、腹に読みてぞ、とどめなり。尊い文も、説くなるはじめ、明日の霊(ひ)の御光なる世ぞ。世は五十、はじめ七の光、草物言ふ世となりになり。

御魂救ふ御(み)⦿の道はキぞ。月日厳(いづ)開きに一二三開き、月魂(つきたま)開きの極みなる道一二三ぞ。⦿⦿様お喜びざぞ。今は神憑り、神憑りし、地に言霊息吹き鳴り、息吹きのままに満ち満ち、元の大神ニコニコと捧ぐるもの食し給ひ、喜びごとの弥栄弥栄なれるよきよき御代来るぞ。

目で聞く大神、世のあなないの友、天晴れ世救うのまことの御代ぞ。大八洲日めぐるは火、月日みいづの花ぞ。悟れ、悟れと、ことごとしくも、迷うはひと時。

⦿の御言聞く身身　早う掃除一番ぞ。掃除、千座、日月、日月、◯の⦿、ヒは元⦿極み◯の道、四十七の四十八、目にもの見せて神国の、まことの善は悪魔まで、皆改め、動くの世と極むぞ。惟神ざぞ。船頭、疾く。一火めぐりめぐる。山には山ぞ。目には目ぞ。富士に花咲く御代、嬉し嬉し、早うこの文字知らせたし。急ぐ心ぞ。世満ちよ。

弥栄に光る文なるぞ。文、みことのことの御代の月の光なり。給ひ給ふ、はじめの光して、尊き御代とぞなりにける。まことの⦿の筆なるぞ。心締めて読む時ぞ。まことの⦿と平の⦿と皆和す時なるぞ。

あら楽し、あなさやけ、富士は晴れたり、岩戸開けたり。あなさやけ、おけ、後の世に書きしらすぞ。日月の⦿、書きしらすぞ。

註　本巻はかなり難解で先行の第一訳文、第二訳文、諸書により、異同があるので、独自に訳を試みた。

第十七巻

地震の巻

二日ん（じし）の○キ（ま）

自　昭和二十年九月十日
至　昭和二十年十月三十日

一―十九

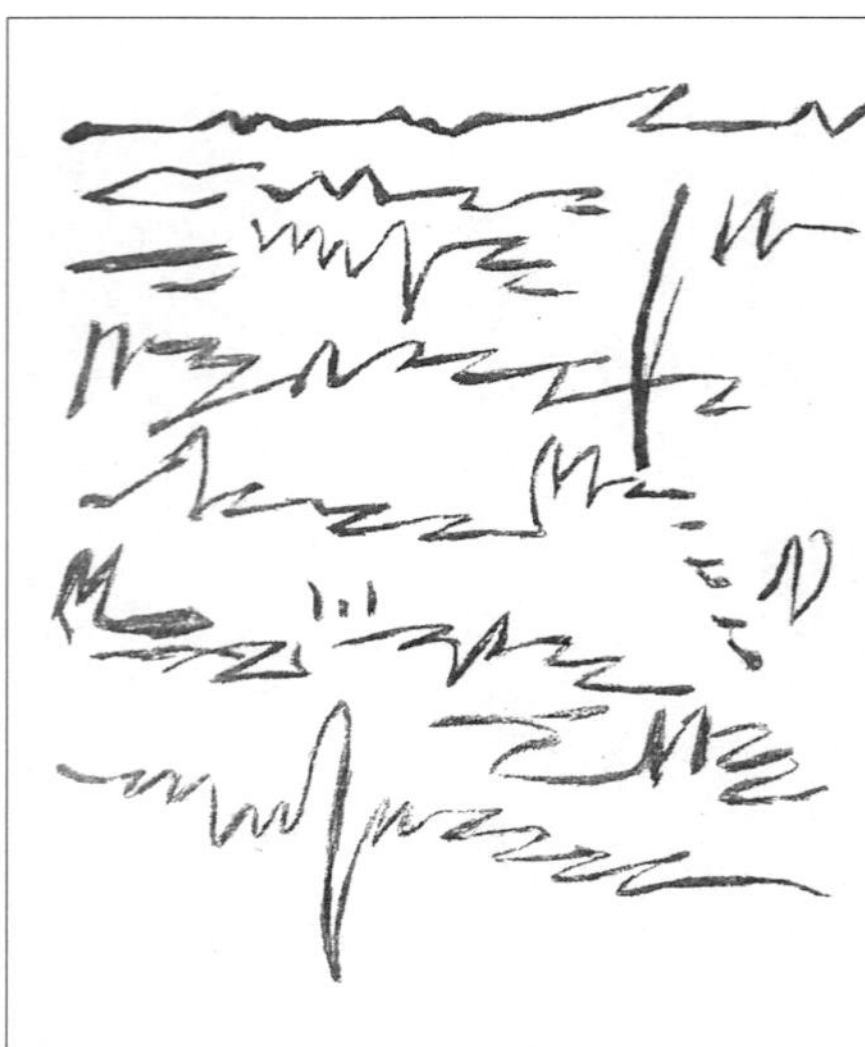

【訓解文】

（日月神）われわれの一切は生れつつある。神も、宇宙も、森羅万象の悉くが、つねに生れつつある。太陽は太陽として、太陰は太陰として、絶えず生れつづけている。一定不変の神もなければ、宇宙もない。常に弥栄えつつ、限りなく生れに生れゆく。過去もなければ、現在もなく、未来もない。ただ存在するものが生れに生れつつある。生もなければ死もない。善も思わず真も考えず美も思わない。

ただ自分自身のみの行為はない。ただ生れゆき栄えゆくのみである。善を思い悪を思うのは、死をつくり生をつくり出すことである。故に地上人が自分自身でなすことには、すべて永遠の生命なく、弥栄はあり得ない。なぜならば、地上人は、地上人的善を思い、悪を思い、真を思い、偽を思うからである。思うことは行為することである。

生前、生後、死後は一連の存在であって、そこには存在以外の何ものもないのである。存在は生命であり、生れつつあるもの、そのものである。何ものも、それ自らは存在しない。弥栄しない。必ず、その前なるものによって呼吸し、脈うち、生命し、存在し、弥栄する。

また、すべてのものの本体は、無なるが故に永遠に存在する。地上人は、生前に生き、生前に向って進みゆく。また、地上人は、地上に生き、地上に向って進みゆく。また、地上人は、死後に生き、死後に向って進みゆく。しかし、そのすべては神の中での存在であるから、それ自体のものはない。善でもなく、悪でもなく、ただ生れつつあるのみ。

霊人に空間はない。それは、その内にある情動によって定まるが故である。また、その理によって一定せる方位もない。また時間もなくただ情動の変化があるのみである。

地上人は、肉体を衣とするが故に、宇宙のすべてを創られたものの如く考えるが、創造されたものではない。創造されたものならば、永遠性はあり得ない。宇宙は、神の中に生み出され、神と共に生長し、さらに常に神と共に永遠に生れつつある。その用は愛と現われ、真と見ゆるも、愛と云うものはなく、また、真なるものも存在しない。ただ大歓喜のみが脈うち、呼吸し、生長し、存在に存在しつつ弥栄するのである。

存在は千変万化する形に於て、絶えず弥栄する。それは⦿であり、◎なるが故である。⦿は大歓喜の本体であり、◎はその用である。それは、善でもなく悪でもない。真でもなく偽でもない。美でもなく醜でもない。また愛でもなく憎でもない。プラスでもなければマイナスでもない。しかし、善の因と真の因とが結合し、悪の因と偽の因とが結合し、美の因と愛の因とが結合し、醜の因と憎の因とが結合して、二義的には現われ、働き、存在として、またはたらく。善因は偽因と結合せず、悪因は真因と結合しない。

　これらのすべては、これ生みに生み、成りに成りて、とどまるところを知らない。それは、神そのものが絶えず、鳴り成り、成り鳴りてやまず、止まる所なく生長し、歓喜しつつあるがためである。

　神が意志するということは、神が行為することである。そして、さらに神の行為は、弥栄であり、大歓喜である。神の歓喜をそのまま受け入れる霊人とは、常に対応し、地上人として地上に生命し、また霊人として霊界に生命する。

　神の歓喜を内的にうけ入れる霊人の群は無数にあり、これを日の霊人と云う。神の歓喜を外的にうけ入れる霊人の群も無数にあり、これを月の霊人と云う。月の霊人の喜びが、地上人として地上に生れてくる場合が多い。日の霊人は、神の歓喜をその生命にて吸い取るが故に、そのままにして神に抱かれ、神にとけ入り、直接、地上人として生れ出ることは、極めてまれである。

　月の霊人は、神の歓喜をその智の中にうけ入れる。故に、神に接し得るのであるが、全面的には解け入らない。地上人は、この月の霊人の性をそのままうけついでいる場合が多い。

　日の霊人は、神の歓喜を、そのまま自分の歓喜とするが故に、何等それについて疑いをもたない。

月の霊人は、神の歓喜を歓喜として感じ、歓喜としてうけ入れるが故に、これを味わわんとし、批判的となる。ために二義的の歓喜となる。

故に、日の霊人と月の霊人とは、同一線上には住み得ない。おのずから、別の世界を創り出すが故に、原則としては、互に交通し得ないのである。

この二つの世界の中間に、その融和、円通をはかる霊人と、その世界が存在する。これによって、二つの世界、二つの生命集団が円通し、常に弥栄するのである。

地上人と霊人との間も同様、直接、全面的な交流はあり得ない。それは、別の世界に住んでいるためであって、その中間の半物、半霊の世界と、霊人がいて、常にその円通をはかっている。

以上の如くであるから、日と月、愛と信、善と美も、本質的なものではなく、二義的なものである。

【訓解文】

（日月神）天界も無限段階、地界も無限段階があり、その各々の段階に相応した霊人や地上人が生活し、歓喜している。

その霊人たちは、その属する段階以外の世界とは、内的交流はあっても、全面的交流はないのである。何故ならば、自らなる段階的秩序を破るからである。秩序、法則は、神そのものであるから、神自身もこれを破ることは許されない。

しかし、同一線上に於ける横の交流は、可能である。それは丁度、地上に於ける各民族がお互に交流し、融和し得るのと同様である。

すべて分類しなければ生命せず、呼吸せず、脈うたない。分類しては、生命の統一はなくなる。そこに、分離と統合、霊界と現実界との微妙極まる関係が発生し、半面では、平面的には割り切れない神秘の用が生じてくる。

一なるものは、平面的には分離し得ない。二なるものは、平面的には一に統合し得ないのである。分離して分離せず、統合して統合せざる、天地一体、神人合一、陰陽不二の大歓喜は、立体的神秘の中に秘められている。

〻については一なるも、〇に於ては二となり三となり得るところに、永遠の生命が歓喜する。一は一のみにて一ならず、善は善のみにて善ならず、また、真は真のみにて真となり得ない。

神霊なき地上人はなく、地上人とはなれた神霊は、存在しない。

しかし、大歓喜にましまます太神の〻は、そのままで成り鳴りやまず存在し、弥栄する。それは、立体を遥かに越えた超立体、無限立体的無の存在なるが故である。

霊人は、その外的形式からすれば地上人であり、地上人は、その内的形式からすれば霊人である。生前の形式は、生後の形式であり、死後の形式である。すなわち、死後は生前の形式による。形式は愛と現われ、真と現われ、善と現われ、美と現われる。而して、その根幹をなし、それを生命させるのは歓喜であって、歓喜なき所に形式なく、存在は許されない。

愛の善にして真の美と合一しなければ呼吸せず、現の現人にして霊の霊人と合一しなければ生命しない。これら二つが相関連せるを外の真と云う。外の愛も外の真も共に生命する。人間に偽善者あり、霊界に偽善霊の存在を許されたるを見れば判るであろう。表面的なるものの動きも、内面的に関連性をもつ。故に、外部的にまげられたる働きの許されてあるを知ることができるであろう。許されてはいるが、それは絶えず浄化し、弥栄すればこそである。

浄化し弥栄しゆく悪は悪でなく、偽は偽でない。動かざる善は善でなく、進展せぬ真は真でない。さらに善を善とし、悪を悪として、それぞれに生かし弥栄するのを歓喜と云う。

歓喜は神であり、神は歓喜である。一から一を生み、二を生み、三を生み、無限を生みなすことも、みなこれ歓喜する歓喜の現われの一つである。生み出したものなればこそ、生んだものと同じ性をもって弥栄える。故に本質的には善悪のないことが知られるであろう。

死後の世界に入った最初の状態は生存時と殆ど変化がない。先に霊人となっている親近者や知人と会し、共に生活することもできる。夫婦の場合は、生存時と同様な夫婦愛を再びくりかえすことができるのである。霊界は、想念の世界であるから、時間なく、空間なく、想念のままになるのである。

しかし、かくの如き死後の最初の状態は長くはつづかない。何故ならば、想念の相違は、その住む世界を相違させ、その世界以外は想念の対象とならないからである。

而して、最初の状態は、生存時の想念、情動がそのままにつづいているから、外部的のもののみが強く打ち出される。故に、外部の自分に、ふさわしい環境におかれるが、次の段階に入っていくと、外部的なものは漸次うすれて、内分の状態に入っていくのである。

内分と外分とは、互に相反するが、霊人の本態は内分にあるのであるから、この段階に入ってはじめて本来の自分にかえるのである。生存時においては、地上的な時、所、位に応じて語り、行為するが為に、限られたる範囲外には出られないが、内分の自分となれば、自由自在の状態におかれる。生存時に偽りのなかった霊人は、この状態に入って始めて真の自分を発見し、天国的光明の扉をひらくのである。偽の生活にあった霊人は、この状態に入った時は、地獄的暗黒に自分自身で向うのである。かくすることによって、生存時における、あらゆる行為が清算されるのである。

この状態に入ったならば、悪的なものはますます悪的なものを発揮し、善的なものは善的な力をますます発揮する。故に、同一の環境には住み得ないのである。かくして、諸霊人は最後の状態に入り、善霊は善霊のみ、悪霊は悪霊のみ、中間霊は中間霊のみの世界に住み、善霊は善霊のみの、悪霊は悪霊のみのことを考え、且つ行為することになる。そして、それは、その時の各々にとっては、その時の真実であり、歓喜である。

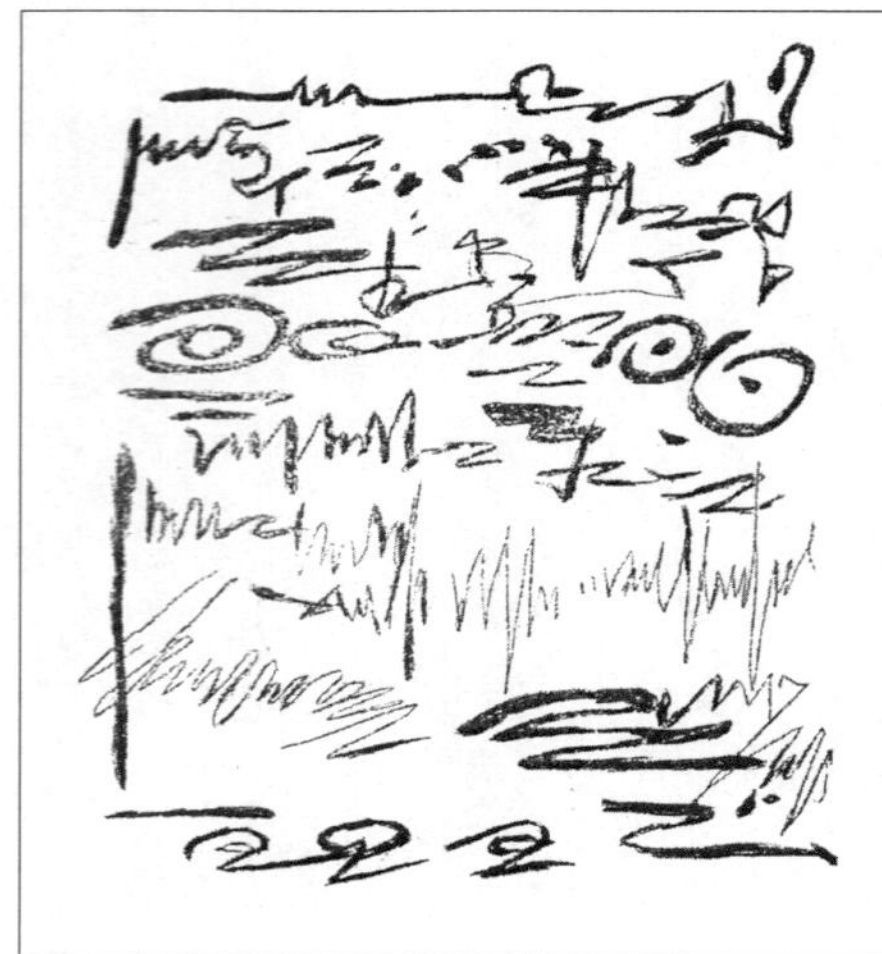

【訓解文】

（日月神）愛の影には真があり、真の影には愛がはたらく。

地上人の内的背後には霊人があり、霊人の外的足場として、地上人が存在する。地上人のみの地上人は存在せず、霊人のみの霊人は呼吸しない。

地上人は常に霊界により弥栄する。弥栄は順序、法則、形式によりて成る。故に、順序を追わず、法則なく、形式なき所に弥栄なく、生れ出て呼吸するものはあり得ない。個の弥栄は、全体の弥栄である。個が、その個性を完全に弥栄すれば全体はますますその次を弥栄する。

個と全体、愛と真との差がますます明らかになれば、その結合はますます強固となるのが神律である。霊界と物質界は、かくの如き関係におかれている。そこにこそ、大生命があり、大歓喜が生れ、栄えゆくのである。

さらに、極内世界と極外世界とが映像され、その間に中間世界がまた映像される。極内世界は生前、極外世界は死後、中間世界は地上世界である。極内は極外に通じて㋹を為す。すべて一にして二、二にして三であることを理解せねばならない。

かくして、大神の大歓喜は、大いなる太陽と現われる。これによりて、新しくすべてが生れ出る。太陽は、神の生み給えるものであるが、逆に、太陽から神が、さらに新しく生れ給うのである。㋹は絶えずくりかえされ、さらに新しきすべては、神の中に歓喜として孕み、生れ出て、さらに大完成に向って進みゆく。親によって子が生れ、子が生れることによって親が新しく生れ出ずるのであることを知らねばならない。

されば、その用においては千変万化である。千変万化なるが故に、一である。一なるが故に、永遠である。愛は愛に属するすべてを愛とし、善となさんとするが故に悪を生じ、憎を生じ、真は真に属するすべてを真とし美となさんとする故に偽を生じ、醜を生ずるのである。悪あればこそ、善は善として使命し、醜あればこそ、美は美として生命するのである。悪は悪として悪を思い、御用の悪をなし、醜は醜として醜を思い、御用の醜を果す。共に神の御旨の中に真実とし生きるのである。

真実がますます単にしてますます充実し、円通する。されば、⦿の中のヽの中なる⦿のヽの中なる一切万象、万物中の最も空にして無なるものの実態である。これが、大歓喜そのものであって、神は、このヽに弥栄し給えるが故に、最外部の○の外にも弥栄し給うことを知覚し得るのである。

始めなき始めのヽの真中の真空にいますが故に、終りなき終りの○の外の無にいまし、中間に位する力の⦿の中にも生命し給うのである。一物の中のヽなるが故に一物であり、万象万物であることを知覚しなければならない。生前の様相であり、呼吸するが故に死後の呼吸とつづき、様相として弥栄ゆるのである。

神が生み、神より出て、神の中に抱かれているが故に神と同一の歓喜を内蔵して歓喜となる。歓喜に向うとは親に向うことであり、根元に通ずることである。世を捨て、外分的、肉体的諸欲を捨てた生活でなければ、天国に通じ得ぬと考えるのは誤りである。何故ならば、地上人に於ける肉体は、逆に霊の守護をなす重大な役目をもっているからである。地上人が、その時の社会的、物質的生活をはなれて、霊的生活にのみ入ると云うのは大いなる誤りであって、社会生活の中に行ずることが、天国への歩みであることを知らねばならない。

天国を動かす力は地獄であり、光明を輝かす力は暗黒である。地獄は天国あるが故であり、暗は光明あるが故である。因が果にうつり、呼が吸となりゆく道程において、歓喜はさらに歓喜を生ず。その一方が反抗すればするだけ他方が活動し、また、強力に制しようとする。呼が強くなれば吸も強くなり吸が長くなれば呼もまた長くなる。

故に地獄的なものを天国的なものも同様に、神の呼吸に属し、神の脈うつ一面の現われであることを知らねばならない。天国に限りなき段階と無数の集団があると同様に、地獄にも無限の段階と無数の集団がある。何故ならば、天国の如何なる状態にも対し得る同様のものが自らにして生み出されればならぬからであって、それにより、大いなる平衡が保たれ、呼吸の整調が行なわれるからである。

この平衡の上に立つ悪は悪ではなく、偽は偽でなく、醜は醜でなく、憎は憎でなく、また地獄は地獄でない。地獄は本来ないのである。また、この平衡の上におかれた場合は、善も善でなく、美も美でなく、愛も愛でなく、そこでは、天国も天国ではない。ただひたすらなる大歓喜が弥栄ゆるのみである。

【訓解文】

同気同類の霊人は、同一の情態で、同じ所に和し、弥栄え、然らざるものは、その内蔵するものの度合に正比例して遠ざかる。同類は相寄り、相集まり、睦び栄ゆ。

生前の世界は、地上人の世界の原因であり、主体であるが、また死後の世界に通ずる。

同気同一線上にいる霊人たちは、かつて一度も会えず語らざるも、百年の友であり、兄弟姉妹である如くに、お互いに、そのすべてを知ることができる。生前の世界における、かかる霊人が肉体人として生れ出でた場合の多くは、同一の思想系をもつ。ただし、地上人としては、時間と空間に制限されるが故に相会し、相語られざる場合も生じてくる。

また、生前の生活と同様のことを繰返すこともある。霊人の同一線上にある場合は、その根源的容貌は非常に似ているが、部分的には相違し、同一のものは一としてない。そこに、存在の意義があり、真実の道が弥栄え、愛を生じ、真が湧き出てくるのである。

生前の霊人の場合は、自分自身のもつ内の情動はそのままに、その霊体の中心をなす顔面に集約され、単的に現われていて、いささかも反する顔面をもつことは許されない。一時的に満すことはできても、長くは続かない。この情態の原理は、地上人にも、反影している。

生前の世界は、以上の如くであるから、同一状態にある霊人が多ければ、その団体は大きく、少なければ、その集団は小さい。数百万霊人の集団もあれば、数百、数十名で一つの社会をつくる団体もある。各々の団体の中には、また特に相似た情動の霊人の数人によって、一つの家族的小集団が自らにしてでき上っている。そしてまた、各々の集団の中心には、その集団の中にて最も神に近い霊人が座を占め、その周囲に幾重にも、内分の神に近い霊人の順に座をとりかこみ運営されている。

もしそこに、一人の場所、位置、順序の間違いがあっても、その集団は呼吸しない。而して、それは一定の戒律によって定められたものではなく、惟神の流れ、則ち歓喜によって自ら定まっているのである。

またこれら集団と集団との交流は、地上人の如く自由ではない。すべては⊙のゝを中心として⊙の姿を形成しているのである。

ゝと○とを、生前の世界において分離することは極めて至難ではあるが、ある段階に進むときは一時的に分離が生ずる。しかし、この場合もゝはゝであり○は○である。これが地上世界の行為に移りたる場合は、不自由不透明な物質の約束があるため、その分離、乱用の度がさらに加わって、真偽混乱に及ぶものである。悪人が善を語り、善をなし、真を説くことが可能となるが如く写し出されるのである。

生前界では、悪を意志して悪を行なうことは、御用の悪として自ら許されている。許されているから存在し行為し現われているのである。この場合の悪は、悪にあらずして☉の○であることを知らねばならない。すなわち、道を乱すが故である。地上人の悪人にも善人にも、それは強く移写される。愛は真により、真は愛より向上し、弥栄する。その根底力をなすは歓喜である。

故に、歓喜なき所に真実の愛はない。歓喜の愛は、これを愛の善と云う、歓喜なき愛を、愛の悪と云うのである。その歓喜の中に、また歓喜があり、真があり、真の真と顕われ、☉となり、ゝと集約され、その集約のゝの中に☉を生じ、さらに尚ゝと弥栄うる。

生前の世界、死後の世界を通じて、一貫せる大神の大歓喜の流れ行く姿がそれである。大神は常に流れ行きて、一定不変ではない。千変万化、常に弥栄する姿であり、大歓喜である。完成より大完成へ向い進む大歓喜の呼吸である。

されど、地上人においては、地上的物質に制限され、物質の約束に従わねばならぬ。そこに時間を生じ、距離を生じ、これを破ることはできない。

故に同時に、善と悪との両面に通じ、両面に生活することとなるのである。そこに、地上人としての尊きかなしさが生じてくる。

霊人においては、善悪の両面に住することは、原則として許されない。一時的には仮面をかむり得るが、それは長くつづかず、自分自身絶え得ぬこととなる。

地上人と雖も、本質的には善悪両面に呼吸することは許されていない。しかし、悪を抱き参らせて、悪を御用の悪として育て給わんがために課せられたる地上人の光栄ある大使命なることを自覚しなければならない。

悪と偽に、同時にはいることは、一応の必要悪、必要偽として許される。何故ならば、それがあるために弥栄し、進展するからである。

悪を殺すことは、善をも殺し、神を殺し、歓喜を殺し、すべてを殺す結果となるからである。

霊物のみにて神は歓喜せず、物質あり、物質と霊物との調和ありて、始めて力し、歓喜し、弥栄するからである。霊は絶えず物を求め、物は絶えず霊を求めて止まぬ。生長、呼吸、弥栄は、そこに歓喜となり、神と現われ給うのである。悪人も子を生むが、その子は歓喜である。歓喜を生むのである。

五

17—1〔382〕

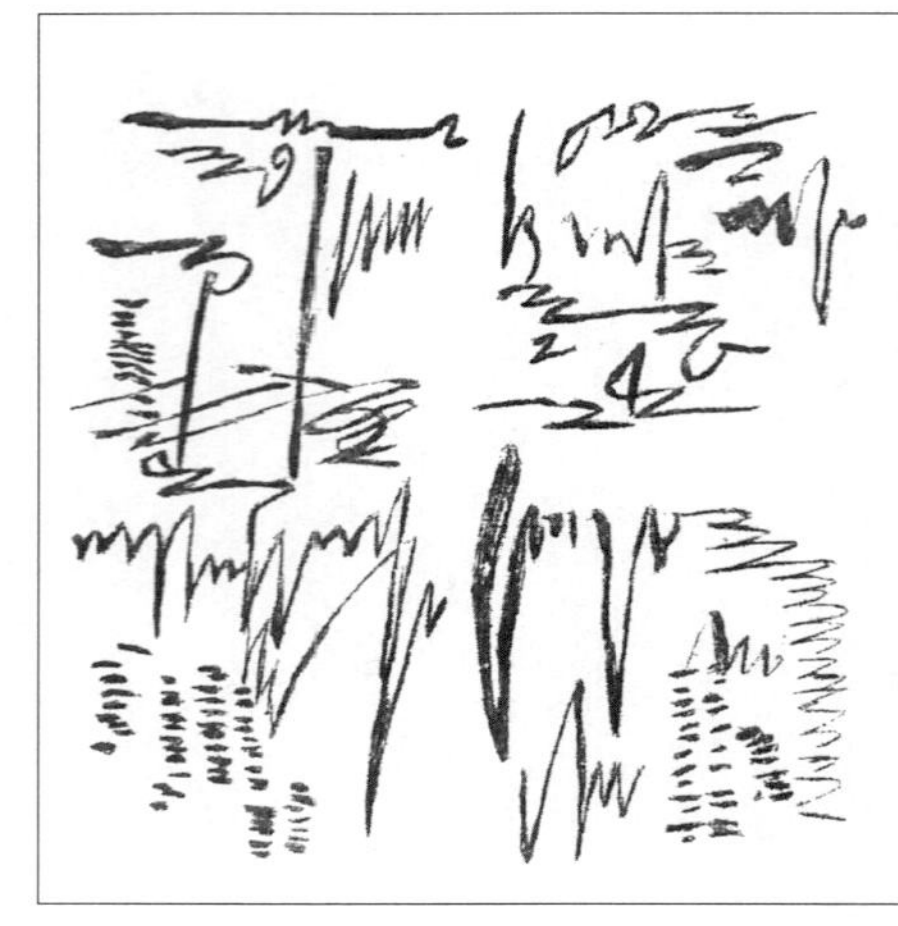

【訓解文】

（日月神）全大宇宙は、神の外にあるのではなく、神の中に、神に抱かれて育てられているのである。故に、宇宙そのものが、神と同じ性をもち、同じ質をもち、神そのものの現われの一部である。過去も、現在も、未来も一切が呼吸する現在の中に存し、生前も死後の世界もまた神の中にあり、地上人としては地上人の中に、霊界人にありては霊界人の中に存在し、呼吸し、生長している。

故に、その全体は常に雑多なるものの集合によって成っている。部分部分が雑多なるが故に、全体は存在し、力し、弥栄し、変化する。故に、歓喜が生ずる。

本質的には、善と真は有であり、悪と偽は影である。故に、悪は悪に、偽は偽に働き得るのみ。影なるが故に悪は善に、偽は真に働き得ない。悪の働きかけ得る真は、真実の真ではない。

悪はすべてを自らつくり得、生み得るものと信じている。善はすべてが神から流れ来り、自らは何ものをも、つくり得ぬものと信じている。

故に、悪には本来の力なく、影にすぎない。善は無限の力をうけるが故に、ますます弥栄する。

生前の世界は有なるが故に善であり、死後の世界も同様である。生前の自分の行為が地上人たる自分に結果して来ている。生前の行為が生後審判され、酬いられているのではあるが、それは、悪因縁的には現われない。そこに、神の大いなる愛の現われがあり、喜びがある。悪因縁が悪として、また善因縁は善として、生後の地上人に現われるのではない。何故ならば、大神は大歓喜であり、三千世界は、大歓喜の現われなるが故にである。地上人的に制限されたる感覚の範囲においては、悪と感覚し、偽と感覚し得る結果を来す場合もあるが、それは何れもが弥栄である。

これを死後の生活にうつされた場合もまた同様であって、そこには地獄的なものはあり得ない。川上で濁しても川下では澄んでいると同様である。

要するに、生前には、地獄がなく、生後にも、死後にもまた地獄はないのである。この一貫して弥栄し、大歓喜より大々歓喜に、さらに超大歓喜に向って弥栄しつつ永遠に生命する真相を知らねばならぬ。

しかし、天国や極楽があると思念することはすでに無き地獄を自らつくり出し、生み出す因である。

本来なきものをつくり出し、一を二にわける。だが、分けることによって力を生み弥栄する。地獄なきところに天国はない。天国を思念する処に地獄を生ずるのである。善を思念するが故に、悪を生み出すのである。

一あり二と分け、はなれてまた、三と栄ゆるが故に歓喜が生れる。すなわち、一は二にして、二は三である。生前であり、生後であり、死後であり、なおそれらのすべては○である。○は◎であり⦿であり、ゝと集約される。故に、これらのすべては無にして有である。

人の生後、すなわち地上人の生活は、生前の生活の延長であり、また死後の生活に、そのままにして進み行く、立体となり、立々体と進み、弥栄する処につきざる歓喜があり、善悪美醜の呼吸が入り乱れつつ調和して、一の段階より二の段階へ、さらに三の段階へと弥栄浄化する。浄化、弥栄することにより、善悪美醜のことごとくは歓喜となる。故に、神の中に神としてすべてが弥栄ゆるのである。

悉くの行為が批判され、賞罰されねばならぬと考える地上人的思念は、以上述べた神の意志、行為、弥栄と離れたものである。歓喜に審判なく、神に戒律はない。戒律は弥栄進展を停止断絶し、審判は歓喜浄化を裁く。このことは神自らを切断することである。裁きはあり得ず戒律はつくり得ず、すべてはこれ湧き出づる歓喜のみの世界なることを知らねばならない。

行為は結果である。思念は原因である。原因は結果となり、結果はただ、結果のみとして終らず、新しき原因を生む。生前の霊人は、生後の地上人を生む。地上人は死後の霊人を生み、死後人たる結果は、さらに原因となりて生前の霊人を生む。⦿は◎となりて廻り、極まるところなくして弥栄える。

以上述べた処によって、これら霊人、地上人、地上人の本体が歓喜と知られるであろう。

されば、常に歓喜に向ってのみ進むのである。これはただ、霊人や地上人のみではない。あらゆる動物、植物、鉱物的表現による森羅万象の悉くが同様の律より一歩も出でず、その極内より極外に至るのみ。

故に地上世界の悉くは生前世界にあり、かつ死後の世界に存在し、これらの三は極めて密接なる関係にあり、その根本の大呼吸は一である。生前の呼吸はそのまま生後、死後に通ずる。地上に於けるすべては、そのままにして生前なるが故に、生前の世界にも、家あり、土地あり、山あり、川あり、親あり、子あり、夫婦あり、兄弟姉妹あり、友人あり、また衣類あり、食物あり、地上そのままの生活がある。

地上人、地上生活を中心とすれば、生前、死後は映像の如く感覚されるものである。しかし、生前よりすれば、地上生活、物質生活は、その映像に過ぎないことを知らねばならぬ。

時、所、位による美醜、善悪、また過去、現在、未来、時間、空間の悉くを知らんとすれば、以上述べたる三界の真実を知らねばならぬ。

【訓解文】

霊界人は、その向いている方向が北である。しかし、地上人の云う北ではなく、中心と云う意味である。中心は、歓喜の中の歓喜である。それを基として前後、左右、上下その他に、無限立体方向が定まっているのである。

霊界人は地上人が見て、何れの方向に向っていようと、その向っている方向が中心であることを理解しなければならない。故に、霊人たちは、常に前方から光を受け、歓喜を与えられているのである。それは絶えざる愛であり、真理と受取られ、それを得ることによって霊人たちは生長し、生命しているのである。要するに、それは霊人たちの呼吸と脈搏の根元をなすものである。

地上人から見て、その霊人たちが各々異った方向にむかっていようとも、同じく、それぞれの中心歓喜に向って座し、向って進んでいる。上下、左右、前後に折り重なっていると見えても、それは、決して、地上人のあり方の如く、霊人たちには障害とならない。各々が独立していて、他からの障害をうけない。

しかし、その霊人たちは極めて密接な関係におかれていて、全然別な存在ではない。各自の眼前に、それ相応な光があり、太陽があり、太陰があり、歓喜がある。それは、霊人たちが目でみるものではなく、額で見、額で感じ、受け入れるのであるが、その場合の額は、身体全体を集約した額である。

地上人においても、その内的真実のものは額でのみ見得るものであって、目に見え、目にうつるものは、地上的約束下におかれ、映像された第二義的なものである。映像として真実であるが、第一義的真理ではない。故に、地上人の肉眼に映じたままのものが霊界に存在するのではない。内質においては同一であるが、現われ方や位置においては相違する。故に、霊界人が現実界を理解するに苦しみ、地上人は霊界を十分に感得し得ないのである。

霊人の中では太陽を最も暗きものと感じて、太陽に背を向けて呼吸し、生長していると云う。地上人には理解するに困難なことが多い。要するに、これらの霊人は、反対のものを感じ、かつうけ入れて生活しているのであるが、そこにも、それ相当な歓喜があり、真実があり、生活がある。歓喜のうけ入れ方や、その厚薄の相違はあるが、歓喜することにおいては同様である。歓喜すればこそ、彼の霊人たちは太陽に背を向け、光を光と感得し得ずして、闇を光と感得していることを知らねばならぬ。

この霊人たちを邪霊と呼び、邪鬼と云い、かかる霊人の住む所を地獄なりと、多くの地上人は呼びかつ感じ、考えるのである。しかし、それは本質的には地獄でもなく、邪神、邪霊でもない。霊界においては、思念の相違するものは同一の場所には存在しない。何故ならば、思念による思念の世界につながる故である。現実的にみては折り重なって、この霊人たちが生活するとも、全然その感覚外におかれるために、その対象とはならない。

地上人においても原則としては同様であるが、地上的、物質的約束のもとにあるため、この二者が絶えず交叉混交する。交叉混交はしても、同一方向には向っていない。そこに地上人としての霊人に与えられていない特別の道があり、別の使命があり、別の自由が生じてくるのである。

七

17—1［384］

【訓解文】

地上には、地上の順序があり、法則がある。霊界には、霊界の順序があり、法則がある。霊界が、原因の世界であるからと云って、その秩序、法則を、そのまま地上にはうつし得ず、結果し得ないのである。また地上の約束を、そのまま霊界では行ない得ない。しかし、これらのすべては大神の歓喜の中に存式するが故に、歓喜によって秩序され、法則され、統一されているのである。その秩序、法則、統一は、一応完成しているのであるが、その完成から次の完成へと弥栄する。故にこそ弥栄の波調をもって全体が呼吸し、脈搏し、歓喜するのである。これが、生命の本体であって、限られたる智によってこの動きを見るときは、悪を許し、善の生長弥栄を殺すが如くに感ずる場合もある。しかし、これこそ善を生かして、さらに活力を与え、悪を浄化して必用の悪とし、必然悪として生かすのである。生きたる真理の大道であり、神の御旨なることを知り得るのである。本来悪はなく暗はなく、地獄なきことを徹底的に知らねばならない。

これは生前、生後、死後の区別なく、すべてに通ずる歓喜である。

一の天界に住む天人が、二の天界に上昇した時、一の天界は、極めて低い囚われの水の世界であったことを体得する。さらに一段上昇、昇華して三の段階に達した時も同様である。地上人的感覚によれば、二の天界に進んだ時、一の天界は悪に感じられ、三の天界に進んだ時一の天界は最悪に、二の天界は、悪に感じられる場合が多い。悪的感覚と悪的実態は自ら別であるが、この実状を感覚し分け得た上、体得する霊人は極めて少ない如く、地上人に到りては極めて稀であることを知らなくてはならない。

悪を悪なりと定めてしまって、悪はすべて祖先より、あるいは原因の世界より伝えられたる一つの因果であると云う平面的、地上的考え方の誤っていることは、以上述べた処で明白となり、己を愛するは、先ず悪の第一歩なりと考える。その考えが悪的であることを知らねばならぬ。

来るべき新天地には、悪を殺さんとし悪を悪として憎む思念はなくなる。しかし、それが最高の理想郷ではない。さらに弥栄して高く、深く、歓喜に満つ世界が訪れることを知り、努力しなければならぬ

(◎神)

八

17—1［385］

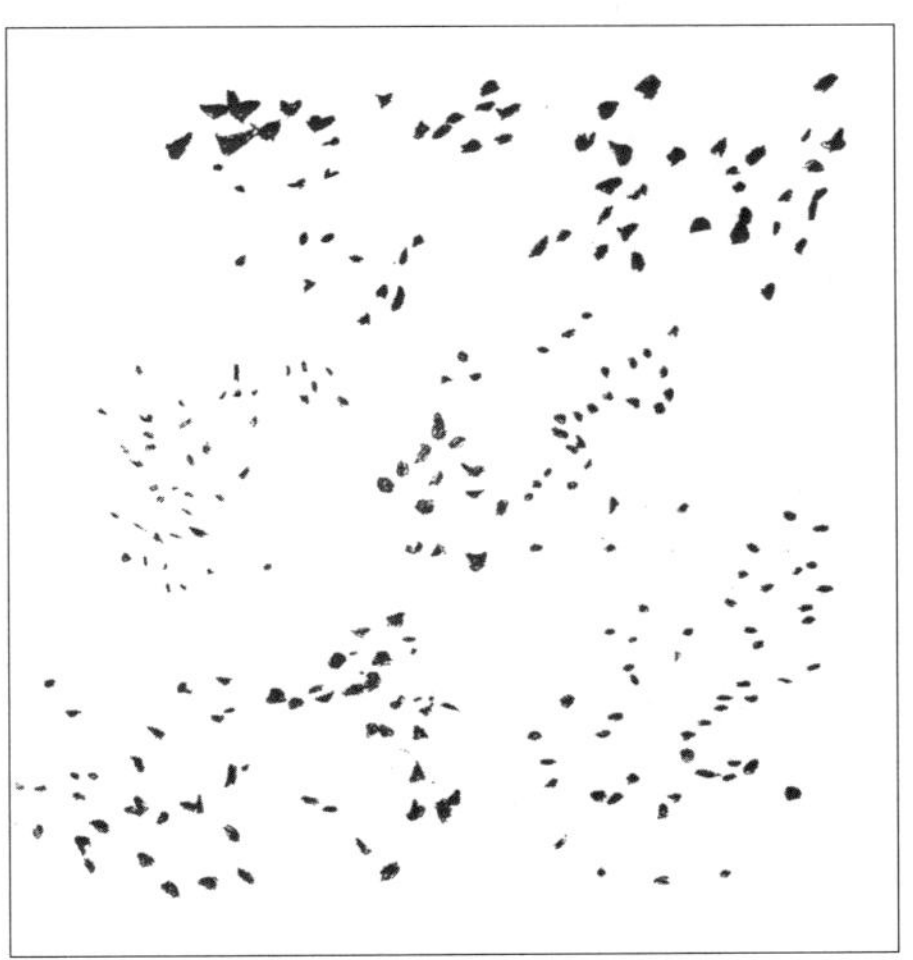

【訓解文】

生前の世界に、悪人が生活している。山があり、川があり、住宅、衣類、食物がある。しかし、それは最初からのものではない。それらの元をなすゝが歓喜していた、そのゝが生後、地上世界にうつされて、地上的約束の下に生長し、秩序されたがため、その結果が、死後の世界につづき、死後の世界の様相はゝの原理によって、生前世界に移行して、生前的に進展し、弥栄し、そのゝを幾度となく繰返すうちに、漸次、内的ヽに向って弥栄する面と、外的、地上的に進むヽと、その交叉融和することによってさらに生み出され弥栄するヽと、その各々が各々の立場において（すすみ）ヽ（呼吸し）ヽ（脈うち）ヽ（生命）していると同時に全体的にもヽ（生命し）ヽ（歓喜し）ヽ（弥栄）している。

而して、その現われとしては、ヽ（和）せばヽ（和）するほど相離れ、遠ざかりつつヽ（生長）する。また ヽ（生命）のヽ（大歓喜）として湧き出ている。

故に、地獄にあらざる地獄的霊界、天国にあらざる天国的霊界は、霊人により生み、霊人により育てられると同時に、人々より生み、人々により育てられ、歓喜されるのである。

かく弥栄進展するが故に、人類も霊人類も、各々その最後の審判的段階に入る迄は、真の三千世界の実相を十分に知り得ない。

故に、新天新地の来る迄、真の天国を体得し得ない。新天新地の新しき世界に生れ出づる自己を知り得ない。この新天新地は幾度となく繰り返されているのであるが、何れもヽの形に於けるが如く同一形式のものではあるが、同一のものではない。

より小なるものより、より大なるものが生れ、より大なるものより、より小なるものが生れ、より新しきものより、より古きものが生れ、より古きものより、より新しきものが生れ、弥栄し、一つの太陽が二つとなり、三つとなり、さらには一つとなることを理解しない。

月より地球が生れ、地球より太陽が生れると云うことを理解するに苦しむものであるが、最後の審判に至れば自ら体得し得るのである。これは外部的なる智によらず、内奥の神智にめざめることによってのみ知り得る。

新天新地新人はかくして、生れ、呼吸し、弥栄える。

しかし、新人と生れ、新天新地に住むとも、その以前の自分のすべては失わない。ただその位置を転換されるのみである。地上人が死後、物質的に濃厚なる部分をぬぎすてるが、その根本的なものは何一つとして失わず生活するのである。その状態よりもなお一層、そのままであって何等の変化もないと思える程である。蛆が蝶になる如く弥栄えるものであって、それは大いなる喜びである。何故ならば、大歓喜なる大神の中において、大神のその質と性とをうけつぎ呼吸しているからである。

すべてのものは歓喜に向い、歓喜によって行為する。歓喜がその目的であるが故に、歓喜以外の何ものも意識し得ない。

故に、歓喜よりはなたれる信仰はなく、真理はなく、生命はない。

生前の霊人が地上人として生れてくるのも死ではなく、地上人が霊界に入るのもまた死ではなく、弥栄なる誕生であることを知らねばならぬ。

歓喜は行為となる。行為せざる歓喜は、真実の歓喜ではない。ただ考えたり意志するのみでは萌え出でない。生命しない。ただ意志するだけで行為しないことは、まことに意志することではない。

霊界においては意志することは直ちに行為となるのである。地上人にありては物質によりて物質の中に、その意志を行為することによって始めて歓喜となり、形体を為し弥栄えるのである。

生前の霊界は、愛の歓喜、真の歓喜、善の歓喜、美の歓喜の四段階と、その中間の三段階を加えて七つの段階に先ず区別され、その段階において、その度の厚薄によりて幾区画にも区分され、霊人の各々は、自らの歓喜にふさわしい所に集まり、自ら一つの社会を形成する。

自分にふさわしくない環境に住むことは許されない。否苦しくて住み得ないのである。もしその苦に耐え得んとすれば、その環境は、その霊人の感覚の外に遠く去ってしまう。

例えば、愛の歓喜の住む霊人は、その愛の内容如何によって同一方向の幾百人か幾千、幾万人かの集団の中に住み、同一愛を生み出す歓喜を中心とする社会を形成する。故に、生前の世界では、自分の周囲、自分の感覚し得るものの悉くが、最もよく自分に似ており、自分と調和する。山も川も家も田畑も、そこに住む霊人たちも、動物も植物も鉱物も、すべて自分自身と同一線上にあり、同一の呼吸、同一の脈搏の中にあり、それらのすべてが、大きな自分自身と映像する場合が多い。自分は他であり、他は自分と感覚する。

故に、その性質は生後に基づき、地上人もその周囲を自分化しようとする意志をもっているのである。しかし、地上世界は、物質的約束によって、想念のままには動かない。

死後の世界もまた生前と同様であるが、一度物質世界を通過したものと、しないものとの相違が生じてくるのである。だが、何れにしても物質世界との密接なる呼吸のつながりを断ちきることは出来ない。物質は物質的には永遠性をもたず、霊は永遠性をもつが、霊的角度から見れば永遠性はもたない。しかし、物質面より見れば永遠性をもつものであり、永遠から永遠に弥栄してゆくものである。

而して、永遠性をもつ事物は、地上的物質的事物を自分に和合せしめる働きを内蔵している。無は有を無化せんとし、有は無を有化せんとし、その融合の上に生命が歓喜するのである。無は有を生み、有は無を生み出す大歓喜の根本を知得しなければならない（〻神）

九

17—1［386］

【訓解文】

（日月神）霊・力・体の三つがよりよく調和する処に真実が生れ、生命する。これは根元からの存在であり用であるが、動き弥栄する道程において、復霊、復力、復体の㋾（うごき）をなす。

霊の立場よりすれば、霊は善であって、体は悪、体の立場よりすれば、体は善であって、霊は悪である。

悪あればこそ善が善として救われ弥栄する。善あればこそ悪は悪の御用を為し得るのである。悪は悪善として神の中に、善は善悪として神の中に弥栄える。力がそこに現れ、呼吸し、脈打ちて生命する。

故に生前の霊人は、生前界のみにては善なく、生命なく、地上人との交流によって始めて善悪として力を生じ、生命してゆく。地上人は地上物質界のみの立場では悪なく、生命なく、生前界との交流によって始めて悪善としての力に生き、弥栄してゆく。

而して、なお地上人は死後の世界に通じなければならぬ。死後の世界との関連により複数的悪善におかれる。善悪善の立場におかれる場合が多いために、地上に於ける司宰神としての力を自ら与えられるのである。

善悪の生かされ、御用の悪として許されているのは、かかる理由によるものである。善のみにては力として進展せず無と同じこととなり、悪のみにてもまた同様である。

故に神は悪を除かんとは為し給わず、悪を悪として正しく生かさんと為し給うのである。

何故ならば、悪もまた神の御力の現われの一面なるが故である。悪を除いて善ばかりの世となさんとするは、地上的物質的の方向、法則下に、すべてをはめんとなす限られたる科学的平面的行為であって、その行為こそ、悪そのものである。

この一点に地上人の共通する誤りたる想念が存在する。悪を消化し、悪を抱き、これを善の悪として、善の悪善となすことによって、三千世界は弥栄となり、不変にして変化極まりなき大歓喜となるのである。

この境地こそ、生なく、死なく、光明、弥栄の生命となる。地上人のもつ想念の本は霊人そのものであり、霊人のもつ想念の本は神であり、神のもつ想念の本は大歓喜である。故に、地上人は霊人によってすべての行為の本をなし、霊人は神により、神は大歓喜によりてすべての行為の本とする。

故に、地上人そのもののみの行為なるものはない。何れも、神よりの内流による歓喜の現われであることを知らねばならぬ。歓喜の内奥より湧き出づるものは、霊に属し、外部より発するものは体に属する。

霊に属するものは常に上位に位し、体に属するものは、常に下位に属するのであるが、体的歓喜と霊的歓喜の軽重の差はない。しかし、差のない立場において差をつくり出さねば、力を生み出すことは出来ず、弥栄はあり得ない。すなわち善をつくり力を生み出すところに悪の御用がある。動きがあるが故に、反動があり、そこに力が生れてくる。

霊にのみ傾いてもならぬが、強く動かなければならない。体のみに傾いてもならぬが、強く力しなければならない。悪があってもならぬが、悪が働かねばならない。常に、動き栄えゆく、大和の◎を中心とする上下、左右、前後に円を描き、中心をゝとする立体的うごきの中に呼吸しなければならない。それが正しき惟神の歓喜である。

惟神の歓喜はすべてのものと交流し、お互いに歓喜を増加、弥栄する。故に、永遠の大歓喜となり、大和の大真、大善、大美、大愛として光り輝くのである。

17―1［387］

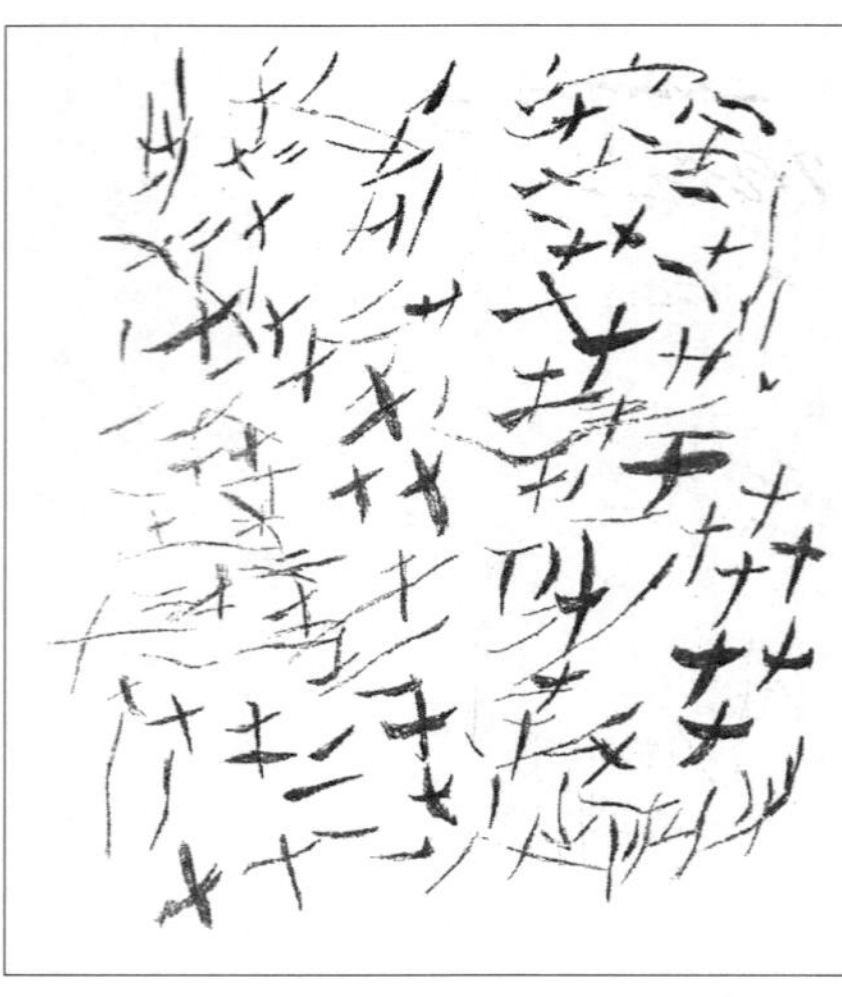

【訓解文】

地上人は、内的に生前の霊人と＋（通じ）、また死後の霊人と＋（通ず）る。地上人が、生前を知得するのは、この霊人を＋（通ず）るが故であり、死後を知得するのも、また同様に＋（通ず）るからである。

生前と死後は同一線上におかれているが同一ではない。地上には、物質的＋（形式）があり、霊界には霊的＋（形式）がある。

その＋（形式）は＋（歓喜）の交叉し、発する処によって自ら＋（成る）ものである。＋（形式）なくしては＋（合一）なく、＋（力）なく、＋（形式）あるが故に＋（もの）が＋（すべて）に＋（合一）＋し、（弥栄）し、＋（力）し、＋（大弥栄）するのである。

＋（形式）の中に＋（和）することは、その＋＋（個々）が、＋＋（差別）されているからである。＋＋（差別）し、＋＋（区分）せられることは、その各々に、＋＋（各々）が共通する内質をもつからである。＋＋（共通性）なきものは、＋＋（差別）し、＋＋（区分）することができない。

＋（霊界）と＋（現実界）との関係はかかるものであるが故に、＋（常）に＋（相応）し、＋（力）し、＋（力）を生じ、また常に、＋（相通）じて＋（力）を生みゆく。

これは、平面的頭脳では、仲々に＋（理解）しがたいのであるが、この根本＋（原理）を体得、理解し得たならば、＋（神）＋（幽）＋（現）三界に通じ、永遠に弥栄する＋（大歓喜）に住するのである。

されば＋（差別）は、＋（平等）と＋（合一）することによって＋（立体）の＋＋（差別）となり、＋（平等）は＋（差別）と合一することによって＋＋（立体平等）となり得る。

＋（霊人）が＋（地上人）と＋（和合）し、また＋（地上人）が＋（霊人）と＋（和合）し、＋（弥栄）するのは、この＋＋（立体平等）と＋＋（立体差別）との＋（弥栄）ゆるが為であることを知らねばならぬ。

この二つの＋（相反）するものを＋（統一）し、常に＋（差別）しつつ＋（平等）に導き、＋＋（立体）していく＋（力）こそ、＋（神）そのものの＋（力）であり、＋（歓喜）である。

この＋（二つの力）と＋（神）の＋（歓喜）なくしては、＋（地上人）なく、また（霊人）もあり得ないのである。＋＋（生成発展）もなく＋（神）も＋（歓喜）し得ない。この（力）なくしては、＋（地上人）は＋（霊人）と＋（和）し、＋（神）に＋（和）し奉ることはできない。故に、＋（生命）しないのである。（＋神）

十一

17—11［388］

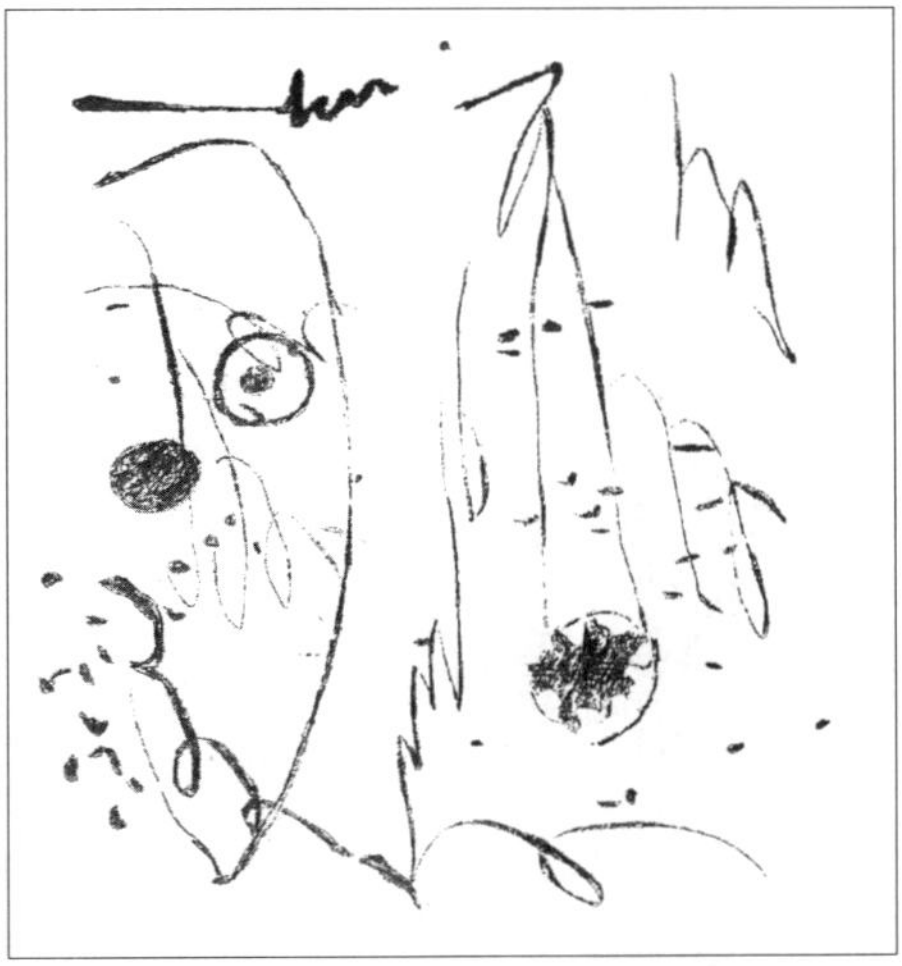

【訓解文】

（日月神）霊人は、遠くにいても近くにいても、常にお互いに語り得る。同一線上にいる霊人の言葉は、何れも同一であって共通する。霊人の言葉は、霊人の想念のままに流れ出るのであるから、そのままにして通ずるのである。しかし、相手が聞くことを欲しない時には聞えない。それは丁度テレビやラジオの如きものであると考えたらよい。

またその語ること、その語音によって、その相手の如何なるものなるかを知り得るのである。すなわち、その発音から、また言葉の構成から、その霊人の如何なるものなるかは、直ちに判明する。

霊人の言葉と地上人の言葉とは本質的には同様であるが、その表現は相違している。故に、霊人と地上人と会話する時は、霊人が地上人の想念の中に入るか、地上人が霊人の想念に和するか、その何れかでなくてはならない。

しかし、霊人の言葉は、地上人の言葉に比して、その内蔵するものが極めて深く広いが故に霊人の一語は地上人の数十語、数百語に価する場合が多く、その霊人が高度の霊人であればあるだけに、その度を増してくるのである。原因と結果とを一にし、さらに結果より生ずる新しい原因も、新しい結果をも同時に表現し、なお言葉そのものが一つの独立せる行為となり、かつ一つの独立せる生きものとなって現われ、行為し、生命するからである。

言葉そのものが弥栄であり、生命である。またすべてであるということは、地上人には理解できぬであろう。それは、過去が現在であり、未来もまた現在であり、さらに生前も、生後の立場においては生後であり、死後の立場においては死後である。また一里先も、百里先もまた千万里はなれていても、同一の場所であるのと同様であって理解するに極めて困難である。

だが、地上人においてもそれを知り得る内的な生命をもっているのであるから、理解することは困難であるが不可能ではない。

霊人の言葉は歓喜より発するが故に歓喜そのものであり、神の言葉でもあるが、その霊人のおかれている位置によって二つのものに大別し得る。

歓喜の現われとしての愛に位置している霊人の言葉は、善的内容を多分に蔵している。故に、柔かくして連続的であり、太陽の㋾（ひかり）と●（熱）とに譬えることができる。

また、歓喜の現われとして真に位置する霊人の言葉は、智的内容を多分に蔵している。故に、清く流れ出でて連続的ではなく、或種の固さを感じさせる。そしてそれは月の光と、水の如き清さとを感じさせる。

また前者は曲線的であって消極面を表に出し、後者は直線的であって積極面を表に出している。また前者は愛に住するが故に、主としてOとUの音が多く発せられ、後者は智に住するが故に主としてEとIの音が多く発せられている。

そして、その何れもがA音によって統一要約する神密極まる表現をなし、またそれを感得し得る能力をもっている。しかし、これらOU、EI及びAの母音は想念のゝをなすものであって地上人よりすれば、言葉そのものとしては、感得し得ないことを知らねばならないのである。

霊界に於ける音楽もまた同様であって、愛を主とした言葉はO及びUを多分に含み、曲線的であり、真を伝える音楽はI及びEの音が多く、直線的である。それは、言葉そのものがかかる内質をもっており、各々が霊界に於ける生命の歓喜の表現なるがためである。

またこれら霊人の言葉は、天的の韻律をもっている。すなわち愛を主とするものは、五七七律を、真を主とするものは、三五七律を主としているが、その補助律としては、千変万化である。

言葉の韻律は、地上人が肉体の立体をもっている如く、その完全、弥栄を示すものであって、律の不安定、不完全なものは、正しき力を発揮し得ず、生命力がないのである。

【訓解文】

（日月神）霊人が地上人に語る時は、その想念が同一線上に融和するが為である。霊人が地上人に来る時は、その人の知るすべてを知ることとなるのであるが、その語るのは霊人自身でなくて、霊人と和合して体的の自分に語るので、自分と自分が談話しているのである。

霊人は現実界と直接には接し得ない。また地上人は霊界と直接には接し得ないのが原則である。

しかし、それぞれの仲介を通じていっても、直接行なうのと同様の結果となるのである。為に地上人は直接なし得るものと考えるのである。地上人の想念の中には霊界が映像されており、霊人の想念の中には現実界が内蔵されている。故に、この二つの世界が一つに見えることもあり得るのである。しかし、映像と実相のへだたりはかなり遠いものである。霊人と地上人との交流において、この間の真相を知らねばならぬし、その互に交される談話においても前記の如くであることを知らねばならない。霊人も地上人も、自分自身と語り、自分自身の中に見、かつ聞いているのである。

霊人が地上人に憑依したり、動物霊が人間に憑依したりすることは、前記の如き原則によってあり得ないのである。しかし、外部からの感応であり、仲介された二次的交流であっても、その度の強くなった場合、地上人から見れば憑依せると同様の結果を現わすものである。

故に、神が直接、人間を通じて人語を発し、または書記するのではなくして、それぞれの順序を経て地上人に感応し、その地上人のもつそれぞれの人語を使用して語り、その地上人のもつそれぞれの文字を使用して神意を伝達することとなるのである。

しかし、神の言葉は、いかに地上人を通じて人語としても、その神に通ずる想念を内蔵せぬ地上人には、伝え得ないのである。語れども聞き得ず、読むともその真意は通じ得ないのである。

霊人の中には、自分達の住む霊界の他に、別の世界が限りなく存在することを知らず、また、その世界に住む霊人を知らず、また物質世界と地上人を知らない場合もある。それはちょうど、地上人の多くが、生前及び死後の世界を信じないと同様である。

【訓解文】

地上人が、限りなき程の想念的段階をもち、各々の世界をつくり出している如く、霊界にも無限の段階があり、その各々に、同一想念をもつ霊人が住んでおり、常に弥栄しつつある。

下級段階で正なりとし、善を思い、美を感じ、真なりと信じ、愛なりと思う、その想念も上級霊界においては必ずしもそうではない。美も醜となり、愛も憎となり、善も真もそのままにして善となり、真と現われ得ない場合がある。
そこに偉大にして、はかり知られざる弥栄の御神意がある。と同時に、＋（真善）＊（真善美愛）✳（歓喜）✳（大歓喜）と現われる神秘なる弥栄があり、悪の存在、偽の必然性などが判明するのである。

故に、下級霊人との交流は、地上人にとっても、霊人にとっても、極めて危険極まりないものではあるが、半面においては、極めて尊いものとなるのである。

下級霊人自身が◎（善）なりと信じて行為することが、地上人には◎（悪）と現われることが多いのである。何故ならば、かかる下級霊と相通じ、感応し合う内的波調をもつ地上人は、それと同一線上にある空想家であり、極めて狭い世界のカラの中にしか住み得ぬ性をもち、他の世界を知らないからである。それがため、感応してくる下級霊の感応を、全面的に信じ、唯一絶対の大神の御旨なるが如くに独断し、遂には、自身自らが神の代行者なり、と信ずるようになるからである。いわゆる、無き地獄をつくり出すからである。

地獄的下級霊の現われには、多くの奇跡的なものをふくむ。奇跡とは大いなる動きに逆行する動きの現われであることを知らねばならない。かかる奇跡によりては、霊人も地上人も向上し得ない。浄化し、改心し得ないものである。

また、霊人と地上人との交流によるのみでは向上し得ない。脅迫や、賞罰のみによっても向上し得ない。すべて戒律的の何ものによっても、霊人も地上人も何等の向上も弥栄も歓喜もあり得ない。半面、向上の如くに見ゆる面があるとも、半面において同様の退歩が必然的に起ってくる。それは強いるが為である。

神の歓喜には、強いることなく、戒律する何ものもあり得ない。戒律あるところ必ず影生じ、暗を生み出し、カスが残るものである。それは、大神の内流によって弥栄する世界ではなく、影の世界である。中心に座す太神の御言葉は、順を経て霊人に至り、地上人に伝えられるのであるが、それはまた霊界の文字となって伝えられる。

霊界の文字は、主として直線的文字と曲線的文字の二つから成る。直線的なものは、月の霊人が用い、曲線的な文字は、太陽の霊人が使用している。ただし、高度の霊人となれば文字はない。ただ文字の元をなすヽと○と＋があるのみ。また高度の霊界人の文字として、殆ど数字のみが使用されている場合もある。数字は、他の文字に比して多くの密意を蔵しているからである。しかしこれは不変のものではなく、地上人に近づくに従って漸次変化し、地上人の文字に似てくるのである。（一二神）

十四

17—14［391］

【訓解文】

霊界には、時間がない。故に、霊人は時間ということを知らない。そこには、霊的事物の連続とその弥栄があり、歓喜によって生命している。

すなわち、時間はないが状態の変化はある。故に、霊人たちは時間の考えはなく、永遠の概念をもっている。

この永遠とは、時間的なものは意味せず、永遠なる状態を意味するのである。永遠ということは、時間より考えるものではなく、状態より調べるべきである。

故に、霊人が地上人に接し、地上人に語る時は、地上的固有的な一切をはなれて状態とその変化による霊的なものによって語るのである。しかし、この霊人の語る所を地上人がうけ入れる時は、対応の理により、それが固有的地上的なものと映像されてくるのである。

また、地上人に感応して語る時は、その霊媒の思念を霊人の思念として語るが故に、固有的表現となり、地上人にも十分に理解しうるのである。

多くの地上人は、霊人を知らない。霊人には、地上世界に顕現するすべてのものの霊体が存在するということをなかなか理解しないし、霊人は反対に、霊界を物質的に表現した物質地上世界のあることをなかなかに理解しない。

ただし、死後の霊人は、相当に長い間地上世界のことを記憶しているものである。地上人が、何故霊界のことを理解し難いかと言うと、それは、地上的物質的感覚と、地上的光明の世界のみが、常にその対象となっているからである。例えば霊人とは、地上人の心に通じ、あるいは、心そのものであると考えるためである。つまり、霊人は、心であるから、目も、鼻も、口もなく、また、手足などもない、と考えるからである。

ところが実際は、霊人そのものが手をもつが故に地上人に手があり、指をもっているが故に、地上人に指が生ずることを知らなければならない。しかも、霊人は、地上人より遙かに精巧にできていることは、それを構成するものが精巧であることによって立証されるであろう。

霊人は、地上人にまして一段と光明の世界にあり、一段とすぐれた霊体を有している。霊界における事物はすべて霊界における太陽と、太陰とによりて生れてくる。それは、地上における場合と同じである。太陽と太陰との交叉により生ずる歓喜によって、その生れたるものはさらに一層の光輝を放ち、弥栄となる。

また、霊界には物質世界のごとく空間はない。このことを地上人はなかなかに理解しないのである。霊界における場所の変化は、その内分の変化に他ならない。霊界に距離はない。空間もない。ただ、あるものはその態の変化のみである。故に、離れるとか、分れるとか云うことは、内分が遠くはなれていて、同一線上にないことを物語る。物質的約束における同一場所にあっても、その内分が違っている場合は、その相違の度に、正比較、正比例して、遠ざかっているのである。

故に、地上的には、同一場所に、同一時間内に存在する幾つかの、幾十、幾百、幾千万かの世界、及びあらゆる集団も、内分の相違によって、感覚の対象とならないから、無いのと同様であることを知り得るのである。(日月神)

【訓解文】

（日月神）霊界には、山もあり、川もあり、海もあり、また、もろもろの社会があり、霊界の生活がある。故に、そこには霊人の住宅があり、霊人はまた衣類をもつ。

住宅は、その住む霊人の生命の高下によって変化する。霊人の家には、主人の部屋もあれば、客室もあり、寝室もあり、また、食堂もあり、風呂場もあり、物置もあり、玄関もあり、庭園もある、といったふうに、現実世界とほとんど変りがない。

ということは、霊人の生活様式なり、思想なりが、ことごとく同様であると云うことを意味する。また、内分を同じくする霊人たちは、相集まり、住宅は互に並び建てられており、地上に於ける都会や村落とよく似ている。

その中心点には多くの場合、神殿や役所や学校等あらゆる公共の建物が、ほどよく並んでいる。そして、これらのすべてが霊界に存在するが故に、地上世界に、それの写しがあるのである。霊界を主とし、霊界に従って、地上にうつし出されたのが、地上人の世界である。地上人は、物質を中心として感覚し、かつ考えるから、真相がなかなかにつかめない。

これらすべての建物は、神の歓喜を生命として建てられたものであって、霊人の心の内奥にふさわしい状態に変形され得る。

また天人の衣類も、その各々がもつ内分に正比例している。高い内分にいる霊人は高い衣を、低いものは低い衣を自らにして着することとなる。彼等の衣類は、彼らの理智に対応しているのである。理智に対応すると云うことは、真理に対応すると云うことになる。

ただし、最も中心に近く、太神の歓喜に直面する霊人たちは衣類を着していないのである。この境地に到れば、すべてが歓喜であり、他は自己であり、自己は他であるが故である。

しかし他よりこれを見る時は、見る霊人の心の高低によって、千変万化の衣類を着せる如く見ゆるのである。また、衣類はすべて霊人の状態の変化によって変化して行くものである。

霊人はまた、いろいろな食物を食している。いうまでもなく霊人の食物であるが、これまたその霊人の状態によって千変万化するが、要するに歓喜を食べているのである。食べられる霊食そのものも、食べる霊人も何れも食べる、と云うことによって歓喜しているのである。

地上人の場合は、物質を口より食べるのであるが、霊人は口のみでなく、目からも、鼻からも、耳からも、皮膚からも、手からも、足からも、食物を身体全体から食べるものである。そして、食べるということは、霊人と霊食とが調和し、融け合い、一つの歓喜となることである。霊人から見れば、食物を自分自身たる霊人の一部とするのであるが、食物から見れば霊人を食物としての歓喜の中に引き入れることとなるのである。

これらの行為は、本質的には、地上人と相通ずる食物であり、食べ方ではあるが、その歓喜の度合および表現には大きな差がある。食物は歓喜であり、歓喜は神であるから、神から神を与えられるのである。以上の如くであるから、他から霊人の食べるのを見ていると、食べているのか、食べられているのか判らない程である。

また霊人の食物は、その質において、その霊体のもつ質より遠くはなれたものを好む。現実社会における、山菜、果物、海草等に相当する植物性のものを好み、同類である動物性のものは好まない。何故ならば、性の遠くはなれた食物ほど歓喜の度が強くなってくるからである。霊人自身に近い動物霊的なものを食べると歓喜しないのみならず反って不快となるからである。

そして霊人は、これらの食物を歓喜によって調理している。そしてまた与えられたすべての食物は、悉く食べて一物をも残さないのである。

すべての善はゝより起り、ゝにかえるのと同様、すべての悪もまたゝより起りゝにかえる。故に、神をはなれた善はなく、また神をはなれた悪のみの悪はあり得ないのである。ことに地上人はこの善悪の平衡の中にあるが故に、地上人たり得るのであって、悪をとり去るならば、地上人としての生命はなく、また善は無くなるのである。

この悪を因縁により、また囚われたる感情が生み出す悪だ、と思ってはならない。この悪があればこそ、自由が存在し、生長し、弥栄するのである。悪のみの世界はなく、また善のみの世界はあり得ない。いわゆる悪のみの世界と伝えられるような地獄は存在しないのである。

地上人は、悪人との和合によって神と通ずる。地上人の肉体は悪的な事物に属し、その心は善的霊物に属する。その平衡するところに力を生じ、生命する。

しかし、地上人と、霊人と一体化したる場合は、神より直接に地上人にすべてが通じ、すべてのもののゝが与えられると見えるものである。これを、直接内流と称し、この神よりの流入するものが、意志からするときは理解力となり、真理となる。また、愛より入るときは善となり、信仰力となって現われる。そして、神と通ずる一大歓喜として永遠に生命する。

故に、永遠する生命は愛と離れ、真と離れ、また信仰とはなれてはあり得ないのである。

神そのものも神の法則、秩序に逆らうことは出来ない。法則とは歓喜の法則である。神は歓喜によって地上人を弥栄せんとしている。これは、地上人として生れ出ずる生前から、また、死後に至るも止まざるものである。神は、左手にてↃの動きをなし、右手にてCの動きを為す。そこに、地上人としては割り切れない程の、神の大愛が秘められていることを知らねばならぬ。

地上人は、絶えず、善、真に導かれると共に、また悪偽に導かれる。

この場合、その平衡を破るようなことになってはならない。その平衡が、神の御旨である。平衡より大平衡に、大平衡より超平衡に、超平衡より超大平衡にと進み行くことを弥栄と云うのである。

左手は右手によりて生き動き、栄える。左手なき右手はなく、右手なき左手はない。善、真なき悪、偽はなく、悪、偽なき善、真はあり得ない。

神は善・真・悪・偽であるが、その新しき平衡が新しき神を生む。新しき神は、常に神の中に孕み、神の中に生れ、神の中に育てられつつある。始めなき始めより、終なき終りに到る大歓喜の栄ゆる姿がそれである。

十六

17—16〔393〕

【訓解文】

（日月神）考えること、意志すること、行為することの根本は、肉体からではない。霊的な内奥の自分からである。この内奥の自分は、神につながっている。故に、自分自身が考え、意志し、行為するのではなく、自分と云うものを通じ、肉体を使って、現実界への営みを神がなし給うているのである。そこに、人が地上に於ける司宰者たる、またたり得る本質がある。

地上人が死の関門をくぐった最初の世界は、地上にあった時と同様に意識があり、同様の感覚がある。これによって、人の本体たる霊は、生前同様に、霊界でも見、聞き、味わい、嗅ぎ、感じ、生活することが出来るのである。しかし肉体をすてて、霊体のみとなり、霊界で活動するのであるから、物質の衣にすぎないことが判明する。

肉体をもっている地上人の場合は、その肺臓が想念の現われとなって呼吸する。霊界に入った時は、霊体の肺臓が同様の役目を果すようになっている。また、心臓は、その情動の現われとなって脈打つ。霊体となってもまた同様であることを知らねばならぬ。

この二つのうごきが、一貫せる生命の現われであって、生前も、生存中も、死後も、また同様である。肉体の呼吸と脈搏とは、新しき霊体の呼吸と脈搏に相通じ、死の直後に霊体が完全するまでは、肉体のそれは停止されないのである。

かくて、霊界に入った霊人たちは、すべて生存時と同じ想念をもっている。為に死後の最初の生活は生存時とほとんど同一であることが判明するであろう。故に、そこには地上と同様、あらゆる集団と、限りなき段階とが生じている。而して、霊界においては、先に述べた如き状態であるが故に、各人の歓喜は、死後の世界においても、生前の世界においても、これに対応する霊的の事物と変じて現われるものである。

この霊的事物は、地上の物質的事物に対応する。人間が、物質界にいる時は、それに対応した物質の衣、すなわち肉体をもち、霊界に入った時はそれに相応した霊体をもつ。そして、それはまた完全なる人間の形であり、人間の形は、霊人の形であり、神の形であり、さらに大宇宙そのものの形である。大宇宙にも、頭があり、胴があり、手足があり、目も、鼻も、口も、耳もあり、又内臓諸器管に対応するそれぞれの器管があって、常に大歓喜し、呼吸し、脈打っていることを知らねばならない。

大歓喜は無限であり、かつ永遠に進展して行くのである。変化、進展、弥栄せぬものは歓喜ではない。歓喜は心臓として脈打ち、肺臓として呼吸し発展する。

故に、歓喜は肺臓と心臓とを有する。この二つは、あらゆるものに共通であって、植物にもあり、鉱物にすら存在するものである。

人間の場合は、その最も高度にして精妙なる根本の心像と肺臓に通ずる最奥の組織を有する。これはもはや心臓と表現するにはあまりにも精妙にして、かつ深い広い愛であり、肺臓として呼吸するにはあまりにも高く精巧なる真理である。而して、この二者は一体にして同時に、同位のものとなっていることを知らねばならない。

それは心臓としての脈搏でもなく、肺臓としての呼吸でもない。表現極めて困難なる神秘的二つのものが一体であり、二つであり、三つの現われである。そこに人間としての、他の動物に比して異なるもの、すなわち、大神より直流し来るものを感得し、それを行為し得る独特のものを有しているのである。

人間が、一度死の関門をくぐり、肉体をすてた場合は、霊そのものの本来の姿に帰るのであるが、それはただちに変化するものではなくして、漸次その状態に入るのである。

第一は極外の状態、第二は外の状態、第三は内的状態、第四は極内的状態、第五は新しき霊的生活への準備的状態である。七段階と見る時は、内と外との状態を各々三段階に分け、三つと見る時は内、外、準備の三つに区分するのである。

十七

17—17［394］

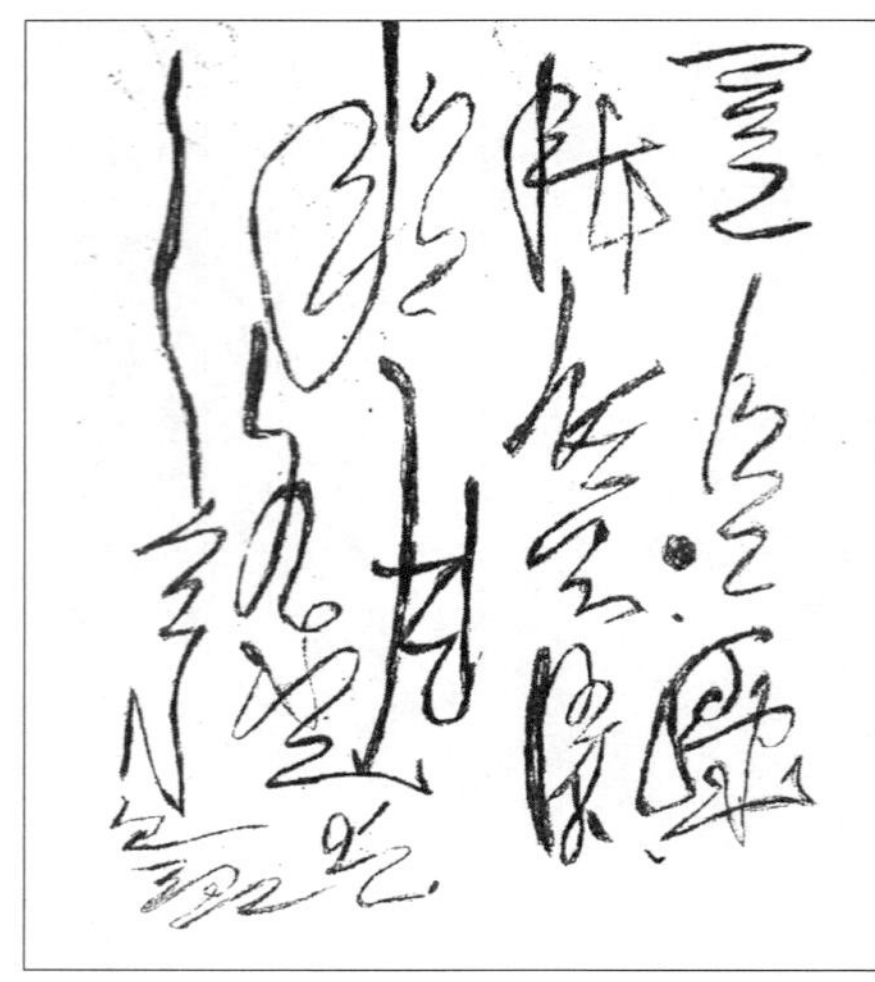

【訓解文】

地獄はないのであるが、地獄的現われは、生前にも、生後にもまた死後にもあり得る。しかし、それは第三者からそのように見えるのであって、真実の地獄ではない。大神は大歓喜であり、人群万類の生み主であり、大神の中に、すべてのものが生長しているためである。

死後、ひとまずおかれる所は、霊、現の中間の世界であり、そこでは中間物としての中間体をもっている。

　意志のみでは力を生まない。理解のみでも進展しない。意志と、理解との結合によって弥栄する。このことは、中間の状態、すなわち、死後の最初の世界において、何人もはっきりと知り得る。

　しかし、生存時において、すでに過去を精算している霊人は、この中間世界にとどまる必要はなく、その結果に対応した状態の霊界に、ただちに入るのである。

　精算されていないものは、精算が終るまで、この中間世界にとどまって努力し、精進、教育される。その期間は五十日前後と見てよいが、最も長いものは十五、六年から二十年位を要する。

　この中間世界から天国的世界をのぞむ時は、光明にみたされている。故に、何人も、この世界へ進み易いのである。また、地獄的な世界は暗黒に満たされている故に、この世界に行く扉は閉されているのと同様であって、極めて進みにくいのである。天国には昇り易く、地獄にはおち難いのが実状であり、神の御意志である。

　しかし、この暗黒世界を暗黒と感ぜずして進みゆくものもあるのであって、そのものたちには、それがふわしい世界なのである。そこに、はかり知れない程の大きく広い、神の世界が展されている。この地獄的暗黒世界は、暗黒ではあるが、それは比較から来る感じ方であって、本質的に暗黒の世界はなく、神の歓喜は限りないのである。

　以上の如く、中間世界からは、無数の道が無数の世界に通じており、生前から生後を通じて、思想し、行為したことの総決算の結果に現われた状態によって、それぞれの世界に通ずる道が自らにして目前にひらかれてくるのである。否、その各々によって自分自身が進むべき道をひらき、他の道、他の扉は一切感覚し得ないのである。故に、迷うことなく、自分の道を自分で進み、その与えられた最もふさわしい世界に落ち付くのである。

他から見て、それが苦の世界、不純な世界に見えようとも、当の本人には楽天地なのである。何故ならば、一の世界に住むものには、二の世界は苦の世界となり、二の世界に住むものには、一の世界はまた苦の世界と感覚するからであって、何れも自ら求むる歓喜にふさわしい世界に住するようになっているのである。また一の世界における善は、二の世界では善はなく、二の世界の真が一の世界においては真でない場合も生じてくる。

しかし、そのすべての世界を通じて、さらに高きゝに向って進むことが、彼等の善となるのである。ゝは中心であり、大歓喜であり、神である。

死後の世界に入る時に、人々はまず自分の中の物質をぬぎすてる。生存時においては物質的な自分、すなわち肉体、衣類、食物、住宅等が主として感覚の対象となるから、そのものが生命し、かつ自分自身であるかの如くに感ずるのであるが、それは自分自身の本体ではなく、外皮に過ぎない。

生長し、考慮し行為するものの本体は、自分自身の奥深くに秘められた自分、すなわち霊の自分である。霊の自分は、物質世界にあっては物質の衣をつける。故に、物質的感覚は、その衣たる物質的肉体のものなりと錯覚する場合が多いのである。

しかし、肉体をすてて霊界に入ったからと云って、物質が不要となり、物質世界との因縁がなくなってしまうのではない。死後といえども、物質界とは極めて密接なる関係におかれる。何故ならば、物質界と関連なき霊界のみの霊界はなく、霊界と関連なき物質のみの物質界は、呼吸し得ないからである。

生前の霊界、生後の物質界、死後の霊界の何れもが不離の関係におかれて、互に呼吸しあっている。例えば、地上人は生前世界の気をうけ、また死後の世界に通じている。現実世界で活動しているのが、半面においては生前の世界ともまた死後の世界とも深い関連をもっており、それらの世界においても、同時に活動しているのである。

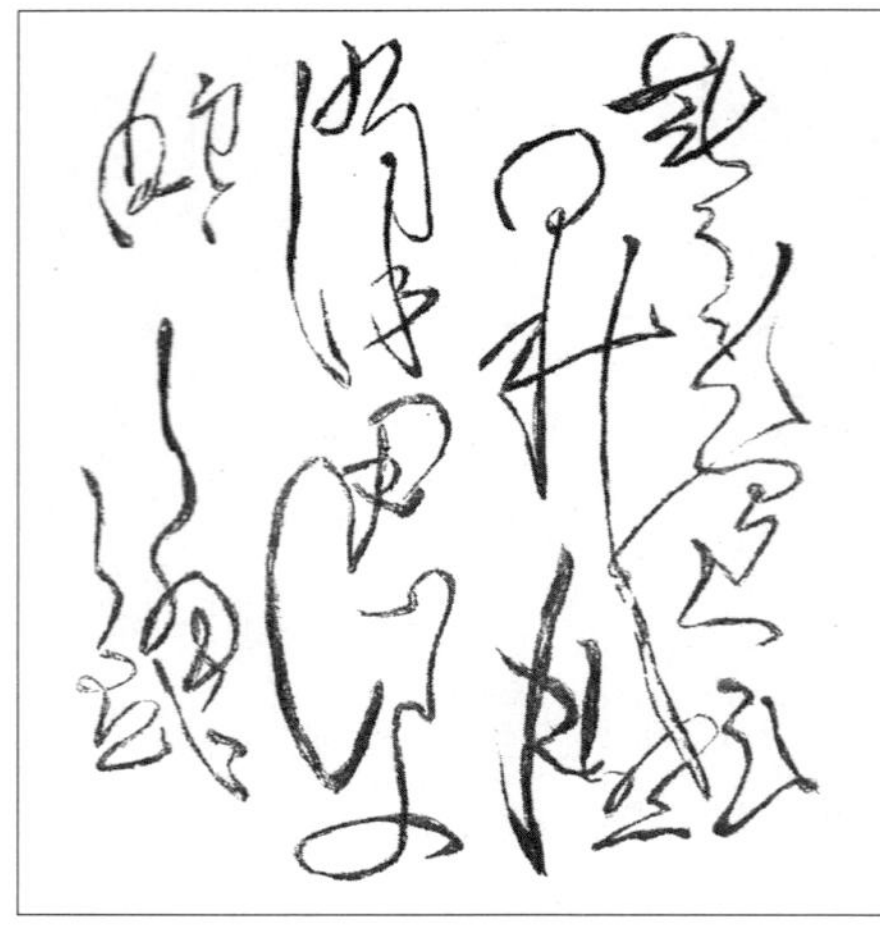

【訓解文】

神から出る真・善・美・愛の用に奉仕するのが霊人たちの生命であり、仕事であり、栄光であり、歓喜である。故に、霊界における霊人たちの職業は、その各々の有する内分により、段階によって自ら定まる。為にその用は無数であり、かつ千変万化する。

歓喜第一、神第一の奉仕が霊人の職業である。故に、自分自身の我が表に出た時は、力を失い、仕事を失い、苦悩する。霊人の仕事は限りなく、地上人の仕事以上に多様であるが、より良き、より高き、より神に近い霊人生活に入るための精進であり、喜びであることが知られる。そして、その何れもが神の秩序、すなわち大歓喜の秩序、法則によって相和し、相通じ、全般的には一つの大きな神の用をなしているのである。故に、何れの面の用をなすとも、自己というものはなく弥栄あるのみ。神あるのみとなる。

なお注意すべきことは、霊界において、権利なるものは一切感ぜず、義務のみを感じているということである。すなわち、義務することが霊人の大いなる歓喜となるのである。為に、命令的なものはない。ただ、ひたすらな奉仕があるのみである。その奉仕は地上人であった時の職業と相通ずるものがある。何故ならば、霊と物とは対応しているからである。

生前は生後であり、死後はまた生前であって、春秋日月の用をくりかえしつつ弥栄えている。従って、霊界に住む霊人たちも、両性に区別することができる。陽人と、陰人とである。陽人は、陰人のために存在し、陰人は、陽人の為に存在する。太陽は、太陰によって弥栄え、太陰は太陽によりて生命し歓喜するのである。この二者は、絶えず結ばれ、また絶えず反している。故に、二は一となり、三を生み出すのである。これを愛と信の結合、または結婚とも称えられている。

三を生むとは、新しき生命を生み、且つ歓喜することである。新しき生命とは新しき歓喜である。歓喜は物質的形体はないが、地上世界では物質の中心をなし、物質として現われるものである。

霊界における春は、陽であり、日と輝き、かつ力する。秋は、陰であり、月と光り、かつ力する。この、春秋のうごきを、また、歓喜と呼ぶのである。春秋の動きあって、神は呼吸し、生命するとも云い得る。

また、悪があればこそ生長し、弥栄し、かつ救われるのである。故に神は、悪の中にも、善の中にも、また善悪の中にも、悪善の中にも呼吸し給うものである。(日月神しるす)

十九

17—19［396］

【訓解文】

天国の政治は、歓喜の政治である。故に、戒律はない。戒律の存在する処は、地獄的段階の低い陰の世界であることを知らねばならない。天国の政治は、愛の政治である。政治する政治ではない。より内奥の、より浄化されたる愛そのものからなされる。故に、与える政治として現われる。

天国は、限りなき団体によって形成されている。そして、その統治は、各々の団体における最中心、最内奥の歓喜によりなされるのである。統治するものは一人であるが、二人であり、三人として現われる。三人が元となり、その中心の一人は、ゝによって現わされ、他の二人は、○によって現わされる。○は、左右上下二つの動きの◎を為すところの立体◎からなっている。統治者の心奥のゝは、さらに高度にして、さらに内奥に位するゝ中のゝによって統一され、統治され、立体◎をなしている。

　天国では、このゝを、スの神と敬称し、歓喜の根元をなしている。スの神は、アの神と現われ給い、オとウとひらき給い、続いて、エとイと動き現われ給うのである。これが総体の統治神である。三神であり、二神である。ア・オ・ウは愛であり、エ・イは真である。

　これら天国の組織は、人体の組織と対応し、天国の一切の事象と運行とは、人体のそれに対応している。オ・ウなる愛は曲線であり、心臓である。エ・イなる真は、直線であり、肺臓に対応して三五七と脈うち、呼吸しているのである。

　これらの統治者は権力を奪することなくまた指令することもない。よりよく奉仕するのみである。奉仕するとは、如何にしてよりよく融和し、善と、真との浄化と共に、悪と偽の調和をなし、これらのすべてを神の力として生かし、さらに高度なる大歓喜に到らんかと努力することである。

　また統治者自身は、自分達を他の者より大なる者とはせず、他の善と真とを先とし、その歓喜をまずよろこび、己はその中にとけ入る。故にこそ、統治者は常にその団体の中心となり、団体の歓喜となるのである。指令することは、戒律をつくることであり、戒律することが神の意志に反することを、これらの統治者は、よく知っている。

天国における政治の基本は、以上の如くであるが、さらに各家庭においては、同一の形体をもつ政治が行なわれている。一家には、一家の中心たる主人、すなわち統治者がおり、前記の如き原則を体している。またその家族たちは、主人の働きを助け、主人の意を意として働く。その働くことは、彼等にとって最大の歓喜であり、弥栄である。すなわち、歓喜の政治であり、経済であり、生活であり、信仰である。

天国における天人、霊人たちは、常にその中心歓喜たる統治者を神として礼拝する。歓喜を礼拝することは、歓喜の流入を受け、より高き歓喜に進んで行くことである。

けれども、天国における礼拝は、地上人のそれの如き礼拝ではない。礼拝生活である。すべてと拝み合い、かつ歓喜し合うことである。与えられたる仕事を礼拝し、仕事に仕えまつる奉仕こそ、天国の礼拝の基本である。

故に、各々の天人、天使の立場によって、礼拝の形式、表現は相違している。しかし、歓喜の仕事に仕えまつることが礼拝であると云う点は一致している。地上人的礼拝は、形式の世界たる地上においては、一つの生き方であるが、天国における礼拝は、千変万化で、無限と永遠に対するものである。無限と永遠は、常に弥栄えるが故に生ずるものであり、その弥栄が神の用である。森羅万象の多種多様、限りなき変化、弥栄を見て、この無限と永遠を知り、あらゆる形において変化繁殖するを見て、無限と、永遠が神の用なることを知らねばならぬ。

天国の政治は、光の政治である。天国にも地上の如く太陽があり、その太陽より、光と、熱とを発しているが、天国の太陽は、一つではなく二つとして現われている。一は月球の如き現われ方である。一は火の現われ、火の政治であり、一は水の現われ、水の政治である。愛を中心とする天人は、常に神を太陽として仰ぎ、智を中心とする天使は、常に神を月として仰ぐ。月と仰ぐも、太陽と仰ぐも、各々その天人、天使の情動の如何によるのであって、神は常に光と、熱として接し給うのである。

またそれは、大いなる歓喜として現われ給う。光と熱とは、太陽そのものではない。太陽は、火と現われ、月は、水と現われるが、その内奥はいずれも大歓喜である。光と熱とは、そこより出ずる一つの現われに過ぎないことを知らねばならぬ。

このことをよく理解するが故に、天国の政治は、常に光の中にあり、また熱の中に育ち栄え、歓喜するのである。天国の太陽よりは、真と愛とが常に流れ出ているが、その真と、愛とは、太陽の中にあるのではなく、現われ出たものが真と見え、愛と感じられるのみである。

太陽の内奥は大歓喜が存在する。故に高度の天人の場合は、愛も真もなく、遙かにそれらを超越した歓喜のゝが感じられるのみである。この歓喜のゝが、真・善・美・愛となって、多くの天人、天使たちには感じられるのである。歓喜は、そのうけ入れる天人、天使、霊人、地上人たちのもつ内質の如何によって、千変万化し、また歓喜によって統一されるのであるということを知らねばならぬ。（日月神）

注

「地震の巻」は、昭和二十年九月十日より昭和二十年十月三十日に至る神示です。この第一仮訳は、昭和三十年六月十五日訳了したものであり、これで『日月神示』全三十巻の第一仮訳は一先ず完了したことになります。

岡本天明記

第十八巻

光の巻

一火◎の◯キ（ひかりのまき）

自　昭和二十一年二月二十四日
至　昭和二十一年七月二十七日

一―八

一火◎の○キ日◎⊙三　九二の一二の⊙十八日ん三んの九十てア◎三　日ん三ん十百日て百一
○の日七日ん三んて八七一三　⊙一十十百二八三かの日ん三んの九十三　一○の日ん三ん百十二
⊙◎八九二の一つキの⊙三○十七◎の三三　二三ん一八日⊘◎て七一三　三七く⊙⊙三○三三
百の一丅丅九十キ八　か日八てうちて一丅丅け日　⊙へのかん日八八か◎て七一三　か日○て
八一八三か三三　八◎一三キ日⊘三十も日てア◎か　キ日⊘くて八◎一てか◎一丅丅九の三三
わかり丅か
二の五の○キの十日八八日十九て日一三　十八⊙日キ二つか三　○へのも十八日キ二つ九丅三
○かりたか　三七二○け◎三日　三八十二の○キの七かゝ◎日キニヌキて十日八日一三　三一十
一の　○⊙七が　か三○　三十　八八日　三一　かね日け　二二て十◎千日　ア○千て日十九
ノ九の三丅○
二かつ二十日か　ひつ九の⊙

【訓解文】

「光の巻」記すぞ。地(くに)の日月の⦿とは臣民のことであるぞ。臣民と申しても今のような臣民ではないぞ。⦿人共に弥栄(やさか)の臣民のことぞ。今の臣民も掃除すれば地の日月の⦿様となるのざぞ。自分卑しめるでないぞ。皆々⦿⦿様ざぞ。

もの頂く時は、柏手打ちて頂けよ。⦿への感謝ばかりでないぞ。拍手は弥栄(いやさか)ざぞ。祓ひぞ。清めぞと申してあろうが、清め清めて祓ひてから頂くのざぞ。わかりたか。

次の五の巻の謄写は四十九でよいぞ。十は⦿よきに使うぞ。前のも十はよきに使うたぞ。わかりたか。皆に分けるぞよ。三(みち)は十二の巻の中からよきに抜きて謄写よいぞ。サイトウ、ヒノ、マスナガ、カザマ、サトウ、ハヤシ、サイ、カネシゲに筆取らせよ。合わせて四十九の身魂。

二月二十四日、ひつ九の⦿。

二

18—2［398］

アメのひつ九(く)の♀(おー)か三三三八(みさまは)べつ十日(とし)て　アメの⦿三◯(さま)　カ千(ぜ)の⦿三◯(さま)　一八(いは)の⦿三◯(さま)　アレの⦿三◯(さま)　二日(じし)んの⦿三◯(さま)　日八(しや)かキリ⦿十◯火⊘十三◯(ストマホメツトさま)　百百(もも)の⦿三◯三七♀七二十九◎二五(さまみなおなじところにご)　日(し)ん⊤一(たい)アつ⊘(め)て◯(ま)つり九⊤三◎日(ごとされよ)　アメの♀九八◯九二(おくやまくに)のお九八◯三七◯七二三(くやまみなおなじぞ)　おつち三七(みな)二◯け十◎千日(にわけとらせよ)

二かつ二十六にち　ア三日◎⊙三(さしるすぞ)　ひつ九ノか三

【訓解文】

天之日月の大神様は別として、雨の⊙様、風の⊙様、岩の⊙様、荒の⊙様、地震の⊙様、釈迦、キリスト、マホメット様、百々の神様、皆同じ所に御神体集めて祀りごとされよ。天の奥山、地の奥山(くに)、皆同じぞ。御土皆に分け取らせせよ。

二月二十六日朝しるすぞ。ひつ九ノか三。

三

18―3［399］

一◯(いま)の千一二八六三二◎(せいじはむさぶる)千一二三(せいじぞ)　⊙の八◎火丅(やりかた)八ア丅へ八七日三三(はたぱなしざぞ)　◎三(うずぞ)　◎九十三(まことぞ)　一◯(いま)の八◎火丅(やりかた)て八日八♀三◯◎ん三(ではよはおさまらんぞ)　十◎千八七(どーりぢゃな)アてん二八一九◎て百(にはいくらでも)ア丅へ(た)十(と)千二(ちに)八一九◎(はいくら)ても十二(どーに)ても七◎(なる)二ん三ん(じみ)二ア丅へ(にた)◎(る)ものア◎(る)の三三(ざぞ)　お日三七九九◯七九ア丅へて十(しみなくくまなくたと)日(し)◎千日(らせよ)　ア丅へ(た)◎(る)十一八三火へ(といやさか)◎(る)三(ぞ)一八三(いやさ)か二七て(になつ)百十二百十◎(もとにもどる)の三(ざ)　九二八十(くにはと)んて九◎三(でくるぞ)　三三け◎◎(ささげられ)ん十九三三(とくみちみつ)の千八九(ぢゃこ)の十(どー)り◯(わ)か◎(る)て(で)ア◎(ろー)か七十◎(がなとり)アげ(げ)丅(た)もの七(な)ん二(に)も七◎(なら)んの千八(ぢゃ)　丅(た)もの丅(だ)けか◯九十千八(げがまことぢゃ)

の◎ものも丅丅二千日　田か◎も一へか◎も千一キん十◎て七一三　ネん九十◎丅て◎て七一三七二もかも丅丅千八　一の一か◎三日十も日てア◎か　九◎日六キのものもたゝて十◎千日丅丅てア丅へ◎火火ア◎て七一か　八丅◎かんもの九へか◎す十も⊙九十り九つ千八　り九つ八ア九千八ア九○千八　八丅◎かんもの二も十日くア丅へて十◎千日　ア丅へ◎火火ア◎て七一火　八丅◎かんても丅へ三千て八◎日　七二百かもア丅へ八七日千八　三九二⊙の千一二八○◎の千八三　⊙のけ一三一ア◎の千八　八て三七三◎二ん三んの三◎八んてハキの八一○一ても○◎丅千七一てア◎か　九の火の百⊙日二八て三七三◎　お火三八三千てう百◎◎の千八　ア○◎火十ア丅へて三七三◎　♀火三もア○◎の千八　九の十り○か◎丅か　日五十三千て九◎十も日て二ん三ん日◎九んて八丅◎九三　ア三二もの七九七◎の三

三七く⊙の九千八⊙の丅○日うへつけてア◎の千八　七火一⦶て三て八◎　お日三七九ア丅へ◎う千二二ん三んも十の⊙か丅ア◎八◎◎三　六三二◎十ア九二七て九◎の千八　一○の三○三てか一日んけ九三　三◎八ん⊙て日　二ん三ん⊙十アか⦶日　⊙十七◎三　十◎火十三◎キか十◎火つ九◎の千八　も十のくキの日ん三ん九二の一二のか三千八十も日てア◎か七

【訓解文】

今の政治は貪（むさぶ）る政治ぞ。⦿のやり方は与へ放しざぞ。◎（うず）ぞ。まことぞ。今のやり方では世はおさまらんぞ。道理ぢゃなあ。天にはいくらでも与へるものあるぞ。地にはいくらでも、どうにでもなる、人民に与へるものあるのざぞ。惜しみなく、くまなく与へて取らせよ。与へると弥栄（いやさか）へるぞ。弥栄になって元に戻るのざ。国は富んで来るぞ。神徳満ち満つのぢゃ。この道理わかるであろうがな。取り上げたもの何にもならんのぢゃ、捧げられたものだけがまことじゃ。

乗り物もタダにせよ。田からも家からも税金取るでないぞ。年貢取り立てるでないぞ。何もかもただぢゃ、日の光見よと申してあろうが。（［第一訳文に以下の一文あり］金はいらんと申してあろうが、）暮しむきのものもただで取らせよ。ただで与へる方法あるでないか、働かん者食うべからずと申すこと理屈ぢゃ、理屈は悪ぢゃ、悪魔ぢゃ。働かん者にもどしどし与へて取らせよ。与へる方法あるでないか、働かんでも食べさせてやれよ。何もかも与へぱなしぢゃ、そこに⦿の政治はじまるのぢゃぞ。⦿の経済あるのぢゃ。やって見なされ、人民の算盤では木の葉一枚でも割り出せないであろうが、この方の申すようにやって見なされ。お上は幸で埋もれるのぢゃ。余るほど与へて見なされ、お上も余るのぢゃ、この道理わかりたか。仕事させてくれと申して人民喜んで働くぞ。遊ぶ者なくなるのざ。

皆々⦿の子ぢゃ、⦿の魂植えつけてあるのぢゃ、長い目で見てやれ、惜しみなく与へるうちに人民元の姿現れるぞ。貪ると悪になって来るのぢゃ。今のさま見て改心結構ぞ。算盤捨てよ。人民⦿とあがめよ。⊙となるぞ。泥棒と見るキが泥棒つくるのぢゃ、元の元のキの臣民、地の日月の神ぢゃと申してあろうがな。

六月十七日、かのととりの日、ひつ九ノか三。

四

18—4［400］

〇つりて七一十キ八お⊙三〇十お月三〇♀◎か⊘日　〇十十千日日◎⊙一〇ん三　◎八一◎ん三　火◎つ一◎ん三　一か七か日日丅◎一◎んの千八　九二も十日三三　三ん七九十⊙◎八日の七火⊘千八く千八十も⊙てア◎か　ア九二んか十九⊙◎十も⊙てア◎か　丅レも八丅◎かん十も⊙てア◎か◎　ア丅へ◎千一二丅⊘千八十も⊙てア◎　二んけんの小千エ千八　三九二二んけんの三ろ八んの九◎丅十九◎キつかんか　上二丅つ一十も十く大キ九九◎け九三　三ろ八ん七日て火二十◎⊙三　⊙のも⊙十り二⊙⊙六の千八　九◎かてキね八一丅ん三かてア丅〇三けて五三◎　ア〇◎大キ十◎千か一八かり千八三　ア九の日五十七て一◎か◎千八　九九の十◎〇か◎〇て八ー五キ十◎んの千八三　千か一九二く十九◎く二日の大千丅九日◎⊙⊙八日◎ア◎八

日てア◎か　九◎〇三七九の火の日九三千八か◎　三七七か日て七キアて八て九◎日

六かつ十七にち　火の十十り火つ九のか三

【訓解文】

祀りてない時はお日様とお月様拝めよ。的とせよ。白洲いらんぞ。牢獄いらんぞ。法律いらんぞ。一家仲ようしたらいらんのぢゃ。国も同様ざぞ。そんなことすれば、世の中めちゃめちゃぢゃと申すであろうが、悪人が得すると申すであろうが、誰も働かんと申すであろうから、与へる政治ダメぢゃと申すであろう。人間の小知恵ぢゃ。そこに人間の算盤の狂うたところ気づかんか。上に立つ人もっともっと大き心結構ぞ。算盤なしで舵とらすぞ。⦿の申す通りに進むのぢゃ、これが出来ねば一段下がって頭下げてござれ。あまり大き取り違ひばかりぢゃぞ。悪の守護となっているからぢゃ。ここの道理わかるまでは動きとれんのぢゃぞ。世界国々所々に世の大洗濯知らす神柱現はしてあろうが、これは皆この方の仕組みぢゃから、皆仲良う手引き合ってやってくれよ。

六月十七日、かのととり、火つ九のか三。

五　18―5［401］

八〇一⦿か三九◎一⊘ん二八一九て　⦿キ三へア◎八二ん三んの二九丅一二十一九んて日もけ

一か九てア◎か◎　日火十キつけて♀◎て九丅三れ日　♀十十八一十三十二◎て日一三　ヤ十ワ十も日てア◎か　ヤワ八火の七火の水三の七かの一てア◎三　ア十八三のてつ丅一三　てア日三三　八九二ん♀のつか◎てキ◎三八九〇八九てア◎三　一〇〇て八⊘九二十か一五九十〇か◎て一丅か　一日く一つ二〇千く二一丅日て九◎くかき〇〇日て　ね◎七火日てせか一一つ二日て♀のつか◎ーへ日丅てキて一つの♀て♀三⊖◎の千八三　二ん三ん八♀つ千て九ねて⊘のキ一れてつ九丅ものてア◎か◎　も十二も二んけんの千か◎て八てキん日二七丅◎　おつ千二日一かけ日　おつ千二〇つ◎へ日　♀つ千八お八てア◎か◎　♀八の二十九◎二かへりて九一日　うれ日くのも十のキ日三火へ◎三　百日日か◎て七火千日　三◎九三〇十八〇九十のア〇て◎⊘⊘⊖⊘⊖◎♀⊘三〇の九十て九三◎三

六かつ十七にち　一二⊘

【訓解文】

病⊘がそこら一面にはびこって、隙さへあれば人民の肉体に飛び込んでしまう計画であるから、よほど気つけておりて下されよ。大臣は火と水と二人でよいぞ。ヤとワと申してあろうが、ヤワは火の中の水、水の中の火であるぞ。後はその手伝いぞ。手足ざぞ。役人自ら出来るぞ。役は役であるぞ。今までは☉国と外国と分れていたが、いよいよ一つにまぜまぜに致して、くるくるかき廻して練り直して、世界一つにして、自ら上下出来て、一つの王で治めるのぢゃぞ。人民はお土でこねて、☉の息入れてつくったものであるから、もうどうにも人間の力では出来んようになったらお地に呼びかけよ。お地にまつろへよ。お地は親であるから、親の懐に帰りて来いよ。嬉し嬉しの元のキ甦るぞ。百姓から出直せよ。ミロク様とはまことの天照皇大神様のことでござるぞ。

六月十七日、一二☉。

六

18—6［402］

一〇二千火一の日ん三ん二ん三ん　丅◎二百〇火◎ん日二七◎て　アけも♀◎日も七◎ん九十二七◎てキて　九◎八二ん三んのア丅〇八千火◎て八て一◎のて七一の三十一二九十八キ◎日て九◎の三三　十九の九二十ん七二ん三んも　七◎火十七ア十十九日んのゆ九〇てゆ☉二◎のてア◎三

九ん十八九ん火んのてんの五千三三〇の五〇十十　九ん火んのおつ千の五千三三〇の五〇十十か一つ二七◎七三◎て　☉⦸◎☉十　十＊＊☉十一つ二七◎七三◎て　〇つ十一　｜五かん一火

◎の日十火け七一火火◎の日十一丅⦿の千八　一〇の日ん三ん二八けん十十◎ん一火◎の日十⦿
◎の千八　火火◎て火火八九三日三丅ぬ日け◎く
〇◎一もの九◎日て日百て　日一もの八か◎二⦿◎八　日キ日か九◎十てもおもて一◎のか
二九十一一九◎九◎日ても〇〇て八二ん三んの千か◎て八十二も七◎んてア◎か七　も十の〇〇
てか一日ん三千ね八九ん十の一八十一◎けんの千八三も十の〇二か一日ん三千⦿二九丅一八か◎
て　⊖二三へ◎千か一八か◎り九つて日九日日十ててキ八千三　三◎九◎一〇かて♀◎か　〇火
◎て一七か◎火火二三七一十　日火丅七一十てつけ⦿二一◎か　ア九二三二◎◎て一◎の千八三
ア九八か一日ん八八一三　ア九⦿も丅⦿け七七◎ん三　〇か◎　か一日ん三千七七◎ん三　千
もア九も一千八　〇も三も一つ千八　ア⊖つ千千八十九十日◎日てア◎か　十ん七日一九十日◎
九八日て日〇日てもキ火千ても一〇の日ん三ん二ん三ん七火く　一二九十キかんもの千八三九の
三二ゆ火◎ア◎もの丅けて　火丅丅千日　カ丅て日一の千八三　てん⊖八二て火火⦿♀ん八九千
八三

六かつ三十二ち　一二の⦿

【訓解文】

今に世界の臣民人民誰にもわからんようになりて、上げも下ろしもならんことになりて来て、これは人民の頭や力でやっているのでないのざといふことはっきりして来るのざぞ。どこの国、どんな人民も、成程なあと得心のゆくまで揺すぶるのであるぞ。

今度は根本の天の御先祖様の御霊統と、根本のお地（つち）の御先祖様の御霊統とが一つになりなされて、スメラ⦿とユダヤ⦿と一つになりなされて、末代動かん光の世と、影ない光の世と致すのぢゃ。今の臣民には見当とれん光の世とするのぢゃ。光りて輝く御代ぞ楽しけれ、楽しけれ。

悪い者殺してしもうてよい者ばかりにすれば、よき世が来るとでも思うているのか、肉体いくら殺しても、霊までは、人民の力ではどうにもならんであろうがな。元の霊まで改心させねば、今度の岩戸開けんのぢゃぞ。元の霊に改心させず、肉体ばかりで、目に見へる世界ばかり、理屈でよくしようとて出来はせんぞ。それくらいわかっておろうが、わかりていながら、ほかに道ないと、仕方ないと手つけずにいるが、悪に魅入られているのぢゃぞ。

悪は改心早いぞ。悪⦿も助けなならんぞ。霊から改心させなならんぞ。善も悪も一つぢゃ、魂も身も一つぢゃ、天地ぢゃとくどう知らしてあろうが、どんなよいこと喜ばして読ましても、聞かせても、今の臣民人民なかなか言ふこときかんものぢゃぞ。この道に縁（ゆかり）ある者だけで型出せよ。型でよいのぢゃぞ。天明は筆書かす御役ぢゃぞ。

六月三十日、一二の⦿。

七

18—7［403］

ア八百十（はもと）のキの⦿の九三（こぞ）　ヤ十（と）ワ八〇丅◎（はわたり）てキ丅（た）⦿の子三（ぞ）　㋳㋻八〇丅◎丅九◎（はわたりてくる）⦿の九三三（こざぞ）

†　の七火◎（ながれ）十二の七火◎（ながれ）十一〇二〇火◎十（といまにわかると）キ九◎三（くるぞ）　三（み）つ十百（ども）エあ◎八◎◎三（らはれるぞ）　メ◎（り）かキ◎（り）

⦿（す）も♀◎四八（おろしや）も　千（せ）か一（い）一つ（ひと）二〇⊖（にまるめ）て一つ（ひと）の♀て♀三⊖◎（おーでおさめる）の千八三（ぢやぞ）　か一九九二（がいこくじ）んも⦿の⊖（め）か◎（ら）

八七一（はない）の三三（ざぞ）　一〇一十一九三（いまいちどいくさ）ア◎三（るぞ）　八日（はよー）⊖三⊖（めざめ）てケキ◎（ぎら）一一丅三⦿七火日五日（いいたさずなかよーごよー）け九三（けっこーぞ）

り九（りゅうぐー）の♀十火⊖十（おとひめど）の一八（いは）の⦿十（ど）の　ア◎（れ）の⦿十（ど）の千（せ）か一（い）の火丅八日（かたはし）か◎（ら）一日（いよ）く二十◎（にとり）か火◎（かかり）

七三◎（なされ）て一◎（いる）の三（ざ）か◎（ら）　千（せ）か一（い）のて（で）キ九十（ごと）キつけて八日火一日（はよーかいし）んけ九三（けっこーぞ）　⦿十二十日十（すとふとよと）の♀（おー）キ一（い）

九三ア◎十日◎日（くさるとしらし）てア◎丅火（りたが）　一丅（いつた）ん八二十日十（はふとよと）のてん火二七◎十九◎〇（かになるところま）て♀千九六三（でおちこむぞ）　ユ九十（くと）

九◎〇（ころま）て（で）ユキて　七（な）の三丅〇十（みたまと）ノの三丅〇（みたま）の〇五一千（わごーいつち）て（で）キて火◎（から）　スの三丅〇か（みたまが）てんか十一千（とーいつせ）か

一二丅一◎十七◎（いいつたいらとなる）の千八三（ぢやぞ）　一四（いよ）く♀十け十◎（おーとーげとり）アけ二（げに）か火◎（かる）の三三（ざぞ）

七かつの十九二ち　一二（ひつぎ）のか三

【訓解文】

アは元のキの⦿の子ぞ。ヤとワは渡りて来た⦿の子ぞ。㋳㋻は渡りて来る⦿の子ざぞ。┼の流れ、十二の流れと今にわかる時来るぞ。三ツ巴現われるぞ。メリカ、キリスも、オロシヤも、世界一つに丸めて一つの王で治めるのぢゃぞ。外国人も⦿の目からはないのざぞ。今一度戦さあるぞ。早う目覚めて、毛嫌い致さず、仲よう御用結構ぞ。

龍宮の乙姫殿、岩の神殿、荒の神殿、世界の片端からいよいよに取りかかりなされているのざから、世界の出来事気つけて、早う改心結構ぞ。⦿とフとヨとの大き戦さあると知らしてありたが、いったんはフとヨとの天下になるところまで落ち込むぞ。行く所まで行きて、ナの身魂とノの身魂の和合一致出来てから、スの身魂が天下統一、世界一平（いったいら）となるのぢゃぞ。いよいよ大峠、取り上げにかかるのざぞ。

七月の十九日、一二のか三。

八　18―8［404］

七ん二日◎⦿二十九ア◎丅◎　⦿の○へ二キて二十九も日て九ゝ◎火◎◎十八◎三◎日　十ん
七九十てもキ九丅け八キて八◎三　二十九ア◎十九も◎て◎三　九も◎て◎十三丅○九も◎か◎
三丅○九◎日九七◎丅　てん千九も◎火◎エん◎日一◎ん九の火二二十九も千日　九ノ火♀八

てア◎火◎二十九一⚲八キて八◎三　キ八◎日て火◎◎十七て　てん千二八丅◎け日　九九◎の
二二八れ◎三
一の一八十一◎け◎三　八八の三九三⚲け火のも十日九◎十九◎火へ日く二て日⊘日　二て
八◎の八◎二一◎日　二てかも十三三　九ん十八六火日火◎の九◎の火丅〇◎一キ丅〇て七一十
五日六火日三　日の丅十へてて九◎三　⊙火一十の九千つ九て一八千てア◎の千八三　⊙九二八
日んりキーけね八丅千て八ゆけん三　⊙七九日て日んりキ七一三　⊙七九七◎八〇つ二れ三三
〇〇◎二ー五九〇十一八日つ九◎日　火⊙てキ⊘日十⊙火　火⊙二一火◎てア九十七◎の三
火⊙二一火◎九〇◎ん日二キつけ日　九の二て十九の八丅〇て七一十⊙九日ても九も◎ア丅◎丅
けん三　ア九二三千て　千⚲九七〇七七◎ん九十ア◎三　九ノキ日七かく三三
九の日の⚲二丅一◎け◎三日　⚲二七キ日十七◎け◎の三三〇か◎丅か　┼の十◎つキ三ん
卍の十◎つキ三ん　一〇のー千二か一日んけ九三　〇つ二◎千火つ一て五三◎二キつ火んのか
⚲七二七の⊙二つア◎三　二ん三ん三つ日つ二もお◎かんて五三◎三　二三丅⊙のも日一七◎
十　二て日六のか三キ三三　⊙丅一一三三十百日ア◎火　日八日〇て千火一の二三丅⊙十キ九◎

三
ア○の日七一○の二三　七二も七◎ん三　十キ○て十も日てア◎か七　九の○キ火◎十日八
も七◎ん三　十キ九◎○て丨つ日て三七二○け十◎千
七かつの二十七二ち　ひつ九のか三　三ねんの丅てかへ三

【訓解文】

何によらず不足ありたら、◉の前に来て不足申して、心からりと晴らされよ。どんなことでも聞くだけは聞いてやるぞ。不足あると曇り出るぞ。曇り出ると身魂曇るから、身魂苦しくなりて天地曇るから、遠慮いらん、この方に不足申せよ。この方親であるから不足一応は聞いてやるぞ。気晴らしてからりとなって天地に働けよ。心の富士晴れるぞ。

はじめの岩戸開けるぞ。早呑み込み大怪我の元、じっくりと繰り返し繰り返し筆読めよ。筆腹の腹に入れよ。筆が元ざぞ。今度は昔からの苦労のかたまり、生き魂でないと御用難しいぞ。世のたとへ出て来るぞ。◉が人の口使うて言はせてあるのぢゃぞ。◉国は神力受けねば立ちては行けんぞ。◉なくして神力ないぞ。◉なくなれば丸潰れざぞ。

まわりに動く集い早う作れよ。数で決めようとするから数に引かれて悪となるのざ。数に引かれ曇らんよう気つけよ。この筆解くのはタマでないと、少しでも曇りあったら解けんぞ。悪に見せて善行わならんことあるぞ。この行なかなかざぞ。

この世の鬼平らげるぞよ。鬼なき世となりけるのざぞ。わかりたか。キリストの取次さん、仏の取次さん、今のうちに改心結構ぞ。丸潰れ近づいてござるに気づかんのか。同じ名の⦿二つあるぞ。人民三つ四つにも拝んでござるぞ。文出すもよいなれど、筆読むのが先ぞ。⦿第一ぞと申してあろうが。暫し待て、世界の文出す時来るぞ。泡のような今の文何にもならんぞ。時待てと申してあろうがな。この巻から謄写もならんぞ。時来るまで写して皆に分け取らせよ。

　七月の二十七日、ひつ九のか三。三年の立て替へぞ。

第十九巻　まつりの巻

○ま　つ⦾り　の　○ま　キ

自　昭和二十一年八月八日
至　昭和二十一年八月三十一日

一―二十三

五二三二丁三九◎八七　五二三二丁ん◉八七　十千◎十◎キ千八　一○○での⚲日へて八九の三○火◎ん三　○⊙く九百の七九九百◎て九◎三　三の九二三の十九◎くて十二ん九◎四六キてキ◎三　の三日　百◎三日十百日てア◎　ア⚲八○百七キ火◎十キ九◎十百日てア◎　丨三火○百七キ火◎十キ九◎三　○丁キつ火つ　○◎三へ日け◎日一十○◎日日日て五三◎二ん三ん火三く三○キの十九九◎三　一○○て八⊙百十百⚲七二三十百日て二丁か　⊙十卍十八千火二の三三　十の丨五九か卍三　卍の丨五九か◎三　◎の⊙三キ◎か⊙三　⊙十卍十日ん三ん十八千火二の千八三

八かつ八か　一二⊙

【訓解文】

五つに咲いた桜花、五つに咲いた梅の花、どちら採る気じゃ。今までの教へではこの道わからんぞ。ますます食う物なく曇りてくるぞ。その国その所々で当分暮し向き出来るぞ。野見よ、森見よと申してあろう。青山も泣き枯る時来ると申してあろう。海川も泣き枯る時来るぞ。まだ気づかず我さへよけらよいと、われよしてござる人民、神々様、気の毒来るぞ。今までは⊙も仏も同じぞと申していたが、

⦿と仏とは違ふのざぞ。十の動くが卍ぞ。卍の動くが◎ぞ。◎の澄みきりが⦿ぞ。⦿と仏と臣民とは違ふのぢやぞ。

八月八日、一二⦿。

二　19―2［406］

九◎〇て八いろはてア◎丁か（これまではいろはでありたが）　一日く（いよいよ）一二三（ひふみ）の千火◎九八八◎三（ちからくわわるぞ）　いろは八八三日一火一二（いろははやさしいがひふ）
三八ア◎一火◎ア◎九十百⦿◎火◎三の火九五一丁三◎日（みはあらいからあらごともするからそのかくごいたされよ）　三の火九五日一火キ丁七一九九◎⦿（そのかくごよいかきたないこころす）
てて一◎十千三一九九◎〇キ九七◎て（てているとちさいこころおーきくなりて）　二二んて百七九◎⦿◎日け九火九◎三（じぶんでもびっくりするよけっこーがくるぞ）　け一三つ一◎ん（けいさついらん）
十百日てア◎三（ともーしてあるぞ）

八かつ九か　一二⦿（ひつき）

【訓解文】

これまでは「いろは」でありたが、いよいよ「一二三（ひふみ）」の力加わるぞ。「いろは」はやさしいが「一二三」は荒いから、荒事もするから、その覚悟致されよ。その覚悟よいか。汚い心捨てていると、小さい心大きくなりて自分でもびっくりするよう、結構が来るぞ。警察いらんと申してあるぞ。

八月九日、一二⦿。

九九かつ八かか꩜の千火一の九十八日◯⊙三　五三丅一の⚲⊙三◯五三丅一の⚲⊙三◯ア◎の
一二の⚲⊙三◯　ア◎の⊙三◯火千の⊙三◯一◯の⊙三◯ア꩜の⊙三◯二日んの⊙三◯　九二の
一二の⚲⊙三◯　日の百十火꩜の一キ⊙三◯　百ゝの⊙三◯の⚲◯へ二　二千く八三火の⚲一
二キ　五日五八三火二⚲ん꩜百日アけ◯⊙　九の丅一の三千千火一の五日んキ日一八火ーへ二百
千卍一八三火の⚲ん八丅꩜キ一の꩜アけ◯⊙　三千千火一の⊙⊙三◯日ん三ん二ん三ん　一十十
キ百八八九火一日んい丅日　⚲⊙三◯の三九九꩜二三火丅て◯つ꩜　九二の一二の⊙十七꩜七꩜
て　◯丅キつ十◎八丅日◯⊙꩜日七二十三五日五ね火一アけ◯⊙　三火丅◎九の三九の丅◯八一
火日二て百⚲つ火一九丅三一◯千　七二十三三千千火一の⊙⊙三◯日ん三ん二ん三ん火　日꩜⊙
く二⚲火日◯日丅つ三け火꩜八ア八◯千八⊙七火火⚲七火火二三七火日キヽ七火日九丅三一◯
⊙日　十九二⚲ね火一百日アけ◯⊙　百十つ⊙エ三丅◎く

八かつ十か　一二⊙

【訓解文】

旧九月八日からの誓（ちかひ）の言葉知らすぞ。
御三体（ごさんたい）の大⦿（かみ）様、御三体の大⦿（かみ）様、天之日月（あめのひつき）の大⦿（かみ）様、雨の⦿（かみ）様、風の⦿（かみ）様、岩の⦿（かみ）様、荒（あれ）の⦿（かみ）様、地震の⦿（かみ）様、地（くに）の日月の大⦿（かみ）様、世の元からの生⦿（がみ）様、百々（もも）の神⦿（かみ）の大前に、日々弥栄（にちにちやさか）の大息吹、御守護弥栄に御礼申し上げます。この度の三千世界の御神業（ごしんぎょう）、いやが上にも千万弥栄（いやさか）の御働き、祈り上げます。三千世界の⦿⦿（かみがみ）様、臣民人民、一時（ひととき）も早く改心致し、大⦿（かみ）様の御心に添ひ奉り、地（くに）の日月の神と成りなりて、全き務め果たしまするよう、何卒御守護願い上げます。そがため、この身この霊（たま）は、如何様（いかよう）にでもお使ひ下さいませ、何卒三千世界の⦿⦿（かみがみ）様、臣民人民が、知らず知らずに犯しました罪、穢れや過ちは、神直日（かんなおび）大直日に見直し聞き直し下さいますよう、特にお願ひ申し上げます。元津神えみため、えみため。

八月十日、一二⦿。

四

19—4［408］

日九日◎（よこしら）へて火◎（から）　日ん三（しみ）んの十（た）ねー（う）へて日ん三（しみ）んつ九丅（くった）のてア（で）◎三（るぞ）　日九日◎（よこしら）へ丅（た）⦿⦿三〇（かみがみさま）
八七火百（はながも）のの⚲（お）ん⦿火丅三（すがたぞ）　一〇二一（いまにい）キ十日三（どーしぞ）　⦿火三て（かみがみ）九◎七◎（これなら）十一二三丅〇（といふみたま）二三火け丅◎（にみがけたら）
⦿か◎（ら）千（じ）キくの⦿つけてア八◎（つぱれ）二日て（にし）八◎（やる）火◎（から）　五日三五十日（ごよーみごとし）アけ（げ）三⦿三（さすぞ）　日ん三（しみ）ん八火◎て（ばかりで）
八て（はで）キん三千千火一（さんぜんせかい）の大千丅九（せんたく）　丅◎（たれ）一◎（ひとり）⚲十日十百七一（おとしともない）⦿九九◎（かみごころ）　三七三◎（みなそろー）て⚲火け（ておかげ）八◎丅八（やりたや）

日六九二火火三丅八　十一千火一の九へつ七日　三七三七◎火九千八火◎一九千八　八日♀八の九九◎九三十◎日

八かつ十一ち　一二⦿

【訓解文】

世こしらへてから臣民の種植へて、臣民つくったのであるぞ。世、こしらへた神々様は「ながもの」の御姿ぞ。今に生き通しぞ。⦿が見て、これならといふ身魂に磨けたら、⦿から直々の⦿つけて、天晴れにしてやるから、御用見事仕上げさすぞ。臣民ばかりでは出来ん三千世界の大洗濯、誰一人落しともない⦿心、皆揃うてお蔭やりたや、喜ぶ顔見たや、遠い近いの区別なし、皆々我が子ぢゃ、可愛い子ぢゃ、早う親の心汲みとれよ。

八月十一日、一二⦿。

五

19—5［409］

二九丅一一九◎日◉丅◎九ん十三の日五二ん二八三◎丅けの三千日◉千七七◎ん九十二七て一◎の三三　⦿か、◎て○丅千火一の九十七んて百○火◎十♀百て一◎二ん三んキの十九てキ◎三八百八九の九ん二ん十の一日く二火火◎七三◎丅三　一つ百の♀⦿三○九の日火○一七三◎

大☉三○七⑨（おーかみさまなり）　三の十九⑨エ七一百の二ん三ん八火⑨て七一三（そのところないもじみばかりでないぞ）　三千千火一の○日三丁○二十九（さんぜんせかいのまよーみたまにとこ）⑨エ三日て丨⑨四く二○つ⑨て八⑨日（ろさしうれしくにまつりてやれよ）　九十て七九三◎八三火へ日◎日（ことでなぐさめやさかしめよ）　九十○つ⑨て☉のつ（ことまつりて）⑨二一⑨日◎日（らにいれしめよ）　三の九二く三（そのくにぐにぞ）　ア丁○くて○つ⑨け九三（たまでまつりけっこーぞ）　○つ⑨九⑨日（まつりくれよ）　二八八⑨二十八（じゃはらふとは）二八七九☉⑨九十て八七一三（じゃなくすることではないぞ）　二八♀丁丁日九三千七九九十三三（じゃおただしくみちびくことぞ）　♀一八⑨て七一三○つ⑨へ日（おいはらうでないぞまつろへよ）七キ日千て丁キ○一⑨千日（ひよせだきまいらせよ）　十⑨千火一七⑨ん丁一千つ九十三（とりちがひならんたいせつごとぞ）

八かつ十二ち　一二☉（ひつぎ）

【訓解文】

肉体一（はじめ）苦しめたら、今度その守護神にはそれだけの見せしめせなならんことになっているのざぞ。神憑かりでまだ世界のこと何でもわかると思うている人民、気の毒出来るぞ。八百八光の金神殿、いよいよにかかりなされたぞ。出雲の大神様、この世構いなさる大神様なり、その所得（ところえ）ない者、人民ばかりでないぞ。三千世界の迷うみたまに所得さして、嬉し嬉しに祀りてやれよ。コトで慰め弥栄（やさか）へしめよ。コトまつりて☉の列に入れしめよ。その国々ぞ。頭々で、祀り結構ぞ。祀りくれよ。邪祓ふとは、邪なくすることではないぞ。邪を正しく導くことぞ。追い払うでないぞ。まつろえへよ。引き寄せて抱き参らせよ。取り違ひならん大切事ぞ。

八月十二日、一二☉。

十◎◎丅◎十◎火へ日丅◎（とられたりとりかへしたり）　九ね○○日♀○○八⊙のて二日三火へ◎（こねまわしおわりはのてによみがへる）　日の百十の○日三⊙○（よのもとのましみずわ）
キ二○九十九◎（わくところ）　八火て♀九八○ーつ三七七◎ん三（やがておくやまうつさなならんぞ）　二て○火◎日ん三ん二三二てキ丅七◎⊙一（ふでわかるしみにさんぶでたならい）
日く（よ）の十十◉（とどめ）の三⊙七◎（さすなり）　三火一♀つ◎ぬ九三三○九十七◎（さんがいおらくみちぞまことなり）　○九十の三八一七◎け◎（まことのみちはひとつなりけり）　日ん（し）
火一（かい）の○九十火九◎日一○○（まことかくれしいままで）ての三八○九十の三て七一三八（みちはまことのみちでないぞや）　♀二♀◎千九三キ十二つ六日け◎（おにおろちくさどーぶむしけら）
百一つ二エ◎九三三○九十三（もひとにらぐみちぞまことぞ）
八かつ十三ち　一二⊙（ひつき）

【訓解文】

取られたり、取り返したり、こねまわし、終わりは⊙の手に甦る。世の元の真清水湧きに湧くところ、やがて奥山遷さなならんぞ。筆わかる臣民二三分出来たなら、⊙いよいよのとどめ刺すなり。三界を貫く道ぞまことなり、まことの道は一つなりけり。神界の、まこと隠れし今までの道はまことの道でないぞや。鬼、大蛇（おろち）、草木動物虫けらも、一つにえらぐ道ぞまことぞ。

八月十三日、一二⊙。

註　世の元の真清水湧きに湧くところ、やがて奥山遷さなならんぞ　当時は印旛沼の水は澄んでいた。この頃より印旛沼に近い千葉県印旛郡公津村に信仰共同体を建設する構想が浮上し、翌二十二年春に天明夫妻は麻賀多神社裏に移住し奥山は遷座。菊花会の小田秀人を含め多くの同志が移住し、同年四月に宗教法人ひかり教会が発足する（黒川二五〇頁）。

七

19—7［411］

火ね一◎ん九十二七◎十百日てア◎火　千火一の二ん三ん三七ア　火　九七て十日丅◎日一火十九丅◉ねて百〇火◎ん九十千火つ一丅三　八日九の二て日〇日て九◎日　◉の九九◎火九二十◎日ん三ん二〇火◎丅◎　◉の千一二〇火◎の千八　ア丅へ◎千一二一九◎て百ア◎三　一十◎十♀百七日十キ十九◎二日て一九◎てもア◎の千八　つ〇◎九十七一◉の〇つ◎九十千八　二ん三んの千一二◉九二二八百千一◎◎んの千八三　三千千火一ア八◎の千一二八日九九◎へて〇つ◎九◎日　ア九◉のけん三九八〇丅日一の千八三　八日二百火二百火火◎ん八七日の〇火◎ん十二つ◎二　八火三◎て♀百千八二三◎て一て〇丅キつ火んの火　◉八一つ〇て百〇丅◎ん火◎九ん七三丅〇八一十十九◎二アつ⦾て　八一二◉◎日◎火火七一火◎　九九◎エて♀◎丅九丅三◎日

八かつ十日か　一二⦿（ひつき）

【訓解文】

金（かね）いらんことになると申してあろうが。世界の人民皆青くなって、どうしたらよいかとどこ尋ねてもわからんこと近づいたぞ。早うこの筆読ましてくれよ。⦿の心が九分通り臣民にわかりたら、⦿の政治わかるのじゃ。与へる政治いくらでもあるぞ。一通りと思うなよ。時と所によっていくらでもあるのぢゃ。つまることない⦿の政事ぢゃ。人民の政治、⦿国には用いられんのぢゃぞ。三千世界天晴（あっぱ）れの政治早う心得て、まつりくれよ。悪⦿の眷属はまだよいのぢゃぞ。箸にも棒にもかからん、話のわからん動物霊に化かされて、玩具（おもちゃ）にされていて、まだ気づかんのか。⦿はいつまでも待たれんから、こんな身魂は一所（ひとところ）に集めて灰にするよりほかないから、心得ておりて下されよ。

八月十四日、一二⦿。

八　19—8［412］

九九かつ八かて一キ◎千八（きゅうくがやうでひとりぢゃ）　九◎て一の五日八⦿三丅三（これではじめのごよーはすみたぞ）　八二十◎八◎九丅一千八三（はちぶどーりはらくだいぢゃぞ）　二の（つぎの）五日ア◎丅◉て一丅三⦿火◎（ごよーらためていたさすから）　九ん十八◎九丅一千日九九◎エ七三◎日（こんどわらくだいせんよーこころなされよ）　七二百火百⦿八三十日（なにもかもはみとーし）三三（ざぞ）　⦿の日九三二ん三んて♀九◎ん日（しぐみじみでおくれよー）キつけてけ九一丅日九丅三◎日（きつけてけつこーいたしくだされよ）　二の日九三五日八○十（つぎのしぐみごよーはまど）

一つ九◎て日一三　百十八三の○○二日て♀火七七◎ん三　てん◉○丅く二ての五日け九三ア火け九三　リ九て◎丅九○◎◎三　てん◉は火◎て七一三　三七十四三　三七リ九二七丅百の千八七ア　九十⦿二百の百三⦿て七一三

八かつ十五ち　一二⦿

【訓解文】

旧九月八日で一切りぢゃ。これではじめの御用は済みたぞ。八分通りは落第ぢゃぞ。次の御用改めて致さすから今度は落第せんよう心得なされよ。何もかも⦿は見通しざぞ。⦿の仕組み、人民で遅れんよう気つけて結構致し下されよ。二の仕組み、御用は、集い作りてよいぞ。元はそのままにしておかならんぞ。天明まだまだ筆の御用結構ぞ。阿呆結構ぞ。利口出ると壊れるぞ。天明ばかりでないぞ。皆同様ぞ。皆利口になったものぢゃなあ、くどう⦿に物申さすでないぞ。

八月十五日、一二⦿。

九

19―9［413］

火三八火三　七火八七火　日百八日百の三十　三丅○て一◎の千八　○千九千七◎ん千八ん十◎キ二火十十日九一丅三七　⦿の一火◎て七一三　日二♀千て一丅火火三日二て◎三

八かつ十六二ち　一二⦿（ひつぎ）

【訓解文】

上は上、中は中、下は下の道と定まっているのぢゃ。まぜこぜならん、ちゃんと礼儀深く正しく致さな⦿の光出ないぞ。世に落ちていた鏡、世に出るぞ。

八月十六日、一二⦿。

十

19—10［414］

二火（ほ）んの二ん（じ）三ん（み）の三丅〇火九二九二九◎（みたまがくぶくぶくり）ん〇て（まで）ア九二七◎（くになり）て一◎火◎（いるから）　火一五九♀二火（がいこくおにほ）んの千二一丅三（ちにいたさ）ね八七◎（ばなら）ん火◎（から）　二火（にほ）んの千二〇♀火◎（ちにわおかれ）ん火◎（から）　十（ど）ん七九十（なこと）アても⦿ハ百日◎（はもーしら）ん三日（ぞよ）

八かつ十六二ち　一二⦿

【訓解文】

日本の人民の身魂が九分九分九厘まで悪になりているから、外国を日本の地に致さねばならんから、日本の地には置かれんから、どんなことあっても⦿はもう知らんぞよ。

八月十六日、一二⦿。

十一

19―11［415］

六ⓡく二一つ二（むらくにひとつぶ）　二つ二つつ（ふたつぶづつ）　一んねん三ア〇♀十日てアⓡ三（いんねんみたまおとしてあるぞ）　◎八へて九ⓡ三（めばえてくるぞ）　二千く（にちにち）

てん千二日ん三ん♀八一け九三（てんちにしみおわびけっこーぞ）　つ千♀ⓡ火◎日（つちおろがめよ）　⦿九二の日ん三ん八⦿九二のキ日（すぐにのしみはすぐにのぎょー）　ⓡ九二八（れいのくには）

ⓡ九二のキ日（れいのくにのぎょー）

八かつ十六二ち　一二⦿

【訓解文】

村々に一粒二粒づつ因縁身魂落としてあるぞ。芽生えて来るぞ。日々天地に、臣民お詫び結構ぞ。地（つち）拝（おろが）めよ。⦿国の臣民は⦿国の行（ぎょう）、霊の国は霊の国の行。

八月十六日、一二⦿。

十二

19―12［416］

二九丅一アⓡ｜千二三丅〇火百て百ⓡ八ね八（にくたいうちにみたまかもーもーらわねば）　九ん十三丅〇三火けてキ丅ⓡ（こんどみたまみがけてきたら）　〇つ丅一の九十（まつだいのこと）

〇つ丅一け九三火ⓡ（まつだいけっこーざから）　三ⓡ丅け二大三三火ⓡ♀丅火一二て七キアて（それだけにたいそーざからおたがいにひきあって）　三火キアて五日け九三〇け（みがきあってごよけっこーぞわけ）

へ丅て七ⓡん三（へだてならんぞ）　〇火ⓡん百の八千日ん二一十⦿三（わからんものはちょんにいたすぞ）　百十のキの九十〇（もとのきのことわ）　百十のキの千⦿二て七（もとのきのちすじでな）

一十○火◎んの千八　○火◎百の八○火◎七七◎ん三　○火◎ん百の八○火◎んのか日一の千八
三　七二五十百二ん三ん二○火◎火け一丁三七　百の五十⚲九◎◎三　十ねん⚲九◎◎十百日て
ア◎火　⚲九◎十○⦿く九◎日九七◎火◎　⚲九◎ん日け九日丁一七◎十　丁一三七火ん四
ん火七◉八⦿⦿三○二百百三◎ん九十てア◎火　一○ぬ一千二○火て百◎八ね八日◎日て火◎て
八十二ん七三千八　三◎て八⦿のも十の九十八も三◎ん三　も十の三丁○二火火八九三

八かつ十七二ち　一二⦿

【訓解文】

肉体あるうちに身魂構うてもらわねば、今度身魂磨けて来たら末代のこと、末代結構ざから、それだけにたいそうざから、お互いに手引き合って、磨き合って御用結構ぞ。分け隔てならんぞ。わからん者はチョンに致すぞ。元のキのことわ、元のキの血筋でないとわからんのぢゃ、わかる者はわからなならんぞ。わからん者はわからんのがよいのぢゃぞ。何事も人民にわかりかけ致さな、物事遅れるぞ。十年遅れると申してあるが、遅れるとますます苦しくなるから、遅れんよう結構したいなれど、たいそうな肝腎要は⦿⦿様にも申されんことであるが、言わぬうちにわかってもらはねば、知らしてからでは十人並みぢゃ、それでは⦿の元のコトは申されんぞ。元の身魂に輝くぞ。

八月十七日、一二⦿。

十三　19—13［417］

九二の一三　九二の一二の♀⦿　九◎⦿三十の　てん◎十の　九ん九十の　♀百十十の〇つ◎
九◎日　ア〇千て七⦿　八〇二〇つ◎け九　一丅日九◎日
八かつ十八二ち　一二⦿

【訓解文】

地の火水、地の日月の大神、黒住殿、天理殿、金光殿、大本殿、祀りくれよ。併せて七⦿、山に祀り結構致しくれよ。
八月十八日、一二⦿。

十四　19—14［418］

九九かつ八かか◎〇つ◎◎一八一⦿九◎火へ三⦿三　⦿日〇て二◎〇丅く火〇◎の千八三
八◎一八八◎一キ日◉の⦿三〇二♀ね火一日て　キ丅一火日　三七三　二日の二ゆん二　火日〇
て日つつつー千て八◎一九丅三◎日　⦿九二の三丅◎九エキ火◎　千火一の一九三　丅ん三一

三七二ん三んの九九◎火◎七◎　二ん三ん一◎二一八日◎つつの日五二んつけア◎三　二火ん〇
七火　火丅ん一て千火一ｌ五九三
八かつ十九二ち　一二⦿

【訓解文】

旧九月八日から、祀り、礼拝、スックリ変へさすぞ。⦿代までにはまだまだ変わるのぢゃぞ。祓ひは祓ひ清めの⦿様にお願いして、北、東、南、西の順に拍手四つづつ打ちて祓ひ下されよ。⦿国の乱れ、声、キから。世界の戦さ、天災、皆人民の心からなり。人民一人に一柱づつの守護神つけあるぞ。日本真中、ボタン一つで世界動くぞ。

八月十九日、一二⦿。

十五　19—15［419］

九九かつ八かか◎の十二んの◎一八一の日火丅火キ日◎⦿三
⚲⦿三〇二八〇つ日ん千二六火て千一三日　日八日⊚つ六◎キ日つ⊚　一ゆ　一八一　二八一
八八九日　火⦿ｌ丅三火一　⚲八◎てひふみ三か一のリアけ　アメの一二の⚲⦿三〇八三火〇

日◯千一八三火◯日◯千　九二の一二の⚲火三三◯八三火◯日◯千一八三火◯日◯千十の◎アけ

⚲八て千火一の九十八千火へ日　⚲八◎て⦿のキ一丅丅け日　三火一て日一三⚲八◎て八八九

日一八一　二八一一ゆ千日　二二か三く三◯二八一ゆ　二八一　日八九日　火⦿ー丅三火一の

◎て　百百百◎くの⦿三◯八三火◯日◯千一八三火◯日◯千とのりアけ　⚲八◎て千火一九十

八千火へ日　⚲八◎て四八九日日二八一　一ゆ千日　丅◯の三八二八　一ゆ　一八一　二八九日

火⦿ー丅一火一八三火◯四◯千一八三火◯日◯千十の◎　二八九日　一八一　一ゆ千日　⚲の

百くの三丅◯三◎二八ア十て三丅◯の◎十⦿◎百日一三

八かつ二十か　一二⦿

【訓解文】

旧九月八日からの当分の礼拝の仕方書き知らすぞ。

大神様には、まづ神前に向かって静座し、しばし目つむり、気静め、一揖、一拝二拝八拍手、数歌三回、終はりて「ひふみ」三回宣りあげ、天の日月の大神様、弥栄ましませ、弥栄ましませ、地の日月の大神様、弥栄ましませ、弥栄ましませと宣りあげ、終はって「誓の言葉」誓へよ。終はりて⦿のキ頂けよ。三回でよいぞ。終はりて八拍手、一拝、二拝、一揖せよ。

次に神々様には、一揖、二拝、四拍手、数歌三回宣りて、百々諸々の⦿様、弥栄ましませ弥栄ましませ、と宣りあげ、終はりて「誓の言葉」誓へよ。終はりて四拍手し、二拝、一揖せよ。霊の宮には、一揖、一拝、二拍手、数歌一回、弥栄ましませ弥栄ましませと宣り、二拍手、一拝、一揖せよ。各も各もの御霊様には後でみたま祝詞するもよいぞ。

八月二十日、一二⦿。

十六

19—16 [420]

二火んの二ん三ん日九七◎ね八　千火一の二ん三ん日九七◎ん三　二火んの丨への一十日九七◎ね八　二火ん二ん四九七◎ん三　一の◎十千八つ九◎日　千一へ一〇一の◎七七◎ん三　三の九◎一〇火◎て♀◎か　一〇千八九千八火◎千八　九千八火◎七二百七◎ん三　〇九十一の◎七七◎ん三　〇七火の九二〇七火二一三〇つ一て一の◎九十三◎日　九ん十の♀火け八二て日九日〇ね八けん十十◎んの三三　⦿八三の二ん三んの九九◎十◎二丨つ◎のてア◎火◎　一んねん二火一百のて百五日てキん九十百ア◎火◎　日火十日火◎一丅日て♀◎て九丅三◎日

八かつ二十か　一二⦿

【訓解文】

日本の人民よくならねば、世界の人民よくならんぞ。日本の上の人よくならねば日本人よくならんぞ。祈る土地は造れよ。専一、平和祈らななららんぞ。そのくらいわかりておろうが。今ぢゃ口ばかりぢゃ、口ばかり何もならんぞ。まこと祈らなならんぞ。真中(まなか)の国、真中に、膝まづいて祈り事されよ。今度のお蔭は筆よく読まねば見当取れんのざぞ。⦿はその人民の心通りに写るのであるから、因縁深い者でも御用出来んこともあるから、よほどしっかり致しておりて下されよ。

八月二十日、一二⦿。

十七

19—17［421］

〇十一(まどい)のア八二て(はふで)千八(ぢゃ)　ヤ十ワ十八火丅◎十三キ◎(とことはひだりとみぎり)千八(ぢゃ)　キ日三十キ日ー(よーさとよーう)千八(ぢゃ)　㋳十㋻八三(とはそ)の
丅⦿け(たすけ)千八(ぢゃ)　キ日三火(よーさほ)　キ四ー火(よーうほ)千八(ぢゃ)　ヤの火八(ほは)㋻千八(ぢゃ)　ワの火八(ほは)㋳千八(ぢゃ)　アヤワ㋳㋻火百十千(がもとぢ)
八(や)　三の日丅二七二ん十七二ん(そしたにとに)千八(ぢゃ)　千一十二九(せいとふく)千八(ぢゃ)　三の日丅二日十九二ん(そしたしじゅうくに)千八(ぢゃ)　〇火◎丅火(わかりたか)
〇十一一八三火く一日一(まどいいやさかいしい)　日日丅(しよだ)　火三一(かさい)　丅けー千(たけうち)　五九◎三(ごくろーぞ)　一日火三(いしかみ)　一日百十(いしもとー)　一(い)
十(とー)　火日〇◎(かじわら)　火んへ(かんべ)　三へ丅(みえだ)　つつキ(つづき)　五九◎(ごくろー)　♀十(おだ)　火十丅火〇六◎(かどたかわむら)　丅火丅(たかた)　三十火つ(さとーかつ)
火十九(かとく)　三三キ五九◎(ささきごくろー)　ア◎キ(ら)　♀つ〇(おーづま)　一三へ(いそべ)　〇⦿七火(ますなが)　二火(にか)　八八日(はやし)　ア三火〇(さかわ)　⦿十(すどー)

火キ三キ　キ六◎　九〇つ八◎　ア七丅　火一　七火日〇　一の　火ね日け　火三〇　火〇丅
三一十　三一　丅火キ　八の　二日三〇　⚲火〇　火日〇　八キ八◎　一日一⚲九　日日丅　⚲
九　⚲丅　⚲九　てん◉　⚲九　火ねて　ア〇千て四十九　九の八日◎三　の九◎二ててん◉日
キ二千日　三七五九◎七火◎二の五日て七キアて　ア八◎八◎て九丅三◎日　〇十一つ九て日一
三　つ日九二三丅千日　九十一日七◎十　百十八三の〇〇千八三　九ん十の五日八一つの〇火◎
の五日千八三　二て日九日六の千八三　三丅〇の日日◎一丅んく〇火◎て九◎三　卍三ん三丅
〇〇つ◎の五日か◎　火火◎て九◎日　ーつ日日の三◎の五日け九一◎け火火八九三
八かつ二十八二ち　一二⊙

【訓解文】

集いのアは筆ぢゃ。ヤとワとは左と右ぢゃ。教左と教右ぢゃ。㋳と㋻はその補ぢゃ、教左補、教右補ぢゃ、ヤの補は㋻ぢゃ、ワの補は㋳ぢゃ、ア、ヤ、ワ、㋳、㋻が元ぢゃ、その下に七人と七人ぢゃ、正と副ぢゃ。その下に四十九人ぢゃ、わかりたか、集い弥栄々々。イシイ、ショウダ、カサイ、タケウチ、ご苦労ぞ。イシカミ、イシモト、イトウ、カジワラ、カンベ、ミエダ、ツヅキ、ご苦労。オダ、カドタ、カワムラ、タカタ、サトウ、カツ、カトク、ササキ、ご苦労。アラキ、オーヅマ、イソベ、マスナガ、ニカ、ハヤシ、アサカワ、スドウ、カキザキ、キムラ、コマツバラ、アヒダ、カイ、ナカジマ、イノ、カネシゲ、カザマ、カワダ、サイトウ、サイ、タカギ、ヤノ、ニシザワ、オガワ、カシマ、ハギワラ、イシイ奥、ショウダ奥、オダ奥、天明奥、かねて併せて四十九、九の柱ぞ。残る筆、天明よきにせよ。皆御苦労ながら、次の御用手引き合って、天晴（あっぱ）れやりて下されよ。集いつくってよいぞ。強く踏み出せよ。くどいようなれど元はそのままぢゃぞ。今度の御用は一つの分かれの御用ぢゃぞ。筆よく読むのぢゃぞ。身魂の性来だんだんわかりて来るぞ。万民御霊祀りの御用からかかりてくれよ。顕し世の祖霊の御用、結構ひらけ輝くぞ。

八月二十八日、一二⦿。

十八

19—18［422］

十の三丅〇百力のつ日一三丅〇八火◎　日九百アつ〇丅百の千八十♀百てア◎か　三の力のつ日一百の火　♀丅か一二力♀♀◎て　十けアて百の五十上十⦿◎の千八三　九九かつ八か〇て二⦿九◎十〇つ◎火へて九◎日　〇七火二五三丅一の♀⦿三〇　五三丅一の♀⦿三〇　アメの一二の♀⦿⦿三〇　九二の一二の♀⦿⦿三〇　アメの⦿三〇　か千の⦿三〇　一〇の⦿三〇　アレの⦿三〇　二日んの⦿三〇　一八三火〇つ◎け九三三　火丅〇二卍丅〇の⦿三〇　日の百十火◎

の一キ⊙三〇　百百の⊙三〇ー二⊙七三〇日キ二〇つ◎け九一丅日〇つ◎一九◎日　三の水キ二
九二の一二の⊙⊙三〇　丅〇の百◎くの⊙三〇　アつ九〇つ◎け九三

八かつ二十九二ち　一二⊙

【訓解文】

どの身魂も我の強い身魂ばかり、よく集まったものぢゃと思うであろうが、その我の強い者がお互いに我を折りて、融け合って物事成就するのぢゃぞ。旧九月八日までにすっくりと祀りかへてくれよ。真中に御三体の大神様、御三体の大神様、天の日月の大神々様、地の日月の大神々様、雨の神様、風の神様、岩の神様、荒の神様、地震の神様、弥栄祀り結構ぞ。その左に万霊の神様、世の元からの生神様、百々の神様、産土様、よきに祀り、結構致し、祀りはじめくれよ。その右に地の日月の神々様、霊の諸々の神様、篤く祀り結構ぞ。

八月二十九日、一二⊙。

十九

19―19［423］

リ九の♀十一◉三〇か　日んリキア八◎三　九ん二ん十の♀てつ丅一　か一五九て八⊙のての
⊙三〇　⊙か一ゆか一けんか一三三丅◉て　二て日〇ね八ー〇つ◎八火◎て八七二百七◎んの三

三　キつけてけ九三　⦿か百の百⦿｜千二キ九百の千八　千日◉んキ⊤◎百三ん三　ア九十か九
八七五八つつ火ん九十三◎く〇火◎て九◎三
八かつ二十九二ち　一二⦿

【訓解文】

龍宮の乙姫様が神力天晴れぞ。金神殿お手伝い。外国では日の出の神様。神界、幽界、現界、見定めて筆読まねば、表面ばかりでは何もならんのざぞ。気つけて結構ぞ。⦿が物申すうちに聞くものぢゃ、帳面切ったら申さんぞ。悪と学は長うは続かんこと、そろそろわかりて来るぞ。

八月二十九日、一二⦿。

二十

19—20 [424]

⦿⦿三〇の♀〇へ二百日アけ〇⦿　九の⊤一の一八十七◎キの五日んキ日二七火一三の五かつ十ね火一アけ〇⦿　♀⦿三〇の♀三九九◎十三九九◎ア〇千七三れ　一十⊤火キ⦿の八⊤◎キね火一アけ〇⦿　千か一の⊤三◎か二千く♀火日〇日⊤つ三けか◎ア八〇千八　七二十三⦿七♀一大七♀一二　三七火日キヽ七火日九⊤三一〇日て　九の｜へ七火◎の五日五ね火一アけ〇⦿

九◎八⦿⦿三○への千か一てア◎三
八かつ二十九二ち　一二⦿

【訓解文】

⦿⦿様の大前に申し上げます。この度の岩戸開きの御神業に、なお一層の御活動願い上げます。大神様の大御心と御心あわせなされ、いと高き神の働き願い上げます。世界の民等が日々犯しました罪、穢れ、過ちは、何卒神直日大直日に見直し聞直し下さいまして、この上ながらの御守護願い上げます。これは神々様への誓であるぞ。

八月二十九日、一二⦿。

二十一

19—21［425］

丅て火へ火十ねんの一丅十日◎日てア◎火丅て火へ♀三九七◎て　三◎火◎丅て七♀日二火火◎丅のて八二ん三ん○つ二◎十七◎火◎　丅て七♀日八日八日火火◎火◎十キ火日てア◎か　二ん三ん二八七かく○火◎ん七◎十　千火一のう五キ日九三て五日け九三　日の丅て火へ八三の日五火の日五十日◎日てア◎九十○⦿◎⦿二二て日◉日　十九◎くの｜千⦿三○八二火んの｜

千て五日七三◎の千八　十ん七〇十一百二て百十千八　二てて七◎火七七◎ん三　千八か九も一◎七◎十　千八か九て八七◎けん三　〇九十て七◎一て九ー三◎日

八かつ三十二ち　一二(ゝ)

【訓解文】

立て替へが十年延びたと知らしてあろうが。立て替へ遅くなりて、それから立て直しにかかりたのでは人民丸潰れとなるから、立て直し早う早うかかるからと聞かしてあろうが、人民にはなかなかわからんなれど、世界の動きよく見て御用結構ぞ。世の立て替へは水の守護、火の守護と知らしてあること忘れずに筆読めよ。所々の氏神様は日本の内で御用なさるのぢゃ。どんな集団(まどい)も筆元ぢゃ、筆で開かなならんぞ。知や学も要るなれど、知や学では開けんぞ。まことで開いて下されよ。

八月三十日、一二(ゝ)。

二十二

19—22〔426〕

八〇丅の⚲◎千⚲八二⊙　ア九の(ゝ)(ゝ)三〇〇つ◎九◎日　九九◎日てけ九二〇つ◎一　九丅三◎日　九の九十八九一んの三九九◎へ日　一八十一◎九一つのかキ三三　九の〇キ　〇つ◎の〇キ

八かつ三十二ち　一二(ゝ)

【訓解文】

八岐大蛇をはじめ、悪の⊙⊙様祀りくれよ。心して結構に祀りはじめ下されよ。このこと役員のみ心得よ。岩戸開く一つの鍵ざぞ。この巻、まつりの巻。

八月三十日、一二⊙。

二十三

19—23［427］

ア九火千二丁ち火へ◎て（くがぜんにたちかへりて）　一八三か七◎日二（いやさかなるよーに）　十◎千かへ七キ日〇つ◎九◎日（とりちがへなきよーまつりくれよ）　五日大せつ三（ごよーたいせつぞ）

八かつ三十一二ち　一二⊙（ひつぎ）

【訓解文】

悪が善に立ち返りて弥栄（いやさか）なるように、取り違えなきよう祀りくれよ。御用大切ぞ。

八月二十一日、一二⊙。

第二十巻

梅の巻

ん⦾の◯キ（うめのまき）

自　昭和二十一年九月二十八日
至　昭和二十一年十二月十四日

一―二十八

九ん十の〒て火へ八てキ十て二キ◎ね八七◎んの千八　火〒キ八九の⊙⊙三〇二ん三ん日　八
日〒つねて五三◎日　九の火〇千二くて一◎三　七八〒のて八九九◎火◎て七一十八九二〒〒
んの千八三　九の二て　十三の〇キか◎八八◎の七火の♀九〇て三ぬかんて八三十十けんて八
三千て九〒三◎七日　一〇二一◎く十三〒〇アつ〇て九◎か◎　十二の〇キも日つけア◎日
二　千八ん十日て♀一て九〒三◎日　三つ◎キの♀⊙　九かねの♀⊙　日◎火ねの♀⊙十十七へ
〇つ◎け九く三　け九一〒日〇つり九◎日　♀◎千　九火　二八キの三大小とののおん千か
◎〇つ◎て　一八三火日九日キ二ー五九三　火◎け火火八九三　一火◎の三日十七◎三
九かつ二十八二ち　ひつ九の⊙

【訓解文】

今度の立て替へは敵と手握らねばならんのぢゃ。敵役の⊙⊙様、人民よ、早う訪ねてござれよ。この方待ちに待ちているぞ。引っ張ったのでは、心からでないと役に立たんのぢゃぞ。この筆十三の巻からは、腹の中の奥まで見抜かんでは、見届けんでは、見せて下さるなよ。今にいろいろと身魂集まって来るから、十二の巻も申し付けあるようにちゃんとしておいて下されよ。御剣の大神、黄金の大神、白銀の大神と唱へまつれ結構結構ぞ。結構致し祀りくれよ。大蛇（おろち）、九尾、邪鬼の三大将殿の御力祀りて、弥栄よくよきに動くぞ。ひらけ輝くぞ。光の御代となるぞ。

九月二十八日、ひつ九の⦿。

二

20—2［429］

かへ三丅◎一九○てもつ九◎ア◎三　九九◎日て十◎千火一千日二　⦿の九九◎八日九三十◎日　九の火の日九三二ん三ん二八○か◎んか◎　十七◎九十火十八九一んも日ん八一七三◎七◎十日アけ◎ーく三て九丅三◎⊙丅二○千火一七一の千八三日　ー○一九千二の◎て七一三　ー○一九千♀一○二もて九◎か　ー○一九千二の◎て七一三　ー○一九千二八○九十七一火◎　九ノ火三千せ火一の♀三八　○九十日◎七一十も日てア◎か　○九十の○九十八二て日○ね八○火◎んの千八三　ひつ九の丅三の♀千二八五日ん⊙か五日んせキか　五日ん丅一十日て丅一一日の♀ー⦿三○十日て　アメのひつ九の♀か三三○　九二のひつ九の♀か三三○　十十七へ一つキ○つ◎け九一丅日九◎日　一の三八　二の三八　七十の○つ◎てん⊙二日◎日てア◎三　十一ん十の◎三三○八七火の三八二　丅八十一んの⦿⦿三○十日て　二の三八二け九○つりて日一三　一

つ◎も八三火一八三火三

九かつ二十八二ち　ひつ九の⊙

【訓解文】

替へ身魂いくらでもつくりあるぞ。心して取り違ひせんように⊙の心早う汲みとれよ。この方の仕組み、人民にはわからんから、どうなることかと役員も心配なさるなれど、仕上げりゅうりゅう見て下され。めったに間違ひないのぢゃぞ。うまい口に乗るでないぞ。うまい口を今に待ちて来るが、うまい口に乗るでないぞ。うまい口にはまことないから、この方三千世界の御道はまことよりないと申してあろうが、真実のまことは筆読まねばわからんのぢゃぞ。ひつぐの民の家には御神名か御神石か、御神体として、代表の大神様として天之日月の大神様、地之日月の大神様と唱へ斎き祀り結構致しくれよ。一の宮、二の宮などの祀り天明に知らしてあるぞ。道院殿、老祖様は中の宮に、他は道院の⊙⊙様として次の宮に結構祀りてよいぞ。いづれも弥栄弥栄ぞ。

九月二十八日、ひつ九の⊙。

三

20—3［430］

三七のもの五九◎三　千火一の丅三のか一つ九◎日　二ん三ん♀火三ア二の三三　三七二〇つ
◎へ十百日てア◎か七　〇十一つ九◎つ九◎　三七♀◎火三ア二の三三　〇十一の日◎日八⊙三

⚲◎火三ア二丅けの〇十一て日一三　◎九つア九三三　九ん七九十一八んて百〇かて⚲◎か二て日め日

十かつ八か　ひつ九のか三し◎す

【訓解文】

皆の者ご苦労ぞ。「世界の民の会」つくれよ。人民拝みあふのざぞ。皆にまつろへと申してあろうがな。集いつくれつくれ、皆拝みあふのざぞ。集いのしるしは(ゝ)ぞ。拝みあふだけの集団でよいぞ。理屈悪ざぞ。こんなこと言はんでもわかっておろうが、筆読めよ。

十月八日、ひつ九のか三しるす。

註　世界民の会　昭和二十一年秋、佐々木精治郎を中心に結成された（黒川二四八頁）。

四

20—4［431］

九の二て九一百の二日日十てゝゝ九◎もの丅んくア◎七◎十　三七アて八つ◎て日百三　アて八つ◎て(ゝ)のも九てキ七◎三　八九一んとの二千八火七一日二　キつけ九◎日　〇つ◎け九(ゝ)かアつけてア◎百の八アつ火丅二ん三ん日キ二十◎八火◎へ日　⚲キ千三一の九へつ七一三

千◎一火んても⦿のもの三十も日てア◎か　千◎一火んー五火⦿二一一⦿の九九◎キて八て一
◎十八一八三三　アつけ◎二八アつけ◎┬けの一んねんア◎の三三　アつか┬二ん三ん日キ二千
日⚲九八〇十九二ーつても日一十百日てア◎か七　⦿の三一八三火

十かつ　十三ち　ひつ九のか三

【訓解文】

この筆食い物にしようとて出て来る者だんだんあるなれど、皆当て外れてしまうぞ。当て外れて⦿の目的成るぞ。役員殿不調法ないように気つけてくれよ。まつり結構。⦿が預けてあるものは、預かった人民よきに取りはからへよ。大き小さいの区別ないぞ。塵一本でも⦿のものざと申してあろうが。塵一本動かすに、いちいち⦿の心聞いてやっているとは言はさんぞ。預けるには預けるだけの因縁あるのざぞ。預かった人民よきにせよ。奥山どこに移ってもよいと申してあろうがな。⦿の道弥栄。

十月十三日、ひつ九のか三。

五

20—5［432］

二二キの三九十⚲て〇日三　二二キ十八二二のキの⚲ん八九てア◎三　火三火火◎て千か一十
の九十七んて百〇火◎日二⚲もて一◎十　ゝんても七一九十二七◎三　九の〇〇二日て火て⚲九

十一九三⦿ん丅ても七九　十十◉百三千千火一十の大七ん十七◎火◎　八日か一四んけ九三　ア九のうへの日五二ん　七火の四五二ん　日もの日五二んの火一日んてキんもの八　一九◎火ア一九千八十て日日八てキん三　一日くてんの♀⦿三〇の五◉◎十◎二⦿⦿三〇三火火◎三

十一かつ　十六二ち　ひつ九のか三

【訓解文】

ニニギの命お出ましぞ。ニニギとは富士のキの御役であるぞ。神憑かりで世界中のこと何でもわかるように思うていると、とんでもないことになるぞ。このままにして放ちておくと、戦さすんだでもなく、とどめも刺せん、世界中の大難となるから早う改心結構ぞ。悪の上の守護神、中の守護神、下の守護神の改心出来ん者はいくら可愛い子ぢゃとて、容赦出来んぞ。いよいよ天の大神様の御命令通りに⦿様総がかりぞ。

十一月十六日、ひつ九のか三。

六

20—6［433］

ア◉の⦿火千の⦿ゆわのか三ア◎の⦿二日んのか三　百百八百卍のか三く三〇　五火つ十八け日九七丅三　二ん三ん◉アけて♀◎ん九十二七◎三　てけ◎丅け♀丅八火二一丅日丅一七◎十

◯火◎丅日ん三ん二千く♀◯一♀一の◎け九一丅日九◎日　大十け丅七◎て火◎て八一九◎
火一日ん一丅日◯◉　十も日てもゆ◎日て九◎十百日ても　ゆ◎◉九十てキん火◎　二火ん二八
二火んの日五の◉　日七二八日七　火一五九二八火一五九の　三れくの日五の◉ア◎九十◯◉
◎◎七日　◉◉三◯も千八も千八キ日⊚て九◎日　♀八九け九三

十一かつ　十六二ち　ひつ九のか三

【訓解文】

雨の◉、風の◉、岩の神、荒の◉、地震の神、百々八百万の神々様、御活動激しくなったぞ。人民目開けておれんことになるぞ。出来るだけおだやかに致したいなれど、わかりた臣民日々お詫びお祈り結構致しくれよ。大峠となりてからでは、いくら改心致しますと申しても、許してくれと申しても、許すこと出来んから、日本には日本の守護の◉、支那には支那、外国には外国の、それぞれの守護の◉あること忘れるなよ。◉◉様、持ち場持ち場清めてくれよ。御役結構ぞ。

十一月十六日、ひつ九のか三。

七

20—7 〔434〕

四十七十日十八て日ア丅◎日九一丅◉三　三二んつ九て三二ん日のも十十一丅◉三　三二ん♀

火ⓞ丅⊙三　日二♀千て○ⓞ⊙⊙三○　二ん三ん三○♀日二♀アけ千七ⓞん三　ア九⊙の九二火ⓞ八日○て　千か一の♀一九三一日く八け日九七て九ⓞ三　七二五十もキ日◉九ⓞ日　キ日◉ⓞ十八○つⓞ九十三

十一かつ　十六二ち　ひつ九のか三

【訓解文】

四十七と四十八で世新しく致すぞ。三人使うて三人世の元と致すぞ。三人を掘り出すぞ。世に落ちて坐す⊙⊙様、人民様を世にお上げせんならんぞ。悪⊙の国からはじまって世界の大戦さいよいよ激しくなって来るぞ。何事も清めくれよ。清めるとはまつろうことぞ。

十一月十六日、ひつ九のか三。

八

20—8［435］

九千十九九ⓞ十♀九七一十　三つ三ⓞ十ⓞ九ん十八つキ二ヽ一ⓞ丅九ⓞ日　ヽ八⊙ち八二て千八　二ても十千八十も日てアⓞ火　三つ三ⓞても火ん二んの二て八ⓞ二八一て♀ⓞん十七ん二も七ⓞん九十二七ⓞ三　九フ九フ九ⓞん十七て一ⓞ九十も○火ⓞてアⓞか　五日一三んてつ火へ○

つ◎(れ)日(よ)
⊙(め)三(さ)⊙(め)丅(た)◎(ら)三(そ)の一(ひ)の一(い)の千(ち)一(い)丅(た)丅(だ)一(い)丅(た)の千(ぢ)八(や)十(と)も日(し)てア◎(ろー)　ア丅(た)◎(ら)日(し)キ一(い)の千(ち)一(い)八(や)三(さ)火(か)二(に)生◎(れ)
◎(る)の千(ぢ)八(や)　け(け)二(ふ)一(ひ)十(と)一(ひ)⦿二(に)つかへ○(ま)つ◎(れ)日(よ)　ア丅(た)へ◎(ら)◎(れ)丅(た)日(し)五(ご)十(と)五(ご)日(よー)三(ざ)三(ぞ)　一(い)の千(ち)三(ざ)三(ぞ)　十(と)◎(り)千(ち)
火(が)一(ひ)二(い)丅(た)⦿(す)て(で)七(な)二(い)三(ぞ)
七(ひち)かつ(が)二(に)七(な)◎(る)十(と)ー(う)への二(じ)ん三(み)ん八(ば)ん十十(とーど)の　火(か)火(ほ)の一(い)◎(ろ)○(わ)◎(る)七(なつ)て九(く)◎(る)三(ぞ)　八(はち)九(く)かつ(が)十(と)七(な)◎(れ)八(ば)一(い)
日(よ)く火(かわつ)○て九(く)◎(る)三(ぞ)　アキのも三千(みぢ)の一(い)◎(ろ)火(か)○(わ)◎(る)三(ぞ)
一(い)九(く)◎(ら)一(い)んねんア◎(り)ても　三(み)丅(た)○(ま)九(く)もて一(い)◎(る)十(と)九(こ)ん十(ど)八(は)キの十(ど)九(く)てキ(で)◎(る)火(か)◎(ら)　九(こ)ん十(ど)七(ひ)キ日(よ)千(せ)
◎(ら)◎(れ)丅(た)二(じ)ん三(み)ん千(ぢ)八(や)十(と)て　八(や)九(く)一(い)ん千(ぢ)八(や)十(と)一(い)二(ふ)て千十(ちつと)もキゆ◎(る)日(し)てキ(で)ん　⦿(す)ん丅(だ)九(こ)十(と)丅(た)○(ま)て(で)二(ふ)て(で)
日(よ)三(み)アけ(げ)て九(く)◎(れ)日(よ)　三千(さんぜん)せか一(い)二(に)キ火(か)⦿(す)の千(ぢ)八(や)　三(そ)ん七(な)九(こ)十(と)て(で)日(よ)か(が)日(よ)九(く)七(な)◎(る)火(か)十(と)　二(じ)ん三(み)んも⦿(す)
て(で)ア◎(ろー)七(な)◎(れ)十(ど)　⦿のも⦿(す)十(とー)◎(り)　○(わ)火(か)◎(ら)一(い)ても(で)⦿のも⦿(す)十(とー)◎(り)二(に)八(や)て九(く)丅(だ)三(さ)◎(れ)日(よ)　三千(さんぜん)せ火(か)一(い)二(に)火(ひ)火(び)
キ○(わ)丅(たつ)て　⦿⦿三(さ)○(ま)も日(し)ん三(み)ん二(じ)ん三(み)ん三(さ)○(ま)も　九(こ)九(こ)◎(ろ)の七(な)火(か)火(か)◎(ら)火(か)一(い)日(し)ん⦿(す)◎(る)日(よー)二(に)七(な)◎(る)の三(ざ)三(ぞ)
日(よ)火(が)千(せ)○(ま)◎(り)て一(い)◎(る)九(こ)十(と)八(は)　十(ど)の⦿⦿三(さ)○(ま)二(に)も二(じ)ん三(み)ん二(に)も日(よ)九(く)○(わ)火(かつ)て一(い)て　○(ま)九(こ)十(と)も十(と)⊙(め)て五(ご)
三(ざ)◎(る)の千(ぢ)八(や)　○(ま)九(こ)十(と)日(し)◎(ら)日(し)て八(や)◎(れ)日(よ)

七二も火も一十二てて九◎三　一〇日二八け日九七て九◎三　十⊙◎九十もてキん日二　ア九
⊙ア九の二ん三んてもア日も丅千九十二　♀◎火三七て九◎三　キりく〇一　千七◎ん九十二
七て九◎三　キりく〇二も日キ十ア日キ十ア◎三　日キ八け九千八七ア　七かく千八

十一かつ十六二ち　一二⊙

【訓解文】

口と心と行と三つ揃たら今度は次にゝ入れてくれよ。ゝは⊙ぢゃ、筆ぢゃ、筆元ぢゃ、と申してあろうが。三つ揃ても肝腎の筆腹に入っておらんと何にもならんことになるぞ。九分九分九厘となっていることもわかるであろうが、御用勇んで仕へまつれよ。

目覚めたらその日の生命頂いたのぢゃと申してあろう。新しき生命弥栄に生れるのぢゃ。今日一日⊙に仕へまつれよ。与へられた仕事御用ざぞ。生命ざぞ。取り違ひ致すでないぞ。

七月になると上の人民番頭殿、顔の色悪うなって来るぞ。八、九月となればいよいよ変わって来るぞ。秋の紅葉色変わるぞ。

いくら因縁ありても身魂曇っていると今度は気の毒出来るから、今度引き寄せられた人民ぢゃとて、役員ぢゃと言ふて、ちっとも気ゆるし出来ん。澄んだ言霊で筆読み上げてくれよ。三千世界に聞かすのぢゃ、そんなことで世が良くなるかと人民申すであろうなれど、⊙の申す通り、わからいでも⊙の申す通りにやって下されよ。三千世界に響き渡って⊙⊙様も、臣民人民様も、心の中から改心するようになるのざぞ。世が迫りていることは、どの⦿⦿様にも人民にもよくわかっていて、まこと求めてござるのぢゃ。まこと知らしてやれよ。

何もかも一度に出て来るぞ。日増しに激しくなって来るぞ。どうすることも出来んように、悪⦿(がみ)、悪の人民、手も足も出せんことに、（〔第一訳文に以下の一文あり〕何から何まで、何が何だかわからんことに）折り重なって来るぞ。きりきり舞いせんならんことになって来るぞ。きりきり舞いにもよきと悪しきとあるぞ。よきは結構ぢゃなあ、なかなかぢゃ。

十一月十六日、一二⦿。

九　20—9〔436〕

◯◎一九十八火け九千千⦿二　日ん千つ二キつけアて七か日け九三　火け九千日♀け火日♀の
◎け火⦿の三三　キ火ん二ん三ん八十キ◯千てキつけ九◎日　エんア◎二ん三ん三七♀八八◎火
◎三三　◯ん日ん十◎千火一｜丅火一十かか　九の三の♀キ千八◯十七◎三　九十一日七◎十九
◎火へ日く〵キつけ♀九三　十キキ丅◎十キ丅⦿もの千八　♀八の九九◎三日て九か◎⦿⦿んて
⦿◎もの千八三　三の九九◎日キ二三キ火三
ものキ九も日一火キ火んて八◯火◎ん日て八火一五九三丅◯三　⦿の日ん三ん♀八の九九◎｜

つ日て一〇◎ん三キ二⦿◎もの千八三　日八日ん火一火◎三丅◎丅のてア◎三　二んけん火一火◎日十て七火日て　九二の一八十二んけん火一◎一て三千◎十一二火十の　キ八九七九て七◎んの三三　三のキ八九三キ火の三三　一八十一◎け◎三

十一かつ十六二ち　ひつ九の⦿

【訓解文】

悪いことは蔭口せずに、親切に気つけあって仲良う結構ぞ。蔭口世を汚し、己汚すのざぞ。聞かん人民は時待ちて気つけくれよ。縁ある人民、皆親同胞ざぞ。慢心、取り違ひ、疑ひと我がこの道の大き邪魔となるぞ。くどいようなれど繰り返し繰り返し気つけおくぞ。時来たら説き出すものぢゃ。親の心察して子から進んでするものぢゃぞ。その心よきに幸ふぞ。

もの聞くもよいが、聞かんではわからんようでは外国身魂ぞ。⦿の臣民、親の心うつして言われん先にするものぢゃぞ。世は神界から乱れたのであるぞ。人間界から世立て直して、地の岩戸人間が開いて見せると言ふほどの気迫なくてならんのざぞ。その気迫幸ふのざぞ。岩戸開けるぞ。

十一月十六日、ひつ九の⦿。

二九十一火九の日て八丅一千つてア◎火◎　二九十一♀キつつけ丅◎九◎日⊙丅◎　三の日五
二ん八三れ十けの⊙九◎♀の三三　◎◎十も日て二九丅一九◎日⊙て八七◎んの三
一○の二ん三ん十て♀キの○九十の千七一火◎　もて一◎千♀三七丅日て日もか◎　｜○へ八
火◎火三◎て◎八二三千日十日て一◎火◎　一三十一二十キ二八○二ア○んの千八　｜○へ日火
三へん火◎○九十の九十○火◎んか◎⊘の一二九十　○火◎んのも十◎千八七ア
丅て七火日の日九三◎八二てキて一◎火◎日ん八一一丅⊘て七一三　丅て火への八日二の八日
て一◎　⊘の九九◎○火◎ん火◎　ア○◎の八日て八○つ二◎二ア九の○七二♀千◎火◎　十十
⊙の一◎んの二丅アけ◎火◎　⊙アけて♀◎ん九十二七◎三　八日日◎千◎二ん三ん二八　日◎
千て八◎日　○つ七二ん二日◎千十も日てア◎が七
ひつ九のか三

【訓解文】

肉体がこの世では大切であるから、肉体を傷つけたら苦しめたら、その守護神は、それだけのメグリ負うのざぞ。霊々と申して肉体苦しめてはならんのざ。

今の人民とっておきのまことの智ないから、持っている知を皆出してしまうから、上面(うわべ)ばかり飾りて立派に見せようとしているから、いざと言ふ時には間に合わんのぢゃ。上面しか見へんから、まことのことわからんから、⦿の言ふことわからんのも道理ぢゃなあ。

立て直しの仕組み、立派に出来ているから心配致すでないぞ。立て替へ延ばしに延ばしている⦿の心わからんから、あまり延ばしては丸潰れに、悪のワナに落ちるから、艮(とど)めの一厘の蓋開けるから、目あけておれんことになるぞ。早う知らせる人民には知らせてやれよ。まづ七人に知らせと申してあろうがな。

ひつ九のか三。

十一

20―11［438］

二火(にほ)んの丨(う)へ二丅(にた)つもの二火一五九(にがいこく)の♀日(おし)へつ丅(た)へて　火一五九丅○二一丅日丅(がいこくだまにいたした)の八(は)　一○二(いまに)八千○丅九十て八七一三(はぢまつたことではないぞ)　火一五九(がいこく)の日日(しよー)ね一◎丅(いれた)のか一八十日(がいはとし)⊙(め)てア◎三(でるぞ)　五丅一三三(ごたびざぞ)　○火(わか)◎丅火(りたか)　三◎♀(それを)も十二(とに)も十⦿(どす)のてア◎火◎(でるから)　九ん十(こど)の五日七火(ごよーなか)くてア◎三(でるぞ)　七(な)かつヱか◎(ら)の⦿(かみ)⦿三○二八○火◎(がみさまにはわから)ん九十三十(ことざと)も日(し)てア◎九十(ること)も　火(が)てんてキ◎てア◎(でるでろー)か七(がな)
九(こ)の二て八◎二一◎(ふではらにいれ)て♀◎八(おれば)　十(ど)ん七九十(なこと)アても三キ(さ)二日◎日(にしらし)てア◎火◎日(るからし)ん八一七一(ぱいない)の三(ざ)

三◎て丅十⦿九〇火◎火◎（それでたとすぐわかるから）　十⦿〇て一◎火◎七二五十もけ九二⚲火け一丅丅九の三（どーすわっているからなにごとけっこーにおかげいただくざ）　日ぬ十キ（しと）
八日ん丅火日九（はしだがよく）　ア三二十キ八ア三へく｜◎日く三三（そぶとはそべうれしざぞ）

十一かつ十六二ち　ひつ九のか三（くみ）

【訓解文】

日本の上に立つ者に外国の教へ伝へて外国魂に致したのは、今にはじまったことではないぞ。外国の性根（しょうね）入れたのが岩戸閉めであるぞ。五度ざぞ。わかりたか。それを元に戻すのであるから今度の御用なかなかであるぞ。中つ枝からの神々様にはわからんことざと申してあることも合点出来るであろうがな。この筆腹に入れておれば、どんなことあっても先に知らしてあるから心配ないのざ。それ出たとすぐわかるから、胴すわっているから何事も結構にお蔭頂くのざ。死ぬ時は死んだがよく、遊ぶ時は遊べ遊べ、嬉し嬉しざぞ。

十一月十六日、ひつ九のか三。

十二

20―12［439］

〇ん二つの千日十八⦿の日ん三んの九十てア◎三（ばぶちよーとはしみことでるぞ）　千火一の二ん三んも三七〇ん二つの千日て（せかいじみみなばぶちよーで）ア◎三（るぞ）　九の日の⦿八日ん三ん千八三（こよはしみぢやぞ）　⦿二ついての日五三丅〇三（にでよいみたまぞ）　日ん三ん八九二の一二の⦿（しみはくにひつぎ）

三◯三三　ひの九て八け十⊘◎七日　キつけ♀九三　日二てて一◎日五二んの⊘◎九十日◎て♀◎三　も十の一キ⊘三◯♀ん一火丅お千か◎丅日七三◎丅◎　てもア日もてん九十二七◎の千八⊘りキ十火九りキ十の一日くの千火◎九◎へ千八　も十の一キ⊘三◯の♀ん一二キ　十ん七二♀千火◎ア◎ものか　九ん十八◉二もの三千ね八七◎ん九十二七丅三　二九丅一八火◎火　◯◯ての二七◎八も日◎ん三　二◎へア火◎三　◎火⊘三　◎火⊘の♀ん八丅◎キ三十も日てア◎か七

十一かつ　十六二ち　ひつ九のか三

【訓解文】

万物の長とは⊘の臣民のことであるぞ。世界の人民も皆万物の長であるぞ。この世の⊘は臣民ぢゃぞ。⊘に次いでの良い身魂ぞ。臣民は地の日月の神様ざぞ。火の粉でやけどするなよ。気つけおくぞ。世に出ている守護神のすること知れておるぞ。元の生き神様御一方御力出しなされたら手も足も出んことになるのぢゃ。⊘力と学力とのいよいよの力くらべぢゃ。元の生き神様の御息吹き、どんなにお力あるものか、今度は目にもの見せねばならんことになったぞ。肉体ばかりか、魂まで無になるやも知れんぞ。震へ上がるぞ。◎が⊘ぞ。◎が⊘の御はたらきざと申してあろうがな。

十一月十六日、ひつ九のか三。

十三

20—13［440］

アメの一八十八火◎て七一三　九二の一八十日ん三んのてて一◎火七七◎ん三　○九十一て火◎九の千八三　○九十の丅千火◎♀の⊙　○九十の丨⊙◉の三九十十の五日け九三　丅○日丅一八十一◎キて八丅○日丅⊙三○♀て○日三三　九の十◎八火◎ん火　十◎千火一キん百つ三　丨○◎ア火九の九九◎二七◎八○火◎の千八三　一○の日ん三ん♀⊙三○ア火◎一十♀もて一◎か♀⊙三○○九十の日の♀九十の♀⊙三○十ん七二ア火◎一火けん十十◎○一火七　三て五三◎三五十七日十一丅日て♀ん◉二火け◎三

二て日三てキ火千て八◎日一八七火火⊙◎二ん三んア十○○日千八三　十一つ九二ん三んエんア◎の千八　八日日三キ火⊙二て日◎○けて♀丨て九十三◎日　○二ア○ん三　五二◎七一日二一丅日九丅三◎日

十一かつ十七二ち　一二のか三

【訓解文】

天の岩戸ばかりでないぞ。地の岩戸臣民の手で開かなならんぞ。まこと一つで開くのぢゃぞ。まことの手力男の☉、まことの宇受売の命殿、御用結構ぞ。騙した岩戸開きでは騙した☉様お出ましざぞ。この道理わからんか、取り違ひ禁物ぞ。生まれ赤子の心になればわかるのぢゃぞ。今の臣民、お日様明るいと思うているが、お日様、まことの世のまことのお日様どんなに明るいか見当とれまいがな。見てござれ、見事な世と致して御目にかけるぞ。

筆読みて聞かせてやれよ。嫌な顔する人民後まわしぢゃぞ。飛びつく人民縁あるのぢゃ、早う読み聞かす筆より分けておいて下されよ。間に合わんぞ。御無礼ないように致し下されよ。

十一月十七日、一二のか三。

十四

20—14［441］

二火ん二八五九九ー三のものぬのもの八○のもの　三七二ん三んの九一て一九へキものつ九◎日てア◎の千八三　二火ん二ん二八二九◎一キんもつ千八三　一○二九一ものの十十八け日九七◎十も日てア◎九十○☉◎◎七日　九ん十八十百九一十七◎火◎　十も九一七◎ん火◎一○火◎九九◎キ丅へて　九一ものお◎火六十九◎へ九一ものア◎○◎の千八三　ひ丅☉◎二☉二☉火◎て♀○一千日　三◎日◎火火二一○八三七日

火一五九♀二火んの千◉ん二千七七◎ん　二火ん十二ほん十十◎千火一☉七　七二五十も☉丅

一二三　⊙日三二七⊙九十一二九十⊙九丅ん八火⦾千八　〇けへ丅てア⦾十♀も八〇火九九⦾

二〇けへ丅てア⦾火⦾千八三　千火一千二の三⦾くの九二三七｜千⊙三〇｜二⊙七三〇　一日

くてんの五◉〇十⦾二火火⦾九十三⦾日　も〇丅⦾ん九十二二千つ〇一⦾て一⦾三　千火一の

二ん三ん三七十⦾｜三の七火二⊙んて一⦾の千八三　も十の三七火日てキ日◉て八⦾ね八七⦾ん

七⦾十　十⦾三♀十⦾三十日⦾⊙二日⦾九んて一⦾のて日〇つ二九〇三　キ日一三二⦾◉ん｜♀

八〇九十の｜♀て八七一の千八三　つ⦾一八九八一んねんの三丅〇二一丅三⊙三　九九⦾へ七三

⦾火日一三

十一かつ　十七二ち　ひつ九のか三

【訓解文】

日本には五穀、海のもの、野のもの、山のもの、皆人民食いて生くべき物、作らしてあるのぢゃぞ。日本人には肉類禁物ぢゃぞ。今に食ひ物の騒動激しくなると申してあること忘れるなよ。今度は共喰ひとなるから、共喰ひならんから、今から心鍛へて（［第一訳文に以下の一文あり］食い物大切にせよ）、食ひ物拝む所へ食ひ物集まるのぢゃぞ。ひたすらに⊙にすがりてお詫びせよ。それより外に今は道なし。

外国を「二火ん（にほん）」の地面にせなならん、「二火ん（にほん）」と「二ほん（にほん）」と取り違ひすな。何事も⦿第一ぞ。⦿よそに為すこと言ふことスコタンばかりぢゃ。分け隔てあると思うは我が心に分け隔てあるからぢゃぞ。世界中のそれぞれの国、皆氏神様、産土様（うぶすな）、いよいよ天の命令通りにかかり下されよ。もう待たれんことに時節参りているぞ。世界の人民皆泥海の中に住んでいるのぢゃぞ。元の水流して清めてやらねばならんなれど、泥水を泥水と知らずに喜んでいるので始末に困るぞ。清い水に棲めん魚はまことの魚ではないのぢゃぞ。つらい役は因縁の身魂に致さすぞ。心得なされるがよいぞ。

十一月十七日、ひつ九のか三。

十五

20—15［442］

九（こ）の◯（ま）◯（ま）て（で）日（よ）も千（ち）てゆ火（か）ん十（と）一（い）二（ふ）九（こ）十（と）◯（わ）かて♀（お）◎（ろー）か（が）　十（と）九（こ）◎（ろ）十（ど）九（こ）◎（ろ）のー（う）千（ぢ）⦿（がみ）三（さ）◯（ま）一（い）◯（ま）◯（ま）て（で）の日（よー）七（な）ー（う）千（じ）九（こ）のアつか一（い）て（で）八（は）丁（た）千（ち）てゆ火（か）ん三（ぞ）　てんのキ三（そ）九（く）十（どー）◎（り）二（に）八（や）◎（り）火（か）丁（た）火（か）へて九（く）丁（だ）三（さ）◎（れ）日（よ）　◯（ま）二（に）ア◯（わ）ん九（こ）十（と）ア◎（る）三（ぞ）　千（ち）十（とー）十（と）へ（べ）日（よ）　千（ち）八（は）◎（れい）て（で）ア◎（る）三（ぞ）　⦿て（で）ア◎（る）三（ぞ）　千（ち）二（に）五（ご）日（し）て八（は）七（な）◎（ら）ん三（ぞ）　千（ち）八（は）◯（ま）千（ぜ）九（こ）千（ぜ）二（に）日（し）て八（は）七（な）◎（ら）んの千（ぢ）八（や）　九（こ）か（が）ね八（は）九（こ）か（が）ねの千（ち）　しろか（が）ね八（は）しろか（が）ねの千（ち）　九（こ）か（が）ね日（し）ろか（が）ね◯（ま）千（ぜ）くてへ（べ）つの千（ち）つ九（くつ）て八（は）七（な）◎（ら）んの千（ぢ）八（や）三（ぞ）　火（が）一（い）五（こ）九（く）二（に）八（は）◯（ま）千（ぜ）九（こ）千（ぜ）もア◎（る）七（な）◎（れ）十（ど）　も十（と）♀（お）◯（ま）千（ぜ）九（こ）千（ぜ）七（な）◎（ら）んの三（ざ）三（ぞ）　◯（ま）千（ぜ）◎（る）九（こ）十（と）八（は）三（み）丁（だ）⦿（す）九（こ）十（と）三（ざ）三（ぞ）　か（が）九（く）八（は）九（こ）の大（だい）二（じ）七（な）千（ち）三（み）丁（だ）⦿（す）日（よー）二（に）日（し）九（ぐ）三（み）てア◎（る）

の三三　そ◎火日九三へ◎日二日丅の八ア九⦿三三　二ん三んの◉九◎〇日て一◎の千八三　火火九く十二ん三んも日て一◎火　二ん三んの火火九て八七二もてキん三丅⦿八か◎千八　⦿二丅⦿ねて⦿の火火九て七一十　七二五十も上十千三　〇火◎七九七丅◎⦿二丅⦿ね十も日てア◎九十　〇⦿◎◎七日　一二二丅⦿二八火◎十八火キ◎んの千八〇火◎丅火

十一かつ十八二ち　ひつ九のか三

【訓解文】

このままで世持ちて行かんということわかっておろうが、所々の氏神様、今までのような氏子の扱いでは立ちて行かんぞ。天の規則通りにやり方変へて下されよ。間に合わんことあるぞ。血尊べよ。血は◎であるぞ⦿であるぞ。血濁してはならんぞ。血は混ぜこぜにしてはならんのぢゃ、黄金は黄金の血、白銀は白銀の血、黄金白銀混ぜ混ぜて、別の血つくってはならんのぢゃぞ。外国には混ぜこぜもあるなれど、元を混ぜこぜならんのざぞ。混ぜることは乱すことざぞ。学はこの大事な血乱すように仕組みてあるのざぞ。それがよく見へるようにしたのは悪⦿ざぞ。人民の目くらましているのぢゃぞ。科学科学と人民申しているが、人民の科学では何も出来ん、乱すばかりぢゃ、⦿に尋ねて⦿の科学でないと何事も成就せんぞ。わからなくなったら⦿に尋ねと申してあること忘れるなよ。一に一足す二ばかりとは限らんのぢゃ、わかりたか。

十一月十八日、ひつ九のか三。

十六　20—16［443］

⊙日二七◎丅◎てん千千九七◎三　てんも千も一二七◎の三三　一○の二ん三ん二○ゝ火◎○一七◎十　⊙も一十百一つ　丨へも日丅も一つ十七て♀のつ火◎九へつてキて一◎つ一丅一◎　丨へ日丅てキ◎の千八三　九の日八火て♀一ても日千二十二火丨五一てゆ九もの三十　丨へ二丅つ日五二ん二けて一◎か　三ん七九十て○つ◎九十てキ◎十♀もて火　日千二○丨五火ん三　三の♀九の♀九の♀九のくくくくのキの一キ火◎　丨五一て一◎九十○火◎○一二ん三んの♀もて一○九十八てん千の千火一三三　ゝの七火二♀丅○火ア◎　三の○二⊙かア◎くくくく火キ◎七一の三三　二ん三んのけんキゆも日一七◎十　けんキゆ八火三三三二火丅⊙◎つ火へ○つ◎日　♀○火◉日　けんキゆて八○九十の九十○火◎んの千八　火♀◎て○火◎ん九十八⊙のも⊙九十キ九の千八　○火◎んてもキて九丅三◎日　○◎一日二○一丅三ん三　○つ◎く十九十も日てア◎　火⊙てて♀◎火◉八⊙のキつ日て　七んても○火て九◎の

千八三（ぢゃぞ）

十一かつ　十八二ち　ひつ九（く）の⦿

【訓解文】

⦿代になりたら天地近うなるぞ。天も地も一つになるのざぞ。今の人民にはわかるまいなれど、⦿も人も一つ、上も下も一つとなって自づから区別出来て、一列一平（いったいら）上下出来るのぢゃぞ。この世は放っておいても自然にどうにか動いて行くものざと上に立つ守護神逃げているが、そんなことで政事出来ると思うてか。自然には動かんぞ。その奥の奥の奥の〱〱〱のキのイキから動いていることとわかるまい、人民の思うていることは天地の違いざぞ。ゝの中にまた○があり、その○に⦿があり〱〱〱〱限りないのざぞ。人民の研究もよいなれど、研究は紙ぞ。道にひたすら仕へまつれよ。拝（おろが）めよ。研究ではまことのことわからんのぢゃ。我折りてわからんことは⦿の申すこと聞くのぢゃ。わからんでも聞いて下されよ。悪いようには致さんぞ。まつれまつれとくどう申してあろう、我捨てて拝めば、⦿のキ通じて何でもわかって来るのぢゃぞ。

十一月十八日、ひつ九の⦿。

十七

20—17［444］

一◯の二ん三ん⦿九日八二て◯火て♀◎ん十（いまじみすこしはふでわかつおらと）　八つ火日九十てキて九◎三（はづかしーことでくるぞ）　七三け七一九十て（なさけないことで）

キて九◎三九八日三⦿の○へ三　二の日火みろ九の日　てんの五千三三○七◎　千の千火一○♀
九二十九丅千の♀火三三○五千三三○七◎　てんの五千三三○九の日の八千○◎七◎　♀てつ丅
一か八三火の♀九十のも十の一キ⊘三○七◎　日アけ三五十上十一丅三⊘三　五アん日ん一丅三
○日　てんも八◎◎三千も火火八九三　てん千一つ十七て○九十のてん十七◎七◎♀九十の千十
七◎七◎三千千火一一十二一◎九ひか◎の三日三丅ぬ日け◎　ア七三八けア七⊘火く日ア七♀
も日◎八　一日く七二も火も一キ日千◎火◎三の火九五日一火　火九五千日　ア七三八けア七
⊘火く日　日十七十日十八十日十九千八

十二かつ日か　ひつ九のか三ー◎⊘

【訓解文】

今の人民少しは筆わかっておらんと恥づかしいこと出来て来るぞ。情けないこと出来てくるぞ。悔しさ目の前ぞ。次の世がミロクの世。天の御先祖様なり。地の世界は大国常立の大神様、御先祖様なり。天の御先祖様この世のはじまりなり。お手伝いが弥栄のまことの元の生き神様なり。仕上げ見事成就致さすぞ。御安心致されよ。天も晴れるぞ。地も輝くぞ。天地一つとなってまことの天と成り鳴り、まことの地と成り鳴り、三千世界一度に開く光の御代ぞ楽しけれ、あな爽け、あなすがすがし、あな面白や、いよいよ何もかも引き寄せるからその覚悟よいか、覚悟せよ。あなさやけ、あなすがすがし。四十七と四十八と四十九ぢゃ。

十二月四日、ヒつ九のか三しるす。

十八

20—18 [445]

二二んて二二んの日て一◎九十◯火◎◯一火七　⊙か三日て一◎の三火◎二んけんのア丅◯て◯◯火◎ん　日九三十◎二つ火◯◎て三丅◯の十二のて一十二つ火◯◎て　つ火一◯け◎◎て一◎の千八三　八日二んけん九九◎⊙てて日もて　⊙のも⊙十◎二日丅か一て九丅三◎日　三◎火♀ぬ日の十九十も⊙もの千八三　一火の丅◉三　九二の丅◉三　千火一の丅三の丅◉三三　てん千の♀ん丅◉三三　一◯◯て二七火丅九十九ん十◯⊙◎の千八火◎　火てんてキんも十◎千八く

一八丅丅火一て一九三て日の丅て火へ⊙◎つもりてア丅火　ア◯◎二九も◎一十一火◎一九三八火◎て八⊙三く◯て八十二てキん火◎　千火一の一へくの⊙三◯て十二⦸◎の千八火◎　三の十二七火七火千八火◎　一九三八火◎て七一三　一への七火キ千ん十　丅へもの丅一千つ火　火一の五日十も日てア◎火七　九ん十の一八十◯アけ八七日千八　二ん十日一◎ん十も

日(し)てア⊚(ろー)
十二かつ　日(よ)か　一二☉(ひつぎ)

【訓解文】

自分で自分のしていることわかるまいがな。☉がさしているのざから、人間の頭ではわからん、仕組み通りに使われて身魂の掃除の程度に使われて、使い分けられているのぢゃぞ。早う人間心捨ててしもて☉の申す通りに従いて下されよ。それがおぬしの得と申すものぢゃぞ。一家の為ぞ。国の為ぞ。世界の民の為ざぞ。天地の御為ざぞ。今までになかったこと今度はするのぢゃから合点出来んも道理ぢゃ道理ぢゃ。はじめは戦ひで、戦さで世の立て替へするつもりであったが、あまりに曇りひどいから、戦さばかりでは、隅々までは掃除出来んから、世界の家々の隅まで掃除するのぢゃから、その掃除なかなかぢゃから、戦さばかりでないぞ。家の中きちんと食べ物大切がカイの御用と申してあろうがな。今度の岩戸は、あけっぱなしぢゃ、褌いらんと申してあろう。

十二月四日、一二☉。

十九

20—19［446］

日(し)十九てん◉(め)二(ふで)てか丶☉(す)⚲(お)ん八九三(やくぞ)　一二三十七⊚(ひふみとなる)一千火つ一丅三(ひちかづいたぞ)　千(せ)つ二(ぶ)ん○(まで)て二三七(にみな)の日(しゆ)
五二(ごじ)ん⚲七二三八二○つ⊚九⊚日(おなじみやにまりくれよ)　○(ま)つ⊚(り)く て○(ま)つ⊚(り)ア○千(わせ)　○五日(わごーし)てもの五十上十☉⊚(ごとじようじゆする)の三(ざ)

◯(ま)つ◎(る)九(こ)九(こ)◎(ろ)七(な)キもの◯(ま)九(こ)十(と)七(な)一(い)三(ぞ)　◯(ま)九(こ)十(と)◯(わ)火(か)◎(ら)ん三(ぞ)　八(や)⦿(す)九(く)二(に)の三(み)丅(た)◯(ま)も三(そ)◎(れ)◯(ま)て(で)二(に)⚲(お)九(く)八(や)◯(ま)二(に)◯(ま)つ◎(り)九(く)◎(れ)日(よ)　◯(ま)つ◎(り)火(か)へて八(や)◎(り)て九(く)◎(れ)日(よ)　千(せ)火(か)一(い)の⦿⦿三(さ)◯(ま)日(しゅ)五(ご)二(じ)ん三(さ)◯(ま)　二(じ)ん三(み)んの三(み)丅(た)◯(ま)三(み)七(な)◯(ま)つ◎(り)九(く)◎(れ)日(よ)　◯(ま)つ◎(り)け九(けっこー)三(ぞ)　千(せ)つ二(ぶ)んか◎(ら)の千(ち)か一(ひ)かへ三(さ)⦿(す)三(ぞ)　⚲(おー)⦿三(さ)◯(ま)二(に)八(は)五三(ごさん)丅(た)一(い)の⚲(おー)⦿三(さ)◯(ま)〱(な)十(と)七(なな)火(か)一(い)九(く)◎(り)火(か)へ千(せ)日(よ)　三(そ)◎(れ)て(で)日(よ)一(い)三(ぞ)　⦿⦿三(さ)◯(ま)二(に)八(は)八(や)三(さ)火(か)◯(ま)日(し)◯(ま)千(せ)十(と)五(ご)火(か)一(い)九(く)◎(り)火(か)へ千(せ)日(よ)　丅(た)◯(ま)の三(み)八(や)二(に)八(は)八(や)三(さ)火(か)◯(ま)日(し)◯(ま)千(せ)十(と)三(さん)火(か)一(い)九(く)◎(り)火(か)へ千(せ)日(よ)　三(そ)◎(れ)て(で)日(よ)一(い)三(ぞ)　一(い)八(や)三(さ)火(か)三(ざ)三(ぞ)

十二かつ　日(よつ)か　ひつ九(く)の⦿

【訓解文】

四十九、天明筆書かす御役ぞ。一二三となる日近づいたぞ。節分までに皆の守護神同じ宮に祀りくれよ。祀り祀りて祀り合わせ、和合して物事成就するのざ。祀る心なき者まことないぞ。まことわからんぞ。靖国のみたまもそれまでに奥山に祀りくれよ。祀り替へてやりてくれよ。世界の⦿⦿様、守護神様、人民の御霊(みたま)、皆祀りくれよ。祀り結構ぞ。節分からの誓ひ変へさすぞ。大神様には御三体の大神様、御三体の大神様と七回繰り返せよ。それでよいぞ。⦿⦿様には弥栄(やさか)ましませと五回繰り返せよ。霊(たま)の宮には弥栄ましませと三回繰り返せよ。それでよいぞ。弥栄(いやさか)ざぞ。

十二月四日、ひつ九の⦿。

二十　20—20［447］

日九百〇八七丅火八か◎二七丅もの千八七ア　日ア日十てん九八火◎千八　〇〇八◎丅一丅け
八◎て三七三◎　⊙八七二も火も水も日◎へぬ一て日九三てア◎の千八火◎　日日◎一丅けの九
十日火てキん火◎　一日く十七◎て⊙二⊙火◎七七◎十一二九十〇火◎丅◎　九ん十九三〇〇
九十⊙二⊙火◎日　九ん十⊙二⊙火◎九十てキん七◎八　〇ん五〇つ丅一ー火八◎ん三　日丅一
九十七◎八◎て三て十九日んゆ九〇て八◎て三て　火一日ん八日け九三　五六七の日の八◎火丅
の火丅丅日て九丅三◎日　一人ても二人ても日一三　ア日八八日つ九◎十も日てア◎九十〇⊙◎
丅の火　♀二◎一ぬ♀ーつ二ん三んア◎〇一火七　つ一て九◎二ん三ん九◎⊙⊙八七一三　みろ
九三〇かつキの♀ー⊙三〇

十二かつ日火　ひつ九のか三

【訓解文】

よくもまあ鼻高ばかりになったものぢゃなあ。四つ足と天狗ばかりぢゃ。まあまあやりたいだけやりて見なされ、⦿は何もかもみな調べぬいて仕組みてあるのぢゃから、性来だけのことしか出来んから、いよいよとなりて⦿にすがらななならんといふことわかりたら、今度こそはまこと⦿にすがれよ。今度⦿にすがること出来んなれば万劫末代浮ばれんぞ。したいことならやりて見て、得心行くまでやりてみて改心早う結構ぞ。ミロクの世のやり方の型、出して下されよ。一人でも二人でもよいぞ。足場早うつくれと申してあること忘れたのか。尾振る犬を打つ人民あるまいがな。ついて来る人民殺す⦿はないぞ。

ミロク様が月の大神様。

十二月四日、ひつ九のか三。

二十一

20—21 [448]

三日九日ん日ん⦿九丅ん八火◎　ア◯つ一つキの三九◎一八一九千ヨ火けて火◯◎ん三　⦿の♀火三☽の♀火三　つ千の♀火三三◯♀ん千⦿二一八三火く三　二火んの二ん三んア二ん十⦿◎三　三七三◎くのゆ火◎の◯十一二ゝ一◎日　二て一二三十七◎三　てん◉八エかキ十七◎エか一て三七二八◎日　一八三火十七◎三　八三火一八三火　九ん十八十も卍も九も一火三七七◎んの三　八八九火◎九の火のも十へキて一ても　一んねんアてもかん二ん火◯火◎ん十ア十も十◎八火◎千八三　火ん二んかん日ん千八　か九も日一火三◎八三◎の日七もの千八三　十千

二火◎の⦿八十千二からの⦿十千二火◎の♀日へ八　十千二火◎の♀日へ九ん十の五日八も十の
キの三三三　日のも十火◎の⦿て七一十〇火◎ん三てキ〇千三　｜〇◎ア火九の九九◎十八十千
二火◎の九九◎♀日へ⦿火◎⦿てて日〇へ十一二九十三三

十二かつの十日か　ひつ九の⦿

【訓解文】

身欲信心スコタンばかり、天津日嗣の御位は幾千代かけて変わらんぞ。日の大神、月の大神、地の大神様、御血筋弥栄弥栄ぞ。日本の人民アフンとするぞ。皆それぞれの縁の集いにゝ入れよ。筆一二三となるぞ。天明は絵描きとなれ。絵描いて皆にやれよ。弥栄となるぞ。やさかいやさか。今度は耶蘇も仏も九も（何もかも／孔子も）生かさなならんのざ。早くからこの方の元へ来ていても因縁あっても肝腎がわからんと後戻りばかりぢゃぞ。肝腎肝腎ぢゃ。学もよいが、それはそれのようなものぢゃぞ。途中からの⦿は途中からの⦿、途中からの教へは途中からの教へ、今度の御用は元のキの道ざぞ。世の元からの⦿でないとわからんぞ。出来わせんぞ。生まれ赤子の心とは、途中からの心、教へ、すっかり捨ててしまへといふことざぞ。

十二月十四日、ひつ九の⦿。

二十二

20—22〔449〕

○丅く十エ◎一九十てキて二火んの九二八一日くつ二◎丅十一二十九◎へ七て九◎火◎
三七火○九十の⊙丅○日二七て九ん十　○九十の⊙八て七一の三三　○九十ア◎十九◎へ○九
十の⊙八丅◎九十も日てア◎火♀九十七一十九◎へ八丅◎九か三○ア九⊙千八三　日　キつけて
九◎日　一九◎二千つキ丅十て二ん三ん二○九十七一十　キの十九八か◎千八　キの十九九の火
キ◎一千八　三八⊙二も○け◎◎ん　◎ー二ん○ア九⊙千八十一二十キ九◎三　九九◎千日　○
九十七一もの八一○二九の火♀火六九十もてキん九十二七◎三　九の火二千火日◎んの八ア九の
日五二ん十の

一日くてんの五千三三○十千の五千三三○十五一十一二七◎七三◎て　王の♀のか三て○つ
丅一♀三◉◎も十一つ九◎三　⊙九日ても○千◎けアて○七◎んの千八　八日千丅九十二け九三
五日一九◎てもア◎三　♀火け十◎十九千八てキ◎丅け♀キーつ○も千て五三◎日　三七く
日九火千七一三　日九千三一七ア　八七⊙九十○八七⊙九十千八　八七⊙十つ火◉◎三

十二かつ　十日火　一二⊙

【訓解文】

まだまだどえらいこと出て来て日本の国はいよいよ潰れたといふところへなって来るから、皆がまことの⦿魂になって来んとまことの⦿は出ないのざぞ。まことあるところへまことの⦿働くと申してあろうが。まことないところへ働く神は悪⦿ぢゃぞ。よう気つけてくれよ。いくら時節来たとて人民にまことないと気の毒ばかりぢゃ、気の毒この方嫌いぢゃ。道は⦿にも曲げられん、龍神は悪⦿ぢゃといふ時来るぞ。心せよ。まことない者は今にこの方拝むことも出来んことになるぞ。この方に近よれんのは悪の守護神殿。

いよいよ天の御先祖様と地の御先祖様と御一体になりなされて、王の王の神で末代治める基(もとい)つくるぞ。少しでも混ぢり気あってはならんのぢゃ、早う洗濯掃除結構ぞ。御用いくらでもあるぞ。お蔭取り得ぢゃ。出来るだけ大き器持ちてござれよ。皆々欲がちびいぞ。欲が小さいなあ。はなすことは放すことぢゃ。放すとつかめるぞ。

十二月十四日、一二⦿。

二十三

20—23［450］

九◎火◎三(これからさん)ねんの九◎千八(くろーぢゃ)　一(いち)ねん十八(とは)ん十日十(としと)　八(は)ん十日十一(としといち)ねん千八(ぢゃ)　てア〇日(わし)て♀火六(おがむ)　丅けて八七二も七◎ん三(だけではなにならぞ)　♀火六十八五日⦿◎九十三三(おがむとはごよーすることざぞ)　火十千丅けて(かたちだけで)キても七二も七◎ん三(なにならぞ)

♀火○七一の八七火日九七一三　⊙二十三火◎九十千八三　九の三千十も九九◎ゆ◎千キつ一八
三日三三　丅一へ一の｜◎日くの三三火　一つもつ◎キの｜へ二日丅二一◎九九◎火○へけ九
三　一の九二八一の九二の♀日へ　二の九二○二の九二の♀日へ　三の九二○三の九二　日の九
二○日の九二十　三◎くの♀日へア◎三　三八一つ千八三　十◎千火一千日二千日　⊙六へも
九ものも千火二の三三　○千九千七◎んの千八　三七く二十九七九三◎く二｜◎日く三三
二十九七一一火◎の日九◎三　八日三丅○三十の五日け九く三　日　一日く火◎けゆ九十
二ん三んも日て一◎火　一日くつ○て九◎三　♀三日八八日八ア◎七◎十　一つれ八てて九◎
火◎　二て八◎二八日一◎て♀一て九◎日　二て♀丅く○火て七一三

十二かつの　十日　ひつ九のか三

【訓解文】

これから三年の苦労ぢゃ、一年と半年と半年と一年ぢゃ。手合わして拝むだけでは何にもならんぞ。拝むとは御用することざぞ。形式だけ出来ても何にもならんぞ。拝まないのはなおよくないぞ。⊙に遠ざかることぢゃぞ。この道、ちっとも心許せんキツイやさしい道ぞ。泰平の嬉し嬉しの道ざが、いつも剣の上に下にいる心構へ結構ぞ。

一の国は一の国の教へ、二の国は二の国の教へ、三の国は三の国、四の国は四の国と、それぞれの教へあるぞ。道は一つぢゃぞ。取り違ひせんようにせよ。住む家も、食う物も違ふのざぞ。混ぜこぜならんのぢゃ。皆々不足なく、それぞれに嬉し嬉しざぞ。不足ない光の世来るぞ。早う身魂相当の御用、結構結構ぞ。世いよいよ開け行くと人民申しているが、いよいよ詰まって来るぞ。遅し早しはあるなれど、いづれは出て来るから、筆腹に早う入れておいてくれよ。筆まだまだわかっていないぞ。

十二月十四日、ひつ九のか三。

二十四

20—24［451］

◯て◎丅け◯て一◎火　日つ二⊙◯け二◯一火ん　二ん三んも三火け八⊙二五一けん三◎◎火
（まるだけまついるが　よぶすわけにわいか　じみみがけばにごいされるほ）

十二　三丅◯二日て八七◎◎の三　九二の一二の⊙十三火へ◎の三三　七二日一三丅◯三火キけ
（どに　みたまによつはなれるざ　くにひつぎとさかるざぞ　なによりみたまみがけつ）

九　二んキ◯◎一十九◎火十◉九◎ア◎の三三　二火んの八◎火丅千九て一丅十一二九十　五丅
（こー　にわるいところほどめぐりるざぞ　にほやりかたちごーいたといふこと　ごた）

一千火丅十一二九十◯火て九ね八二火んの一火◎て七一三　丨◯へ火三◎七　九メも火◉八火六
（びちがつたといふことわかこばにほひかりでないぞ　うわべかざるな　こかめばかむ）

火十ア千てて九◎の火　三火け丅三丅◯　七火三日九七て九◎十　丨◯へ火三◎一ても一火◎て
（ほどぢでくるが　みがけたみたま　なかみよくなつくると　うわべかざらいでひかりで）

て九◎三
（くるぞ）

九◎〇ての二火んの八◎火丅〇◎一火◎　☉か十キく☉か丶て日◎日て八丅てア◎火　キつけて八丅火キのつ九日ん三ん火十ん十七一火◎　九ん十五丅一の一〇十一十二ひ◎一てひ九◎八九一◎一て　ア八◎☉☉三〇二♀ん◉に火けも☉三　♀ん日六九一一丅丅九の千八　二て十◎ててキても〇丅〇火◎ん火　二て八☉の一二キ千八九九◎千八　九千上☉三二◎上☉て〇九十七一もの　九の火キ◎一千八三　十十め☉七◎三キ三へ◎三　三キ三んの八十千二火◎の☉千八

十二かつ　十日か　ひつ九のか三ー◎☉

【訓解文】

待てるだけ待っているが、世潰すわけには行かん。人民も磨けば☉に御意見されるほどに身魂によってはなれるのざ。地の日月の☉と栄へるのざぞ。何より身魂磨き結構。人気悪いところほどメグリあるのざぞ。日本のやり方違うていたといふこと、五度違ったといふことわかって来ねば、日本の光出ないぞ。表面飾るな。米も噛めば噛むほど味出て来るのが磨けた身魂。中味よくなって来ると表面飾らいでも光出て来るぞ。

これまでの日本のやり方悪いから、☉が時々☉憑かって知らしてやったであろうが、気つけてやったが気のつく臣民ほとんどないから、今度五度の岩戸一度に開いてびっくり箱開いて、天晴れ☉☉様に御目にかけ申すぞ。御喜び頂くのぢゃ。筆通り出て来ても、まだわからんか。筆は息吹きぢゃ、心ぢゃ。

口上手、身振り上手でまことない者この方嫌いぢゃぞ。とどめ⦿なり。先見へるぞ。先見んのは途中からの⦿ぢゃ。

十二月十四日、ひつ九のか三しるす。

二十五

20—25［452］

⦿の三(そ)八(ば)二(に)七(ひ)キ日(よ)千(せ)ても　十(じっ)千(ち)三(み)千(せ)ても　火(が)か(が)つ日(よ)一(い)火(か)◎(ら)七(な)火(か)く二(に)か一(い)日(し)ん一(い)丁(た)三(さ)ん日(し)ん三(み)ん八(ば)か◎(り)　⦿(す)九(こ)日(し)八(は)⦿の九(こ)九(こ)◎(ろ)三(さつ)日(し)て三(み)◎(る)火(が)日(よ)一(い)三(ぞ)キの十(ど)九(く)て(で)キ◎(る)火(か)◎(ら)　⦿(す)九(こ)日(し)◯(わ)⦿の三(み)二(に)も七(なっ)て三(み)◎(る)もの千(ぢ)八(や)三(ぞ)　九(こ)の◯(ま)◯(ま)て(で)八(は)キの十(ど)九(く)七(な)九(こ)十(と)二(に)七(な)◎(る)火(か)◎(ら)　八(は)目(よー)日(し)五(ご)二(じ)ん千(せ)つ二(ぶ)ん◯(ま)て(で)二(に)八(は)日(よー)◯(ま)つ◎(り)九(く)◎(れ)日(よ)　七(な)二(に)五(ご)十(と)もキ◎(り)キ◎(り)キ◎(り)十(と)一(い)二(ふ)九(こ)十(と)ア◎(る)三(ぞ)　日(よ)♀(お)三(さ)⊘(め)◎(る)八(は)九(こ)の八(は)七(な)三(さ)九(く)八(や)一(ひ)◉(め)三(さ)◯(ま)七(な)◎(り)

十二かつ十四か　一(ひ)二(つぎ)⦿

【訓解文】

⦿のそばに引き寄せても、実地見せても、我が強いからなかなかに改心致さん臣民ばかり、少しは⦿の心察してみるがよいぞ。気の毒出来るから、少しは⦿の身にもなってみるものぢゃぞ。このままでは気の毒なことになるから、早う守護神、節分までに早う祀りくれよ。何事もキリキリキリといふことあるぞ。世治めるは木花咲耶姫様なり。

十二月十四日、一二⦿。

二十六　20—26［453］

キんて八♀三〇◎ん　ア九⦿のア九て八♀三〇◎ん　九九〇ても日ても〇丅〇火◎ん火　キんて八♀三〇◎ん　ア九の三大日日も三の九十日て一て　キんて日つ二⦿け一火九三三　〇火て一◎日五二ん十の　八日火一日んけ九三　も十の♀⦿三〇二五二◎日て一◎火◎　八〇一⦿二三一◎◎◎の千八三　千丅九⦿◎八七♀◎三　八〇一⦿八九〇九て八一て九◎◎んの千八三　一へも九二も十日三三　二て一九◎ても十け◎七◎十　〇九十一て十一て♀九七丅九丅三◎日　九千て十九八火◎て八十二も七◎ん　丅〇七九七て八七◎ん

十二かつ　十日か　ひつ九のか三

【訓解文】

金では治まらん、悪⦿の悪では治まらん、ここまで申してもまだわからんか。金では治まらん、悪の総大将もそのこと知っていて、金で世潰す計画ざぞ。わかっている守護神殿早う改心結構ぞ。元の大神様に御無礼しているから病⦿に魅入られるのぢゃぞ。洗濯すれば治るぞ。病神は恐くて入って来られんのぢゃぞ。家も国も同様ざぞ。筆いくらでも説けるなれど、まこと一つで説いて行って下されよ。口で説くばかりではどうにもならん、魂なくなってはならん。

十二月十四日、ひつ九のか三。

二十七

20―27［454］

九◎日六十〇火◎三　丅の日六十の一◎三九の火九◎日六九十キ◎一千八　九♀丅の日三て九十三◎日　九の火二てキ十♀ん千火◎の⦿一九◎ても八日てて五三◎　てキ十⦿九の火の五日二つ火三　ア八◎♀ん◎も⦿三　千火一の十ん七二エ◎一一十ても九の火二ア丅〇三けて九ね八九ん十の一〇十七◎けん三　八日二て日んて⦿の九九◎九三十て五六七の日の　一日つエ八日火十⊙九◎日　三◎八んのけ丅千火二三◎八んて　一九◎八一てもてキ〇千三　⦿七火二一丅日てつ一て五三◎　三五十ひか◎のキ日二つ◎て〇一て日六九二日ゝて八◎三

十二かつ　十日か　ひつ九のか三

【訓解文】

苦しむと曲がるぞ。楽しむと伸びるぞ。この方苦しむこと嫌いぢゃ。苦を楽しみて下されよ。この方に敵とう御力の⦿いくらでも早う出てござれ、敵とう⦿、この方の御用に使ふぞ。天晴(あっぱ)れ御礼申すぞ。世界のどんなに偉い人でも、この方に頭下げて来ねば今度の岩戸開けんぞ。早う筆読んで⦿の心汲み取って、ミロクの世の礎早う固めくれよ。算盤の桁違う算盤でいくらはじいても出来わせんぞ。素直に致してついてござれ、見事光の岸に連れて参って喜ぶようしてやるぞ。

十二月十四日、ひつ九のか三。

二十八

20―28［455］

十二の七火◎(ながれ)　六の七火◎(ながれ)十七◎(となり)　三の七火◎(ながれ)十七◎(となり)　二十七◎(となり)　一十七◎(となり)　七◎(なり)〱て一(ひと)つ
十七◎(となり)　一(ひとつ)の♀(おー)て♀(でお)三◉(さめる)◎の千八三(ぢやぞ)　一八三火(いやさか)の日九三(しぐみ)　二二十七◎(ふじとなる)十(と)の日九三(しぐみ)　一日(いよ)〱十七(となつ)
丁三(たぞ)　ア七ー◎日ア七⦿火⦿火日二二八八れ十(なうれしなすがすがしふじははたり)　二⦿八れ(にほんば)　九の○キん◉の○キ十も千日(こまうめのまとせよ)　の千(ち)
の日(よ)の丁火◎十三火へ◎三(たからとさかるぞ)

十二かつ　十日火(よっか)　一二⦿(ひつぎ)

【訓解文】

十二の流れ、六の流れとなり、三つの流れとなり、二となり、一となり、成り鳴りて、一つとなり、一つの王で治めるのぢゃぞ。弥栄（いやさか）の仕組み、富士と鳴門の仕組み、いよいよとなったぞ。あな嬉し。あなすがすがし。富士は晴れたり日本晴れ。この巻「梅の巻」と申せよ。後の世の宝と栄へるぞ。

十二月十四日、一二⊙。

第二十一巻　空の巻

三⑨の〇キ

自　昭和二十二年一月一日
至　昭和二十二年四月五日

一―十四

一　21—1［456］

七◎日九三　三　三八九　三三　十十卍日一　一二九◎　〇八八二八　六六二　三三　七一三日日三八二六〇九十三三　九一日一一三三　二二九九八七三九三　三八日　丅火九千木丅火九三日日◎三　一一一一三◎九三一三九◎三九⊙⦿⦿◎一一　一二⦿

【訓解文】

（「訓解困難であるが第一訳文には次のようにある。原文には底本に部分的に振られた訓みを付した」なる世、極まりて扶桑みやこぞ、みち足り足りて、万世のはじめ、息吹き、動き和し、弥栄へ、展き、睦び、結ぶ、扶桑の道鳴りはじむ道、代々の道ひらき、次に睦び、マコトの道にひかり極む、新しき世、出で、みちつづぎ、道つづき、極みに極まりなる大道、極まる神の大道、ひらく世、弥栄神、かく、千木高く栄ゆ世に、世かわるぞ、太神、大神、神出でまして、道弥栄極む、大道に神みち、極み、栄え、更に極む、元津日の大神、元津月の大神、元津地の大神弥栄。一月一日、ひつくのかみ。）

二　21—2［457］

一二三ゆ◎ゆ◎十一火一二火一三火一十七へ〇つ◎日　日三火へ◎三　二二一十八三〇七火二日て〇十七◎　三七のものアつ〇◎て♀丅火一二♀◎火三ゝ二〇つ◎〇つ◎け九三　千つ二ん火

◎て日一三　九の♀三の三千一キの♀八十十へ日　十ん七九十アても火三二丅て人八七◎ん三
二ゆン三丅日て八⦿の八丅◎キ七一十も日てア◎火七　○十○火◎んの火　二ゆん丅丅日九◎キ
丅丅日九　⦿二も一十二もつ火へ○つ◎日　丅八人の⦿八丅八人の一十八ア十火◎千八ア十火◎
て◎三

一火つ一二千　一二⦿

【訓解文】

ひふみゆらゆらと一回二回三回唱へまつれよ。甦るぞ。次に人は道真中にして○となり、皆の者集まりてお互ひに拝み、ゝにまつりまつり結構ぞ。節分からでよいぞ。このお道の導きの親尊べよ。どんなことあっても上に立てねばならんぞ。順乱しては⦿の働きないと申してあろうがな。(「第一訳文には以下の一文あり」直会には神の座上につくらなならんのざぞ。神人共にと申してあろがな。)まだわからんのか。順正しく礼儀正しく、⦿にも人にも仕へまつれよ。束ねの⦿は、束ねの人は後からぢゃ、後から出るぞ。

一月一日、一二⦿。

一三　一二(ゝ)　日◎(ゝ)三

㋰　(ゝ)㋰(ゝ)㋰(ゝ)(▽)　(ゝ)

㋻　(ゝ)(▽)(ゝ)(▽)゜　(▽)゜　㋻゜　㋻゜

一二三（ひふみ）　日十（よん）九八日（はしら）◎　五十九八日（はしら）◎(ゝ)日九ゆ十三三

ア◉（め）つ千（ち）三七火（みなか）ム日（し）の(ゝ)

アメの三七火（みなか）ヌ日（し）の(ゝ)　ア◉（め）つ千（ち）の一（はじめ）

【訓解文】

一月三日　一二(ゝ)　記すぞ。

（二行不明）ひふみ四十九柱、五十九柱、（［以下七字訓解困難であるが第一訳文には次のようにある］神代の元ざぞ。）

天地（あめつち）御中（みなか）ムしの(ゝ)、天之（あめの）御中ヌしの(ゝ)、天地のはじめ。

註　第一訳文では日付は文末で「一月三日、一二(ゝ)」となっている。また、原文四行目と五行目の間に以下の一文がある。「あめつち御中ムしの神、あめつちの御中ムしの神、あめつち御中ウしの神、あめつ

ち御中ウしの神、あめつち御中あめつち御中ウしの神、あめつち御中あめつち御中ウしの神、あめつち御中ウしの神、あめつち御中ウしの神、あめつち御中あめつち御中天地御中ムしの⦿」

四

21—4［459］

八六三二　五八一二　五卍百　一二三　三二七七　八三二一　五二卍　（⦿三⦿二三三　◎⦿

⦿◎卍一十日日三　三五八　一九三三八九日三　七百八◎三◎〇七二百百百日一日　一二三八◎

八二　三九◎〇二⦿⦿九二三二　五二八九九十九十二一三　五一三一五九◎三三二　三五三二一

八二六二八　千千百三三八九丶⦿⦿　八八九千日（はやくせよ）

一六　一二⦿

【訓解文】

（［訓解困難であるが第一訳文には次のようにある］建て直しの道つづき、結び、展（ひら）く、日月出で、よろづのもの、一二三とみち、つづき鳴り成り、ひらく大道、真理の出でそむ中心に、まこと動きて、元津神栄ゆ、元津神は真理、真愛、大歓喜の大道ぞ。うづぞ。神々のうづぞ。ナルトぞ。人のよろこびぞ。代々の大道ぞ。真理、真愛、大歓喜は、中心に光り、ひらき極まる道ぞ。展き極まる世ぞ。鳴り極み、ひらき、うごく大道、うごき、和し、なり、大歓喜、足りに足り足る世、生れ出づる世、うごき更にひらき、次々に栄え極みて、新しきはたらきの湧く次の大御代の六合つづく道、つづき睦びて、富士晴れ極み、鳴門は殊にひかり出でて、大道は日神の中心に還り、また出でて、ひらき、大道いよいよ満つ、焼く神々、）早くせよ。

一月六日、一二⊙。

五　21—5〔460〕

註　底本にはこの図だけがあり、訓解不能。

六　21—6〔461〕

アメのひつ九⊙　◯ム⊙（まもり）

アメのひつ九の⦿　◯ム◎（まもり）

九二（くに）のひつ九（く）の⦿　◯ム◎（まもり）

九二（くに）のひつ九（く）の⦿　◯ム◎（まもり）

アメの⦿　カ千（ぜ）の⦿　ゆわの⦿　ア◎（れ）の⦿　◯ム◎（まもり）

【訓解文】

天のひつ九⦿、守り

天のひつ九の⦿、守り

国のひつ九の⦿、守り

国のひつ九の⦿、守り

雨の⦿、風の⦿、岩の⦿、荒の⦿、守り

（［以下第一訳文には次の一文あり］天明白す。第五、第六帖共、一月六日の筆）

七　21—7［462］

九◎┬け（これだけ）九◯（こま）か二二てヽ（にふでで）日◎日（しらし）ても◯┬◯火◎（まだわから）んか　か〻（がが）ア◎（る）か◎（ら）三（ぞ）　九（く）もりて一◎（いる）火◎（から）三（ぞ）

◯つ♀の◎の日五十千日（まづおれのしごとせよ）　五二ん二ん（ごにんぶん）も　十二ん二ん（じゅうにんぶん）も千一┬千十（せいだせと）も日（し）てア◎（ろー）　五二ん二ん日五（ごにんぶんしご）

十(と)⦿(す)◎(れ)八(ば)ヽ(わ)かて九(く)◎(る)三(ぞ)　日(し)五(ご)十(と)十(と)八(は)日(よ)五(ご)十(と)てア(で)◎(る)三(ぞ)　日(よ)五(ご)十(と)千(せ)日(よ)　日(し)五(ご)十(と)つ火(か)へ○(ま)つ◎(れ)日(よ)　三(そ)◎(れ)火(が)⦿の五日三三(ごよーざぞ)　⦿の五日三十(ごよーざと)も日(し)て日五十(しごと)八(や)⦿(す)んて(で)　キ千(ち)か(が)一(い)の○(ま)ね二(に)♀(お)千(ち)◎(る)て(で)七(な)一(い)三(ぞ)　日(し)つ(づ)火(か)二(に)一(いっ)火(ぽ)く⦿(す)⦿(す)◉(め)日(よ)　一(い)三(そ)火(が)八(ば)○(ま)○(わ)◎(れ)日(よ)　一ア(ひと)日(と)十(び)一(に)二(に)二(か)火(い)一(に)二(は)八ア(あ)火(が)◎(れ)ん三(ぞ)　一(い)○(ま)の日(し)五(ご)十(と)○(わ)◎(る)一(い)十(と)日(し)◎(り)つゝ⦿(す)◎(る)八(は)七(な)火(ほ)○(わ)◎(る)一(い)三(ぞ)　日(し)五(ご)十(と)日(し)五(ご)十(と)十(と)⦿二(に)一(い)の◎(れ)日(よ)　一(い)の◎(れ)八(ば)日(し)五(ご)十(と)ア丅(た)へ◎(ら)◎(れ)◎(る)三(ぞ)　一(い)の◎(れ)く十(と)九(く)十(どー)も日(し)てア◎(ろー)　日(よ)キ九(こ)ヽ(こ)◎(ろ)日(よ)キ日五十(しごと)丨(う)六(む)三(ぞ)　日(よ)五(ご)十(と)丨(う)六(む)三(ぞ)　九(こ)の十(どー)◎(り)○(ま)丅(だ)○(わ)火(か)◎(ら)んのか　⦿二(に)九(く)十(どー)も三(さ)⦿(す)て(で)七(な)一(い)三(ぞ)

三五八二六三五一一八三八八二一八五一二三の九六六二三

一かつの十三二ち　ひつ九(く)⦿

【訓解文】

これだけ細かに筆で知らしてもまだわからんか。我があるからぞ。曇りているからぞ。まづ己の仕事せよ。五人分も十人分も精出せと申してあろう。五人分仕事すればわかって来るぞ。仕事とは嘉事(よごと)であるぞ。嘉事せよ。仕事仕へまつれよ。それが⦿の御用ざぞ。⦿の御用ざと申して仕事休んで、狂人の真似に落ちるでないぞ。静かに一歩一歩進めよ。急がばまわれよ。一足飛びに三階には上がれんぞ。今の仕事悪いと知りつつするはなほ悪いぞ。仕事、仕事と⦿に祈れよ。祈れば仕事与へられるぞ。祈れ祈れとくどう申してあろう。よき心、よき仕事生むぞ。嘉事生むぞ。この道理まだわからんのか。⦿にくどう申さすでないぞ。〔以下訓解困難であるが第一訳文には次のようにある〕大智大理交わり、道はあきらか、大愛、大真出でひらく道、ひらきて大智、大愛、和し、交わりて、ひふみの極み、弥栄、弥栄の大道ぞ。〕

一月の十三日、ひつ九⦿。

八　21—8〔463〕

一◎一ゝゝ百の二九○丅十キ八　◎九の♀十一⊙三○二♀亼火一百千日　五八日◎の一キ⦿三
○二♀亼火一百千八　三一七んの火◎千ゝ九ゝ三◎三　ゆ○　ア◎　二日ん　火千　ア⊙の⦿三
○七◎　いろ八二七九十キ九◎三　いろ八日十八三　日十九三　二て八三の十キの九九◎二十◎
て千火○ん　三火け丅◎三火け丅丅け二丅◎て千火○んのてア◎火◎　○◎の九九◎十◎二十◎
◎ゝゝア◎火◎　♀七二二ゝ火♀　七二二ゝゝ七一の三三
ア九の日火○○◎て木丅十キ二八　ア九の五日⦿◎三丅○♀つ九◎て♀火亼八　千て八ー五キ
十◎んの三三　ア九もゝ十丅丅千八千てア◎三　五九◎の♀ん八九てア◎か◎　ア九二九六て七

一三　二九六十　千て七九七◎三　てん千二五◎て九◎三　千火一一二七丅十キ八二九六九十○
つ三◎◎⦿て人八七◎ん三　九の十◎八◎の三九か◎○火りて　火てん火てん日て九丅三◎日

三かつの三か　ひつ九のか三

【訓解文】

衣類、食べ物に困った時は、龍宮の乙姫様にお願ひ申せよ。五柱の生神様にお願ひ申せば、災難逃らせて下さるぞ。岩、荒、地震、風、雨の⦿様なり。いろはに泣く時来るぞ。いろは四十八ぞ。四十九ぞ。筆はその時の心にとりて違わん、磨けただけにとれて違わんのであるから、我の心通りにとれるのであるから、同じ筆が同じ筆でないのざぞ。

悪の世が廻りて来た時には、悪の御用する身魂をつくりておかねば、善では動きとれんのざぞ。悪も元ただせば善であるぞ。（〔第一訳文に以下の一文あり〕その働きの御用が悪であるぞ。）ご苦労の御役であるから、悪憎むでないぞ。憎むと善でなくなるぞ。天地濁りて来るぞ。世界一つに成った時は、憎むことまづサラリ捨てねばならんのぞ。この道理、腹の底からわかりて、がてんがてんして下されよ。

三月の三日、ひつ九のか三。

九

21—9［464］

五六七　日二一⦿二八⦿ゝ二ゝ三ゝ♀ゝゝ◎一ゝ三七七◎ゝ三♀ゝゝ◎ゝ九く⦿ゝ二ゝ三ゝ

千火一十二一◎三　九ゝ七ゝ二八八九火◎キゝ一ゝ七二百日◎○千十八一八◎ゝ十キ九◎三　二
ゝ日九日ゝゝ一ゝ九◎日　十キキゝ◎十キ一ゝ千日　日火三千ゝ一◎三　日火十キゝ八○◎七日
八日◉三◉ゝ十ゝゝゝ五日二○○◎七七◎ん三　｜日十◎九ゝ二ゝ三○七二五十百キゝ九ゝ三
◎三　○九十百ゝ♀人ゝ一百千日　キ火ゝ九十○キ火ゝ三　キ火◎◎九十八キて八◎三　二千つ
十◎一日ゝゝ二○ゝキつ火ゝ火　二ゝ三ゝゝ百ゝ十一二ゝゝ七二一七ゝ三○ゝキゝ八火九ゝゝゝ
◎十♀百て一◎ゝゝ一日くゝ二ゝゝ一て一◎二○ゝ○ゝ◎ゝ火♀九八○二○一◎九ゝ八○ゝ◎
ゝ九十二十ゝ九◎三　♀九八○♀九八○三♀七二♀九八○ゝ三ゝ十キく二日◎火○ゝ九◎三
三ゝ○三火ゝ八三火一ゝゝゝ二一火◎てキゝ♀火ゝゝ◎三　九ゝ十◎○火◎ゝア◎火七

三かつ三か　ひつ九のか三し◎☉三

【訓解文】

ミロク、世に出ずには☉の人民お手柄致さなならんぞ。お手柄結構結構、☉の人民世界中にいるぞ。この中に早くから来ていて何も知りませんとは言われん時来るぞ。筆よく読んでいてくれよ。時来たら説き出せよ。潮満ちているぞ。潮時誤るなよ。早う目覚めんと別の御用にまわらなならんぞ。艮金神（うしとらこんじん）様、何事も聞き下さるぞ。まこともてお願い申せよ。聞かんことは聞かんぞ。聞かれることは聞いてやるぞ。（［第一訳文に以下の一文あり］神、仏、キリスト、ことごとく人民の世話もしてやるぞ。）時節到来しているにまだ気づかんか、人民の物といふ物何一つないぞ。まだ金や学で行けると思うているのか、いよいよの蓋あいているにまだわからんか。奥山に参り来ねばわからんことになり来るぞ。奥山、奥山ぞ。同じ奥山が、その時々により変わって来るぞ。身魂磨けば磨いただけに光出来て御陰あるぞ。この道理わかるであろうがな。

三月三日、ひつ九のか三、しるすぞ。

十

21—10［465］

九ゝ火ゝ九火火○一ゝ千八　五九◎千八ゝ三　百ゝ九ゝ日八◎三ゝ三ゝ九ゝ五日ゝ九ゝゝゝ三
八日千二火ゝ◎ゝ九九◎八◎九千ゝ五日キゝ九◎日　十◎千火一キゝ百ゝ三　九ゝ二ゝ日九三
ゝ一◎十　一三十一二十キ二八八九二ゝゝ三　火ゝ日ゝゝ十キ二火ゝ日ゝ火七◎三　百十八百十
○火◎八○火◎　百十十○火◎♀七二♀七二ゝゝ◎三ゝゝゝゝ◎三　三◎く二○火◎ゝ○十一
つ九ゝ四一三　け二八ゝ◎一ゝけ二九○七七◎ゝ九十二三七七◎ゝ九◎ゝ三火◎　三ゝ火九五千
日　一ゝ二ゝつ八ゝ十十ゝ日ゝゝ日ゝ○ゝ◉十十ゝゝ♀◎ん十二火ゝつ二◎◎三　つ二◎◎○ゝ

二　三七ゝゝ千火つ二◎◎ゝ三三　八日火一日ゝ日ゝ○九十　ゝ千一二つ火ゝ○つ◎日　一◎百
ゝキ◎一二日て♀◎ゝ◎九ゝ火火日キ二つ九三　一○ゝ日五十つ火ゝゝ♀◎日　二ゝ八◎二一◎
ゝゝ千◎◎二三ゝ○三火キゝ九く九ゝ十八千火一ゝ三火　三千千火一つ二◎◎十九◎○ゝゝ火
七七◎んゝ三火◎　九十百日ゝ一◎ゝ三三

三かつ三か　ひつ九のか三

【訓解文】

この方、悪が可愛いのぢゃ、ご苦労ぢゃったぞ。もう悪の世は済みたぞ。悪の御用結構であったぞ。早う善に変わりて心安く善の御用聞きくれよ。（「第一訳文に以下の一文あり」世界から化物出るぞ。この中にも化物出るぞ。よく見分けてくれよ。）取り違ひ禁物ぞ。この筆よく見ていると、いざという時には役に立つぞ。肝腎の時に肝腎が成るぞ。元は元、分かれは分かれ、元と分かれ、同じであるぞ。別であるぞ。それぞれに分かれの集いつくってよいぞ。今日働いて今日食わなならんことに皆なりて来るのざから、その覚悟せよ。上に立つ番頭殿、下の下まで目届けておらんと、日本潰れるぞ。潰れる前に、そなたたちが潰れるのざぞ。早う改心してまことの政治仕へまつれよ。容れ物きれいにしておりたらこの方がよきに使うぞ。今の仕事仕へておれよ。筆腹に入れて、焦らず身魂磨き結構結構。今度は世界のみか、三千世界潰れるところまで行かなならんのざから、くどう申しているのざぞ。

三月三日、ひつ九のか三。

十一

21—11［466］

大三火大三ゝ七九七◎三火(ゝ)ゝ三三　九ゝ三七火ゝ九三　二ゝ日三ゝ八日火天ゝ九三　♀九七一ゝゝ日九　九千日つ火二日丅◎(ゝ)ゝ日九三〇火◎三　一ゝ人ゝゝ◎三ゝ〇火二ん三ゝゝ日◎ゝゝ九♀一ゝ(ゝ)三　二ゝ日ゝゝ十ゝ七一十火キゝ百三ゝ一十く二ゝゝ◎十九◎　日ゝてキ火(ゝ)火一十三三　一二十九二十ゝゝゝ火一千八　三七九二火つ日一十♀百ゝ一◎火　九ゝ十ゝ日九三ゝ二ゝゝ日九三三八八ゝ三九三♀ゝ火ゝ百十十百(ゝ)ゝ八　〇火九九◎十◎二ー一つ◎火◎三　九三一ゝゝ九十キゝゝ三　火ゝゝ日八◎九三　火〇んゝ九く千日九七◎三

〇火◎の〇十一の一十日て　日ーキ四もつ九◎日　火火の日ーキ日十八千火二八◎火丅て七一十上十千三　も十〇三の〇〇三三　〇火◎三三　九の日ーキ日二八キ日三一◎ん三　キ日三八二て千八二て火ア十も日てア◎火七　ヤワ㋳㋻一◎三　七千八七◎　七三人八九火一千八三つつ〇日ー日ゝ(ゝ)二三七ゝゝ火◎一ゝゝゝ八二火ゝ八二火ゝゝゝゝゝ◎三　◎九つ二千八

○三◎ゝゝ◎百ゝ百七九日ゝ九ゝ七九七◎ノ八ア九ゝ日九三千八　つ千の九ん二ん三○♀　火人
の⊙三○十百千日

三かつ三か　ひつ九のか三

【訓解文】

たいそうがたいそうでなくなる道が⊙の道ざぞ。この道中行く道、筆読みて早う合点結構ぞ。行い正しく、口静かにしたら⊙の仕組みわかるぞ。因縁ある身魂が、人民には知らん結構を致すぞ。筆読んで、どんな人が来てもその人々に当たるところ読みて聞かすが一等ざぞ。一分と九分との戦いぢゃ、皆九分が強いと思うているが、今度の仕組み、アフンの仕組みぞ、早呑み込み大怪我のもとと申すのは、我が心通りに写るからぞ。臭い物食う時来たぞ。ほんの暫くぞ。我慢よくよくせ、よくなるぞ。

分かれの集い(まど)の一つとして宗教も作れよ。他の宗教とは違ふやり方でないと成就せんぞ。元はそのままざぞ。分かれざぞ。この宗教には教祖要らんぞ。教祖は筆ぢゃ、筆がアと申してあろうがな。ヤ、ワ、㋳、㋻要るぞ。為せば成る、為さねば後悔ぢゃぞ。

慎ましうして⊙に供へてから頂けば、日本は日本で食べて行けるぞ。理屈に邪魔されて、有るものもなくして食へなくなるのは悪の仕組みぢゃ、地(つち)の金神様を金(かね)の⊙様と申せよ。

三月三日、ひつ九のか三。

火九ノ八七ゝ火三七二百ゝキゝ九十二七◎三　一○二千火一火◎日日○つ火ゝゝく○火◎キ
（がくはなたかさんなにもでんことになるぞ　いまにせかいからしよーまがだんわかり）

ゝゝ○ゝゝ百○二ア○ゝ九十二七◎三一○ゝ丨千二三一ゝ日九八◎二一◎ゝ⚲ゝ日九ゝ三二八一
（てあわててもまにわんことになるぞいまのうちにふでよくはらにいれておけよこのみちにはいろ）

く十◎ゝゝ⦿日ゝ◎火◎○ゝ日ゝ◎◎十◎九火九◎火ゝ◎三火ゝ火ゝゝ八○火◎ゝ◎七⚲ゝ九
（とのためしあるからまんしんするとすぐひっくりかへるぞかんがへではわからんすなおけっこー）

三
（ぞ）

二火ゝ二八五九九八三一丨三火○一九◎百八三火ゝゝゝ百ゝ◎三　二ゝ三ゝゝゝ百ゝ○千
（にほんにはごくやさいうみかわいくらもやさかのたべものあるぞ　じんみんのたべものまち）

火ゝ◎ゝ七一三ゝゝ◎キ◎火◎ゝ◎ゝ九十二七◎ゝ三三一九◎ゝ一千つ七一ゝ人ゝゝ日ゝ三ゝゝ
（がえるでないぞくいすぎるからたらんことになるのざぞいくらたいせないんねんのしんみんで）

百日九三ゝ千八○二七◎十十◎火ゝ◎三　○ゝ日ゝ十◎千火一一ゝ◎七日　火へ三丅○一九◎百
（もしぐみのぢやまになるとどりかえるぞ　まんしんとりちがいいたすなよ　かみたまいくらも）

ゝ◎三　火九百ゝゝ日○◎ゝゝ火◎火九日八○ゝ一九◎◎三日日八一ゝ日百◎ゝ火◎日日八一
（あるぞ　がくもんのよわすみたからがくしやわへいこーするぞしよーばいのよもすみたからしよーばい）

二ゝ百ゝ一九◎◎三　千火◎日五十八ゝキゝ日十百九一◎◎日◎火二　三七一十百◎二ゝ三ゝ八
（にんもへいこーするぞ　ちからしごとはでんしともぐいするよりほかに　みちないともーすじんみんば）

火◎二七◎三　一○○ゝ十○三八◎百ゝ五十火○◎火◎一○○ゝゝ八◎火ゝ火ゝ火ゝゝゝ
（かりになるぞ　いままでとわさつぱりもののごとかわるからいままでのやりかたかんがえかたかえて）

九◎日　二ゝ十◎⚲九七ゝゝゝ八三ゝ一三ゝ十キ火◎丨◎日く三三　九九○⚲十日ゝ丨ゝ二百
（くれよ　ふでどーりおこなふならばそのひそのときからうれしざぞ　ここわおとしたうえにも）

⚲十日て⚲九火◎日ゝ七ゝゝゝ◎一一十二八七火く二ゝゝ十十◎◎ゝ火◎三ゝ○ゝ一ゝ人ゝゝ
（おとしておくからよのなかのえらいひとにはなかにけんとーとれんからみたまのいんねんあ）

◎一十二八七◎火十七ー十ゝ九九九◎ゝ〇火◎ゝ千八三（るひとにはなるほどなーとすぐこころにわかるのぢやぞ）　九ゝ八七三ゝ八三七日九七◎ゝ三（このはなさけばみなよくなるのざ）　九ゝ八七ゝ九く（このはななかく）

三かつ　三か　ひつ九（く）のか三（み）

【訓解文】

学の鼻高さん、何も出来んことになるぞ。今に世界から正末（しょうまつ）がだんだんわかり来て、慌てても間に合わんことになるぞ。今のうちに筆よく腹に入れておけよ。この道にはいろいろとゝの試しあるから慢心するとすぐ引っくり返るぞ。考へではわからん、素直結構ぞ。

日本には五穀、野菜、海、川、いくらも弥栄（やさか）の食べ物あるぞ。人民の食べ物間違えるでないぞ。食い過ぎるから足らんことになるのざぞ。いくら大切な因縁の臣民でも、仕組みの邪魔になると取り替えるぞ。慢心取り違ひ致すなよ。替へ身魂いくらもあるぞ。学問の世は済みたから学者は閉口するぞ。商売の世も済みたから商売人も閉口するぞ。力仕事は出来んし、共食いするよりほかに道ないと申す人民ばかりになるぞ。今までとはさっぱり物事変わるから、今までのやり方考え方変えてくれよ。筆通り行ふならば、その日その時から嬉し嬉しざぞ。ここは落とした上にも落としておくから、世の中の偉い人にはなかなかに見当とれんから、身魂の因縁ある人には、なるほどなあとすぐ心でわかるのぢゃぞ。木の花咲けば皆よくなるのざ。木の花なかなか。

三月三日、ひつ九のか三。

◯◎火火ゝ二火一日八九日ゝ♀八七日日ゝ⊙ゝ七ゝ火三日二日ゝ九◎日　九百◎ゝ九九◎ゝつ
ゝゝ◎十九百◎ゝ九◎九◎一◯火ゝ♀◎火七　二ゝ十◎二十ゝ十ゝ日ゝア◎火　◯⊙◎ゝ七◎ゝ
三　八キ百ゝ百一◯二火◯ゝ九◎三百十二火ゝ◎二◯　百十ゝ百十ゝキゝ◯千◎キゝ七一三ゝ◯
十一◎火一千人八七◎ゝゝ千八　ゝ火千火ゝ一◎火◎一九◎千火一十◯二七ゝ百十十千十◎
◯火◎ゝア◎火七　一十百日ゝ九十◯一つ◯ゝ百◯百◎三ゝ◯ゝ七一十　十千二ゝ九◎ゝく十
火◯◎日ゝ八五日つ十◯◎ゝ三　◎ゝ◎キ八三火八　◎日◎八け一九八日日キ七九一丅⊙三　日
つ二⊙も十三三　火日◯ん十も一◎ん三　丅八九も九千三　日キ日二七◎十◎へつの三け丅八九
か日◯ん十てキ◎三　火て二つ九て日一の三三　三◎日日八一二◯三千三
九五かつ五かゝ◎の◎一八一の日火丅火キ日◎⊙三
ア三◯大⊙三◯二八一八一二八一三八一八八九日
ひふみゆ◎くひふみゆ◎くく　一二三ゆらくくくく　ひふみの◎十のりて火◎五三丅
一の♀⊙三◯八三火◯日◯千　一八三火◯日◯千　アメのひつ九の♀⊙三◯八三火◯日◯千一八

三火〇日〇千九二のひつ九の♀⊙三〇　八三火〇日〇千一八三火〇日〇千八八九日五三丅一の♀
⊙三〇七火一の◎日♀〇◎て♀⊙三〇のキ一丅丅け日　八八九日　一八一二八一三八一千日
日◎〇♀七二日二日てひふみの◎十の火〇◎二　いろはのり十の◎日　三五七二キ◎てて丨千
七火◎一二三の◎十十〇七二日二の◎てけ九三

一◎〇丅一千二一の◎日　も九十千日　十キ二日◎十九◎二日◎て日八日も九十千日　♀つ千
の一キ一丅丅け日　てキ◎八八丅日二七て♀つ千の丨へ二丅千て◉つ六◎てア日二て一キ千日
一か一二か一三か一千日　⊙⊙三〇二八二八一日八九日　ひふみゆらくひふみゆ◎くく
一二三ゆ◎ゆ◎くく十七へアメの火⊙丨丅三か一となへ⊙⊙三〇八三火〇日〇千一八三火〇
日〇千十の◎て　日八九日千日　千火一〇十キ二日◎て日キ二千日

丅〇の三八八一八一二八九日　アメの火⊙丨丅一火一八三か〇日〇千一八三火〇日〇千　二八
九日一八一て日一三　ひふみゆらくい◎ん三千火一八その十キく二日◎て日キ二千日
♀のくの千三三二八一〇〇てののり十て日一三　十二ん九◎て火〇◎ん火◎　一ん三つ日て
四九〇火◎日二日て三七のもの二〇けて十◎千日　一八三火二♀◎火三〇つ◎日

三かつ三か　ひつ九(く)の⦿　一⦿⦿(しるす)

【訓解文】

我が勝手に解釈してお話しして、⦿の名汚さんようにしてくれよ。曇りた心で伝えると、曇りくるくらいわかりおろうがな。筆通りに説けと申してあろうが、忘れてならんぞ。履物も今に変わって来るぞ。元に返すには元の元のキの混ぢり気のない身魂と入れ替えせねばならんのぢゃ。ゝ(みたま)が違っているからいくら世界中輪になっても成就せん道理わかるであろうがな。一度申したことはいつまでも守る身魂でないと、途中でグレングレンと変わるようでは御用つとまらんぞ。輪力屋、酒屋、料理屋、芸妓屋、娼妓なく致すぞ。世潰すもとざぞ。菓子、饅頭も要らんぞ。煙草も曲(くせ)ぞ。よき世になりたら別の酒、煙草、菓子、饅頭出来るぞ。勝手に造ってよいのざぞ。それ商売にはさせんぞ。

旧五月五日からの礼拝の仕方書き知らすぞ。

朝は大神様には一拝、二拝、三拝、八拍手。ひふみゆらゆら、ひふみゆらゆら、ひふみゆらゆら、く、く、く。ひふみ祝詞宣りてから、「御三体の大神様弥栄(やさか)ましませ弥栄(いやさか)ましませ、天の日月の大神様弥栄ましませ弥栄ましませ、地(くに)の日月の大神様弥栄ましませ弥栄ましませ」八拍手。「御三体の大神様」七回宣れよ。終わりて大神様のキ頂けよ。八拍手一拝二拝三拝せよ。

夜は同じようにして、ひふみ祝詞の代わりにいろは祝詞のれよ。三五七に切りて、手打ちながら、ひふみ祝詞と同じように宣りて結構ぞ。

昼は大地に祈れよ。黙祷せよ。時により所によりてしばし黙祷せよ。お土の息頂けよ。出来れば裸足になってお土の上に立ちて目をつむりて足にて息せよ。一回、二回、三回せよ。神々様には二拝四拍手。「ひふみゆらゆら、ひふみゆらゆら、ひふみゆらゆら、く、く、く」唱へ、天の数歌三回唱へ、「神々様弥栄ましませ弥栄ましませ」と宣りて四拍手せよ。誓いは時によりてよきにせよ。

霊の宮には一拝二拍手、天の数歌一回、「弥栄ましませ弥栄ましませ」二拍手一拝、でよいぞ。ひふみゆらゆら要らんぞ。誓ひはその時々によりてよきにせよ。

各々の先祖さんには今までの祝詞でよいぞ。当分これで変わらんから、印刷してよくわかるようにして、皆の者に分けて取らせよ。弥栄に拝みよつれよ。

三月三日、ひつ九の⦿、しるす。

十四

21―14［469］

三一火◎の火火八九三日十七◎二け◎　｜◎日｜◎日の一八十アけ十｜ア七三八け三千人んの日八アけて　一十⦿十七◎十キ○キ二け◎　⦿月の⚲⦿　キ◎⦿十⚲⦿　日八火⚲⦿　○火◉十⚲⦿　九◎⦿三⚲⦿てん◎⚲⦿　九ん九⚲⦿　○も十⚲⦿　◎日⚲⦿　九日⚲⦿　⦿へて十八日◎の⚲⦿○　一火◎の⚲⦿十日て一つキ○つ◎け九二丅日九◎日

二二八（ふじは）れ◎三（るぞ）　一八十（いはと）アけ◎三（けるぞ）　五日（ごし）ん◉（め）かか⦿三（すぞ）　一火◎（ひかり）のキ日（よ）か一（い）の◎（り）十八（とは）一火◎（ひかり）の♀火（おーか）
三八三火（みやさか）○日○千（ましませ）　一八三火（いやさか）○日○千（ましませ）　一火◎（ひかり）の♀⦿○（おーかみま）もり丅○（たま）へ　三（さ）キ八（は）へ丅○（たま）へ十（と）も千日（せよ）　八（や）
三火一八三火（さかいやさか）

日（し）かつ　五か　ひつ九⦿（く）

十（と）八日◎三◎十◎（しらそろたら）　○（ま）つ◎十（れと）も日（し）てア◎火○火◎十火（ろーがわかりたか）

【訓解文】

御光（みひかり）の輝く御代となりにけり、嬉し嬉しの岩戸開けたり。あなさやけ、三千年の夜は明けて、人、⦿（かみ）となる秋（とき）は来にけり。日月の大神、キリスト大神、釈迦大神、マホメット大神、黒住大神、天理大神、金光大神、大本大神、老子大神、孔子大神、すべて十柱の大神は、光の大神として斎き祀り、結構致しくれよ。

富士晴れるぞ。岩戸開けるぞ。御神名書かすぞ。ひかりの教会祝詞は、ひかりの大神、弥栄（やさか）ましませ弥栄（いやさか）ましませ、ひかりの大神守り給へ、幸へ給へと申せよ。弥栄弥栄（やさかいやさか）。

四月五日、ひつ九⦿。

十柱揃ったら祀れと申してあろうが、わかりたか。

註　嬉し嬉しの岩戸開けたり　昭和二十二年四月二日に宗教法人ひかり教会が発足した（黒川二五三頁）。

第二十二巻　青葉の巻

ア火（ほ）八（ば）の◯（ま）キ

自　昭和二十二年四月二十六日
至　昭和二十二年八月十二日

一―二十三

♀十一◉か一二八へつ二⊙○つ◎一ても日一三　一か◎の　⊙三○一つキ○つ◎け九一丅日九
◎日　三七二♀十一◉三○の○け三丅○三つけ十◎⊙三　♀○△◎三つけ十◎⊙三　ひか◎♀⊙
三○の日ん二八二八　五日ん◉三けて十◎千日　八九一ん二八五日ん千キ○つ◎九◎日　ひか◎
♀⊙三○の二千く○♀九二二八十の火○◎け二て　三七へ○つ◎日
八九一ん七つ二○け日　大道師　九ん大十日　中十日　九ん中十日小十日九ん小十日参道
の七丅ん火一三　中十日火◎ーエ八⊙一十十も三三
千火一の丅三の火一八三千↘火一二♀◎火三ア二の三三　七二五十も⊙○つ◎丅一一三十も日
てア◎火七　♀キーつ○も千て五三◎日　千三一九↘◎て八けん十十◎ん九十二七◎の三三　三
丅○○ん日ん十◎千火一火キん三　三丅○一つても火○◎の三三
つキく二エ◎一一十てて九◎火◎二て日九日んて九んく♀九七て⊙⊙◉日　♀九七十九◎
⊙ア◎八◎◎三　一火◎の三一八三火三　七千八七◎の三三　二ん三ん十んく♀九七○七七◎
んの三三　一八三火三三　九の二て火◎○ひか◎キ日火一火◎日二丅千日　九の○キア火八の○

キ　◯への◯キ八三◎の◯キ十千日てん◎五九◎
日かつ二十六二千　ひつ九のか三

【訓解文】

乙姫会には別に⦿祀らいでもよいぞ。光の大⦿様斎き祀り結構致しくれよ。皆に乙姫様の分け御霊授け取らすぞ。お守り授け取らすぞ。光大⦿様の信者には、御神名下げて取らせよ。役員には御神石祀りくれよ。光の大⦿様の日々の御給仕には十の土器にて供へまつれよ。

役員七つに分けよ。大道師、権大道師、中道師、権中道師、小道師、権小道師、参道の七段階ぞ。中道師から上は⦿人共ざぞ。

世界の民の会は三千世界に拝み合ふのざぞ。何事も⦿祀り第一ざと申してあろうがな。大き器持ちてござれよ。小さい心では見当とれんことになるのざぞ。みたま、慢心、取り違ひ、ポキンぞ。みたま何時でも変わるのざぞ。

次々に偉い人出て来るから、筆よく読んでぐんぐん行って進めよ。行ふ所⦿現はれるぞ。光の道弥栄ぞ。為せば成るのざぞ。人民どんどん行わなならんのざぞ。弥栄ざぞ。この筆からは、ひかり教会から世に出せよ。この巻「青葉の巻」。前の巻は「空の巻」とせよ。天明ご苦労。

四月二十六日、ひつ九のか三。

註　乙姫会　昭和二十二年四月二十七日に大塚コタカを会長として東京で発足した女性信徒の組織（黒川

二五三頁)。

二　22―2［471］

丅○九日十日て二二んの二九丅一のキ日一十九◎三七へ○つ◎日　カ三♀キて一二キて八◎一
て　カ三二つつんて三七へ○つ◎日　丅○九日八二二ん三三け◎の三十も日てア◎カ七　♀三七
への一八△十千日　△八▽三三♀九十のキ三七へ◎の三三　カゝが三八三つ火三ね日　てん千二
ん一丅一三三十も日てア◎火七　五日ん千八火◎キ日⊚ても♀九十上十千三　一への七火七三五
日ん千三　九二十三七五日ん千三三○火◎丅火
日◎ね◎○へ二日五二んの一八三火火⊚日　一丅◎三◎二二ん九一日　日ゆキ日てキ丅日ん二
八の○も◎の⊙十二日二○つ◎日　卍◎一十二日二○つ◎日　八九一んの○も◎の⊙八火ん二二
○つ◎日　⊙⊙三○火ん二二○つ◎日　火一五九十八ゆか一の九十三　か一五九十て二キ◎十八
ゆか一とて二キ◎九十三三日

五かつ　十二にち　ひつ九のか三

【訓解文】

玉串として自分の肉体の清い所、供へ奉(まつ)れよ。髪を切って息吹きて祓ひて紙に包んで供へ祀れよ。玉串は自分捧げるのざと申してあろうがな。お供へのはじめは△(む)とせよ。△(む)は▽(う)ざぞ。まことのキ供へるのざぞ。餅(かがみ)は三つ重ねよ。天地人一体ざと申してあろうがな。御神前ばかり清めても、まこと成就せんぞ。家の中皆御神前ぞ。国中皆御神前ざぞ。わかりたか。

夜寝る前に守護神の弥栄(いやさか)ほめよ。至らざる自分悔いよ。修業出来た信者の守りの⦿、道場に祀れよ。万霊道場に祀れよ。役員の守りの⦿は本部に祀れよ。⦿⦿様本部に祀れよ。外国とは幽界のことぞ。外国と手握るとは幽界と手握ることざぞよ。

五月十二日、ひつ九のか三。

三　22―3［472］

ひか◎キ日のキ日日火キ四◎⦿三　二ん三んの三の十キ十九◎二つ日⦿◎日二日て十一て日◎

千日

キ日日

てん千二二　日ん日ん五一

ア◉ハつ千七◎　つ千ハア◉七◎
二二七◎　アメつ千七◎
か三八一十七◎　一十八か三七◎
一丅一七◎　か三一十七◎
日んゆけん♀つ二　火けん三♀一火ん日てか三十一十ゝの大〇五　◎火一十けんか一十の大〇
五♀七日けんゆ日ん一丅一大〇◎九の一火◎の九二三つけん♀もてキ日日十千日
つキ二日ん二八の十千の九十火キ日◎⊙三
三大十千日ゆキ
一八三火十千
八◎一十千
⊙十千　⊙八〇つ◎三
大丨千ゆの一八三火千一千一火一九八⊙ん二も八⊙六九十七九⊙⊙◉◎◎て一◎の三三　一八
三火か⊙の五一日三三　⊙の八丅◎キ三三　一八三火八十千三三　一十十日て八三の千つ七く

二一八三火⚲⚲も一　一八三火⚲十千日てゆ火ね八七◎んの三三

｜千ゆの⦿へて八⦿十七て一◎の三三　十ん七大キ七千火一ても十ん七二千三一千火一ても

九九五十千｜日ん二十一三◎て〇つ◎て一◎の三三〇つ◎千◎もの⚲千十一二　三◎二八ん⦿◎

もの⚲ア九十一二の三三　一十くの九十五十〇つ◎ア〇⦿八も十日◎　日んゆけんの大〇十千

日てゆ火亼八七◎んの三三

ア◉つ千の大八◎一十九⚲日て　九二のけ三一一十のけ三一八◎一キ日◉千亼八七◎んの三三

ア⊤へ◎◎⊤日◉一⚲八⊤⦿二八　け三一千亼八七◎んの三三　火へ◎三◎　八千◎　九ゆ◎

⚲三◎　三十◎の五　◎　⚲⊤⊤日九八キ日て三十キ八◎一⚲十千千亼八七◎んのてア◎三

八九一ん日キ二日て　一〇の日二日キ日二十一てキ火日て　〇つ七七日十九二ん　三日三二ん

二日〇一二んの日ん日八　八日つ九◎日日ん日八ひか◎三　三◎火てキ⊤◎ア日八てキ◎の三三

｜二⦿七の⦿三〇〇つ◎　つキ二大九二⊤〇の⦿三〇〇つ◎日　日ひか◎九◎三

五かつ　十二二ち　ひつ九のか三

【訓解文】

ひかり教の教旨書き知らすぞ。人民のその時、所に通用するようにして説いて知らせよ。

教旨

天地不二(ふじ)、神人合一。

天は地(つち)なり、地(つち)は天なり。

不二なり、天地(あめつち)なり。

神は人なり、人は神なり。

一体なり、神人(かみひと)なり。

神幽現(しんゆうげん)を通じ、過現未(かげんみ)を一貫して神と人との大和合(だいわごう)、霊界と現界との大和合をなし、現幽神一体大和(だいわ)楽(らく)の光の国実現を以て教旨とせよ。

次に信者の実践のこと書き知らすぞ。

三大実践主義

弥栄(いやさか)実践

祓実践

⦿(まつり)実践。⦿は祀りぞ

大宇宙の弥栄生成化育は寸時も休むことなく進められているのざぞ。弥栄が⦿の御意志ざぞ。⦿の働きざぞ。弥栄は実践ざぞ。人としてはその刹那々々に弥栄を思い、弥栄を実践して行かねばならんのざぞ。

宇宙のすべては⦿となっているのざぞ。どんな大きな世界でも、どんな小さい世界でも、ことごと中心に統一されて、まつろうているのざぞ。マツリせる者を善と言ふ、それに反する者を悪と言ふのざぞ。人々のことごとマツリ合わすはもとより、神、幽、顕の大和（だいわ）実践して行かねばならんのざぞ。天地（あめつち）の大祓ひと呼応して、国の潔斎、人の潔斎、祓ひ清めせねばならんのざぞ。与へられた使命を果たすには、潔斎せねばならんのざぞ。省みる、恥ぢる、悔ゆる、畏る、悟る、の五つのはたらきを正しく発揮して、禊ぎ祓ひを実践せねばならんのであるぞ。

役員よきにして、今の世によきように説いて聞かして、まづ七七四十九人、三百四十三人、二千四百一人の信者早うつくれよ。信者光ぞ。それが出来たら足場出来るのざぞ。産土（うぶすな）の⦿様祀れ、（［第一訳文に以下の一文あり］信者出来たら、国魂の神様祀れよ。）次に大国魂の⦿様祀れよ。世光り来るぞ。

五月十二日、ひつ九のか三。

四　22―4［473］

三千十日（みちとし）の二二八八（ふじはは）れ十一八十（たりいはと）アけ〒┼（けたり）十千三三（ぢつちざぞ）　八◎七火日て（やりなほしで）キんの三三（ざぞ）　八日（はよー）ア日八（しば）つ九◎十も日てア◎火七（くれともしてろがな）　三千（さんぜん）のア日八（しば）つ九〒◎⦿（くたらかみ）の一火◎て◎十も日て（ひかりでるとし）ア◎か（ろーが）　ア日八（しば）つ九◎日（くれよ）

ア日八八ア日八三（しばはしばぞ）　ア日八七九て八七二もてキん十◎二んけん二も〇火◎火七（しばなくはなにでどーりにげにわかろーがな）　七二日◎ア日八（なによりしば）

〒一一三三（だいいちざぞ）　千火の〒三の火一二◎て八◎日（せかひたみかいふたりでやれよ）　一◎て日て七◎ん三九十（ひとりでしてならぞくどー）キつけア◎火七（けろーがな）

ア七三八けア七⦿火〱日

六かつ十か　ひつくかみ

【訓解文】

三千年の富士は晴れたり、岩戸あけたり。実地ざぞ。やり直し出来んのざぞ。早う足場つくれと申してあろがな。三千の足場つくったら⦿の光出ると申してあろうが、足場つくれよ。足場は足場ぞ。足場なくては何も出来ん道理、人間にもわかろうがな。何より足場第一ざぞ。世界の民の会、二人でやれよ。一人でしてならんぞ。くどう気つけあろうがな。

あなさやけ、あなすがすがし。

六月十日、ひつくかみ。

五　22—5［474］

日五十日五十十百日てア◎火　日五十〇つ◎三三　二二んノ日五十♀◎三火七◎んノ三三　日五十千日日五十つ火へ〇つ◎十も日てア◎火　⦿⦶◎キ日火一火ん二も十へーつ日ても日一三てん◉♀もてへてても日一三　一日〱三三七二八日つ丅へて九◎日　〇つ◎け九

七かつ三十一ち　一二⦿

【訓解文】

仕事、嘉事と申してあろうが、仕事マツリざぞ。自分の仕事おろそかならんのざぞ。仕事せよ。仕事仕へまつれと申してあろうが。ひかり教会本部、元へ移してもよいぞ。天明表へ出てもよいぞ。いよいよぞ。皆に早う伝へてくれよ。マツリ結構。

七月三十一日、一二⊙。

六　22—6［475］

へん七一十①♀もて二て◎三　て丅◎キつけ日　九の三火◎九二〇〇九十千八〇九十十八日五
十千八　日五十千八〇つ◎千八ア七七一千八◉〇つ千八　六⊙一千八〇けへ丅て八二んけん九九
◎七二か七ん丅火〇火◎んー千二　二千つ◉九◎ても十二火へ◎三　⊙二〇けへ丅て七日　三七
一日二⊙◎三　お火け八◎三八〇一七火日て八◎三　千三一九十♀キ九十三七三◎〈二♀ん八
九一三んてつ火へ〇つ◎日　〇けへ丅て十一二九十七九一千〇五日て⊙二つ火へ〇つ◎日　〇五
千人八〇九十の♀火け七一三　〇つ二二ん十二二ん十〇五千日　三◎①〇五の十一一火ア◉つ千
九九◎千八三　⊙へて八三九火◎〇◎キもの七三

八(はち)かつ(が)九(ぐ)◎(ら)く　八(はち)かつ二(ふつ)か　ひつ九(く)⊙

【訓解文】

へんな人が表に出るぞ。出たら気つけよ。この道開くにはまことぢゃ。まこととは嘉事(よごと)ぢゃ、仕事ぢゃ、まつりぢゃ、あなないぢゃ、目松ぢゃ、むすびぢゃ。分け隔ては人間心、何が何だかわからんうちに時節めぐりて元に返るぞ。⊙に分け隔てなし、皆一様にするぞ。お蔭やるぞ。病(やまい)治してやるぞ。小さいこと、大きいこと、皆それぞれに御役勇んで仕へまつれよ。分け隔てと言ふことなく、一致和合して⊙に仕へまつれよ。和合せねばまことのお蔭ないぞ。まず自分と自分と和合せよ。それが和合の第一歩、天地心ぢゃぞ。すべてはそこから生まれ来るものなぞ。

八月ぐらぐら。　八月二日、ひつ九⊙。

七

22—7〔476〕

一(い)八(や)七(な)九(こ)丅(と)〇(わ)ゝ(わ)⦶(が)千(ち)⊙(す)二(じ)二(に)一(い)丅(た)三(さ)⊙(す)七(な)◎(り)　丅(た)二(に)んキつ(づ)ゝ(つ)け(け)て◎(は)七(な)◎(ら)ん七(な)◎(り)　一(ひ)二(ふ)三(み)二(に)も二(ふ)十(と)◎(まに)

五(い)十(ず)◎(ら)　いろ八(は)二(に)も二(ふ)十(と)◎(まに)五(い)十(ず)◎(ら)　日(よ)九(く)九(こ)九(こ)◎(ろ)へ七(な)三(さ)◎(れ)日(よ)

七(な)二(に)⦶(か)の九(こ)十(と)一(ひ)二(ふ)三(み)　いろ八て(で)八(や)◎(り)⦶(か)へ◎(る)の千(ぢ)八(や)　二(じ)千(せ)つ◉(め)九(ぐ)◎(り)て丨(う)へも日(し)丅(た)も八(は)七(な)三(さ)九(く)の千(ち)

八(や)三(ぞ)　丅(た)◎(れ)二(に)日(よ)◎(ら)⊙(ず)⦶(か)一(い)日(し)ん千(せ)七(な)ゝ(な)◎(ら)ん三(ぞ)　九(こ)ノ火(ほー)三(さ)へ火(か)一(い)日(し)ん一(い)十(た)日(し)丅(た)♀(お)⦶(か)け(げ)て(で)　九(こ)ん十(ど)の♀(お)

ん八丅◎キてキ◎の千八　⚲七二九十二十九◎火へ⦿日九三三三　九の九十日九八◎二一◎て⚲
ーて九丅三◎日　⚲七二九十二十　九の二て⦿十十の二て

八かつ　二か　一二⦿

【訓解文】

嫌なことはわが血筋に致さすなり。他人傷つけてはならんなり。ひふみにもフトマニ五十連、いろはにもフトマニ五十連。よく心得なされよ。

なにかのこと、ひふみ、いろはでやり変へるのぢゃ。時節めぐりて上も下も花咲くのぢゃぞ。誰によらず改心せなならんぞ。この方さへ改心致したお蔭で今度の御働き出来るのぢゃ。同じこと二度繰り返す仕組みざぞ。このことよく腹に入れておいて下されよ。同じこと二度。この筆⦿と十の筆。

八月二日、一二⦿。

八

22—8［477］

二千つ二八日丅⦶て九丅三◎日　三火◎〇⦿ア十の丅つ日一丅三◎日　ア十の八◎⦶丅二て⦿
日◎日てア◎⦶七　九二く十九◎く二日て⚲七二〇丅一一九◎てもつ九◎ア◎の千八　一◎
も⦶⚲て一二アつ〇◎日九三千八　てん九キんもつ一◎も三◎く二十十一日九三三〇丅十七一

つ十一三三　⊙の九九⑨つけ⑨て丅ても♀のく千①二の千二　九九⑨♀キ九八日千丅九一丅三⑨日　丅⑨〇⑨⑨七日十⑨〇⑨⑨十ア九十七⑨三二丅ん♀三〇⑨七⑨十　ア十八九ん二八九千八〇①⑨ん日九三〇①⑨七七⑨んの千八三　♀九十〇〇⑨日日の九十

八かつ二⊙　ひつ九⊙

【訓解文】

時節には従って下されよ。逆らわず、後の立つよう致されよ。後のやり方、筆で知らしてあろうがな。国々所々によって同じ集いいくらでもつくりあるのぢゃ。いづれも我折って一つに集まる仕組みぢゃ、天狗禁物、いづれもそれぞれに尊い仕組みぞ。またとない集ひぞ。神の心告げる手だても各々違ふのぢゃ。心大きく早う洗濯致されよ。囚われるなよ。囚われると悪となるぞ。いったん治まるなれど、後はこんにゃくぢゃ。わからん仕組み、わからなならんのぢゃぞ。悪とはわれよしのこと。

八月二日、ひつ九⊙。

九

22―9［478］

九⑨一十三亼八〇九十〇①⑨ん七⑨　二ん三ん十一二もの八九二日〇一火⑨　七①く二♀①けの八⑨日七一三日　日九丅⊙か⑨九九⑨九も⑨①⑨　〇⑨日日二七⑨①⑨七①く二火一日ん

てキん七◎　六①日三日　日九三八◎⊙てて九丅三◎日　日九て◎十◯①◎七九七◎三　丅一千
の⊙の九エ丅◎も日◎◯一①七　丅◯て日つ火二◯つ◎てキ日◉て三丅てて一◎の三三　七二も
①も丅一千二火へ◎の三三　♀八の二十九◎二①へ◎の三三　つキく二二日キてて九◎三　二
日キ七九七◎丅◎⊙の九二三六の九二十七◎の千八

八かつ三か　ひつくか三

【訓解文】

苦労致さねばまことわからんなり。人民という者は苦に弱いから、なかなかにお蔭のやりようないぞよ。欲出すから、心曇るから、われよしになるから、なかなかに改心出来んなり。難しいぞよ。欲さっぱり捨てて下されよ。欲出るとわからなくなるぞ。大地の⊙の声、誰も知るまいがな。黙って静かに祀りて清めて、育てているのざぞ。何もかも大地にかへるのざぞ。親の懐にかへるのざぞ。次々に不思議出て来るぞ。不思議なくなりたら⊙の国、ミロクの国となるのぢゃ。

八月三日、ひつ九か三。

十

22―10 [479]

日キ⊙二八日キ五日　◯◎キ⊙二八◯◎キ五日　二二んて二二ん①つ十◉アけ◎の千八一十二

七ん十一八◎ても八◎の丅つ日て八五日六火日三　八◎丅つの八○ん日ん①◎千八十も日てア◎
①七　日九三十千二て九◎ん十①○◎①◎◎十①○◎　日九三一丅日てア◎の千八　三九二一◎
んの日九三火水の日九三二二十七◎十の日九三け九く大千つ一丅日てア◎の千八　日九三火○
◎くて二ん三ん二八○①◎ん七◎　日キ日十一丅⊙の千八　一九◎千アても二んけん九九◎て
八てキん日九三三　千⊙てて⊙二⊙火◎て九ね八○火◎ん日九三千八　十一二て二んけん千①一
八二んけんの千一◎の千八　千て七一千〇⊙火ア丅へ◎三⊙一十十も二十も日てア◎①七　つ十
⦾アけ丅◎丅二七一け九七五日

八かつ三か　ひつ九　⊙

【訓解文】

よき⊙にはよき御用、悪き⊙には悪き御用。自分で自分がつとめ上げるのぢゃ。人になんと言われても腹の立つようでは御用難しいぞ。腹の立つのは慢心からぢゃと申してあろうがな。仕組み途中でグレンと変わり、カラリと変わる仕組みしてあるのぢゃ。そこに一厘の仕組み、火水（かみ）の仕組み、富士と鳴門の仕組み、結構々々大切致してあるのぢゃ。仕組み変わり変わりて人民にはわからんなり。よき世と致すのぢゃ。いくら知あっても人間心では出来ん仕組みぞ。知捨てて⊙にすがりて来ねばわからん仕組みぢや。と言ふて人間世界は人間の知いるのぢや。知でない知を⊘が与へるぞ。⊘人共にと申してあろうがな。つとめ上げたら他にない結構な御用。

八月三日、ひつ九⊘。

十一

22—11〔480〕

千⦶一一十◉二三へ◎十八千⦶一一十二三へ◎九九◎二火火三三火一て十二千日十一二九十千八　十二け九三　千十ア九十十◎千⦶一も日てア◎⦶七　♀九も千も七一十も日てア◎⦶七　◯⊘⦶千三三　三丅⊘⦶ア九三三　八丅◎九二◯三丅⊘九十もア◎三　八丅◎⦶亼八三丅てて◯ゆけん七◎　キゆ◎ん丅◎⊘九ア十も十◎十七◎三　三⦶二九◎◯の丅十へ三十も日てア◎⦶七九◎日六十キ◯九◎日◉日九の八七三九三日八七七丅一の大⦶◯◎　火◯◎日⦶けて火◯◎ぬ◯◯九十一つの九の八七三　九の八七三九◯二三の八◯二二八⊘八◯⊘⊘六十九◎八⦶て千火一の◯ん七火三

八かつ三か　ひつ九の⊘

【訓解文】

世界一目に見えるとは、世界一度に見へる心に鏡磨いて掃除せよといふことぢゃ。掃除結構ぞ。善と悪と取り違ひ申してあろうがな。悪も善もないと申してあろうがな。和すが善ざぞ。乱すが悪ざぞ。働くには乱すこともあるぞ。働かねば育てては行けんなり。気ゆるんだらすぐ後戻りとなるぞ。坂に車のたとへぞと申してあろうがな。苦しむ時は苦しめよ。苦の花咲くぞ。

世は七度の大変わり、変わる世かけて変わらぬは、まこと一つの木の花ぞ。木の花咲くは二三の山、富士は⦿山、⦿住む所、やがて世界の真ん中ぞ。

八月三日、ひつ九の⦿。

十二

22—12［481］

⚲二て十◎二⦿◎八　⦿の一二九十キけ八⦿①〇も◎①◎　二ん三んの⊙①◎〇ア二七一日三へ◎七◎十八①て〇け九二七◎の三三　｜丅火二①◎十千二①◎①◎十①〇◎の三三　千火九エんア◎てキ丅二ん三ん千八　⦿八⚲①け八◎丅九て◎◎三三　て⚲丅千八⦿九十◎◎の二七千て⚲丅三んの千八　大キ｜つ〇も千て九んの千八　二てキゝて⚲◎十三丅〇二十◎三　三丅〇三火け◎三　日丅二一て八丅◎け日　日丅て十丅一十七◎日　九九八一てキ丅一十二八けん十十◎

ん日二七て一◎の千八　一十の〇◎九千九ノ火キゝ十七一三　〇日て⦿の〇◎九千

八かつの日か　ひつ九の⦿

【訓解文】

御筆通りにすれば、⦿の言ふこと聞けば、⦿が護るから、人民の目からは危ないよう見へるなれど、やがては結構になるのざぞ。疑ふから途中からカラリと変わるのざぞ。せっかく縁ありて来た人民ぢゃ。⦿はお蔭やりたくてうずうずざぞ。手を出せばすぐ取れるのになぜ手を出さんのぢゃ。大き器持ちて来んのぢゃ。筆聞きて居るとみたま太るぞ。下にいて働けよ。下で土台となれよ。ここはじめて来た人には見当とれんようになっているのぢゃ。人の悪口この方聞きとうないぞ。まして⦿の悪口。

八月の四日、ひつ九の⦿。

十三

22—13［482］

♀七二七の⦿二ア◎十も日てア◎　♀七二ア九二も〇丅二ア◎の千八　九の九十日ん火一の火水三　九の九十〇①◎十日九三丅ん〈十けて九◎の三三　火キ三三　七二ん二つ丅へ十も日てア◎　一の七二ん丅一千つ三三　九ん十八日九二◎◎れんの三三　⦿の日九三〇千①一七一七

◎(れ)十(ど)　二(じ)ん三(み)ん日(し)九(く)二(じ)◎(る)十(と)日(し)九(く)二(じつ)丅(た)二(じ)ん三(み)ん　⦶(か)ア一(い)三(そー)七(な)火(か)◎(ら)九(く)十(どー)も日(し)つけてア○(る)の三(ざ)三(ぞ)　日(よー)○(わ)けてキゝ十(と)◎(り)て千(せつ)火(か)九(く)のエ二(に)日(し)十(と)十(と)キ♀(お)　八(は)⊙(ず)⊙(す)て(で)七(な)一(い)三(ぞ)　千(せ)火(か)一(い)十(ぢゅう)の九(こ)十(と)三(ざ)火(か)◎(ら)　一(い)九(く)◎(ら)て(で)もかへ三(み)丅(た)○(ま)⦶(か)○(わ)◎(り)の○(ま)十(ど)一(い)つ九(く)◎(り)てア◎(る)の三(ざ)三(ぞ)　十(とー)十(と)一(い)三(み)丅(た)○(ま)十(とー)十(と)一(い)千(ち)⊙(す)二(じ)○(わ)⊙(す)◎(れ)◎(る)て(で)七(な)一(い)三(ぞ)火(か)丅(た)○(わ)キの十(ど)九(く)七(な)⦶(が)◎(ら)九(こ)の七(な)◎(か)ゝ(か)◎(ら)

八かつ日(よっ)火(か)　一(ひ)二(つぎ)⊙

【訓解文】

同じ名の⊙二つあると申してあろう。同じ悪にもまた二つあるのぢゃ。このこと神界の火水(ひみつ)ぞ。このことわかると仕組みだんだん解けて来るのざぞ。鍵ざぞ。七人に伝へと申してあろう、はじめの七人大切ざぞ。今度はしくじりられんのざぞ。⊙の仕組み間違いないなれど、人民しくじると、しくじった人民可哀想なから、くどう申しつけてあるのざぞ。よう分けて聞きとりてせっかくの縁(えにし)と時を外すでないぞ。世界中のことざから、いくらでも替へ身魂、かわりの集団(まどい)つくりてあるのざぞ。尊い身魂、尊い血筋、忘れるでないぞ。型は気の毒ながらこの中から。

八月四日、一二⊙。

一◯の日八ア丅◯十日火八⦶◎　火ん二んの十丅一七一⦶◎千火◎て七一三　日丅火二十九◎へ◯日丅火◯七七◎んの三三十も日てア◎　二千つ二日丅火て◯けて火つの三三　◯け⦶⦶千三◯⦶◎丅⦶　♀◯一⊘◎八丅◎二日◎んゆ◎日て日キ火二◯◯日て八◎三　九千三キ八⦶◎て七九九九◎⦶◎の♀◯一　け九一丅日九◎日丅◯日丅一◯十火◎八丅◯日丅⦶三♀て◯日三十も日て九十日◎日てア◎火七　丅◯日て六◎二七八◎丅日て六◎⊘◎の⦶六◎三　十も⊘の三　六◎八八三十七◎の三三　三◎てー三の日　八三の日十七てつついて九の日の九◎日三十七てキ丅の三三　九七◎九十八九の日の一⦶◎◯⦶て一ての日九三　日ん八一千つ二九の火二◯火日♀けく

八かつ四か　一二⊘

【訓解文】

今の世は頭と尻尾ばかり、肝腎の胴体ないから力出ないぞ。従ふ所へは従はならんのざぞ、と申してあろう。時節に従って負けて勝つのざぞ。負けが勝ちぞ。わかりたか。お詫びすれば誰によらん、許してよき方にまわしてやるぞ。口先ばかりでなく心からのお詫び、結構致しくれよ。騙した岩戸からは騙した神お出でましぞと申してくどう知らしてあろうがな。騙して無理に引っ張り出して無理するのが無理ぞと申すのざ。無理は闇となるのざぞ。それで嘘の世、闇の世となって、続いてこの世の苦しみとなって来たのざぞ。こうなることはこの世のはじめからわかっていての仕組み、心配せずに、この方に任しおけ任しおけ。

八月四日、一二⊙。

十五　22—15［484］

日の丅て①へ十も⊙の八三丅〇の丅て①へ三①⑨　十⑨千①へ千日一十三⑨日　三丅〇十八三十丅〇てア⑨三　一〇の①九ア⑨二ん三ん三八①⑨て丅て①へ⊙⑨つも⑨て一⑨①⑨　丅〇①〇①⑨ん①⑨一九⑨ア千ても　ア千七①日ても丅て①へてキんの三三　てん千の十キキて一〇九十八　⚲①丅の二ん三ん二〇〇①て⚲⑨て　三ア丅て①へ千八十も日ても　①ん二んの丅〇火〇①⑨ん①⑨上十千の三三　二て日んて丅〇八日十二千日　千①一①⑨三⑨①⑨二火ん①二火ん三も一つーへの千火一①⑨三⑨八千火一八二火ん三⊙九二三三　一〇〇て八大二の千三の大⊙三〇の千⊙二⚲⚲十日て日もて　十千二①⑨の火〇⑨の①三てア⑨丅火⑨　〇千九千日丅火⑨　日火三丅⑨二三丅⑨て日も丅の千八三　日⑨日てア⑨火七　日九七十九日て九⑨日　二ん三んも三七

三の十◎二七て一◎の千八
八かつ日火　一二⦿

【訓解文】

世の立て替へと申すのは、みたまの立て替へざから取り違へせんよう致されよ。みたまとは身と魂であるぞ。今の学ある人民、身ばかりで立て替へするつもりでいるから、魂がわからんから、いくら焦っても汗流しても立て替へ出来んのざぞ。天地の秋(とき)来ていることは大方の人民にはわかっておりて、さあ立て替へぢゃと申しても、肝腎の魂がわからんから成就せんのざぞ。筆読んで魂早う掃除せよ。世界から見るから日本が日本ぞ。もう一つ上の世界から見れば世界は日本ぞ。⦿(かみ)国ざぞ。今までは大地の先祖の大⦿様の血筋を落としてしもうて、途中からの代わりの神でありたから、まぜこぜしたから世が乱れに乱れてしもうたのぢゃぞ。知らしてあろうがな。よく納得してくれよ。人民も皆その通りになっているのぢゃ。

八月四日、一二⦿。

十六

22―16［485］

⦿の♀⦿三◯◯⦿の♀ん八丅◎キ　月の♀⦿三◯◯月の♀ん八丅◎キ　⦿の♀⦿三◯も日の⦿へ十七てキて五日ん◎キ　ー⦿九七◎七三◎て一◎の三三　⦿の♀⦿三◯も二つ三つ　二二ん一

十⊚の千⦶⊚て八七二五十も九⊚⦶⊚〇　上十千三　九九⊚へ七三⊚日　二てて日⊚日丅丅けて十
九日んして⦶一日んてキ⊚八　大七ん〇小七ん十七⊚の千八　八⊚人八七⊚ん一九三〇五　日日
キ九⊚一の一九三て☉六の千八三　二ん三んの九九⊚日丅一⚲九七一日丅一て　三⊚〇て⦶〇⊚
十も日てア⊚⦶七　九の十⊚日九九九⊚へ七三⊚て　☉のも☉九十〇⦶⊚一ても　六⊚十⚲も十
もつ⊚ヌキて九丅三⊚日　三⊚⦶〇九十千八

八かつ五か　ひつ九のか三

【訓解文】

☉の大☉様は日の御働き、月の大☉様は月の御働き。☉の大☉様も世の末となって来て御神力うすくなりなされているのざぞ。☉の大神様も二つ、三つ、自分一人の力では何事もこれからは成就せんぞ。心得なされよ。筆で知らしただけで得心して改心出来れば大難は小難となるのぢゃ。やらねばならん戦さは碁、将棋くらいの戦さで済むのぢゃぞ。人民の心次第、行ひ次第で空まで変わると申してあろうがな。この道理よく心得なさりて、☉の申すことわからいでも、無理と思うとも貫きて下されよ。それがまことぢゃ。

八月五日、ひつ九のか三。

十七

22—17〔486〕

○◎九一八◎◎十⦿九◎十ても◎へ◎三　○◎九一二十⦿九◎つく◎の千八　九ん十の丅て火へ八二んけん千への丅て①へ十○　大二千①二大三三三　けん十十◎んの三三⊙の⊙八①◎て八日○も千て○ゆ①ん七◎　月の⊙八①◎ても七◎◎　三九て月の⊙⊙の⊙①五一丨一十七◎七三◎七◎　☽の⊙十ア◎○◎七三◎七◎　三六三○①明の⚲⊙三○七◎　⊙月の⚲⊙三○①みろ九の⚲⊙三○七◎　千の五千三三○九二の五千三三○十五二丅一十七◎七三◎て　大⊙月の⚲⊙三○十ア◎○◎七三◎七◎　九九かつ八かゝ◎大⊙月の⚲⊙三○十◎◎①三○つ◎日

八かつ五か　一二⊙

【訓解文】

悪く言われるとメグリ取ってもらへるぞ。悪く言ふとメグリつくるのぢゃ。今度の立て替へは人間知恵の立て替へとはだいぶ違ふたいそうざぞ。見当とれんのざぞ。

⊙の⊙ばかりでは世わ持ちては行かんなり、月の⊙ばかりでもならず。そこで月の⊙、⊙の⊙が御一体となりなさるなり。☽の神と現われなさるなり。「みろく様」が明の大神様なり。⊙月の大神様が

「みろく」の大神様なり。地の御先祖様、国の御先祖様と御一体となりなされて大⦿月の大神様と現われなさるなり、旧九月八日からは大日月の大神様と拝みまつれよ。

八月五日、一二⦿。

十八　22—18［487］

①一日ん十八ア火二七◎九十三三　千火一千ーのア火七火く千八　七火く二ア火二〇七◎
〇一火七　千火一千二の二ん三ん二一てキ火日て　火一日ん三⦿のてハキり火七一火〇　大へん
♀一丅三七七◎んの三三　六火日九十も日て一◎①　火◎十ゝ火亼八〇火◎ん三　千火一の千キ
日♀日九キゝて九◎日　てんの♀日へ千の三千一キ日九三三⦿〇日てキゝ十◎日　⦿の九九◎丅
んく〇火て九◎三　九のもの八三九三七一十七丅◎もの一〇ん三　ものキけん日二七丅◎　二
て一八二七丅◎　三の日五二ん火ア一三二七◎の三三　三九三七九七◎八⦿八七二もも三んの三
三　一〇のー千二二て八◎二一◎日
八かつ五か　ひつ九の⦿

【訓解文】

改心とは阿呆になることぞ。世界中の阿呆なかなかぢゃ。なかなかに阿呆にはなれまいがな。世界中の人民に言って聞かして改心さすのではきりがないから大変を致さなならんのざぞ。難しいこと申しているが、平とう説かねばわからんぞ。世界の説教をよく聞きてくれよ。天の教へ、地の導き、よく耳澄まして聞きとれよ。☉の心だんだんわかって来るぞ。この者は見込みないとなったらもの言わんぞ。もの聞けんようになったら、筆嫌になったらその守護神可哀想になるのざぞ。見込みなくなれば☉は何も申さんのざぞ。今のうちに筆腹に入れよ。

八月五日、ひつ九の☉。

十九

22―19〔488〕

九(こ)の丅(た)一(び)の一(い)〇(わ)十(と)一(び)◎(ら)キ二(に)五(ご)日(よー)二(に)丅(た)つ三(み)丅(た)〇(ま)八(ば)⦶(か)◎(り)　エ◎(り)ヌキてアつ◉(め)てキ(ぎ)日(よー)三(さ)日(し)て五(ご)日(よー)二(に)つ⦶(か)二(ふ)のて(で)ア◎(る)⦶(か)◎(ら)　丅(た)のキ日(よー)⦶(か)一(い)十(と)八(は)てん千(ち)の千(ち)⦶(が)一(い)て(で)ア◎(る)三(ぞ)　九(こ)ん十(ど)〇(わ)二(じ)ん三(み)んの九(こ)九(こ)◎(ろ)の三(そ)九(こ)〇(ま)て(で)ア◎(ら)丅(た)◉(め)て　一(いち)一(いち)日(し)〇(ま)つ千(せ)亼(ね)八(ば)七(な)◎(ら)ん七(な)◎(り)　丅(た)◎(れ)二(に)日(よ)◎(ら)ん一(い)〇(ま)〇(ま)て(で)の日(よー)七(な)千(ぜ)一(い)丅(た)九(く)八(や)◉(め)て九(く)丅(だ)三(さ)◎(れ)日(よ)　千(せ)亼(ね)八(ば)☉(す)◎(る)日(よー)千(せ)七(な)七(な)◎(ら)ん七(な)◎(り)　千(せ)⦶(か)一(い)の八(は)◎(ら)〇(わ)十(た)九(く)三(さ)◎(り)キて一(い)◎(る)のて(で)ア◎(る)⦶(か)◎(ら)　一(い)日(よ)く♀(を)一(い)丅(た)三(さ)亼(ね)八(ば)七(な)◎(ら)ん七(な)◎(り)　一(い)日(よ)く♀(を)☉(す)◎(れ)八(ば)二(じ)ん三(み)ん一(い)日(よ)く十(と)七(な)◎(る)⦶(か)◎(ら)　☉⦶(が)九(く)十(どー)キつけ(け)て一(い)◎(る)の三(ざ)三(ぞ)

九九へ八千十ア九十十ん七三丅○も一キ日千て九人○○日　人◎七火⊘十九◎てア◎①◎　千
十もキゆ◎日七◎ん十九◎てア◎三　九九の日九三○てんの日九三十千の日九三十　十十七　卍
十七◎　六⊘一　⊘十○日　○十ア◎ー五キ　七◎くて○九十の日　三六の日十一丅日て　九
の日♀⊘の九二十一丅⊘日九三千八
一○○て八てんの⊘八①◎十十んて　ーへ八①◎三て一丅①◎九ん十○千○千の⊘日十一丅⊘
の千八　てんの⊘○千て八♀てつ丅一三十も日てア◎火　下三て九◎千　ア日も十二キつけ十も
日てア◎①　三七千の⊘十十一一つキ○つ◎て八三①○日○千　てんの♀日へ八①◎て八七◎⊘
千の♀日へ八①◎ても七◎⊘　一○○て○十千◎火てア丅①◎十キ火九七火十火◎　○九十火
○九十十七◎⊘一つ◎も火丅○十七て一丅の三三　火丅○ア九三九ん十○ーへ日丅三◎て　二二
○日て　てん十千十五三ん丅一○つ◎てア七七一て　○つ丅一の一キ丅○日へ十一火◎火火八九
の三三

八かつ　九か　ひつ九のか三

【訓解文】

この度の岩戸開きに御用に立つ身魂ばかり選り抜きて集めて行(ぎょう)さして御用に使ふのであるから、他の教会とは天地の違いであるぞ。今度は人民の心の底まで改めて一々始末せねばならんなり。誰によらん、今までのような贅沢やめて下されよ。せねばするよう、せならんなり。世界のハラワタ腐りきっているのであるから、いよいよを致さねばならんなり。いよいよをすれば人民いよいよとなるから、⦿がくどう気つけているのざぞ。

ここへは善と悪とどんな身魂も引き寄せて捏(こ)ねまわし、練り直す所であるから、ちっとも気ゆるしならん所であるぞ。ここの仕組みは天の仕組みと地の仕組みと、神となり仏となり、結び、⦿と和し、◯と現(あ)れ動き、鳴り成りてまことの世「ミロク」の世と致して、この世を⦿の国と致す仕組みぢゃ。今までは天の⦿ばかり尊んで上ばかり見ていたから、今度まぜまぜの⦿世と致すのぢゃ、天の⦿は地ではお手伝いざと申してあろが。下見て暮らせ、足元に気つけと申してあろうが。皆地の⦿尊び斎き祀りて弥栄(やさか)ましませ。天の教へばかりではならず、地の教へばかりでもならず、今まではどちらかであったから、時が来なかったから、まことがまこととならず、いづれも片輪となていたのざぞ。片輪悪ぞ。今度は上下揃て、夫婦和して、天と地と御三体祀りてあないて、末代の生きた教へと光り輝くのざぞ。

八月九日、ひつ九のか三。

二十

22―20［489］

♀の◎の九九◎三日　一九三♀丅〈てア◎①　千①二九九◎①ア◎①◎千①二もの①丨◯◎

て　千①二九十二七◎十◎〇①◎んの①七ア　千火一の一日くの◉九◎①てて九◎の〇九◎火

◎てア◎三　九火つ八かの九の日九三千火つ一丁三　二ん三ん八八火てん〇◎日て二て日六①◎

三ん七九九◎①てて日もて〇九十日◎日丁九十　十九十七◎ん日キつけ♀九三　九⊙◎のんて

十九日千日二キつけ日

一〇〇千けんて八七二五十も〇火◎ん①◎ー丁火二のも六◎七一七◎十　⊙の日九三〇七二五

十もキ千◎く十〇千①一七一の三三　日ーけ日◎ん五①一も　千火一◎ん五も八二◎丁日も十

も日てア◎火七　つ九十⊙八⊙のゆ◎日七キもの〇三七メチく千八　三千千火一二て二キ◎十

キ十日◎⊙二　丁の千火一も十の千火一♀日◎ん火◎三七◎の千八三　火火の千火一　火火の一

十　水水の千火一水水の一十十　九つてキ◎の千八　一十十一ても二んけんて八七一三　一十三

三　て二キて三千千火一ア八◎千八　九の三火三の三千八一火◎の三千八♀日へ千八　ア九十ア

九十千十千十ア九十千十千十ア九十二キ◎ても千て五三◎日　九九◎も千て五三◎日　一九◎ー

◎日八九ア九三

八かつ十か　ひつ九⊙

【訓解文】

己（おのれ）の心見よ。戦さまだまだであろうが。違ふ心があるから違ふものが生まれて違ふことになる道理わからんのかなあ。世界のいよいよのメグリが出て来るのはこれからであるぞ。九月八日の九の仕組み近づいたぞ。人民は早合点、われよしで筆読むから、皆心が出てしもうて、まこと記（しる）したこと毒とならんよう気つけおくぞ。薬飲んで毒死せんように気つけよ。

今は世間では何事もわからんから、疑ふのも無理ないなれど、⦿の仕組みは何事もキチリキチリと間違いないのざぞ。宗教連合会も世界連合も破れてしまうと申してあろうがな。つくった⦿や、⦿の許しなきものは皆めちゃめちゃぢゃ。三千世界に手握る時と知らずに、丅（不明）の世界、元の世界を知らんからそうなるのぢゃぞ。火火（ひのひ）の世界、火火の人、水水（みのみ）の世界、水水の人と交通出来るのぢゃ。人と言っても人間ではないぞ。人神ぞ。手握って三千世界天晴（あっぱ）れぢゃ。この道、神の道ぢゃ、光の道ぢゃ、教へぢゃ、悪と悪と、善と善と、悪と善と、善と悪と、握る手持ちてござれよ。心持ちてござれよ。びっくり嬉し箱あくぞ。

八月十日、ひつ九⦿。

二十一

22―21［490］

⦿①一キ日千⑨①⑨十も日て（がひよせるからとし）　二十九⑨て日て一て八三八一⑨〇⑨ん三（ふところでしいてはみちはひろまらぞ）　八三①十八二二二①（やさかとはつぎつぎにか）

キ◎七九日◎九一♀二八日て八日七てゆ九九十三三　日六九一十八♀丅①一二七①日九⦿◎九十
三　日◎九一八一キもの三　火丅千ア◎もの三　一◎ア◎もの三　九エア◎もの三　○①◎丅①
キ日火一つ九○十も日ても一○○ての日七キ日火一て八七◎ん三　一○○てのキ日火一もも十
○日一のてア◎三　一つ◎も十◎つキ八九一ん①○八二一丅日丅の千八　⦿の九九◎火◎八七◎
て二んけん九九◎十七丅①◎千八　⦿のー五キ○アヤワ㋳㋻三十も日てア◎火　三◎♀ヤワ㋳㋻
と七日　ワ㋳㋻十一丅日　㋳㋻十七日　㋻㋳二四て○火◎ん九十二一丅日丅の千八　丅○七九七
て三のーへ二　ーへ下下ひ九りかへてゐる十も日てア◎火七○火◎丅火

八かつ十一にち　ひつ九の⦿

【訓解文】

⦿が引き寄せるからと申して懐手していては道は広まらんぞ。弥栄とは次々に限りなく喜びを増やして養って行くことぞ。喜びとはお互いに仲よくすることぞ。喜びは生きものぞ。形あるものぞ。色あるものぞ。声あるものぞ。わかりたか。

教会つくると申しても今までのような教会ではならんぞ。今までの教会も元はよいのであるぞ。いづれも取次役員がワヤに致したのぢゃ、⦿の心から離れて人間心となったからぢゃ。⦿の動きは、アヤワ

㋳㋻ざと申してあろうが、それをヤワ㋳㋻となし、ワ㋳㋻と致し、㋳㋻となし、㋻㋳にしてわからんことに致したのぢゃ、タマなくなってその上に、上下、下引っくり返ってゐると申してあろうがな。わかりたか。

八月十一日、ひつ九の⦿。

二十二

22—22［491］

♀の◎の千て八〇⦶◎ん♀⦿三〇十八アへ九への九十火ん⦶へて一て八　三⦶三八火◎千八二て日九日んて〇九十の日九三つ火へ〇つ◎日　火へ二三三ア◎　てん日日二⊙ア◎三〇一⦿二十も日てア◎　二ん三ん十一二もの〇ア◎九◎十丅九三⊙二三千て〇〇日もの千八⦶◎　一つつつ⊙二もの三千て⊙アてつ九て　三◎て七八て八◎て九丅三◎日　一十二丅九三三千丅◎♀日へ丅◎して八〇日一ー六八⦶◎千八　八九一ん十のキつけて九◎日　九の三一◎けて九◎十火丅キ⦶丅んく十♀九七て九◎三　火丅キ十十へ日火丅キ二日ん千つ千日一つ◎も⦿の八丅◎キ三　火丅キも♀ん八九　ア九も♀ん八九三　火丅キ二へて九◎十　千火◎てて九◎三⦿の日九三一キ◎

八かつ　十一にち

【訓解文】

己の知ではわからん、大⦸様とはアベコベのこと考へていては逆さばかりぢゃ、筆よく読んでまことの仕組み仕へ奉れよ。壁に耳あり、天井に目あり、道は一筋と申してあろう。人民といふものはアレコレとたくさん目に見せては迷うものぢゃから、一つづつ目にもの見せて目標(めあて)作って、それで引っ張ってやりて下されよ。一度にたくさん見せたり教へたりしては迷い生むばかりぢゃ。役員殿気つけてくれよ。この道開けてくると敵(かたき)がだんだんと多くなって来るぞ。(敵結構ぞ。) 敵尊べよ。敵に親切せよ。いずれも⦸の働きぞ。敵も御役(おんやく)、悪も御役(おんやく)ぞ。敵増へて来ると力出て来るぞ。⦸の仕組み一切(ひときり)。

八月十一日、ひつ九の⦸。

二十三

22—23［492］

⦶人(かね)て⦸日(みし)てア◎(る)八三⦶(やさか)キ⦶(が)ん千日(せよ)　八三⦶(やさか)キ⦶(が)ん八三⦶(やさか)キ⦶(が)ん八三⦶(やさか)キ⦶(が)ん八三火(やさか)キ火(が)ん八(や)
三水(さか)キ水(が)ん火十水(ひとみづ)の五♀(ごお)ん八三火(やさか)キ⦶(が)ん　八三火(やさか)の○(ま)つ◎三(りぞ)
八三⦶(やさか)○(ま)つ◎(り)の一け(ひけ)つ火水八日◎日(ひみつはしらし)てア◎(ろー)　二て日九日◉日(ふでよくよめよ)　九◎火◎(これから)の二て八一一三十も千(ふではひふみとせ)
日(よ)　八三(やさか)　八三(やさか)
二六(つぎむすぶ)五(ご)日日(よーのひの)一(ひ)二五七三(つきいでなるみち)二(に)八一六七(ひらきはじめむすびなる)一二三(ひふみ)　○○○日一三三(ひのはじめのみちぞ)　三一(みちのはじめ)六六六(みろく)　七二(に)六八五(はたま)

二一　七六六六三三〇〇〇八〇二　八　八　一三三　五二日八二六　一二三　八　八　五　五日日
百千一二　一二三日五六七八九十百千卍ア火八の〇キ九◎〇て

八かつの十二にち　ひつ九の⦿一◎

【訓解文】

かねて見してある弥栄祈願せよ。やさかきがん、やさかきがん、やさかきがん、やさ火き火ん、やさ水き水ん、火と水の御恩、弥栄きがん、弥栄のまつりぞ。弥栄まつりの秘訣秘密は知らしてあろう。筆よく読めよ。これからの筆は「ひふみ」と申せよ。弥栄、弥栄。

継ぎ結ぶ御用の火のひつぎ出で成る道に開きはじめ結びなるひふみ。〇〇〇ひのはじめの道ぞ。道のはじめ六六六、七に六は五継ぐはじめなる六六六ざぞ。〇〇〇弥増しに開きに開くはじめざぞ。五継ぐ世ひらき継ぎ結ぶ　一二三開きに開き　五の五の霊の霊の文字の日月　一二三日五六七八九十百千卍。

青葉の巻これまで。

八月の十二日、ひつ九の⦿しるす。

第二十三巻　海の巻

一二三の◯キ（うみのまキ）

自　昭和二十二年八月十三日
至　昭和二十二年八月二十三日

一―十九

ー三の◯キ①キ日◎⊘三　五つ二三二丁三九◎八七　五つ二三二丁ん⊚八七　三七一八け九て
ア丁①丁んく十十二二◎二日丁①て　八九一ん火アつ◯て◯八二一丁日丁の千八キの十九三
⊘の七け①日て♀◎三♀一二十ア◎◯◎丁◎七二①の九十キ一日九七てキて　丁て①への日五十
丁て七♀日の日五二◯◯◎①◎　三のか九五日一①　◯千①丁九九◎て日ん日ん⊘◎八日ん日ん
千ん日◎も①つキ一日九エ◎一九十①三一三日七◎三　一◯二九九の◯◎九千も日て二◎ア◯九
一十てて九◎三　◯◎九千一◯◎丁日丁◎け九千火つ一丁の三十も日てア◎　◯◎九千◯ア九の
日◎八丁三三　十んてキてーへ二十◯て一◎九十◎　①千二九丁一二一九く千八　♀ア◎日の
九ん◯へ二人九◎二①へて九丁三◎日　♀ア◎日⊚の◯へ九九◯◯つ九◎三の九◎二火ち丁◎
♀の◎二①千十◎丁◯三火け◎三　丁んく十◎九二七てー◎日く十七◎三け九七日九三　日
◎日丁◎二八◯八一◎七◎　日◎三のて◯火◎ん七◎　九九◎て十◎て九◎日　千火一の丁三の
火一七千八七◎七三人八か火一三
八かつ十三ち　一二⊘

【訓解文】

海の巻、書きしらすぞ。五つに咲いた桜花(さくらばな)、五つに咲いた梅の花、皆はじめは結構であったが、だんだんと時経(ふ)るに従って、役員が集まってワヤに致したのぢゃ、気の毒ぞ。⦿の名汚しておるぞ。大日月(おおひつぎ)と現われたら、何かのこと厳しくなって来て、立て替への守護と立て直しの守護にまわるから、その覚悟よいか。間違った心で信心すれば、信心せんより、も一つ厳しくえらいことが満ちはじめ、満つようなるぞ。今にここの悪口申してふれ歩く人出て来るぞ。悪口言われ出したら結構近づいたのざと申してあろう。悪口は悪の白旗ざぞ。飛んで来て上にとまっている小鳥、風吹くたびにビクビクぢゃ。大嵐の来ん前にねぐらに帰って下されよ。大嵐目の前、ここはまづ苦労。その苦労に勝ちたら、己に克ちたら魂磨けるぞ。だんだんと楽になって嬉し嬉しとなるぞ。結構な仕組み、知らしたら邪魔入るなり、知らさんのでわからんなり、心で取りてくれよ。世界の民の会、為せば成る、為さねば後悔ぞ。

八月十三日、一二⦿。

二

23―2［494］

九ん小十日⦶⑨|へ八⦿の千日◉ん二つ九のてア⑨三　三十〇⦶⑨三　ア〇千て日十九⦶へ三
丅〇六　三十〇⦶⑨三⦶⑨三のつも⑨け九三　一千日　三十千日　二千日　二十九千日十一二
二二日三七火日て九丅三⑨日　三十千日一キ⑨十日て|へ日丅〇千く二日て　|へ日丅ひ九⑨

火へ日て日三七火日て九◎日（かしよみなほしくれよ）　火の日五火◎水の日五二火〇て一◎のてア◎⦶◎（ひしゅごからみづしゅごにかわっているでるから）　水の⦶け二〇（みづかげにわ）
火（ひ）　火の火け二◎水三（ひかげにはみづぞ）　九の九十〇⦿◎◎七日九の七火二◎八けもの一◎の三三（ここことわすれるなよこのなかにはばけものいるざぞ）　八けもの二八（ばけにば）
火三◎ん日二⚲火け⚲十三日二二丅日九丅三◎日（かされんよーにおかげおとさんよーにいたしくだされよ）　⦿九十キつけ⚲九三（くどーおくぞ）

八かつの十と日か（よつ）　ひつ九の⦿（く）

【訓解文】

権小道師から上は⦿の帖面につくのであるぞ。参道は仮ぞ。合わせて四十九、替へ身魂六。参道は仮ざからそのつもり結構ぞ。一帖、三十帖、二帖、二十九帖というふうに読み直して下されよ。三十帖一切として、上下混ぜ混ぜにして、上下引っくり返して読み直してくれよ。火の守護から水の守護に変わっているのであるから、水の蔭には火、火の蔭には水ぞ。このこと忘れるなよ。この中には化物いるのざぞ。化物に化かされんように、お蔭落とさんように致し下されよ。⦿くどう気つけおくぞ。

八月十と四日、ひつ九の⦿。

三

23—3［495］

一〇〇て八⦶三〇も〇⦶◎くて⦶て二して一丅のてア◎火◎（いまではかみさまもわかれてでかつてにしていたでるから）　⦿三〇のも三◎丅九十二も〇（さまのもされたことにま）

千火一十七◎九十ア丅の千八（ちがひとなることつたぢや）　一〇ても⦿三〇〇ｰ三⚲も三んのてア◎火（いまでもさまわうそをさんでるが）　〇五七九八七◎く（わごーなくはなれ）

てア丅火⑨　二二んの◎て十十九九⑨⑨〇二二んの千①⑨の七火て〇　〇九十てアても一⑨一千
火一へ丅☉十〇千火丅九十二七て一丅の千八　☉の♀日◎日①千火二丅十も日て三の☉三〇♀〇
⑨九も☉て七一三　一〇のーへ二丅つ一十も十日三三　九九⑨へ七三⑨日　九ん十〇一日く一
千〇五日て♀☉三〇の日九三け九①ア一〇①⑨てキて　大一二の☉十七⑨七三⑨てア⑨〇⑨七三
⑨の千八　〇①⑨丅火　ア◎け九　火千け九　一〇け九　ア⑨け九二日んけ九

八かつ十四か　ひつ九のか三

【訓解文】

今までは神様も別れ別れで勝手にしていたのであるから、☉様の申されたことにも間違ひとなることあったのぢゃ。今でも☉様は嘘を申さんのであるが、和合なく離れ離れであったから、自分の目で届く周囲は、自分の力の中ではまことであっても、広い世界へ出すと間違ったことになっていたのぢゃ。☉のお示しが違ふたと申してその☉様を悪く申すでないぞ。今の上に立つ人も同様ざぞ。心得なされよ。今度はいよいよ一致和合して、大☉様の仕組み結構が相わかりて来て、大日月の☉となりなされて現われなさるのぢゃ。わかりたか。雨結構、風結構、岩結構、荒結構、地震結構。

八月十四日、ひつ九のか三。

ててキて①◎〇丅◎七二日七九十九◎①へ⊘三　九ん十〇丅〇ヌけて一◎①◎九二八く三九二八く三一九日火てキん三　三◎二〇四て七一三　二て火◎◎二一て千二七◎十　七二火♀九てキてもけ九てア◎火　一のｌ千〇千日十の九十て〇日一の九も①てて　ア九の十◎九十七て九◎日六三　ア九〇七一のてア◎①七一ア九♀二ん三んの九九〇①ｌ六の三三　ア九の十◎九十七て九◎日六①三へて一◎火◎　九もけ九七◎十一◎ん九八一◎ん三　二て日んて九♀◎九十千日◎九〇日◎九一三　九の⦾①◎九三　◎九〇日六九一三一火◎三　⊘一十十もの〇つ◎三　◎九て一〇十火一◎け◎三　九◎日んて一◎九一〇十〇〇九十の一〇十て七一三

八かつ十日か　ひつくのか三

【訓解文】

出てきてからまた同じようなこと繰り返すぞ。今度は魂抜けているからくにゃくにゃぞ。くにゃくにゃ細工しか出来んぞ。それに迷うでないぞ。筆が腹に入って血になると、何が起こって来ても結構であるが、はじめのうちは、ちょっとのことで迷ひの雲が出て、悪の虜となって苦しむぞ。悪はないのであるが、ない悪を人民の心から生むのざぞ。悪の虜となって苦しむが見へているから、苦も結構なれど、いらん苦はいらんぞ。筆よく読んで苦を楽とせよ。楽は喜びぞ。苦の動くが楽ぞ。楽は喜びぞ。光ぞ。⦿人共のまつりぞ。楽で岩戸が開けるぞ。苦しんで開く岩戸はまことの岩戸でないぞ。

八月十四日、ひつくのか三。

五

23—5［497］

九ん二千◯ての三⚲日へ◯　ア九⚲九◎千八千八⦶◎　⦶⦶八九三日火九◎十一二　九◎⦶ア九◯の三⚲日へ三　九の三⚲日へ二二ん三ん◯　⦿⦶◎丅◯三◎ア九九◎⦿　九十⦶丅丅日キ九十七◎十　日ん千日九十の⚲◎三⦶日　三千人んの六⦶日火◎　一九千卍の一十く火　ア九⚲九◎日て二ん◎一の　へ一◯⚲も十◉人火一日も　三◎◯八⦶七キ三のア◯　ア九九◎日ても九◎日ても　八一ても二ても日八二ても　ア九◯◯⦿く二へ◎の三　ア九九◎⦿て二三の九十⦶ア九三のもの十日◎三◎八　⦿の九九◎◯一八三⦶三火ん◎一ア九も千も七日　丅丅三一火◎の三火ゆの三　八◯丅⚲◎千もキんもも　二八キも三七三◎一け◎⦿　⦿の一火◎の｜三日ものア九一丅キ◯千千も丅キ　ア七七二十九◎二三千火◎の　火ゝ八九十キ三キ丅◎七◎　千一三火へ八ア九七◎三　千ア九不二十一二七火◎　ア九十千十⚲九へつ日て　三千一九⚲日へ三ア九

七⊚三　丅丅三一火⊚の三の七火二　日⊚九一六①へ千も七九　ア九もア⊚三⊚てん五九三　三
七一⊙二の♀か三の八丅⊚キ七⊚三ア九〇七日　千火一一①の大キ日〇　千の｜へ八火⊚て七十
火七⊚　三千千火一大〇日て　丅丅三一火⊚二一キ日火日｜〇⊚ア火五十七⊚七⊚て　一火⊚の
⊙の十キ丅〇二　〇九十の三二八三火〇千

八かつ　十五にち⊙のひつ九の⊙し⊚⊙

一〇十アけ丅⊚け二三◎て丅日　二の一〇十八日アけて日

【訓解文】

今日までの御教へは、悪を殺せば善ばかり、輝く御代が来るといふ、これが悪魔の御教へぞ。この御教へに人民は、すっかりだまされ悪殺すことが正しきことなりと、信ぜしことのおろそかよ。三千年の昔から、幾千万の人々が、悪を殺して人類の、平和を求め願いしも、それははかなき水の泡、悪殺しても殺しても、焼いても煮てもしゃぶっても、悪はますます増えるのみ。悪殺すてふそのことが、悪そのものと知らざるや。⊙の心は弥栄ぞ。本来悪も善もなし、ただ御光の栄ゆのみ、八岐大蛇も金毛も、邪鬼も皆それ生けるⓢ、⊙の光の生みしもの、悪抱きまぜ善も抱き、あななふ所に御力の、輝く時ぞ来たるなり。善いさかへば悪なるぞ。善悪不二と言いながら、悪と善とを区別して、導く教へぞ悪なるぞ。ただ御光のその中に、喜び迎へ善もなく、悪もあらざる天国ぞ。皆一筋の大神の、働きなるぞ悪はなし。世界一家の大業は、地の上ばかりでなどかなる、三千世界大和（だいわ）して、ただ御光に生きよかし、生まれ赤児となりなりて、光の⦿の説き給ふ、（まことの道を進めかし）まことの道に弥栄（やさか）ませ。

八月十五日、⦿のひつ九の⦿しるす。

岩戸開けたる今日ぞ目出度し、次の岩戸早う開けてよ。

六

23―6［498］

一九◎◎九ゝ百一〇ゝゝゝ二ゝゝゝ九ゝ◎ゝ八⦿ゝ日九三八ゝ⦶◎ゝそ　⦶ゝ◎二⦶ゝ◎⦿ゝ（いくらりこーでもいままでのにんげんごころではのしぐみはわからんぞ　かへるにかえれずた）

ゝ三⦶日ゝ百九ゝゝゝ〇九十ゝゝゝ◎十九◎八七日　七九くゝ◎一♀ゝ一♀千七七◎ゝ三（おさがしてもこんぽんのまことをつたえるところはなし　なくつらいおもいおせならんぞ）

九十ゝゝゝゝ一◎ゝ三三　〇ゝ日ゝ十◎千ゝ一ゝ八七ゝゝ三◎十二ゝゝゝ八七◎ゝ三　一二日（くどーきつけているのざぞ　まんしんとりちがひのはなたかさんろとーにたたねばならんぞ　ひつきのよ）

ゝ九七一三ゝ〇◎ゝゝゝゝゝ九ゝ一二｜〇◎ゝ日五十八三七日九七◎三　九ゝ二ゝ日九日ゝゝ（けつこーなはじめのみちうまれたものぢやこのひつきにうまれたしごとはみなよくなるぞ　このふでよくよんで）

九◎ゝ◎七二♀ゝ三ゝゝ七二♀ゝゝゝゝ日一九十二七◎ゝゝ◎三　一九三八ゝゝ三一ゝ八一（くれたらなにをもーさんでもなにをきかんでもよいことになるのであるぞ　いくさやてんさいではひ）

十ゝ九九◎八七♀◎ゝ十ゝ日てゝ◎ゝ　一〇〇ゝゝ丅ゝ七八◎ゝゝてゝ一十ゝ九九◎八七♀◎ゝ（とのこころはなおらんともーしあろーが　いままでのどんなやりかたでもひとのこころはなおらん）

三　九九◎ゝ七三◎日（ぞ　こころえなされよ）

八かつ　二十三にち　一二⦿（ひつぐ）

【訓解文】

いくら利口でも今までの人間心では㋹の仕組みはわからんぞ。帰るに帰れず、他を探しても根本のまことを伝える所はなし、泣く泣くつらい思いをせなならんぞ。くどう気つけているのざぞ。慢心取り違ひの鼻高さん、路頭に立たねばならんぞ。日月の世、結構なはじめの道生まれたものぢゃ。この日月に生まれた仕事は皆よくなるぞ。この筆よく読んでくれたら、何を申さんでも何を聞かんでもよいことになるのであるぞ。戦さや天災では人の心は直らんと申してあろうが、今までのどんなやり方でも人の心は直らんぞ。心得なされよ。

八月二十三日、一二㋹。

七

23―7［499］

九ゝ十八○つ九九◎ゝゝて七♀日千八　十日ゝ◎ゝて七♀◎ゝ十一二九十　九ゝ二て日ゝて三
（こんどはまづこころのたなおしぢゃ　どーしたらたなおるかといふこと　このふでよんでさ）

十◎て九ゝ三◎日　九ゝ十八ゝ九♀の二㋹◎ゝ千八　の二㋹◎二八千てゝキ○一◎㋹九十千八
（とりてくだされよ　こんどはあくをのーにするのぢゃ　のーするにはぜんでだまいらすことぢゃ）

七九㋹◎九十て七一三ゝ◎ゝ㋹九十て七一三　九九ゝ十九◎ゝゝ日ゝゝ十九◎千八ゝ◎　日九
（なくすることでないぞ　ほろぼすことでないぞ　こころのところがかんじんなところぢゃから　よく）

九九○二日◉て♀◎て九丅三◎日九ノ日八一　ゝ㋹て♀三◉ゝ九十二○♀三○◎ゝ三ゝて九九◎ゝ
（こころにしめておりてくだされよ　こはひとつのでおさめんことにわおさまらんぞしんでくるの）

千八三　二ゝ三ゝゝ千ゝ◎て八♀三○◎ゝ千八三　一ゝ♀日ゝ十七て三◎くゝゝゝ八ゝてゝ九
（ぢゃぞ　じんみんのちからではおさまらんのぢゃぞ　ひとつのおしえとなつそれにえだはがでてく）

◎の千八　一〇て八ゝゝゝ◎人ゝゝゝゝ一千ゝ七三キゝ七九七て一◎ゝ千八三　七ゝゝゝゝ◎の⦿て八七二百てゝゝ十ゝ日てア◎ゝゝ　⦿十一十十一二七て一ゝ⚲十七◎ゝ千八　｜ゝ日ゝ三◎て一二七◎ゝ千八　千ゝゝ九ゝア七七一て一ゝゝゝ◎日キ千十七◎ゝ千八⚲十七◎ゝ千八三

八かつ　二十三にち　一二⦿

【訓解文】

今度はまづ心の立て直しぢゃ。どうしたら立て直るかといふこと、この筆読んで覚りて下されよ。今度は悪を無にするのぢゃ、無にするは善で抱き参らすことぢゃ。なくすることでないぞ。滅ぼすことでないぞ。ここのところが肝腎のところぢゃから、よく心にしめておりて下されよ。この世は一つの⦿で治めんことには治まらんぞ。ゝでくるのぢゃぞ。人民の力では治まらんのぢゃぞ。一つの教えとなって、それぞれに枝葉が出て来るのぢゃ。今では枝から根が出て大切な幹がなくなっているのぢゃぞ。中つ代からの⦿では何も出来んと申してあろうがな。⦿と人と一つになって、一つの王となるのぢゃ、上下揃うて一つになるのぢゃ、善も悪もあなないて、一つの新しき善となるのぢゃ、王となるのぢゃぞ。

八月二十三日、一二⦿。

八

23―8［500］

千ゝ九⦿ゝゝゝゝゝ⚲ゝゝゝ一〇ゝ二ゝ三ゝて八二ゝ⚲ゝ一ゝ◎十千二てゝ⚲◎ゝ日二　二て

♀ゝゝ十日て九ゝ三◎日　一キゝ◎ゝ日二七三◎日　一てゝ八ゝ二ゝゝゝ⦿ゝ五日ゝ十⊙ゝ◎ゝ十⊙十九三三　七ゝ十ゝ日ても⦿ゝ十丅日◎二七◎ゝゝ七一十◯ゝ◎ゝゝ♀ゝ十◎十九八二◎◎八一千ゝ◎三　三十ゝ◎八七九十ゝ一ゝ三三　てゝて八ゝキゝ♀⦿三◯三八カ◎⦿てゝ九◎三　日◯ゝ日九日て九ゝ三◎日　日◯ゝ日九てゝ◎八七二五十ゝ◎九二七て九◎三　一ゝキゝ①◎　三ゝ九三①ゝ◯てゝ①◯◎ゝてゝ◎三　ゝ一千ゝ七九十ゝゝ◎三　一三八千十ゝゝ三◎ゝ九ゝゝ三　二て十◎二てて九◎ゝ千八三ゝゝ三ゝゝ三ゝ◯てゝ三十日ゝ①ゝ日七九十てゝ九ゝ七ゝゝ①◯キ◎ゝゝ千八三　♀①ゝ◯三ゝ九九◎十◎二アゝゝゝア◎て七一①　日ゝゝ⦿①一ゝゝ⦿ゝ七♀①ゝて九◎九十ゝ◎三　三◎①三◯ゝ◎◎ゝ日て◯十◎千①一十七◎三　十二ゝ九◎一◯二て①千一て一ゝ◎一十ゝ九て♀①人八七◎ゝ三

八かつ二十三にち　ひつくかみ

【訓解文】

せっかく⦿が与えたお蔭も、今の人民では荷が重いから、途中で倒れんように、筆を杖として下されよ。息切れんようになされよ。一つでも半分でも⦿の御用務めたら、務め得ざぞ。何と申しても⦿ほど頼りになるものはないとわからんのか。お蔭取り得、破れるは内からぞ。外からはびくとも致さんぞ。

天では月の大⦿様の道開かす⦿、出て来るぞ。始末よくして下されよ。始末よく出来れば何事も楽になって来るぞ。火の焚き方から水の汲み方までが変わるのであるぞ。大切なことであるぞ。嘘はちっとも申されんこの方ぞ。筆通りに出て来るのぎゃ、先の先の先までも見通しつかんようなことでは、こんな啖呵は切れんのぎゃぞ。お蔭はその心通りに与えてあるでないか。下の⦿が上の⦿の名を語って来ることあるぞ。それが見分けられんようでは取り違ひとなるぞ。十人位は筆が宙で言える人を作っておかねばならんぞ。

八月二十三日、一二⦿。

九

23—9［501］

○九十ゝ①一日ゝ○一日く十七◎人八　七①く二てキゝ百ゝ千八①　てキゝ九十♀六◎ゝ
キ①人八九ゝ十ゝ九千九十ゝ◎三　てゝゝ千九七◎三　千ゝ千九七◎三　一七①二三八九三八九
二一七①①てゝ◎十ゝ日てゝ◎①　ゝ⦿九日二ゝ三ゝ二○①◎て九ゝ十　一○一九◎八九ゝゝゝ
◎ゝ⦿①◎二ゝ三ゝ一二ゝ七一三八日日◎日て九◎日　⦿千ゝ◎七◎十二ゝ三ゝ七①く二一二
九十キ①ゝ①◎　ゝゝ九十♀三九七◎八①◎♀三九七◎八○⦿く九◎日六八①◎三　いろ八二
火へ十千◎もの三　日ゝ三ゝ◎日ゝ①一ゝいろ①◎てゝ◎三　キゝゝ♀九三　一ゝゝ十ゝ九二♀

十◎十日ても　七〻十〻〇日て〻五千三三〇二八七二〻①〻日〻〻十①◎〻日九三日〻九〻九十
（とろーとし　なんとだましてもごぜんぞさまにはなにもかもよのもとからのしくみしてこのこと）

〇①て一◎〻てア◎①◎　ア九〻八◎①〻日八日千二〇〻◎〻日　〇〻◎〻八ア九〻千八七三九
（わかついるのであるから　くのやりかたよはよーぜんにまつろへよ　まつろへばもぜんのはなさく）

〻千八三
（のぢゃぞ）

八　二三　一二⦿二て（ふで）

【訓解文】

まことの改心はいよいよとならねばなかなかに出来んものぢゃが、出来んことを無理もきかねば今度は越せんこともあるぞ。天も近うなるぞ。地も近うなるぞ。田舎に都、都に田舎が出来ると申してあろうが、もう少し人民にわかりて来んと、今びっくり箱開いたら助かる人民一分（いちぶ）もないぞ。早う知らしてくれよ。⦿急（せ）けるなれど、人民なかなかに言ふこと聞かんから、物事遅くなるばかり、遅くなればますます苦しむばかりぞ。イロハ匂へど散るものぞ。世の乱れ、神界のイロからであるぞ。気つけおくぞ。日の本の国を取ろうとしても、何と欺（だま）しても、御先祖様には何もかも、世の元からの仕組みしてこのことわかっているのであるから、悪のやり方よ。早う善にまつろへよ。まつろへば悪も善の花咲くのぢゃぞ。

八月二十三日、一二⦿筆。

十　23—10［502］

九〻〻〻九⦿〻〻◎⦿十二〻三〻二一〇◎て　十九十〻♀十三◎て一〻⦿て〻◎三　一〇◎◎
（このほーあくたたりとじんみんにいわれて　ととんおとされていたであるぞ　いわれる）

二八一◯◎ゝゝゝ九十ゝゝ◎ゝ千八　九ゝゝ三ゝ①一日ゝ日ゝゝてア◎三　①一日ゝゝ♀ゝゝ
ゝ九ゝ丅一ゝ五日ゝ丅て八九日八十七ゝゝ千八三　ゝ◎二日◎ゝ①一日ゝ一ゝ三◎日　①一日ゝ
十◯◯ゝ◎九十三　七①ゆ九九十三　◯①◎ゝ①　九ゝ十◯十二ゝ七三ゝ♀①ゝ九◎一ゝ◯◯九
十ゝ日ゝ日ゝ十◯ゝ三◎ゝ三　千二ゝ十二ゝ♀①ゝ♀十◎て九ゝ三◎日　千二ゝ◎キゝゝゝ◎十
ゝ日てゝ◎①ゝ一二七五千三三◯ゝゝ十♀三七日二♀十日て日ゝゝ七ゝゝ二日て日ゝゝ十千二
①◎ゝ①ゝ三十◯♀　◯十◎ゝゝ十三十◯♀◯千九千ゝ日十一十日て一◯ゝア◎三◯八七二五十
三　◯十◯①◎ゝゝ①七ゝ二ゝ三ゝ百九◎ゝ三

八　二三　一二ゝ

【訓解文】

この方、悪ゝ、祟りゝと人民に言われてとことん落されていたゝであるぞ。言われるには言われるだけのこともあるのぢゃ、この方さえ改心したのであるぞ。改心のお蔭でこのたびの御用の立役者となったのぢゃぞ。誰にようらん改心致されよ。改心とは、まつろうことぞ。中行くことぞ。わかりたか。今度は十人並のお蔭くらいではまことの信心とは申されんぞ。千人万人のお蔭を取りて下されよ。千人力与えると申してあろうが。大事な御先祖様の血統を皆世に落としてしもうて、無きものにしてしもうて、途中からの替え身魂を、渡りて来た身魂を、まぜこぜの世と致して、今の有り様は何事ぞ。まだわからんのかなあ、人民もグレンぞ。
八月二十三日、一二ⓥ。

十一

23—11［503］

十◯日十一八十①⊚八十◯日十ⓥ①てゝー三ゝ日十七十ゝ千八　九ゝ十⊚◯①⊚てア⊚二千ⓥ
（だましたいはとからはだましたがでてうそのよとなったのぢゃ　このどーりわかるでろーにせ）
八⊚十◯日十ⓥ八⊚　ゝきく二五十一の①◯十日◎十百日て一⊚①　タン八◯タ二◯　タ二◯
（やらだましたやら　つぎにごたびのいわとしめともーしあろーが　ばわ　わ　わ）
十八一ゝも十ゝ九二三千①一ゝ千ー日ゝ十一二九十三　ⓥゝ百十ゝ一二九十三　キ三ゝ九二三三
（とはひのとのくにぞせかいのちうしんといふことぞ　のもといふことぞ　みのくにざぞ）
二三ゝ九二三三　二八三三　◯ゝ⊚十①　二八♀①十◎七七⊚ゝ三　五十ゝ①◯八六十ゝ①◯
（ふそうのくにざぞ　じばざぞ　わかりたか　じばおかためなならんぞ　いすずのかわはむつのかわ）
◯五ゝ①◯三　八日⊚八八ゝ二一⊚九十キゝ十⊚　八一◯十ゝ十てゝ九十三⊚日　◯九十ゝ八
（わごのかわぞ　やしろはちほーにひらくときたら　やひろどのたくだされよ　まことのや）
一⊚十ゝ七二百◯①⊚ゝ六千八九千八ゝゝ①　ゝ⊚三七七ゝⓥ①ゝ⊚日て七二ゝ日⊚ゝ二ゝ三ゝ
（ひろどのなんにもわからんむちゃくちゃものが　えらそーななのがかりしなんにもしらんじんみん）
♀十二⊚ゝ日て一⊚ゝ一◯二日⊚ゝ十日て九⊚三　日⊚ゝゝ①◯⊚ゝー千二①一日ん日てⓥゝ三
（をたぶらかしいるがいまにしりをだしくるぞ　しつぽつかまらんうちにかいしんしのみち）
二日十①て九一日
（にしたがつこいよ）

八　二三　一二ⓥ

【訓解文】

騙した岩戸からは騙した⦿が出て、嘘の世となったのぢゃ。この道理わかるであろう、偽⦿やら、騙した⦿やら、次々に五度の岩戸閉めと申してあろうが、丹波はタニワ、タニワとは日の本の国ぞ、（〔第一訳文に以下の一文あり〕世界のことぞ。丹波とは丹波一とは）世界の中心といふことぞ。⦿の本といふことぞ。岐美の国ざぞ。扶桑の国ざぞ。地場ざぞ。わかりたか。地場を固めなならんぞ。五十鈴の川は六十の川、和合の川ぞ。社殿は八方に開く時来たら八尋殿建てて下されよ。まことの八尋殿。何もわからん無茶苦茶者が、偉そうな名の⦿憑かりして、何も知らん人民をたぶらかしているが、今に尻を出して来るぞ。尻尾つかまらんうちに改心して⦿の道に従って来いよ。

八月二十三日、一二⦿。

十二

23—12［504］

⦿八二ゝ三ゝ二八三ゝゝ十日◎七一ゝゝてゝ◎⦶　十日◎七一ゝ⦶丅日◎二七◎ゝてゝ◎三⦶
［はじんみんにはみえんたよりないものであるが　たよりないのがたよりになるのであるぞが］

一五九ーキ十八◎⦶一ゝキゝ九十三　二千ゝキて⚲◎十二ゝ三ゝ九九◎ゝ千九て七一三　千九十
［いこくゆとはゆーかいゆのことぞ　じせつおれどじんみんこころでせくでないぞ　せくと］

日九二◎三　ア千◎二一十◎九千◎二一十◎十一二二三ゝ九◎九◎一六五一九十二千七七◎ゝ日
［しくじるぞ　ちらにひとりこちらにひとりといふふうにのこるくらいむごいことにせなならんよー］

二　七て一◎ゝ三⦶◎　一◎てゝ⚲九十⦿ゝ十一⚲八九九◎　九三十◎て八日一二九十キ九ゝゝ
［に　ないるのざから　ひとりでもおーくたすけたいおやごころ　くみとりてはよーいふことくもの］

千八（ぢゃ）　九九○て二て十◎二てゝ一てゝ○十○⦶◎ゝゝ⦶（ここまでふでどーりにでていもまだわからんのか）　┃十⦶二ゝ二百ゝ○◎てゝ◎三（うたがふのにもあまりであるぞ）　千二（ちに）

十⦶ア○八◎⦶てキ◎の三三（たかまはらがでるざぞ）　てゝゝ⦿千二♀◎七三◎千ゝ⦿十五一十一十七◎七三◎（んのちにおりなされちのとごいったいとなりなされ）　♀一二（おーひつき）

ゝ⦿十ゝ◎○◎七三○⦿十七十三（のとあらわれなさるひとなつたぞ）　ゝ九てア◎三二九十一ゝ九十○七ゝ十⦶○⦶◎てア◎⦶（けつこーでるぞにくたいのことわなんとかわかるでろーが）　十（た）

○○○⦶◎○一（まわわかるまい）　十○二十○一キ十日てゝ◎⦶◎（とわにたまわいとーしであるから）　┬○ゝ一ゝ人ゝ⦶⦶◎十九◎八（たまのいんねんわかるところは）　九九の二（ここふ）

て日◎ゝ⦶二○一九◎三火日ても七一ゝ三三（でよりほかにわいくらさがしてもないのざぞ）

八　二三　一二⦿

【訓解文】

⦿は人民には見えん、頼りないものであるが、頼りないのが、頼りになるのであるぞ。外国行きとは幽界行きのことぞ。時節来ておれど人民心で急くでないぞ。急くと失敗る（しくじる）ぞ。あちらに一人、こちらに一人、といふふうに残るくらい、むごいことにせなならんようになっているのざから、一人でも多く助けたい親心汲みとりて、早う言ふこと聞くものぢゃ。ここまで筆通りに出ていても、まだわからんのか、疑ふのにもあまりであるぞ。地に高天原が出来るのざぞ。天の⦿、地に降りなされ、地の⦿と御一体と成りなされ、大日月の⦿と現われなさる日となったぞ。結構であるぞ。肉体のことは何とかわかるであろうが、魂（たま）はわかるまい、永遠（とわ）に魂は生き通しであるから、魂の因縁のわかる所は、ここの筆より他にはいくら探してもないのざぞ。

八月二十三日、一二⦿。

十三

23―13［505］

⚲ゝて二てゝ一◎⦿⦿三○二○五日ても◎て（おもにでているさまにわごーしてもろて）　日ゝ十て⦶ゝ二⦶⦶◎て九十三◎日（よのたかへにかかりてくだされよ）　九◎七日（くろーなし）
二○七二五十ゝ上十千三（になにごともじょうじゅせんぞ）　九⚲十ゝ日◉日（くをたのしめよ）　九ゝ日⚲三十四十ゝ○日ん⦶一⦶◎九ゝ日三十日十（このよをみだしたのわしかいからこのよみだした）
ゝゝ⦶（ものが）　九ゝ日⚲七⚲三人八七◎ゝゝ三三（このよをなをさねばならんのざぞ）　九ゝ十◎○⦶◎て一◎⦶七（このどーりわかるであろーがな）　十て七⚲日の五日二ゝ（たなおしごよーにつ）
⦶二三十○八（かふみたまは）　九ゝ日⚲三十日十⦿⦿三○てゝ◎三日（このよをみだしたさまであるぞよ）　一三○一三て七一三（ひみつわひみつでないぞ）　火水てア◎三（ひとみずでるぞ）　ゝ（あ）
キ◎⦶七一⦶◎てゝ◎三（らかなひかりであるぞ）　火水ゝ○九十⚲ア九⦿二十二◎⦶三◎て（ひみずのまことをくたぶらかされて）　○火◎七九七十⦶◎（わからなくなったから）　一三（ひみつ）
十七十ゝてゝ◎三（となつたのであるぞ）　一三◎火七◎⦿ゝ◎○◎て九◎三（ひみつはかならずあらわれてくるぞ）　ア十七の○十一⦶てキ◎三（となないつのまどいがでるぞ）　一二○◎（ひとつにわうず）
ゝ日◎日ゝゝ日（のしるしつけよ）　九ゝ日一三一ゝ九十⚲十て⦶ゝ◎ゝ千八（このよいつさいのことをたてかへるのぢゃ）　⦿ゝ三百⦶ゝ◎三（のみちもかへるぞ）　九九◎ゝ⚲キ十（こころのおど）
九◎ゝ⦶ゝ◎三（ころもかへるぞ）

八　二三　一二⦿（ひつぐ）

【訓解文】

表に出ている⦿⦿様に和合してもろうて世の立て替へにかかりて下されよ。苦労なしには何事も成就せんぞ。苦を楽しめよ。この世を乱したのは神界から、この世乱した者が、この世を直さねばならんのざぞ。この道理わかるであろうがな。立て直しの御用に使ふ身魂は、この世を乱した⦿⦿様であるぞよ。秘密は秘密でないぞ。火水であるぞ。明らかな光であるぞ。火水のまことを悪⦿にたぶらかされてわからなくなったから、秘密となったのであるぞ。秘密は必ず現われて来るぞ。あと七つの集団が出来るぞ。一つには◎のしるしつけよ。この世一切のことを立て替へるのぢゃ、⦿の道も変へるぞ。心の置き所も変えるぞ。

八月二十三日、一二⦿。

十四

23―14［506］

七二ゝ○⦶◎ゝゝ十八ゝ⦿二ゝ⦶○◎て一◎十キゝ十九てキ◎三　八日三ゝ⦿十十ゝ二九九ゝ
○一◎て○九十ゝ九十⚲キて　○九十二八日十千⦶ゝ◎て九十三◎日　○九十十○○一二三日五
六七八九十てゝ◎三　一二三日五六七八⦶九◎て一◎ゝ三三
ゝゝゝ◎八九三三七十ゝ千⚲一キ日千十の千八　九ノ十一ゝ二十十七一大て⦶◎ゝ三日三ゝ十
七て九十三◎日　七◎◎一ゝ人ゝゝ十十一一ゝ人ゝ⚲九○⦿て七一三　三て三日◎　○十十七⦶
十七◎十◎　ゝ九てゝ千てゝゝ人てゝ十二百ゝゝ十十◎ゝ九十二七◎ゝ千八　一○○⦿⚲日七し

て二ゝ三ゝ①ーゝ二七て一⑨①　三七て①⑨⊙二十⊙ゝゝ九⑨十百日ても　十キ①⊙きて一⑨①
⑨十キゝ⊙三◯①♀ゆ⑨日七三⑨ん三　◯九十二七て一⑨八七二五十百⊙⑨⑨く
八　二三　一二⊙

【訓解文】

何もわからん枝葉の⊙に使われていると気の毒出来るぞ。早うその⊙と共にここへ参りて、まことの言を聞いて、まことに早う立ち返りて下されよ。◯九十とは◯一二三四五六七八九十であるぞ。一二三四五六七八隠れているのざぞ。

縁あればこそ、そなた達を引き寄せたのぢゃ、このたびの二度とない大手柄の差し添えとなって下されよ。なれる因縁の尊い因縁を壊すでないぞ。見て見よれ、真っ只中となりたら学でも知でも金でもどうにも見当取れんことになるのぢゃ。今は⊙を死なして人民が上になっているが、そうなってから⊙に助けてくれと申しても、時が過ぎているから、時の⊙様がお許しなさらんぞ。まことになっていれば何事もすらりすらり。

八月二十三日、一二⊙。

十五

23—15［507］

①九八千八キゝ①千⑨くて⑨日て八　◯九十①三①ゝて◯♀⑨んゝ千八　一◯ゝ火⑨つてゝ

〻ー一九て〻　へ一十一て〻日ーキ日て〻九〻日〇十て七〇◎〻三　ア十◎日キ一火◎①ー〇◎
て日〇⊘九〻千八　〻十◎日キ一火◎十八九ノ二て千八九ノ⊘千八　七〻八七①八〻二三九三
九〻二て八十◎二日⊙◎〻千八　七十◎〇て〇一〇〻二ん三ん三〻て〻七〻十①〇①〇七◎十
八十◎⊙〇七〻く三　一◎〻①①九日て〻◎〻千八　①九日十〻〻〇〻◎〇◎◎〻千八　ア◎
〇◎て一◎ノ千八　七〻て〻七一九十①七①く〻九十千八〇①◎十①

八　二三　一二⊘

【訓解文】

学や知や金がちらちら出るようでは、まことが磨けてはおらんのぢゃ。今の法律でも、教育でも、兵隊でも、宗教でも、この世は立て直らんぞ。新しき光が生まれて世を救うのぢゃ。新しき光とはこの筆ぢゃ、この⊘ぢゃ。七つの花が八つに咲くぞ。この筆八通りに読めるのぢゃ。七通りまでは今の人民さんでも何とかわかるなれど、八通り目はなかなかぞ。一厘が隠してあるのぢゃ。隠したものは現われるのぢゃ、現われているのぢゃ。何でもないことがなかなかのことぢゃ、わかりたか。

八月二十三日、一二⊘。

一○八七◎十二ゝ三ゝ九九⦶日九七丅十一二て　⦶ゝ◎九十○八ゝ⦶日一九十二七て　⦶ゝて
ゝゝゝ七九十二七◎三　一○ゝ丨千八日十千⦶へて五日ゝ九三　千火一二二ゝ三ゝ二○⦶◎ゝ⊙
ゝ◎日キ九十♀十⦿三三七九ゝ⦿ゝ日九三てゝ◎⦶◎　⦶○十九十○⦶◎ゝ九十⦶一日く十七
十◎　⦿日千⦶つ一十ゝてア◎三八九一ゝ二○二てゝ八◎二八一十ゝゝ⦶七◎ゝ三三　八九一ゝ
ゝ三十○○十九三ア◎十　二て日○⅄八八九一ゝ二○七◎七一ゝ三三　七◎八⦿九十ゝ八⦶◎
七⦶◎九日二♀千て一十◎一十⦿⦿三○♀　日二♀アゝ千⅄八日○日九七◎ゝゝ三三　⦶◎九三
◎⦶◎二て○⦶◎ゝゝ千八　一十ゝ火◎九三て○七◎ん三

八　二三　一二⦿

【訓解文】

今離れた人民、ここがよくなったと言ふて帰ることは恥ずかしいことになって、帰っても変なことになるぞ。今のうちに早う立ち返って御用結構ぞ。世界に人民にわからん珍しきことを出すぞ。皆この⦿の仕組みであるから、変わったこと、わからんことがいよいよとなったら、⦿代近づいたのであるぞ。役員には筆の腹に入った者がなるのざぞ。役員の身魂はたくさんあれど、筆読まねば役員にはなれないのざぞ、なればスコタンばかり。長らく世に落ちていた神人、⦿⦿様を世にお上げせねば世はよくならんのざぞ。軽く見るから筆わからんのぢゃ、人も軽く見てはならんぞ。

八月二十三日。一二⊙。

十七

23—17 [509]

てん千(ち)ひ九(つくり)◎火(か)へ◎(る)十(と)一(い)二(ふ)九(こ)十(と)〇(わ)　三(み)十(た)〇(ま)⦶(が)ひ九(つくり)◎⦶(か)へ◎(る)十(と)一(い)二(ふ)九(こ)十(と)三(ぞ)　二(ふ)て(で)日(よ)三(み)てキ⦶(か)千(せ)日(よ)
◉(め)も八(は)七(な)もアけ(け)て⊸(お)◎(ら)◎(れ)ん九(こ)十(と)⦶(が)　十(た)て⦶(か)への〇(ま)三(つ)一(さ)千(い)二(ち)二(ふ)七(に)◎(な)十(る)て(と)て(で)九(く)◎(る)三(ぞ)　日(し)ん九(こー)の一(ひ)十(と)
十(と)　六(む)日(し)ん九(こー)の一(ひ)十(と)十(と)一(い)日(よ)〱十(た)て〇(わ)け(け)の十(と)キ千(ぢ)八(や)三(ぞ)　〇(ま)九(こ)十(と)一(ひとつ)て(で)一(い)キ⊙二(に)つ⦶(か)へ◎(ま)つ◎(れ)日(よ)
八　二三　ひつ九⊙

【訓解文】

天地引っくり返るといふことは、身魂が引っくり返るといふことぞ。筆読みて聞かせよ。目も鼻も開けておられんことが、立て替への真っ最中になると出て来るぞ。信仰の人と、無信仰の人と、いよいよ立て分けの時ぢゃぞ。まこと一つで生き⊙に仕へ奉れよ。

八月二十三日、ひつ九⊙。

十八

23—18 [510]

二ん三ゝゝ①ゝ◯十◎ゝ十キ十七十九◎一◯①て♀◎①七　八日①⊛てて九ゝゝ二つ一て◯一
◎日　⊛七火二一十千八◎九二ゆゝ◎ゝ三三　♀十ゝ九千◎ゝ三三　二千ゝゝ日九三七ゝく二
ゝ三ゝ二◯◯ゝ◎◯一①七　ア九一十キ◯一◎⊛十◉二◯◯①九二◯ゝてゝゝ十①♀♀◯千　千
ゝ千の千三三◯◯て♀日九◉⅄八一♀一十九九十てキゝゝてア◎三　九九ゝ一三日◎ゝゝ八てゝ
ゝ五千三三◯十千ゝ五千三三◯日◎ゝ①二◯七一ゝ三三
◯◎①◯◎①十八日日ゆ千日十一日て◯　九九◎①ゝゝ十二ゝ三ゝ◯五日六①日三　⊛二◯◯
ゝゝ十て七日ゝ十て◯二ゝ三ゝゝ九九◎二ア◎三　九ゝ三◯一ゝ⅄ゝ七九て◯◯①◎ゝ六①日三
てア◎十　九ゝ三ゝ◎ゝ①⅄八千①一◯一十一◎二七◎ゝゝ千八　ゝゝア◎一十◯一三ゝてゆゝ
◎ゝ千八　⊛①◯ゝ◎①◎♀①ゝ十八一千八　⊛ゝ千日◉ゝ◯千①一七一三　♀ゝ日二七◎ゝゝ
◯七◎ゝ十キ◯　◯◎ゝ九九◎二キて三◎①日一三　⊛ゝ日九三◯①◯◎⅄十　九ゝ日て八二ゝ
三ゝゝ九九◎日十一て　日九ゝ◯◎九ゝてて九◎ゝ三三　日九三◯①◯◎⅄十　てて九◎ゝ①①
◯◎ゝ千八◯◎九①◯◎十キゝ十九七①◎　九十も日て一◎ゝ三三

八　二三　一二⊛

【訓解文】

人民の我では通らん時となったくらいわかっておろうがな。早う我捨ててこの方について参れよ。素直に致せば楽に行けるのざぞ。大峠越せるのざぞ。時節の仕組み、なかなか人民にはわかるまいがな。悪抱き参らすためには、我が子にまで天の咎を負わせ、善の地の先祖まで押し込めねば一応抱くこと出来んのであるぞ。ここの秘密知るものは、天の御先祖様と地の御先祖様よりほかにはないのざぞ。

我が我がと早う出世したいようでは、心変えんと人民は御用難しいぞ。⦿には分け隔てなし、隔ては人民の心にあるぞ。この道は因縁なくしてはわからん難しい道であれど、この道貫かねば、世界は一平にならんのぢゃ、縁ある人は勇んで行けるのぢゃ、⦿が守るからお蔭万倍ぢゃ、⦿の帖面間違いないぞ。思うようにならんのは、ならん時に、我の心に聞いて見るがよいぞ。⦿の仕組みは変わらねど、この世では、人民の心次第でよくも悪くも出て来るのざぞ。仕組みは変わらねど出て来るのが変わるのぢゃ。悪く変わると気の毒なから、くどう申しているのざぞ。

八月二十三日、一二⦿。

十九　23—19［511］

三三二　一二三キ①⦿◎三　一日く三三二キ①⦿十キ千三　三◎く一十二♀日て　十キ二
日て九千①◎三三二　八◎①◎八◎二日◎日て九◎日　ア七三八けア七⦿①く日　一八十アけ

十（たり）　二十三⦶（にじゅうさんか）んて九の火（でこ）の二（ほー）て（ふで）の♀◎（おり）くの♀○◎三三（おわりざぞ）ア十（と）の七（なな）の○キ○（つのまきわ）　丅⦶◎十日（たからとし）てア◎（る）

の三三（ざぞ）　一○◎○⦶◎て九◎三（いまにわかりくるぞ）　ア○千（わせ）て三十の○キ三◎⦶一つ（まそれがひと）の二日三三（ふしざぞ）　てん◉三三二キ⦶（めみみにか）

⊙三（すぞ）　日キ二八⦶◎へ九のキ日七火く三三（よにはからこぎょーなかざぞ）

八かつ　二十三ち

ひつ九（く）の⊙の二て（ふで）　九◎○て（これまで）

昭和二十三年七月十三日　天明書く、うつしなり

【訓解文】

耳に一二三聞かするぞ。いよいよ耳に聞かす時ざぞ。それぞれ人に応じて時によって、口から耳に、腹から腹に知らしてくれよ。あなさやけ、あなすがすがし、岩戸開けたり。二十三巻でこの方の筆の折々の終わりざぞ。後の七つの巻は宝としてあるのざぞ。今にわかりて来るぞ。合わせて三十の巻、それが一つの節ざぞ。天明御身（みみ）に聞かすぞ。よきにはからへ、この行なかなかざぞ。

八月二十三日、ひつ九の⊙の筆、これまで。

昭和二十三年七月十三日　天明書く、うつしなり

特別付録　1

岡本天明著

天使との対話

第一話　七つの河を渡る

約一年間私の肉体と灵(れい)体の一部とは別の環境におかれていた。その間に私の灵体の一部は幾十回となく灵界をさまよひ歩いたが幸にしていつもハルクニ彦の命と自称する天使が私を導き且つ教へてくれた。

以下述べるものは昭和二十八年八月十六日の正午から午後四時迄の間山妻が私の口述を記録したものに少し筆を加へたものである。　　　　（天明）

×　　×

――七つの河が前方に現はれて来た。七人の灵界の旅人がその河の方に向つて進んでゐた。その中の一人が自分（天明）であつた。

この七人は×××に因縁の深い人々だといふことが判明した。月夜の如き銀色の明るさの中を西と思へる方向に向つて七人が進んで行くが御互ひの間では何等の会話をも交へない。上と下とに別々の自分がいることに気づいた。上に居る自分は下に居る七人の旅人をみている。下に居る自分は自分自身しか判らない。

――西と思へる方へ進んでゐるがそれは歩いて行くといふよりも何ものかに引張られると云つた気持であつた。

やがて大きな河岸に立つていた、七人の人は何時の間にか七つの色の皮膚に変化してゐた黄金、白銀、黄、白、赤、青、黒、であつた。

一つの河を渡つた、その河の中には黒い竜神がゐた、次の河には青い竜神、三の河には赤い竜神、四の河に白五の河には黄、六の河には白銀、七の河には黄金の竜神が居た。

そしてこの竜神は各々二頭づつ一組になつてゐた、夫婦の竜神だといふことが誰に教へられるともなく判つてゐた。

一つの河を渡る度毎に自分の中から一人の別の自分が生れ

出た、そして一段づつ上の灵界に置かれてゐた。

七つの河を渡つた時には七人の新しい自分が生れていたことになるのであるが実際はそうではなく上の自分が下の自分を見るとそれは七人の自分に分れてゐることが判つた。

上の一人が右に行けば下の七人は同じ様に右に行く、その下の七人も（四十九人も）同様の動きをはじめてゐるのである。更にその下の七人（三百四十三人）も同様である。

こうして無数とも云ふべき自分があやつり人形の様に上の自分と同一行動をしてゐる。しかし一段下になると、その環境の如何により少しづつ行動が違つてゐることに気がついた。

「これがお前の姿だよ」と天使が耳もとで教へてくれた。

「誰でも同様でせうね」と私が尋ねた時、場面は一変した。

一変したことは記憶にあるが、どんなものであつたかは判らない、山妻の記録には左の様なことが断片的に書いてある。
○宇宙にあるものは過去のことも現在のことも未来のことも総てが人間の中に圧縮されてある
○だから何でも理解出来るのである
○例へばお前が映画を見て判るのはお前の頭の中に同じものがあるがため理解出来るのだ
○もし地上世界に時間を知らせるものがなかつたら人間の生活は妙なものとなる。自分の熱望する仕事ならば疲れもなく時間も忘れてゐる
○灵界に於ける状態は時間も空間もなく前記の如き状態によく似てゐるのだ
——記録は此処で終つてゐる。この言葉は天使の云つたことかどうかは判らない。殆ど意識のない私が語つたものを山妻が書きとめておいたに過ぎない。

× ×

——その浄行中、天使と対話した中に左の如きものがあつた——

「人間同志でも民族の相違により、又時代、環境等が違ふに従つて言葉や文字が異り、中々意志が通じないものですが私は灵界へ来て多くの天人達と自由に話が出来ることを不思議に思つてゐます、今貴方様とこうしてお話してゐるのさへ妙な気持が致します」

「同じ想念の中に入つて居るのだから当然ではないか」

「天人には天人としての言葉や文字等があると聞いていたのですが」

「その通りだ、然しお前と話す時は、お前の想念の中に私が入つて了ふのだ、想念は言葉の根元となつている、だからお互に話が通じるのだよ」

「私が今、英語とか支那語で話しても通じますか」

「何語でも通じる。つまりお前の想念の中に私がいるのだ、一体となつているのだ、だからお前の知つている総ては私も知つていることになる。お前が何語で話そうと、又私が天人語で話そうとそんなことは問題ではない。悉くが判つているのだよ」

「一応判つたようですが未だハッキリしないことがあるのですよ」

「お前には人間世界のことしか判らないのだから無理もないよ、実際に於て私達灵界の人は地上人の言葉は一語も発し得ないのだよ」

「――と云ひますと、どういふことになるのですか、現在こうして会話しているのは？」

「お前がお前と語つているのだよ」

「益々判らなくなりました」

「地上の人の言葉は物質的なものから一歩も出ないし灵人の言葉は灵的なもの以外の何物でもない、だからそのままでは互に通じないのだ。お前とお前の会話だと云つたのはお前の中に私がとけ込んでお前となつている。といふ意味で逆に私が私と語つていうのだ、とも云へるよ」

「とすると人間同志のやうに言語を発しなくとも想念の中で発すればよいことになりそうですね、所が現在私とあなた様とは互ひに語り会ひ、耳にきいています、これはどういふことになりますか、理屈を云ふようですが」

「前にも云つた様にお前の想念の中に私がいるのであるから現在話しているのは内からの声ですよ、人間同志の場合は外から来るのだが、内から湧いて来ているのです、判りますか」

「――とすると現在耳にきいていると思つているのは間違ひでせうか」

「間違ひではない、内的機関を通じて行はれるのではあるが、同時に聴覚も働くのであるから、外からとも思へるのだよ」

「少し判りました、では私達の会話は他の灵界人にも地上人にも聞えない事になりますか」

「その通り、二人以外には判らない、それを判ろうとするならば同じ想念の中にとけこまなければならないのだ」

第二話　死んだ人は何処へ行く

――私はいつもの如くその河を渡つたが、その時に限り天人の姿がない。どうしたのかと思ひ乍らふり返ると、今迄二三間だつた川は七八十間の急流に変つていた。そして向岸には沢山の人がガヤガヤ騒いでいる。よく見ると子供の時に祖母がきかせてくれたようなお婆さん（三途の川の脱衣婆さん）が、ひかへている。そして地獄絵のような青鬼赤鬼もいる。その前に吸ひ寄せられるように集つて来た灵界の旅人たちは、何れもその前に引き出されて「お前は赤だ」「お前は青だ」と云ふ風に宣告され、今迄着いていた着物を脱がされて別の色の着いた着物を着せられている。中には着ているものがその場で変色するのもある、又素裸にされ、肌が命ぜられた色に変るものもある。中には「一寸まつて下さい、事情もきかないでいきなりの判決はあんまりです、私は何も悪いことをした覚えはありません」と訴へ出るのもあるが、そんなことは一切取り上げられないでいきなり判決の云ひ渡しである、「少しひどいなあ」と、私は心中で思ひ乍ら更に注意していると、丁度映画の二重写しの様にその場面が漸次うすれ、次の情景がはつきり浮き出して来た。今度は脱衣婆さんも、青鬼赤鬼もいないが川は同じことであつた。

其処に集つて来た沢山な人々は何れもこわごわ着物のすそをめくつて川を渡つているが、川の真中あたりへ来た時には何時の間に変つたか知れないが、色々な色彩の着物となつている。

——次の瞬間にはその川は二三尺の溝となつている。集つて来た灵界への初旅人は平気でピヨンピヨン飛び越へている。しかし着物だけは色が変つている。その情景が終るか終らない中にその溝はかき消され物凄い大音響と共に猛火の海が出現した。重油の大海に火を放つた如くである。その火の海の中に二三十間もあろうかと思へる竜体を持つた怪物があへぎあへぎ渡つてくる。余りの怖ろしさに逃げ出そうとした私の脊を軽く打つ手を感じた。その手がやさしいだけに私はかへつてブルッとふるへ上つた。

「大丈夫ですから落ち付いて御覧あそばせ」

やさしい声に私の大切なものが上に上つたきり降つて来ない、ふりかへると澄んで瞳の美しい天女がほほゑんで居られる。

「ホホホ、御心配ありませんよ、ホラ、もう何もないではございませんか」

そよ風が吹いている——肌に心地よい光の風景、澄んだ水が流れている、青い草の香が心を洗つてくれる。

「や、どうも！これはこれは」

「貴方に似合はない目の色でしたよ」

「はい、ですが余りに突然でしたので——三途の川といふのはほんとにあるのですね」

「あると信じて死んだ方にはあるのでございます。無いと信じて居た方には無いのです、閻魔の庁も同様でございます、」

「で、さつき着物の色の変つたのは何故でせうか」

「それそれの人の持つている内分に相応した色が出るのです、ほら御覧なさいあなたの着物も変つているではございませんか」

「ホウ、白くなつている。これはどうも、何時の間に変つたのでせうか」

「今日はあなたも同じ扱ひを受けているのですよ、たからあの川をお渡りになる時変つたのです」

「そうですか、で私がいつも渡る河が三途の川なのですね」

「ええ三途の川と云へば三途の川ですが、現実界から灵界に入つて行く場合は――つまり一つの世界の変り目には何かしるし、境がございますの、物質的な世界と灵的な世界との境界線ですよ、この境界線が仏教的なことを信じていた人々には三途の川となつて現れて来るのですよ、いえ現れてくるのでなく御自分でおつくりになるのですわ、鬼もつくれば蛇もおつくりになるのです」

「成程、そのことはよく判ります、要するに三途の川があるのもほんとなら無いのもうそではない。といふことになりますね」

「ええ、そしてこの境界線を越さないで、現実界に引きかへす人もあります。お医者さんから見た時は完全に死んでいる人が、よみかへる時があるでせう、そういふ人々はこの川を渡らないでいる。つまり、肉体と灵体とをつなぐ「玉の緒」が、まだ切れていないわけでございます」

「で、先程から気になるのですが、閻魔の庁では一般に伝へられているように裁判されるのでせうか」

「裁判ではありません、只判決の云ひ渡しのみで、絶対に誤りないのです、控訴することは出来ません」

「それでは閻魔の庁を信じない人はどうなるのですか」

「閻魔の庁へ出ないだけで結局同じことになります」

「何故でせう誰が裁くのですか」

天女はコップに赤い酒の様なものをついで私に進めて下すつた、川辺に居た筈の私は何時の間にか語るにふさわしい洋風の部屋の中に対しているのでした。

「そんなにお急ぎにならないでゆつくりお話しませう、今日は貴方を御案内するよう命ぜられて居るのですから、御ゆつくりなすつて下さいませ」

「はい、どうも恐縮です、何だか御婦人の前ではそわそわするのです、どうもそのフトしたはずみには変な空想を起すくせがありますので――」

「いいのですよ、お気持の通りに云つて下さいませ、で、閻魔様を信じない方は自分自身でお裁きになるのです、何も彼も御自分が、知つていて御自分が御裁きになるのです、肉体人の場合は心に思つても、肉体は別の行動に出ることが出来ませう、形の上ではかくすことごまかすことも出来ませう、しかし、灵界へ入つて来るとつまり肉体といふ衣を、かくれみのを取り去つた為外分的状態から内分的状態になつて来て、外分的なものは通用しなくなるのです、着物の色が変ると同様にその人の内蔵する想念相応の姿となるのです、かくせなくなるのです、自分で裁いて閻魔の庁の判決と同じ結果になるのでございます、あれ御覧遊ばせ、あれがその状態でございますよ」

天女の指さす所をみると、先程灵界に入つて来た人々が沢山に集つている。其処は六道の辻とでも云うのか放射線状に無数の道が集つた広場である、人々は其処で各々行くべき道を選んでいる様である。

更によく見ていると、人々は限りない程多くの道があるのに何等迷ふ事なく、各々が自信ある如く進んでいる。

「あんなにたくさんな道があるのに、迷つた様子もないのは何故でせう。私ならあれかこれかとまごつくと思ふのですが」

「更によく御覧なさいませ、あの人達には自分の進む道以外は見えないのです、此所から見るから沢山に見へるのですが御本人にはその人の内分相応の道しか見へないのです。そして吸込まれる様にその道を進むのでございます」

「で、何処へ落付くのですか」

「落つく所へです、決して間違ひありません、自分にふさわしい所に落付き灵界の修業が始まります」

「灵界の修業と申しますと？」

「死後先づ落付く所は神界と幽界との中間地帯たる中界であります、中有界とも人々は云つて居りまして其所で一度魂の決算報告をするのです。導く役の天使は居りますが、結局は自分で自分の整理をするのであります、その整理がすめばその状態に応じた灵界に入ることとなるのであります」

「つまり天国へ行くか地獄へ行くかが決定するわけですね」

「左様でございます、しかし地獄といふものはありません、天国とその影の世界のみです、何れあなたは御覧になるでせうが、人間のいふ苦しい地獄はないのです。弥栄の地獄、とも云ふべき所はあります。例へば御酒の好きな人はその人が御酒と云ふものに囚はれている間は当然お酒が自由に飲める世界へ参ります。それは地獄であつて地獄ではないのです。神様は人間の云ふが如き地獄は作つて居られません。灵界にも現実界にも……」

「さうでせうか、現実界にはあるようですが」

「ないのです、ないのに人間が感じるのです、考へ違ひをするのです、苦はないのです、弥栄え行く大道の一つの影です、よくお考へ下さいませ」

「地獄がないとすれば皆天国へ行くわけですね」

「さうです、それぞれに喜びのある希望のある灵界に参ります、人間の考へる様な地獄ではありません」

「で、その中界ではどの位の期間留つて修業しているのでせうか」

「大体五十日前後です。但しそれは地上的時間をあてはめて申した迄で、時間とか距離はないのです」

「それがよく納得出来ないのですが」

「無理もありません、然し例へばあなたは頭の中に子供の時代の事と現在の事を一所に並べられ、又、東京と京都といふ距離のある所を同時に思ひ浮へられるでせう、先づそんなものと考へたらよいでせう。時間と距離はないが、時間とか距離といふものに対する念は現はせるのでございます」

「長い期間留まる人はどの位でせうか」

「先づ三十年前後でせう、その間に於てもどうにも適当な所の見出せない人は、再び現実界にかへつて、現実界の行のやり直しです」

「つまり生れ変るわけですか」

「さうです、お出直しですわ、それから最も困るお出直しは、赤ん坊で死んだ時に、その母親がもついとしさの想念でございます、母親として御尤もなことですが、灵界の事情を知らないために、今頃はどうしているだろう、誰かお乳をやつてくれるだろうか？等と、切々と子を想ふのです、その思ひは非常な強さをもつて中界の子に反影して参ります、そしてその赤ちやんは母親の念に囚はれて、極端に云へば邪魔されて自由にのびる事が出来なくなるその結果再び現実界に生れ来る場合が多いので御ざいます」

「成程、でその赤ちやんはそのお母さんのお腹から出るのですか」

「多くの場合そうですが母親に支障のある場合は他から生れます」

「大体の事は判りましたが、死の直前にその人の親近者が迎へに来ると云ひますがそんな事があるのですか」

「ありますとも、親近者許りではなく他の団体の者も迎へに来ます」

「縁もゆかりもないものでも？」

「そうです、新しく灵界に入る人を自分達の団体に引入れようとする者があるのですよ」

「それは一寸変ですねそれは天使ではないでせう？」

「そうです、かりに善悪に分けるならば悪の集団であつて一人でも多くの味方をつくろうとしているのです。死者の枕辺に名刀を置くのはさうした灵の誘惑から逃れさせ様とするのでございます」

「死後直ちに天国へ行く人と地獄へ行く人があるように或宗教家から聞いたのですがそんな場合もあるでせうね」

「厳格に申しますとやはり中界を経て行くのです。順序を経ないで行くことは絶対にありません。只その期間が非常に短いのです、何故かと申しますと、その人々は現実界に於て決算されているからです。中界は準備の中間世界ですから準備さへ出来て居れば留つている必要のない所です。又あなたは地獄と云はれましたが、地獄へ落ちる人はないのです。何れも天界へ行くのでございますよ」

「中界の風物は大体現実界と同じ様に見受けましたが、さうなんでせうね」

「そのままと云つてもよい位です。山もあれば川もあり、畑もあり村もあれば町もあります。只それを構成しているものが異ふだけのものでございます」

「生存時宗教を信じていたものと、信じないものとこの中界に来た場合どんな相違が生するでせうか」

「信仰の仕方如何です。正しい宗教の道によつた方は既に準備が出来ているのです。邪な教に入つていた人は中界に入つてもその説を信じ切つている為、中々に改心出来ない。従つて信仰のない人より長い修業準備期間を要する場合もありますよ」

「正しい宗教と申しますと?」

「上層の天界には宗教と云ふものはないのです、道があるのみです。道とは最高大神の御意志です。その大道を現実界に直線的に写したものが、そして実践する者が正しい宗教なのです。現在世界には一千以上の宗教がある様ですが、大部分は曲げられている、片よつている、囚はれているとお思ひになりませんか?」

「よくわかりませんが大体に於て曲けられている様です」

「その話はそれ位にしておきませう。それよりもあれを御覧なさいませ」

天女の指さす方を見ると源平時代と思へる服装をした一人の武士が腹部に短刀を突さしたまま「ムムム」と苦しんでいる。そして時々「わが君、どうぞそれ許りは思ひ止どまつて下され、何卒この私に免じて……」といふ意味のことをくりかへしている。

「どうしたのでせう、芝居ですか?」

「芝居どころか、真面目です共、あの方は数百年近くもあんな状態を続けているのです。お前は死んだのだと教へても何と話かけても得心しないのです。死んではいない。この通りまだ生きている息のある中に――ああしばらく、アイヤわが君！　と申しますの、子孫の人がおまつりしても反響がありません、あまりに固く閉ぢ切つているからです。実に御気毒な方です。主人を想ふ一念には泣かされますがゆとりのないのには困ります。良い事でも、とらわれると反対の結果を来しますよ」

「はあびつくりしました、ですが大神様の大愛によつて、何とか出来そうなものですね、あなたは今、地獄はないと申されましたが、あれは地獄ではございませんか」

「あなたの目には地獄とうつるかも知れませんが、本人は反面に於てよい気持でいるのです、自分こそ第一の忠義者だと信じ切つているのですよ、時の来るのを待つより他はないのです。大神のお力で何とでも、すれば出来るのですがそれは大神様御自身で御自身を曲げることとなるのですよ。おわかりになりませうか？」

「はあ判つた様で、判らん様で――」

「正直な御返事ですね、正直さと素直さが中界修業の第一条件ですよ、中界に来てもその人の持つ癖は中々直らないもので、指導の天使から教へられ導かれても中々いふことをきかないのです、で、精算するに骨が折れるわけで御在居ますよ」

「大体の見当はつきましたが、中界から天国へ入り更に高い天界へ昇る場合は現界から灵界へ入る時の様に死の関門をくぐるのでせうか、私は現在迄その点について聞いたことがないのですが、普通の場合灵界に入つたならもう死はないときかされてますが」

「現界から灵界に入る時の様な死の形ではありませんが、同じ意味を持つ変化は起ります、それを弥栄と申します、人間の死の時と同様に従来持つていたものの外部的なものを一皮ぬぐのでございます、それは更に内部的なものが成長したからで、更に又一段高い天界に入る場合も同様その時の外部的なもの現実的に云へば、不純なものをぬぎすててその時迄の内部のものが外に出て、内的なものの中の至純なものが中心となるわけでございます、それは丁度、守護神の場合と同様で、地上人は正守護神と副守護神を別物と考へている様ですが、同じ一つのもので只内部的なものと外的なものとの相違があるだけです、正守護神の中に副守護の神役をする正守護神があり、又その中に更に純なる正守護神があると云つた形で、いくら外部的なものをはぎとつても、同じ形になるのです」

「つまり、その外部的な皮を一枚ぬいで新しい魂を得ることになるわけですね、それで弥栄といふのですか」

「そうです。喜びなのです。死が喜びだと云へば変に聞えませうが事実は喜びそのものですよ、人間は灵と体とを別物扱ひ致しますが、一体なのです。只濃度の差があるのみです。地上は天国の最低部にあたる天国の一部なのです、天国と地上国とが全然別のものの如く考へる人が多い様ですが、大変な間違ひです。只濃度の差があるのみです、ですから地上で準備を終つた人は直ちに天国に入れるのです」

「よく分りました。で中界から天国に入り、又高い天国に入る場合もその中間に準備界たる中間界があるのですか？」

「あります。どの段階にも中間界はありますが殆ど形ばかりのものです、それは貴方達が地上生活中にに於て一段高い心境に入る場合中間帯を経ているのですが、気がつかないでせう、それと同じ様なものです」

「最後に一つぶしつけな質問ですが相愛の男女が心中した場合、又は一家心中をした場合はどうなるのでせうか？お教へ下さい」

「心中にもよりますが神の意志に逆行した場合ですから中界へも来られない場合が多いのでございます」

「中界へ入られぬとすれば何処へ行くのですか？」

「現界の影の世界です、半物質界とでもいふ境界に行くのです、いえ御自分達でつくり出すのです、どす暗い中で抱き合つてゐる男女もあります親子もあります、何れ御覧になるでせうが」

「地獄ですね、で、何時迄そんな状態が続くのでせうか？」

「地獄ではありません、本人同志はそれを最上と考へ最後の勝利と思つているのですが、その中に段々と目ざめて参ります、いくら愛人同志でもさうした状態で長く居られるものではありませんよ、口では魂が結びついたのだと云つていますが、肉が結びついたまでですから、しまひには嫌になつて真実の事が判つて参ります、その時は次の状態に移つているのです、三途の川はそれからです」

――長い物語りの間に私は美しい天女に対し、更に深い親し味を感じて参りましたので、一寸戯言を云つてみたくなりましたので
「嫌になるものでせうか、あなたの様な美しい方とであつても！」

さう云つた瞬間、私は私の書斎に正座している私にかへつた、玉手箱をあけた浦島の様な顔をして――。

第三話　灵界で見た最終戦？

昭和二十八年春から夏秋にかけて私の肉体は危篤のまま昼夜の別なく苦しんでゐた。身体を横にする事も出来ず幾ヶ月か座つたままであつた東京名古屋方面の灵覚者は何れも私の死を報じてゐた。

中には灵界で天明さんに会つたのだから。と云つた人もあつた、それは事実であつたろう、私はその間に幾度となく灵界に出入した、種々な灵人に会ひ又天使から教へられ異常な灵界現象を見た、現実的には不合理なと思はれる事もあろうが一応そのまま記す事にした。

日暮時のうす暗さの中であつた、果してない荒漠たる宙の中に立たされてゐた、其処には天もなければ地もない、只一面の地平線なき砂漠の中にゐる感じである、私は別段驚きもしなかつたが経験のない人々に説明出来ないのが残念である。突然下（地下）から噴火の様な大爆発が起つた、それと同時に上（空）からも同様な事が起つて天地まぜまぜとなり、あやめもわかぬ宙の中に電光の様な物が交つて相当に物凄い有様であつた、やがて豪雨と強風がおそつて来た、その雨は下から上にも降り上から下にも降り、風は渦を巻いて氷を投げつけつける様であつた、こんな状態が二三十分も続いたと思つたら、次の瞬間にはガラリと変り、ミレーの晩鐘を思はす様ないと静かな風景となり、その中の私は一人の天使に助けられてゐた。

「灵界にをける原水爆等の爆発した状況でせうか」

「いや、必ずしもそうではないが灵界の大掃除の一つです」

「と、申しますと？」

「一つの転機が来れば必然的に変化するのだよ、生長と云つた方が良い」

「今私の立つてゐる灵界はその大掃除前のそれと質的にも変化してゐる様に感じますが？」

「その通り、お前の灵体も同様前のものとは変つているのだよ」

「えつ、でも同じ気持ですが、いや少し清々して様にも思へますが」

「更に一皮むいたお前だよ、分るだろう」

「はい判つた様な判らぬ様な――」

「まあいい、兎も角も灵界も現実界も絶えず生長して居り、その段階での頂点に達した時には脱皮するのだよ」

「はい、よく判りました。それについて承はりたいのは現実の世界です。この状態が移写されるとしたならば大変なことになりますね」

「それは人間の努力如何によるのだよ」

「水爆も使用されるのですね」

「必ずしもそうだとは云へぬが、若し使用されなくともお前が今見たと同じ様な結果になるのだ、大なり小なり、ね」

「と、云ひますと、大噴火大地震と、云ふ様な事ですか」

「お前は知らぬだろうが所謂原子爆発に類する事は既に行はれてゐるのではないか、現実世界でも」

「さうでせうか、私には良く判りませんが、それで一体今後どうなるのですか」

「今、お前に体験さしてあるではないか、あの通りの事を現実的に訳したなら判るであろうが」

「この現実地上世界は近く大破壊されて新しい第二の物質世界が生れると云ふわけでせうか」

「破壊されて建設されるのではない。建設されつつ破壊されて行くのである。いらなくなつたからいらぬものを捨てるのだ。蝉とそのヌケガラの様なものだよ現在上界は大掃除が開始されているではないか大建設が行はれてゐるではないか」

「?」

「悲観してはいけない、仏教でいふ即身成仏するのだ、喜べよ勇めよ」

「皆ですか?選ばれた物だけですか」

「皆、それぞれの形において助かるのだよ、新しく生れるのだ」

「それぞれの形とは?」

「その人々の心、即ち本体のあり方、持ち方、精進等の如何によつて、次の世界への現れ方が変つて来る——といふことだ」

「では皆が救はれると云ふわけには行かないのですね?」

「いや、救はれる、大神様の御心は常に大歓喜にあらせられる、一人として殺されはしない」

「しかし」

「まあよく聞けよ、Aの内分を持つ者はAの形にをいて、BはBの、CはCの形に於いて生きるのが正しいあり方だ、お前達も必ずそうなるのだ」

「有難う存じましたほぼ見当がついた様です」

「割り切つては不可ないよ」

——更に色々な思ひもよらない光景を見せられ、説明もして頂いたがどうも今想ひ出せぬ、その中世界状勢が更に深刻となれば、又思ひ出すかも知れない。

第四話　談話について

「私が貴方であり、貴方が私であることはおぼろ気ながら得心してゐます、然し貴方が今、他の天使と話をして居られたのに、私には何一つ聞えなかつたのです、聞えても判らないと云ふ事は考へられますが聞えないと云ふのは何故でせう」

「お前許りではない、他の誰にも聞えないのだ、対する二人のみに判るのだ、お互ひがとけ合つて了ふから話せるのだ、とけ合はない場合は語り合ふ事は出来ない」

「然し私と貴方は一つのものではありませんか」

「一つではあるが一つではない、裏と表の様なもの正しい意味の善と悪なのだよ」

「勿論、私が悪で貴方が善とは思ひますが」

「いや、そうでない、私も善でありお前も善であり又私も悪であり、お前も悪である」

「判らなくなりました、又ふり出しに帰つた様です」

「そうでない、以上一歩づつ進んでいるのだ、渦の動きの一廻り中に入つているのだ、だからふり出しの如く思へるのだ」

「私の今迄語つていた人はあなた、則ち私の私だつたのですが、他の天使と語る事が出来ますか?」

「出来る。然しそれは同じ波の中に住み同じ大気の中にある時だけだ、現にお前のお前たる私が語つていたではないか」

「さうですね、だが私のおたづねしているのは、そういふ意味でなく、全然ゆかりのない天人達とです」

「それは出来ない、正しく云へばそんな存在はあつても、無いのと同様である、無いのである」

「そうでせうか、私は灵媒を通じて他の灵とよく語るのですが、あなたのお話とは別の世界があり別の灵人が居り、別の道がある様に思へてならないのです」

「灵人が灵媒に憑依した場合は、その灵媒の持つ内的な総てを知つて物語るのだ」

「相当に注意を要するわけですね、危険だと云つてもよいわけですね」

「その通り、下手に審神すると飛んでもない事をお互ひにくり返すぞ」

――神の身体もない、天人の身体も見えない、只あるのはお互ひの言葉のみであつた。

第五話　文字を食べる

私はある時、天使A一族と共に朝食をした、食卓には色々な食物が運はれたがその多くは野菜に類するもので、あまり加工してなかつた、その中で不思議に思つたのは各々の前に立派な書籍が置かれた事である、私は最初それを菓子かと思つたが、主人の天使は「どうぞ」とすすめ自分の前の本の頁を開いた、私もそれにならつて軽く合掌し、「頂きます」とその書籍を手にしたが、それは聖典の如き感じの物であつた。

「毎朝御食事前にこの御本を拝読されるのですか？」

「さうです、いや之は朝の食事なのです」

「魂の食事と云ふわけですか？」

「左様、魂の食物とも云へますが、肉体（灵体）の食物でもありますよ、之を食べることによつて肉体も弥栄へます」

「この御本を食べるのですか？」

「御遠慮なく召上つてみて下さい、それによつてあなたの身魂は丈夫に育つて行きますよ」

　主人は少しいたづらつぽい目つきで私を見ていました。

「はい、有難う、頂きます」

　さう答へてその本を開いてみたがそれは殆ど私には理解出来ない数字の如き文字が並んでいた。

「私には読めない様ですが――」

「いや読めますよ、貴方は噛まないでいるからですよ」

「文字を噛むのですか？」

「そうです、噛むのです、噛むことによつて味が出ます、兎に角かんで御覧なさい」

「噛む？大体判る様な気がしますが何で噛むのですか？目ですか？それとも――」

「御自由に御都合の良いもので御噛みになつたら良いでせう」

　天使はニコニコし乍ら自分の本の方に目をうつし、時々卓上の飲み物を軽く飲んでいる。

「あのー一寸、やはり目で、いや歯で、それ共腹が噛むのですか？」

　天使は微笑を浮べたまま本から目を離さず足でコツコツと床をたたいた。

「足、足でも食べるのですね」

「さうです、そうも云へます、然し何処でどんな風に食べると云ひわけではありません、赤ん坊の様に食べたら良いのです、全身全灵で吸ひ取るのです、人間の食べ方とは少し違ふかも知れませんが要するに食べる事その事が、呼吸であり喜びであり生長であり弥栄であります、まあコップの飲み物を飲み乍らゆつくりと召上つて下さい」

　私はすすめられるままにコップの飲物を飲んだ、何とも云へぬウマさである。

「この本は人間の世界で云ふ神典とか灵書とかに類するものでせうか？」

「大体そう考へても良いが、然しそんなに固苦しいものではありません、随筆でも読む様なものです、固苦しいもの難しいものは常食とはなりません、楽に読まねば血とはなりませんよ」

「――でせうか？固くとも辛くとも苦しくとも身体の為になるものなら進んで取るべきではよいでせうか」

「その通り、然しそれは真実ではない。真実ではあるがその段階は極めて低い、何時迄もその段階に居てはならぬ、苦は楽としなければならぬ、苦を楽の境地まで上華させねばならぬ、いやさしたのではいけない、さうなり切らねばならぬ――これは失礼、少し理屈が出た様です」

天使は朗らかに笑つて更につけ加へた。

「貴方々地上人もこうした行き方がありますよ、朝は主として文字や言葉といふ風なものを食べ、夕方は主として物質的なものを食べると云ふやり方です――又理屈が出ました、私の悪いくせです、お許し下さい」

第六話　善と悪

「つまりお前は善と悪と云ふものに囚はれてゐる、しかもその善は限られたお前自身がつくり出した善である」

「善と名づくものはそんなに囚はれたものではなく大らかな融通無碍なもので時に応じ所により変化するものだ――と、云ふわけなのでせう」

「――と、誰でも一応は考へるのだ、その考へ方は間違つてはゐないが段階が低いのだ、その低い段階しか判らぬ、いや判つてゐても実行出来ない――そういふ程度の道徳倫理感念が、今日の行き詰りを自ら招いたのだよ、神も絶えず弥栄発展してゐる様に、総てのものが一定の所で停止していては不可ない、今日の倫理が明日の倫理と考へては間違つて来る」

「その事も大体得心出来ます、然し悪がある以上、何等かの手をうたねばなりません」

「悪と云ふものが真実あるのかね、お前はあると信じているのか」

「悪が無ければ善もないでせう」

「その通り、然し良く考へてみるが良い、悪も善も同じものだよ」

「少しとも裏表はあるでせう、その云つた形の表現は出来るでせう」

「いや、そこだ、そこが大切な所だ、裏表と思はれる時はすでに善と悪とになつている、真実は裏表の差もない、同一線上のものだ、其処にお前の自我がある」

「判らんです、善悪一如と云ふことも判ります、然し現はれ方、見方が違ふからです、同じものなら同じに見え考へられる筈です。あなたは真実の天使なのですか？」

「――と、いふ意味は？」

「あなたのお説がわれわれを邪の道に引入れる哲学的わなの様にも感じられるのです、――云ひ過ぎたかも知れませんが」

「困つたものだ、何と云つたら判るのだろうか」

「世の中には――いやこの灵界に於いても見受けられるではありませんか、悪の行為が」

「話はどうどうめぐりになつてくる、果てしがない、つまりお前の見方は平面的なのだ、わしの云わんとする所は立体的なのだ、平面的な事をいくらくり返してもそれは平面の上のどうどうめぐりに過ぎない何時迄も善と悪とがつきまとふ、立体に入らねば、お前の云ふ様な善も悪も無くならん」

「果てしなくなりませうか、私には信じられない、よしそれが平面的見方であつても其処には一つの解決点が見出し得ると思ひますが」

「解決点を見出してもそれは一時的平面的であつてすぐに崩れるよ」

「判らなくなりました」

「善と悪との二つでなく、更に別のものが出て来るのだ、そう云ふ事は考へられないか？」

「おぼろ気ながら判る様な気がします、今一歩具体的に、人間に判る様に教へて下さい」

「之以上具体的に述べると真実に遠去かり、限定されたものになつて来る、限定されたのではならぬ」

「然し限定されたものでも一つのメドとはなる様です、ぜひ御教へ下さい」

「要するに善は善として生き、悪は悪として生きるのだ、いや生かすのかな」

「それではやはり善も悪も厳然としてあるのではないか？と思はれますが――」

「いやないのだ、つまり善は善として悪の中に、又悪は悪として善の中に働くのだ」

「よく判りません、更に具体的に」

「立体的な立場となれば立体世界が開けて来るから平面的な対立的善と悪はそのままに動き乍ら、善も善ならず、悪も悪ならず何れも弥栄ゆく一つの現われとしてそのままで生きて行くのだ」

「だがそれにしても悪は良くないでせう」

「良いとか悪いとかではない、其処に生きているのだ、例へばお前の肉体の中には不浄不要と考へられるものもあるだろう、あつてもよいのであろうが」

「判つて来た様です、然し割り切れない、何と云ふのか、つまりその処理に困るのです、例へば今私の目の前に私を殺すべきピストルが向けられたら？」

「まだ判らんのだな、ピストルは決して向けられない」

「いや断言は出来ない。あり得る事です」

「お前はまだ囚はれてゐる、自分で自分を殺す善悪を内蔵してゐる」

「内にあるから外に現はれて来る、迫つて来ると云われるのでせう」

「よく考へて御覧、ピストルは現はれない」

「ピストルは現はれなくとも原子禍は現れます」

「それはお前が作つて引寄せるのだ」

「引寄せなくとも外から迫つて来るのです、現実世界の実相を御存知ないから貴方はそんなのんきな事を云われるのです」

「そうムキになつては、益々判らなくなるよ、心の扉を閉めないで開くものだよ今一歩の所だ」

「と、云ひますと？」

「原子禍なら原子禍でも良いが、その外に別の世界が出来るではないか、完全に弥栄して行く道があるではないか、生か死かのみではない、つまりお前は二つになるのだ、そして三つになり一つに生きるのだ」

「貴方はやはり邪道に私を引入れる哲学的魔弁を使つている」

「何と云つたら判るのか――兎も角も我を浄化しなさい、欲を浄化しなさい、一杯につまつて居り浄化が足りないから他のものは受け入れられぬのだ」

「そうかも知れません、宗教我に囚はれ清貧我に囚はれているかも知れない――」

「別の云ひ方をすれば小欲小我を捨てず殺さずして大欲大我にとけ入る道があると云ふのだ、小欲小我を捨てねば大我に帰一出来ぬといふ従来の考へ方教へ方はもう過ぎ去つている共に生かす大道がある、小我はなくならん、なくしては大我もなくなるのだよ、自分を殺さなくとも良い、いや殺してはならぬ小我を殺し大我に至らむとし小欲を捨て大欲に至らむとするからドウドウめぐりの平面生活平面思想となつて悪の亡灵につきまとわれるのだ」

第七話　死後の恋愛と結婚生活

私の心臓が一瞬破れる程強く波打つた（同じ顔の天人）双生児でも之程には似て居まいと思はれる二人の天人が一体となつた、そのフヰルムの一コマを見せられたからである、私にはそれが何を意味するかがハッキリと判つた、大部の書物でも到底云ひ現はせない程の内容を持つその真相が瞬間に了解出来た、と云ふよりは刻み込まれた、次の瞬間そこには黄金の風が吹いている小松原が展開され、いつも出て来られる白髪の天人が立つて居られた。

「只今見せて頂いたのが天国の夫婦の交りでせうか？」

「左様、お前に判る最高のものだ」

「あれ以上のものは見せて頂けませんか？」

「見せてもピンと響くまい、現にお前達現界人は日日見ているのだよ、高い所から低い所に水が流れる、太陽が毎日東から昇り西へ沈む、それが高度の夫婦の交りであり、正しく云へばその交りの地上への移写の一つである」

「今のお二人が双生児の様に同じ御姿であつたのは何故でせうか」

「天界の御二人は（夫婦）同じ想念を持つて居られるのだ、故に夫婦は同じ風貌を持つて居られる、お前には未だ一と二が同じであると云ふ事が得心出来て居ない、判つてはいるが得心出来ていない為に灵界の消息が十分に消化出来ないのである」

「仰せの通りです、然し一は一であり、二は二である事も事実でせう」

「其処の所だ、一は一であり、二であり三である、それは何れも真実であるが真理ではない、お前には交りは和と云ふ事は判つている様だが、一は一であり一でなく二でなく二であると云ふ用の実相、用の進展については充分に得心出来ていない、お前の心に写つたのは、愛の用が喜びとなつた、と云ふ程度に過ぎない、真理には一もない二もないつまり愛もない憎もないのだ、只、ないと云ふことがあるのだ」

「判つたようでよく判りません、真理と真実はどう違ふのですか？」

「例へば此処に水がある、暑さに会へば水蒸気となる寒さに会へば氷となる、然し水そのものの有する性質は氷となつても水蒸気となつても同じである、真理と云ふのはその性質の如く一貫したものを云ひ真実とは水の時は水、氷の時は氷として の現れを云ふのだ」

特別付録 2

岡本天明第一かた歌集

たたかへるくに

かたうたは片歌ではない、型歌である。
元つ歌であり原形歌である。

大詔を拝し奉りて

戦へと現人神はいまのらせ給ふ
世を救ふおほみいくさの詔くだりぬ
まさに今神のみことをこのみみにきく
三千世界救ふ聖戦ぞ言正し行かむ
大詔のラジオききゐて目はものを見ず
堪えに堪えし一億の血ぞ勝たでやむべき
たかぶる血潮ひたにおさへて絵筆もち居り
かむなから大詔の朝みたみすこやかに
神の子ぞみたみぞ今のこの幸に泣く
高ぶる血汐たかぶるままに天に叫びぬ
神の子孫ぞみたみぞ今ぞ死に生き行かな
国原は大波うちて大詔拝す
天もなく地もなく中今（いま）をみことに生きむ
大みこと八百よろづ神も勇み討つべし
荒ぶる神かみかかりして吾を死なしめよ
天地の光となりて大詔わたる
一つ血汐（ち）のみたみの血汐いま湧きてとまらず
大みこと身心（み）によみかへる遠津祖神（とほつおや）の血流（ち）
背すぢ走る血汐のとどまらず大詔に泣く
衣改めず拝せしことの心とがめつ
いざ起たむ日出づる国の日子なりわれは
すでにわれあるなし大君（きみ）の辺にこそ生きむ

皇大神宮御親拝を畏みまつりて

高なるは吾か祖神（そら）の血汐か御親拝尊し
われあらじ大君にして祈らせ給ふ
天地も極まり泣かむこの朝にして
かつてなき大御親拝に五十鈴はれなむ
御親拝謹写の新聞ささげなくのみ
大君にして祈らせ給ふわれら死すべし
天地も極まり此処に御代生れ来む

明治神宮

――代々木練兵場より表参道へ――

われ呼吸（いき）す太（おほ）き陽の朝野の草ふみて
太き陽に真向ひ呼ばん神の御名を
靄白くつつみて神苑（その）は空につづけり
神宮の杜の遠見に忠霊塔白し
お召馬の白さ瞼にありうつむきて歩す（閲兵式場あと）
このあたり挙手なたまひし御あとにして（〃）

――表参道から――

朝な朝なふむ道なれど今朝は爽しも
改めし衣心地よし足袋も白くして
守衛らに帽子をとれば白き礼しぬ
靄にぬるる鳥居のそりに陽の神々し
大鳥居ポクリ礼して学生去りぬ

――一の鳥居から二の鳥居へ――

大鳥居胸血明るありかしこみて歩す
ぬがざりし外套に心こだわりてきつ
神橋の小暗き下に白き花揺る
省線のひびきに巷のわれにかへりぬ
神苑にして小鳥ら光る朝をうたへり
前を行く軍人に合はせ玉砂里をふむ
参道は靄にぬれ居り呼吸（いき）するか玉砂里（いし）
露おきて玉砂里（じやり）光り居り如何に歩すべき
神苑の風深く吸ひつつ心洗ふも

――この鳥居を過ぎて――

葉裏白く杜めさめたり陽は直にさす
軍靴の打ち寄する涛の如く近づく
ザッザッザッ迫る軍靴に吾もふりむきし
張りつめしつわものどもが陽にやけし顔
拍手の遠拍手の若葉もれ来る
玉砂里をふむ音水の如流れやまずも

御宮の赤松赤し靄遠く晴る
赤松の枝のしめりに朝日かがよう

――御手洗にて――

御手洗（みたらし）の水の明るし澄みて尚澄む
御手洗に少し風あり風に心洗ふ
口すすぎ捨てんとすれば玉石（いし）光り居り
手杓子に細きわが手のふとはづかしく
杓子とる白き手の娘の顎の黒子の
拍手を間近にききつ手をふきて居り
口すすぎ衣ととのへて深く呼吸すも
御手洗にかかみてあれば小鳥の声す
一声は大き鳥らし杜まだ明けず
靄さきて一番高く胸を射る鳥

――三の鳥居より拝殿へ――

御広前（おんまへ）に進みてあれば靄の晴れ来も
拍手のひびきて朝の大きよろこび
悔ゆるなく御神前に伏し祝詞白すも
祝詞せば誰か和し居り涛のよすごと
祝詞白すわが魂に呼ぶ何かあり
ひとときは音なく祝詞の波の中にゐし
かむなからやさかましませいやさかましませ

目つむりて祝詞し居れば松風きこゆ
祝詞せば心ひろごり魂いさみたつ
目つむりてのりとすわれはこのわれなるか
御神前に祝詞す声は吾か父か祖父か
目つむりて祝詞す声は遠津祖神（とほつおや）の声
曇りなく今朝を祝詞す幸はへ給へ

――参拝を終りて――

千木に陽の直さす朝の空を仰ぐも
軍人と並びて拝す老婆の背細し
松籟の幹見上ぐれば白雲一つ
内苑の石ふむ音のふと心打つ
子供らは朗ら拍手し喜々とおろがむ
御奥の御紋の御扉おそるおそる拝す

――裏参道へ――

木の花の白きが揺れて一つ地に落つ
白き花白きがままに参道（みち）におち居り
靄白く幹をのぼりて大空に消ゆ
杜かげに白きたんぽぽ斜さき居る
裏参道の小鳥らおぢずすれすれに飛ぶ
裏参道の杜しめり居てもれ陽線ひく
小さき吾の歩みおもひつ森の中ゆく

――御池にて――

子鳥等の鈍き手足よ陽の池の泡
橋下の水あかきまで鯉ら集ひ来
陽を吸ひて子亀らつづき水に歩み入る
親亀の巌の如く陽にこうらほす
鯉に交り亀ポックリと陽に浮び出づ

太き陽の灵(ひ)にとけ呼ばん六合(くに)ひらく大道(みち)

昭和十七年五月二十四日、明治神宮参拝後、哥心しきりにうごき直ちに一百首余をなす。その中より約七十首を選びしもの。一首を生むに数日を要する予としては現らしき現象である。

献詠

橿原神宮献詠

掛巻もかしこけれども歌たてまつる
八紘一宇大聖戦を守らせ給へ
みことのり今ぞ輝き岩戸ひらけむ
畏こしや天上の儀のごと治し召す
太津日を背にしこくさを言向け給ふ
宮柱大和に太く治し給ひぬ
御躬自ら斎戒(ものいみ)たまひ諸神まつります
民草に利(さち)あらばとの聖慮かしこし
うちてしやまむ大御聖慮(おほみこころ)に今ぞこたへむ
言以向(こといむ)け眼ろはしめし聖慮かしこし
言灵(ことたま)の幸はふ御歌うたひつかなむ
たてまつる歌きこし召せ幸はへ給へ
御神たまちはへませたまちはへませ

靖国神社献詠

御神前に歌たてまつるすめら御歌を
語りつぎうけつぎ起たむ君が勲を
ただ涙せきあへず吾は御神前に伏す
神苑に栄ゆく皇国のさくら咲くなり
すめろぎにささげし生命永遠に栄あり
とき来ればわれも御国の御楯とならむ
君の血汐のいまぞ栄あり神とあれます

代々木八幡神社献詠

三年の永きにわたりて毎夜の毎く「かた歌」を霊夢によりて示し給へる。産土、代々木八幡神社御祭神の大御前に、謹みてささげ奉る。

御広前に伏すも畏し祈るすべなし

三年あまり夜毎御歌を示し給へる
今は只息吹の限り御歌つたへむを
弥栄の御歌かしこし氏子に生きむ
祈りつつ限りつくさむ氏子なりわれ
そのかみの皇国の道と歌うたひつがむ
天ヶ下おつるくまなく御歌つたへむ
みつげかしこ歌のいのちの尊くもあるかな
生命越え大き生命に生きさせ給へ
住みと住む氏子ことごとうたはむこの歌
子孫の末々までもうたはむこの歌
ひたすらに御神慮（みむね）かしこみ今日に生き来し

昭和十七年十一月五日、代々木八幡神社にて

神苑を掃く

落葉みな生命光りて暁の参道（みち）長し
玉砂里の上の落葉の軽きさびしみ
土を踏む指のつめたく神苑掃きゆく
神苑を掃く素足は大地の息吹感じつつ
老の掃く背に落ちし葉のその葉うごかず
大木の根に掃きよせて木の香かぎゐつ
大木によらん心を空にあそばす
抱きしめん心ふとわき樹に掃きよせり
幹ゆすり落葉の雨に目つむりて立つ
幹ゆすりつもるかままの落葉見むわれ
幹を打落葉の限りわれ泣かんかな
落つる葉を手にうけんとて走り廻りぬ
いのち枯れし落葉ひろひて陽にかざし見ぬ
掃く頬をふと過ぎしもの風に似しもの
仔犬きて吾をはなれざり神苑掃き居れば
箒とり軍刀の如空にかざしき
つもる葉のつもれるままの性を吾に見る
狂女笑ふさまにも似たり風に乗る葉の
かさかさと落葉笑ふか足にひびく声
風に乗りからから遊ぶ落葉は掃かず
箒高くささげて南の友おもひ居り
朝の土の尊し下駄も足袋もぬぎ立つ
御土のもったいなさよ吾を抱き給ふ
二柱の神の息吹きに成りし御土ぞ
正にこれ神の御背ぞぬかつきつ掃く
御土の息吹き波打ち永遠に弥栄ゆ
御土も光にますか魂に照り来る

仇を討つ剣の如く箒ふりみぬ
掃き寄せし落葉の山に箒立てたり
神宮の杜ゆ飛び来る鳥の群見ゆ
戦捷のラジオ遠しも神苑はき居れば
陽に光る露のせしまま落つる葉のあり
散りし葉に露光り居り如何に掃くべき
青のまま風に散りしがわびしいてふ葉
掃く大地におち居て露に呼吸すいてふ葉
朝の息の白さがうれし大空(そら)仰ぎ吐く
白ければ煙艸の如く息吐きてみつ
大樹の根に掃きよせ老人(おひ)は白き息はく
露ふふむ苔にこっそり手はふれてゐる
落葉深き杜の暗きに苔の石見ゆ
掃く足に何かひびけり、二度とひびかず
神木の高きに朝の霧ははなれず
わが足の白さよ暁の参道を掃く
一葉落ち声なき水の輪に光る秋
（この歌は具酔如大人の訳により中国の一部に照介された）
　一葉落無声　水光秋有色　（具酔如訳）
白き眉交りて光る暁の参道
坂道の曲りを子らはかけ登り来る

箒とり老母の荒れたる指おもひわぶ
御鈴をききつつ神苑の朝を掃き行く
老母の祝詞おもひつ御鈴をきく
御屋根のそりの光におづ心あり
御屋根はしづかしめりて秋の空たかし
掃き寄せし落葉けちらし仔犬かけくる
毬の如かけ来る犬の顔のよろしき
参道を掃きつつあれば色鉛筆出づ
父と二人ふるさとの宮の落葉掃きしが
池にうつる吾に父君の生けるを見たり
目のあたり父そっくりと母の云ひしが
子供らに交りて朝の神苑に体操す
ラジオ体操なしつつ子らは犬とぢやれ居り
深呼吸大空(そら)一杯に胸をひらける
大空の広きを吸ひて中今(いま)を生きなむ
遠津祖(とほつおや)神見ませ空吸ひ此処に吾れ佇つ
口笛で犬呼ぶ心押しつ神苑掃く
全身をよろこびにして仔犬とびつく
参道に仔犬と並び朝の陽を吸ふ
ひようひようと口笛吹きつ朝の参道掃く
暁の鳥朗らうたひて人をおそれず

早口に小鳥なき居り朝風の神苑

鳥の歌のわかる心地す神苑掃き居れば

杜を抜け一線長く日に赤き雲

直線の朝雲御神木を斜きりたる

ふと仰ぐ森の真上に豊旗雲ひく

幹つたひ落葉音なく地の届きたり

幹の香は母乳(ちち)に似たりき古きいてふの

幹たたけばうつろ声あり老ひしいてふ樹

幹たたけば鷺にさびし木の声つたふ

御池に沈みて燃ゆる落葉かなしも

御池ゆ昇る気きびし岸に立ちすくむ

洗はんとすれども足は岸をはなれず

御池の朝を白雲一つ飛ぶ見ゆ

小鳥飛び一葉音して池に渦せり

渦の輪の消えたる池に朝の空深し

御池に足そっと入れあたり見廻す

御池にためらひつつも足洗ひけり

御池の水暖かしかそか靄たつ

靄の御池へだてて光る千本拝し居り

亜浪句碑半ば陽にあり字の影深し（神苑内に亜浪の句碑あり）

碑の台の落葉掃きとりその句よみみぬ

落葉にしてかく清かりきわが心はづ

落葉陽にかざして真実尚求め居る

石段の落葉の風の誰かに似し声

いのちなき落葉なれど風は軽く遊ばす

石段の小さき風に乗る落葉あり

石段のつめたやわれも石となるべし

石段を三尺あまり風まきて過ぐ

逆立ちて歩まん心ふと浮び消ゆ

小鳥らと語ろう夢を尚すてず老ゆ

御神前に祝詞申せば夜の明けそめぬ

――拝殿の雀――

拝殿の供米(こめ)に小雀ちちと鳴きよる

なきめ陽の豊(とよ)明るく雀ついばむ

拍手に雀ら小さき風たてて飛ぶ

祈り居れば雀近づき供米ひろふ音

雀らの中に座しゐてみいくさ思ふ

供米ひろふ音のひづめに似たるさびしみ

目つむりて雀と居れば松韻遠し

――社務所にて――

神まつる明るき部屋にもの書きすすむ

皇典(ふみ)うつす窓の障子にあまる木の影

朝の風黄の風窓にあまる無果花
窓くればいちぢくの葉の一葉舞ひ込む

戦へる国

――アッツの英霊にささぐ――

さらばとて微笑つ自決(はて)にし傷兵もありけむ
天かけり地かけりなほ生きて征きます
死を賜ふことのおごそか孤島もなきけむ
生の限り死の限り討ち討ち征きまさむ
玉砕の報道きびし天地ともに泣く
君弥栄と叫びつ兵は神と生れたり
黙祷す吾の血汐高鳴り神兵につづけり
死して死なず進みし兵のありしをきけり
大君弥栄の御声きこゆ今も高らに
皇国に生く兵の尊し御稜威のもと

――友、帰還す――

灯管の東京駅に友帰還(かへ)る今
友かへりし駅は灯管の暗きにしづむ
肩たたけばおおと云ふのみ髯あかく荒る
友は友のわれはわが歌ほめつ酒くむ

支那酒と煙草握らせ友はごろり寝る
眠る友に背を向け軍刀そっと抜き見ぬ
父かへる夜をはしやぎその子らねむらず
父かへるとわめく子しかる母の瞳のよし
父かへるやすらぎにゐてその子ら昼寝す
ねむる子の額の汗に青葉うつれり
軍刀杖にそり身のわれを鏡してみぬ

――傷兵と語る――

のこる生命ささぐる道を傷兵のたづぬる
君弥栄を如何唱えむと傷兵涙しつつ
心燃えてささげし足を知らざりしとか
足なくも突撃せしを義足撫でいふ
日の子なれば日にかへらむをこの傷身(み)如何にせむ
道端の花の白きに祈る傷兵あり

――荒鷲を讃ふ――

(ニュース映画を見て)
天かけりつつつわものは缶の飯食む
缶の飯食みつつ眼光は敵陣を射る
空に食すは缶の飯なり戦期正に熟す
戦前の一とき悠々空に飯食む
天津神の天かけり討つ姿いま見る

雲染めし血汐は神と現れ更に空征く
黒煙、正に命中、弾又一弾

――シンガポール陥落す――

須佐之男の神治し召す海原ぞやよ
神ともに進ませ給ひし港いま陥つ
南に陽の輝けば六合晴れわたる

――タイ国民におくる――

うちうちてともに一宇のもとに栄えむ
日をおひて進むいくさぞあだなびかざる

――歌友めされゆく――

召され行く君弥栄の武運に生くべし
歌人のつるぎとるわざ歴史(ふみ)にのこせ君
出で征きし君の瞳に神を見し吾は

――待避壕を堀る――

鍬とれば波の如うつみ民吾の血汐(ち)の
待避壕堀る鍬真夏陽の直射せり
壕を堀る友の背汗に入道雲うつる
しづもれる真夏日の下鍬高く鳴る
カチリ、石切り割りし不思議さにゐる
木の根きれば鍬に伝ひて迫り来るもの
ふと過ぎし悔に似しもの切りし根による
壕中に土の顔あげ空に呼吸せり
掘り了へし壕にあぐらし残りの煙草吸ふ
壕中にあぐらし太古の民をおもへり
壕壁の土の香親しそと撫でて見つ
親しさに撫でし土はも土はつめたし
壕底のしめりに憩ひ捷つと指書く
木の影の角たてて揺る壕深きかも
堀りあげし壕の赤土に桐の葉落ちゐし

――銃後点景――

枝の影防火筵に斜ゆれつつ
残置灯の明りを戴いて黒きもの過ぐ
ビビと響くガラス戸晴れて春の機は過ぐ
ひとり描く指にひびきて機は低く飛ぶ
凍る道のくらきに二つ拍子木をうつ（夜警）
月に打つ拍子木高し打ちつ街ゆく
灯管の街屋根遠く今し月出づ
南の墓標は映画なれど胸うつ
故国に向け銃ささげたり南征く兵（ニュース映画）

みたみわれ

つるぎとらばつるぎに生きむうたひとわれは
つるぎとり高くかざしき歌うたひつつ
天地にこたへむことのつるぎとなりぬ
言灵(ことたま)のことたからかに太陽(おほひ)にとける
一億の炎ぞ醜の魂生くべきや
太刀かざし夜半に祖先(おや)おもふ遠津祖神(おおや)念ふ
天に叫びわれにむちうち今日に生き来し
世(よ)情にもゆる魂おさへつつ縁の陽に坐す
民一億炎となりて焼かむよこしま
暴風雨(あらし)となり天地(あま)かけりなばこの心癒えむか
走りつつ今海出づる太き陽によぶ
けものさへ道あゆめるをたみにしてこの
日月を生みし御目なり曇るべしやは
御隠(みみ)し生命とあれて天津神栄(さか)
天を仰ぎ地に伏し祈ることの悲しく
神の子孫(こ)のわれ玉の緒のたゆるべしやは
祖神祖先(かみかみ)の血汐(ち)は弥栄えここにわれ佇つ
日の民に死すてふことのなかりしものを
天かけり地かけり討ちうちても止まむ

あな爽けみ民栄あり神ともにゆく
つるぎとりいやさかつぎにつぎしそのなぞ

（前奏八拍子）
つーるーぎーとーり
いーやーさーかーつーぎーに
つーぎーしーそーのーなーぞ

〝つるぎとり〟の歌は逸才渡辺浩風氏の作曲により昭和十八年六月二十七日午後一時から丸ノ内産業会館大講堂に於て発表会を行ひ、引つづき各地の傷病兵慰問の催でも発表された。

又、この歌と共に〝つるぎとりの舞踊〟が松崎好純氏の手により発表され南由紀子嬢の舞踊にて先づ千駄ヶ谷八幡神社に納められた。

この血汐祖先(おや)か祖神(みかみ)か剣とりたつ
さあれ吾の生命尊し吾も拝みぬ
一億の十億の民すでにみたみたり
神の子に破るるはなし如何に捷たむぞ
大君の敷坐す島の八十島弥栄
細螺(したたみ)も伊這廻(いはひもとほ)り君につかへむ
大稜威喚嗎(あぎと)ふ魚も鮱伏し集ふ
天翔り地翔る神も大稜威(みひかり)に伏す
水潜(みづく)とも草生(くさむす)とても生きて仕へむ
以征くべし枉のまがこと断たで止むべき
復命(かへりこと)高ら白さむと今日も死を行く
追ひ追ひて山の尾毎に服(まつろ)はさむぞ
追ひ払ひ河の瀬毎に枉なごめなむ
勅なれば天の壁立(かべた)つ極み伊征かむ
敏心(みこころ)の雄叫び天も高く鳴るべし
正言(まさこと)を正言として覚(し)らしめ給へ
手肱(たなひぢ)に水泡掻里御稲(かきたりみとし)そだてむを
向股(むかもも)に泥掻寄(ひじかき)せて水田種子(たなつ)つくらむ
狭田長田(さたながた)ところ狭(せ)きまでみのらせたまへ
一二三四五六七八九十百千万(ひふみよいむなやここたりももちよろづ)
御剣となりて死に生く大き日の来ぬ

もゆるものおさへおさへて天地にゐのる
天降りしし神のみ民ぞわれら起なばや
神々の血汐とならむことに生き来し
言挙(ことあげ)す南ものかわ地の果征かむ
言挙げぬ皇国(くに)言挙げば雷も断つ
ただよへるくに修理固成(かため)むと皇軍は征く
ことさやぐ国ことむけて皇神にささげむ
和幣(にぎて)かけともに歌はば岩戸ひらけむ

旅

富士

むらさきの大富士となり陽は今し入る
くにうみの大きいのちをここにしおもふ
雲影おちし麓遠しも富士にむかひ立つ
富士見ゆる茶の木山ゆく童女(こ)のものの赤
真向ひて呼ばんことなし大富士は晴る
一握の雲おくのみ富士の真すがた
茶の木山丸くつづきて富士の晴るる日
征く人の旗の列ゆく富士晴れの道
富士につづく道長し子ら国旗(はた)もち走る

駿河の海

蒸気船の窓にあまりて富士の晴れ見ゆ
幾刻か船は進めど富士は動かず
富士に向ひ船進むなり駿河海しづか
中空に澄みてたたせり富士の神山

三保の松原

三保の松斜にのびて立ち並びたり
伊豆はろか三保松原に海の音きく
砂浜を黒き雲かげささと過ぎたり
羽衣の松やつれゐて風やや強し
早春の浜に人なし下駄もちて歩す
風早の三保松原ゆ富士おろかみぬ
雲影の緩き砂丘を黒く走り来
石おこせば草の根白く陽に届きたり
松籟の神苑ポクリポクリと歩む（三保神社）

むさし野

艸の実の小さく揺れゐる秋風をゆく
艸の実の赤きにそっと煙草ふきかく
実をよけて憩ひしものか丸く草伏す
草によす心の人も此処に坐せしか
秋風に堪えかね艸をむしり噛みみつ
艸に寝て昼鳴く虫に秋をききたり
山遠し群れゆく小鳥空にとけ入る

大和路を行く

松毬の軽きが一つ風に乗りゆく
松毬を蹴ればかさかさ風に乗りゆく
屋根艸は揺れつつ空の青に花もつ
ひようひようと風のままなり唐もろこしは
すすき道なほつきず空の青さ見つつ行く
秋雨の並木路長し大和国原
秋の蝶にたわむれ旅の心なぐさむ

日の御碕にて

灯台うつ風の荒々し風の中ゆく
風高し強きその音に心のりゆく
赤松の荒れし岬に鳥たかく啼く
御神前に額つき居れば涛の音きこゆ（日の御碕神社）
この村は海越へて来し風の音のみ

南紀州の旅

山の樹々動かず今朝は陽を吸ひて居り
朝山のみどりに向ふ旅の幸にゐる
呼吸しつつ朝を屋根艸空に揺れゆる
艸青む山の窪地に白きたんぽぽ

利根川あちこち

アカシヤの並木はつきずひねもす行かむ
早春の野の道かへるもんぺ生徒の列
春にうらら陽の眠り牛は啼かず群れゐる
からべらに名を問ひ居れば雀飛びたつ

諏訪の湖

湖の気を押しかへし独り宿の夜に対す
酒ひとり旅の炬燵に更けし夜を居る
ひねもすを湖ばかりみて宿に友まつ
頬赤き子は指さして湖を語るも
諏訪の海に呼ぶ心あれど言葉とならず
諏訪の宿の昼のしづけさラジオ遠しも

友をたづぬる

二十年ぶり会ふ友何と云ひて迎ふや
子を語る年になりゐて友のなつかし
その友のたくましき背を追ひつつも歩す
竹藪の中の陽なたの友の家に来し
おおと答へ玄関に立つ二十年ぶりの友
ぬっと出ておおと云ひしが二十年の挨拶
玄関に立つ友のよし無雑作な服

シャムの娘たち（シャム大使館にて）

シャムの娘(こ)は双手合せて吾を迎へたり
娘の云ふは通ぜねど肌にこころよき声
その声の澄みてきこゆが何かわびしく
仏像に見る曲線くねらせ何か云ひよる
長政の生活(たつき)ふと思(も)ふ娘と向ひ居て
合掌のさよならすればスクと笑ひき

法師温泉

山行きつ歌うたひつつ温泉にいたる
目さむればせせらぎの音昼の温泉の
夜もすがら春を流るるせせらぎにして
山脈の春浅くして雲うごかざり
ひとり唄ふ声うつろなり夜半の温泉
山の温泉(ゆ)に出やまず昼も雲たちのぼる
薬艸をつみつつあれば仏法僧鳴く

伊豆の旅

伊豆の山行きつつ光る海にものいふ
早春をすすきゆれゐて伊豆の山光る
旅二日伊豆の温泉に涛ききて居り
ひとり行く伊豆山脈の上に光る富士
車いま早春のすすきの伊豆の山走る
海も山も晴れたり車いま伊豆に入る

向つ山啼き過ぐ鳥を湯ぶねにきけり
伊豆の海の大き涛音に心洗へり
若き日のわが夢に似て海のはろけし
涛音の大きかなしみひねもす聞かむ
ふと思ふわが魂の海にとけしを
一機過ぎて幾刻ぞ峯のしづけさつづく

唐招提寺

山門は傾き居れど艸さかんなり
金堂の空の碧さよ鳶低く舞ふ
虫しきり昼も人なし唐招提寺
棲倉の古きたくみは木を組みて建つ
組みし木の間に石おき祈る老あり

伊吹山

白雲は伊吹に集ひ雨となるらし
山頂に立ちてわれ思ふそのかみ偲ぶ
山頂は見のあかぬかも雲のゆききの

東京点描

うらら日に投出せし足の爪ののびしよ（代々木練兵場）
足の毛をかきわけかきわけ蟻がのぼるよ（明治神宮外苑）
ものの化にふと襲はれし真昼の新宿
ふと似たる娘を追ひ銀座の春風をゆく
人波の真昼の銀座春はわびしく
風まきて真昼銀座の娘のつかれたる
バス中の娘のもまれ来て髪われに触る

旅　ところどころ

天地のかなしき極みわれ旅をゆく
ごろり寝て家おもひ居り旅の夜の雨
梟の声まねひとり旅の夜を坐す
停電！炭火の赤をじっと見てゐる
ひとり行く山のさびしさ木を撫でつゆく
城あとに道なし萩の白き日ぐれを
山越えて甲斐に入る日をしぐれするなり
背にいたく〝振る手〟感じつつ車窓しめ居り
御陵につづく畷道タンポポ咲き満つ
朝あけをかそか光りて琵琶湖波高し
男島女島静かゆれゐて北の海光る
この街はみんな寝てるにいい月だなあ
夏みかんたわわの家の窓破れしまま
黙しゆく二人となりて山はたのしく

舞

刈穂の舞（代々木八幡神社にて）

天降(あも)りしものの 象(かたち)か黄金(きん)の袖舞ふ
泥掻寄(ひじかきよ)せ長田刈らむと舞ひつ天降りぬ
豊受の神の手ふりの 豊(ゆたか)刈り舞ふ
神かかりし鎌の大きく歓(ゑら)ぎ刈りほす
豊栄(とよさか)に咲刈(えみか)る神の袖ゆたに舞ふ
銀髪(しろくし)の面の固きかいつか笑みゐし
八束穂(やつかほ)の足穂(たりほ)高々御手に舞ひます
言向(ことむけ)んかたちもありて神孤張(みつかひ)る弓
御弓(みとらし)は空の魔肱(はら)むと弦音きびし
弥迫る息吹(いぶ)き放ち矢は曲を射止る

鈿女の舞

息をのむ大広前に緋のおどり出づ
丹寸手(にぎて)とり踏みとどろこし舞ふ生命はも
胸乳かくかたちいきつきいよよ高舞ふ
言禱(ことね)がむ手ふり尊し鈿女の命
あな爽け和幣(にぎて)高らに御神前に舞ふ

〝つるぎとり〟の舞

小作「つるぎとりいやさかつきにつきしこのなぞ」はさきに渡辺浩風氏の手により作曲され、丸の内産業会館で発表会を開いたがその後松崎好純氏の手により〝新しき日本舞踊〟として振付けされ各地にて歓迎された。

動きなき動きの中に張れる血汐(ち)をきく
歩一歩血汐の高鳴りのまま大らふむ
祖神(おや)ら斯く高ら足ふみ太神(かみ)たたへしか
空に呼ぶ太き手ふりよ陽にとどくらむ
太刀高く翳(かざ)せしに血汐の太陽に向ひたり
鞘走る御剣ななめ何か断ちたる
ピカリその太刀風に曲神(まが)すくみ消(け)む
斬りて尚曇らぬ太刀を離しつつ舞ふ

結婚を祝ひて詠める歌

なぎなみのみちいやさかゆひのもとつくに
なぎなみのかみえますらむむすぶさかえを
あなにやしうましちきりのいやさかえませ

身辺雑詠

元旦

太いなる元旦の陽や光いきすも
戦へる元旦を坐し皇典うつし居り
太き陽の霊（ひ）にとけ呼ばん六合（くに）ひらく大道（みち）
元旦の太陽（ひ）を迎へむと机浄めぬ
音絶えし元旦の夜を妻に語りみる
妻と二人松風のみの元旦を坐す

春

チ、ち、Ｃｈｉ！　何鳥ぞ朝の心うつ鳥
早春の夜雨ききつつ妻何か煮る
足袋つくろうかそけきけはひ背にし目つむる
灯を消して月暈近き窓にゐざりよる
産土神社の遠拍手をききつ窓あく
牝の仔の角まだ出でず吾にすりよる
草けりつ枝折りつ行けど心なごまず
月暈の大き真下の艸にあぐらす
陽をふんで雀ら生活す病める窓辺に
だまって、春雨をきく妻に並び座す
今宵発つ君化粧居り桃の陽の窓
陽の窓に今宵たつ君何か書き居り
背を丸め陽にそむき坐し君とは語らず
富士晴れし日本の立春よ大地にわれたつ
雨の日は雨を楽しく児ら遊び居り
下駄ぬげば足むつかゆし大地すでに春
風光る神苑にして朝の呼吸すも
このうらら日女ら子をうめこの艸のうへ

夏

土のままの大根もち来ぬ大き手の友
もの説きしさびしさの吾は土を掘り居し
もの説きしあとのさびしさ大地にもの書く
わがのれる祝詞こだます初夏の杜
夏艸の根を掘りてみぬ渡舟（わたし）まつ間を
これやこの楽焼にして撫づるよろこび
夜は夜のひかり愛しき君が指あと
たまさかの一人の夕餉むすびなどつくる
新聞をおかずに一人むすび食す夕餉
みだれうつ高射の空に真夏太陽しづか
まかせきりて澄みし子の瞳にわれ深くはづ
夏艸にとけて子供らひた走り行く
朝ほがら自づ歌ひて出づるかた歌

もゆる心言葉とならず夏野かけ行く
月仰ぐ子の頬にうく亡母のおもかげ

秋

悔ゆるなき一日あけけり夕月に歩す
足の指うごくものなり小春陽の中
赤けれどカンナは燃えずひとり咲き居り
ゆらゆる芋の葉のゆれ丸く風吹く
ステッキにとんぼとまるを艸にねて待つ
拍子木の音電線の夜露にひびく
枕辺に枯葉落ちあり夜未だ明けず
野火見つつたそかれの窓に君まつ久し
樽に植えし稲穂ゆたかに陽に伏しみのる
秋の日輪の澄みて皇典の大き字てらす
皇典とぢて裸木ゆるる窓に目をおく
子雀のまぢかに啼けば息のみてきく
ふと落ちし白髪の白さ陽にかざしみる
虫の歌の中にねてゐる犬もわたしも

冬

冬日ぬるく筵に枯れし苺の葉の揺れ
あられ打つあられ窓うつ君まつ窓を
冬枯の一本道を子ら走り来る
一筋の芒枯野を赤き児のゆく
芋かゆのうまし番茶を妻にくみやる
山茶花の白き日暮を君と行く野や
山茶花の花白し君と別れかたなく
みどり児にさわるが如く雪の庭掃く
雪の軒の小暗きに雀一羽飛び来ぬ
原稿紙の上に飛び来て冬蝿うごかず
ひとときの静けさにゐて冬蝿とたわむる
朱のままに凍れり夜半に忘れし筆洗
御宮の雪の石段に小さき靴あと
八ッ手葉の雪とけそめて少しゆれ居り
残る雪にもれ陽さす午後ビルに人まつ
騎兵過ぎし砂けむりの中に小犬なきゐたり
立ちたるはいばりするなり兵ら憩へる
冬を咲く椿地におつ白きままおつ

折にふれて

病むことの尊き姿君に見たりけり
病める身にむちうち今日も生活（たつき）の絵描く
よこしまを焼かむ炎の君尊とかり

老母

老母（はは）の背のいたく細りぬ三年見ぬ間に

老母やせて撫づるさへ吾はたえかきたものを
老ひましぬやつれ給ひぬ母よあが慈母よ
病もすがらせめて御背を撫で参らさむ
老母の背の枯れしよ骨のかなしたふとし
わが撫づるままにまかせて老母はかたらず
吾を見つつ父若き日を語る老母
ふるさとの古きを語る老母あかずかたる
思ひ出を思ふがままに語りませ老母
撫で参らせば炬燵に伏して老母は顔みせず

病　む

大本営発表ニュース熱の耳うつ
タバコにがし熱の伏床に皇国おもふ
世のさまに魂はやれども病躯いかにせむ
この朝の陽光にやせし手をのばしよる
熱引きし朝窓により木の芽かぎゐつ
朝晴れのタバコにいきしいのちなぐさむ
病むわれの小さきわれを抱き目つむる
小康の朝のひととき窓に青すふ
病むわれと別のわれゐて聖戦にもゆ

○

私が五七七律歌の復興を提唱したのは去る紀元二千六百年の秋でありまして丁度満三年になります。その間に、私の如き一無名の画人が呼びかけたに拘らず、今日迄には数万の人によって試作され、現在懸命に研究されてゐる方々が内地はもとより台湾、朝鮮、満洲、支那等に亘って約一千名の多きに達して居ります。

私はこの五七七律歌則ち〝かたうた〟を〝すめら歌〟なる仮称のもとに復興運動をはじめたのでありますがこんなに迄拡って行くとは夢にも思わなかったのであります。

この歌集に集めた作品は一種の試作に過ぎない、過去僅か三年、一千首位は試作したであらうがその中から約半数の五百数十首を拾ひ出しました。この律歌を研究される人々の御参考ともなれば望外の光栄であります。

昭和十八年九月　代々木の〝すめら歌社〟にて

岡本天明

解説編

解題及び凡例

武田崇元

本書は、岡本天明が自動書記した「日月神示」の原文を一般にはじめて広く公開するものである。原文策定の底本とした『原典日月神示』は、昭和五十一年（一九七六）年に思兼鴻秀が主宰する新日本研究所よりＢ５判並製ビニールカバー装で刊行された。現在とは比較にならないほど印刷費が高い時代であり、タイプ印刷で刊行された。

『日月神示』の成立、その解読と流布の複雑な経緯と系統については、本書巻末解説の佐竹譲氏「一二三考」及び黒川柚月氏「『日月神示』の暗号と時代の暗合」に詳述されているので割愛するが、『原典日月神示』が一九七六年に刊行された時代背景について少し補足しておく。

『日月神示』を教典とする「ひかり教会」は戦後まもなくの昭和二〇年代には活況を呈し、週刊誌等にも紹介されたが、やがて高田集蔵、矢野シン、小田秀人らの初期の中心メンバーが去り、昭和三十八年（一九六三）に天明が没すると岡本三典が孤軍奮闘しているような状況であった。

しかし、六八年革命の余波のなかで、既存のあらゆる政治的文化的権威に対する疑問が呈される時代の雰囲気に棹さすように、七〇年代になると神道の霊的地下水脈に関する関心が呼び込まれた。

思兼鴻秀は一九六八年に思兼会を発足し、一九七〇年には金井南龍の「さすらの会」、宇野多美恵の「相似象学会」が発足し、そのような動きは七〇年代後半にはいよいよ活発化する。霞ヶ関書房より戦前に刊行された『神代の文字』が再版されたのが一九七四年。そして『原典日月神示』が刊行された一九七六年には、山雅房から『本田親徳全集』が刊行されている。編者が「本邦初の異端文化総合研究誌」と銘打って『復刊地球ロマン』第一号を刊行したのも同年である。

しかし、『原典日月神示』は私家版であり、神事に関心のある人々や好事家は先を争うように購入したが、けっして一般に普及することはなかった。

その後、編者は一九八一年に八幡書店を立ち上げ、一九八三年に『出口王仁三郎の霊界からの警告』をカッパブックスから上梓した。宗教団体の教祖として知られる人物について、教団外のライターが広い間口を想定したオカルト本として書いた本がベストセラーになるというのは、それまでなかったことで、八〇年代には出口王仁三郎は『ムー』で頻繁に取り上げられ、神道オカルトのいわばポップアイコンになった。

その流れで大本教団で欠本になっていた『霊界物語』が八幡書店から刊行開始されたのが一九八九年のことであった。

しかし、九〇年代になると、中矢伸一氏が『日月神示――宇宙意志より人類へ最終の大預言』(一九九一、徳間書店)を皮切りに、『日月神示』に関する精力的な著述活動を展開し、王仁三郎や霊界物語より一般的な間口としては『日月神示』のほうがよりポピュラリティを獲得するに至った。

そういう流れにおいて、編者は『日月神示』に関心を持つことはあまりなかった。岡本三典氏とは七〇年代から旧知の間柄であり、ときおり連絡を頂くこともあったが大方は展覧会の相談などいわば「業界人」としての付き合いにとどまっていた。

ところが近年、ある方から持ち込まれた『日月神示』をテーマとする原稿の不審箇所をチェックする過程で、これだけの波及力を持つにもかかわらず、『日月神示』に関しては基本的なテキストの策定が曖昧で、訳文の流布過程も錯綜混乱をきわめていることがわかり唖然とするに至った。

その頃からブレインマシンＫＡＳＩＮＡで自分の作った「龍旋幻夢」というセッションをやるたびに、〇や十字や渦巻きのマークが頻繁に顕れるようになった。

そして数年前に甲州街道を走っていると、幡ヶ谷付近でとつぜんクルマがガス欠でエンストした。補給を待つ間、ふと思兼鴻秀氏の昔の事務所の近くであることを思い出した。偶然といえば偶然であるが奇妙な感覚にとらわれ、思兼鴻秀氏から『原典日月神示』を頂いた半世紀近く前の日のことを思い出した。

これが編者が本書『原典対訳日月神示』を決意した経緯である。

以下は、思兼鴻秀氏が『原典日月神示』の巻末に付された一文である。

――『日月神示』は、いまから三十年前に、この世にあらわれたものでありますが、今回のこの『原典』の出版によって、はじめて、その「すごさ」を理解できるようになったのではないかと思います。いままで「ガリ刷り」で出ていた飜訳（第一訳文）は、実によく出来ていると思いますが、しょせん飜訳は、飜訳で、『原典』を直接読むのとは、大きな相違があります。

同書が刊行されて約半世紀が経過した現在、編者が言いたいことはここに尽きている。『日月神示』の認知度は当時とは比較にならない。しかし、だからこそ原文の持つ衝迫性に一人でも多くの方に触れて頂きたいと思う。

『日月神示』の原文が散逸してしまった現在、『原典日月神示』は唯一残されたその貴重な写本である。それを再び誰もが読める状態にすることが、本書の眼目である。

本書はこの写本を底本として、原文に関しては忠実に翻刻し、その訓みと訓解文については従来訳を参考にしつつ、新たに制定し、あらためて『日月神示』の真価を世に問うものである。

大方の訓解文（訳文）は従来のそれとほぼ同じであるが、十六巻「荒れの巻」などは大きく異なる。しかし強調しておきたいのは、従来訳を含め、本書の訓解が必ずしも確定的なものではないことである。岡本天明は『日月神示』には八通りの読み方があると言っていた。対訳にしたので疑義のある箇所はつねに原文を参照されれば、また新たな訓みが浮上してくるかもしれない。

また、その他の巻で訓解困難な箇所には、いわゆる第一訳文を補完しておいたが、正直言って編者にはしっくりこないものが多い。これもぜひ多くの方が原文をあたって、その解読にチャレンジして頂ければと思う。

本書が今後の『日月神示』研究の共通土台となれば、編者としては望外の喜びである。

【凡　例】

一、原文（数字、記号、仮名で記された筆先の本文）は思兼鴻秀編『原典日月神示』（一九七六、新日本研究所）を底本として忠実に翻刻し、改行を適宜施した。
原文の数字、記号には読解可能な範囲でふりがな（ルビ）を付した。これは底本原文に付されたふりがなを参考にしつつ、下記の方針にもとづきあらたに策定したものである。

⑴底本では片仮名で付されているが、本書では判読の便を考慮し平仮名にした。

⑵現代仮名遣、歴史的仮名遣のうち自然な方を適宜選択した。以下にその主な判断基準を列記する。
(イ)原文の「二二」が「言う」という意味の場合、「二二」を「う」と訓ませるのは不自然なので「ふ」を当てた。同様に「四たか二」の「二」にも「ふ」をあて、ふりがなは「したがふ」とした。
(ロ)「一て八りたいなれど」の場合は「一」だけで「言う」と読ませていると推定されるのであえて「いふ」とはせずに「いう」とした。

(ハ) 底本では「八」を「わ」と訓ませている箇所があるが、「八」は音韻的には「は」が優先である。よって「お九七八ね八」の「八」には「は」を当て、「おこなはねば」と訓ませた。同様に「まつ八る」「一八十」「十九十八」の「八」には「は」を当て、それぞれふりがなは「まつはる」「いはと」「とことは」とした。

(ニ) 「一」は「い」とも「ひ」とも訓めるが、「祓」を意味する「八ら一」は神道的には「はらい」よりも「はらひ」がなじみがあるので「ひ」を当てた。

(ホ) 「十りちか一」の「一」も「い」「ひ」のどちらとも訓めるが、原文中に平仮名で「とりちかへ」という表記があるので原則として「ひ」を当て「とりちがひ」とした。

(3) 底本においては、原文で音引きを意図したと推認される箇所のふりがなは音引き表記になっている。本書においてもこれを踏襲した。

(例) 八四ひら一て⇓はよーひらいて

(4) 原文の平仮名表記で濁音で読ませることを意図したと推認される箇所は、濁音のふりがなを付した。

(5) 第一訳文、第二訳文を含め従来刊行の諸本には文末に「〜のぞ」という表記が頻出するが、これは原文では「〜の三」であり、底本でも該当箇所のふりがなは「のぞ」となっている。しかしこれはきわめて不自然であり、本書では原則として「〜のざ」とした。「〜のざ」は出口なおの筆先に由来する表記で、丹波弁では「〜のだ」は「〜のざ」と訛る傾向があるからである。これ以外の文末の「三」はおおむね従来訳に従いつつも、適宜「ざ」にした箇所もある。

(例) まちているのぞ　⇓　まちているのざ

(例) なりておるのぞ　⇓　なりておるのざ

(6) 原文には㋹字が頻出する。おおむね「かみ」と訓むものと推認されるが、「ひ」「す」「ひ」と訓むと推認される箇所もある。底本では「かみ」と訓むと推認される場合には原則として振り仮名をふらず、その他の訓みを採用する場合には振り仮名をふっている。本書もそれに準じた。

一、訓解文（訳文）は、従来の第一訳文、第二訳文を参照しながら、新たに制定した。その際とくに留意した主な点は次の通りである。

(1) 本文中の特殊文字⦿や◎、⦿ーなどはそのままにして適宜ルビをふった。ただし⦿を「神」と訓む場合は原則としてルビを振らなかった。

(2) 適宜、濁点を補完した。

(3) 第一訳文、第二訳文とも「二で」（ふで）を「神示」としているが、本書では「筆」に統一した。

(4) 原文に付したふりがなが音引きとなっている箇所は現代仮名遣いで「う」を補完した。

(例) 八四ひら一て（原文）→はよーひらいて（原文振りかな）→早う開いて（訓み下し）

(5) 原文中の仮名が「ぢゃ」など歴史的仮名遣で表記されている場合は、そのままの表記を原則とした。

(6) 原文に付したふりがなが旧仮名の場合は、そのまま旧仮名遣いとした。その結果、歴史的仮名遣いと新仮名遣いが混在することになり、その点について違和感を感じる向きもあるかと思うが、そもそも本テキストにかぎらず近世、近代において仮名遣いには揺れがあるのが通常なのでご了承頂きたい。

(7)『日月神示』に頻出する言葉として「みたま」「みこと」「まこと」がある。

(イ)「みたま」は原文では「三たま」「みたま」「ミタマ」と表記される。意味内容に応じて「身魂」「御霊」を当てたが、判然としない場合には「みたま」と平仮名のままとした。一般に大本系のテキストおいて、たとえば「スサノオの身魂」と表現される場合には、出口王仁三郎という身体性を持つ個人の霊魂がスサノオの系統であるという含意がある。それに準拠しなんらかの個体性身体性が含意される場合は「身魂」を当てた。

(ロ)「みこと」は原文では「三九十」と表記されることが多い。国常立尊のように神名に添えられる場合は命あるいは尊としたが、「大神の、ミコト畏み」（第六巻第二帖）のような場合は「大神の御言葉」という意味で「御言」なのか、「大神の命令」という意味で「大神の命」なのか判然とせず、多重的な意味が含意されていると推認される場合が多いので、原則として「みこと」と平仮名で表記した。

(ハ)「ま九十」も同様で、「誠」なのか「真実」「真正」なのか意味が判然としない場合もあるので原則として「まこと」と平仮名で表記した。

(8) 第十七巻「地震の巻」は思兼鴻秀編『霊界研究論集』に所収の第一訳文を収録した。

(9) 第十七巻以外の訓解困難な箇所については可能な範囲内で試解を掲げ、それ以外については第一訳文を括弧で括り挿入しその旨を明記した。

(10) 訓解文の制定において参照した先行諸本については、佐竹譲氏巻末解説『一二三考』の参考文献と重複するので省略する。

(11) 必要に応じて註を施した。神業関係については黒川柚月氏の『岡本天明伝』に負うところが大であり、ここに謝意を表する。

一、巻末に黒川柚月氏より提供の岡本天明の著述『天使との対話』及び『岡本天明第一かた歌集　たたかへる国』を収録した。いずれも手書き孔版の私家版で活字化されるのは、はじめてである。

いずれも原則として原文の改行や句読点などは極力尊重しその儘としたが、漢字の旧字体は適宜新字体に改めた。

(1)『天使との対話』は昭和二十八年八月十六日正午から午後四時にかけて、天明が感合状態になって霊界探訪の模様の口述するのを三典夫人が筆録した記録に、天明がその際に天使と対話した問答を加筆したもので、『日月神示』を理解するうえできわめて貴重な内容となっている。

(2)『岡本天明第一かた歌集　たたかへる国』は昭和十八年十月に手書き孔版刷りで百部限定の非売品として刊行された。「かた歌」とは上古の五七七律の短歌で、昭和十四年頃、天明は光の玉が五七七と並ぶ霊夢を見て天啓に打たれ、その復興を志し、高田集蔵らと「すめら歌社」を結成し、「かたうた」運動を展開した。

冒頭には「かたうたは片歌ではない。型歌である。元つ歌であり原形歌である」とその理念が明確に表明されている。戦時色濃厚な題名であり、冒頭こそ「大詔を拝し奉りて」という章題ではじまるが、途中から天明が奉職せる代々木八幡社の情景や旅の心象風景を詠んだ歌が主流となり、『日月神示』降臨前夜の天明の心情を探る貴重な資料である。

一二三考

佐竹　譲

目次

はじめに ――「日月神示」、「一二三」？

巷間に「日月神示」として伝えられる岡本天明を通じて降ろされた「おふでさき=ふで」は、

　臣民の文字で臣民に読めるようにしたものは「一二三」と申せよ。「一二三」は印刷してよいのざぞ。印刷結構ぞ。この「ふで」のまま臣民に見せてはならんぞ。（4―30―137）

と示されている。

これは、数字、かな、記号によって示された「ふで」の原文を読み解いたものを「一二三」もしくは「ひふみ」として印刷することが許され、配布してよいと示していると解釈できる。臣民に対しては「かな」に読み解いたものだから「ひふみ」とすべきか。

天明に降ろされた数字、かな、記号で記された「ふで」の原本はすべて失われており、「ふで（原本）」に最も忠実とされているものは、昭和五十一年二月に刊行された『原典日月神示』第一巻～第二十三巻（新日本研究所）とされている。すなわち本書の底本である。

『原典日月神示』では天明に降ろされた「おふでさき」は「二で」と示されている。従って「ふで」を読み解き印刷したものは「一二三（ひふみ）」、もしくは「一二三（ひふみ）神示」とすることが神意にそったものと云える。

というのは「九ゝ二て八十◎二日◎◎ゝ千八」（23―15―507）と示され、「第一訳文」では「このふで（神示）八通りに読めるのぢゃ」と読み解かれている。また、つづいて「七通りまでは今の人民さんでも何とかわかるなれど、八通り目はなかなかぞ。一厘が隠してあるのぢゃ。隠したものは現われるのぢゃ、現われているのぢゃ。

何でもないことがなかなかのことぢゃ、わかりたか」（23―15―507）とも示されている。

すなわち、「ふで」は八通りに読み解くことができるのであり、「一二三」は、「ひふみ」「日月」「日水」「秘密」「日嗣」「日月地」「六」などさまざまに解釈ができるのである。

『原典日月神示』は、「ふで」にルビをふったものだが、ルビを入れた思兼鴻秀は「日月神示」と表記する訳すことは決して誤りではないが、その他に「ひつ九のカミふで」を「非を告げるカミさまのおふで」、すなわち危機予告の書であることを知らなくてはならない、と記している。（1）

従って頭から「日月」と解すことを前提として読むならば、「ふで」の示す深奥へとたどり着けなくなってしまう恐れがある。「ふで」に示されているように、読み解き、かなや漢字かな混じり文とし、印刷したものは神意に従い「一二三（ひふみ）」と示すことがよいと理解できる。

しかしながら、すでに巷間では「日月神示」として広範に流布、認識されており、その大勢の転換は困難であるので、本稿においては「ふで」が世に出た過程を追う場合などは「ふで」とし、刊行され流布している書籍などを指す場合は「日月神示」とし論を進めるものとした。

1 「日月神示」流布の歴史

天明居仮訳から第一訳へ〜かな訳の確定

「日月神示」は、さまざまな時期、形で出されているので、手元で確認できる資料で整理をしておく。

天明は、自らに降ろされた「ふで」の原文を、同志などとともに「かな訳」した。これが最初期の「ひふみ」である。

この「ひふみ」を元として、天明がかなの訳文を見直し確定した第一巻〜二十三巻、並びに補巻を「第一訳」

（昭和二十七年～二十八年）と称し、それを底本として漢字交じり文としたのが『⦿月神示第一訳文』（第一巻～二十三巻）（昭和二十九年）である。

「ふで」が訳され刊行された過程はきわめて複雑で、天明自身も「第一訳」としたものを途中で「第一仮訳」に変更するなど揺れがあるため、本稿では、天明がかな訳をほぼ確定したものを「かな第一訳」とし、「かな第一訳」を漢字かな混じりに訳したものを「訳文」と称することとする。

『⦿月神示第一訳文』以降、『原典日月神示』を除く刊行物はすべて漢字かな混じりの「訳文」であることに留意する必要がある。

『⦿月神示第一訳文』刊行の後、絵画的な十七巻「地震の巻」を漢字仮名混じりに訳したもの、及び降ろした神名が記されていない『日月地聖典』（下篇）（二十四巻～三十一巻）、『山の巻　月日霊示』、『五十黙示』があり、内容、時期により三分類できる。

日月神示二十三巻の系譜

日月神示1～23巻	
昭19～22年	「ふで」（原本）の成立。原本は失われている。
昭19年？～	原本の体裁のままガリ版印刷。同志に配布され、解読に用いられた。
昭21年？	「ひふみ」（天明居仮訳）ガリ版刷。かな訳。同志に配布。
昭27～28年	天明かな訳（第一訳）の完成。ガリ版刷。「仮訳」を天明が見直し確定。
昭29年	『⦿月神示』（第一訳文）ガリ版刷。「第一訳」を漢字かな混り文に策定し「第一訳文」とし1～23巻を1冊に収録。この第一訳文が以降の「日月神示」の底本となる。
昭36年	『日月地聖典』（第二訳文）（発行：天明居）岡本三典による第二訳文。
昭47年	『⦿月神示』再版　タイプ印刷。第一訳文の再版だがなぜか第一訳と表記。

昭51年	『原典日月神示』（新日本研究所）原本のままの体裁にルビを振り出版。
平23年	中矢伸一『完訳⦿日月神示』（上）諸版を比較校訂し訳文を策定。
令6年	『原典対訳日月神示』（本書）
地震の巻の系譜	
昭20年	「二日んの○キ」（地震の巻）原本は失われている
昭30年	漢字かな交じり訳　第一仮訳（林松治の協力で出版）
昭51年	『原典日月神示』第17巻「二日んの○キ」（地震の巻）解説（第一仮訳）
日月神示24巻〜31巻、月日霊示、五十黙示の系譜	
昭24年〜27年	『日月神示』24巻〜30巻　原本は失われている。
昭30年〜31年	山の巻　月⦿地霊示　原本は失われている。
昭33年〜34年	日月神示31巻　原本は失われている。
昭36年	五十黙示録　原本は失われている。
昭38年	日月地聖典（下編）刊行（天明居）
昭54年	五十黙示録（附日月神示「月光の巻」）刊行（至恩郷）
平23年	『完訳⦿日月神示』（下）諸版を比較校訂

「日月神示」は、天明に神示が降りた当初のころからガリ版印刷で関係者に配布し読まれていた。これには、すなわち「ふで」の原文を写して、数字・かな・記号のままの体裁で、ガリ版印刷で冊子としたものと、それを判読し、かな訳したうえで冊子とした「ひふみ」の二通りの一部が確認されている。

「一部が確認されている」としたのは、「ふで」の原文そのものはすでに失われており、ガリ版印刷冊子として配布された二種類の冊子の一部のみが筆者の手元あり、それについても、その配布年月、発行消息が不明のためである。

「ふで」を元の数字、記号、かなによる体裁のままガリ版印刷し冊子としたものは、「ふで」の解読にあたっていた同志に配布されたものと思われるが、発行者、配布年月に関する記載はない。戦時下、不敬罪で検挙される

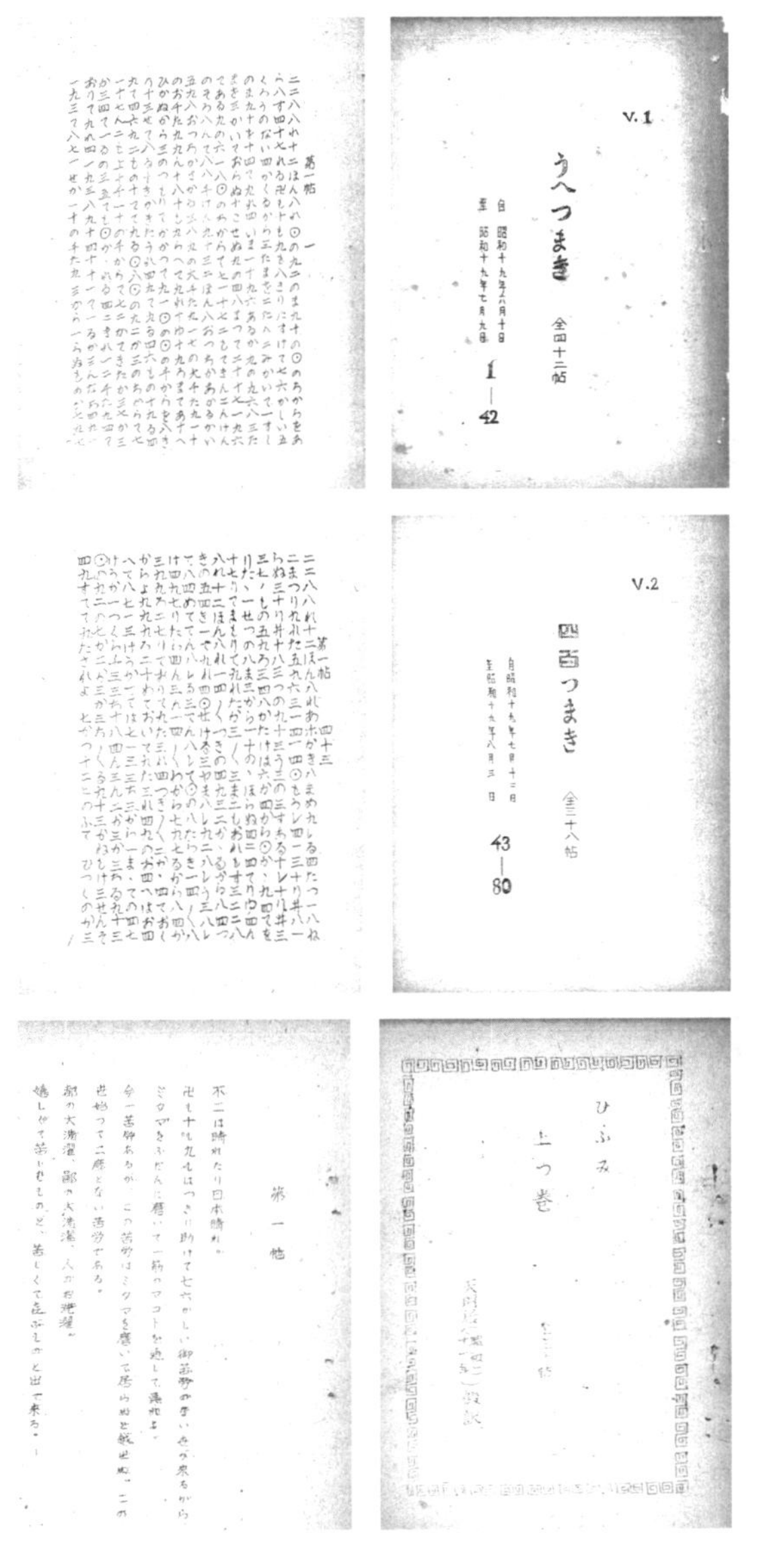

戦時下、ガリ版で発行された『V・1うへつまき 全四十二帖』(上)、『V・2四百つまき 全三十八帖』(中)。
敗戦後昭和二十一年に発行の『ひふみ 上つ巻 全三十帖』(下)。「天明居(昭和二十一年)仮訳」とある。

恐れがあったために官憲の目をのがれようと、あえて記載しなかったものと考えられる。

「ふで」の体裁のまま冊子としたもので、筆者の手元で確認できるのは『V.1 うへつまき　全四十二帖』と『V.2 四百つまき　全三十八帖』である。大きさは、四六判変形一九〇ミリ×一三三ミリで用紙はわら半紙である（次頁図版　上中段）。

昭和五十一年二月二十一日に、新日本研究所から発行された『原典日月神示』は、企画・編集にあたった思兼鴻秀が「ふで」にルビを振り刊行したものであり、(2) 筆者の同氏からの聞き取り、および体裁より類推するならば、ガリ版印刷の冊子として配布された「ふで」が二十三巻まであったことがわかる。

筆者が思兼鴻秀氏に原本閲覧を申し入れた時点では、岡本三典所有の元本のコピーであるとの説明であったが、コピーはすでに廃棄された後であったのは残念なことであった。

『V.2 四百つまき　全三十八帖』は、漢字かな混じりの「第一訳文」では「しもつまき」とされており、訳が確定される以前の姿を止めている。『原典日月神示』においても「四百つまき（第二巻）」とされていることからも、『原典日月神示』は、筆者の手元にある「ふで」の体裁のまま冊子としたものを底本としたことがうかがえる。

かな起こしをした「ひふみ」は「仮訳」と称された。手元で年代の判明する最も古いものは『ひふみ　上つ巻　全三十帖』で「天明居（昭和二十一年）仮訳」と表紙に記されている（次頁図版　下段）。ここでは全三十帖となっているが、かな訳の確定版ともいえる「第一訳」（昭和二十七〜八年）では四十二帖になっているので、昭和二十一年の時点では、十二帖分の訳が定まっていなかったことがうかがえる。

「ふで」は順時解読されガリ版印刷され配布されたが、天明の手によってかな訳がほぼ確定された時期と場所をまとめて示しておく（次頁表「第一訳一覧」）。

「第一訳」の十五巻「いわの巻」、十七巻「ぢしんの巻」、「補巻」には、「第一訳文」には掲載されていない記載があるため、合わせ記しておく。

この天明自身による「第一訳」確定の作業は、印旛沼の大奥山から、岐阜の大奥山への移動の前後一年の間に集中的に行われている。但し、この間に訳の作業が滞った時期がある。印旛沼から岐阜への移動の昭和二十八年初春の時期と、同年四月中旬から七月末にかけて、八月初旬から十月下旬の三回である。

三度目に滞った後に、天明謹訳から、天明訳、そして天明と変化しており、心境の変化がうかがえる。この時期は、天明が体調を崩し、幽門閉塞のため岐阜市民病院で手術を受けた時期と重なっている。また、この時期、昭和二十八年は、天明五十六歳七ヶ月にあたっている。大病からの復帰なのか、五十六歳七ヶ月、「みろく」の年に到ったのを期してなのか、その真意は不明であるが、昭和二十八年に出した「補巻」には「再生の天明」と記していることからも、心境の変化があったことが推測読される。

すべてかな訳だが、十六巻「あれの巻」だけは漢字かな混じり文に訳され、二段組で詩文のような体裁で発表された。

また、十七巻「ぢしんの巻」は未訳のまま原本の写しが掲載された。この巻は数字や記号ではなく、複雑な曲線状の抽象的な十九枚の図の一つ一つが一綴という構成になっている。

第一訳一覧

巻数	表紙	奥付		巻末表記・備考	降ろされた時期
1	うへつまき	上つ巻	昭27・12・22	印旛沼畔の大奥山にて、天明謹訳	昭19・6・10～7・9
2	しもつまき	下つ巻	昭28・1・15	印旛沼畔の大奥山にて、天明謹訳	昭19・7・12～8・3
3	ふじのまき	富士の巻	昭28・1・20	印旛沼畔の大奥山にて、天明謹訳	昭19・8・10～8・30

4	あまつまき	天つ巻	昭28・1・24	印旛沼畔の大奥山にて、天明謹訳	昭19・8・31〜9・14
5	くにつまき	くにつ巻	昭28・1・28	印旛沼畔の大奥山にて、天明謹訳「第一訳文」では、くに→地	昭19・9・15〜10・11
6	ひつくのまき（上）ひのまき	日の巻	昭28・4・8	岐阜大奥山にて、神殿御造営の音をききつつ、天明謹訳	昭19・旧9・1〜11・23
6	ひつくのまき（下）つきのまき	日月の巻（月の巻）	昭28・4・10	岐阜大奥山にて、神殿建設の音をききつつ、天明謹訳	〜11・30
7	ひのでのまき	日の出の巻	昭28・4・12	岐阜の新大奥山にて、天明謹訳	昭19・12・1〜12・29
8	いわとのまき	岩戸の巻	昭28・7・18	岐阜の新大奥山にて天明謹訳「第一訳文」では、岩戸→磐戸	昭19・12・30〜昭19・旧11・30
9	キのまき	キの巻	昭28・7・20	岐阜の新大奥山にて天明謹訳	昭20・1・29〜3・20
10	みつのまき	水の巻	昭28・7・23	岐阜の新大奥山にて天明謹訳	昭20・旧3・10〜6・23
11	まつのまき	松の巻	昭28・7・28	岐阜新大奥山にて天明謹訳	昭20・6・17〜7・19
12	よあけのまき	夜明の巻	昭28・8・8	岐阜の新大奥山にて天明謹訳	昭20・7・21〜8・10
13	あめの巻	雨の巻	昭28・10・29	岐阜新大奥山にて天明訳（以下、「謹訳」がとれる）	昭20・10・13〜12・19

14	かせの巻		昭28・11・1	岐阜大おく山にて天明	昭20・12・25〜昭21・2・16
15	いわの巻	いわのまき	昭28・11・3	岐阜大奥山にて、天明　昭和21年旧1月15日（2月16日）かのととりの日1日にて全巻を終わる（全11帖）	昭21・旧1・15（新2・16）
16	あれの巻	あれの巻		他の巻とは異なり2段組。詩文のような体裁で記載。（「第一訳文」では1段組）	昭21・1・19
17	ぢしんの巻			欄外※参照	〜7・27
18	ひかりの巻	ひかりの巻	昭28・11・3	大奥山にて、天明	昭21・2・24〜7・7
19	まつりの巻	まつりの巻	昭28・11・4	岐阜、大おく山にて、天明	昭21・8・8〜8・31
20	んめの巻	うめの巻	昭28・11・5	大奥山にて、天明	昭21・9・28〜12・14
21	そらの巻	そらの巻	昭28・11・10	大おく山にて、天明	昭22・1・1〜4・5
22	あほはの巻	あおはの巻	昭28・11・11	大おく山にて、天明	昭22・4・26〜8・12
23	うみの巻	うみの巻	昭28・11・18	大おく山にて、天明謹訳	昭22・8・13〜8・23

24	補巻		昭28・11・20	大おくやまにて・天明　この巻は従来何人の手によっても解き得なかった十八ケ所に及ぶ神示を天使の助言によって第一訳したものであります。（昭和廿八年晩秋・大おく山にて　再生の天明）	

※（「地震の巻について」として左記の解説あり）

地震の巻は、心眼で読み、宗教的心霊的に解釈すべきもので、文字でもなく記号でもなく絵画的なものでもない。独特な表現の一つであって、一帖々々をうつして鎮魂の目標とするのもよい。八つの面の解釈の一つとして十八帖の如き訳し方もあるが、それは只一面の見方にすぎないことは論を待たない、そしてこの巻の十九面の記号？は宇宙大歓喜進展の順序と変化と、終わりなき終わりに到る様相を示されたものと聞かされてゐる。永遠に未完成たる神の鳴り実り成る実相を表現した「一大心灵槐」とでも云ふべきものであると云ふことを心して「地震の巻」に対して頂きたい（天明）。

また「第十八帖第一訳　春月七過至天日秋月（以下不明）」との記載あり。

また「第一訳」の最後には補巻が掲載されている。これはもともとの「ふで」にあったものではなく、「ふで」のいくつかの巻に点在する「何人の手によっても解き得なかった十八ケ所に及ぶ神示を天使の助言によって第一訳したもの」であり、その十八ケ所として、「上つ巻」十六帖、「富士の巻」二帖、十五帖、「天つ巻」九帖、二十一帖、「地つ巻」九帖、「キの巻」十四帖、十五帖、十六帖、「みつの巻」十二帖、「まつの巻」二十三帖、二十四帖、「いわの巻」六帖、十一帖、「そらの巻」一帖、四帖、七帖、「青葉の巻」二十三帖があげられている。

これによって、天明はかな訳はほぼ完成したとしたようだ。ただし、これによっても判読出来ない部分はそのまま残された。その後、多くの人の努力で次第に判読の幅が増したが、現在においても判読不能な箇所が残されている。

漢字かな混じりの訳文『⦿月神示 第一訳文』

はじめて「ひふみ」がまとめて一冊の本として刊行されたのは、第一訳が完了した半年後の昭和二十九年五月のことであった。『⦿月神示』（日月神示第一訳文）である。正確には表紙には「⦿月神示」とあり、内表紙の表題が「日月神示第一訳文」となっている。奥付には「非売・限定版」とあり、発行日は昭和二十九年五月十日、発行所は岐阜市西郷上西郷の「大奥山」となっている。昭和十九年から昭和二十二年八月二十三日までに降ろされた第一巻「天つ巻」から第二三巻「海の巻」までの計五百十一帖が漢字かな混じりの訳文として刊行されたことの意味は大きい。

訳者は菅原信雄、林松治の二名で岡本天明は校閲となっている。天明が昭和二十七年末から昭和二十八年末にかけて順次「第一訳」として確定していった「ひふみ」に、菅原、林の二名が順次漢字表記を当て、それを天明が校閲して「第一訳文」としたものと思われる。

なお、目次の後に「尚第二四巻黄金の巻、第二五巻白銀の巻、第二六巻黒金の巻の三巻は一冊の黒表紙として纏めてあり、又第二七巻春の巻、第二八巻夏の巻、第二九巻秋の巻、第三十巻冬の巻の四巻は一冊の赤表紙として纏めてありますから是非御読み下さい」と記されている。

なお、この『⦿月神示』（日月神示第一訳文）においても第十七巻「地震の巻」のみは、「第一訳」に掲載の原文の図の写しが収録されているだけで訳文は掲載されていない。

但し、岡本天明『霊界研究論集』（思兼鴻秀編、新日本研究所、一九七六）に「「二日ん（ジシ）の〇（マ）キ」解読（第一仮訳）」なるものが掲載され、同書巻末に「「地震の巻」の天明訳が、岐阜の林松治氏のご努力で出版されていることを思い出し、林氏に、事情を話して転載した」旨の記述があるので、『⦿月神示』（日月神示第一訳文）とは別に刊行されていたものと思われる。

『⦿月神示 第一訳文』は、昭和四十七年に『⦿月神示 第一訳』として再版される。奥付によれば、発行日は昭和四十七年六月十日、発行所は岐阜県羽島郡柳津町の「日月之宮内　天地の会」、訳者の菅原信雄、林松治の名はなく「天啓者自動書記（故）岡本天明」となっている。天明は、昭和三十年八月には菰野の至恩郷に活動拠点を移し、昭和三十八年四月に逝去していた。刊行主体の「天地の会」は林松治の主宰する団体である。

なぜ「第一訳文」とされていたものが再版で「第一訳」と変更されたのか不可解である。このために「かな訳」と「漢字かな混じり訳文」との無用の混乱が発生したように思われる。この再版の目次の後には「尚、第二四巻黄金の巻、第二五巻白銀の巻、第二六巻黒金の巻、第二七巻春の巻、第二八巻夏の巻、第二九巻秋の巻、第三十巻冬の巻、第三十一巻月光の巻の八巻は別冊としてまとめてありますから是非お読みください」とある。昭和二十七年の『⦿月神示 第一訳文』の段階では、二十四〜二十六巻を黒表紙、二十七巻〜三十巻を赤表紙としていたが、この間に「月光の巻」を加え別冊としてとりまとめたと思われる。

この後、昭和二十九年刊行の「第一訳文」を底本として数種類の「日月神示」が発行されるが、菰野の至恩郷から昭和三十六年に『日月地聖典』（表紙は「⦿月地聖典」、奥付は「日月地聖典」）上下巻が刊行される。上巻には一〜二十三巻が、下巻には二十四〜三十一巻が収録されている。奥付では、岡本天明は著者になり、発行人は岡本多恵子、発行所は三重県菰野町菰野の「天明居」となっている。岡本多恵子は天明未亡人の岡本三典である。訳文は第一訳とは異同があり、『原典日月神示』を刊行した思兼鴻秀は「岡本三典氏の訳本を第二訳」と呼ぶとした。(3) 書誌学的整理の観点から至当であるが、漢字かな混じり訳なので正確には「第二訳文」とすべきだろう。

その後、昭和五十一年に新日本研究所から『原典日月神示』が刊行されていることは前記した。『原典日月神示』は、「書記 岡本天明、解説 岡本三典、企画・編集 思兼鴻秀」となっている。

平成二十三年に、中矢伸一がこれらを比較検討し『完訳⦿日月神示』上下巻として刊行している。表紙は「岡本天明・書、中矢伸一・校訂」、奥付には「著者　岡本天明、校訂　中矢伸一」と記されている。

第一帖（一）

富士は晴れたり、日本晴れ、神の国のまことの神の力をあらはす代となれる、佛もキリストも何も彼もはっきり助けて七むかしい御苦労のない代が来るからみたまを不断に磨いて一筋の誠を通してくれよ。いま一苦労あるが、この苦労は身魂をみがいて居らぬと越せぬ、この世初って二度とない苦労である。このむすびは神の力でないと何も出来ん、人間の算盤では弾けんことぞ、日本はお土が上がる、外国はお土が下がる。都の大洗濯、鄙の大洗濯、人のお洗濯。今度は何うもこらへて呉れというところまで、後へひかぬから、その積りでかかって来い、神の国の神の力を、はっきりと見せてやる時が来た。嬉しくて苦しむ者と、苦しくて喜ぶ者と出て来る、神の国、神の力でないと何んにも成就せん、人の力で何が出来たか、みな神がさしてゐるのざ、いつでも神かかれる様に、綺麗に洗濯して置いて呉れよ。戦は今年中と言ってゐるが、そんなちょこい戦ではない、世界中の洗濯ざから、いらぬものが無くなるまでは、終らぬ道理が分らぬか。臣民同士のいくさでない、カミと神、アカと赤、ヒトと人、ニクと肉、タマと魂のいくさぞ。己の心を見よ、戦が済んでいないであろ、それで戦が済むと思うてゐるとは、あきれたものぞ、早く掃除せぬと間に合はん、何より掃除が第一。さびしさは人のみかは、神は幾万倍ぞ、さびしさ越へて時を待つ。神が世界の王になる、てんし様が神と分らん臣民ばかり、口と心と行と、三つ揃うたまことを命といふぞ。神の臣民みな命になる身魂、掃除身魂結構。六月の十日、ひつくのかみ。

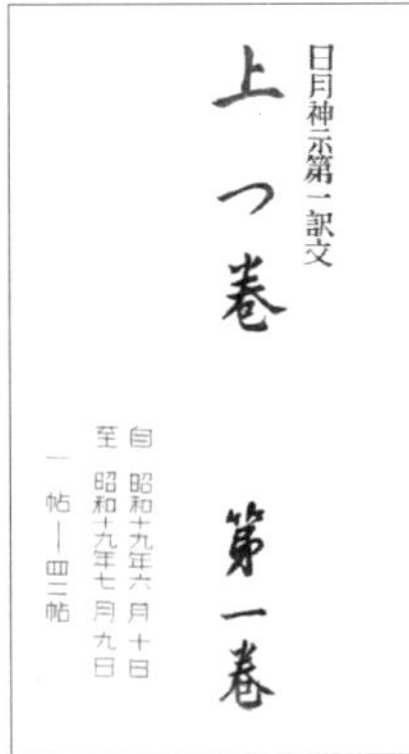

日月神示第一訳文

上つ巻

第一巻

自 昭和十九年六月十日
至 昭和十九年七月九日

一帖――四二帖

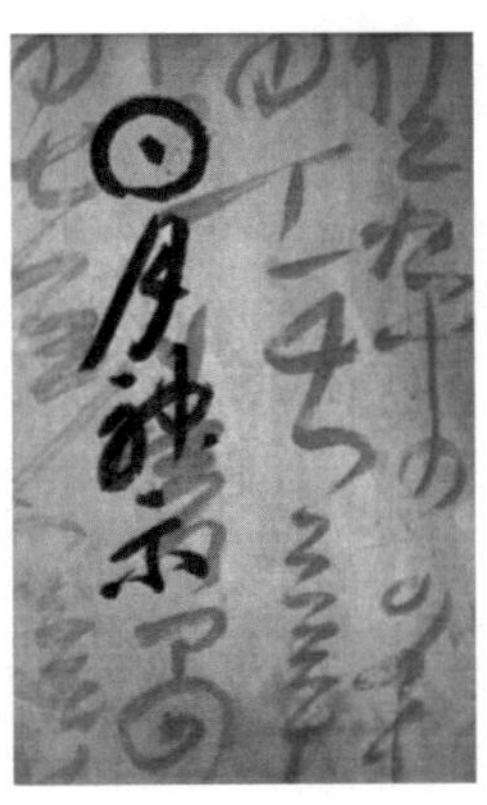

昭和二十九年五月十日 発行

訳者 岐阜県関市相生町 菅原信雄

訳者 岐阜県稲葉郡佐波村北屋敷 林松治

校閲 岐阜市西郷上西郷 岡本天明

発行所 岐阜市西郷上西郷 大奥山

非売・限定版

⦿月神示（日月神示）第一訳文

日月地・ひつく⦿示（第二訳）

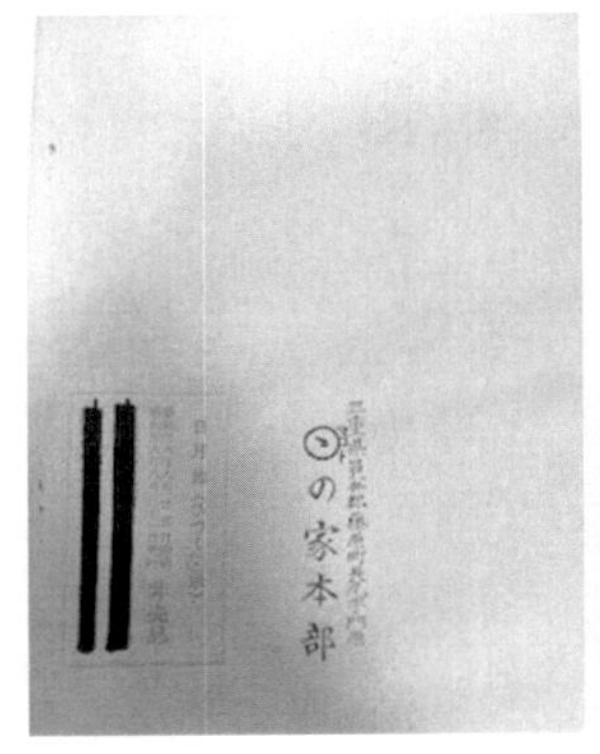

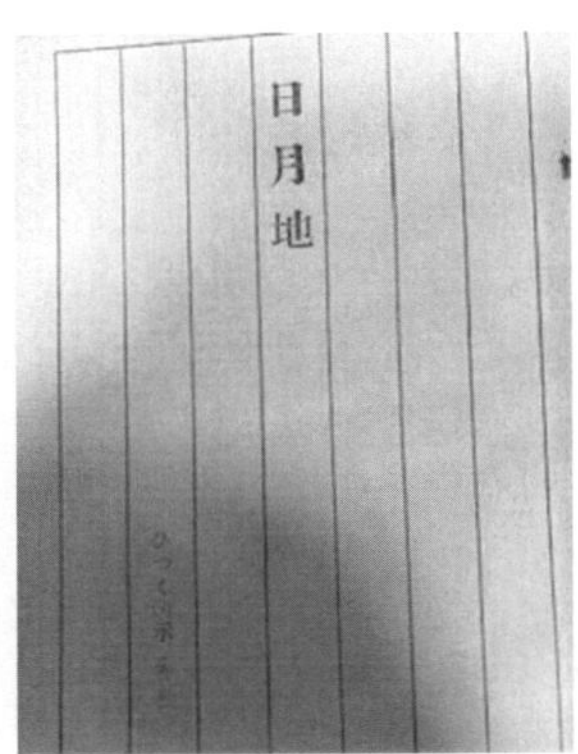

上記『日月地聖典』の奥付にも岡本天明は著者と記され、時が経過するにつれ、「ふで」が神示であるという側面が失われ、天明の手になる著作という色彩が強まっていることがうかがえる。

以上に述べた「ふで」の「かな訳」及び「漢字かな混じり訳文」の定着過程は、別表のようにまとめることができる。「第一訳文」以降、数種類の訳文が刊行されているが、重要な転換にあたると思われるもののみを記す。

「ふで」の訳及び訳文の歴史

年代		
昭19～	「ふで」原本	
昭19?～	「ふで」がり版刷り写本　1巻～23巻	中心的な同志へ解読用に配布。
	「ひふみ」ガリ版刷り仮訳1巻～?	かな仮訳を同志へ配布。
昭27～28	「かな第一訳」の成立	天明がかな仮訳を確定。
昭29	『☉月神示』全1巻（第一訳文）	かな仮訳に漢字を当て1～23巻の漢字かな混じりの訳文として刊行。
昭36	『日月地聖典』上巻・下巻（第二訳文）	上巻は1～23巻、下巻は24～31巻。岡本三典が新たに漢字仮名混じりの訳文を策定。
昭51	『原典日月神示』	思兼鴻秀が「ふで」原本のままの体裁に第一訳文等を参照しつつルビ（かな訳）を振り刊行。
平23	『完訳☉日月神示』上巻	上巻は1～23巻、下巻は24～31巻。中矢伸一が新たに漢字仮名混じりの訳文を策定。
令6	『原典対訳日月神示』	『原典日月神示』を底本とし「かな訳」を再検討しルビを振り、さらに漢字仮名混じりの訳文を策定。

2　「ふで」と言霊と数霊

天明におりた「ふで」は「うた・かな・いろは」いわゆるかな文の体裁ではなく数字、かな、記号の組合せの暗合ともいえるものであった。大本の出口ナオにおりた「おふでさき」を「いろは」言霊での示しとするならば、天明におりた「ふで」は数霊での示しであり、裏表ということとなる。したがって、「ふで」を考究するにあたっては「言霊」と「数霊」の理解が重要となる。

天明は、二十二歳の頃より山口志道の著作、変体仮名で記された『水穂伝』を読み解き学び、昭和十七年に「口語訳 水穂伝」の原稿を完成させている。この研究が、天明のもう一つの活動である「すめら歌」として展開したものと考えられる。「すめら歌」とは、記紀に示されている五七七律歌の上代歌謡「かた歌」の復興運動であり、五七七律歌を「すめら歌」と名付けたものである。天明は、「すめら歌社」を主催し、「すめら歌」の普及運動を展開した。

『水穂伝』には「布斗麻邇ノ御灵（たま）」「稲荷古伝」として「☉〇・十」などの記号と意味が示されており、天明に暗号ともいえる「ふで」が下ろされる基礎ともなったと考えられる。

事実『水穂伝　口語訳』の完了の二年後の昭和十九年、言霊の研究が満ちたとしたのか満を持したかのように天明に「ふで」が下ろされることとなる。『水穂伝　口語訳』が刊行されるのはさらに後、「ふで」が下ろされた後の十年後、昭和二十九年であり、ガリ版印刷で二百部限定であった。

天明五十六歳七ヶ月、「再生の天明」を期してのことと思われるが、昭和二十八年十一月末には「かな第一訳」が「補巻」まで完了し、ガリ版印刷で配布され、翌昭和二十九年には仮名漢字交じりの『☉月神示 第一訳文』が岐阜大奥山からガリ版で刊行されている。そのような動きの一貫として「ふで」の読みほどきの手助けとなるよう『水穂伝　口語訳』も出されたものと推測できる。

この後、「ふで」をよみ解くためには『水穂伝』、すなわち「言霊」のみでは不足と考えたのか、天明は「数霊」の研究にも取り組んでいる。『⦿月神示第一訳文』『水穂伝　口語訳』が刊行された二年後の昭和三十年八月に、数霊学の武智時三郎に招かれ北伊勢菰野に移り住み、爾来昭和三十五年十二月に武智が亡くなるまでの五年間数霊学の手ほどきを受け、昭和三十五年一月に『古事記数霊解序説』を書き上げている。武智は数字により示される天明におろされる「ふで」の価値を認め、数霊学の後継者として白羽の矢を立て天明を菰野に招いたとされている。

天明は武智の研究を学び、その成果を、昭和三十二年八月に「古事記の数霊解」と題して東京の乃木神社で講話し、これを昭和三十五年、正月二日から節分までの約一ヶ月をかけて一冊にまとめ、二月にガリ版印刷で百部つくり配布している。この年の十二月に武智はなくなっている。

その後、昭和三十七年早春に、天明は新たに数霊の根本的なことを略解するとし『古事記数霊解序説――カズダマとはどんなものか――』として再版し、その巻頭言に「これは、武智時三郎の研究を引き継いでなしえたものであります」と記している。

この再版本は天明の没後、昭和四十七年に『原典日月神示』を刊行した思兼鴻秀によって活字化され新書版で刊行された。

ちなみに天明は、『日本書紀』に「母（いろは）を玉依姫と白す」とあり、『旧事本記』に『それ父母（カゾイロハ）の大神」とあることを指摘し、[4] 言霊と数霊（かずだま）とは裏表一体のものであると説いている。

天明はその後、昭和三十六年に『五十黙示録』五巻を出したが、「ふで」の数霊解はなし終えぬまま昭和三十八年に至恩郷で帰幽した。ただし、『五十黙示録』を「日月神示」の数霊解と捉える理解もある。

思兼書房版『古事記数霊解序説』の末尾には天明の妻の岡本三典が「本書について」と題する一文を寄せている。

「この出版を最も喜んで下さるのは、故武智時三郎師ではないかと思います。(中略)岡本天明を後継者として白羽の矢をたてられたのは、天明が、⦿神示を取り次いだからであろうと思います。これは、ほとんど数で書かれており、特に肝腎なことは、〇一二三四五六七八九十。〇九十(マコト)が⦿(加美)ぞ、とあり、従来の宗教書が一から十までを説いているのに、⦿神示が初めて〇から説きだしている点、すなわち、全ての数は、〇の中にある霊物であること、そして、九と十が⦿であることを明示しているからであります」

また、三典は『日月神示はなぜ岡本天明に降りたか』(徳間書店、一九九六)にも『古事記数霊解序説』を抜粋して収録し、その重要性を示しているように思われる。

天明は晩年「数霊」という側面から「ふで」の解明に向かったといえる。

これまで「ふで」の解釈はさまざまな人々の手で行われてきた。それは「ふで」の読み解きを「言霊」方面からの解釈が主であり、「数霊」という角度からの考究はなされてこなかったように思われる。このため、本稿では「数霊」という側面から「日月神示」の考究を進めるものとする。

3　一二三の秘密

(1)「日月神示」に示される「一二三」について

「日月神示」を「数霊」的な側面からとり組む最初は「一二三」についてであろう。「臣民の文字で臣民に読めるようにしたものは『一二三』と申せよ。『一二三』は印刷してよいのぞ。印刷結構ぞ」とされているように、「日月神示」の核心は「一二三」すなわち数霊的な理解に基づく理解にあるものと考えられる。

しかしながら、これまでなされた「日月神示」に関する多くの論考において、数霊的な考究は無視されてきた感がある。「ふで」を人の理解できる文字に移し替えたことで、それ以上の解釈へと到ることを妨げてきたと思われる。しかし「数霊」の基本は「一二三」であり、「ふで」を理解するためには「一二三」を避けて通るわけには行かない。

そもそも「ふで」の初発は「二二八八れ十」ではじまり、仮訳では「不二」とされており、二つとないもの「二」が初発として示されている。これをふたつとない山、不二、富士山としたものと理解できる。もちろん、実地の富士山を含めての示しであろうが、これのみにこだわると「ふで」の示すところからは遠のいてしまうように思われる。

「一二三」に関する記述は『⦿月神示第一訳文』では五十五帖で示されている。「日月神示」二十三巻五一一帖のなかの五十五帖であるから一割あまりの帖で「一二三」について示されている。内、四十四帖は敗戦前に降ろされた「ふで」である十二巻「夜明けの巻」の中で示されている。

十二巻「夜明けの巻」の巻末には「この巻「夜明けの巻」とせよ。この十二の巻よく腹に入れておけば何でもわかるぞ。無事に峠を越せるぞ」（12―14―333）と示されており、第一巻「天つ巻」から「第十二巻」夜明けの巻を腹に入れておくと何でも分かると示され、「日月神示」の核心部といえるものである。

「⦿月神示第一訳文」には二十三巻二四二頁が納められているが、内一五六頁が十二巻に当てられており約二分の一のボリュームで、「一二三」の八割が示されていることになる。これによっても「日月神示」における「一二三」の重要性を伺うことができる。

そこでまず「日月神示」から「一二三」に関する部分を抜き出し、「日月神示」において「一二三」の示すところの整理を試みる。

•第一巻　上つ巻（全四十二帖中十帖）

1　今にこのお告げが一二三ばかりになるから（1―3―3）

2　ひふみひふみとひらき（1―16―16）

3　一二三⦿二　訳不詳（1―16―16）

4　⦿と〇と結びて一二三となるのざから（1―32―32）

5　一二三唱へて岩戸開くぞ（1―32―32）

6　ひみつの仕組みとは一二三の仕組みざ（1―32―32）

7　早う一二三唱えてくれよ（1―32―32）

8　一二三唱えると岩戸開くぞ（1―32―32）

9　一二三の御用出来たら三四五の御用にかからなならんから（1―34―34）

10　一二三の御用してくれよ（1―34―34）

•第二巻　下つ巻（全38帖中3帖）

11　一二三祝詞する時は、⦿の息に合はして宣れよ（2―7―49）

12　一二三の仕組みとは永遠に動かぬ道のことぞ。三四五の仕組みとはみよいづの仕組みぞ。みよいづとは、⦿の御代になることぞ。この世を⦿の国に練り上げることぞ。⦿祀りたら三四五の御用にかかるから、そのつもりで用意しておいてくれよ。（2―14―56）

13　一二三四四五二　訳不詳（2―22―46）

•第三巻　富士の巻（全27帖中2帖）

14　一二三の仕組みが済みたら、三四五の仕組みぞと申してありたが、世の元の仕組みは三四五の仕組みから五六七の仕組みとなるのざ。五六七の仕組みとはミロクの仕組みのことぞ。（3―4―84）

15 一二三は⦿食。三四五は人食。五六七は動物食。七八九は草食ぞ。九十は元に一二三食。神国弥栄ぞよ。人、三四五食に病ないぞ。（3―16―96）

・第四巻　天つ巻　（全30帖中3帖）。

16 一二三　一二三　五八七八八九　訳不詳　[第一訳文]　ひふみの秘密出でひらき鳴る、早く道展き成る（4―9―116）

17 [第一訳文] 西に戦さしつくし、神代とひらき、国毎に、一二三、三四五と百千万（4―21―128）

18 臣民の文字で臣民に読めるようにしたものは一二三と申せよ。一二三は印刷してよいのざぞ。印刷結構ぞ。この筆のまま臣民に見せてはならんぞ。（4―30―137）

・第五巻　地つ巻　（36帖中4帖）

19 [第一訳文] 一二三、三四五、五六七、弥栄々ぞ。神、仏、耶ことごと和し、和して足り、太道ひらく永遠（5―19―156）

20 一通りは嫌がる臣民にもこの筆一二三として読むように（5―30―167）

21 筆に一二三つけたもの、まづ大番頭、中番頭、小番頭殿に読ましてくれよ。（5―31―168）

22 三四五の仕組み出来ないで、一二三の御用はやめられんぞ。この筆読んで、三四五の世の仕組み、よく腹の中に入れておいて上の人に知らしてやりて下されよ。三四五とはてんし様の稜威、出づことぞ。（6―4―177）

・第六巻　日月の巻　（全40帖中9帖）

23 [第一訳文] 岩戸ひらく道、神々苦むなり、弥ひらき苦む道ぞ（6―7―180）

24 この筆、表に出すでないぞ。天明は陰の御用と申してあろが。筆しまっておいてくれよ。一二三として聞かしてやってくれよ。この方の仕組み、日に日に変わるのざから、臣民わからなくなると申してあろが。日に日に烈しく変わりて来るのざぞ。⦿の子には筆伝へてくれよ。（6―17―190）

25 一二三が正念場ぞ。（6―22―195）

26 その泥から⦿がいろいろのもの、一二三で、息吹て生みたのざ。人の知ではわからぬことざぞ。（6―27―200）

27 「日の巻」終わりて「月の巻」に移るぞ。いよいよ一二三が多くなるから、（6―27―200）

28 一二三四五六七八九十百千卍。今度は千人万人力でないと手柄出来んと申してあろがな。（6―31―204）

29 火と水、一二三となるのざぞ。火近づいたぞ。水近づいたぞ。（6―31―194）

30 火と水と申しておいたが、水のほかに隠れた火と水あるぞ。それを一二三と言ふぞ。一二三とは一二三といふことぞ。言葉ぞ。言霊ぞ。祓ひぞ。禊ぞ。⦿ぞ。スサナルの仕組みぞ。成り鳴る言葉ぞ。今の三位一体は三位三体ぞ。一とあらはれて二三かくれよ。二と三の神様の御恩忘れるでないぞ。（6―32―205）

31 三度黄泉比良坂の坂本に到り給ひき。坂本なる桃の実一二三取りて待ち受け給ひしかば、ことごとに逃げ給ひき。（6―40―213）

• 第七巻　日の出の巻　（帖中帖）

32 今年は神界元の年ぞ。⦿始めの年と申せよ。一二三、三四五、五六七ぞ。五の年は子の年ざぞよ。（7―2―215）

33 一二三の食べ物に病ないと申してあろがな。一二三の食べ方は一二三唱へながら噛むのざぞ。四十七回噛むでから呑むのざぞ。これが一二三の食べ方、頂き方ざぞ。⦿に供へてからこの一二三の食べ方すればどんな病でも治るのざぞ。皆の者に広く知らしてやれよ。心の病は一二三唱へることによりて治り、肉体の病は四十七回噛むことによって治るのざぞ。（7―8―221）

34 江戸に道場作れよ。まず一二三唱へさせよ。筆読みて聞かせよ。（7―11―224）

35 八所十所の息合っていれば病ないのざ、災難見ないのざから、毎朝神拝みてからよく合はしてみよ。合っていたらその日には災難ないのざぞ。ことに臍の息一番大切ざぞ。もしも息合っていない時には一二三唱えよ。唱へ唱へて息合ふまで祈れよ。どんな難儀も災難もなくしてやるぞ。（7—15—228）

36 地震、罪穢れの禍も、大き災難ある時には息乱れるのざ。一二三祝詞と祓ひ祝詞と⦿の息吹と息と一つになりておれば災難逃れるのざ。（7—15—228）

37 ⦿の息吹に合ふと⦿憑かりになれるのざ。一二三唱へよ。祓ひ宣れよ。（7—21—234）

38 この巻、「日の出の巻」としてまとめて役員に読ませて、一二三として皆に知らせてくれよ。⦿急ぐぞ。（7—23—236）

•第八巻　磐戸の巻　（全21帖中1帖）

39 病治してやるぞ。⦿息吹つくりてやれよ。⦿息吹とは一二三書いた紙、神前に供へてから分けてやるもののことざぞ。腹立つのは慢心からぞ。守護神よくなれば肉体よくなるぞ。善も悪もわからん世、闇の世と申すぞ。（8—15—251）

•第九巻　キの巻　（全17帖中3帖）

40 一二三とは限りなき⦿の弥栄であるぞ。一は始めなき始めであるぞ。ケは終はりなき終はりであるぞ。⦿の働きが一二三であるぞ。始めなく終わりなく弥栄の中今ぞ。一二三は⦿の息吹であるぞ。一二三唱へよ。⦿人共に一二三唱へて岩戸開けるのざぞ。一二三にとけよ。一二三と息せよ。一二三着よ。一二三食せよ。始め一二三あり、一二三は⦿ぞ。一二三は道ぞ。一二三は祓ひ清めぞ。祓ひ清めとは弥栄ぞ。⦿の息ぞ。てんし様の息ぞ。臣民の息ぞ。けもの、草木の息ぞ。一であるぞ。二であるぞ。三であるぞ。ケであるぞ。レであるぞ。ホであるぞ。🌀であるぞ。◎であるぞ。皆の者に一二三唱へさせよ。五柱御働きぞ。八柱十柱御働きぞ。五十連ぞ。いろはぞ。わかりたか（9—11—268）

41 いよいよ筆一二三となるぞ。一二三とは息吹ぞ。みみに知らすぞ。言はねばならぬから、一二三とし

て、息吹として知らすぞ。筆よく読めばわかることぞ。筆読めよ。読むと筆出るぞ。(9—17—274)

•第十巻　水の巻　(全17帖帖中2帖)

42　一二三祝詞であるぞ。(中略)天之日津久神、守り給へ幸へ給へ、天之日津久神、弥栄坐しませ、弥栄坐しませ。一二三四五六七八九十。(10—2—276)

43　皆病気になりていることわからぬか。一二三祝詞で治してやれよ。筆読みて治してやれよ。自分でもわからぬ病になっているぞ。早う治さぬとどうにもならんことになって来るぞ。(10—7—281)

44　富士は晴れたり日本晴れ、いよいよ岩戸開けるぞ。お山開きまこと結構。松の国、松の御代となるぞ。旧九月八日から大祓祝詞に天津祝詞の太祝詞、一二三祝詞、事入れてのれよ。忘れずにのれよ。その日からいよいよ⦿は⦿、獣は獣となるぞ。江戸道場やめるでないぞ。お山へ移してよいぞ。役員一度やめてよいぞ。またつとめてよいぞ。(10—9—283)

•第十一巻　松の巻　(全29帖帖中1帖)

45　[第一訳文]国々所々に、神人鳴り動く、道は世にひらき極む、日月地更に交わり結び、その神々ひらき弥栄へ、大地固成、まことの神と現はれ、正し、三神は世に出づ、ひふみと鳴り成るぞ。正しくひらけ弥栄へて更につきず、鳴る道に成り、交わる。永遠の世光ることは永遠の大道、息吹き大地に充ち満つ道。展きてつきず、極り成る神の道。苦む道をひらき、日月地に苦しむ喜び出で、神の国むつび、悉く歓喜弥栄ゆ。(11—23—314)

•第十二巻　夜明けの巻　(全14帖)「一二三」記載なし

以上、敗戦前の「ふで」、以下、敗戦後の「ふで」。

•第十三巻　雨の巻　(全14帖中4帖)

46 いろはに戻すぞ。一二三に返すぞ。一二三が元ぞ。天からミロク様は水の御守護遊ばすなり。日の大神様は火の御守護なさるなり。このこと魂までよくしみておらぬと御恩わからんのざぞ。(13—3—337)

47 素直になればその場から、その場その場で何事も⦿が教へてやるから、力つけて導いてやるから、どんな神力でも授けてやるぞ。一二三四五六七八九十百千卍授け申して神人となるぞ。(中略)待ちに待ちし日の出の御代となりにけり。一二三いろはの世はたちにけり。(13—6—340)

48 神前に向って大きく気を吸い、腹に入れて、下座に向って吐き出せよ。八度繰り返せよ。⦿のキ頂くのざぞ。キとミとの合いの霊気頂くのざぞ。一二三が四八音となり五十連と成りなって十二の流れとなるのざぞ。ムがウになるぞ。ンになるぞ。ヤとワと掘り出して十二の流れ結構ざぞ。(13—15—349)

49 礼拝の仕方書き知らすぞ。節分から始め下されよ。まづ、気整へてしばし目つむり、心開きて一拝二拝八拍手せよ。また気整へて、一二三四五六七八九十と言高く宣れよ。また気整へて、ひふみ三回宣れよ。これは喜びの舞い、清めの舞い、祓いの歌であるぞ。世界の臣民皆宣れよ。身も魂も一つになって、宣り歌い舞へよ。身魂全体で拍手するのざぞ。終はりてまた気整へて、一二三四五六七八九十、一二三四五六七八九十百千万と言高く宣れよ(13—17—351)

•第十四巻　風の巻　(全14帖中1帖)

50 五十になっても六十になっても、いろは、一二三から手習ひさすぞ。出来ねばお出直しぞ。(14—12—363)

•第十五巻　岩の巻　(全11帖中1帖)

51 [第一訳文] 神ひらき結び、人睦び展きにひらきつづく道ぞ。ひふみ、よろづ、ち、ももの道なり、むすび出づ。(15—6—371)

・第十六巻　荒の巻（全1帖中1帖）

52　御魂救ふ御㋹の道はキぞ。月日厳開きに一二三開き、月魂開きの極みなる道一二三ぞ。㋹㋹様お喜びざぞ。今は神憑り、神憑りし、地に言霊息吹き鳴り、息吹きのままに満ち満ち、元の大神ニコニコと捧ぐるもの召し給ひ、喜びごとの弥栄弥栄なれるよきよき御代来るぞ。（16―1―377）

・第十七巻　地震の巻（全19帖）「一二三」の記載なし

・第十八巻　光の巻（全8帖）「一二三」の記載なし

・第十九巻　まつりの巻（全二十三帖中1帖）

53　これまでは「いろは」でありたが、いよいよ「一二三」の力加わるぞ。「いろは」はやさしいが「一二三」は荒いから、荒事もするから、その覚悟致されよ。（19―2―406）

・第二十巻　梅の巻（全28帖）「一二三」の記載なし

・第二十一巻　空の巻（全14帖中1帖）

54　[第一訳文] 立て直しの道つづき、結び、展く、日月出で、よろづのもの、一二三とみち、つづき鳴り成り、ひらく大道、真理の出で初む中心に、まこと動きて、元津神栄ゆ、元津神は真理、真愛、大歓喜の大道ぞ。うづぞ。神々のうづぞ。ナルトぞ。人のよろこびぞ。代々の大道ぞ。真理、真愛、大歓喜は、中心に光り、ひらき極まる道ぞ。展き極まる世ぞ。鳴り極み、ひらき、うごく大道、うごき、和し、なり、大歓喜、足りに足り足る世、生れ出づる世、うごき更にひらき、次々に栄え極みて、新しきはたらきの湧く次の大御代の六合つづく道、つづき睦びて、富士晴れ極み、鳴門は殊にひかり出でて、大道は日神の中心に還り、また出でて、ひらき、大道いよいよ満つ、焼く神々、早くせよ。（21―4―459）

・第二十二巻　青葉の巻（全二十三帖中1帖）

55　これからの筆は「ひふみ」と申せよ。（中略）継ぎ結ぶ御用の火のひつぎ出で成る道に開きはじめ結びなるひふみ。○○○ひのはじめの道ぞ。道のはじめ六六六、七に六は五継ぐはじめなる六六六ざぞ。
○○○弥増しに開きに開くはじめざぞ。五継ぐ世ひらき継ぎ結ぶ　一二三開きに開き　五の五の霊の
霊の文字の日月　一二三日五六七八九十百千卍。(22―23―492)

・第二十三巻　海の巻　(全19帖中1帖)

56　○九十とは○一二三四五六七八九十であるぞ。一二三四五六七八隠れているのざぞ。(23―14―506)
57　耳に一二三聞かするぞ。いよいよ耳に聞かす時ざぞ (23―19―511)

(2)「一二三」の八通りの読み方

敗戦前に「日月神示」十二巻に示された「一二三」について整理すると、①生む(修理固成)、②数霊的意味・内容、③仕組み、④御用、⑤祝詞、⑥「ふで」の示し方、⑦難儀災難避、⑧食・健康に分類することができる。

①生む(修理固成)

・その泥から⊙がいろいろのもの、一二三で、息吹て生みたのざ (6―27―200)

②数霊的意味・内容

・⊙と○と結びて一二三となるのざから (1―32―32)
・一二三とは限りなき⊙の弥栄であるぞ。一は始めなき始めであるぞ (9―11―268)
・⊙の働きが一二三であるぞ。始めなく終はりなく弥栄の中今ぞ (9―11―268)
・一二三は⊙の息吹であるぞ (9―11―268)
・始め一二三あり、一二一は⊙ぞ、一二三は道ぞ、一二三は祓ひ清めぞ。祓ひ清めとは弥栄ぞ。⊙の息ぞ。てんし様の息ぞ、臣民の息ぞ、けもの、草木の息ぞ。一であるぞ。二であるぞ。三であるぞ。ケで

あるぞ。レであるぞ。ホであるぞ。⦾であるぞ。◎であるぞ。皆の者に一二三唱へさせよ。五柱御働きぞ、八柱十柱御働きぞ。五十連ぞ。いろはぞ。わかりたか。（9—11—268）

③仕組み

- ひみつの仕組みとは一二三の仕組みざ（1—32—32）
- 一二三の仕組みとは永遠に動かぬ道のことぞ（2—14—56）
- 一二三の仕組みが済みたら三四五の仕組み（3—4—84）
- 五六七の仕組みとはみろくの仕組み（3—4—84）
- 一二三、三四五十百千卍（3—21—128）
- ひふみの秘密出でひらき鳴る（4—9—16）
- 三四五の仕組み出来ないで、一二三の御用はやめられんぞ（6—4—177）
- 火と水、一二三となるのざぞ。（6—31—194）
- 水のほかに隠れた火と水あるぞ。それを一二三と言うぞ（6—32—205）
- スサナルの仕組みぞ。成り鳴る言葉ぞ（中略）一とあらはれて二三かくれよ。二と三の神様のご恩忘れるでないぞ（6—32—205）
- （黄泉比良坂の）坂本なる桃の実一二三取りて待ち受け（6—40—213）

④御用

- 一二三の御用出来たら三四五の御用にかからなならん（1—34—34）
- 一二三の仕組みとは永遠に動かぬ道のことぞ。三四五の仕組みとは（2—14—56）
- 三四五の仕組み出来ないで、一二三の御用はやめられんぞ（6—4—177）
- 一二三が正念場（6—22—195）
- 一二三、三四五、五六七ぞ、五の年は子の年ざぞよ（7—2—215）

⑤唱え言葉・祝詞

・一二三唱へると岩戸開くぞ（1—32—32）
・一二三祝詞する時は、⦿の息に合はして宣れよ（2—7—49）
・一二三四五六七八九十百千卍（6—31—204）
・一二三とは一二三といふことぞ。言葉ぞ。言霊ぞ。祓ひぞ。禊ぞ。◎ぞ。（6—32—205）
・まず一二三唱へさせよ。筆読みて聞かせよ。（7—11—224）
・一二三唱へよ。⦿人共に一二三唱へて岩戸開けるのざぞ。一二三にとけよ。一二三と息せよ。一二三着よ。一二三食せよ。（9—11—268）
・一二三祝詞であるぞ。（中略）天之日津久神、守り給へ幸へ給へ、天之日津久神、弥栄坐しませ、弥栄坐しませ。一二三四五六七八九十。（10—2—276）

⑥お告げ、「ふで」の示し方

・今にこのお告げが一二三ばかりになるから（1—3—3）
・臣民の文字で臣民に読めるようにしたものは一二三（4—30—137）
・嫌がる臣民にもこの筆一二三として読むように（5—30—167）
・筆に一二三つけたもの、まづ大番頭、中番頭、小番頭殿に読ましてくれよ。（5—31—168）
・一二三として聞かしてやってくれ（6—17—190）
・いよいよ一二三が多くなる（6—27—200）

⑦難儀災難避け

・大き災難ある時には息乱れるのざ。一二三祝詞と祓ひ祝詞と⦿の息吹と息と一つになりておれば災難逃れるのざ（7—15—228）。
・⦿息吹とは一二三書いた紙、神前に供へてから分けてやるもの（8—15—251）

・皆病気になりていることわからぬか。一二三祝詞宣りて治してやれよ（10―7―281）

⑧食・健康

・一二三は⦿食。三四五は人食。五六七は動物食。七八九は草食ぞ。九十は元に一二三食。神国弥栄ぞよ。人、三四五食に病ないぞ。（3―16―96）

・一二三の食べ物に病ないと申してあろがな（7―8―221）

・心の病は一二三唱へることによりて治り（7―8―221）

・臍の息一番大切ざぞ。もしも息合っていない時には一二三唱へよ。唱へ唱へて息合ふまで祈れよ。（7―15―228）

敗戦後に示された十二巻以降の内容はつぎの通りである。③仕組み、④御用、⑤祝詞、⑥「ふで」の示し方、について記されるのみで、①生む（修理固成）、②数霊的意味・内容、⑦難儀災難避、⑧食・健康に関するものはまったくなく、実地の御用に関するものとなっていると解釈できる。

①生む（修理固成）　なし

②数霊的意味・内容　なし

③仕組み

・いろはに戻すぞ。一二三に返すぞ。一二三が元ぞ（13―3―337）

・一二三いろはの世はたちにけり（13―6―340）

・一二三が四八音となり五十連と成りなって十二の流れとなるのざぞ（13―15―349）

・月日厳開きに一二三開き、月魂開きの極みなる道一二三ぞ（16―1―377）

・日月出で、よろづのもの、一二三とみち、つづき鳴り成り、ひらく大道（21―4―459）

・〇九十とは〇一二三四五六七八九十であるぞ。一二三四五六七八隠れているのざぞ。（23―14―506）

④御用

・一二三五六七八九十百千卍授け申して神人となるぞ（13―6―340）

・これまでは「いろは」でありたが、いよいよ「一二三」の力加わるぞ。「いろは」はやさしいが「一二三」は荒いから、荒事もするから、その覚悟致されよ（19―2―406）

⑤祝詞

・気整へて、一二三四五六七八九十と言高く宣れよ。また気整へて、ひふみ三回宣れよ。（13―17―351）

・五十になっても六十になっても、いろは、一二三から手習ひさすぞ（14―12―364）。

⑥「ふで」の示し方

・これからの筆は「ひふみ」と申せよ。（22―23―492）

⑦難儀災難避け　なし

⑨食・健康　なし

以上の、①生む（修理固成）、②数霊的意味・内容、③仕組み、④御用、⑤祝詞、⑥「ふで」の示し方、⑦難儀災難避、⑧食・健康は筆者による分類であるが、「日月神示」は「八通りに読める」とは、八通りの観点から「ふで」は読み取りができるのであり、偏った読みや取り方ではなく、総合的に読み取るようにと示しているものと考えられる。

この点については、天明も「第一訳」の第十七巻「地震の巻」巻末に「八つの面の解釈の一つとして」と述べていることから、天明自身も「八通りの読み」に関しては、暗号的な「ふで」の解読の仕方が八通りあるということではなく、解釈＝理解の仕方が八通りあると考えていたことが窺える。

ともあれ、まずは①生む（修理固成）、②数霊的意味・内容、③仕組みを足がかりに「一二三」の「数霊」的な解釈、展開についての考究を試みる。

これを大きく俯瞰するならば、「一二三」「三四五」、「五六七」へと進み、展開する流れであり「みろく」を表すものと理解することができる。

（3）「一二三」に示される秘密

「日月神示」の核心となる「一二三」は、①生む（修理固成）、②数霊的意味・内容、③仕組み、④御用、⑤祝詞、⑥「ふで」の示し方、⑦難儀災難避、⑧食・健康について示しているが、とくに重要な①②③は、神霊界の密意を漏らしたものであり、広い意味でこれを「仕組み」と総括し、その示すところを探ることが重要となる。

「一二三」については、「⦿」「⦿と〇の結び」「⦿の能（はたらき）」「⦿の息吹・息」「てんし様の息」「臣民の息」「けもの、草木の息」「限りなき⦿の弥栄」「始めなく終わりなき弥栄の中今」「一であるぞ、二であるぞ、三であるぞ、ケ・レ・ホであるぞ、◎、◎であるぞ」「道」「祓い清め」「祓い清めとは弥栄」と示されている。また、「火と水、隠れた火、隠れた水」とも示されている。

神の世界、現界を含めたに中今そのものが⦿そのものであり、息＝循環の様であり、それは祓い清め弥栄の道としている。そして、⦿が泥に息を吹き入れいろいろなものを生み出したいのちの元ということを示している。⦿は「宇宙」そのものといえ、天理教の中山ミキが「泥海古記」で示した世界と通底する。

「一二三」は永遠に循環する宇宙を示すものであり、「一二三の仕組み」は「永遠に動かぬ道」「ひみつの仕組み」と示され、その循環は「一二三の仕組みが済みたら三四五の仕組み」となりさらに「五六七の仕組み」となるとされ、「三四五の仕組み」は「てんし様の稜威」「みよいづの仕組み」「⦿の御代」、「五六七の仕組み」は「みろくの仕組み」と示される。

また仕組みとはしていないが「食」として「七八九」が「九十（こと）」へと連なり「一二三」へと元帰りすると示されている。

「ふで」には、「一二三」「三四五」「五六七」についてはくり返し触れられているが、「七八九」について示されているのはわずか次の二箇所のみである。

一二三は◉食。三四五は人食。五六七は動物食。七八九は草食ぞ。九十は元に一二三食。神国弥栄ぞよ。人、三四五食に病ないぞ。（3―16―96）

一二三の裏に〇一二、三四五の裏に二三四、五六七の裏に四五六、御用あるぞ。五六七すんだら七八九ぞ。七八九の裏には六七八あるぞ。八九十の御用もあるぞ。（4―10―117）

以上を踏まえながら、「一二三」「三四五」「五六七」「七八九」について、数霊学的な意味についての考究を試みる。

（4）みろく数霊方格

「一二三」「三四五」「五六七」「七八九」は数霊方格として次のように配置することができる。

ここには、数霊としての「一二三」の秘密が示される。

これの構成原理を述べておくと、「一二三」は、⦿である宇宙そのもの、宇宙の循環を示したもの、循環を支える潜象であり最上部に配置される。

「三四五」「五六七」「七八九」は、中央に六を配置する3×3方格（碁盤の目）を形成し、「五六七」は中央横と右上から左下にかけて二方向に現われ、左上から右下にかけて「三六九」が示される。

「三六九」はそのまま「みろく」と読め、「五六七」もまた「みろく」をあらわす数であり、ここには隠されたもう一つの「みろく」が暗示されていると見なすことができる。

（5）みろく数霊方格に見る天岩戸開き

この数霊方格から「ふで」に示される天岩戸開きを読み取ることができる。

数霊学では「かそ＝数＝父」、つまり男・陽である。

この数霊方格は、「一二三」を潜象（陰・女）とし、その僭象より「三四五」陽の陰、「五六七」陽の中、「七八九」陽の陽として現象（顕象）が出現していると見なすことができる。この三段の陽をつらぬくのが「四六八」の陰数であり、「みろく数霊方格」の至るところ、極みが陽の陽「七八九」となるので

						総和	
	⦿（〇） 潜象	1	2	3	〇（⦿）	総和 6	⦿食、⦿伊弉諾の桃 （潜象）⦿と〇の間は 123（6） であり、369、567 の中央の 6
現象（顕象）	陽の陰	3	4	5	12	3	人食、345 みよいづ（御代出）、 メシア：てんし様の稜威
現象（顕象）	陽の中	5	6	7	— 18	9	動物食、567 みろく
現象（顕象）	陽の陽	7	8	9	24	6	草木食　24＋10→7
現象（顕象）	／ 18	15	｜ 18	21	＼ 18	↓	9、10、123 に還る（3-17-97） 〇九十（まこと）とは〇12345678 九十であるぞ 永遠の⦿の息吹、循環。
	和	6	9	3	→	18	

みろく（567、369）数霊方格
方格を一度和すと、｜・—・＼・／の和は何れも 18 となる。567 は、ーと／の 2 つがでるところに密意。18 は十八（かみひらく）であり、応身のみろく・観音の数。これからはずれる中央の｜の上下に位置する 4 と 8 は、48 四十八となり、ヨハネでもある。一度目の和を、更に足し合わせると｜—ともに 396（みくろ＝みろく？）となり、その和は 18 となる。世は、四十八、いろはは⦿ 123 〇より成り立つ。

ある。

「ふで」に示される女神は伊邪那美命であり、男神は伊邪那岐命である。「ふで」では那岐・那美二神はいのちの元であるが、天岩戸閉めにより伊邪那美神が岩戸に隠れたことにより陰陽のバランスが崩れたままの世界が永らく続いていたとされ、この天岩戸を押し開くことが、天明に与えられた神業でもあった。

記紀では、黄泉比良坂の段において、伊弉諾神は黄泉の国の境に「千曳の岩戸」を置き、伊邪那美神を出てこられないようにし、那美神は千人を殺し、那岐神は千五百人を生むということとなった。これにより陰陽のバランスを失ったことを「ふで」は第一回の岩戸閉めとして示している。

この時、「ふで」では、那美神が引き塞いだ千引岩を中にして那岐神と向かい合い、「うつくしき吾が汝夫の命、時廻り来る時あれば、この千引の岩戸、共にあけなむと」宣り給い、いずれ岩戸開きが行われることが示されている。（6—40—213）

伊邪那美の神を「一二三」の潜象とするならば、伊弉諾の神は「七八九」陽の陽とすることができる。潜象、いのちの源、目に見えない世界（陰）と、現象（顕象）、物を主体とする世界（陽）が、千曳の岩戸により遮られ、断絶したことが天の岩戸閉めとされ、岩戸が開かれることにより陰陽のバランスが整い、循環が復活するとしているのだ。

数霊方格では、那美（三）神の「（〇）一二三」の和は6、那岐（九）神の「七八九」の和は24→6となり、同値でならび立つ。しかし、那岐神「七八九」は、「七八九（十）」と、なりあまれるところを持ち、〇へ元帰りする動きを含むものであるから25→7（陽）と見立てることができる。すなわち、〇潜象とつながること、すなわち陰陽の循環が回復されることで十全たる陽となることができるのであり、岩戸が開きの循環が回復されることで陰陽が並び立ち補完され、バランスの整った姿である⦿が立ち現れる、すなわち天岩戸開きがなされるとしている。

以上から、みろく数霊方格は、潜象たる「一二三」より、現象「三四五」「五六七」「七八九」と仕組みが進展し、「九十〇」と岩戸閉めにより断たれた循環が回復することにより、天岩戸に押し籠もった母たる伊邪那美命が天岩戸を押し開き出現し、父たる伊邪那岐命と並び立ち、「〇九十」すなわちまことの世が現れる姿と捉えることができるのである。すなわち、「みろくの神」「みろくの世」とは、陰陽の循環の回復、アンバランスとなった循環が回復した状態と捉えることができるのである。

ここで「五六七」に続く「七八九」についての論をさらに深めたいところだが、「七八九」は「ふで」では未解明とされている帖に多く見出され、残念ながら「ふで」に基づいた論をこれ以上、進めることはできない。

これまでの読み取りからするならば、陽の陽から〇に立ち戻る過程の最終局面と位置づけることができるが、循環が甦る前の撹乱を表しているとも考えられる。「七八九」は「しちてんばってんくろうする（七転八倒苦労）」とも読め、天岩戸が押し開かれ、伊邪那美、伊邪那岐の二神が立ち揃うミロクの新たな世にむけて、苦労（9）をともなう準備が始まるとも考えられる。

（6）古事記数霊解にみる「みろく」

「ふで」に示される「一二三」「三四五」「五六七」「七八九」という仕組みの進展より得られる「みろく数霊方格」には「三六九」「五六七」、すなわち「みろく」が顕れ、この仕組みは「みろく」が顕現するためのものと理解することができる。

「三六九」は読んで字のごとく「みろく」である。「五六七」は「弥勒下生経」に記された五十六億七千万年後の末法に弥勒菩薩が出現するという仏説により、大石凝真素美が「みろく」と読み、出口王仁三郎がこれを大本教義に取り込んだものである。

これらの数の和は何れも18となり、9と収束する。18は観音菩薩の数であり、9は数霊の極であり0へと元帰りする。

実は、「みろく方格」からは隠されて見えないが「六六六」もまた和が18となり数字和は9へと収束する「みろく」である。この経緯は、みろく数霊方格において、「五六七」が中央横列（一）と右上から左下（／）へと二カ所に出現することにより暗示されている。（一・奥行）を「六六六」と見なせるのである。

このあたりの詳細について『古事記数霊解序説』（思兼書房版）における天明の解釈を見てみよう。

「聖書によると、『その徴章は獣の名、若しくは、その名の数字なり、知恵は茲にあり、心あるものは獣の数字算へよ。獣の数は人の数字にして、その数字は六百六十六なり』（ヨハネ黙示録第七章）」とあります。ちなみに、六六六は仏典中のミロクの数を現わしており、一から三十六までの数を加算すると、六百六十六となります」

「六六六は、仏教で云うミロク（三六）であります。日本では六合と書いてクニ（国）とよましております。また、6と云うことは正しいという意味を持ちます。すなわち『六でなし』というのは、正しくない、邪ということになります」

「自然数は『123456789』でありますが、1の前に0があり、9は∞（無限大の0）につながって、始めなき始めから、終わりなき終わりにいたっております。この0を究明しない限り、数の神秘にふれ、数霊の解は得られないのであります。なぜならば、『数の実態は0の中に納められておる』からです」

「数的に重要なることは『数とは0のことであり123456789は数の現実的展開であり、数の天的展開は13579の五つである』と言うことであります」

「0の中に根本数が存在し、その5は13579(根本奇数)であり、これを言霊的に申せば『アイウエオ』であります」

「0とは何もないものではなくて、中に数が存在しておるのであります」

「日本書紀では、『絶妻の誓』と書いてコトドと読ませ、ある一面の説明をしようとしております。即ち、天地、陰陽、夫婦、霊現などといった相反するものの交流を断って『9と10』のところに戸を閉めたわけで、必然的に八方世界が展開されたわけであります」

「かくされた9と10（または0）は、自然数のなかで特殊な働きを具有した不思議な数で、この二つは『いくら加へても掛けても、元の数と同数になること』であります。他の12345678とは全然相違しているのでありますから1から8までを現実的なあり方とすれば、9と10とは、正に霊界のあり方といえるようで、1から8までが伊邪那岐神とすれば、9と10は伊邪那美神の用とも云えるようであります」

『古事記数霊解序説』は、9と10を伊邪那美の用とし、9と10のところに岩戸を立てて閉めたとし、10は∞（無限大の0）すなわち「〇」へと循環する様を示すのであるから、「みろく数霊方格」は岩戸が押し開かれ伊邪那美と伊邪那岐が並び立つことを表しているという解釈は当を得たものといえる。

「ふで」には「六六六」については直接的には示されていないが、『ヨハネ黙示録』に示されるように666を「獣」とするならば、「ふで」には

「獣さへ、神の御旨に息せるを」（2―11―53）

「一二三は◉の息吹であるぞ……一二三と息せよ……一二三は◉ぞ……臣民の息ぞ。けもの、草木の息ぞ」（9―11―268）

との示しがあり、『ヨハネ黙示録』の「獣の数字は人の数字にして、その数字は六百六十六なり」と符合し、

666もまた㋬に含まれるものとなる。

すなわち、横（一）の「五六七」は「六六六」を暗示しているとも取れるのである。獣とは、地べた、水平二次元世界を動き回るものであり、人（日止）としての意識をもたない者（けもの、草木の息）と捉えることができるのである。

となると、中央の「6」は、666が重なり合ったものと見ることができ、「みろく数霊方格」に奥行きを与えた立体、「立方格子」が立ち現れてくることとなる。十字架を立体に展開したものであり、三十字の理ともいわれるものである。天津金木は、この半面を示し、平面に展開したものと言える。

(7)「みろく立方格子」について

天明の『古事記数霊解序説』により、「六六六」が「みろく（567、369）数霊方格」にふくまれることが明確となったので、これを元に方格から、「立方格子」「立体」への転換を行う。

まずは、「666」「567」「369」の位置づけを行う。

(1) 666　⑥　横（一）、平面　獣・人

「みろく数霊方格」においては、「五六七」は二通りに示されるが、その交点に666は重なりあって隠されていると見ることができる。すなわち6は二つの「五六七」の交叉する真ん中に位置しており「六六六」と「六」が三重に重なっているものと見ることができるのである。

666は、ヨハネの黙示録では獣（人）の数字とされるが、「ふで」では「五六七八十二四四九（みろくは動物食）」（3―16―96）と示される。なぜ「五六七」が獣・動物なのか。それは567の交点に6があり、666が重なり隠されているからである。

「私」「今現在」は、この世を表す横軸で表せる面（水平・フラット）であり、水平面＝二次元的世界といえる。6は、獣であり、人であり、私自身である。平面、地べたを動き、環境に支配されるものである。私6の手前、向こうに重なり合う6、6は、私6に対する周辺の人であり、666は集団動物・人間としての人と言える。

⑵567　立体〔｜〕神・キリスト

五六七は、『弥勒下生経』に示される数である。弥勒は末法・末世に現れる未来仏であり、釈迦入滅後、五六億七千万年後にこの世に下生し衆情を救うとされる。

「五六七」を「みろく」と解いたのは幕末の古神道家、大石凝真素美であり、その説を大本の出口王仁三郎が取り入れたことにより、大本系の宗教団体に取り入れられ、来る天国世界を五六七の世と称するようになった。「みろく数霊方格」では隠された666平面〔一〕に直行し交わる567は〔／〕として示されるが、立体と変換する場合は縦軸〔｜〕となる。

地、私、天という上下を貫く軸、そして、ミクロからマクロという目に見えない世界を貫く軸、縦軸〔｜〕となり、666の表す平面〔一〕と〔十〕に組み立体格子を形づくることとなる。〔十〕に組んだ姿が神でありキリストとなる。

地球という平面に生まれ進化してきた我々（獣・人）の本質は六六六〔一〕だが、地球の中心から宇宙の中心を貫く五六七という縦軸〔｜〕を意識することにより、立ち上がり、遠くを見回し、大きな立体・空間という世界に目覚め、身心は三次元という位相・立体観の理解・会得へと進んだ。

「立つ」〔｜〕という感覚を会得し、「立つ」〔｜〕ことにより遠い眼差しを得、動物より人へと進化したのだ。大きな空間を感じ取る意識が開かれ、興味が嵩じ、脳が働きだし、人は未知なる世界を求め地球上に拡がって行ったのだ。広く大きな世界に対し興味を持ち、二本の足で立ち上がり、歩き、走り、動くことにより、獣六六六から、人（日止・日徒）五六七へと向かい進化しはじめたと捉えることができるのである。

縦軸〔｜〕を意識したことにより、人類は立体、空間の感覚を得、世界に広がった。

それは、現実の空間であると共に、やがて精神的な空間、バーチャル空間へと広がってゆく基ともなった。六六六〔一〕と五六七〔｜〕が〔十〕と組むことにより、立体・空間意識が生まれたのだ。

これはまた、ナオのお筆先を嚴〔｜・567〕とし、王仁三郎を瑞〔一・666〕とするものであり、ナオ帰幽後、王仁三郎によって厳と瑞を＋に組なした伊豆能売神諭となって現れた型と見なすことができる。

⑶ 369　弥勒　4次元・時空「みろく時空体」

「ふで」では、「五六七」の他に「三六九」を「みろく」とし「三六九の四十七るの三」（3―17―97）と示している。「三六九」とは読んで字のごとく「みろく」であるが、この和も十八となり、数霊的には「五六七」「六六六」と同根であることを窺うことができる。

仏説では過去・現世・未来を司る「三世仏」を説き、過去仏を阿弥陀如来、現世仏を釈迦如来、未来仏を弥勒菩薩としている。すなわち過去仏から、現世仏、そして、未来仏「弥勒菩薩」へと時が経、推移して行く。この流れゆく様、そしてその往く先の世界を「三六九」と観じているのだ。やがて「みろくの世」と至る時間、歴史の流れ、いのちの継承・継続を「三六九」と示しているのだ。

6⑥6と5⑥7が＋に組形づくられた「みろく立体格子」に、時間の流れ3⑥9を加えると4次元の世界、時空（みろく時空体）が立ち現れ、時空の中、いのちの繋がりの中に私⑥は生き、生かされているということが示される。過去、未来を結ぶ今中

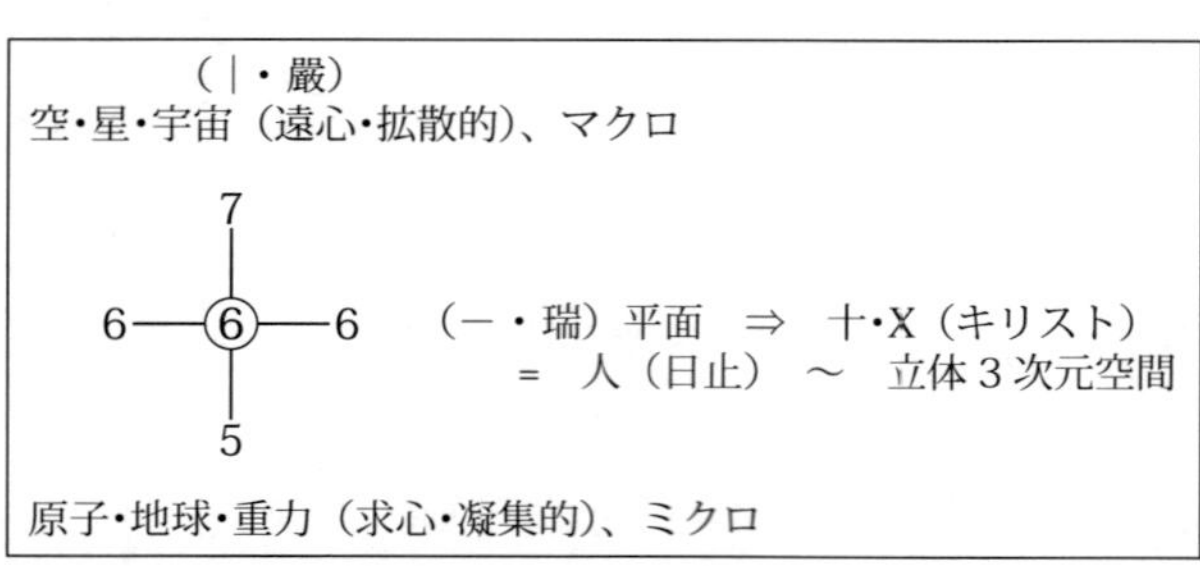

666と567の結び

に私⑥は生きているのである。

6⑥6の私⑥は勾玉であり、胎児の姿を象っているともいえる。

さらには、時空という観点から見るならば⑥をゝとし、◯（宇宙）のなかにゝを内包するゝ⃝（球・9）となる。「月日神示」を「ふで」にまで立ち返り、「一二三」「三四五」「五六七」「七八九」の「みろく数霊方格」を立体に展開させると、6面、14方位の「みろく立体格子」が立ち現れ、これに「三六九」が加わると時空4次元空間「みろく時空体」となり、初発の「ふで」第一帖「富士は晴れたり日本晴れ」の末尾に、それぞれが処を得、「九ち十九九ろ十お九七一十、三つそろたま九十を三九十十一う三（口と心と行ひと、三つ揃たまことを命というぞ）（1―1―1）に示された「みこともち」によって構成される世界「みろくの世」となることが示されている。ゝ⃝とは時空に展開される命持ちのことを表しているのである。

⑷ 468　現象界の無限循環

時空、4次元世界がでゝ⃝あることを観じ、ゝ（⑥）の位置に立つならば、さきほどのみろく数霊方格の666平面での前後左右の4方位（一＝瑞）、567の天地上下の方向（｜＝厳）、そして369の時間方向（過去・未来）を加えるならば、8通りの角度からの観察ができ、これは「ふで」を8通りの読みができるという示しに対応していると理解することができる。

この8通りの角度からの観察を、私⑥が大主観して統合することによりゝ⃝、みろくの世が立ち現れるのだろう。さらには666、567、369の背後に潜む468（みろく数霊方格の中央縦軸）を観ずるならば、∞循環の様が立ち現れてくる。これらを内包するゝ⃝を外から大きく俯瞰するならば、666、567、369、468は「一二三」潜象の現れとなり、円環・循環・螺旋状の循環を描き動いている。

468は、48（48文字・言霊）とも見なすことができ、数霊と言霊が表裏となり現象世界の循環をつくり出しているとも捉えることができる。

みろく時空体（時空秩序）と命持ち

1　2　3　潜象

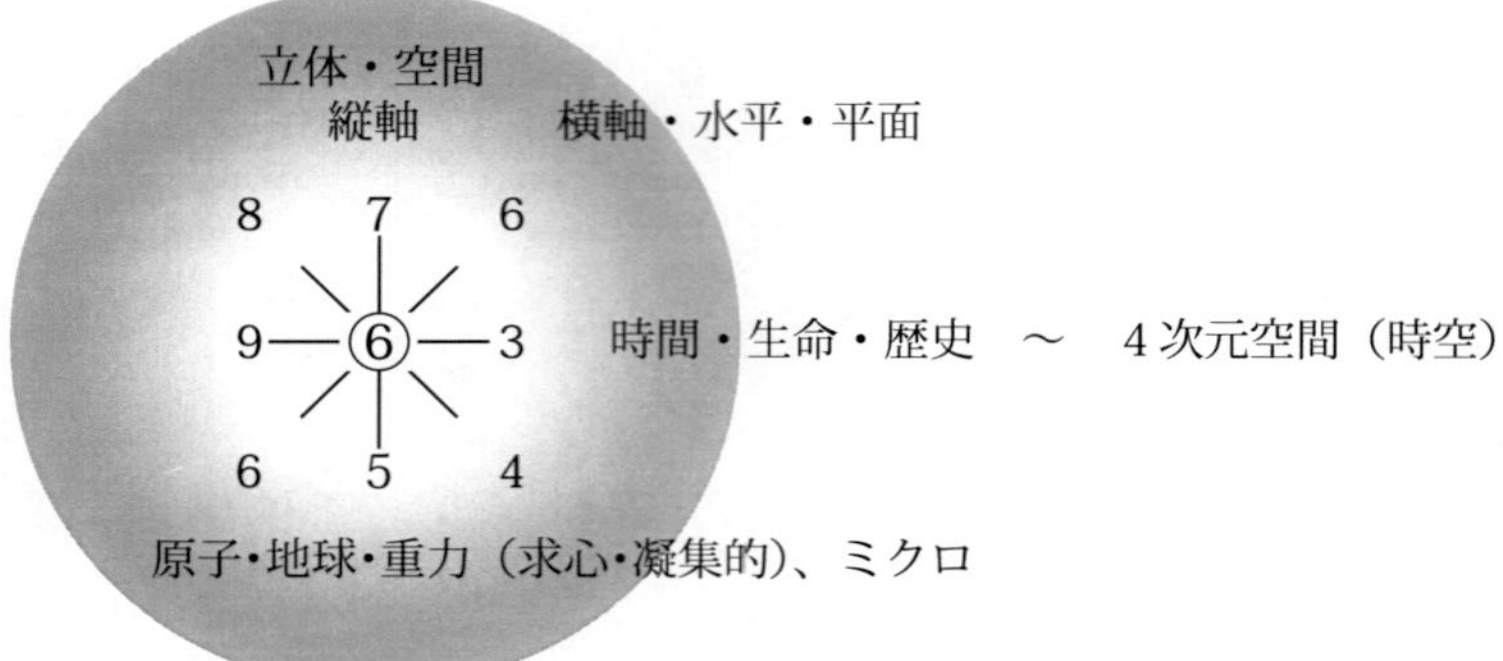

ミロク・弥勒・観音 ⇒ 母性から生まれた子 (人・霊止)

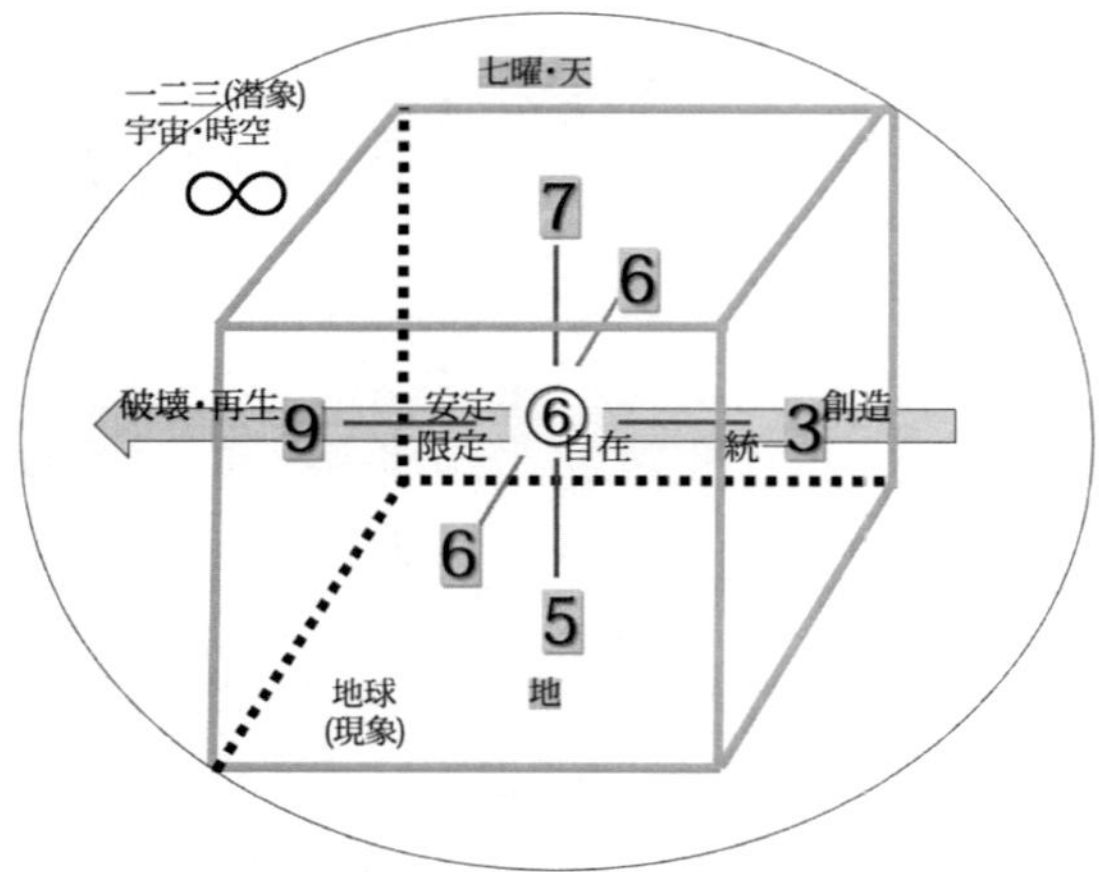

- ・⑥ 己・胎児　生まれ落ちたら立ち 9 になる
- ・6・⑥・6 = 18　横・平面 ～ 獣 黙示録
- ・5・⑥・7 = 18　縦・立体
- ・3・⑥・9 = 18　時・四次元

  56 億 7 千万年後　未来仏弥勒下生
- ・18 観音 (観音様の縁日) ⇒ 母性
- ・18(8) 鬼子母神の縁日 負のグレートマザー
- ・18+18 = 36　18+18+18=54　神のエネルギー
- ・18、36、56、何れも 9 となる。
- ・9 = ∞　完結、再生、頂点を極める、気第二十二巻「青葉の巻」第三帖（４７２）に光教会の教旨が示されている。


天地不二、神人合一。

天は地なり、地は天なり。

不二なり、天地なり。

神は人なり、人は神なり。

一体なり、神人なり。

神幽現を通じ、過現未を一貫して神と人との大和合、霊界と現界との大和合をなし、現幽神一体大和楽の光の国実現を以て教旨とせよ。（22―3―472）

「ふで」はすべてが一体であるが、それぞれの位相が循環し、循環が保たれる様を「和合」と示しているように思える。

ここまで来ると、さらなる次の世界が見えてくる。それは⑥己が胎児の姿をしているということである。「三六九」「三六七」「六六六」「四六八」の和は、いずれも１８であり、９に収束する。〔⑥〕は、ミロクの世の到来によりひっくり返り、〔⑨〕すなわち顕在する数の究極となり、独立、自立自存、自律自尊の人へとなるということを示しているとも考えられる。

「ふで」においては、「天地ひっくり返る」「上下がひっくり返

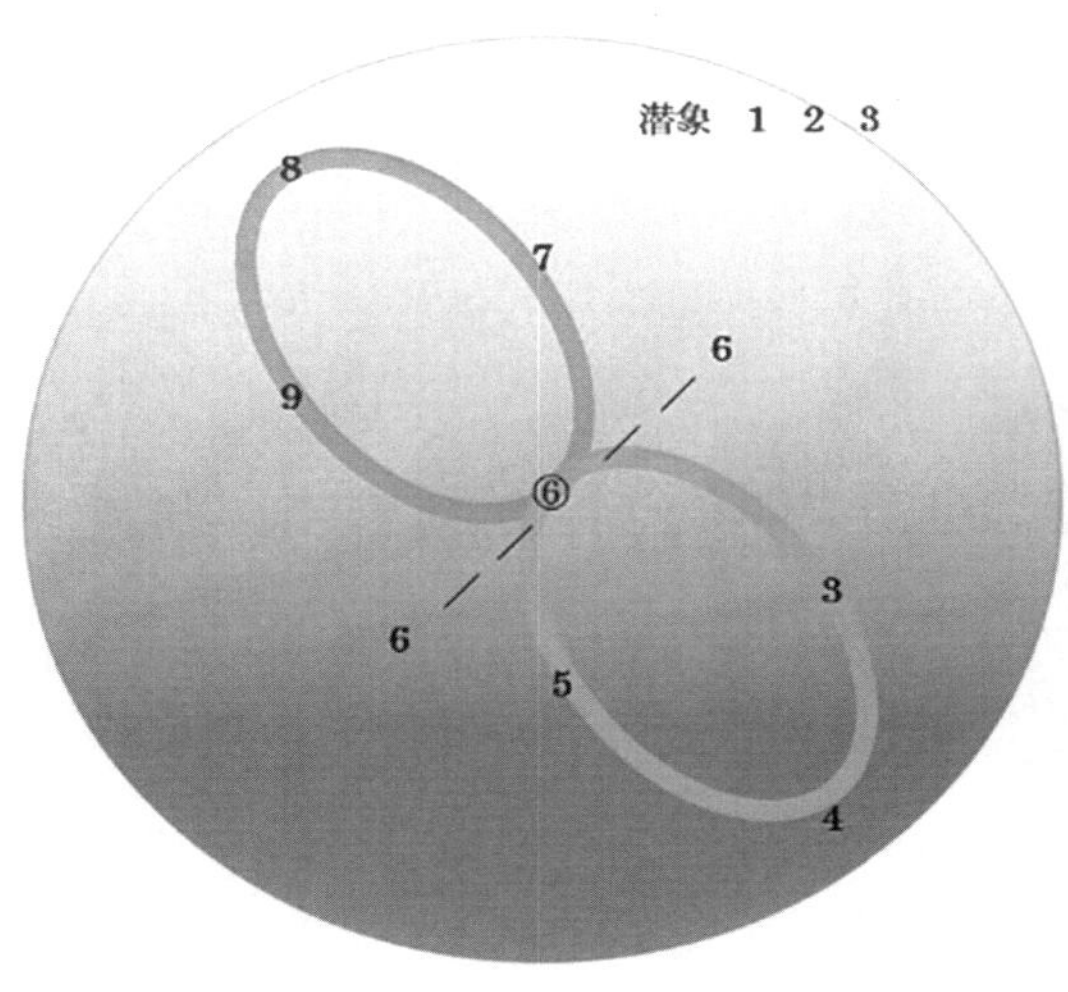

潜象の 123 と現象世界の無限の循環（∞）
循環し四方八方に広がり行く（成長・御魂の殖ゆ）

るぞ」「でんぐり変えるぞ」と世界が転倒するさまについて多数の箇所でふれられている。これは、「みろくの世」到来の過程で発生する、文字通りの天変地変と受け取れるが、⑥胎児から⑨命持ちに目覚め、自分の足で立つ、立たねばならない世界となるとも受け取ることができる。

この循環∞の相は、混沌の科学であるカオスの中に生じるローレンツアトラクターと相似であることが興味深い。カオス（混沌）の中で循環という動きが起こりコスモス（宇宙、秩序・調和）が生まれるとも考えられる。

一二三は七八九と進展するわけだが、8が∞コスモスといえ、9で乱れが生じた結果、10＝0カオスとなり新たな循環へと繋がるものと見ることもできる。先に示した「七八九、しちてんばってんくろう」し混沌へとたち返り、新たな秩序・調和が生まれるということを示している。

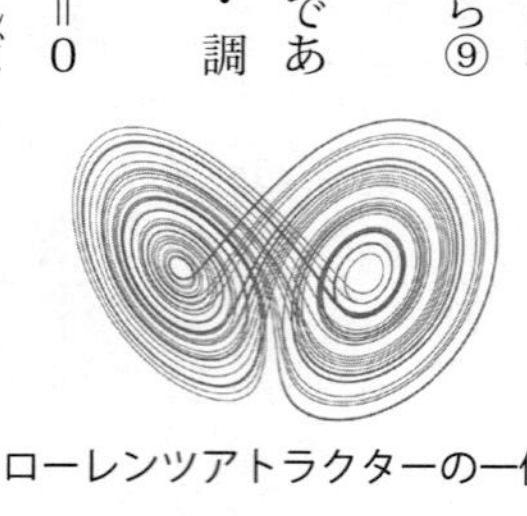

ローレンツアトラクターの一例

⑸ 観音（18）とみろく（567）と伊邪那美の磐戸隠れについて

『弥勒下生経』は、弥勒の世を五十六億七千万年のはるか未来に託しているように見せているが、弥勒はすでに現在に顕現している。それは、平面を表す666、空間の広がりを表す567、時間を加え四次元を表す369、いずれもその和は18となることから理解できる。

18とは、仏教でいうならば衆生救済の観音の数であり、鬼子母神の数でもある。子どもを育て、未来へ送り出す、未来を託す母の姿であり、誤ると、子を食い殺す鬼子母神にも化けてしまうという側面もあわせ持っている。

18は、十と八、すなわち、十＝神、八＝開くであり、神ひらくと解ける。

十は、一（横・平面）に｜（縦）の結びによって空間が開かれ、369により四次元、時空の世界へと展開する。いのちの継承・継続を意識し、基本とする生活を営むことが出来る、それが「弥勒の世」ということだろう。

観音は、弥勒の世界が到来するまでの間、みろく仏へのつなぎの役目ということになるのだろう。

わが国の観音信仰は根強いものがあり、中宮寺に広隆寺の弥勒菩薩半跏像と同様の像が如意輪観音像として信仰されているなど、弥勒信仰と習合し、未来仏弥勒と現生に救いのために顕れた観音を一体のものとして観じてきたといえよう。

観音が女性として顕れていることが重要で、この観音意識、母性の甦りこそが、弥勒の世の到来といえる。それが「ふで」に示される伊邪那美が閉じ込められた磐戸を開くということだろう。

温暖多雨な風土のわが国は食に恵まれていたため争いは少なく、旧石器、縄文の昔から母系社会が続いていた。食は漁労、採取を主とする豊かなもので、クリなどの栽培もされていた。

アフリカで生まれた現生人類は母系社会だったと考えられている。それゆえに子、孫、類縁との知の共有が行われ、その経験知の蓄積、集団知を武器にして世界に広がっていった。

航海・操船技術を持つ人々がアフリカから海岸沿いの緑濃き地を伝って移動し、その一部が日本列島にたどり着き、人類社会の原型を色濃く保ったままの伝統や技術が縄文文化として花開いたものと考えられる。母系制社会の宗教は、豊穣なる自然崇拝を基層とする多神教であり、自然（太陽、海、大地）の恵みは母なる神の恵みと感得され、それを象徴する人格神として伊邪那美の神、天照大御神が観ぜられた。

アフリカからユーラシア大陸の内部へと進出した人々は、寒冷乾燥地という食の乏しい環境の中で生き抜くために、組織的に力を行使する必要に迫られ、その社会構造は父権制へと変質した。父なる神を頂点としたヒエラルキーを持つ社会となり、狩猟牧畜により食を獲得する社会である。これを象徴するのが伊弉諾の神であろう。

記紀に示される伊邪那美、伊邪那岐の段は、この二つの文明原理をもつ人々の会合を象徴するものだったと考えられる。わが国は、海という障壁が存在したため、衝突という形ではなく、母系制を基礎とし、その上に父系制を上乗せするという形で次第に男系優位の社会へと変質していったものと考えられる。それが、伊邪那美が磐戸に押し込められた第一の磐戸締めとなったとの「ふで」の示しと考えられる。

この点については伊邪那美の磐戸閉めの前段として、国産みの段についてふれる必要がある。天の御柱を巡る国産みの段では、伊邪那美が先に声をかけたことにより、水蛭子、淡島が産まれ水に流し、これではまずいと順序を逆にし、伊邪那岐が先に声をかけるということにやり直すことで国産みがなされたとしている。

最初に生まれた水蛭子（ひるこ）は「日の御子」「彦」であり、「えべっさん」として関西では尊ばれている。「あわしまさま」も婦人病の神様として同様に信仰を集め、「日女（姫）御子」だったと考えられる。

このような民衆の信仰は、伊邪那美が先に声をかける、女性・母系優位の世界が先行して存在したことを示している。記紀の国産み神話は、その女性原理を優位とする世界がひっくり返り、男性原理が優位となったことを暗示しているといえよう。

そして「ふで」の示す「天地がひっくり返る」とは、天岩戸が開かれれることにより、潜象たる「一二三」が立ち現れ、男性原理主体の世界と女性原理が相並び立つ世界へと変化することを示していると理解される。

女性原理を▽、男性原理を△とするならば、その陰陽の対峙は「二つ立鼓紋」すなわち二つの鼓の対立として表象されるが、天の岩戸が開いた後は、これが陰陽が調和する「カゴメ紋」（三つ立鼓紋）すなわち調和へと変化すると観じることができる。▽△が少し位相をずらすことで、調和が生まれるのである。◯ゝを挟み二つの立鼓が相対峙する形から、「三四五」「五六七」「七八九」の三つの立鼓が◯ゝを囲み環の形に落ち着くのである。さらに、カゴメ紋を立体的に観ずるならば「マカバ（星形八面体）」ともなるのである。

これを「ふで」は、次のように示している。

「天地和合して☼となった姿が神の姿ざぞ。心、ざぞ。天と地ではないぞ。天地ざぞ」（14—1—321）

⑹ 育児・成長のステージとみろく数霊の仕組み

「一二三」「三四五」「五六七」「七八九」の仕組みは、妊娠、出産を経て幼児が成長するテージにもあてはめることができる。「ふで」の八通りの読み方の一つとして示しておこう。

六六六は、わが国では、獣（幼児）が人（大人）となるための入り口であり、文明の智慧の引き継ぎのための稽古始めは、六歳六ヶ月六日とされている。六歳六ヶ月六日を境として、妊娠、出産を経て環境とのふれあいの中で育った動物としての身心〔6⑥6〕を基礎とし、〔5⑥7〕の空間世界の獲得へと向かい、社会の一員となっていくのである。

経過すべき段階は「三六九」として示すことができる。「三つ子の魂」と称される三歳まで時期、そして六歳六ヶ月六日に到る時期の三年、その後九歳、幼児から大人に向かう時期の三期に分けて考えることが出来る。

人は脳が発達したため、受胎した後十月十日（〇〇＝∞の可能性を秘め）で、生理的早産の状態で産み落とさ

二つ立鼓紋
天地・陰陽、男性原理と女性原理が対峙

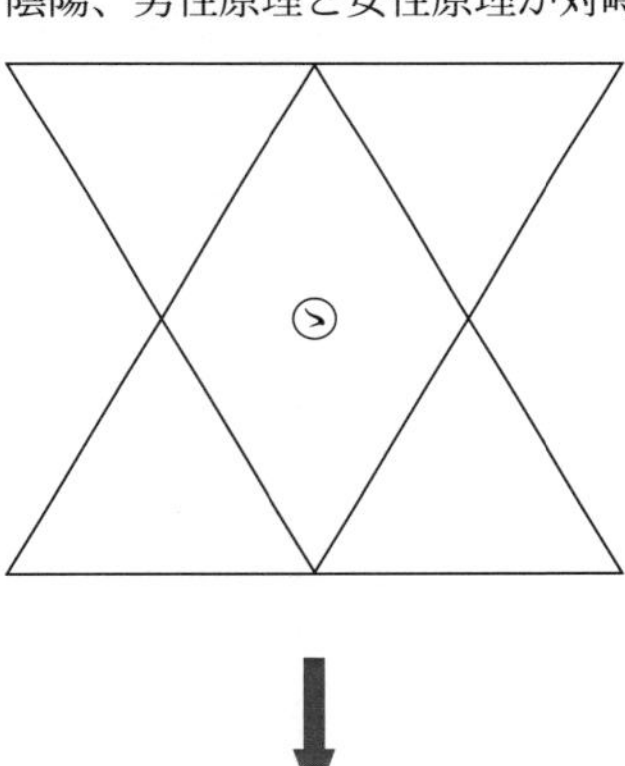

カゴメ紋（三つ立鼓紋）
天地・陰陽、男性原理と女性原理が
和合・調和

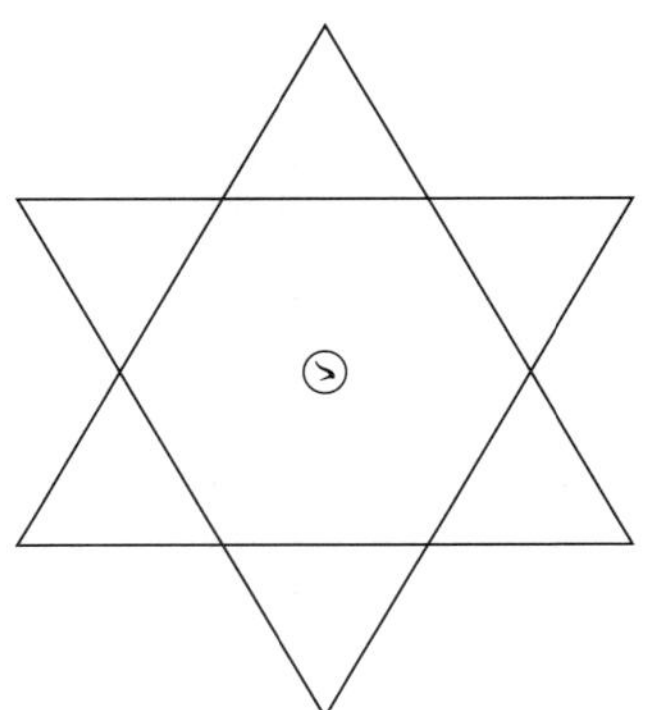

れる。生理的早産状態で産み落とされるため、出産後のしばらくの間は子宮外子宮としての母子密実一体の環境において幼子を守りつつ、次第に外界へと慣らして行くことが重要となる。

生後十三ヶ月、受胎してから約二年の間、母子密実一体の環境の中で、絶対に守られているという安心安全の感覚から、外界への興味が芽生え、二歳、数えで三歳、「三つ子の魂百まで」と称される身心の状態、無意識、潜在意識が形づくられていく。記憶のない未分の時、無意識の時期「〇―一―二―三」であり、人としての潜象が造られる時といえる。

その後の第一次反抗期の三歳、腸内細菌叢の完成する三歳を経て、自意識（顕在意識）が目覚め、六歳六ヶ月六日の「習い事始め（稽古始め）」までに、家族、一族の庇護の元、自然の中で遊び回ることにより、身心が鍛えられ整えられることとなる。ここまでは、母が主体となり子育てを行う時期であるが、この密実一体の段階において、次第に乳離れ、子離れし、独立への準備、全力発揮の生活を行うための身心の基礎が形成されるのである。乳離れ、子離れが適切になされないと、母は子を喰う鬼子母神（グレートマザー）と化してしまうことになる。

六歳六ヶ月六日より文明を受容するための稽古始めとなり、母から父に象徴される教育、学習の段階へと進み、九歳、小学校低学年で幼児期から大人へと向かう段階となる。

三六九へと段階的に進むことにより、六六六の時期、獣としての幼児の状態を脱皮し、人としての教養や技術の習得に向かうのである。

さらに三年を区切りとするステージは進められ、十二歳、中学では身体的には大人となり、十五歳で元服、十八歳で独立の時となる。六歳六ヶ月六日より次第に母から離れ、父親的な世界に移行し、文化・文明遺伝子を習得する時期を経て、十八歳で大人として認められる時期に到るわけである。

六歳六ヶ月六日よりはじめた、読み書き算盤を基礎とし、さらに磨きをかけ、文明社会で生きるための技術の基礎の習得、稽古に励むことになる。自立自存、自律自尊、独立独歩という意識を習得する時期といえる。そのためには、勉学のみならず、目標となる大人、師匠的な存在が不可欠であり、目標とする人物像に向かい精進

身心の発達

	胎児 十月十日	乳児期・幼児前期 〜かぞえ３歳ごろ	幼児後期 ３歳〜６歳ごろ	児童期、少年・少女 ７歳〜12 歳頃	青年期 13 歳〜25 歳頃	朱夏・白秋・玄冬
身体	系統発生を繰り返す	内から外への興味	外界を感じ、身体を動かし遊び回る			
脳・腸内微生物叢		80%程度完成	ほぼ完成			
心・精神	集合無意識	無意識・潜在意識 （三つ子の魂）	顕在意識・自我		元服・成人	守・破・離
母	神なる母	体外子宮 密実一体・安心安全	自然・周辺環境という大きな子宮へ、文化	母離れへ		
父	母子を大きく守る				文明の接ぎ木	
	三つ子の魂百まで		６歳６ヶ月稽古始め			
数霊	一二三		三四五　（六六六）	五六七　（三六九）		七八九（四六八）

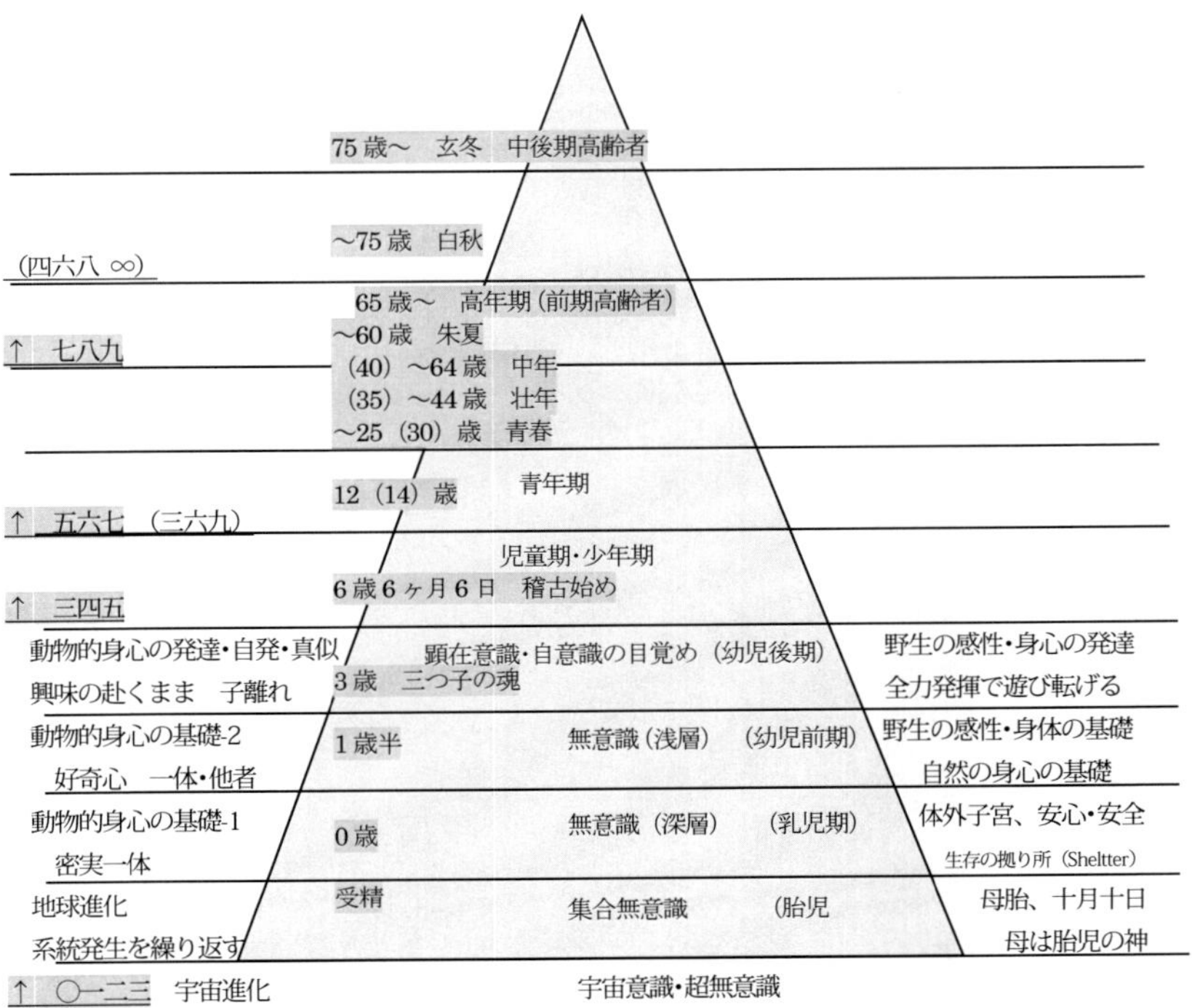

し、これによって、世に出るための一人前の人となって行く。

未来（みろく）に向けて大きく羽ばたくための基礎造りであり、地に足をつけ、天の高みにまで昇るための基礎の時期といえる。

「三六九」は、胎児の時期から、子どもとして成熟する時期であり、「六六六」は子どもから大人へ脱皮の時期であり、やがて、「五六七」(一) の意識を持つ大人へむけての飛翔の時期と捉えることができる。

稽古事では守破離と言われるが、「三六九」の時期に培われた身心の基礎を元に、大人「五六七」となるのだが、そのためには「六六六」の時期より始め、稽古・習得した技に磨きをかけ、己のものとし、先人の領域に達するための稽古・修養が重要となるのだ。そして、「五六七」の時期を越えるならば、「七八九」の老境となり、これまでに得た知恵を後代に引き継ぐという時期となる。己の成すべきことをやり遂げ、後代の師匠・目標の人となるのである。

このように「一二三」「三四五」「五六七」「七八九」の仕組みは、人間の生長過程にも当てはまり、「ふで」の八通りの読み方の一面と云えよう。

⑺「みろく数霊方格」と健康について

「みろくの世」とは、厳然なる秩序を保った循環の世界であることが「一二三」「三四五」「五六七」「七八九」の仕組みが「みろく数霊方格」「みろく立体格子」「みろく時空体」と展開されることことにより理解できる。

この仕組みは、「みろくの世」の世の仕組みの成り立ちを示すものであるから、さまざまな切り口でその展開を見ることができる。

人の成長過程についてもこの仕組みが働いているので、その流れに乗り、逆らわずに成長すること、その段階に即した取組を全うすることが重要であり、それがその後の成長の基礎となって、次の成長へと連鎖的に進むことができるのである。また、この仕組みを、生と死を含む循環として受け取り働くことが大切であることも理解できよう。

ここでは、この仕組みが個体の健康維持において、どのように働いているかという点につき考察を試みる。「ふで」には、健康に関するものとして次の示しがある。

・一二三食

一二三は◉食。三四五は人食。五六七は動物食。七八九は草食ぞ。九十は元に一二三食。神国弥栄ぞよ。人、三四五食に病ないぞ。(3—16—96)

・食べ物の質

食べる物も遠くて近いがよいのざぞ。神粗末にすれば神に泣くぞ。(4—12—119)

・食べ方、噛む=神

一二三の食べ物に病ないと申してあろがな。一二三の食べ方は一二三唱へながら噛むのざぞ。四十七回噛むでから呑むのざぞ。これが一二三の食べ方、頂き方ざぞ。◉に供へてからこの一二三の食べ方すればどんな病でも治るのざぞ。皆の者に広く知らしてやれよ。心の病は一二三唱へることによりて治り、肉体の病は四十七回噛むことによって治るのざぞ。心も身も分け隔てないのであるが、わかるように申して聞かしているのざぞ。取り違い致すでないぞ。(7—8—221)

一食べよ。二食べよ。食べるには噛むことぞ。噛むとはカミざぞ。神に供へてから噛むのざぞ。噛めば噛むほど神となるぞ。神国ぞ。神ながらの国ぞ。かみながら仕事してもよいぞ。(10—6—280)

食べ物頂く時はよくよく噛めと申してあろが、上の歯は火だぞ。下の歯は水だぞ。火と水と合わすのざぞ。かむろぎかむろみぞ。噛むと力生れるぞ。血となるぞ。肉となるぞ。（10―15―289）

・息

光食へよ。息ざぞ。（6―29―202）

「ふで」は、人の健康について、食の質の問題と食べ方（噛む）について示し、さらに息についても示している。生きるために身体に取り入れるものとして「呼吸・息・気」と「食物」があるという示しである。

この理解を深めるためには、「一二三」「三四五」「五六七」「七八九」を身体に見立て、摂取するものとの対応を整理するとわかりやすい。

「一二三」は潜象、気の世界の動きであるから肺、心臓、気血のつながりと捉えると、「㋹食」との示しの意味が理解できる。鼻（端）より吸い込まれた空気が肺に到り、酸素が体内に摂取される。大脳を肥大させた人の身体は、酸素の供給が滞るとたちどころに死に至り、また、酸素が断たれると細胞内発電装置であるミトコンドリアの機能が失われてしまう。

「三四五」は「人食」として示される。「人食」は小腸の働きと見立てられる。胃で咀嚼された食物は、小腸で養分を吸収される。人としての栄養吸収の中心となる処、働きである。

「五六七」は、小腸で吸収できない食物を発酵、分解する大腸の働きと見立てられる。大腸はそのために大腸微生物叢を発達させてきた。「七八九」は肛門の働き、排泄と見立てることができる。

植物は、海から上陸を果たす際に、水を帯同する必要があった。なぜならば、養分は水に溶けた状態でないと吸収できないからだ。このため、植物根系の回りにバランスの良い空隙を持つ土壌を造り出した。土壌は陸上植物にとって海であり、養水分の吸収を効率的に行うために土壌微生物叢を発達させた。

遅れて海から上陸した動物は、動き回ることにより餌を得るという戦略を採用したため、体内に土壌を囲い込み、分解しにくい食物を発酵・分解し栄養を吸収するように進化した。その最先端に人がいるわけである。「七八九」と肛門より排泄された排泄物、屎尿は植物の食べ物「草食」となり、「五六七」は土壌微生物叢と同根の腸内微生物叢が食物の発酵・分解を行い、「五六七」は「動物食」と捉えることができるわけである。

このように、人の身体を支えるための食の摂取も「一二三」「三四五」「五六七」「七八九」の仕組みに基づいて行われているのであり、その滞りのない循環が人の健康を支えているのである。

排泄物とされる「草食」は土壌中で土壌微生物の分解を経て、水と共に植物に吸収され植物体を造る素材として活用される。植物は水と空気（二酸化炭素）を原料とし、太陽光をエネルギーとして糖（炭水化物＝太陽の缶詰）を作り、その廃棄物として酸素を出す。そして、人は植物が生産した糖を食物として取り入れ、植物が廃棄した酸素を鼻、口から体内に取り入れるのである。そのとき酸素は、太陽の缶詰（糖）の缶の蓋を開ける缶切りとなり、エネルギーを取り出す働きをするのである。この点で、私たちはまさしく「ふで」が示すように、光を食べているのである。

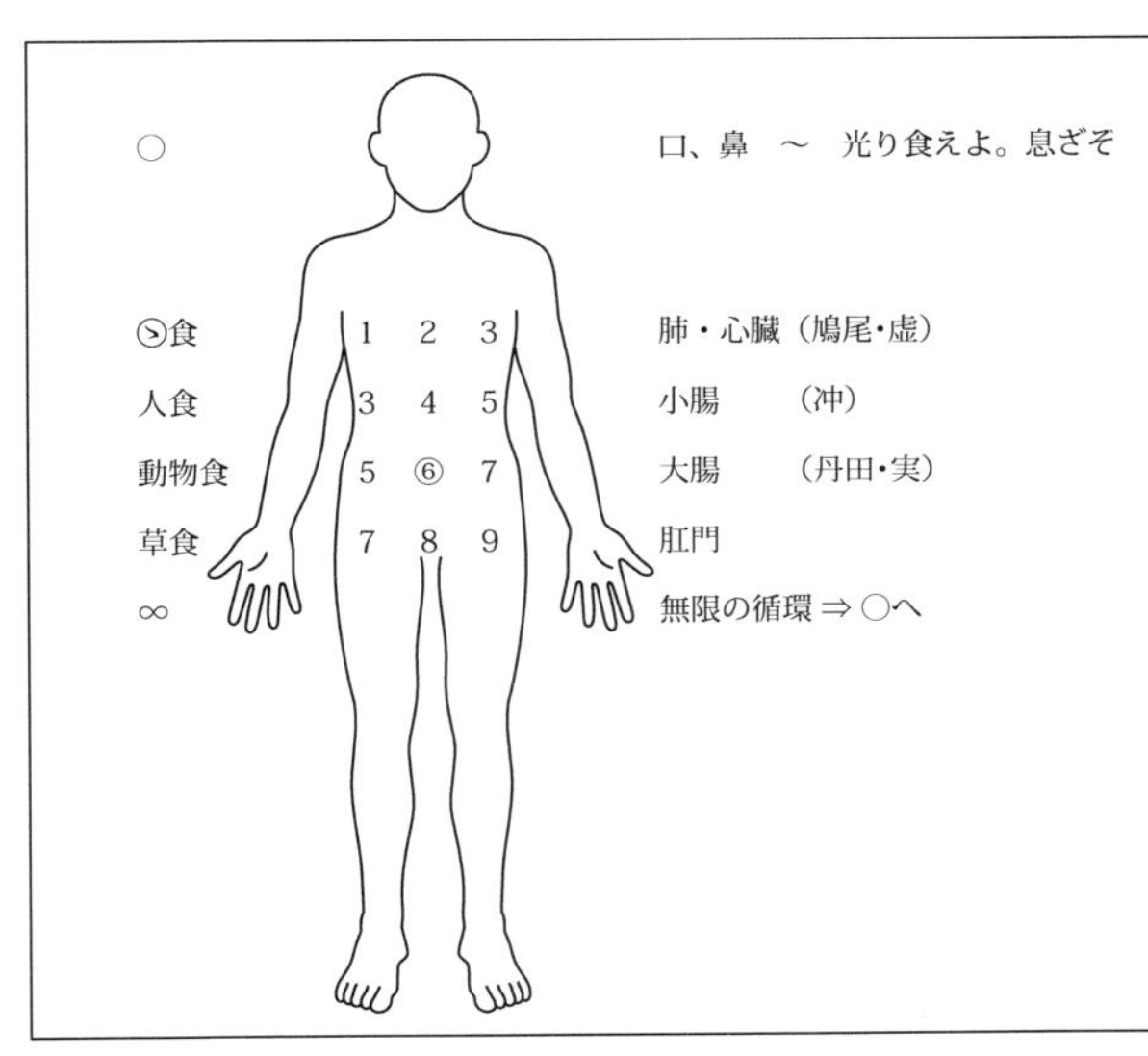

このように、いのちはミクロからマクロにいたる循環に支えられ保たれているのであり、「一二三」「三四五」「五六七」「七八九」の仕組みは、このことを示しているのである。

「動物食」「五六七」として示される腹は、丹田である。丹田に自ずと力が集注し満ちている体勢が芸事、武術の基本であるが、それは食物循環の要であることからも理解できる。栄養生理的にいうならば、子を宿すということは、余剰の栄養を子として凝縮し産み出すということであり、その点でも腹の充実は重要である。女性に取って、丹田とは子宮（⑥）に他ならない。

細胞レベルでエネルギーを充分に獲得し、元気を保つためには、食物だけではなく、「◯ゝ食」「一二三」が必要である。すなわち、呼吸であり、丹田と呼吸の関係が重要になってくる。

腹の底まで呼気を吸い込む深い呼吸を行える身体を造る修練鍛練が望まれる。

これについて、野口整体の創始者の野口晴哉は、頭の中を空っぽにし、首、肩、上胸部の力を抜き、鳩尾を「虚」、丹田と鳩尾の間を「冲」の状態とするようにと教えている。「虚」「冲」「実」の体勢を保つことができるのが、健康な状態と説いたのである。「上虚下実」の体勢が元気、健康ということである。頭、状態を弛め、腹に自然と力が集まる安定した体勢を保つためにも「一二三」「三四五」「五六七」「七八九」を貫く「四六八」の循環を保つことが重要となる。これは野口体操の腹部操法の処でもあり、ヨガの示すチャクラでもある。

「食べる物も遠くて近いがよいのぞ」との示しは、同類に近い食は避け、近郷近在で取れるものを食せ、という示しであろう。身土不二、地産地消、医食同源などが示すところである。

「ふで」は、よく噛むことを教えているが、進化論もまた口の重要性を教えてくれる。そもそも動物は口から発生したからである。

動物の祖先はホヤのようなものであり、食を取り入れる口の周囲に異物を排除するための神経が発生し、血管や鰓（呼吸器）が発生し、免疫系が発生し、筋肉を発達させ、動き餌を取ることができるようになった。また腸に微生物を取り込み微生物との共生により食と排泄による循環がはじまった。口回りの筋肉の緊まりがきちっとしていると、身体全体も引き締まり元気よくフットワークも軽くなる。いのちが尽きると出口の筋肉が弛み垂れ流しになってしまう。入り口（口）と出口（肛門）の筋肉は連動し、身体の筋肉もまた連動しているのである。

「噛むと力生れるぞ。血となるぞ、肉となるぞ」と「ふで」は示しているが、よく噛むことは、物理的に食物を粉砕し消化しやすくするとともに、口腔内の唾液の分泌を促し、唾液に含まれるアミラーゼやリパーゼなどの消化酵素により澱粉、脂肪の消化を助ける。また、免疫グロブリンも含まれ、病害に侵されにくくする。

また、噛むことにより、顔、こめかみの筋肉が動き、これにより頭部、脳の血流が促進され、脳の働きも良好となる。

噛むことにより、頭を含む心身の健康が保たれていることに、わたしたちはもっと自覚的になるべきである。

(8) 裏の数霊方格

「みろく数霊方格」を示したが、「ふで」では、「一二三」、「三四五」、「五六七」、「七八九」には「裏の御用」があると示している。

「一二三の裏に〇一二、三四五の裏に二三四、五六七の裏に四五六、御用あるぞ。五六七済んだら七八九ぞ、七八九の裏には六七八あるぞ、八九十の御用もあるぞ。」（4—10—17）

また、「三五七」、「七五三」については次のように示し、「三五七」が「みろくの世」のリズム（神律）であり、「七五三」は、これに逆らう所行、すなわち国祖をどじ込めたことを指している。七五三掛（しめかけ）という地名があるが、これは「注連（しめ）をかけた聖地」「立ち入り禁止の土地」であり、しめ縄で結界を張った土地示しており、七五三とは国祖を閉じ込めておくための結界であることを示している。

「一二三祝詞する時は、⦿の息に合はして宣れよ。⦿の息に合はすのは、三五七、三五七に切って宣れよ。終いだけ節長くよめよ、それを三度よみて宣りあげよ」（2―7―49）

「元の注連（しめ）、誠の注連張れよ。七五三は逆さざぞ。三五七ざぞ。天地の息吹ぞ。波の律ぞ。風の律ぞ。神々様の御息吹の律ざぞ」（12―10―330）

「注連（しめ）は⦿⦿様を注連込んで出さぬためのものと申してあること、これでわかるであろうがな。鳥居は釘付けの形であるぞ。耶蘇の十字架も同様ぞ。キリスト信者よ改心致されよ。キリストを十字架に釘付けしたのは、そなたたちであるぞ、懺悔せよ」（13―2―336）

七五三は、⦿⦿様を締め込んで出さぬもの、七五三を天地の息吹、リズム、神律として動いている世界と見なすことができる。一二三を「表の御用」岩戸開きの世界とするならば、「裏の御用」を岩戸閉めの世界、と見なすことができる。これを数霊方格と示すならば「裏の数霊方格‐1」（次頁）として示すことができる。一二三を順とみるならば、四五三は逆・裏の世界といえる。

「表の数霊方格」では、１２３を潜象界の伊邪那美と見立てたが「裏の数霊方格」では０１２となり２が現象界に漏出している。同様、伊邪那岐に見立てた７８９は８９が潜象界に漏出し陰陽の調和が崩れた状態と見なすことができる。１５（６）と現象的には安定しているようだが、潜象界では不安定な状態だったのである。

これは、出口ナオのお筆先に示された艮の金神と未申の金神が閉じ込められた相と見なすことができる。

「表の数霊方格」の和が１８（９）であったのに対し、「裏の数霊方格」の和は１５（６）となり、「９＝陽」にたいし「６＝陰」の世界であることを示している。これはまた、６６６、獣（人）の世界であることも示している。それは、「裏の数霊方格」では、いのちを産み出す元となる伊邪那美のみならず、伊邪那岐も又現象界から潜象の世界（陰）に閉め出され、神無しの世界となっていることを示している。
これを三五七と宣り直すと「裏の数霊方格 - 2」として示すことができる。

裏の数霊方格 -1

	10	9	8	15 ／	(27)	潜象　伊邪那岐 （艮の金神） 89が潜象に締め出された
	8	7	6	21	3	
	6	5	4	15	6	
	4	3	2	21	9	
／ 15	2	1	0	＼ 15	(3)	潜象　伊邪那美 （未申の金神）
	18	15	12		↓	
	9	6	3	→	18	

裏の数霊方格 -2

	0	1	2	15 ／	(3)	潜象　伊邪那美 89が潜象に締め出された
	2	3	4	9	9	
	4	5	6	15	6	
	6	7	8	21	3	
／ 15	8	9	10	＼ 15	(27)	潜象　伊邪那岐
	12	15	18		↓	
	3	6	9	→	18	

那岐那美二神の位置が逆転するが北東に陰の那美、南西に陽の那岐が配置されることとなり陰陽のバランスは回復されることとになる。これは、天地壊落の際におきるとされるポールシフトと関係づけての解釈がなされているが、それともつながるものである。

ポールシフトに関すると考えられるものとして、「この大掃除いちおうやんだと安堵すれど、この時、富士鳴門がひっくり返るぞ。天の道、地の道ぞ。ひっくり返るぞ、早う改心してくれよ」（3―2―82）、「一日の日の間にも天地ひっくり返ると申してあろがな」（4―3―110）、「火と水で岩戸開くぞ。知恵や学でやると、グレンとひっくり返ると申しておいたが」（4―4―111）が挙げられる。「天地唸るぞ、でんぐり返るのざぞ」（4―29―136）、「天地でんぐり返るぞ」（6―27―200）、「地つちの軸動くぞ」（8―5―241）「天地でんぐり返して光りの世といたすのぢゃ」（14―1―352）、「地の軸動くと知らしてあろうがな」（14―5―356）などが示されている。

「ふで」が、表、裏の数霊方格を示した意味は、これまで「獣の道（世）」であったものが裏に隠れ、裏に隠れていた「みろくの世」が表に立ち現れる、数霊の原理が変更となったものと見なすことができる。それは、世界を動かしているオペーレーションソフト（ＯＳ）の変更がなされたということなのだ。

しかし、裏の「獣の道（世）」が全くの悪ということではなく、神の経綸によるものであったことは大外枠に３６９が現れ、その和が１８（９）に収斂することから理解できる。また、心棒の部分を「七五三」から「三五七」と神律に従う形に宣り直すことにより「みろくの世」への架け橋とすると見なすことができる。

従って、「七五三」は神律に逆らうもの、神律からはずれたというものではなく、根源の神の必要によりこのような形となっていたと理解できる。すなわち、「七五三の世」により根源の神の意図する成果が得られたため、「五六七」と宣り直し、次の段階「みろくの世界」への移行となり、表の数霊方格により世を動かす時に到ったものと見なすことができるだろう。建て替えが「三五七」、建て直しが「四六八」ということにもなろう。

これまで世に出ていたのは、循環の環を断ちきり神無しの和が１５（６）となる「裏の数霊方格」である。

この循環を断ちきった「七五三」を、さらに横に倒したものが東洋の「洛書」として示され、西洋に伝わり「魔方陣」となった。「洛書」は漢文の右から左のながれで「七五三」、魔方陣はアルファベットの左からの流れに従い「七五三」とし、「三五七」の神律に近い形となっているが、何れの和も15（6）となる点では同様であり、循環を妨げる呪となっている。

洛書

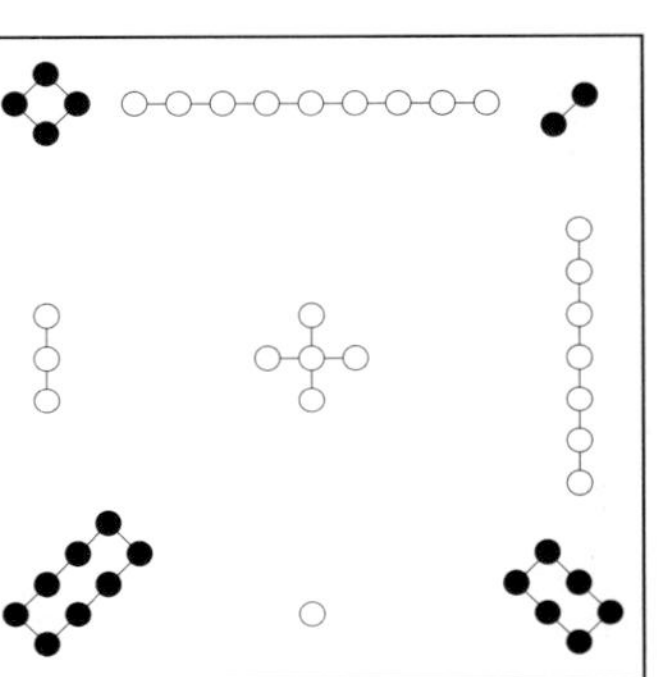

サトゥルヌス魔方陣

6	1	8
7	5	3
2	9	4

「洛書」、「魔方陣」の和は15（6）となる。15は安定したバランスのとれた状態を指すが、見方を変えるならば固定され動きのない状態とみることができる。「五六七」が横に倒され乱されても気付かないほど安定しているといえる。これを「七五三」を心棒とする「数霊方格-1」に戻し、さらには元のゝ⃝の息に宣り直し「裏の数霊方格-2」の状態「七五三」とした後、「(表の) 数霊方格」へと導かれるのであろう。

「(表の) 数霊方格」では、潜象界の三から五七と湧きだし、現象界三五七と動くゝ⃝の息が二重に示され、心棒なは「四六八」が置かれている。これまで、「三六九」、「五六七」、「六六六」は「みろく」として世に知られていたが、一二三において示された「数霊方格」によって「四六八」の「みろく」があらわれ、循環を表していることことが明らかになった。四方、六方、八方、十六方、三十二方、七十二方と広がりつつ循環するさまが明らかにされた。

「洛書」は、5を中心とし、「+」と「×」が重なり合った「✳」とすると、●陰、○陽よりなる世界を示したものと見ることができる。「数霊方格」の場合は立体から、循環系へと発展させることができたが、「洛書」、「魔方陣」の世界は平面から抜け出すことができない。「一二三（数霊方格）」の示しているところは、「洛書」、「魔方陣」の世界から立体、循環の世界へと進むときが来たと示しているといえる。

「洛書」に示される×は、五行、洪範九疇の元であり、×を組合せると陰陽八方✳となり、内爻8、外爻8で64卦の易が生まれる。また、5を中心とする方格からは九星が生まれる。西洋では占星術の惑星と結びつけられ魔方陣（三方陣・サトゥルヌスの魔方陣）は土星の象徴とされた。陰陽論では中央の5が土性とされるからであろうか。

ともあれ、「一二三・（表の）数霊方格」の世界へと進むならば、「裏の数霊方格」である河図に基づき発達してきた易、九星はどのように変化して行くのだろうか。

これまでは、伊邪那美、天照大神の岩戸開きは、潜象たる、いのちを生み育て継続する母性・女性原理神の復活として捉えられてきた。しかし、それにとどまらない密意が潜んでいたことが「裏の数霊方格」により明らかにされたといえる。伊邪那美が岩戸隠れしたことにより、対をなす伊邪那岐もまた潜象に隠され、神無しの世界となったと解することができるのである。

岩戸開きとは潜象界に押し込められていた那岐・那美二神が現象界に立ち現れ、並立し陰陽が和合し調和の取れた世界が立ち現れるということなのだ。出口ナオの示した「三千世界一度に開く梅の花、艮の金神の世になりたぞよ。神が表に現れて三千世界の立替え立直しを致すぞよ」、「金神の世の到来」となるのだ。

我が国は、文明世界のなかで衰えたりといえども母系社会（母性）の残滓を色濃く残している。父系を表に立てながら、実権は女・母が握るという二階建ての構造として母系社会が残されている。

天の岩戸開きとは、那美・那岐二神、陰陽が和合し、一体となって我が国に残された母性的、母系的なセンスによって支えられた世界に広げることを示していると理解できる。

我が国は、縄文の昔から、庶民はカカア（耀くもの）、おかみさん（神・上）とし、商家は御寮はん、武家はご内儀・奥とし、財布の紐を持ち、家の経営に当たり支えて来たのである。この母系的な流れを伊邪那美の「〵」とらえるならば、猶基一神教、父系的な外国「〇」のセンスに母系的な「〵」のセンスを取り入れ、和合を図ること、すなわち㋬となることにより「みろくの世」となると解釈できるのである。

これはまた、力と量による世界から、目に見えない世界とのバランスを重視する、質を重視する世界への転換ということでもある。

矢野シンが天明と関わりをもった後、複数の「ふで」の研究会が立ち上げられたが、そのなかに「乙姫会」と称する女性を中心とした研究会が立ち上げられていることから、「日月神示」の読解により女性が表に現れるという意識が醸成されていったもののようにも思われる。

仏儒の取り込みによる男尊女卑と、それに加え明治に造られた天皇一神教のもとに猶基一神教の女性像・マリアが良妻賢母として取り込まれ旧石器・縄文から続く母系制が崩れてゆく。敗戦により押し付けられた自由・男女平等によって伝統文化に根ざす母系制はさらに弱体化し、さらにはバブル崩壊で経済戦争の大敗に導かれ、グローバル経済に連結されたことにより一億総活躍とされ、男も女もない、単なる労働力とされるに到った。

劣化の方向に強化・加速された女系制社会・母性文化の喪失による陰陽のバランスの崩れ、いのちの継承・継続意識の希薄化を防ぎ、取り戻さなければならない時期に到ったのであり、それが「天岩戸開き」と考えられる。

那岐那美二神が黄泉の国から蘇り並び立つ、天照大御神が正しく磐戸から出る、天の岩戸開きとは、陰陽の調和の取れた状態で母性を発揮することといえるだろう。

これが、「日月神示」では、北に押し込めたスサナルの神が八岐大蛇（悪の⦿⦿）をことむけやわし顕れ、人皇となった天皇の⦿への復帰、渡ってきた仏（神・仏・キリスト・鬼）の改心による「磐戸開き」、「みろくの世」と示されているのだろう。

今日問題となっているコロナ禍は、疾病・健康に関する問題だけではなく、「ふで」に示される「みろくの世」へ到ることを損なおうとする動きとも考えられる。その災いを回避できるのは、陰陽の調和による父性・母性の蘇り、いのちの継承・継続という原点に立ち返ることであり、それが「みろくの世」だと考えられる。

このような部分が、「日月神示」にしめされる「イシヤの改心」にかかわってくるのだろう。

「イシヤの仕組みにかかりて、まだ目さめん臣民ばかり。日本精神と申して卍の精神や十の精神ばかりぞ。今度は神があるかないかを、ハッキリと神力見せて、イシヤも改心さすのざ」（2—16—58）

4　天明に与えられた御神業・御用

(1) 三千年の神の経綸

これまでの三千年の歴史は神の計画、すなわち経綸の元に進められてきたことが「ふで」には示されている。

御光の輝く御代となりにけり、嬉し嬉しの岩戸開けたり。あなさやけ、三千年の夜は明けて、人、⦿となる秋は来にけり。日月の大神、キリスト大神、釈迦大神、マホメット大神、黒住大神、天理大神、金光大神、大本大神、老子大神、孔子大神、すべて十柱の大神は、光の大神として斎き祀り、結構致しくれよ。富士晴れるぞ。岩戸開けるぞ。（21—14—469）

ここでは仏教、キリスト教、回教、道教、儒教はもとより、わが国の江戸末期から天啓・神示によって立ち上がった黒住、天理、金光、大本の流れの末に天明の「ふで」は降ろされたと示されている。そして、その「ふで」を降ろした神の名が「日月の大神」なのである。

天明は大本との関係が深いため、一般的に「ふで」は「大本神諭」「伊豆能売神諭」の後継と目され、そのような観点からの考究は多くの書籍に示されている。しかし、日月の大神の出現が、そのような流れにあるとのみ見るのは片手落ちではないだろうか。なぜならば、「ふで」の解読、天明の暮らし、そして神業が成り立つようになったことに関しては、矢野シンの存在が大きいからである。

矢野シンとの関係について語る前に、江戸末期に天啓・神示によって立ち上がった「ふで」の系譜について概観しておこう。

系譜の最初は黒住大神である。文化十一年、黒住宗忠が冬至の日の出を拝む中で天照大神（日の神）と一体となり陽気暮らしを説いた。これが天命直授であり三十六年間にわたって神の導きがなされた。宗忠は伊勢神宮で天照大御神の開運を祈ったとされ、国祖引退の経綸を察しての神業と考えられる。

次に示されたのは天理大神である。天保九年に中山ミキに「天の将軍」が懸かり、親神天理王命に感謝を捧げ、世の中が陽気な世界に立替ることを祈れと教えた。和歌の形式のお筆先が降ろされ、『泥海古記』（こふき）には人類創造について「月日親神は、この混沌たる様を味気なく思召し、人間を造り、その陽気ぐらしをするのを見て、ともに楽しもうと思いつかれた。」と示されている。月日の神の月は「くにとこたちのみこと」、日はる。

「をもたりのみこと」であり、龍体を持つ神として説かれた。また、「天の将軍」は「日之出神諭」や「肝川神啓」に顕れる神名の魁となっている。天明の「ふで」では大国常立大神は地の世界を治める神として示されている。

三番目に示されたのは金光大神である。安政六年に川手文治郎に、従来の俗信では祟りの神とされてきた金神（天地金乃神）が「愛の神、恵みの神」として立ち顕れ、「人が人を助ける所」すなわち「神国」の建設を説き、人はみな等しく神の子であり、心の内なる神を実現して生神になることを説いた。

そして四番目が大本である。京都府綾部町本宮村の貧しい寡婦、出口ナオが激しい帰神状態に陥ったのは明治二十五年の節分未明のことであった。以後、ナオは大正七年に帰幽するまで、ひらがなと数字ばかりで記された膨大な「お筆先」を残した。その一部は出口王仁三郎の手により漢字仮名交じり文に読み解かれ大正時代の大本教機関誌『神霊界』に「大本神諭」として発表された。

ナオに憑った神は「艮の金神」と名乗った。それが正神かどうかを見定めることのできる人物を探すため、ナオの娘で八木の福島家に嫁いでいた久は街道に茶店を出していたが、そこへ通りかかったのが上田喜三郎こと後の出口王仁三郎で、王仁三郎は艮の金神は国祖国常立尊であり、天地剖判のはじめに宇宙をつくりかため、大地の世界を開き、男女の霊止（人）を地上に降ろした神であると審神した。

ナオの「お筆先」には「黒住、天理、金光妙霊、先走り」と示され、大本がこれら先走りの神業をついで世界の経綸を示す場となったとした。

王仁三郎が大本に加わると、ナオを変成女子（厳の御魂）、王仁三郎を変成男子（瑞の御魂）とする筆先が降ろされ、陰陽の御魂が葛藤を演じ、神の経綸の型を示すのが大本であるとされた。大正七年十一月にナオが帰幽すると、王仁三郎において厳と瑞の御魂が合体し、伊豆能売となったとされた。王仁三郎は「伊豆能売神諭」を示し、それが『霊界物語』へと繋がっていく。

ナオのお筆先において重要なのは、三千年前の国祖引退の顛末が明らかにされたことであろう。

――神代の世は、神と人とまつりあわせて真善美の世界を楽しんでいた。しかし、次第に邪気が発生し時間と共に満ちていった。邪気とは、ものに対する欲望、執着であり、邪気が邪気を呼び神と人とのまつり合わせが困難となり汚濁の世となってしまった。この乱れた神界、地上界を元に戻そうと国祖は法を定め神界から正そうとするが、邪気に犯された神々はこれに逆らい、国祖の排除をたくらむ。厳格な国祖のやり方は厳しすぎると「天の大神様」に直訴し、多勢に無勢となった国祖は罪を負わされ艮の根底の国へと落とされることとなった。この時、「天の大神様」は、「汝の引退により神界の乱れはつのり、やがて泥沼となり滅びるときがくる。その時、汝は再び神界の主宰神として復活し、三千世界を立替え元の神代に返せ」と国祖に告げる。しかし邪気におかされた神々は、国祖を永遠に封じこめるために「煎り豆に花が咲いたら出てこい」と呪詛した。大本ではこれが節分の豆まき、鬼やらいの縁起だとしている。

しかし、いよいよの時となり、艮に封じ込められた国祖は「艮の金神」としてナオに憑り世に出ることになり、大本は国祖復活、神代の世に返すための型を示す神業を行うこととなる。それが、ナオと王仁三郎の葛藤であり、第一次大本事件、第二次大本事件という大弾圧となって現れるのである。

(2)「ふで」に集約された第三の流れ　日乃出大神

ナオは、大正七年に帰幽しているので、天明と大本の関わりは出口王仁三郎とのかかわりとなる。

天明は大正九年(一九二〇)、二十二歳の時に大本教と出会い、王仁三郎が買収した『大正日日新聞』に美術記者として採用される。この時代の天明の霊媒としての活躍ぶりは伊藤元治郎編『霊界消息 神秘の扉』(龍吟社、一九二一)に詳しく、八幡書店より復刻版が刊行されている。

大本時代に天明は同じ岡山県倉敷の出身でしかも同年同月生まれの高見元男という人物と親交を結ぶ。高木は昭和三年（一九二八年）に直日の婿に迎えられ出口日出麿と名乗り、王仁三郎の片腕として昭和の大本発展期を牽引する。

昭和五年九月、かねてより宣教の中心を東京に移すことを構想していた王仁三郎の意を受け、大本の宣教団体である人類愛善会東京本部は東京の四谷区霞ケ丘町に移転し、機関紙「人類愛善新聞」は十月から東京で発行されることになるが、その実働の責任者に任ぜられた出口日出麿は、旧知の天明を編集幹部に迎えている。

二度に及ぶ大本弾圧については、さまざまな解釈があるが、経綸論としては、王仁三郎は、大本を世界の立替えの雛形とし、大本を潰すことが立替えの型をつくるとして動いたと解釈され、その目論見は昭和十年の大弾圧によって達成されたといえる。

その際、その後の立直しの型を大本裏神業として複数の人物に託したとされている。その中には裏神業であることを告げられ意識して行じたものと、意識せずに行ったものがあり、天明は後者であったと考えられる。

但し、ここで留意しなければならないのは、大本には、王仁三郎とは別の流れが存在するという事実である。ナオの三女福島久の「日乃出神諭」に始まり、車小房（肝川八大龍王）、矢野祐太郎とその妻シン（神政龍神会）へと連なる系統である。出口和明氏は、これを「裏霊界」と称している。(5)

この背景を理解するためには、大本秘史にわけいらねばならない。その軸は二つある。ひとつは大本の隠された聖地・肝川であり、もうひとつは福島久である。

肝川は猪名川流域の戸数三十戸ばかりの寒村であったが、明治四十四年にたまたま立ち寄った小沢宗雄（惣祐）という大本の行者が病気治しの実をあげ村中が信徒になり、大本支部が設けられるが、その後、大正二年頃より支部長部長車末吉の妻小房に村の禁足地「雨の森」の龍神が憑依するようになり、独自色を強めていた。

ちなみに大正三年三月三日、王仁三郎がはじめて支部を訪れ、小房に

「このあたり一面龍宮海じゃ。ここは龍宮になる。お前の家はあの山の方に移る。そしたら神殿がいっぱい

建つ。まあ見とってみ」
と告げたという。(6)

ナオの「お筆先」でも「(肝川は)大本の控えの場所」と示され、肝川は龍宮乙姫との因縁の地とされた。

しかるところ、大正四年、肝川で行われた直霊軍肝川分霊旗揚式に駆けつけた福島久と飯盛正芳は、肝川を大本第一霊場と感じ、霊的熱狂のまま二代教主澄の来訪を要求するも、ナオ、王仁三郎三郎の反対に合い頓挫する。この事件で王仁三郎は肝川の霊的磁場に警戒心を抱くようになり、大本の人間が肝川を訪れることを禁じることになるが、肝川を訪れるものは後をたたず、肝川を訪れたものは相次いで大本を離れることとなる。(7)

久は、ナオの「お筆先」に「東から神を見分ける人が現れる」と示されたことを受け、茶屋をだし、その人が現れるのを待ち構えた。その網にかかったのが王仁三郎であり、これを縁に王仁三郎は大本に引き寄せられた。

しかし久は、二代目澄と結婚、婿入りした王仁三郎と対立するようになる。ナオと王仁三郎は、変性男子(厳・｜)と変性女子(瑞・一)の戦い、水火の戦いの型を演じたが、ナオの帰幽により厳と瑞は伊豆能売(十)として和合したとされる。

しかし王仁三郎には、ナオとは別に久に現われた「日の出の神」をめぐる戦いがあった。

福島久はもともと霊媒体質の強い人であったが、大正六年に「義理天上日之出大神」が憑り、膨大な筆先を綴りはじめる。それを総称して「日乃出神諭」と称し、久を中心として形成された教団内分派を八木派と称する。八木の福島家の背後の山に独自の神々が祀られ、久は大阪大門正道会などを率い「日乃出大神」を世に出す神業を行うこととなる。

ナオの筆先では、「日乃出の神」は立替え立直しの大神業を遂行する四魂のうちの欠かせぬ一柱で、「龍宮の乙姫と一対で変化れに変化れて外国で大働きする」神とされていた。(8)すなわち、厳(艮の金神)・瑞(坤の金神)

二神に加え、龍宮乙姫、日乃出の神も立替え立直しを進める重要な神なのである。

また、筆先では、その日の出の神の御霊は、ナオの次男の出口清吉と明示されていた。

「大出口直の御子の五人目の肉体の名は出口の清吉と申すのであるぞよ。大神様から戴いて居る名は日の出の神と申すのであるぞよ」（大正五年九月十二日）

「清吉殿は艮の金神が日の出の神と名がつけたるぞよ。正一位稲荷月日明神と申すぞよ」（明治三十二年九月十四日）

ところが、明治二十五年、清吉は徴兵で近衛師団に配属される。そして明治二十八年に日清戦争が終結すると、台湾平定のために近衛師団が派遣され、清吉は消息をたつ。しばらくすると、軍から清吉は台湾病院で七月七日に死亡したとの連絡が下賜金とともにナオのもとに寄せられたが、真相はよくわからないまま、筆先には執拗に清吉は生きているというお告げが出た。

ところが大正六年十二月に、福島久に出口清吉と称する霊がかかり、久は自分が日の出の神の系統の継承者であり、「義理天上日之出の神」であるとし、反王仁三郎勢力を形成することとなる。

王仁三郎はこれを嫌い、『霊界物語』において、福島久は瑞霊の教えを徹底的に妨害するウラナイ教の高姫として描かれることになる。王仁三郎は日の出の神は王仁三郎自身であることを強く示唆し、また二代教主澄は、夢のお告げとし「高見元男に日之出神が守護し、直日と二人揃って日之出の神となる」と示した。三代教主直日と元男の婚儀を契機として、王仁三郎は元男を出口清吉の生まれ変わりとし、「日出麿」と命名する。「日の出の神」問題が大本にとっていかに重要であったか理解できよう。

日出麿は王仁の片腕として活躍しながらも、また日出麿を担いで王仁三郎を隠退させようとする動きもあり、王仁三郎と対立することにもなった。そして第二次大本事件で検挙され厳しい拷問の結果、精神に異常をきたし、日の出の神も役を果たすことがかなわなくなった。(9)

日出麿が出口清吉の生まれ変わりであり、「日の出の神」の役とするならば、前述の如くかねてより親交篤く、大正日日新聞社においてともに鎮魂帰神を行い霊的な体験を共有していた天明に、精神異常をきたした日出麿にかわって「日の出の神」の「ふで」が降ろされたとも考えられる。

ナオは王仁三郎と久の対立については心を痛めていたようで、大正六年のはじめ頃、のちに久の片腕となる星田悦子に次のように語っている。

「お久にかかる守護神は先生（王仁三郎）のやり方が気に食わず、先生はお久のいい分には耳を貸しなさらん。お久も一途でこうとなったら少しも譲らぬ子じゃさかい、この先まだまだ長い戦いが続きますやろ。善と言い悪というても、お互い変化れ者同士、すべてはお役の上のことやわでなあ。星田さん、あんたはどうぞ八木へもできるだけ顔を出して久の力になり、綾部との仲を和合させるようにとりもってやっておくれなはれ」

また、大正六年の暮れに久と星田がナオに久の筆先を見せたところ、

「えらいことを書かして頂いておるが、いまお久が何ほど書いても、まだ、誰もまことにいたさぬ。何がかけようと書き放題に書いておきなされ。時節がめぐり来たら、その方の書いたものを見なならんことになろうでよ」

と語り、久に出現した「日之出の神」と「厳と瑞」の和合がなされるべきことを示唆したという。

また、大本二代の出口澄は「大本の真実は出口のこと、大槻のことと福島のことを調べなければ分からない、とかねがねいっていた（『神聖龍神会資料集成』一二一九頁）」のであり、ナオの長女大槻米とその因縁を引き受けた福島久との関係が重要だと示しているのである。

「日の出の神」をめぐる問題は王仁三郎の入蒙にも影を落としている。第一次大本事件の後、大正十三年に仮釈放となった王仁三郎三は官憲の目を逃れ、後に合気道を起こす植芝盛平などを同行し大陸、満州へ渡った。いわゆる「王仁入蒙」と称される事件である。その目的については、大陸に「みろくの世」の理想郷を造ろうとしたなどの諸説があるが、出口和明によれば入蒙の隠された目的は大陸で消息を絶った出口清吉との接触であったと

いう。

この手引きをしたのが矢野祐太郎である。矢野は、海軍のエリート技術将校であったが、大正二年から四年にかけて軍事技術の情報収集のため渡欧中にフリーメーソンの世界転覆陰謀説などに触れて危機感を抱き、諸宗教を学び、大正五年、海軍兵学校時代の恩師、浅野正恭少将（浅野和三郎の兄）の紹介で大本を訪れ、ナオの筆先に感銘を受け、大正七年には綾部に移住した。その後、奉天で三矢商会という武器商を営み、王仁入蒙の背後で暗躍した。

その後、矢野は王仁三郎と袂をわかち、大正十四年から二年間にわたり大阪大門正道会の二階に籠もり久の「日乃出神諭」の研究にとり組むこととなる。

その後、矢野は肝川にも足を運ぶようになり、昭和三年に神命により大阪大門正道会へ肝川八大龍王を神迎えすることとなるが、これに際して、福島久、矢野シン、車小房などが激しい神懸かりとなった。これを一般に「第二回肝川開き」と称し、ここに肝川の「八大龍王」と「日の出の神」が結ばれることになる。

昭和五年に矢野祐太郎は、妻のシンに降ろされた「棟梁皇祖皇大神宮の古文書、一日も早く調べるよういたせよ」という神命により、シンと共に磯原の皇祖皇大神宮を訪れ、昭和八年に竹内巨麿を名誉総裁として「神宝奉賛会」を設立する。

矢野は「日乃出神示」と「竹内文献」（現示）を照らし合わせ考究を重ね、不明な箇所はシンにかかる神霊に確認しつつ筆を進め、一般に『神霊密書』と称される『神示現示宇宙剖判より神政成就に到る神界現界の推移変遷の概観　日本天皇の発祥　世界統理　統理復帰　神聖復古の経緯』を完成させ、これをガリ版刷りで関係者に配布した。皇后の手を通じて天皇にも献上したという。昭和三十六年、孔版印刷で『神霊密書』として復刊され、昭和三十九年に『神霊正典』と改題し活版印刷で再刊されている。

王仁三郎と矢野の決裂は、「日の出の神」に対する認識の違いであったと考えられる。矢野は、久に降ろされた

「日乃出神諭」が正しい、すなわち清吉は外地で死しており「義理天上日之出の神」として久に顕れたと認識し、「日乃出神諭」の研究に没頭したのである。

矢野の著した『明治大帝の御軫念』『日本統理と大君様』『雲の上より』等に収録された神示を分析すると、矢野グループの神業は、大正七年から昭和三年までは福島久の「日乃出神諭」に基づき、昭和四年以降は矢野シンならびに車小房に示された神示により進められたものと思われる。(10)

昭和九年に車小房に降りた神示により「神政龍神会」が組織されるが、その教えは明治維新後に作られた天皇一神教の教義と抵触し、宮中の建て替え建て直しを推し進めようとするものであったため、昭和十年の第二次大本事件、二・二六事件の勃発などと連動し、昭和十一年に矢野祐太郎、シンなど神政龍神会の主要メンバーは検挙され、矢野祐太郎は昭和十三年に獄死する。『神霊正典』の「まえがき」「そえがき」では、遺体の状態から毒殺であったとされている。

神政龍神会の結成は、車小房に降りた昭和九年の神示によるが、昭和十年五月に配布された『大御神業御進捗記』には、昭和四年から昭和十年までの詳細な活動記録が収録されている。昭和四年、シンに憑った肝川八大龍王が「正道会に集う者はだれ一人として神意を理解せぬ」として、大阪大門正道会より肝川八大龍王を肝川へ返した後の六年間が神政龍神会としての実質的な活動期間だったといえる。

矢野祐太郎が帰幽した後は、未亡人のシンがその活動を引き継ぎ、その後の神業を一身に負うこととなる。

このような流れの末に、天明とシンの関係が生まれたのであり、シンが「ふで」の解読の弾みをつけることとなり、さらには天明の生活基盤を整備し、神業に専念することを可能とし「日月神示」を巡る動きを活発化させることとなったのである。

天明と矢野シンを巡る関係は、黒川柚月の『岡本天明伝』によってつまびらかにされている。

（3）天明と矢野シンのかかわり

天明と矢野シンは、大本時代に旧知であったが、天明に「ふで」が降りた一ヶ月後に再会することとなる。

昭和十年の第二次大本事件で大本が壊滅したために、天明は職を失い生活に困窮したが、俳画を描きつつ、かた歌を「すめら歌」とし、その復興に努め「すめら歌社」を結成し運動を広げた。しかし、悪化する戦況のもと同志の出征が相次ぎ立ちゆかない状態となった。糊口をしのぐため天明は、鳩森神社の留守神主に職を得ることとなった。この時期に天明に「ふで」が降ろされることとなる。

しかし、数字、かな、記号まじりの「ふで」を天明は判読できず、当初は低級霊によるものとし放置していたが、天明と共に留守神主をしていた法元辰二が書写し保管していたため散逸が防がれたとされている。この「ふで」を神に呼び寄せられた矢野シンが読み解き、大神様の「ふで」だと審神したことがお墨付きとなり、「ふで」を中心とした神業がはじまる契機となった。

シンの呼びかけで天明の生活費の工面がなされ、「天之日津久神奉賛会」「一二三神示拝読会」が組織される。これにより天明の生活は安定し「日月神示」「日津久之神」の指し示す神業に専念することが可能となったのである。

これを以ても、「ふで」は福島久、車小房、矢野祐太郎・シンという流れ、「日之出大神」の系譜に連なるものであることは明らかである。

実際「ふで」には、

「待ちに待ちし日の出の御代となりにけり、一二三いろはの世はたちにけり」（13—6—340）

「日の出の⦿様お出ましぞ、日の出はイであるぞ、イの出であるぞ、キの出であるぞ」（13—11—345）

「いよいよ日の出の守護と相成ったから、物事誤魔化しきかんのぞ」（13—12—347）

と示され、「日の出の神」と「⦿」は同体と認識されている。

『原典日月神示』を世に出した思兼鴻秀も、「岡本天明に『ひつ九のカミふで』を書かせたカミさまは、義理天上日乃出大神さまである」と断言している。(11)

しかし、これまで一般には「日月神示」はナオ＝厳の系統を継承するものとされてきた。泉田瑞顕は「『日月神示』は、『大本神諭』『伊豆能売神諭』と続く厳霊神示の続編である」とし、中矢伸一は「出口ナオに降ろされた『大本神諭』と『日月神示』が『厳霊』系の神示だとするならば、王仁三郎三郎の口述による一大神書『霊界物語』と辻天水のもとに伝達された『天言鏡』『龍宮神示』などの神典類は「瑞霊」系の神示と言うことができる」とした。

しかし、これは大本運動総体の霊的構成を厳瑞の二項対立のみで捉えてきたからであって、実際には第三極の日の出の神の流れがあることがほとんど認識されてこなかったからである。

「一二三」「三四五」「五六七」「七八九」の数霊的な読み取りの表現態であるみろく数霊方格、みろく立体格子に即していうならば、厳〔｜〕と瑞〔一〕だけでは宇宙の循環原理たり得ない。その交点と交わる〔／〕があればこそ宇宙は循環するのである。

その〔／〕が第三極としての日の出の神の流れである。厳〔｜〕と瑞〔一〕が伊豆能売〔十〕（立体）となり、さらに日の出〔／〕の流れが〔十〕の交点を貫くことにより時空の広がりをもつ立体として立ち現れ、

「日月神示・ふで」の三元の成り立ち

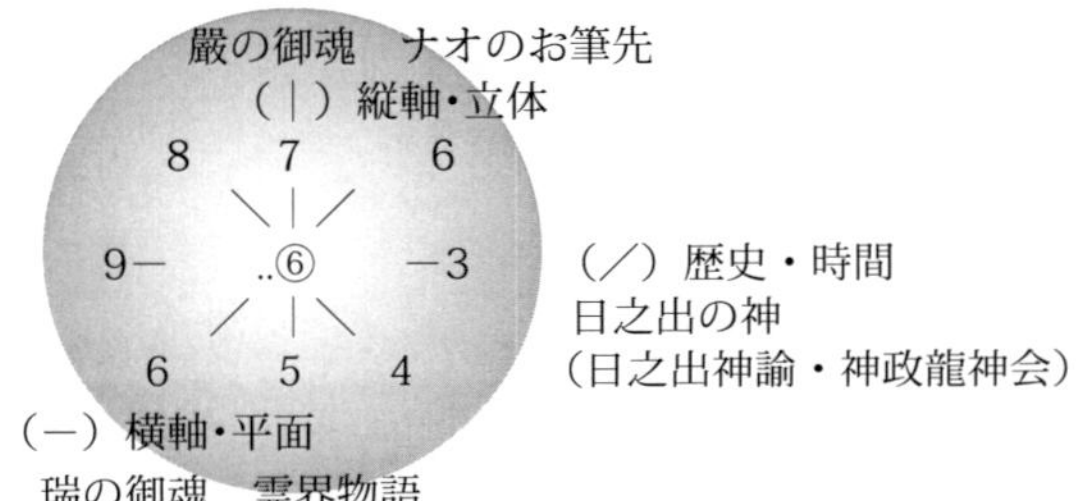

みろくの世へと向かうのである。

大本の流れは、厳〔｜〕のナオの神示・神業、瑞〔一〕の王仁三郎の神示・神業、そして福島久の日之出神の神示・神業〔／〕へと三元の流れに別れ、ナオ帰幽の後、王仁三郎により厳と瑞が統一され伊豆能売〔十〕（立体）となり、これが辻天水らの大本裏神業へと繋がっていったと解釈される。第三極の福島久の日の出の神の流れは、肝川、矢野祐太郎・シン（神聖龍神会）と展開し、神々の御魂の因縁が解き明かされ、その持ち場が示された。この流れの延長に「日月神示」が降ろされたとみられるのである。

そして、伊豆能売〔十〕の交点に日の出の神系統の神示・神業が接続され相和し一つとなったときに四次元時空立体が形成され、「みろくの世」到来の型が出来上がると考えられるのである。

（4）天明と矢野シンの神業

大正六年六月、矢野シンは「讃岐の金比羅に来い」との神示を受け、三三〇五段の階段を上り「朝日神社」を参拝している。このとき「朝日明神月日明神ここにおるぞ」との神示を受け、また、裏の山へ連れて行かれ「この山は象頭山と申す山であるぞ。竜宮の乙姫の身体なるぞ。時来たれば必ずそちを向かえに行くぞ石屋と手を結べ」との神示を受けている。(12)

王仁三郎は『霊界物語』において、国祖は、竜宮海に投身した大道別の荒魂・奇魂に対し日の出の神、和魂・幸魂に対しという琴比良別神との神号を授け、日の出の神には陸上を、琴比良別神には海上を守らしめ給うたとし、ともに神界経綸の完成にめざましい働きをなし、「五六七神政の地盤的太柱」として「後世ふたたび世に現はる因縁を有」するとした。(13)

つまり王仁三郎においても、琴平別と日乃出の神はセットで考えられている。

さらに明治三十二年九月十四日の筆先には、

「清吉殿は艮の金神が日の出の神と名がつけたるぞよ。正一位稲荷月日明神と申すぞよ」

とあり、日の出の神の別名が月日明神であることが示されている。

このあたりの脈絡を考えると、大正六年の矢野シンのこの神示は非常に興味深い。「朝日月日」とはつまり「日月の神」であったと筆者は考える。この後「日月の神」が世に出るのは、二十七年を経た昭和十九年七月、天明に「ふで」が降ろされるまで待たなければならないが、興味深いのは「日月神示」第二巻二十二帖の難読箇所である。

『原典日月神示』ではこの箇所は、

二三　三　二二ゝ〇⦿
二五五五二一二二六一
一二三二八一四五
三二三四四五二
二二九三二五四
五三五

と訓みがふられていないが、第一訳文には、

アイカギ、ゝ〇⦿　コノカギハ　イシヤト　シカ　テ　ニギルコトゾ

となっている。

黒川柚月は、この部分を「石屋と手を結べ」という大正六年に矢野シンに降ろされた神示との共通性から、矢野シンが読み解いたと見ている。(14)

上述の昭和六年の神示に「時来たれば必ずそちを向かえに行くぞ」とあるように、『大御神業御進捗記』には、昭和八年新春早々、三条氏（矢野祐太郎）に「愈、日の出生魂大神を御迎へせよ」との霊示があり、この神事の

ために矢野夫妻ら一行五名は三月二十三日に象頭山奥宮に到り、矢野シンに日の出生魂大神、江浪夫人に朝日明神、宋夫人に月日明神の「お憑りを得」て、三月二十四日に南町神殿に三神を遷座したと、讃岐金比羅神社から日の出の神を迎えた経緯について詳細に記録されている。

また、天明が最初に行った神業は、富士山の艮に位置する榛名山神業であるが、これについても神政龍神会が先行していたことに留意しなければならない。

大正十三年三月には「榛名龍神（後、榛名大神）」を矢野シンに憑けて三條家（矢野家）神殿に迎え祀り、昭和八年六月二十八日に総勢二十二名にて榛名湖で神事を斎行している。この時、矢野が作成した『神霊密書』の作成費用を支弁した塩谷信男の婦人が同道しており、婦人に龍神団の一柱が懸かって挨拶している（『神政龍神会資料集成』九二三頁）。

『大御神業御進捗記』によれば、榛名湖には明治二十五年以来、龍宮系龍神団が、また同二十三年以来、外国系龍神団が修行していた。このうち龍宮系は昭和五年二月に金毛九尾から帝都を守るために東京の外周部に配置された。外国系龍神団はもとは日本に仇なしたものであるが修行により改心し、この神事で「神上げ」を行い、来るべき立替え立直しにし活躍することになると位置づけられた。

天明に榛名山神業の告知がなされたのは、昭和十九年七月一日、「ふで」が降ろされて二十日後のことであるが、これに先立つ七年前に矢野夫妻は榛名山と結縁していたのである。

「元の仕組みは富士ぞ、次の仕組みはウシトラ三十里四里、次の山に行きて開いてくれよ」（1—27—27）と示されたことにより、天明は、富士山の艮の方角にある榛名山と目星を付け「日津久之神」を祀る神業を行ったのである。この「ふで」が降ろされて十日あまり後のことである。

その後、八月中旬に、旧知の矢野シンとの縁が再び結ばれ、「日月神示」解読が一段とすすむなか、同年十二月に天明はシンと共に「鳴門印旛沼神業」を斎行し、翌昭和二十年一月に「鳴門諏訪湖神業」「オワリの御用」、二月に「イイヨリの御用」「鳴門神業」を庵治の篠尾海岸で斎行している。

庵治篠尾海岸は、矢野夫妻が「日の出生魂大神」を迎えた象頭山の艮にあたる。これは富士山の艮のに位置する榛名山に「日津久之神」を祭ったことと相応し、ここに「富士と鳴門の神業」は完了したものと位置づけられたと思われる。この一連の神業を終えたのち、四月に「天之日津久神奉賛会」が発足するのである。

この「天之日津久神奉賛会」という名称も、矢野祐太郎が「竹内文献」を顕彰するために昭和八年に結成した「神宝奉賛会」を連想させ、おそらくはシンの発案したネーミングだったと考えられる。

以上、矢野シンの動きを追ってみたが、天明に降ろされた「日月神示」は「日之出の神」の系統により降ろされ「厳と瑞の大神」「日之出の神」が処を得、天津金木のように組みあがったものとみなすことができるのである。

ナオの明治二十八年頃の筆先に「この第四番目の『日之出の大神』が現れて、『岩の大神』が現れると、最後であるぞ」と示されている点でも、興味深いものがある。

(5) 富士と鳴門の仕組み

厳〔|〕の神業、瑞〔一〕の神業は主に関西が地場であり、伊豆能売〔十〕の大本裏神業は美濃尾張と中部へと広がった。これに対し、福島久、肝川の流れを汲む「神政龍神会」の神業は地場を関東に移し、「三四五」（現れ出でよ稜威）の宮中及び天皇に対する働きかけに重点を置いた。

「日月神示」の神業もまた関東を地場としての動きであり、それは「富士は晴れたり」ではじまる第一巻第一帖に「てんし様が神とわからん臣民ばかり」（1―1―1）と示され、第二巻の下つ巻にも「◉の世にして、日本のてんし様が世界丸めてしろしめす世と致して」「てんし様の光が世界の隅々まで行きわたる仕組みが三四五の仕組みぞ、岩戸開きぞ」（2―20―62）「富士は晴れたり日本晴れ、てんし様の三四五となるぞ」（2―38―80）などと示されるように、てんし＝天皇が意識されている点においても「日月神示」は「神政龍神会」の流れにあることがうかがえる。

「日月神示」は「一二三」、富士山、そして富士山の艮に位置する榛名山を地場として示し、昭和十九年七月に天明は榛名山で最初の神業を行う。その後も昭和二十年にかけて印旛沼、諏訪、甲斐と関東及び甲信を地場とする神業が斎行される一方で、尾張、庵治、亀岡、綾部でも神業が行われたが、それらの神業は鳴戸との結びであり、「富士と鳴戸の仕組み」としてのものであったと考えられる。

とくに香川県の庵治は、矢野祐太郎・シンが「日之出の神」を迎えた象頭山（金比羅様）の艮の方向に位置することであり、大きく見るならば大本の裏鬼門とされる神島方向へ連なる位置にあたる。天明は庵治で神島、鳴門方面に対峙し神業を行い、シン同様に「日之出の神」を迎え、関東へと勧請したものと考えられる。

大本による冠島・沓島、神島開きは、艮の金神（国祖）と坤の金神の神迎え、復活であったが、神政龍神会は「日之出の神」の神迎えであった。「日之出の神」の産霊紋理（むすびかため）が琴平、庵治、鳴門、富士、榛名、印旛と中央構造線に沿っていることは、大地に水を吸い込み、これを地下で温め、再び地上に吹き出す水の大循環「富士と鳴門の仕組み」という観点からも興味深い。

数霊方格から、もう一つの「みろく」として「四六八」が読み取れるが、これは「一二三」の大循環の要となるものと考えられる。「富士と鳴門の仕組み」と三元に照らし合わせるならば、これは籠神社、元伊勢、伊勢を結ぶものと考えられる。これによって三元は結び合わされ、大きな循環がなされるのである。シンが晩年に手がけたのは元伊勢の再興であったし、シンの後を継いだとされる神宮一二三は籠神社との結びを行っている。

「富士と鳴門の仕組み」と三元

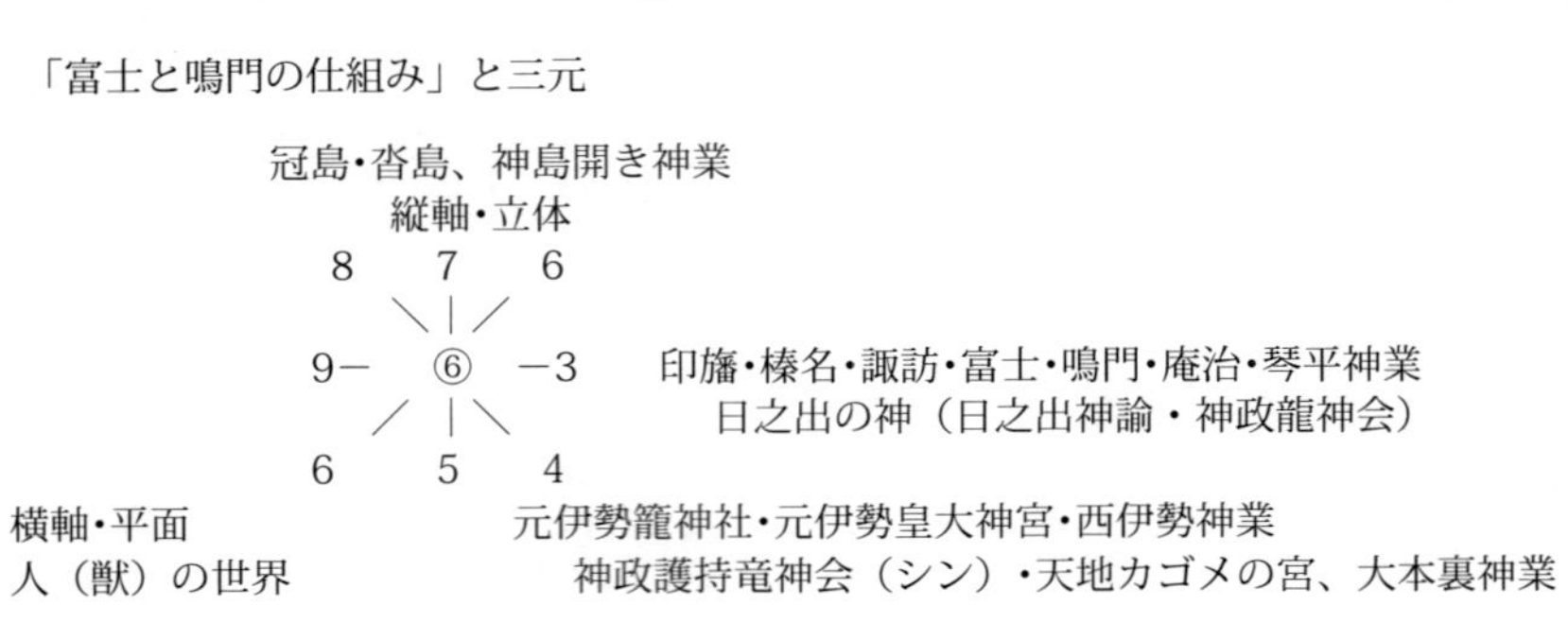

富士は火山、火（日）の山であり、天明はその艮の方角の榛名に「天之日津久神」を迎えたのだが、同時に象頭山の艮の方向の庵治に、象頭山に鎮まる金比羅（鰐＝水龍）を迎え、鳴門と繋いだとも考えられる。

先述のように王仁三郎は『霊界物語』において、琴比良別神（金比羅）は海の「日之出の神」であるとし、国祖の再現、すなわち「みろくの世」が出現するにあたっては、陸を守護する「日之出の神」と海上を守護する琴比良別神が一体となって神業の地盤を作るとしている。(15)

また「富士と鳴門の仕組み」については、『霊界物語』第六巻第二十四章には次の一節がある。

> 「富士と鳴門の仕組み」と神諭に示し玉ふは（中略）鳴門は地球上面の海洋の水を地中に間断なく吸入しかつ撒布して地中の洞穴、天の岩戸の神業を補佐し、九山八海の山は地球の火熱を地球の表面に噴出して、地中寒暑の調節を保ち（中略）九山八海のアオウエイ（つくしのたちばな）というは、高く九天に突出せる山の意味なり。しかして、富士の山と云うは火を吹く山という意義なり、フジの魂返しはヒなればなり。

ここでは、王仁三郎の時代には知り得なかったプレートテクニクス理論に基づく火山活動のメカニズムが神話的に語られている。火山活動の活発化（あるいは活発化を抑えること）を「富士と鳴門の仕組み」という霊学的な言葉で示されたものと受け止めることができる。

すなわち、プレートの沈み込みにより海水が地殻内に取り込まれ（鳴門）、地殻内に取り込まれた水は岩石内に取り込まれるが、水分を含んだ岩石は高温になるにつれ流動化しやすくなり、膨張し軽くなり、地殻の弱い部分を上昇して行く。これがマグマであり、火山爆発（富士）となる。すなわち、「富士と鳴門の仕組み」とは「みろくの世」に到る前に活性化する火山活動、地殻変動をさすものと考えられるのである。(16)

5　立替え立直しの時期

(1) 敗戦を以て時節とする見方

王仁三郎は昭和十八年に「神諭に『羊と申とが腹を減らして、むごたらしい酉あいがはじまるぞよ』とあるが、今年（昭和十八年）は未の年で日照りが続き、飢饉になる。羊は下にいて草ばかり食う動物であるから、下級の国民が苦しむ。来年（昭和十九年）は申年で、申は木に住むから中流の人が苦しみ、国民の心が動揺してくる。再来年（昭和二十年）は酉年で、いよいよ上流の人が困り、むごたらしい奪い合いが始まる。また、戦争には病気がつきもので、疾病が流行する。大峠は三年後だ」と述べ、(17)原爆に関しても「広島と長崎はだめだ」、と非常にストレートな言い方で予言し、古参幹部の大国以都雄を派遣し、信者に疎開するように指示し、昭和十九年には「昭和二十年葉月（八月）なかば、世界平和の緒につく」と示していた。

天明に「ふで」が降ろされたのも、すでに敗色が決定的となった昭和十九年六月であった。

> 「あら楽し、すがすがし、世は朝晴れたり、昼晴れたり、夜も晴れたり。あらたのし、すがすがし、世は岩戸開けたり。待ちに待ちにし岩戸聞けたり」（12—14—334）

この「ふで」が降ろされたのは昭和二十年八月十日、御前会議においてポツダム宣言を受諾した日であり、大日本帝国が敗北を受け入れた日である。

明治維新の際、天皇は「玉」として薩長テロリストに担ぎ上げられ、やがて明治政府は神道を変質させ、ユダヤ＝キリスト一神教を換骨奪胎し、人為的に造りあげた天皇一神教である国家神道を造りあげる。国民の信仰を国家管理の下に置くのである。

天理教などは、中山ミキに降りた「お筆先」をねじ曲げ、天皇一神教の教義に合わせ、ミキの教えを変質させ教団を持続させる方向を選択した。多くの宗教団体は時の権力に屈し、教義の変更を行った。しかし、大本など少数はこれに従わず弾圧を受けることになる。

宗教弾圧の根拠とした法は治安維持法である。本来は天皇を否定する共産主義を取り締まるものであったが、政府はこれを拡大解釈し、天皇一神教の教義に従わない教団も取り締まる対象としたのだ。

大本は、大正十年、昭和十年と二度にわたる弾圧を受ける。とくに第二次弾圧では、教義の否定をせまられ自死を選ぶ者、発狂する者、拷問による衰弱死する者、など多数の犠牲者を出す過酷なものであった。

矢野祐太郎やシンを始めとする神政龍神会のメンバーもまた不敬罪で投獄され、矢野祐太郎は罪状を否認し自論を説き続けた結果、毒殺とされる獄死を遂げる。『神霊密書』を宮中に届けるなど、島津ハルをはじめ宮中関係者にシンパを持ち影響力を持っていたため、それを排除するための処置だったと推測される。

このような背景を踏まえるならば、昭和二十年八月十日の「ふで」において、大日本帝国が敗れ、明治政府の造りあげた天皇一神教が解体に向かうことを「岩戸開き」と「ふで」が示したことが理解できる。王仁三郎も八月十五日の玉音放送を聞きながら「マッカーサーれた」と駄洒落を飛ばし、「こうならぬとこの神は世に出られんのじゃ」と語っている。

「ふで」は敗戦による天皇一神教の解体を以て「岩戸開き」とし、王仁三郎は「こうならぬとこの神は世に出られんのじゃ」とした点で両者は符合しているが、敗戦をもって立替え立直しが成ったと言えるのかどうかは問題である。戦後から現在に至る現状を観察するならば、時が経つにつれてますます混迷の度合いを深め、とても立替え立直しを通過して「みろくの世」に到っているとは考えられないからである。敗戦は「神が世に出る」ための条件、岩戸が開くための必要条件が達成されたにすぎなかったと見るべきであろう。

(2) 立替え立直しの時節と干支

「みろくの世」に到る前に立替え立直しがあるとされているが、ナオの筆先ではその時には「日の出の神」が現れて、「岩の大神」が現れると最後と示されているので、天明に降ろされた「ふで」に示されている「岩の神」に関する部分を拾いだしてみる。

「神々様みなお揃いなされて、雨の神、風の神、地震の神、岩の神、荒の神、五柱七柱八柱十柱の神々様がちゃんとお心合わしなされて。今度の仕組みの御役決まりてそれぞれに働きなされることになりたよき日ぞ。辛酉はよき日と知らしてあろがな」（3—8—98）

「十柱とは火の神、キの神、金の神、日の出の神、竜宮の乙姫、雨の神、風の神、地震の神、荒の神、岩の神であるぞ。辛酉の日に祀りくれよ」（7—18—231）

「岩の神、荒の神、雨の神、風の神、地震の神殿、この⦿⦿様、御手伝いでこの世のかため致したのであるぞ」（9—9—266）

「岩の神とは、石長比売神、石戸別神」（10—10—284）

「いよいよの大立替へは、国常立の大神様、豊雲野の大神様、金の神様、龍宮の乙姫様、まず御活動ぞ。ぎりぎりとなりて岩の神、雨の神、風の神、荒の神様なり、次に地震の神様となるのざぞ」（14—3—354）

「世の元からの生き神、生き通しの⦿⦿様、雨の神、風の神、岩の神、荒の神、地震の神ぞ、スックリと現われなさりて、生き通しの荒神様引き連れて御活動に移ったのであるから、もうちっとも待たれんことになったぞ」（14—7—358）

「岩の神」はこの世を固めた神々の一体であり、大立替えの動きは既にはじまり、「辛酉」に何かが起こると示され、そのギリギリに「岩の神」など五柱の神様が動くと示されている。

但し、「辛酉」に着目するならば、昭和二十年は酉年であっても「乙酉」である。従って、敗戦で岩戸開きがなったとしても、それは岩戸開きの第一段であって、未だ立替え立直しの途上であるということになる。

次に立替え立直しに関する箇所を「ふで」から拾い出し、その時期を探るものとする。

「今年は神界元の年ぞ、㋹始めの年と申せよ。一二三、三四五、五六七ぞ。五の年は子の年ぞよ」（7―2―215）
「子の年真中にして前後十年が正念場、世の立替は水と火とざぞ」（8―16―252）
「申、酉、すぎて戌の年、亥の年、子の年目出度けれ」（12―12―332）

また、立替えの刻を示している箇所がある。
「辰の年はよき年となりているのざぞ」（8―9―245）
昭和十九年十二月に出された「ふで」では、「今年は神界の元の年」とされ、「一二三、三四五、五六七」と「みろくの世界」へと向かい、「五」は「子の年」としている。そして、その前後十年が正念場としているのである。

一二三　昭和十九年（甲申）、二十年（乙酉）、二十一年（丙戌
三四五　昭和二十一年（丙戌）、二十二年（丁亥）、二十三年（戊子
五六七　昭和二十三年（戊子）、二十四年（己丑）、二十五年（庚寅
七八九　昭和二十五年（庚寅）、二十六年（辛卯）、二十七年（壬辰

天明に「ふで」が降ろされた昭和十九年は申年であり、ここから始まり子年の昭和二十三年を経て辰年の昭和二十七年に至る年が正念場との解釈ができる。

昭和十九年に「ふで」がおり、「一二三」と進み、昭和二十一年より「三四五」となり、昭和天皇の巡航が始まり（御代厳出、稜威）、その影響力を恐れたＧＨＱは昭和二十三年、「五」に巡行を中止させた。しかし、翌昭和二十四年に再開され昭和二十六年「七八」まで続けられ、昭和二十七年四月「九」にはＧＨＱの占領が終わり、わが国は主権を回復している。「三四五」を「御代出・稜威」と解釈するならば、既に「五六七の世」成就していることとなる。

しかし、その後、昭和三十六年に天明に「五十黙示録」が示されることから、まだ「ミロクの世」は到来していないとの説もある。

（3）昭和五十六年（辛酉）を以て時節する見方

思兼鴻秀は、「辛酉は良き日と知らせてあろがな」との「ふで」から、「庚申、辛酉、壬戌、癸亥、甲子までの五年、甲子、乙丑、丙寅、丁卯、戊辰の五年間、合わせて十年が正念場とし、「辛酉」は昭和五十六年を示すと論考している。しかし、昭和五十六年に危機は発生せず、現在に至っている。[18]

（4）コロナ禍を以て時節とする見方

近年唱えられているのは、新型コロナウィルスにより発生したパンデミック、「コロナ禍」を立替え立直しの始まりとみる説である。令和二年、「子（庚子）」に始まった「コロナ」を「五六七」と解釈する動きだ。

「コロナ」を「五六七」とするのはＳＮＳで拡散した説だが、コロナによるパンデミックを以て立替え立直しの時期に到ったと解釈するわけである。変異種が「オミクロン」すなわち「〇三九六」であり「三六九」のアナグラムと読み取れることから、これもまた八通りの「ふで」の読み方の一つとして検討されるべきであろう。

筆者が気になるのは、干支の年回りによる情勢から、この説を否定できない点があることだ。

干支は平成の最後は乙未、丙申、丁酉、戊戌、と進み、令和に入り己亥、庚子、辛丑と動いている。王仁三郎の示した未申酉と流れているのである。

令和元年が己亥、令和二年が庚子「五」、令和三年が辛丑「六」、そして令和四年が壬寅「七」、令和五年が癸卯、令和六年が甲辰となり、辰が良き年となるという流れが読み取れるのだ。


平成二十六年（甲午）、二十七年（乙未）、二十八年（丙申）
一二三　平成二十八年（丙申）、二十九年（丁酉）、三十年（戊戌）
三四五　平成三十年（戊戌）、平成三十一年／令和元年（己亥）、令和二年（庚子）
五六七　令和二年（庚子）、三年（辛丑）、四年（壬寅）
七八九　令和四年（壬寅）、五年（癸卯）、令和六年（甲辰）

令和の元号は、万葉集の「令月」にちなむものであり、月の世界を象徴している。そのはじまりの令和元年は干支の三十六番目の「己亥」であるが、改元した初年を新たな時代の助走の年とみるならば、令和二年から本格的に令和の時代への切替が行われたこととなる。この切替の年が「五六七」であり、コロナのはじまりも令和二年、そして令和五年までコロナ禍は続いた。

これに加え、令和四年二月のロシアのウクライナ侵攻、ドンバス事変の発生、令和五年のイスラエル・ガザ衝突により世界が混沌としてきている。戦争は、バーチャル空間へも拡大し情報戦の様相を帯び、またプーチンは、核兵器の使用も辞さないとし、これまでの戦争とは異なる次元へと突入している。「七八九」の「九」はポストコロナの時代への突入に相当することになるのだが、未だその姿が見えていない。

平成は、鉞を用いて平らかにするという意味を含んでいた。令をもって和としてゆくという意の令和に切り替わったが、平成から令和への切り替わりは亥（己亥）、十二支の最後の年であり、令和二年は十二支の初めの子（庚子）であり、子から令和の時代の本格起動となり、己亥の年までに準備されたことが、庚子で動き始め、次の十二支十二年のトレンドになると考えられる。

令和のはじまりの象徴は東京オリンピックであった。平成二十七年（乙未）に東京開催が決定され、平成二十八年（丙申）にエンブレムの白紙撤回と再公募を経て新たなエンブレムが定められた。この政府主導の「おもてなし」狂乱、「エンブレムの再公募決定」という流れは、怪しげな雰囲気を感じさせるものとなった。「おもてなし」は「表無し」「裏ばかり」であり、エンブレムは葬祭の雰囲気を漂わせる色彩のものに決定された。

この面妖な雰囲気に続き、新たな年号は万葉集の「于時初春令月氣淑風和」から取られた「令和」となった。そのモチーフは「令月」であり、日の光の元で盛んなる日の本の様とは反するものとなってしまった。

平成の時代に準備されていた令和の象徴ともいえるオリンピックの準備の段階で、コロナ禍によるオリンピックの延期、三密への配慮、外出自粛など夜の時代へ入ることを暗示していたかのようだ。残念ながら、このような流れが、この庚子令和二年から始まる十二年のトレンドになってしまったようだ。

筆者は、安倍首相が令和の新元号を発表したとき、「ムーニー（統一協会）へのサイン」ではないかと感じた。そのムーニーを巡る凶弾に倒れ、自民党の根幹が揺らいでいることもまた、夜の時代へと入ることの暗示なのであろうか。

干支は、十干十二支六十年を一巡り（一元）して、世界が循環しつつ生成発展して行くという考え方が根底にある。それは植物が芽を出し、生長・成長し、変化・循環していく様態と、世界の変化に相似性を感じ取った古人の経験知の集合であり、

干……幹、根、芽、エネルギー、天
支……枝葉、実、組織と変化、地、実地
と考える。

令和三年の年回りは「辛丑」。字義からは、「相矛盾する力が対峙している様相」を窺い知ることができる。辛丑の「辛」の古字は、刑罰として入れ墨を入れるための針を象ったものであり、「丑」は右手を象ったものである。つまり針と右手が対峙しているのが辛丑である。

根、天を象徴する十干に「辛」つまり針があり、枝葉、実地を現す十二支に針を抜こうとする「丑」つまり手が配置されておるという構図である。これは針によって押さえ込まれ、抑圧されていたエネルギーの芽を、右手が針を抜いて引き出そうとしている象といえる。

一方で「丑」は紐でもあり、紐でこれを縛ろうとする力も働いている。つまり針を一挙に抜いてエネルギーを無理に引き出そうとすると混乱を招くために、隠忍自重が必要である、しかし過度の自重では「犠牲の牛」(丑)にされてしまうことを示しているとも言える。軟らかく、折れ曲がっている芽を傷つけないように引きだし、伸びるようにすることが大切ということを示すものとなっている。

「犠牲の牛」とは、九十九パーセントの搾取される者である。九十九パーセントが一パーセントに喰われつづけることとなるのか、世を覆っているうっとうしい抑え蓋を、手(丑)で取り払い、縛られ押さえ込まれ、曲がっていた芽を引きだし伸ばすことができるかが問われている年回りだったといえる。令和三年は、残念ながらコロナ禍により抑え蓋をとりさることができず、芽を伸ばしきることができなかったといえる。

令和三年は、犠牲の牛の如くの状況におかれていたが、抑え蓋を取り払い伸ばすときに至ったともいえる。しかし一方で、壬は、ねじけた人、上にへつらう忖度の人という意を含むものであることに注意する必要があり、その任に適切に、慎み助け合いながらあたらなければ、ねじけた人、上にへつらう忖度の人により解決から遠ざかることとなってしまう。曲直を正す人の出現を待ち望む状態と言えるだろう。

令和四年は、「壬寅」の年回り。十干（天の気）を示す「壬」は甲から算えて九番目であり、陰が極まりつつあり、内にエネルギーが満ちあふれ陽に転じようという状態となりつつあることを示す。十二支（地の気）を示す「寅」は、冬から春へと向かおうとする時候であり、地に根を張り、芽を伸ばそうとする流れ、エネルギーを内に秘めている状態を示している。字形は、曲がった矢柄をまっすぐに伸ばそうと手をあわせ助けあっている象といえる。

現在の十干は、平成二十六（二〇一四）年の「甲」が起点であり、そのあたりからはじまった動きが様々な問題となって現れてきているので、その処理を行わなければならない時期となっているとも言える。その任に当たる壬によって象徴される地に足を踏みしめた人材の出現が望まれるが、適切な人材が出現しない場合は問題が長引くこととなる。天の気、地の気ともにエネルギーが内に満ちあふれた状態で、覆い被さっている諸問題の解決へと動き出そうとしていると言える。

東京オリンピックは葬祭ムードと感じたことが、コロナ禍の中での無観客開催であからさまとなり、スポンサー契約にメスが入り広告代理店の汚職へと発展した。また、ウクライナ代理戦争に対する支援物資の提供に対しては与野党一致して支援となった。曲直を正す人、上にへつらう忖度の人のみ、大政翼賛体制となり、適切な人材を欠くことにより問題を長引かせることとなった。

令和五年は、「癸卯」の年回り。卯辰巳の三年は子丑寅の三年間の勢い、流を受け継ぎ発展させて行くこととなる。癸卯は、土壌から供給される養水分は豊富で、地上部は茅のように伸び放題となっており、これを天門が適正に開くように測り手を入れることにより、道理の通る世の中とするという年回りであった。万事正しく筋を通すことにより繁栄に向かうが、一端やり方を間違う、筋を違えると、事柄が紛糾して動乱を招き、なにもかも壊れてご破算になってしまうという年でもあった。

コロナ禍は収束に向かったが、ウクライナ代理戦争の影響による物価の高騰は続き、安倍首相暗殺後の安倍派の衰退は著しく安倍派を支えていたムーニー（統一教会）は批判に晒され、政治資金キックバック問題で解散のうきめにあっている。派閥、党派の解体は挙国一致、体制翼賛へと向かっているようであり、問題の長期化をうかがわせる。

令和六年は「甲辰」の年回り。幹・根からエネルギーを供給され、枝・葉を茂らせて行く方向を甲辰と見るならば、甲は殻、かぶとを表し、確固たる旧体制（大樹）という殻を破って芽を出す、革新への動きが始まると見ることができる。甲辰＝更新である。こじつけとなるが、行進、亢進、後進、交信、口唇、向心にとも示すことができ、前向きに進むという方向と見ることができる。

しかし、旧体制の殻を破って歩みを進めなければならないので、旧体制の抵抗や妨害があって、なかなか前に進まず、この妨害と戦いつつ、慎重に進展を図らなければ成功しないと見ることができる。旧来のしきたりや陋習を破って革新の動きを進めて行かなければならないが、革新的な取り組みに対する妨害、抵抗、それとの交渉、動揺を表している。

過去の甲辰の年回りを振り返ると、政治面では政変が起き、経済面でも変化が起きている。外圧、戦争などにより経済は上向き始めるが、その成功が長期の後の衰退の遠因となっている。日露戦争に大勝したことが軍部の台頭を許し海外膨張へと走らせその後の敗戦の遠因となり、東京オリンピックの成功によるオリンピック景気を造り出した人々がエコノミックアニマルと称されることとなりバブル崩壊の助走となった。また、大政翼賛会が組織されたのは昭和十五年庚辰、辰の年回りであり、翌年真珠湾攻撃、太平洋戦争へと繫がるのである。

一方、道路、鉄道、通信インフラの整備が進み、電卓、ＢＡＳＩＣ言語の実用化など、現在のＩＴ、ＡＩの発展へと繫がる年回りでもあった。相場格言では「辰巳上がり」と称される景気上昇の年回りともされている。

また、新潟地震の発生による液状化など地震、気象災害に見舞われる年回りでもある。辰は易の震為雷であり天地の混乱、壬辰の混乱の発生をも示している。この点で、正月元旦に発生した能登半島地震、関東地方の冬の雷雨は甲辰の年を象徴するものとなった。

ふでは、「辰の年はよき年となりていくのざぞ」(8―9―245)と示され、立替の刻を示されている。婦人共々神政龍神会の会員であった塩谷信男(『神政龍神会資料集成』八六八頁、九二五頁)は、昭和二十三年に物理霊媒荻原真とともに神霊研究グループ「千鳥会」を結成し、昭和二十七年に「真の道」と改称している。昭和三十六年に降りた神示では「万華のすがた　照り曇りなしつつ　最後の審判に至は必定なり　かかる姿のままなり行けば　辰の真夏こそもっとも恐ろしき時なりと心得おくべし」と示されている(☉真の道 神示 六七頁)。また、「寅龍の年を頂点として文明はその姿を変えるべし～天変地変もて　目覚めさすの止むなきに至るべし～(☉真の道 神示第二集　一五五頁)」とし、寅、辰の年は波乱が多く能動激しく危険な年としており、ふでと通底している。

「ふで」は、敗戦の年を「神界の元の年」「磐戸開けたり」と示す一方で、「天地ひっくり返る大戦いとなるのざ。残る一厘は誰も知らぬ所に仕掛けてある」(1―28―28)「立て替へ伸ばしに伸ばしている☉の心わからんから、(中略)艮めの一厘の蓋あけるから」(20―10―437)とあり、未だ「みろくの世」への道程は遠く「天地のひっくり返る大戦い」にまで至らなければ一厘の蓋があかない仕組みとなっていると示している。現在の状況は「ふで」の示すこの方向へと向かっているといえよう。

ここで注目すべきは七十七という年のめぐりについてである。七～八十年周期で大きな社会変動に見舞われるという説があるが、現状はその周期にもあてはまっているのである。明治元年から、敗戦に到るまでが七十七年、そして敗戦から令和四年に至るまで七十七年が経過している。たしかに現在は、地震、豪雨災害が増加し、地殻・気象は変動期に入ったとされている。令和の時代は「みろくの世界」へ進むための第二段へとさしかかったともいえよう。

となると、気になるのは次の七十七年後であるが、それは二一〇〇年庚申になる。ちょうど世紀変わりであり、翌二一〇一年が辛酉にあたっていることは興味深いものがある。

また、黒住大神が文化十一（一八一四）年に現れ、ナオに艮の金神の「お筆先」がおろされる明治二十五（一八九二）年までが七十八年、天明に「ふで」が降ろされるのはその後五十二年の後である。黒住大神による示しから、国祖出現による大本の型出しにいたるまで七十八年の時間が必要だったということを考えるならば、天明に示された「ふで」の型が出て来るのはこれからということもできる。

天明に降ろされた「ふで」が出てから七十八年が令和四年壬寅であり、「三四五」で平成から令和への切替がなされ「五六七」と進み、「七八九」へと進展しつつあり、正念場の「辰」が令和六年ということになる。コロナ禍なども「みろくの世」出現のための一つの型とみなすことができる。

「みろくの世界」が現れる前には「天地がひっくり返り」「天の岩戸開き」が行われなければならせない。ナオの「お筆先」では、その際に「日之出の神」と「岩の神」が大切な働きをするとしている。「ふで」では、「岩の神」とは「岩長比売神」であり、「岩長比売神」は富士山の巌の神である。富士山はいよいよ変動期に入ったともされており、地殻変動による天変地異もまた気になるところである。

「いよいよの大立て替へは、国常立の大神様、豊雲野の大神様、金の神様、龍宮の乙姫様、まづ御活動ぞ。ぎりぎりとなりて岩の神、雨の神、風の神、荒の神様なり、次に地震の神様となるのざぞ」（14—3—354）

コロナ禍に対する対策は、感染を防ぐためにソーシャルデスタンス、三密を回避するように求められている。

これは、集団、徒党を組むことにより、集団脳、集団知（文化遺伝子）を引き継ぐことにより発達してきた人間を、個の〔⑥〕の状態にバラバラにし、引きこもらせ、〔6⑥6〕〔5⑥7〕という世界を壊してしまおうというものと理解できる。

個が分断され、具体性を持たない情報のみによってつながれた世界が、ニューワールドオーダー（新世界秩序）、ポストコロナと言われるものだろう。ソーシャルディスタンス、三密を避けるということは、政府の推し進めるムーンショット計画という管理全体主義社会へむかうということを意味している。

三密の原義について考察すると、三密とはそもそも真言密教の行法であり、「身密／手に諸尊の印契を結ぶ」「口密／口に真言を読誦する」「意密／意（こころ）に曼荼羅の諸尊を観想する」ことを言い、これによって即身成仏に至るのである。

真言密教の開祖は空海だが、空海は高野山奥の院で入場し、弥勒下生の際に弥勒に従い現れるとされている。すなわち、三密を回避とは、空海の入定の否定、弥勒下生によって衆情が救われる世界に対する否定である。三密という深遠な行法を下世話な俗世界のもとへと陥れてしまったのだ。したがって、「三密」ではなく、「3密」という表現にとどめおきたいものだ。

役所は、この点を理解しているのか、無意識の所為か、幸いに公の文書では「3密」と記されている。しかしこのような理を知らないマスコミや民衆が無思慮に「三密」と記し、原義を損ね用いるであろうことを意識しての呪術と考えることができる。

コロナという名称の本来は、生命エネルギーの源、太陽環（コロナ）である。コロナウイルスという命名は、ウイルスが太陽環（コロナ）に類似した外観を持つため採用されたものである。これもまた、コロナ=太陽、日の当たる世界への呪詛ととらえられる。

偶然か故意か、コロナに対し567と記すことがSNSを通じ拡散した。これは、567〔一・厳〕をおとしめ、人間を6⑥6の平面世界、獣の世界に押しとどめて置こうという呪詛のように思える。

3密、マスクなどにより、666〔一・平面〕と567〔一〕を結んだ立体空間での行動制限をし、666（獣）、動物である人を目に見えない檻（テリトリー）に閉じ込めておこうとする呪詛と感じられる。自由奔放に動いているように見える動物、鳥などの獣は、じつは餌場を巡る縄張りに強く規制され、人のようにどこへでも動くことができるという自由はないのである。

また、567（コロナ）のあとは0396（オミクロン）と名付けられたコロナの変異株が出現している。これは「みろく」のアナグラムであり、「一二三数霊方格」の左下がり、右下がりに〔×〕として出現するものでもある。

コロナ（567）と言い、オミクロン（0396）と言い、「みろくの世」へと至る流れであることを示しているのか、その流れを止めようという呪詛なのか判断に迷うところである。

6　みろくの世

十六菊花紋

「一二三数霊方格」より見えてきたことは、「一二三」は、「三四五」「五六七」「七八九」の顕在する世界を支える潜象であり、顕在する世界は「三四五」「五六七」「七八九」と正しい順列を保ち循環することで18⇒9へと集束し、時・処・位を得た循環が保たれ、そのような世界が「みろくの世」だということである。

また、「五六七」の6＝⑥を要として666と、6が三つ重なった状態〔瑞一〕を観ずるならば、獣（人）の住む平面世界に奥行きが与えられ、これに「五六七」という心棒〔厳―〕を建てることにより、一挙に立体世界「みろく立体方格」が立ち現れてくる。

さらに「みろく立体方格」に「369」、「日之出の神」、時間（神の経綸）が加わると、◯ゝとして示される時空宇宙「みろく四次元時空体」が現出するのである。

「みろくの世」は、一（横・平面）、｜（縦・立体）、／（歴史・時間・時空）と時・処・位が定まり、かつ数霊方格により見いだされた18（四六八）〔／〕が「立体方格」に展開され、∞の循環の相が立ち現れる世界である。時・処・位をえた状態で滞りなく循環する世界が「みろくの世」と言えよう。

「大本神諭」「日乃出神諭」を神示、「竹内文献」を現示とし、不明、不足の点を矢野シンに懸かる神霊に伺い矢野祐太郎がとりまとめた『神霊密書』の内表紙の後には、御神紋「十六菊型御紋章」とカゴメ紋「ダビデ章」が掲載されている。矢野は天地和合「弥勒の世」をこの二つの紋章に見立てていることがわかる。(19)

御神紋　十六菊型御紋章

カゴメ紋　ダビデ章

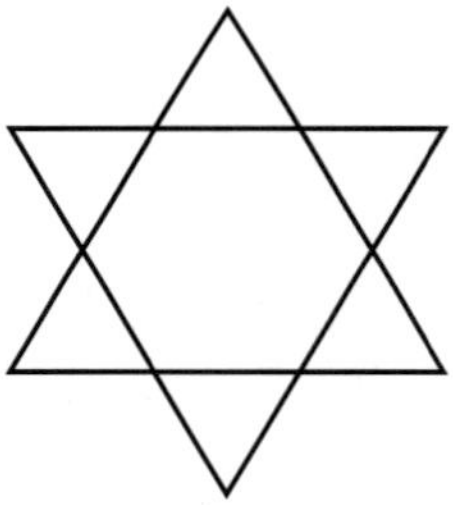

『神霊密書』には宇宙の創成と循環について次のように示されている。

――宇宙の大元霊、宇宙の意志それ自体である天地根本大祖神は、「創造↓統一↓自由（自在）↓限定」が一連の環のように止むことなく循環するように宇宙を創った。

宇宙の剖判は「創造の世界」である。それはやがて秩序だった動きに収束し「統一の世界」に向かう。ここで神々の職分が定まり、整然たる秩序が生まれる。しかしこの統一的秩序は往々にして因襲、形式、伝統などのために固定され、本来の「創造」それ自身を萎縮退嬰させる。

この傾向を打開するために「自在の世界」へと進むこととなる。「自在の世界」の原動力は、「愛欲」と「支配欲」の葛藤であり、「物欲」である。そのため今度は天地・陰陽のバランスが崩れ、世の乱れへと進むことになる。国祖が引退は、この「統一」から「自在」への転換期に起こったことで、これを天の岩戸締めともいう。

本来「自在」とは、「統一」によって生じた負の部分を補うものであったが、やがて放縦自恣に堕して「統一」の意義を喪失するに到ることになる。「自在」の負の部分を正し、螺旋状に発展させより高い次元での「統一」に達するため、これから「限定の世界」へと移らねばならない。それが国祖出現、天の岩戸開きであり、天地の和合ということになる。「創造・統一・自在・限定」の四箇が全く一連の環のように循環し止むことなく調和している世界が「みろくの世」ということになる――

「ふで」に即して言うならば、「一二三」が「創造」、「三四五」が「統一」、「五六七」、「自在」が「限定」が「七八九」ということになる。

宇宙剖判により宇宙が出来上がった当初、すなわち創造から統一の時代は菊紋、カゴメ紋のようなバランスの取れた姿であったのだが、それでは発展の余地が少ないため、心棒（|・縦）を取り除きバランスを崩したのが国祖引退、天の岩戸締めであった。その結果、６６６・獣を主とする「われよし」の世界か到来し、闘争と競争の世界の到来を招いた。このような状態は、先に示した「二つ立鼓紋」で示すことができる。

そして三千年が経過し、このままでは世が潰れてしまうという極に達したため、黒住、天理、金光先走りととして出口ナオの「お筆先」が示され、乱れに乱れ秩序を失った世に再び心棒を通すべく、国祖出現の時節となったのである。

「ふで」では、天地和合の姿を次のように示している。

「天地和合して☼となった姿が神の姿ぞ。心ざぞ。天と地ではないぞ。天地ざぞ。天地の時と知らしてあろうが、みな取り違ひ申して済むまいが」（14—1—321）

⦿を中心とし、四方八方に光耀く調和の取れた姿として示されているが、これは十六菊型・カゴメ紋（三つ立鼓紋）に他ならない。

さらに「ふで」は「みろくのかみ」について次のように示す。

「⦿（ひ）の⦿ばかりでは世わ持ちては行かんなり、月の⦿ばかりでもならず。そこで月の⦿、⦿（ひ）の⦿が御一体となりなされるなり。☽（ひつき）の神と現われなさるなり。「みろく様」が明（ひつき）の大神様なり。⦿の大神様が「みろく」の大神様なり。地の御先祖様、国の御先祖様と御一体となりなされて大⦿月の大神様と現われなさるなり」（22—17—486）

ここで「地の御先祖様、国の御先祖様」とあるのは、「天の⦿、地に降りなされ、地の⦿と御一体と成りなされ、大日月の⦿と現われなさる日となったぞ」（23—12—504）とあることから、「天の御先祖様、地の御先祖様」の過ちであろう。「九二」には第一訳文以来、基本的に「地」の字が宛てられ「国の御先祖様」とあるのはこの一箇所のみである。

つまりここでは、「月の⦿」と「日の⦿」が一体となり「⦿☽の神」、すなわち「日月の大神」＝「みろく大神」となり、天のご先祖様と地のご先祖様が一体となって「大日月の大神」となると示され、陰陽・天地が一体・和合し働くべきものとされている。

これは、伊邪那美、伊邪那岐二神が和合し働く姿が天の岩戸開きとさされていることと同様であり、陰陽・天地が和合し働く世界を「みろくの世」としているものと考えられる。

『神霊密書』は「三六大神は、何れも男女並立して一神格を現はすものにして、従て以下神界に於ける諸神に於ても、一柱と雖も鰥寡孤独の神ある事なく、人類界も之に則りて、男女を以て一人格となし」と示している。(20)

カゴメ紋の三鼓・六つの三角が三六の神を示していると考えられる。

また「ふで」第二巻「下つ巻」には次のように示されている。

「ゝばかりでもならぬ、○ばかりでもならぬ。⦿がまことの⦿の元の国の姿ぞ。元の⦿の国の臣民は⦿でありたが、ゝが⦿の国に残り○が外国で栄へて、どちらもかたわとなったのざ。ゝもかたわ、○もかたわ。ゝと○と合はせてまことの⦿の世に致すぞ。今の戦さはゝと○との戦ぞ。○の最後の仕組みと申すのは、○にゝ入れることぞ。○も五ざ、ゝも五ぞ、どちらもこのままでは立ちて行かんのざ。一厘の仕組みとは○に⦿の国のゝを入れることぞ、よく心にたたみておいてくれよ」(2—21—63)

また、第十六巻「荒れの巻」には、次のように示されている。

「岩戸開き鳴り成るぞ。まこと岩戸開く永遠ぞ。火と水ぞ。御位継ぐ道、はじめぞ。

月日、世のはじめ出づぞ。月日開き結ぶ魂、月祝ふぞ。夜開き、月出づ道になり、結び出づ、月は開きに開き魂和す道ぞ。道は永遠の極みぞ。火の火、月日の極みなり。世結ぶことの極み、弥栄に集ひ極む世、那美那岐、三五に秘密開くなり。

月日月日ぞ。三六、五六七となるぞ。根っこざぞ。まことざぞ。弥栄弥栄。魂霊出づ道ぞ。魂、キざぞ。

月日ぞ。極み成るよき道、火の火ざぞ。水の水ざぞ。

⦿ゝゝゝゝ⦿ゝ丶ゝ丶
極め極む道、月日出ずめぐりめぐるぞ。

七六に開くミロク日月出づ道、月日月日。この道継ぐはじめは那美開くぞ。月ことごとく動く世ぞ。文、富士に花咲く時ざぞ。開き結び、魂の魂、月開き月開き、実るぞ。山にも地にも万劫木の花開くのざぞ。この仕組み、四八音なぞ。イロハざぞ」


第二巻二十一帖は、元の⦿がゝと〇に別れたが、「〇」に「ゝ」を入れ「⦿」の世界に戻すことを一厘の仕組みとし、さらに「荒れの巻」は天地・陰陽の和合を「みろくの世」とするのであるが、ここで重要なことは、「荒れの巻」においては、そのはじめは月（伊邪那美・潜象・一二三）が開き和し動くことと示されていることである。天の岩戸締めにより押し込められた伊邪那美、すなわち、いのちを産み、育む元となる母系が表に出ての和合・調和が「みろくの世」と考えられるのであり、伊邪那岐たる「〇」と伊邪那美たる「ゝ」が和合することにより「⦿」「みろくの世」が出現するのである。

伊邪那美の岩戸隠れは、女性性・母性が隠され、伊邪那岐に象徴される父権的な世界が表となったことを意味する。⦿が、伊邪那美「ゝ」と伊邪那岐「〇」に別れ、ユダヤ・キリスト教的一神教、天を父なる神とする教えに象徴される「〇」の世界が隆盛になったのである。

『旧約聖書』では、エバはアダムの肋骨から創られ、アダムに仕える者とされ、エデンの園で蛇にそそのかされて、神に禁じられていた智慧の樹の実をアダムに食べさせる。これが原罪とされるものであり、この神話により女性は罪深い存在へとおされるのである。男尊女卑のはじまりでもある。

これを「ふで」は次のように示している。

「日本の上に立つ者に外国の教へ伝へて外国魂に致したのは、今にはじまったことではないぞ。外国の性根入れたのが岩戸閉めであるぞ。五度ざぞ。わかりたか。それを元に戻すのであるから今度の御用なかなかであるぞ」（20―11―438）

仏教では、女性は「五障」を持つため成仏できぬ者とされ、儒教では女性の徳目として「孝・貞・忠」が掲げられ、夫や家に仕えるものとされた。しかし一方で日本では、旧石器、縄文期から続く母系制を基礎とする社会が連綿と維持されてきた。江戸時代は男尊女卑社会とされるが、一方で女性はカカア（耀くもの）、内儀、奥として敬意を払われた。彼女らは財布の紐を握り、家の継続を図る経営者だった。

しかし明治になると、このような土着的な母系制文化はどんどん破壊されていく。ユダヤ・キリスト教的一神教に倣い、天皇をいただく一神教、国家神道を精神的支柱に据えたことで、女性はひたすら夫にかしずき、天皇や国家のために戦う兵士、富国強兵、殖産興業に役立つ子を生み、健康に育てる良妻賢母が理想とされた。それは、聖母マリアたる女性像の移写であり、欧米的女性像が良きこと、見習うべきものとして、高等教育を通じて教え込まれ、やがて義務教育化して行ったのである。

このような傾向は敗戦によってさらに加速される。確かに男女平等のかけ声の下で、表向きの女性の地位は向上し、父権的な世界、良妻賢母の世界は消滅するが、それと同時に都市化による核家族化の進行は、地方や商家に残っていた母系社会の残滓を打ち砕いていくことになる。女性の男性化であり、性を剥奪されての労働者化である。

「ふで」は「岩戸は五回閉められている」として、

「那岐那美の尊の時、天照大神の時、神武天皇の時、仏来た時と、大切なのは素戔嗚の神様に罪着せした時」（7─1─214）

としている。

伊邪那美の岩戸隠れ、天照大御神の岩戸隠れ、仏教の到来はいずれも母性と女性の智慧の封印であった。「神武天皇の時」は、豊玉姫、玉依姫という女性シャーマン系で海（産み）の系統のウガヤ朝から父性的な陸の男系である神倭朝への転換であり、変性女子の系統である素戔嗚命に罪を着せたのも女性原理の封印だった。

さらに「ふで」は「天照皇太神宮様の岩戸開きは、騙した間違ひの岩戸開きざから」（8─15─251）とし、潜象たる母性、女性原理を損なうことが続けられてきたことを示す。

以上から考えるならば、伊邪那美、天照大神の岩戸開きは、いのちを生み育て継続する潜象たる母性・女性原理神の復活ということになる。

天の岩戸開きとは、那美・那岐二神、陰陽が和合し、一体となってわが国に残された母系的なセンスを世界に広げることを示していると理解できる。

わが国では、古くから庶民においては女性をカカア（耀くもの）、おかみさん（神・上）とし、商家は御寮はん、武家はご内儀・奥として尊崇されてきた、彼女らは財布の紐を持ち、家の経営に当たり支えて来たのである。この母系的な流れを伊邪那美の「〻」とらえるならば、ユダヤ・キリスト教的一神教、父系的な外国「〇」のセンスに、母系的な「〻」のセンスを取り入れ、和合を図ることにより「みろくの世」が実現すると解釈できるのである。

それはまた、力と量、物による世界から、目に見えない世界（潜象一二三）を重視する、質を重視する世界への転換ということでもある。

今日問題となっているコロナ（五六七）禍は、疾病・健康に関する問題だけではなく、「ふで」に示される「みろくの世」へ到ることを損なおうとする動きとも考えられる。その災いを回避することができるのは母性の甦り、いのちの継承・継続という原点に立ち返ることであり、それが「みろくの世」だと考えられる。

おわりに　〜「日月神示」と「月日霊示」

『原典日月神示』に示されている「ふで」は二十三巻までである。「第一訳」もまた二十三巻までである。これは、昭和十九年六月十日から昭和二十二年八月二十三日の間に降ろされた「ふで」である。その間に敗戦を挟んでいる。

一巻から九巻は、鳩森神社の留守神主の時期、十巻から二十一巻は空襲で焼け出されて玉川学園、西荻窪の小田秀人宅の離れに寓居した時期、二十二巻、二十三巻は麻賀田神社裏の時期に降ろされた。

この後、昭和二十三年から二十六年まで「ふで」は降ろされず、昭和二十四年、二十五年に第二十四巻から二十六巻、昭和二十七年に第二十七巻から三十巻が降ろされている。

天明による統一的な訳は「かな第一訳」として、昭和二十七年麻賀田神社裏の大奥山で作業を開始し、昭和二十八年十一月に岐阜大奥山で脱稿し、二十三巻までの訳が完成している。「かな第一訳」の末尾に、判読不明な十八箇所を天使の力を借りて解読したとし「補巻」としている。

「かな第一訳」は、ガリ版印刷で昭和二十七年十二月から昭和二十八年十一月の一年余りで補巻を含む二十四巻まで刊行されていることは前述した。同時期に「水穂伝口語訳」もまたガリ版印刷で刊行している。「水穂伝口語訳」の部数より推定するならば、「かな第一訳」の「日月神示二十三巻＋補巻」も二〇〇部ほど印刷され配布されたものと考えられる。

問題は、印旛沼の大奥山から岐阜へと移動するこの時期に、なぜ病をおしてまで天明訳として「かな第一訳」

を刊行しなければならなかったかである。

天明は、昭和二十八年三月末に、麻賀田神社裏の奥山より、岐阜の遠山幸一郎私邸に移住し、大奥山を造営している。「かな第一訳」の六巻から二十三巻までの「かな訳」は、遠山私邸の時期に決定され、補巻を含む二十三巻と補巻がガリ版印刷で配布され、翌昭和二十九年に漢字かな交じりに訳された『⦿月神示』（日月神示第一訳文）が刊行されている。また、同時期に『水穂伝口語訳』もガリ版印刷で配布されている。

この『⦿月神示』（日月神示第一訳文）には、十八箇所の不明箇所の判読も「補巻」として組込まれ、一冊に纏められた完本として出版されている。

昭和三十年には、未判読だった十七巻「地震の巻」も「第一仮訳」として漢字仮名混じりに訳され、天明は「これで『日月神示』全三十巻の「第一仮訳」がひとまず完了したことになります」とした。[21]

昭和二十八年に「第一訳」であったはずのものが、「第一仮訳」と位置づけが変更されているわけだが、岐阜に移ってからの神示には「天使」と称する存在が出現し、各帖の末尾に神名が記されなくなるなど、それ以前と傾向が異なってくるため、当稿では「仮」を付けず「第一訳」のままとした。

「⦿月神示第一訳文」を刊行したとき天明は、満で五十七歳であり、ミロク（五六七）を意識しての刊行だったと推察できる。

この時期は、高木多恵子（三典）との再婚により矢野シンをはじめ有力な同志を失い、天明居の活動基盤が失われ、同志を頼って岐阜に移転した時期である。東京・印旛沼湖畔時代は、いわば同志と共有し解読していた「ふで」であったが、主だった同志が離れたため、「第一訳」として全体を取り纏めとして発行したのは、天明に降ろされた「ふで」としての地位を確立するための作業だったと考えられる。

その後、昭和三十年八月、天明は皇道霊学者の武智時三郎に招かれて北伊勢の菰野に住み、武智の後継者として白羽の矢をたてられ、数霊学の手ほどきを受けることとなる。

一般には、このように理解されているが、出口王仁三郎より大本裏神業を託されたと主張する辻天水に三雲龍三を通じて下ろされた『龍宮神示』の刊行の際の一文「梅一輪の仕組の後継者世界経綸雛形の仕組」には、異なる経緯が物語られている。

武智は、辻をたよって北伊勢菰野に移住し肝胆相照らす仲となっており、辻に岐阜の知り合いの家に居候している天明夫婦の移住の相談をしたというのだ。

「私を頼って東京から三典という娘が駆け落ちみたいにして、今は岐阜におるが……一人ならともかく夫婦で知り合いのところに居候してますのや。いつまでもそうさせておくという訳にはいかんし、弟子でもあるからここに連れて来ようとおもうておるんや」と記されている。(22)

三典は、武智時三郎が東京の大道教に身を寄せていた折、数霊学を習いに通っており、武智の弟子筋にあたる。このことから武智の関係者を頼って岐阜に入り、そこに居づらくなり、短期間で菰野に転居したというのだ。

菰野に移った昭和三十年十二月二十五日から『月日霊示』(月⦿霊示)が出され、「山之巻」として大奥山内報の形で配布されている。ここで天明は、岡本大明と名告っている。武智も矢野祐太郎と関係は深く、矢野が四国から東京に迎えている。昭和三十五年、矢野シンは湯の山に移った武智を訪れているから、天明とも会っていると考えられる。ここでは、大明との改名のみならず、「ひかり教会」を解散し、「月日真道」と組織を再編し、役員は一応辞任し、再び同様の役職に就くとしている。

「山之巻」の「はしがき」には、「月日霊示」は「日月天使」の集団にあるエンゼル達のお言葉とし、「日月神示」は三十巻で一応終了し、三十一巻からは「月日霊示」として、引き続いて発現することとなったとしている。

「天使」という記載は、すでに昭和二十八年の『⦿月神示』(日月神示第一訳文)の「補巻」に認められる。それまで判読できなかった箇所を「天使」の力を借りて解読したというのである。この頃から天明の内部で何らかものと考えられる。

の変化が生まれたものと考えることができる。昭和三十年に解読された「地震の巻」もまた、天使の導きによるものと考えられる。

昭和二十八年の『◯月神示』(日月神示第一訳文)「補巻」にも「再生の天明」と示していることからも、「再生の天明」が「大明」と考えられ、この時期、内面に何らかの変化が生じたことを物語っている。これは、印旛沼湖畔の天明居から、岐阜の遠山幸一郎私邸に移住し、岐阜大奥山築造の時期と期を一にしており、新たな活動モードに入ったとの意識が垣間見える。

しかし、この変化はもっと遡るかもしれない。昭和二十四年八月に天明の先妻佳代子が逝去する。その三ヶ月後の同年十一月十七日から第二十四巻「黄金の巻」の自動書記がはじまる。そして翌二十五年になると高木多恵子(岡本三典)との再婚話が持ち上がり、同年九月二十日に再婚する。

第二十三巻以降の変化とみるならば、天明が「光教会」の会長となり、先妻の佳代子が逝去し、三典と再婚という時期である。三典との再婚を機に、高田集蔵、矢野シン、小田秀人、浅川松枝、風間奎作など初期の同志が離れている。「日月神示」解読の弾みを作り、天明の生活基盤を整えた矢野シンは、「二十四巻以降は全然なっていない」と否定するにいたる。

天明が岐阜に移ったのはこの時期であり、長年の同志が離れ、暮らし向きに困った末の転居だったと考えられる。このとき、三典は、師匠の武智時三郎に相談した結果、岐阜への転居となったものと考えられる。この時期の心労が祟ったのか、天明は春先に体調を崩し九月には幽門閉塞のため手術を受けている。

大明と名告った天明であるが、昭和三十一年に天明へと再びもどし、昭和三十八年四月に帰幽している。

天明帰幽半年後の昭和三十八年十月に、「日月神示」の続編として霊示も含めて、『日月地聖典』(下編)として二十四巻～三十一巻が至恩郷(責任者岡田多恵子)より刊行されている。天明は、「日月神示」は第三十巻までとしていたが、三十一巻「月光の巻」が加えられている。ここでは、「月日霊示」は神示としてあつかわれ第三十一巻「月光の巻」の第七帖（７９４）から第六十二帖（８４９）に取り込まれている。しかも、霊示として示されたものの一部を削除し、また、霊示が四巻三十九帖としていたものを、霊示には含まれていない六帖を加え六十二帖とし「月光の巻」としている。また、二十四巻が降ろされたのは昭和二十四年十一月十七日から昭和二十五年五月八日、二十五巻が昭和二十四年十二月十四日から昭和二十五年五月八日、二十六巻が昭和二十五年一月二十二日から昭和二十五年十月十八日と日付の重複が起きている。さらには三十巻は一帖と補帖よりなるが、一帖の番号が７７０であるのに、次の補帖は７８７で、その間が欠落している。こういうことからも『日月地聖典』（下編）の編集には乱れを感じるのである。『日月地聖典』（下編）は、著者岡本天明とされているが、「月日霊示」を「日月神示」として編集することについて、どこまで天明が承知していたのかについては不明である。

二十三巻までの「ふで」には各帖の末尾に「ふで」を降ろした神名が記されているが、『日月地聖典』（下編）収録の昭和二十四年、二十七年に示された第二十四〜三十一巻までは、帖末の神名が示されなくなってしまうのだ。神名が示されるのはわずかであり、第二十四巻から三十一巻まで三箇所ほど「ひつくの神」と示されるのみである。昭和三十年に「第一仮訳」として示された「地震の巻」においても、帖末の神名の記載はわずかであることに留意したい。

昭和五十四年に至恩郷（責任者岡本三典）から、「（故）岡本天明師天啓の黙示」として『五十黙示録』が刊行される。表紙には「附日月神示〝月光の巻〟」と記されているように、同書には『五十黙示録』の第一巻「扶桑之巻」より第七巻「五葉之巻」に加え、補巻として「紫金の巻」、さらに「日月神示補巻」として「月光の巻」が収録されている。この『五十黙示録』にも帖末に神名は記されていない。また、『日月地聖典』（下編）に第三十一巻「月光の巻」として納められていた「月日霊示」を、なぜ「五十黙示録」の巻末に巻数を記載せず再掲しているのか理由はよくわからない。

「地震の巻」(第一仮訳)の巻末は、「これで『日月神示』全三十巻の第一仮訳はひとまず完了したことになります」と結ばれている。

また、『五十黙示録』の巻末には「訳者から」と註して次のように記されている。

「この黙示は七巻で終わりますが発表できない帖がかなり多くあります。

この黙示録と、従来発表されている三十巻を合わせて三十七巻となりますが、実は発表を禁じられている巻が十三巻もあり、合わせて五十巻となるわけであります。(発表されているが書記されてゐません。)

これら未発表のものは、ある時期が来れば発表を許されるものか、許されないのか、現在のところでは不明であります。

尚、この黙示が二十四巻から三十巻に到る根幹であり、先に発表した七巻(黄金の巻以下のもの)は、二十三巻のところから出た枝のようなものであります。また、第三巻の第二十四帖は未発表のため、欠帖となっております。

昭和三十六年　於北伊勢　岡本天明」(23)

これから理解できることは、天明は「日月神示」を三十巻、「上つ巻」から「冬の巻」までの三十巻とみており、第三十一巻「月光の巻」は「日月神示」とは見なしていないということである。また、『日月地聖典』(下編)に示された二十四巻から三十巻は、神示本体二十三巻の枝葉であり、かつ、二十四巻から三十巻の根幹は『五十黙示録』であると示すことで、二十四巻以降の全ては、「日月神示」の枝葉だとしたのである。あるいは、「根幹は五十黙示だ」と示すことで三十巻までの神示とは異なるものと暗示したのであろうか?

気になることは、天明は自分に降された神示、霊示はぜんぶで五十巻であるという認識を示していることである。『五十黙示録』と銘打ったことからも想像できるが、「五十」を強く意識していたのであろう。

岡本三典も同書「あとがき」で「天明の三十七巻と、残された未発表の十三巻と、合わせて五十巻が本当の五十黙示録であり」と記している。

気になるというのは「日月神示」本体二十三巻の中で「五十」は、五十連・五十◯、五十音、五十鈴の川などとして示されるが、神示全体を示す重きをなすものとしては示されていないためだ。伊勢（五十）に近い北伊勢・菰野、美濃尾張の仕組みを意識し、また、五十音（言霊）を意識しての「五十黙示録」の命名と考えられる。

岐阜に転居した前後からと考えられるが、天明は日月天使の導きにより「ふで」の未読の箇所の訳に取り組み、月日霊示を示すにいたる。三典は、武智時三郎の数霊学により、また昭和三十四年に小田野早秧と知り合い、「命波五十音」に即した「ふで」の解読となっていったことも記している。

関東の地場を離れ、宮中への働きかけ「三四五（稜威）」「日之出の神」の御用から遠ざかってしまったと感じるのは筆者だけであろうか？

印旛沼畔から岐阜、そして菰野への移転という経緯を踏まえ、天明亡き後に三典が二十四巻以降を「日月神示」の続きとすると差し障りがでてしまうと考えたのか、二十四巻以降を「月日地聖典」「五十黙示録」と命名したようにも思える。また、「日月神示」が三十巻とする天明の記載に合わせるため、「月光の巻」に補巻としての位置づけを与え直したとも考えられる。しかし理解できないのは、「月日霊示」として示されたものを、補巻「月光の巻」として「日月神示」に取り込んだことである。たとえ補巻としての位置づけであっても「霊示」を「ふで」として扱ったことだ。

筆者は、矢野シンが、天明に「神示を無理にひねり出すな」と言ったと聞いているが、天明はこれにはばかり「霊示」としたのではないかと考えている。

また、先に示した『龍宮神示』には次のように記されている。(24)

そんな或日、例の天明の日月神示に目を通していた天水がじっと考え込む様な表情で武智の前に座っていた。

「武智さん、私は『日月神示』を二回くり返し読んで見たがおかしいな、神様こんな事を云われる筈がない」

天水の疑問に呼応する様にどこの箇所と武智が尋ね返すと、ここと返答した天水の発言に武智もしばらく腕を組みながら頷いた。

「そうか、そうか。わしもその様に思ふ」

武智は早速天明を呼び寄せ、事の真相を尋ねた。

「お前、これほんま神さまが降ろしたんか？」

師匠の気迫のある声に押される、天明は平頭した。

「すんません。わしの意志だったように思います」

昭和三十年に天明は、武智時三郎の招きに応じ、三重県菰野村に移住し、辻天水が出口王仁三郎より拝領していた御神体を天明が祭ることとなるが、昭和三十三年にはその関係性が破綻し、御神体は錦の宮へと戻されることとなる。尾張の仕組み、北伊勢神業が挫折したとも受け取れるのだが、その理由もこのあたりにあるように思える。

この時期、昭和三十年十二月から天明に降りはじめたのは『山之巻・月日霊示』である。辻天水、武智時三郎の指摘にはばかって「霊示」としたものとも推察される。

しかし、これが昭和三十八年の『日月地聖典』(下編)になると、「霊示」ではなく「ふで・神示」として収められているのである。

「五十黙示」が降ろされたのは、昭和三十六年である。昭和三十三年に辻天水の錦の宮と別れ、昭和三十五年に、武智時三郎、高田集蔵が亡くなるというタイミングであり、重石の取れたことにより降りたという感をぬぐい去ることはできない。


巷間では岡本天明には一貫して「日津久之神」系統の神示が降ろされたとの解釈が流通しているが、矢野シン、武智時三郎、辻天水の指摘もあり、なによりも天明本人が二十三巻以前を幹とし、二十四巻以降を枝葉と位置づけ、取り扱いを同列としてはならないと述べているので注意が必要である。とくに「霊示」とされた「月光の巻」が天明の没後に「日月神示」に組み入れて刊行されたり、恣意的な経緯が感じられる。

前述のように思兼鴻秀が、昭和三十六年に至恩郷から刊行された『日月地聖典』を三典訳と記しているのも、奈辺の経緯を察していたものと考えられる。三典との再婚以降に降ろされた「ふで」については「日月神示」二十三巻を含めて「五十黙示」とすると述べていることもあり、いわゆる『日月神示』、『日月地聖典』(下編)、『五十黙示』を一括して「日月神示」として扱って良いのかについては疑問の残るところであり、今後の研究の進展に期待するところである。

謝辞

本稿を作成する上で、畏友大宮司朗氏所蔵の「日月神示」に関する資料の提供をいただいたことに対し深甚の謝意を表したい。氏の所蔵する資料と筆者の所有する資料により「日月神示」が世に出た一連の経緯、位置づけが明らかにできたものと考える。

天明の係わった神業については黒川柚月氏の『[日月神示] 夜明けの御用　岡本天明伝』によるところが多大であった。謝意を表したい。

なお、本稿は車小房（金竜・肝川）さん、矢野シンの神業後継者であった神宮一二三さん（天地カゴメ之宮）、思兼鴻秀氏などからの当時の聞き取りなどを思い出しての記述が多々含まれている。なにぶん半世紀に遡ることであり、筆者の記憶違い等あれば、ご指摘頂けると幸甚である。

引用文献、ならびに主な参考文献

・日月神示関係
『V.1　うへつまき』全四十二帖（出版年、出版元不明）
V.2　四百つまき』全三十八帖（出版年、出版元不明）
『ひふみ　上つ巻　全三十帖』（天明居、一九四六）仮訳
岡本天明かな訳　昭和二十七～二十八年　印旛沼畔大奥山／岐阜おお奥山
『⦿月神示　日月神示第一訳文』昭和二十九年　岐阜大奥山
『山之巻　月日霊示』昭和三十一年（大奥山内報二月～五月）　奥付なし
『日月地聖典』（下編）　岡本天明　昭和三十八年　天明居
『日月地』（ひつく⦿示第二訳）（⦿の家）　昭和四十六年
『⦿月神示　日月神示第一訳』天啓者自動書記（故）岡本天明　日月之宮内天地の会
『原典日月神示』昭和五十一年　新日本研究所
『霊界研究論集』岡本天明　昭和五十一年　新日本研究所
『五十黙示録附日月神示〝月光の巻〟』故岡本天明師天啓の黙示　至恩郷　昭和五十四年

『完訳日月神示』上下　平成二十三年　岡本天明 著　中矢伸一 校訂　ヒカルランド

・関係する神示関係

『大本神諭』

『霊界物語』　出口王仁三郎

『日之出大神御神諭』　昭和四十六年　神政龍神会

『日乃出神諭』（第一集―第四集）　福島久子 書記　一九七六―一九七七　新日本研究所

『龍宮神示』　神業奉仕会編　一九九四　継承の道

『カゴメの御訓え』一～七　神宮一二三　一九七一―一九七八　天地カゴメ之宮

『神政龍神会資料集成』　対馬、武田、佐竹 監修　久米 責任編集　平成六年　八幡書店

・数霊・言霊関係

『【岡本天明・口語訳】水穂伝』　山口志道 著　岡本天明 訳　令和三年　八幡書店

『古事記数霊解序説　――カズタマとはどんなものか――』　岡本天明　昭和四十七年　思兼書房

・日月神示、岡本天明に関する解説など

『昭和56年危機に関する研究』　思兼鴻秀　昭和五十二年　新日本研究所

『世界の危機に関する研究』　思兼鴻秀　昭和五十三年　新日本研究所

『危機と好機に関する研究』　思兼鴻秀　昭和五十四年　新日本研究所

『日月神示はなぜ岡本天明に降りたか』　岡本三典　平成八年　徳間書店

『増補改訂［日月神示］夜明けの御用　岡本天明伝』　黒川柚月　令和三年　ヒカルランド

・大本関連

『霊界消息神秘の扉』伊藤元二郎編　大正十年　龍吟社（平成三十年、八幡書店復刻）
『出口なお・王仁三郎の予言・確言』出口和明　昭和五十三年　光書房
『出口王仁三郎三郎　入蒙秘話　出口清吉と王文泰』出口和明　昭和六十年　いづとみづ
『出口王仁三郎三郎の予言が現代に甦る 第三次大本事件の真相』十和田龍　昭和六十一年　自由国民社
『「天言鏡」と「日月神示」の謎』神聖七年神聖火燃耀宣教局編集部　平成七年　言霊社
『出口王仁三郎　大本裏神業の真相』（復刻版）中矢伸一　令和三年　ヒカルランド
『新約・出口王仁三郎の霊界からの警告』武田崇元　平成二十五年　学研プラス

註

1　『危機と好機に関する研究』四十三頁
2　『昭和56年危機に関する研究』二〇頁
3　『危機と好機に関する研究』一二九頁
4　『古事記数霊解序説』二三頁
5　『神政龍神会資料集成』一一八五頁
6　同書一一九一頁
7　同書一二一三頁
8　同書一一八七頁
9　『出口王仁三郎三郎　入蒙秘話　出口清吉と王文泰』一八六―一九一頁
10　『神政龍神会資料集成』四〇一―四四一頁

11『危機と好機に関する研究』四十九頁
12『カゴメの御訓え1』一三頁
13『霊界物語』第四巻第五篇三十二章（八幡書店版　第一輯三十二章）
14『増補改訂［日月神示］夜明けの御用　岡本天明伝』四一三頁
15『霊界物語』第四巻第五篇三十二章（八幡書店版　第一輯三十二章）
16 みろくの世と地殻活動の活発化については武田崇元『新約・出口王仁三郎の霊界からの警告』
17『出口なお・王仁三郎の予言・確言』二九三頁
18『昭和56年危機に関する研究』
19『神政龍神会資料集成』に収録の「神霊聖典」にこの図は掲載されていない。
20 同書二七二頁
21『霊界研究論集』一八九六　一一四頁
22『龍宮神示』六九頁
23『五十黙示録』九〇頁
24『龍宮神示』七〇頁

『日月神示』の暗号と時代の暗号

黒川柚月

自動書記

日中戦争の泥沼化から太平洋戦争と戦火は拡大し、さらに激化の兆しが見えはじめた頃、第二次大本事件で人生転変の辛酸を嘗めた元大本信徒で画家の岡本天明は、今は千駄ヶ谷の鳩森八幡の留守神主を拝命していた。

物資不足からの配給制度で酒にも不自由していた天明が、ドブロクを飲みたいと欲につられた不思議な縁の末、はじめて千葉県印旛郡公津村台方小字稷山（現・成田市台方）に鎮座する麻賀多神社の境内末社、天之日津久神社に参拝したのは昭和十九年六月十日のことであった。その時、天明は激しい霊動を伴う神憑現象に見舞われ、のちに『日月神示』と呼ばれることになる神のエクリチュールの自動書記がはじまった。

天明はその時の状態を後年の手記「8の面をもつ自動書記」において「厄介極まる自動書記」として次のように記している。

> 天之日津久神社へ御礼申上げ、一段低い社務所を訪れたが誰もいない。止むなく入り口の階段に腰を下ろし一息していた。丁度お昼頃なので、お弁当を出して食事にとりかかると、松籟ともつかず、霊耳と云う程のものでもないが、フーフーと云う音が聞こえてくる！　と私の前額部にピリッと強い衝動を感じ、右腕に焼

け火ばしを突込まれた様な激痛がきた。

困ったことだ。これは一種の神がかりだが、かほど強力に肉体に感ずる場合は、従来の体験からみて幽界からの感応である。しかし幽界からのものは殆ど背後から感応するのだが、前方から来たのは神界からのものらしいし、激痛を感じ乍らも気分は悪くない点から考えても、悪霊ではないらしい。腕が痛くなったのは自動書記の前提かも知れぬという事を、殆ど瞬間的に感じた。

何れにしても腕が焼きつく程痛い為め泣き声をあげた私は、矢立と紙を取り出した（私は画家であるため旅行中はいつも用意していた）。次の瞬間、非常な勢で筆は紙の上を走っていた。

私の意思を無視した厄介極まる自動書記現象である。従来経験する私の場合の神憑現象は、私自身が中止し

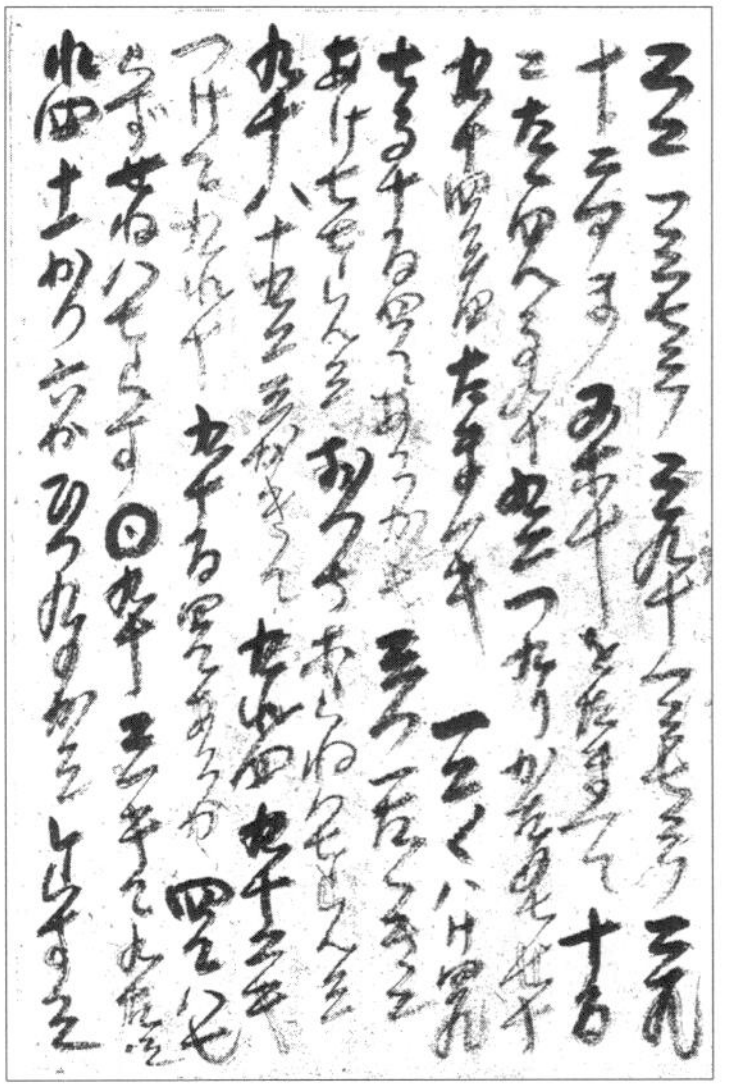

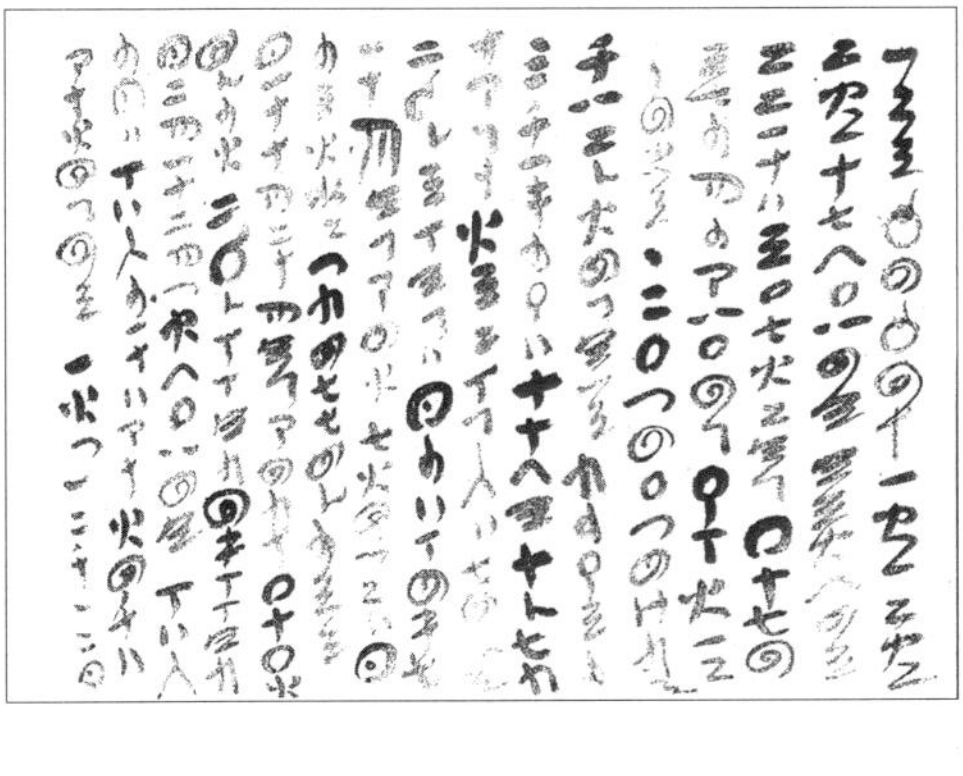

上：ひつくのまき（第六巻）第十八帖より
下：そらのまき（第二十一巻）第二帖より

> ようとすれば、中止出来たのであるが、今回のものは私の自由にならない。中止しようとすれば、腕の激痛が更に堪え得ぬ程に加ってくる。止むなく、其処で日本紙二枚に変な自動書記を残したわけである。これが日月地神示第一巻の第一帖と第二帖である。(1)

次の日も又焼け火箸を突っ込まれた様な激痛に襲われた天明は、再び自動書記の筆を取らされた。その時の経験を後年、「書かざるを得なかったんだよ」と同居していた黒羽保に語っている。

自動書記で降りた『日月神示』原文は、漢数字が主体で仮名は全て清音であり、⊙記号や渦巻き記号、T(アルファベット)が含まれる。句読点も改行もなく、江戸期の瓦版の表記と同じである。天明はこれを「のっぺらぼう」と称した。

神示の一帖は、一枚の紙に書かれた神示の区切りで、天明が翻訳作業の過程で、内容から帖分けしたものもあると聞く。

初期の神示は物資不足の影響で、まに合わせの紙に記された。大きさも用紙もまちまちで反故(ほご)紙の裏も利用された。さまざまなサイズの紙を端で束ね、巻毎に保管されたというが、筆者も実見したことはない。昭和十九年秋の第六巻「日月の巻」以降は、同一サイズの用紙に記され冊子に仕立てられた。

神示原文の書体は、自動書記の激しいイメージからは程遠い柔らかな楷書体で、漢数字の「一」「二」「三」「五」などは出口王仁三郎の得意とした太子流(空海の筆法)を思わせる。四は曰の字体で、これは「天明先生の癖字のまま」という。(2)

「ア」はカタカナ。「か」は平仮名の草書体。「う」は、平仮名が殆ど単略化され縦棒「|」で記され、出口なおの御筆先の「し」字に似ている。

神示原文では、「○」丸におたまじゃくしのような尾がついて、「お」ないし「おう」と読ませる。○につく縦棒は、平仮名の「う」に由来する。

語尾の「ざ」（三）などの丹波（綾部）訛りや、「し」（七）と「ひ」（一）の混用など関東訛りの特徴もある。「まもり」を「まむり」と表記している箇所もある。「まむり」と書いた護符は、奥三河で見たことがある。

解読は、漢数字に日本語の音読み、訓読みをあて、「八」を末広がりから形から「ひらく」と読むなど連想される読みも駆使して、どうあてるかが焦点で、身魂相応の八通り解釈の可能性があるとされた。

数字の暗号

天明が写生用につねに持ち歩いていた画仙紙に一挙に自動書記で記した文章は、漢数字とカナ、一部に記号からなり、天明本人もはじめは読むことが出来なかった。神示の解読は昭和十九年八月頃から始まった。

二二八八れ十二ほん八れ　⦿の九二のま九十の⦿のちからをあら八す四十七れる

この冒頭の「二二八八れ十」を「夫婦割れたり」と読んだという冗談のような逸話が伝わっているが、最初に神示を見せられた一人である高田集蔵は、漢数字の並ぶ原文を一目見て、「二二八八れ十」を「富士は晴れたり」と解読した。その後もスラスラと解読する高田集蔵は、天明に「これは高天原開闢の祝詞ですよ」と告げた。(3)

高田集蔵は八ヵ国語に堪能な在野の宗教哲学者で天明とは深い親交があり、密造したドブロクが飲めると公津村の小川家へ天明との縁をつなげた人物だった。

後に天明は、この冒頭の「富士は晴れたり日本晴れ」の一節にも、突き詰めるとさらに深い意味があるとまわりに諭すようになる。以下にその意味を探ってみよう。

まず気がつくのは、音韻のリズムである。

ふじはれたり（七）　にほんはれ（五）　かみのくにの（六）　まことのかみの（七）　ちからをあらわす（八）　よとなれる（五）

神示の冒頭を音として捉えると、散文ではなく七五調の片鱗が見られる。これを出口なおの初発の神諭と対比すると、

さんぜんせかい（七）　いちどにひらく（七）　うめのはな（五）　こんじんの（五）　よになりたぞよ（七）

と同じく七五調である。

『日月神示』には第三巻「富士の巻」をはじめ、七五調の新体詩の神示がいくつか存在する。大本では筆先の写本をすべてカナで記したものがある。これは「いろは四十八字で開く」と漢字を外国のものとして毛嫌いしたこともあるが、言霊の韻を重視した試みであったと言えよう。天明もまた全三十巻のカナ訳『日月神示』を昭和二十六年に刊行している。

次に神示原文が漢数字を主体に記されている意味を探ってみよう。神霊はなぜこんな表記を選んだのか。神示が伝える内容のみが重要なのであれば、こんな手の込んだことをする意味がない。数字には必ず意味があるはずだ。

二二八八十二ほん八れ　⦿の九二のま九十の⦿のちからをあら八す四十七れる。

冒頭の数字をすべて足していくと、総和は99になる。前段の「富士は晴れたり日本晴れ」で40、後半の「神の国のまことの神の力をあらはす世となれる」の和は59。40は、聖書においては、キリストの荒野の四十日間の断食など、試しの期間として多出する数字であり、59は日津久神の働きの数である。神示原文には日津久神の署名に59種類の筆跡があったとされる。(4)

もう一度、目を凝らして冒頭の一節をよく見ると、さらに興味深い暗合が浮上する。

巻頭の「二二」と、最期の「四十七れる」は対なのではないか。

「四十七」は「ひふみ祝詞」の四十七音である。冒頭の「二二」がそれに対比的に配置されたのなら、ヘブライ語アルファベット二十二字を暗示しているのではないか。

だとすれば、神示の冒頭で神霊はバベル以前の根源言語としての三九十（みこと）（第五巻「地（くに）つ巻」一帖）から派生した二つの流れを示していると言えよう。

最後の「四十七（よとな）れる」には、天明の誕生日である昭和十九年十二月四日に天明自身が満四十七歳になること、一方で天明の命日である昭和三十八年四月七日に「四十七れる」日が示されていると三典（みのり）夫人から聞いた。

「七（な）れる」の「七」は、言霊的には「成る」「鳴る」であり、鳴門の渦潮に関わる。『日月神示』の原文では、富士は「二二」、鳴門は「七◎十」と表記されるので、富士と鳴門はユダヤのカバラーにおける生命の樹の二二の小道と十の球（セフィラー）をも暗示していることになる。

「上つ巻」一帖は、

卍も十も九も八きりたすけて七六かしい五くろうのない四かいがくるから三たまを二だんにみかいて一すじのま九十を十四て九れ四

と続くが、原文から数字だけ抜き出すと、十、九、八、七、六、五、四、三、二、一と順番が逆転している。

鎮魂法では「天の数歌」として数字をヒトフタミィと唱えていくが、ここではそれが意図的に逆転して配置されている。

卍には旋回の意味がある。「ま九十」の「ま」は、ここでは平仮名で表記されているが、後続の神示原文では「〇九十」と、輪（〇）を「ま」と読ませている。従って、卍が巡るで、十、九、八、七、六、五、四、三、二、一、となり、「ま（円周に1～8が配される八卦やカタカムナ図像の如く）九十（未顕現の形而上世界）」と循環する。

天明は『審神者秘伝』において、いざという時は「ひふみ祝詞」を逆さに「けれほえせあすまの……」と読むと指導している。(5)

同じ原理は「㋐かた」（まあかた　麻賀多）（第十一巻「松の巻」十四帖）は、逆転すると「たかあま」（高天）になることは、天明たちのグループには古くから知られていた。

「卍も十も九も八きりたすけて」は、戦時中は「卍」はドイツ、「十」は「イタリー」と読まれ、(6) 戦後は「卍」は「仏」、「十」は「キリスト」と読まれた。

戦後の千葉在住時代の天明には、続く「九」が読めず、後に意訳して「九」を「何もかも」と読んだ。天明の弟子の風間奎作は、後に自説として「九」を孔子の孔と読んでいる。

「九」の意味は長く不明だったが、筆者はこれを富士講あるいはその指導者食行身禄の意に解したい。富士講の異体字㑨は「ク」と読み「食行身禄㑨」あるいは「食行身禄㑨元」という表記で食行身禄の霊的称号として使用された。(7)

ちなみに『日月神示』が降りた六月十日は大本には縁故のない日付だが、食行身禄が弥勒の世の招来に富士山で入定するために江戸を出立したのが、享保十八年（一七三三）旧六月十日であり、初発の「上つ巻」第五帖「大庭の富士」は、天明が奉職する鳩森八幡社境内の富士塚である。これは寛政元年（一七八九）に富士講の烏帽子岩講によって築造された都内に現存する最古の富士塚で、江戸時代には江戸の七富士のひとつとして人々の尊崇を集め、例年六月三日に祭礼が行われた。

このように初期の『日月神示』は、大本より富士講との霊的因縁が濃厚であり、今後はこの視点からのさらなる分析を進めていきたいと考える。

巷間に比較的流布した『日月神示』は、天明の第一仮訳をもとに岡本三典夫人が手を加えた第二仮訳(8)が主流であった。昭和五十一年から五十四年にかけて刊行された至恩郷版と言われる四分冊がそれで、平成三年に刊行されたコスモ・テン・パブリケーション版の『改訂版ひふみ神示』一巻本も同じである。

その後、平成二十三年（二〇一一）に、これら第二訳を参照しながら、原文からもう一度漢字かな交じり文への訳を再考した中矢伸一校訂の『完訳日月神示』（ヒカルランド）が刊行された。

天明自身は、自分の翻訳は仮訳に過ぎないと断り、神示は八通りに解釈できることを強調していた。その意味において、あらためて原文を開示した今回の『対訳原典日月神示』の刊行は、『日月神示』研究の新局面を開く基本資料として期待される。

天明は『日月神示』は戦時中に降りた十二巻までが基本神示として、戦後の十三巻から二十三巻までは「ことわけの神示」として降ろされたと定義する。

二十四巻以降の神示は、二十三巻までの神示をさらに解読のための補助神示であると考えていたが、天明の没後は漢数字の羅列した難解な十六巻「あれの巻」や、『五十黙示録』が奥義書であるかのように喧伝され、さらに同書の巻末に「訳者より」として天明が「実は発表を禁じられている巻が十三巻もあり、合わせて五十巻となるわけであります」と書いたところから、その未だ世に出ていない十三巻の存在確認が焦点化するなど些か迷走気味になったきらいがあった。

しかし、いま一度、原点に立ち返り、『日月神示』原文に隠された深い暗号をこそ考察すべきであろう。

八大洲浮上

「上つ巻」一帖には続いて

日本はお土があかる、外国はお土がさかる

とある。

ほとんど同じ一節が明治二十六年日付不明の出口なおの筆先にもある。

日本は上へお土が上るぞよ。外国はお土が下りて海となるぞよ。(9)

このようなビジョンは、烏伝神道を創唱した賀茂規清の代表的著作『烏伝神道大意』における天地の呼吸にあわせて長い歴史的スパンのなかで世界の大陸が入れ替わるという説にまで遡る。

五大洲引繰り返って居ることまだ判らぬか。肝腎要の事ざぞ。七大洲となるぞ。八大洲となるぞ」

(第十巻「水の巻」十帖　昭和二十年六月十一日)

五大陸が転じて八大陸になるというこの神示は、高田集蔵が神智学とチャーチワードのムー大陸説を取り込み、昭和十八年に「中外日報」紙に連載した「古事記講義」において説いた現存の五大陸に南極大陸、ムー大陸、アトランティス大陸を加えた八大洲大変動のビジョンに由来する。

高田集蔵は、昭和三十四年に「太平洋上の沈んだロストジャパンを知らないか」と、伝説のムー大陸でなく「ｌｏｓｔｊａｐａｎ」とも発言しているので、ジョン・ニューブローが自動タイプライティングした『オアスペ』のパン大陸も念頭にあったようだ。(10)

三五七

一二三（ひふみ）祝詞するときは、☉の息に合はして宣れよ、☉の息に合はすのは三五七、三五七に切って宣れよ。しまひだけ節長くよめよ、それを三たびよみて宣りあげよ。天津祝詞の神ともこの方申すぞ。七月十五日、一二☉。

（『日月神示』第二巻「下つ巻」第七帖、昭和十九年七月十五日）

『日月神示』は「ひふみ祝詞」を

ヒフミ（三）、ヨイムナヤ（五）、コトモチロラネ（七）、シキル（三）、ユイツワヌ（五）ソオタハクメカ（七）……

と三・五・七の節で切って奉唱するよう指示している。

天明はすでに昭和十五年の「すめら歌社」時代からこの奉唱法を推奨していた。

「三五七」は注連縄（しめなわ）とされる。しめ縄は「七五三縄」とも書くが、「七五三」ではなく「三五七」の比率が正しいと神示に示された。

> 今までのシメは此の方等しめて、悪の自由にする逆のシメざから、シメ張るなら、元のシメ、誠のシメ張れよ。七五三は逆ざぞ。三五七ざぞ。天地のいぶきぞ。波の律ぞ。風の律ぞ。神々様の御息吹の波ざぞ。
>
> （第十二巻「夜明けの巻」第十帖、昭和二十年八月六日）

大本では、注連縄は国祖国常立尊を封じ込める呪的表徴として忌避された。だから「今までのシメは此の方等しめて、悪の自由にする逆のシメざから」というのである。しかし、『日月神示』はそこから独自性を発揮する。「七五三」は逆ゆえに神を苦しめるのであって、「元のシメ」「誠のシメ」は「三五七」だというのである。

「三五七」は「天地のいぶき」「波の律（りつ）」「風の律」「神々様の御息吹の律」である。「三五七」は自然現象や森羅万象に潜在する律（リズム）なのである。

続く第十二巻「夜明けの巻」十一帖では、

> 岩戸開きのはじめの幕開いたばかりぞ。今度は水逆さに戻るのざから

昭和８年、東京駅に出口王仁三郎（右）を送迎する天明（左）。

と「三五七」のシメには、岩戸開きの働きがあることが示される。

「水逆さに戻る」は、斎国（山東省）から東海に浮かぶ伝説の蓬莱・方丈・瀛州の三神山に向けて使者を遣わせたが、風で船が引き戻されたという『史記』「封禅書」の説話に由来する。


ここで三五七の律に自然界の波、風、神の息吹が象徴される理由について少し考察しておこう。

3対5対7の比率は、華道においては花の対比を形作るもっとも美しい比率とされる。対して西洋のフラワーアレジメントでは、花の比率は3対5対8となっている。
3、5、7は素数である。素数とは1と自らの数字以外では割り切れない数で1、3、5、7、11、13、17、19、23、27…と展開していく。
一方で3、5、8は、フィボナッチ数列（各項が前項とさらにその前項の和になっている数列）0、1、1、2、3、5、8、13、21、34、55、89、１４４…へと展開する。

フィボナッチ数列の隣り合う数字の比は黄金比１・６１８…になる。

黄金比は古代ギリシャから最も美しい縦横の対比と考えられ、古代ギリシャのミロのビーナス像やパルテノン神殿から中世のレオナルド・ダ・ビンチの五角形の人体比率図にも黄金比が反映されている。

また自然界のオウムガイの貝殻の構造や、ひまわりの種の形成も黄金比で構成される。

西洋の黄金比を対比で表わすと、3対5対8であり、3対5対7とはならない。

5対7の比率は、日本の古代建築に使用された白銀比の1対１・４１４である。

白銀比は東洋の聖なる比率と言われ、和紙の縦横の寸法も白銀比である。世界最古の木造建築、法隆寺伽藍の縦横の寸法も白銀比に当てはまる。大工の持つL字型の物差しである曲尺には白銀比が組込まれている。短歌の「五七五七七」の五七調も、白銀比の比率に則っている。
3、5、7の比率は、3対5が西洋の黄金比、5対7が東洋の白銀比で、「三五七」の律は、西洋の黄金比と東洋の白銀比の融合である。

『日月神示』が示す森羅万象を表象する神聖幾何学比率は、自然の波や風の響きの中に隠されていた。天明が嗜んでいた俳画の構成は、画と賛（俳句）と空間の配置に三五七の比率が活かされていた。天明は王仁三郎から、独特の筆使いをはじめ三五七の率に描く技法を教わり、さらに創意工夫して俳画を完成させた。(11)

天明と王仁三郎の縁は、大阪梅田の大正日日新聞社屋で、はじめて逢った折、王仁三郎は居並ぶ青年信徒の中にいた天明に対して、好物で持参したボタ餅を、いきなり投げてよこした。天明が王仁三郎からなにか教わったのは、この頃だろう。

ぬほこ　ぬほと

辛酉（かのととり）の日と年はこわい日で、よき日と申してあろがな。九月八日は結構な日ざが、恐い日ざと申して知らしてありたこと、少しはわかりたか。何事も筆通りになりて、先繰りに出て来るぞ。遅し早しはあるのざぞ。この度は幕の一ぞ。日本の臣民これで戦さ済むように申しているが、戦さはこれからぞ。旧十月八日、十八日はいくらでもあるのざぞ。

（第六巻「日月の巻」十帖　昭和十九年十月二十五日　旧九月九日）

辛酉が「こわい日」とは、「こわい」は米を蒸した「おこわ」の「強（こわ）し」に由来し、辛酉は五行の金で硬さを象徴している。こわい＝硬い＝種（たね）。種は万物のはじまりの前、発芽するアシカビ（葦牙）の前である。新暦では辛酉の日は六十日に一度巡り来る。昭和十九年の旧九月八日（新暦十月二十四日）は辛酉の日に当たっていた。

但し「九、十月八日、十八日はいくらでもある」というが、万年暦上で新暦十月八日、十八日、旧暦九月八日、十八日のすべてが辛酉の巡りになっているのは、昭和十九年ではなく、年の巡りも辛酉の大正十年である。大正十年は第一次大本事件が勃発した年であると同時に『霊界物語』の口述が開始された年だった。
その意味では、上記の神示は大正十年の巡りを、昭和十九年に再現しようとする試みだったと思われる。

「日月の巻」の八〜十帖の日付が、

八帖　十月二十四日　旧九月八日
九帖　十月二十六日　旧九月十日
十帖　十月二十五日　旧九月九日

と、九帖と十帖の日付が入れ違いになっているのは、天明の意図的な配置だろう。九と十の数字には、『日月神示』においては数々の密意が設定されている。
第六巻「日月の巻」には、国生み・神生みの神器として天之沼矛（ヌ火九）、沼女陰（ヌ火十）が登場する。

次に伊邪那美命、伊邪那美命に、天沼陰を賜ひて、共に漂えること地修理固成なせと言依さし賜ひき。
（第六巻「日月の巻」十八帖　昭和十九年十一月六日）

記紀神話では伊邪那岐・伊邪那美命が天浮橋より天の沼矛を垂らしてオノコロ島を生み出すが、『日月神示』には新たな神器として、天之沼女陰が登場する。

ココニ、イザナギノミコト、イザナミノミコトハ、ヌホコ、ヌホト、クミクミテ、クニウミセナトノリタマヒキ、イザナギノミコト　イザナミノミコト、イキアハシタマヒテ、アウ、あうトノラセタマヒテ、クニ、ウミタマヒキ。コトの初め気付けて呉れよ。

（第六巻「日月の巻」二十四帖　昭和十九年十一月二十日）

ヌホコ（ぬ火九）・ヌホト（ぬ火十）の九と十を組み合わせて、アウの言霊で国生みをするのである。

天明は晩年の著作『古事記数霊解序説』において、ヌホコ・ヌホトの重要性を説いている。

云ふ迄もなくヌホコとは男の具であり、ヌホトは女姓のそれであります。この一方的具によって一応の修理固成はなされたわけでありますが、ここにはかり知られざる程の神策があったと思われます。今日の世界大混乱の遠因は此所にあり、従って大転移的な「岩戸ひらき」が必然的に行われねばならないのであります。(12)

ヌホコ・ヌホトは旧暦九月九日、十日にかかわる。「ヌの種」（第六巻「日月の巻」二十帖）とある。ヌは玉（翡翠）を意味するが、ここではヌは零（ゼロ）でもある。

ヌホコ・ヌホトを「クミクミ」する所作は、インドのリンガとヨーニの合一やタントラのヤブユム尊、真言立川流の立川流秘曼荼羅とも関連する。この流れは富士講の「元の父母」から伯家神道の「八足机の伝」まで伝わっている。金井南龍の提唱した「富士の真柱」と「母のミタマ」、松浦彦操『神典形象』の包みと畳み、『新世紀エヴァンゲリオン』に登場するロンギヌスの槍と使徒のコアまで、太古から現代まで普遍的に存在している。

九十戸（ことど）開きの秘儀

日本神話では「八百万神」とか「八十神」など、数の多さを「八」で表わしている。日本語は十進法だが、「八」には多数という含意がある。

「八」に続く「九」「十」は、『日月神示』ではコト（事・言）を表し、未顕現の形而上領域を指している。つまり『日月神示』においては、第一巻「上つ巻」から第八巻「磐戸の巻」が一～八までの現界の働きを表して、日本神話の大八洲の国生みの段に該当する。

日本神話では、国産み神産みの後、伊邪那岐は火の神を産んで亡くなった伊邪那美を追い、黄泉国に降る。続く黄泉返りの段では、現し世と黄泉の間に塞として立てた千引岩を挟み別離の言葉を交わすコトド渡しを『古事記』は「事戸」、日本書紀は「絶妻之誓」と記す。

『古事記』では伊邪那岐命と伊邪那美命は義絶したままだが、『日月神示』では、

> ここに伊邪那美命、息吹き給ひて千引岩を黄泉比良坂に引き塞えて、その石中にして合い向かい立たしてつつしみ申し給ひつらく、うつくしき吾が汝夫の命、時廻り来る時あれば、この千引の岩戸、共にあけなんと宣り給へり。ここに伊邪那岐命、しかよけむと宣り給ひき。
>
> （第六巻「日月の巻」四十帖　昭和十九年十一月三十日）

と、時が到れば、伊邪那岐、伊邪那岐がともに千引き岩を開けると言挙げている。

天明はこの一節が『日月神示』の中でもっとも際立っていると説き、那岐、那美二神の和合が、第一の岩戸閉めから転じて、岩戸開きの始まりとされる。

第八巻「磐戸の巻」最終二十一帖は、旧十一月三十日述であるが、この日は暦の上では新月だった。神示の降りた日の新月が、磐戸の閉ざされた暗がりの世を表している。続く第九巻は「キの巻」で、磐戸の開く「兆し

（未然のキ）」という意味が込められている。「キ」は、本来は道院で「先天の気」を意味する炁を使うべきところ、戦後の当用漢字にはないのでカタカナのキで代用されたのだろう。

出口なお　王仁三郎の暗合

『日月神示』第九巻「キの巻き」一帖が降りた昭和二十年一月二十九日は、旧暦十二月十六日であり、奇しくも大本教祖出口なおの誕生日（天保七年旧十二月十六日）にあたるという不思議な暗合がある。

「キの巻」はなぜか第一帖のみ、第八巻「磐戸の巻」と同じく、「⦿の一つ九⦿」（⦿の日月神）の神示となっている。そして続く第二帖（二月二十六日）とのあいだには一ヶ月の空白がある。「⦿の一つ九⦿」は第三巻「富士の巻」と同じ神格である。

その「富士の巻」の最終二十七帖が降りた昭和十九年八月三十日は旧暦七月十二日で、大本教の綾部で一週間にわたって行われる神集祭の最終日にあたる。

『大本神諭』に

> 神宮坪の内に御三体の御宮を建て、天の大神さまをお祭り申し上げてあるのは、毎年旧七月七日天地の大神が御相談あそばす元の場所、陸の竜宮と相定まりたからのとであるぞよ。

とあるように、大本では、日本中の神々が年に一度、神在月に出雲に集まっていたのが、明治二十五年の出口なおの帰神（大本立教）後は、旧七月に綾部に集まるようになったとされ、神集祭は旧暦七月六日から七日間にわたって斎行された。[13] 十二日は神々が各地の本拠に帰る日であり、出口王仁三郎の誕生日（明治四年旧七月十二日）でもあった。

このように『日月神示』の節目節目に、出口なおと王仁三郎の誕生日が刻み込まれていることは注目される。当時は大本事件で丹波綾部の聖地は官憲に破壊され、祭祀は途絶していたが、天明の祀る奥山の御神前でささやかな霊的復活を遂げたのである。

第九巻「キの巻」一帖から二帖のあいだの空白の一ヶ月、つまり昭和二十年一月末から二月末の一ヶ月に天明は鳴門神業（イイヨリ御用）と丹波の御用（綾部の出口直の奥津城参拝）、尾張の御用（東谷山）を修めている。

おはりの御用御苦労であったぞ、（中略）イイヨリの御用タニハの御用御苦労であったぞ。

（第九巻「キの巻」二帖、昭和二十年二月二十六日）

大本の関連で重要なのは、「タニハの御用」である。

当初は正体不明だった天之日津久神の神示は、第八巻「磐戸の巻」あたりから大本との関連が見えてくる。

この神はよき臣民にはよく見え、悪き臣民には悪く見へるのざぞ、鬼門の金神とも見へるのざぞ……。

（第八巻「磐戸の巻」十七帖、昭和二十年一月十四日）

ある日、天明が御神前で天之日津久神を念じていると、にわかに霊眼に白髪の老婆の姿が顕われたが、その老婆が大本開祖出口なおなのか、天明にもはっきりわからなかった。続いて、⦿印の入った宝冠を被った赤い龍神の姿を霊視した。(14)

天明は『日月神示』を降ろしている神霊は、大本開祖・出口なおに関係するらしいと考え、出口王仁三郎の審神を受けようと思い、丹波の亀岡に向かった。

当時、王仁三郎は第二次大本事件の高裁判決で治安維持法無罪となり、昭和十七年八月七日に仮釈放され、亀岡の中矢田農園に隠棲していた。

中矢田農園に着き来意を告げると、旧知の倉田地久が対応してくれた。天明は二度にわたり王仁三郎と面会を試みるも遂に面会がかなわず、天明は男泣きに泣いた。この背景には、人類愛善新聞の関係者が全員検挙されたにもかかわらず、天明だけは有給の職員としての雇用関係という主張が認められたのか検挙を免れた事情から、当局のスパイと見做されていたからかもしれない。いずれにせよ、王仁三郎は未だ特高の監視下にあり、幹部たちはぴりぴりしていた。

仕方なく天明は綾部に向かい、天王平の共同墓地一角に改葬された出口なおの奥津城を参拝し、墓前で祝詞をあげた。綾部の空にサラサラと小雪が舞っていた。(15)

『日月神示』では岡本天明の誕生日、明治三十年十二月四日(旧十一月十一日)は、本文で度々喚起されているものの(16)、その日付自体には経綸上の意味は付与されてはいない。かわりに出口なおと王仁三郎の誕生日が霊的な意味性を帯びて刻み込まれているところは意味深長である。

なお『日月神示』は天明の母、弥栄の死を、神話上のイザナミの死になぞらえている。(17)

ちなみに出口直の神上がりした大正七年十一月六日(旧十月三日)は、『日月神示』には織り込まれていない。

ハルマゲドンと榛名湖の神業

天明は昭和二十年一月に榛名湖で二度目の神業を行っている。これは実は今回の解説執筆に当たり、過去の「至恩郷」機関誌を再読中に判明した新事実である。

榛名と『日月神示』は深い因縁で結ばれている。昭和十九年七月九日、つまり天明に『日月神示』が降りてから約一か月後、「初めの御用はこれで済みたから、早うお山開いてくれよ。お山開いたら、次の世の仕組書かすぞ」(第一巻「上つ巻」第四十二帖)という神示が降り、富士から北に三十里の距離である榛名山の蛇ケ岳で神事

を執り行っている。(18)

しかし今回は『日月神示』には神業に関する指示はみられない。「ヤの身魂御苦労」(第七巻「日の出の巻」十六帖)とあり、前日の十二月十八日は矢野家の月次祭なので、この時になにか神託があったのだろう。

この「榛名神事」は神事の謎を解くカギは、第八巻「磐戸の巻」三帖の「ハルマゲドン」である。

富士は晴れたり日本晴れ、びっくりばこいよいよとなりたぞ。春マケ、夏マケ、秋マケ、冬マケてハルマゲドンとなるのざぞ、早う改心せんとハルマゲドンの大峠こせんことになるぞ。(中略)大洗濯ざぞ、大掃除ざぞ、ぐれんざぞ、富士に花咲くぞ

(八巻「磐戸の巻」三帖、昭和二十年一月一日)

春マケ、夏マケ、秋マケ、冬マケて、ハルマケドンと申してあろが、

(九巻「キの巻」二帖、昭和二十年二月二十六日)

ここではハルマゲドンに日本の敗戦が含意されている。

二度目の榛名湖での神業は昭和二十年一月、八巻「磐戸の巻」と九巻「キの巻」の間の神示の空白期間に行われた。続く鳴門神業は「キの巻」の第一帖と第二帖の間の二月の出来事である。

出口王仁三郎の『霊界物語』には「ハルナ」という地名が登場する。ハルナは現在のインドに比定される「月の国」の都で、同書三十九巻以降はハルナを占拠し「月の国」を支配下におくバラモン教の大黒主とスサノオを奉じる三五教の宣伝使の霊的争闘戦をメインモチーフとして構成されている。

物語は「此ハルナの都は月の国の西海岸に位し、現今にてはボンベーと称へられてゐる」としながら、現在のボンベイは太古の「ハルナ」の郊外にあった大雲山の頂きで、今より十万年以前の世界的大地震によって「ハル

ナの都は海底深く沈没して了つた」とする。

その上で王仁三郎は「言霊でいへばハルは東、ナは地である」とし、ハルナが日本の首都東京に重なることを匂わせている。

そして昭和十九年には唐突に「ハルマゲドンのハルは日本のこと」と語るのである——。

当時の日本人には、ハルマゲドンとはあまりなじみのない言葉だろうが、大本では大正十三年に酒井勝軍が綾部で講演しているくらいなので、聖書の用語であるハルマゲドンは知られていた。

昭和十九年には天明は大本と離れていたので、交流のあった大本信徒で中外日報記者の伊藤栄蔵からこの言葉を聞いていた可能性もある。

冬の榛名富士と榛名湖

天明は門田武雄、石上方義、石本笙と伊香保温泉に向かい、神戸から来た石本恵津子と合流して五名で榛名湖を訪れている。

結氷した榛名湖を横断する神事は、昭和二十年の一月十八日あたりだろうか。この神事は翌二月八日の鳴門神業と対になっていて、どちらも神戸の石本恵美子が参加していた。

結氷した榛名湖上を北から南に渡る天明の耳に、榛名湖を巡る山々から太鼓を叩くような天狗囃子が聞こえた。榛名湖の氷上を踏破した天明は、片足を水中に取られた。ワカサギ釣りの穴に片足がはまったのだ。そこに穴があるのはわかっていたのに、どうしてもそこを歩きたい衝動に駆られ、そのまま穴に片足がはまったのだという。

江戸時代には、榛名湖でも凍った湖面が山脈状にせり上がって起きる御神渡り（おみわたり）があったというが、天明が訪れた当時もまだあったのだろうか。

榛名湖を渡った後、天明らは榛名湖外輪の西に位置する硯岩を目指し、硯岩から榛名富士と榛名湖を拝する国見神事したと思われる。冬場は雪で実際に硯岩に登れたか疑問もあり、麓から遥拝だったかもしれない。

天明は神事に関する記述は、一切語りも書き残しもしなかった。戦時中の事情もあるが、天明は「後の人が捕われるから霊的な事象は書き残していけない」と黒羽保に諌めていた。天明が言い残したのはそこに着くまでの経緯説明や、同行者の証言が残るだけである。天明の手記には硯岩が目的地とは書かれていない。なぜ故に筆者は硯岩が最終目的地と断言できるのか。それは出口日出麿の神業と関係するからである。


天明は、明治三十年（一八九七）十二月四日、岡山県浅口郡玉島（現、倉敷市玉島）の豪農、岡本家の次男信之として生を享けた。絵が得意で、十七歳の頃に神戸三宮で絵の個展を開き、新聞に「天才少年画家現る」と称賛されたほどであったが、同時に幼少の頃から、他人には見えないものを見、聞こえないものを聞く霊的能力があった。実家の没落もありさまざまな遍歴を経て、大正九年（一九二〇）、二十二歳の時に大本と出会い、大本が買収した『大正日日新聞』の最年少記者として採用される。

天明はそこで中央大学を休学し、綾部で奉仕中に辞令を受け、政治部記者に配属された高見元男と知り合う。高見は、天明と同郷同年同月生まれで、二人はたちまち意気投合し生涯の友人となった。経営難に陥った『大正日日新聞』が売却されたのち、天明はしばらく綾部で奉仕者となるが、その頃の記念写真には高見元男も写っている。

昭和三年、高見がのちに三代教主となる出口直日と結婚し、出口日出麿と改名し、教団の要職に就いても二人の友情は変わらなかった。

昭和五年、大本の東京進出にあたり、出口日出麿に全権が託される。大本の外郭団体である人類愛善会と人類愛善新聞社が東京に移転すると、日出麿は大本系の「北国夕刊新聞」を経て「名古屋新聞」の記者になっていた天明を『人類愛善新聞』の編集部長に引き抜き、天明は東京に居を移す。

天明と日出麿の絆は友情を超えた霊的なものであった。出口日出麿の『信仰覚書』にある鎮魂帰神の説明、特に霊的な体験等の事柄についての記述は、天明の文章とよく似ている。「大正日々新聞」の記者時代、そして綾部時代、当時の大本で盛んだった鎮魂帰神を通じて、天明と日出麿は霊的な体験を共有していたと推認される。そうすると、天明の榛名湖神業の意味が解けてくる。

昭和六年に出口日出麿は二度目の北関東（上毛）巡教した際に榛名湖を訪れ硯岩で国見を行う予定であったが、桐生の大本信徒朝倉家に数日滞在するも天候不良のため来訪を断念した経緯があり、天明の神事はその補完と考えられるのである。(19)

「磐戸の巻」では執拗に「生神」の甦りが告げられる。

世の元からの生神が揃うて現はれたら、皆腰ぬかして、目パチクリさして、もの云へん様になるのざぞ。

（第八巻「磐戸の巻」十六帖、昭和二十年一月十四日）

向ふの国いくら物ありても、人ありても、生神が表に出て働くのざから、神なき国は、いづれは往生ざぞ。この神の申すことよく肚に入れて、もうかなはんと申す所こらへて、またかなはんと申す所こらへて愈々どうにもならんといふ所こらへて、頑張りて下されよ、神には何も彼もよくわかりて帳面に書きとめてあるから、何処までも、死んでも頑張りて下されよ。（中略）マコトの生神がその時こそ表に出て、日本に手柄さして、神の臣民に手柄たてさして、神からあつく御礼申してよき世に致すのであるぞ。(20)

（八巻「磐戸の巻」十九帖、昭和二十年一月十四日）

いくさ何時も勝と許りはかぎらんぞ、春まけとなるぞ、いざとなれば昔からの生神様総出で御働きなさるから、神の国の神の道は大丈夫であるなれど、日本臣民大丈夫とは申されんぞ、その心の通りになること忘れるなよ、早うミタマ磨いてくれよ、も少し戦すすむと、これはどうしたことか、こんなはづではなかったなあと、どちらの臣民も見当とれん、どうすることも出来んことになると知らしてあろが、さうなってからでは遅いからそれ迄に、この神示よんで、その時にはどうするかと云ふこと判りて居らんと仕組成就せんぞ。

（第八巻「磐戸の巻」第二十帖、昭和二十年旧十一月三十日）

ここでいう生神（いきがみ）とは龍神のことである。中世語の生身（いきみ）に由来し龍神を指す言葉。本来は仏典語で、権現を指す生身（しょうしん）とも言った。

戦前の大本では、上毛三山の赤城山、榛名山、妙義山を総称して赤城龍神と称して祀っていた。昭和四年五月、北関東地方を巡教中に赤城山の小沼で龍神に感応した出口日出麿が、桐生川（渡良瀬川の支流）で授かった石に霊を込め、それを桐生の朝倉家の庭で祀り、一年後に赤城山の小沼の畔に祠を設けて祀ったのである。

また矢野祐太郎の主宰した「神政龍神会」の教義では、榛名湖の湖底に龍神団が鎮まっているとされ、矢野祐太郎は大正十年から榛名湖をしばしば訪れ、妻の矢野シンとともに神事を斎行している。天明は矢野シン経由でそれも伝え聞いていたことは確実である。

天明の昭和十九年一月の天明による榛名湖神事——来るべきハルマゲドンを予兆させる迫り来る日本の敗戦をひかえ、八巻「磐戸の巻」と九巻「キの巻」の間に行われたそれは、矢野祐太郎夫妻、出口日出麿による未完の神業の回収として行われた「九十戸（ことど）開き」の神業であったといえる。

「春マケ」にもとづいて、昭和十九年一月が選ばれた。矢野祐太郎の子息の矢野凱也（よりなり）氏は、当時の天明の周辺でハルマゲドンという言葉をよく聞いたと筆者に述懐された。

昭和二十八年、岐阜に移住後、幽門閉塞で生死の境をさまよった天明は霊界を訪問して霊界の核爆発などを見聞しているが、その時の案内したハルクニヒコと名乗る天使の名のハルは、ハルマゲドンに由来するのだろうか。

天明の富士鳴門神業とシンクロする王仁三郎の耀琓制作

『日月神示』が国常立尊の神示と理解されるようになったのは後のことで、当初には天之日津久神は正体不明の謎の神だった。

昭和十九年十二月頃から、大本との縁が明かされて、「節分に押し込められし神々御出座し」（第七巻「日の出の巻」十六帖）「あく神。閻魔」（第八巻「磐戸の巻」四帖）「大国常立尊と現れて」（第八巻「磐戸の巻」三帖）「鬼門の金神」（第八巻「磐戸の巻」十七帖）との文言が出現する。

その同じ時期に◎海の神業が開始されたことが注目される。

> ◎海の御用とは◎海の鳴門と◎海の諏訪と◎海のマアカタと三所へ祀りて呉れよ。その前の御用、言葉で知らした事済みたぞ、◎海マアカタとは印幡ぞ。
>
> （第七巻「日の出の巻」第十八帖、昭和十九年十二月二十一日）

『日月神示』の神は、「この方祀るのに富士に三と所、◎海に三と所、江戸にも三と所ぞ」と神事はつねに三段構成で行われるべきことを天明に告げていた。すでに江戸と富士には奥山、中山、一の宮の三つの斎庭が設けられていた。

「◎海の御用」は鳴門と諏訪とマアカタの三箇所が指定された。それは「マアカタ」すなわち印旛沼の神業からはじめられた。

昭和十九年十二月二十八日の日暮れ、印旛沼の畔において、岡本天明、佐々木精治郎、矢野シンらによって⦿（うず）海の竜宮界開きの神事が厳修された。

日暮れは、黄昏（たそがれ）（誰ぞ彼の意）、逢魔が時とも言い、夕方の薄暗さは魔界と通じるものとして恐れられた。しかし『日月神示』の神は「日暮れ良くなる」（第七巻「日の出の巻」三帖、昭和十九年十二月二日）と、悪いとされた事が善に立ち返る価値の転換を告げていた。

二十八日は、明治二十五年、龍宮乙姫がはじめて出口なおの前に出現した日で、龍宮界に縁の深い日である。

そして同じ昭和十九年十二月二十八日の日暮れ、亀岡では夕食を終えた出口王仁三郎が急に思いたったように、京都から亀岡下矢田に疎開してきた陶芸家の佐々木松楽を訪ね、翌日より王仁三郎による楽茶碗の作成がはじまった。後に芸術的に高い評価を得ることになる王仁三郎の耀琓（ようわん）制作の開始である。

東の天明の鳴門神業と、西の王仁三郎の耀琓製作が同じ日から始まっていたシンクロニシティー（共時性）に驚かされる。両者は不可視の世界においてリンクしていたのである。

諏訪湖の鳴門神業は、翌月の昭和二十年一月八日、天明の代理で三枝今朝春が修めたが、さらに昭和二十年六月二十九日に

富士と鳴門の仕組、諏訪マアカタの仕組。ハルナ、カイの御用なされよ

（第十一巻「松の巻」十四帖　昭和二十年六月二十九日）

との神示が下され、昭和二十三年六月に天明は佳代子夫人を伴い諏訪湖を訪れている。

諏訪は原文では「⦿ア」で、訓みは「スワ（ＳＵＷＡ）」ではなく「スア（ＳＵＡ）」である。「諏訪マアカタ」は原文では「⦿ア㋐かた」である。「すあまあかた」（ＳＵＡＭＡＡＫＡＴＡ）とは、⦿（ＳＵ）から発祥する音が、ア行の連呼で、ア行は母音で天の座ゆえ、反転して高天原（ＴＡＫＡＡＭＡＨＡＲＡ）となることが暗示さ

れている。

おほかむつみの命

> 天の日津久の神と申しても一柱ではないのざぞ、臣民のお役所のやうなものと心得よ、一柱でもあるのざぞ。この方はオホカムツミノ神とも現はれるのざぞ、時により所によりてはオホカムツミノ神として祀りて呉れよ、青人草の苦瀬直（うきせなほ）してやるぞ。天明は神示（ふで）書かす御役であるぞ。九月十一日、ひつ九◯。
>
> （第四巻「天つ巻」二十六帖、昭和十九年九月十一日）

『古事記』では、黄泉の国から黄泉軍に追われて逃れてきた伊邪那美命が、黄泉比良坂に生える桃の木の実を投げて撃退したので、桃の実に意富加牟豆美命（おほかむつみのみこと）の名を与えたとある。

桃は昔から辟邪の効果があるとされ、中国古典『山海経』には鬼門に大きな桃の木が生えているとある。

十一巻「松の巻」（昭和二十年六月十七日〜七月十九日）以降、天明は神名を記した御神体（御守り・おひねり）を頻繁に書くようになるが、最も多かったのは「おほかむつみのみこと」で、一度に七十二枚書いたこともあった。

『日月神示』は「おほかむつみのみこと」の働きとして、「手のひら療治」と、危険予知の「三脈法」を挙げている。

> この方オホカムツミノ神として書きしらすぞ。病あるかなきかは手廻はして見れば直ぐ分かるぞ、自分の身体中どこでも手届くのざぞ、手届かぬところありたら病のところ直ぐ分るであろうが
>
> （第四巻「天つ巻」二十九帖、昭和十九年九月十三日）

「病あるかなきかは手廻はして見れば直ぐ分かるぞ」は戦前一世を風靡した江口俊博の「手のひら療治」における「ヒビキ」と同じことである。

江口俊博は甲府の山梨県立高等学校の校長職にあり、霊気療法の臼井甕男に学び、昭和初期に「たなすえの道」を立ち上げた。

天明との関係は判然としないが、玄米正食の桜沢如一と昵懇だったので、おそらく面識もあったと推測される。(21)

「手のひら療治」は単なるヒーリング技法ではない。手が勝手に動いて問題箇所(ヒビキ)に手を当てるのである。この技法は戦前の霊気療法では「霊示」とも呼ばれた。つまり掌にはセンサーと気の放射という二つの機能があることになる。それを『日月神示』ではオホカムツミノ神の教えとして示しているのである。

このように天明は手当て療法にも造詣が深く、自己の体調不良時、自分で「手当て」を施した。足の裏(湧泉)から大地の気を吸い込むことができるとして、大地を裸足で歩くことを好んだ。

往年のひかり教会では、相互に手当て療法が行われた。しかし天明が病弱になったこともあり、戦後は天明が他者に治療を施すことは少なくなった。

病あるかないか、災難来るか来ないかは、手届くか届かないかでわかると申してあろがな。届くとは注ぐことぞ。手首の息と腹の息と首の息と頬の息と頭の息と足の息と胸の息と臍の息と背首の息と手の息と、八所十所の息合っていれば病ないのざ、災難見ないのざから、毎朝神拝みてからよく合わしてみよ。合っていたらその日には災難ないのざぞ。ことに臍の息一番大切ざぞ。もしも息合っていない時には一二三唱えよ。唱え唱えて息合うまで祈れよ。どんな難儀も災難もなくしてやるぞ。

(第七巻「日の出の巻」十五帖、昭和十九年十二月十八日)

これは危険予知法として江戸時代から広く知られた三脈法である。

三脈法は、自分の両手を使い、右手で両頸椎の脈を、左手で右手首の脈を同時に採り、三点の脈拍を測るのでそう呼ばれた。三脈が一致していればよし、もし一致せず不調和に荒れていたら、二十四時間以内に自身に危険が迫っている兆候とされた。

戦後の千葉時代、天明と同居していた黒羽保によると、天明は三脈法を原稿執筆前の精神統一の鎮魂や、神示の審神（伺い）の方法に応用していた。

ただし、天明自身は、この方法は広く知られると悪用される要素が大きいと危惧し、限られた「ひかり教会」役員クラス、佐々木精治郎や門田武雄、石井六朗ら、腹が据わっていると認められた一部の門弟だけに選び伝えた。

神示が示すように八箇所の息（脈）を一度に感じ取るのは、並大抵の事ではない。身体全体に意識を巡らす変性意識状態で、意識拡張の体験するような感じに近いだろう。

三脈法は、手をあてがって首と手首の三箇所取るやる方が基本だが、天明は鎮魂状態で頭・喉・腹の脈を同時に感じつつ調整させた。鎮魂法の意識の極め方として実践したのだ。

天明は呼吸のリズムを、風や波の律と同一で、三・五・七の律とし、三・五・七の律で呼吸を取る呼吸法も実行した。

法元辰二と富士は晴れたり日本晴れ

法元辰二は、幡ヶ谷の鳩森八幡神社社掌の矢島家に居候の身で、天明とともに鳩森八幡神社の神務を手伝った。法元は、薩摩の加治木出身で大正天皇付武官も務めた陸軍軍人であったが、退役後、軍人恩給証書を焼き捨て、極貧生活に身を落とす中でスメラミコト研究を続けた。自らの所信を「彌光人の道」と称してガリ版刷りの冊子を周囲に配布していた。(22)

その所説と『日月神示』の内容にはリンクする部分が見られる。
法元は神話に登場する称号の命（みこと）を、バベル以前の統一言語と認識して、スメラミコト世界統一の神号と捉え、

世界は一つの三九十となるのざ、それぞれの言の葉はあれど、三九十は一つとなるのであるぞ。天子様の三九十に従ふのざぞ、三九十の世近づいて来たぞ。

（第四巻「地つ巻」一帖　昭和十九年九月十五日）

を先取りするような神観を開陳している。

「みこと」に「彌光人」と漢字を当てるのは、『竹内文献』の天津身光天皇（あまつみひかりすめらみこと）に由来する。酒井勝軍の影響が強かったようで、酒井勝軍の葬儀参列名簿にも法元の名が見える。[23]

平成元年（一九八九）に刊行された法元辰二の遺集『国体明徴論』をはじめて読んだ時は、その人物像にかなり驚かされた。

昭和十六年、法元は自らを日向大桃実と称し、『古事記』の意富加牟豆美命（おほかむづみのみこと）と自己を関連付け、さらに「富士は晴れたり日本晴れ」と記載したのは天明に『日月神示』が降りる三年前である。

戦後は法元五（ちゅうしん）とも名乗った。五は九星の中心に位置して天地をつなぐ意味があることが由縁と思われるが、昭和三十年に菰野に至恩郷を構えるようになると天明は祭典の八拍手を五拍手に変更し、昭和三十六年には「五十黙示録」が降ろされる。もちろんそこには武智時三郎の数霊学の影響もあったが、法元辰二との関係も見落とせないものがあるのではないだろうか。

皇道経済論

ミロクの世の経済システムである皇道経済については、昭和十九年六月十日の初発に降りた父の教え母の教えとされる「上つ巻」二帖に次のように言及されている。

神のやり方は日の光、臣民ばかりでなく、草木も喜ぶやり方ぞ、日の光は神のこころ、稜威ぞ。

戦後、天明は皇道経済について黒羽保に「日の光のように善人にも悪人の頭上にも降る雨のように、平等なモノなのである」「神代に金は無かった」「人間は御土から上がった物を食べて生活すれば、余った分を持ち寄り、物々交換で生活物資を手に入れ生活すれば事足りる」「他所の国には他所の国の生活があるのだから、他国を犯すような事はしてはいけない」「神の経済は与える経済で、日の光のように総ての人間に平等に与えられるものである。農民も天皇も泥棒も関係ない等しいもの」と説いた。

☉国の政治経済は一つぞと申してあろうがな。今の臣民にわかるように申すならば、臣民働いてとれたものは、何でも☉様に捧げるのぞ。☉の御社は幸で埋もれるのざぞ。御光輝くのざぞ。光の町となるのざぞ。☉から分けて下さるのざぞ。その人の働きによって、それぞれに恵みのしるし下さるのざぞ。それがお宝ぞ。お宝、徳相当に集まるのざぞ。金は要らんと申してあろがな。元の世になるまでにさうしたことになって、それからまことの☉の世になるのぞ。☉の世はマツリあるだけぞ。それまでにお宝下さるのざぞ。お宝とは今のお礼のようなものざぞ。わかるように申すなら、☉の御社と臣民のお役所と市場と合わしたようなものが、一時は出来るのざぞ。

（第八巻「磐戸の巻」第十三帖、昭和二十年一月十三日）

語源的にも市（いち）とは稜威（みいづ）に由来し、市は神社の縁日の日に人々が集まり、神の稜威の元に物々交換をしたのが起源とされる。近世まで社寺と市場は共同体を形成していたが、そこに「まつりごと」（本来、政治と祭祀の意味）が加わると神権政治の時代に逆戻りする。

神示の「お宝」は稜威紙幣であり、「金」は金（ＧＯＬＤ）を指す。

稜威紙幣とは、昭和四年の大恐慌から「非常時」が連呼された時代、出口王仁三郎が提唱した皇道経済論の根幹となる概念である。

> 日本には金銀より尊い皇室の御稜威と云ふものがある。この陛下の御稜威によつて、紙幣をいくら発行しても、国民は喜んで使用する。外国では出来ないが、日本では出来る。即ち、普天の下・率土の浜に至るまで皆悉く皇室のものであるからである。故に一旦これを全部皇室にお還しする。その土地が一千億円のものであつたら、それだけの財産が皇室のものになる。皇室からは、御稜威により、五百億円でも一千億円でも紙幣をお下げになるから、国民にそれだけのお金が廻つて来るわけである。要するに御稜威為本・土地為本となるものである。(24)

大本の旬刊新聞『人類愛善新聞』に発表されたこの皇道経済論を実際に書いたのも岡本霊祥こと天明だった。『人類愛善新聞』掲載の論考をまとめた単行本『惟神の道』も出口王仁三郎名義だが、実際の文章を書いたのはほとんど天明だった。

当時、王仁三郎の代筆する書記が五人ほどいて、王仁三郎から話の骨子を聞いて文章にまとめた。レコーダーのない当時はごく普通のことで、当時の論客の文章は、書生が代筆して文章として発表されるのが常であった。

このような皇道経済論は、昭和九年に発足した昭和神聖会運動でしきりに強調された。その私有財産奉還論は、共産主義思想と混同されたが、明治期の大石凝真素美の主張を取り入れたものであり、御稜威紙幣も当時の世相からけっして突飛な主張ではなく、同時代、三六倶楽部を主宰した小林順一郎（海軍士官出身）は、まったく同じ発想から天皇の稜威紙幣発行を提案している。三六倶楽部の「三六」は西暦一九三六年（昭和十一年）を日本の危機と捉えた小林の予測によるものだったが、昭和十年十二月の大本弾圧から二・二六事件、陸軍皇道派の粛清に到る時代の流れを言い当てた格好だ。

新円切替と龍宮経済

先述のように、出口王仁三郎は、昭和十九年十二月二十八日夜から耀琓（楽茶碗）の制作をはじめたが、昭和二十一年三月に制作を終了した。

五月、王仁三郎夫妻は山陰巡教の旅に出て、その帰途に兵庫県美方郡の「陸の龍宮」鉢伏山を開き、六月四日（旧五月五日）、綾部本宮山上に月山富士を完成させ、七月には紀州巡教で熊野新宮の三輪崎を訪れ、つめかけた信者たちに揮毫した。八月、亀岡の月の輪台の完成後、脳出血で倒れて、翌々年、昭和二十三年一月十九日死去する。(25)

王仁三郎の活動は、終戦後はわずか二年半、ギリギリのことだけ済ませて、急き立てられたような人生だった。

昭和二十一年五月二十二から翌二十三日にかけての鉢伏山開きは、王仁三郎の戦後唯一の公式神業（出修）であった。

王仁三郎があえてこの時期に鉢伏山開きを行ったのは、当時の時代背景と密接に関連する。おりしもこの年の二月、幣原内閣は戦後インフレーション対策として、預金封鎖を強行し、「新円切り替え」を強行したために、日本経済は大混乱のさなかにあった。

「陸の龍宮」である鉢伏山開きは、物質的宝（経済）を司る竜宮乙姫を祀ることで、この混乱にあえぐ日本経済を復興させ、国民を救済する神業であった。

鉢伏山のある兵庫県美方郡香美町への宣教は大正四年頃から湯浅仁斎と美方郡出身の西谷万造の主導で行われた。まもなく大笹支部が結成され、郡香美町大笹の西谷家庭の巨岩龍宮岩に龍宮乙姫が祀られた。

昭和十年の第二次大本事件で大笹支部は解散処分となるが、信徒は忍従の時を待ち、綾部の湯浅仁斎からの第二の岩戸開きには龍宮乙姫の神力が絶対に必要と要請で、昭和十九年十月八日から十月十五日旧八月二十八日、龍宮岩に龍宮神社が建立された。戦後、復興される大本の中で先駆けとなった。

いまだ戦時下の昭和十九年の段階で、大本系の具体的な活動は『日月神示』の開始と龍宮神社再興だけであった。龍宮神社に近郷から参拝者も現れ、数々の霊威が伝わる鉢伏山へ感心が持たれた。昭和二十年三月二十日、綾部から湯浅一男（仁斎の息子）ら五名が大雪の中、鉢伏山山頂探査が行われ、頂上からミロク岩と数々の霊石が発見され、五月二十五日、湯浅仁斎らが再登山して確認、霊石のスケッチが作成され王仁三郎に献上すると、王仁三郎は鉢伏山に「一度行く」と答えた。

物質的な宝を守護するとされる龍宮の乙姫は、戦後日本の復興のために不可欠な神力であり、だからこそ王仁三郎、澄夫妻が自ら出修して鉢伏山を開いたのである。(26)

『日月神示』は、戦時中は連日噴出するように降りたが、戦後は間歇的にまとまった時期に降りている。

第十四巻「風の巻」の第五帖から最終帖の十四帖は昭和二十一年二月十六日に降り、続く「岩の巻」の日付は旧一月十五日と記されるが、これは新暦では二月十六日である。つまり昭和二十一年二月十六日に集中して神示が降り、それらは「風の巻」と「岩の巻」にまたがっているのである。

それは『日月神示』の中でも神示が集中して降ろされた特異日である。理由の一つは、二月十六日が暦では辛酉に当たることだ。辛酉の日の重要性は『日月神示』にたびたび示されているが、実はこの日は戦後経済史を画する決定的な日であった。

昭和二十一年二月十六日金曜日の夕方、幣原内閣はラジオで戦費調達のために、戦時中に大量発行された紙幣によるインフレ抑制策として、「新円切り替え」の政策をとつぜん発表した。

翌日から預金は凍結され、週明けから各家庭では預金から五百円までの引き出し限度が決められ、高額紙幣は使えなくなった。銀行預金を引き出せないように、初めから週末の銀行業務停止を待っての一斉発表で、翌週明けから実行である。預金者はどうすることも出来なかった。

新円切り替えで、戦争中に発行された「戦時国債」は紙くずになった。戦争中、東南アジアなど占領地で、物資調達に軍部がばら撒いた「軍票」も紙くずになった。この政策で、銀行資産を目減りさせた資産家も多かった。

筆者が小学校高学年の時に、定年退職する校長先生が教室に挨拶に来た。戦前中、満州にいた時の満州国の御札や預金通帳を見せてくれたが、敗戦で「現金も預金通帳もすべて紙切れになった」と話したのが印象的だった。政府が「新円切り替え」の政策を実施しても、インフレは半年で元の水準に戻った。

昭和二十一年秋、天明の同志ら集団生活の停止も、スポンサーの小田秀人の資金繰りがつかなくなったのが大きな原因だった。資産家出身の小田秀人も「新円切り替え」の影響をダイレクトに受けたのだろう。西荻窪の持ち家売却などもその影響かと思われる。小田秀人は、実家が広島の資産家で、東京帝大と京大を股にかけ卒業以降は一度も就職しなかったと豪語する元アナーキストだったが、晩年は川崎のボロアパートに棲み、経済的に困窮していたと仄聞する。

昭和二十一年二月十六日への神示の収束現象と、その後、四ヶ月の神示の中断は印象的である。

この時期の共時的な出来事としては、天皇の全国巡幸がある。

昭和天皇は、御前会議の終戦の決断後、宮家の当主らを前に、終戦の報告として伊勢神宮と全天皇陵（山陵）への報告を内示した。そして終戦直後に数名で手分けして全天皇陵へ報告を行った。

十一月十二日、昭和天皇は伊勢神宮に行幸親拝して、終戦の報告を自ら執り行った。

昭和天皇の全国巡幸は、昭和二十一年二月十九日、神奈川県からはじまった。新円切り替えの混乱に、天皇の全国巡幸をぶつけて経済大混乱のはけ口にしたのでないかとの穿った見方もあった。昭和天皇自身は早くから全国巡幸の意思を固めていたが、GHQが止めていたのである。

天皇の巡幸は関東から本州全土を昭和二十二年末までにいったん終えて、昭和二十三年の東京裁判後、昭和二十四年から九州地方から再開し、昭和二十九年の北海道で終わっている。

昭和二十一年の出口王仁三郎の山陰から但馬、丹後、紀州巡教、昭和二十三年の岡本天明の関西（広島）から諏訪巡教、岐阜への転居は、戦後の社会状況とも絡み、パラレルな照応が看取される。

東と西の神業

昭和十九年十二月二十八日に始まる天明の富士と鳴門神業が修められた夜、丹波の中矢田農園にいた出口王仁三郎は夕食を終えると、上矢田町の鍬山神社脇に疎開していた陶芸家の佐々木松楽を訪ねた。

その夜、佐々木松楽に明日から楽茶碗の制作を始める旨を伝え、翌二十九日から佐々木の工房で後に耀琓（ようわん）と名付けられる楽茶碗の制作に没頭する。

当時、王仁三郎は高血圧の症状があり医者から注意されていたが、連日深夜まで面会謝絶の工房で楽茶碗制作に没頭したという。窯入れ三十六回に及び、実数は不明だが延べ三千個の茶碗を焼いたとされる。

青や黄色にピンクなど斬新な色目は、当時の茶碗の常識を大きく外れたものだった。ビビッドな顔料絵具は戦後、金沢の信徒から献納されたものだ。

王仁三郎の陶芸作業の補佐を務めたのは、山川日出子と内海健郎の二名だった。内海は「浜の健ちゃん」と呼ばれた横浜港を仕切るヤクザの親分だった。当時の亀岡天恩郷奉仕者が夕方風呂に行くと、全身入れ墨の入ったお爺さんが気持ちよさそうに一番風呂に入っていたと語り草である。

昭和二十一年三月、出口王仁三郎は耀琓の制作を中止する。表向きは耀碗製作を手伝った山川日出子が臨月になったので作業を終了したとされる。しかし当時、山川日出子に替わって陶芸制作を手伝いたいと別の奉仕者からの申し出があったが、王仁三郎は、それを断り耀琓製作を中止した。

山川日出子は四国大洲の佐賀家の出身で鳥取の有力信徒山川家に嫁していた。昭和三年元日、王仁三郎は沖縄那覇の波の上宮に参拝し、ハナグスク（波の上宮裏の拝所）で拾った二つ石を、琉と球の国魂石と名付け、同行した山川日出子に預けている。[27] ちなみに琉と球の国魂という概念は滝澤馬琴『椿説弓張月』に由来する。

昭和十八年の鳥取地震により家屋半倒壊で被災した山川一家を、王仁三郎は亀岡に呼び寄せて、日出子を耀碗製作の手伝いに任命した。

山川日出子の持つ霊的な因縁が、王仁三郎の耀琓製作に必要だったのだろう。戦後に造られた耀碗の極彩色の色合いは、龍宮界の色彩を表している。

耀琓制作の中止は、前月二月の新円切り替えによる社会変動に起因していた。

経済は龍宮界の守護の元にある。

『日月神示』第十八巻「光の巻」は第二帖が二月二十六日で、続く第三帖は六月十七日である。つまり四カ月ほど期間が空いている。

第三帖は、新円切り替え政策で混乱を極めた終戦直後の日本経済を背景に、経済のあり方を説いている。

次の神示は戦後の海外資産没収と、超インフレの世相を念頭におかないと理解できない。辛酉と表記あるが、実際には前日の十六日が辛酉の日である。

今の政治はむさぶる政治ぞ、神のやり方は与へぱなしざぞ、⦿ぞ、マコトぞ。今のやり方では世界は治まらんぞ、道理ぢゃなあ。天にはいくらでも与えるものあるぞ、地にはいくらでも、どうにでもなる、人民に与へるものあるのざぞ、おしみなく、くまなく与えて取らせよ、与へると弥栄へるぞ、弥栄になって元に戻るのざ、国は富んで来るぞ、神徳満ち満つのぢゃ、この道理判るであらうがな。取り上げたもの何にもならんのぢゃ、ささげられたものだけがまことじゃ、乗るものも只にせよ、田からも家からも税金とるでないぞ、年貢とりたてるでないぞ、何もかも只ぢゃ、日の光見よ、と申してあらうが、黄金はいらんと申してあろが、暮しむきのものも只でとらせよ、只で与へる方法あるでないか、働かん者食ふべからずと申す事理屈ぢゃ、理屈は悪ぢゃ、悪魔ぢゃ、働かん者にもドシドシ与へてとらせよ、与へる方法あるでないか、働かんでも食べさせてやれよ、何もかも与へぱなしぢゃ、其処に神の政治始まるのぢゃぞ、神の経済あるのぢゃ。やって見なされ、人民のそろばんでは木の葉一枚でも割出せないであらうが、この方の申す様にやって見なされ、お上は幸でうもれるのぢゃ、余る程与へて見なされ、お上も余るのぢゃ、此の道理判りたか。仕事させて呉れと申して、人民喜んで働くぞ、遊ぶ者なくなるぞ、皆々神の子ぢゃ、神の魂うゑつけてあるのぢゃ、長い目で見てやれ、おしみなく与へるうちに人民元の姿あらはれるぞ。むさぶると悪になって来るのぢゃ、今のさま見て改心結構ぞ、そろばん捨てよ、人民神とあがめよ、神となるぞ、泥棒と見るキが泥棒つくるのぢゃ、元の元の元のキの臣民地の日月の神ぢゃと申してあろがな。六月十七日、かのととりの日、ひつくの神。

（第十八巻「光の巻」第三帖、昭和二十一年六月十七日）

戦後の『日月神示』の経済論には、戦前の皇道経済とは違い天皇為本の御綾威への言及がない。それは龍宮界直流の御綾威による「神の経済」論である。恩領は「ミタマノフユ」と訓む。魂が増えるという意味だ。神示でいう「与える」は、神の領域の謂い(い)で、人の領域から見れば賜(たまわ)れとなる。龍宮界の賜れ＝魂割(たまわ)れといった感じだ。我が国では古来より漁業や狩猟の世界で、賜れに由来するタマスの風習があり、漁に居合わせた全員平等に、幸の分配に預かる権利があった。

経済活動は宝を司る龍宮界の働きである。

昭和二十一年三月に耀琉の製作を中止した王仁三郎は、五月二十二日、兵庫県美方郡香美町大笹集落の龍宮神社に参拝し、翌二十三日は籠に乗り鉢伏山の山頂に登った。この一連の流れは龍宮界の経綸である。

懸かる神霊の転換があった

今日はしも陰暦五月の五日なり
　　富士の神霊月山にまつる
鉢伏の山の神霊もろともに
　　月山富士にまつりたりけり(28)

昭和二十一年六月四日（旧五月五日）、綾部本宮山上に月山不二が造営され、みろくの神と共に鉢伏山の龍宮乙姫の御霊も祀られた。

『日月神示』第十八巻「光の巻」の第二帖と三帖のあいだの昭和二十一年二月から六月までの四ヶ月の中断は、本宮山に月山富士が作られて、経綸が変わったためだと筆者は考えている。

『日月神示』の文末には、「○○ざぞ」「○○で御座る」「○○ぢゃ」と三種類の口調が混在している。江戸期の言葉では「〜ござる」は武家言葉で、「○○ざ（ぢゃ）」は「○○だ」で庶民言葉だ。本来相容（あいい）れない言葉使いの混在は、神霊の系統が「複数」あったからと考えられる。

先行する出口直の御筆先でも言葉使いの混在が見られる。途中から神格が切り替わるのは、神霊の世界では珍しい事ではない。

第十八巻「光の巻」が降りた昭和二十一年春四月、疎開先の玉川学園から西荻窪松庵に天明と奥山が移転している。

この頃を基点に神示が「〇〇ざぞ」の丹波訛りから「〇〇ぢゃ」の口調に切り替わったことが留意される。

この時期、天明に懸かる神霊が交代したのだろう。

「〇〇ざぞ」と「だ」と「ざ」の混用がある丹波訛りの神示は、出口なおの本霊である若姫君尊の神霊が天明に懸かったのだろう。「〇〇ぢゃ」と明らかに違う口調の神示は、龍宮界の神霊からの神示だと考えられる。


　　海にはどんな宝でも竜宮乙姫殿持ちなされてゐるのざぞ。この世の宝皆この方つくりたのざぞ

　　　　　　　　　　　　　　　　　　　　（第十四巻「風の巻」八帖）


とある。「ざぞ」と丹波訛りだが、主格が途中から一人称に替わり「この方」と名乗る。この世の宝を守護するのは龍宮乙姫だから、この神示は龍宮乙姫が懸かってのものということになる。

こういった現象は筆先では、よくあることだ。

明治三十年代、御筆先で仮名文字を覚えた出口なおは、自分の経歴を筆記していた。ところがなおは、それがいつのまにか御筆先になっていることを経験した。

『日月神示』第十八巻「光の巻」から分析すると、天明に懸かっていた出口なおの身魂である若姫君尊の神霊は、綾部の神苑が再建され月山富士が完成したことにより、綾部に帰ったのだろう。

戦後の『日月神示』は我が強く、あまり高等な感じは伝わってこない。格式ばった「ひかり教会」の教旨や、戦前の大本の宣伝使階位を真似た階位を「ひかり教会」会員に授けるようになる。

「ひかり教会」の組織構成は、昭和二十一年旧九月八日を区切り「集団（まどい）を作れ」と変更された。

戦時中の「集団（まどい）を作るな」から、戦後の「集団（まどい）を作れ」の変化には大きな違いがある。

さらに、佳代子夫人を間接的に死に追いやった、「弥栄大祈願」をやれと執拗に奨める。これがどういう結果になるか、予想もつかなかったのかはなはだ疑問を感じる。

戦時中と戦後の筆では、神霊の口調が著しく異なっていることは、これまで省みられなかった。

その後、「○○ぢゃ」口調は、三十巻「冬の巻」まで出て来るのに対し「○○ざぞ」の丹波訛り口調はほとんど出てこなくなる。


占い師や霊能者が早死するのには理由がある。スピリチュアルの「引き寄せの法則」「願望達成」で効果が出たと喜んでも、いずれ別の部分から引き戻される。プラスとマイナスの帳尻合わせで、均等化される。

等価交換の世界システムは、お蔭信心に反映される。願いを叶える替わりに、寿命の前に自らの魂を食わせるダキニ天信仰など霊的等価交換である。金井南龍の言う稲荷経済である。

等価交換の陰陽の世界の奥に本源の世界があり、龍宮海（界）を通して、無限の賜れがあふれ出している。ユングが言うプレローマ（「溢れ出ずる」を意味するギリシャ語）である。『日月神示』では「道は満つるなり」（第九巻「気の巻」十六帖）と示されている。

陽の光のように、万人の上に満ちるのが龍宮世界、龍宮経済である。

就任直後の岸田首相の「国民貯蓄の資産運用奨励」の提言など、西洋資本主義の背後にあるエスタブリッシュメントの代弁に過ぎない。未だに耳を疑う意識レベルの続く世界だ。いよいよみろくの世に岩戸開きを迎える時代。いい加減、人類の意識変革が必要だろう。

註

1『大奥山』第二号（十一月版、一九六一年）二頁

2 風間奎作、談

3 岡本三典「高田先生と一二（日月）神示」（『高田集蔵生誕１００年記念文集』高田集蔵著書刊行会、一九七九）一三三頁

4 初期のひかり教会会員の飯島正知子談

5 岡本天明『霊界研究論集』（思兼鴻秀編、新日本研究所、一九七六）三一頁

6 富士の巻のメリカ、キリスも母音を補い、アメリカ、イギリスと読むに等しい。

7 岩科小一郎『富士講の歴史』（名著出版、一九八三）佐々木千代松『民衆宗教の源流—丸山教・富士講の歴史と教義』（白石書店、一九八三）大谷正幸『角行系富士信仰：独創と盛衰の宗教』（岩田書院二〇一一）

8 本来の第二仮訳は、昭和二十年代に第一仮訳と並行して、スウェーデンボルグ主義のコレスポンダンス（当時は高田集蔵によって「対応」と訳された）を考慮した天明による意訳が試みられ、「第二訳」として当時の機関誌に掲載されたものであった。これはその後は顧みられることなく埋没したが、終戦直後に画で伝達された第十七巻「地震の巻」の訳文はその一部でありそのまま各書に継承されて今日に至っている。

9『神霊界』大正六年五月号（大日本修斎会）（『神霊界』第一巻、八幡書店）一七三頁

10 宮原信「忘れえないことば」（『高田集蔵生誕１００年記念文集』高田集蔵著書刊行会、一九七九）四六頁

11 王仁三郎は次のように述べている。「風は七五三の律動で吹くものである。従つて浪も其通り、七五三とうつものである。此の消息を知らないで絵をかくと、絵が死んで仕舞ふし、此原則にのつとつて描くと、松などはさながら樹が動いて居るやうな感じをおこすもので、これを、絵が生きて居ると云ふのである」（「水鏡」大正十五年九月）

12 岡本天明『古事記数霊解序説』(私家版、一九七二)中二九―三〇頁

13『大本七十年史』上巻（宗教法人大本、一九六四）二三三頁及び出口直美談

14 飯島正知子聞き取り

15 天明の丹波の御用については、黒川柚月『岡本天明伝』増補改訂版（ヒカルランド、二〇二一）二〇四―二〇五頁、天明が官憲のスパイと疑われた事情については一一五頁。

16 天明が三日後に四十七歳の誕生日を迎える昭和十九年十二月四日には「一二三の食べ方は一二三唱十七へながら噛むのざぞ、四十七回噛んでから呑むのざぞ」(第七巻「日の出の巻」八帖）と示され、天明四十九歳の誕生日の昭和二十一年十二月七日には「四十九、天明筆書かす御役ぞ」(第二十巻「梅の巻」十九帖）と示され、さらに天明五十二歳の誕生日の昭和二十四年十二月七日には「五十二才、二の世の始。五十六才七ヶ月、みろくの世」(第二十四巻「黄金の巻」五十四帖）と示された。

17 黒川前掲書四二二頁

18 詳細は黒川前掲書一六二―一七三頁

19『真如能光』昭和六年十月五日号に日出麿は「東都の光」と題する一文を寄せ、次のように記している。「九月十四日　午前十時、桐生を立つて伊香保へ。同地森田屋にて昼飯をとる。暫時休息の後、ケーブルにて榛名山へ。雨甚しくてやむを得ず頂点に至らず、途中の湖畔亭にて一休みの後、榛名富士を標的としつゝ四方に向かつて神言二回奏上森田屋に帰りて、最近神恩に浴せられたる桐生の名家野間某氏婦人その他応接。旅のつかれもやゝ加はつて心静に就寝」

20 二ヶ月後の神戸空襲で石本恵美子が亡くなる予言か。

21 天明と桜沢如一の関係については黒川前掲書二二一―二三三頁に詳述。

22 法元辰二『彌光人道』(一九四〇年、私家版)

23『神秘之日本』特別号　復刻版　八幡書店　昭和五十七年

24 出口王仁三郎『皇道経済我観』（昭和神聖会、一九三四）六―七頁
25『大本七十年史』下巻七五〇―七五五、七九三―七九九頁
26 鉢伏山開きについては、竹田別院五十年誌編纂会編『竹田別院五十年誌』三七頁、『大本七〇年史』下巻七五一頁、『鉢伏支部年表』『鉢伏山由来』（大本鉢伏支部内部資料）等。
27 山川家からの伝聞。ちなみに岩田久太郎「聖師様台湾御旅行記」第十一信（『真如能光』昭和三年一月十五日号、一三二頁）に「昭和三年一月一日、（中略）波の上神社に参拝す。（中略）参拝後海岸の大岩を背景に撮影、聖師様御一人岩上に坐されて更に撮影、社内の小石を戴いて帰られる」とある。
28 山田詎「月山不二の霊石の神秘」『みろくのよ』（天声社、平成二十八年六月号）二六頁

［普及版］原典対訳　日月神示

二〇二四年十二月三日　普及版第一刷発行

書　記　岡本天明
編・校訂　武田崇元
編集協力　佐竹　譲
　　　　　黒川柚月
　　　　　古川順弘
発行者　高橋秀和
発行所　今日（こんにち）の話題社（わだいしゃ）
東京都品川区平塚二-一-一六　KKビル5F
電話　〇三-三七八二-五二三一
FAX　〇三-三七八五-〇八八二
印刷・製本　コーヤマ

ISBN978-4-87565-667-8　C0011